Le comportement du consommateur
au Canada

Duhaime, Kindra, Laroche, Muller

Le comportement du consommateur au Canada

au Canada

gaëtan morin éditeur

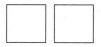

gaëtan morin éditeur

C.P. 180, BOUCHERVILLE, QUÉBEC, CANADA

J4B 5E6   TÉL. : (514) 449-2369   TÉLÉC. : (514) 449-1096

ISBN 2-89105-353-2

Dépôt légal 1er trimestre 1991
Bibliothèque nationale du Québec
Bibliothèque nationale du Canada

Consumer behaviour in Canada
by Gurprit S. Kindra, Michel Laroche and Thomas E. Muller
© Nelson Canada, A Division of International Thompson Limited, 1989
All rights reserved

Le comportement du consommateur au Canada
© gaëtan morin éditeur ltée, 1991
Tous droits réservés

2 3 4 5 6 7 8 9 0 1   G M E 9 1   1 0 9 8 7 6 5 4 3 2

Révision linguistique : Ghislaine Archambault

À Anita Kindra
Anne Laroche
Marie Claire Muller
Christopher Ross

Remerciements

Nous aimerions remercier plusieurs personnes de l'aide précieuse qu'elles nous ont apportée ainsi que des conseils qu'elles nous ont donnés tout au long de la rédaction de cet ouvrage. Premièrement, nous adressons nos sincères remerciements aux entreprises et aux organismes qui nous ont autorisés à reproduire le matériel présenté dans plusieurs tableaux, figures et annexes; nos sincères remerciements s'adressent également à l'École des Hautes Études Commerciales de Montréal pour le soutien administratif et financier apporté lors de la rédaction de cet ouvrage.

De plus, nous aimerions remercier d'une façon plus particulière les personnes suivantes: Ghislaine Archambault, Monique Boucher, Josée Charbonneau et Hélène Laliberté (Gaëtan Morin Éditeur), qui ont rendu possible la réalisation de ce manuel, Nathan D. Kling (Saint Mary's University), Gary Berman (Humber College of Applied Arts and Technology) et C.E. Aitken (University of Calgary), qui ont révisé la première version anglaise de l'ouvrage, Robert Tamilia (Université du Québec à Montréal), qui nous a fait d'excellentes suggestions par rapport au chapitre 8 (sur les groupes culturels du Canada), Chankom Kim (Concordia University), qui a fait plusieurs suggestions pour améliorer quatre chapitres, particulièrement le chapitre 11, qui porte sur le comportement de la famille, Louise Heslop (Carleton University), Jean-Charles Chebat (Université du Québec à Montréal), Kemal Buyyukurt et Christopher Ross (Concordia University), qui nous ont fourni un soutien moral très apprécié, Richard St-Pierre (École des Hautes Études Commerciales), qui a agi à titre d'assistant de recherche, et Micheline Trudeau, Lise Bouthillier et Josée Vincelette (École des Hautes Études Commerciales), qui nous ont aidés de plusieurs façons.

Carole P. Duhaime
Gurprit S. Kindra
Michel Laroche
Thomas E. Muller

Avant-propos

La compréhension du comportement du consommateur constitue la pierre angulaire de la philosophie et de la pratique du marketing; il est essentiel de comprendre le comportement de consommation des Canadiens pour pouvoir élaborer et mettre en œuvre des stratégies de marketing visant à informer, à persuader ou à influencer les consommateurs canadiens. Cet ouvrage examine la consommation sous un angle très large. Les principes qui y sont étudiés peuvent être employés pour résoudre des problèmes de marketing de tous genres – comme les efforts du gouvernement fédéral pour encourager les Canadiens à faire de l'exercice ou à cesser de fumer, les efforts d'un réseau de télévision pour augmenter le nombre de ses téléspectateurs, les actions d'un distributeur de films pour amener le public à aller voir un nouveau film, la campagne de financement d'un organisme de charité, la stratégie d'un fabricant canadien essayant de regagner des parts de marché accaparées par un concurrent dynamique, ou les efforts d'une province pour découvrir ce que veulent faire et voir les Canadiens lors de leurs visites à un parc provincial.

Ainsi, il est étonnant que bien peu de manuels n'ait été consacré expressément à l'étude du comportement du consommateur au Canada. Aussi, *Le comportement du consommateur au Canada* a été écrit à l'intention du lecteur canadien, par des auteurs canadiens utilisant du matériel canadien original. C'est d'ailleurs l'un des deux principaux facteurs qui nous ont motivés à entreprendre ce projet.

Le second facteur tient au fait que ce projet a bénéficié de la bourse Canadian Studies Writing Award du Secrétariat d'État du Canada. À notre connaissance, c'est la première fois que le Secrétariat d'État accorde une telle bourse dans le domaine du marketing, et cela souligne le besoin de créer du matériel qui soit plus approprié à la gestion en contexte canadien et à l'économie canadienne.

Cet ouvrage intéressera plusieurs groupes de personnes. Première-ment, il s'adresse aux étudiants en marketing des universités et des collèges canadiens. Il sera également utile aux étudiants en communi-cation, en psychologie sociale, en anthropologie culturelle, en économie, en démographie, en économie familiale et en sociologie. Deuxièmement, les gestionnaires, les spécialistes de marketing et les chercheurs des entreprises – canadiennes et étrangères – qui desservent le marché canadien trouveront utile l'information véhiculée dans cet ouvrage. Cela s'applique également aux employés faisant directement affaire avec le public – les cadres responsables des relations avec les consommateurs ou les responsables des services à la clientèle. Troisièmement, nous espé-rons que les gestionnaires et les stratèges qui travaillent dans le secteur à but non lucratif de l'économie utiliseront l'information véhiculée dans cet ouvrage lors de l'élaboration et de la mise en œuvre de stratégies destinées à mieux satisfaire les besoins de leurs différents publics (uti-lisateurs, clients, patients, abonnés, patrons ou mécènes). Enfin, cet ouvrage devrait constituer une ressource de premier plan pour les légis-lateurs et les personnes qui établissent les politiques gouvernementales, les défenseurs des intérêts des consommateurs, et les écrivains et jour-nalistes désireux de comprendre le comportement de consommation au Canada ou le comportement du consommateur en général.

Cette version française constitue une adaptation de la version anglaise. Bien qu'elle respecte l'esprit de la version anglaise, cette version est différente de plusieurs façons. La plupart des exemples ainsi que certaines parties du manuel ont été adaptés à la réalité du marché francophone ; de plus, plusieurs informations ont été mises à jour. La traduction et l'adaptation du manuel anglais ont été rendues possibles grâce à une subvention de l'École des Hautes Études Commerciales de Montréal.

Note au lecteur

Le schéma ci-dessous représente un modèle du processus décisionnel suivi par le consommateur, modèle que nous utiliserons tout au long de cet ouvrage. Illustrant une théorie du comportement du consommateur, il sert de «carte géographique» pour cheminer à travers les différents chapitres de l'ouvrage. Le modèle représenté est très utile pour trois raisons. D'abord, il permet au lecteur de se familiariser rapidement avec le rôle précis de chacun des concepts dont nous parlerons dans l'ouvrage. Il permet également de voir les liens qui existent entre les différents

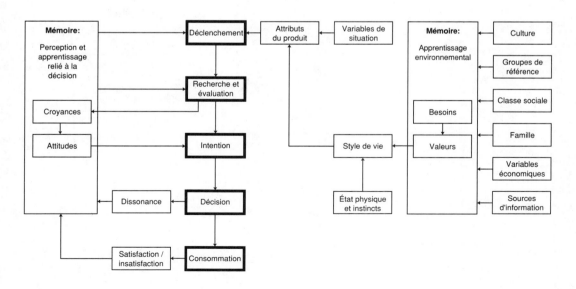

concepts. Deuxièmement, il permet au lecteur de voir que le comportement du consommateur constitue un processus continu et périodique.
Enfin, il fait le lien entre les différents chapitres de l'ouvrage, de façon
à aider le lecteur à mieux comprendre le sujet particulièrement riche que
constitue le comportement du consommateur.

Ce schéma figure au début de chacune des cinq parties de cet ouvrage.
Chaque fois, on met en relief certaines parties du schéma dans le but
d'indiquer les différents concepts (éléments) du modèle présentés dans
la partie en question. Le chapitre 2 présente le modèle d'une manière
plus détaillée et décrit brièvement chacun des 21 éléments qui le
constituent.

Table des matières

CHAPITRE 4
L'apprentissage

CHAPITRE 5
La formation et la modification des attitudes

PARTIE III
L'influence de l'environnement et du groupe sur le
comportement du consommateur

CHAPITRE 9
Les groupes de référence

CHAPITRE 10
Les classes sociales

CHAPITRE 11
Le comportement d'achat de la famille

PARTIE IV
Le comportement du consommateur et la stratégie de marketing

CHAPITRE 12
La recherche sur les consommateurs

CHAPITRE 13
Le lancement de nouveaux produits et le comportement du consommateur

CHAPITRE 14
La communication marketing et le comportement du consommateur

PARTIE V
Certains problèmes de société et les politiques relatives au consommateur

CHAPITRE 15
Le comportement du consommateur au Canada et certains problèmes de société

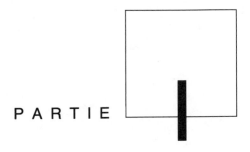

PARTIE

Une introduction au comportement du consommateur

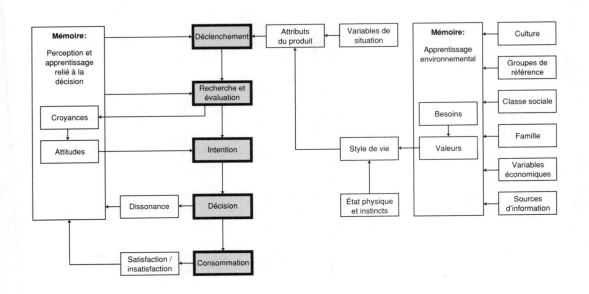

CHAPITRE 1

L'étude
du comportement
du consommateur

INTRODUCTION

Ce chapitre a pour objet de vous initier à l'étude du comportement du consommateur. Il débute par une définition et une explication du concept de comportement du consommateur, suivies d'un bref historique de cette discipline relativement jeune. Le chapitre se termine par la présentation d'un exemple témoignant de l'aide que peut apporter la connaissance du comportement du consommateur aux personnes qui planifient et conçoivent des stratégies de marketing.

■ LES OBJECTIFS DU VOLUME

Tout comme l'étude de l'être humain, l'étude du consommateur est un sujet fascinant, ayant pour objet de découvrir et de comprendre les raisons pour lesquelles les consommateurs achètent, de façon à concevoir et à élaborer des façons de satisfaire leurs besoins d'une manière plus efficace.

L'un des objectifs de ce volume est donc de vous permettre de comprendre le comportement du consommateur en vous familiarisant avec les outils utilisés pour étudier les consommateurs. Les théories, les exemples, les modèles et les résultats de recherche décrits dans ce manuel aideront le lecteur à comprendre les dimensions et les motivations du consommateur.

En utilisant des exemples tirés de la réalité, ce volume aide le lecteur à reconnaître plusieurs types de problèmes de marketing et à voir comment une compréhension du consommateur peut aider à résoudre ces problèmes. Les entreprises dépensent de grosses sommes d'argent pour recueillir de l'information sur le marché et sur le consommateur, tandis que cet argent pourrait servir à générer des profits aux fins de réinvestissement ou d'attribution de dividendes aux actionnaires. La recherche sur le consommateur peut procurer des réponses aux problèmes commerciaux. Le Canada a grandement besoin d'analystes de marché compétents, capables d'utiliser des données de recherche sur les consommateurs pour résoudre les problèmes qui se présentent. Une telle habileté requiert une compréhension approfondie du comportement du consommateur. Par conséquent, un deuxième objectif de ce volume est de mettre le lecteur au défi de faire une synthèse des idées qui sont présentées dans chaque chapitre et qui peuvent aider à résoudre les problèmes de marketing. L'information sur le marché est abondamment disponible. Le défi consiste à comprendre ce qui se passe sur le marché et à utiliser l'information recueillie pour faire des recommandations orientées vers des actions de type stratégique.

Même si vous n'avez pas l'intention de faire carrière en gestion marketing, l'étude du comportement du consommateur peut quand même constituer pour vous une expérience enrichissante. Les étudiants qui s'inscrivent à un premier cours en comportement du consommateur sont souvent surpris par l'étendue de ce domaine. Cette étude peut vous aider à comprendre un peu mieux le monde qui vous entoure ainsi que votre propre comportement en tant que consommateur et en tant que membre de la société. Vous vous apercevrez que plusieurs principes sous-jacents au comportement adopté sur le marché s'appliquent également au comportement adopté par rapport à d'autres aspects de la vie.

■ UN APERÇU DU VOLUME

Plusieurs disciplines scientifiques ont contribué à l'étude du comportement du consommateur. Ce volume explore le comportement du consommateur en empruntant des concepts à l'anthropologie, à la psychologie cognitive, aux théories de la communication, à la démographie, à l'économie, à la psychographie, à la psychophysique, à la psychosociologie, à la sociologie et aux mathématiques. Cependant, l'étude du comportement du consommateur constitue de soi une discipline universitaire qui implique des recherches en profondeur ainsi que des concepts, des théories et des modèles originaux. Cela ne signifie pas, cependant, que cette discipline soit trop théorique pour avoir une valeur pratique. Lors d'une enquête récente effectuée auprès de 300 étudiants achevant leurs études en marketing et représentant 12 universités, 87 % des étudiants ont répondu «non» à la question «Croyez-vous que l'étude du comportement du consommateur soit trop théorique pour avoir une utilisation pratique?» Les raisons le plus souvent invoquées pour justifier cette réponse sont énumérées dans les lignes qui suivent[1].

L'étude du comportement du consommateur:

– aide à segmenter le marché;
– aide à évaluer la disposition et les annonces des magasins;
– tire une part d'information d'autres disciplines et explique cette information en des termes appartenant au langage des affaires;
– aide à déterminer les raisons qui sont à la base du comportement adopté sur le marché;
– aide le spécialiste de marketing à prendre des décisions à l'égard du lancement de nouveaux produits;
– offre des techniques positives pour négocier avec les consommateurs dans plusieurs situations différentes;

– aide les étudiants à comprendre les motivations sous-jacentes à leur comportement;
– aide à concevoir des stratégies de marketing-mix qui soient adaptées à un environnement en perpétuelle évolution;
– aide à élargir sa propre vision du marketing;
– aide à prévoir et à influencer le comportement des consommateurs;
– aide à prendre des décisions.

Comparativement aux pays du tiers monde, le Canada est très industrialisé et très avancé sur le plan technologique, de telle sorte qu'une grande partie de la prospérité et du bien-être de ses habitants provient de la consommation de biens produits pour les marchés de consommation. Par ailleurs, le niveau de vie (sinon la qualité de vie) des pays en voie de développement peut être grandement amélioré en appliquant les principes du marketing à ces nations, à partir d'une compréhension des besoins et des valeurs des consommateurs vivant dans ces pays. Mis à part ceux qui ont vécu un certain temps dans une société moins privilégiée, les Canadiens tiennent généralement la consommation pour acquise et sous-estiment la contribution des biens et services de consommation à l'amélioration de la vie des gens. Étant donné que le bien-être humain repose, dans une large mesure, sur ce qui est produit et mis à la disposition des consommateurs, vous pouvez considérer que vous êtes sur le point de vous engager dans une étude ayant une grande portée sociale.

LA DÉFINITION DU COMPORTEMENT DU CONSOMMATEUR

Qu'est-ce que le comportement du consommateur et qu'implique-t-il? **Le comportement du consommateur est l'ensemble des pensées, des sentiments et des activités associés au processus d'acquisition et de consommation d'un bien économique.** Cette définition contient plusieurs concepts et mots clés qui exigent une explication. Nous commencerons par définir ce que nous entendons par «bien économique».

☐ Les biens économiques

Dans ce volume, l'expression **bien économique** ou, tout simplement, **bien** désigne tout produit, tout service, toute activité, toute expérience ou toute idée possédant une certaine utilité pour le consommateur – bref, toute chose tangible ou intangible qui peut être utile, qui peut satisfaire un ou plusieurs besoins, qui peut procurer au consommateur au moins un avantage.

Le tableau 1.1 présente trois situations dans lesquelles une personne consomme un bien économique offert par un fournisseur. Dans le premier exemple, un agent de voyages fournit un bien économique appelé «vacances en Europe»; ce bien possède une certaine utilité pour le consommateur, tel que le prouve la volonté de celui-ci de donner de l'argent en échange de ce produit. Un tel échange paraît extrêmement simple jusqu'à ce qu'on fouille un peu et qu'on détermine la nature exacte du produit. Le bien «vacances en Europe» possède en réalité plusieurs caractéristiques ou attributs distincts qui procurent des avantages divers à différents consommateurs canadiens. Certains peuvent consommer le bien constitué par des vacances en Europe pour la détente qu'offre ce produit. D'autres peuvent percevoir le fait de prendre des vacances en Europe comme un moyen d'obtenir l'estime des autres. Pour un troisième groupe de consommateurs, les vacances en Europe peuvent constituer une aventure. Enfin, un quatrième groupe peut consommer ce produit parce qu'il permet de renouer des liens avec les «vieux pays» ou avec des amis ou des parents.

Vous êtes maintenant en mesure de vous rendre compte que la consommation du bien économique «vacances en Europe» **comporte un ensemble d'avantages ou d'attributs** appelés «détente», «prestige», «aventure» et «renouement de liens». Ce bien est multidimensionnel. Il procure plusieurs sortes et plusieurs combinaisons d'avantages, selon les besoins du consommateur au moment de la consommation. Cela explique **pourquoi** les consommateurs sont prêts à donner de l'argent en échange de vacances en Europe. En regardant les biens économiques de cette manière, nous pouvons déterminer des groupes de personnes qui consomment le bien constitué par des vacances en Europe, et ce, pour les différents attributs du produit, dans le but de satisfaire différents besoins; ces groupes représentent ainsi différents segments de marché.

TABLEAU 1.1

Trois biens économiques et leurs caractéristiques ou attributs aux yeux des consommateurs

Ressources échangées contre le bien économique	Biens économiques procurés par un fournisseur	Caractéristiques ou attributs recherchés par le consommateur (raisons pour)	Raisons contre
Argent	Vacances en Europe, fournies par un agent de voyages	Détente Prestige Aventure Renouement de liens Visites aux parents et amis	Coût trop élevé Mauvaise expérience Manque d'intérêt Peur d'entrer en contact avec une culture étrangère Peur de prendre l'avion Peur des attaques terroristes en Europe
Attention Appréciation Œuvres provenant d'une collection privée Contributions monétaires	Expositions, fournies par un musée	Accroissement des connaissances Expérience culturelle Divertissement Confirmation d'un certain statut social	Perception selon laquelle les musées sont ennuyeux ou vieux jeu Ignorance du musée Expérience non satisfaisante
Contribution monétaire Engagement à faire un don d'organes Temps fourni comme bénévole	Occasions de donner, fournies par la Fondation canadienne du rein	Satisfaction altruiste Sentiment d'être désiré Crédit d'impôt	Ignorance des programmes Engagement à l'égard d'autres causes Sentiment d'être submergé par d'autres demandes semblables

Supposons qu'à l'aide d'une recherche commerciale, nous obtenions de l'information sur les raisons qui poussent les voyageurs canadiens à prendre des vacances en Europe. La recherche pourrait révéler, par exemple, que, parmi les personnes ayant récemment visité l'Europe durant leurs vacances, 15 % y sont surtout allés pour se détendre, 22 %, pour vivre une aventure sur un continent avec lequel ils n'étaient pas familiarisés, 42 %, pour rendre visite à des amis et à des parents, et 2 %, dans le but principal d'acheter des produits spécialisés comme des vêtements à la mode ou des vins. Parce qu'il y a plusieurs raisons de consommer le bien constitué par des vacances en Europe, on doit examiner chaque «pourquoi» en tant que segment potentiel susceptible d'être desservi par les fournisseurs ou les spécialistes de marketing chargés de vendre ce bien.

Ce genre de stratégie est possible parce que le bien appelé «vacances en Europe» est multidimensionnel et possède des caractéristiques ou attributs divers pour différentes personnes. Les stratégies de segmentation des marchés peuvent donc être employées pour créer un nouveau bien conçu pour procurer un avantage particulier à un groupe de consommateurs recherchant cet avantage. Par exemple, le bien «vacances en Europe pour sélectionner des vins» n'est pas le même bien que «vacances en Europe pour explorer des châteaux et des cathédrales».

Cependant, même des biens relativement simples peuvent être multidimensionnels. La plupart des biens économiques possèdent plus d'une caractéristique et peuvent satisfaire plusieurs besoins, comme le montrent les exemples qui suivent. Le bien, simple en apparence, appelé «colle pour modèles d'avion réduits» procurait, à ce que l'on croyait, un seul avantage, celui de coller ensemble du bois de balsa et des morceaux de plastique. Or, des adolescents en mal d'expériences nouvelles lui ont découvert un autre attribut, celui de permettre de «décoller» à l'aide d'émanations d'acétone, et ils se sont mis à renifler cette colle avec les résultats que l'on connaît maintenant. Au cours de ses 100 ans d'histoire, le coca-cola a acquis une réputation mondiale en tant que boisson gazeuse à consommer tous les jours. Ce produit est entré dans le folklore du monde de l'adolescence lorsque des jeunes filles vivant en Amérique du Nord se sont mises à s'en servir, non pas pour étancher la soif, mais en tant que moyen anticonceptionnel, en se donnant une douche vaginale avec du coca-cola. Des chercheurs de la Harvard Medical School ont étudié la question et ont découvert que le coca-cola classique constituait effectivement un spermicide[2]. Dans le passé, le bicarbonate de sodium procurait un avantage majeur, celui de faire lever la pâte. Des spécialistes de marketing astucieux représentant la marque Cow Brand (la «petite vache») se sont mis à promouvoir la consommation de ce produit en mettant l'accent sur ses nombreux avantages; ce produit peut aussi être utilisé comme adoucisseur d'eau, comme désodorisant pour le réfrigérateur et pour le tapis, comme extincteur d'incendie, comme produit de nettoyage domestique, comme nettoyeur pour les dents, comme rince-bouche, comme remède contre l'acidité stomacale et comme ingrédient destiné à ajuster le niveau de pH de l'eau des piscines. Il ne fait aucun doute que Peter Mayer, un personnage dont nous parlerons au chapitre 2, s'est servi du bicarbonate de sodium pour s'élargir l'esprit et satisfaire son besoin d'accomplissement: ce produit constituait un ingrédient clé de l'ensemble de chimie qu'il utilisait dans son enfance!

Lorsque nous considérons les biens économiques de cette façon, il est toujours utile d'examiner aussi l'autre côté de la médaille: si nous posons la question «Pourquoi?», nous devons également poser la question «Pourquoi pas?» Pourquoi de nombreuses personnes ne passent-elles pas leurs vacances en Europe? Certains consommateurs ne peuvent simplement pas se le permettre sur le plan financier. D'autres consommateurs peuvent avoir eu une expérience déplaisante au cours de vacances antérieures passées en Europe. Un troisième groupe peut avoir le sentiment qu'il y a des endroits plus intéressants à visiter. Et un quatrième groupe peut être composé de personnes qui aimeraient voyager en Europe mais qui sont anxieuses à l'idée d'entrer en contact avec une culture étrangère et qui ne parlent aucune langue étrangère. Finalement, il se peut que certains consommateurs choisissent de ne pas passer de vacances en Europe parce qu'ils ont peur de l'avion ou des attaques terroristes.

En considérant les biens économiques de cette façon, une étude des consommateurs a révélé l'existence de plusieurs segments différents de non-consommateurs. Une telle approche a une valeur stratégique pour les fournisseurs de voyages en Europe désireux d'élaborer un plan de marketing qui permette de venir à bout d'une ou plusieurs des barrières, objections et peurs énumérées au tableau 1.1. La conception de moyens visant à aider les voyageurs à franchir ces barrières représenterait donc une stratégie utile pour desservir certains segments de non-consommateurs.

L'examen de la véritable nature des biens économiques peut également entraîner une meilleure compréhension du comportement du consommateur dans des situations exigeant le «démarketing» d'un bien. Supposons que le gouvernement fédéral, dans le but de restaurer la balance commerciale du Canada ou de promouvoir le tourisme à l'intérieur du pays, souhaite encourager les Canadiens à prendre leurs vacances au Canada plutôt qu'en Europe. En découvrant les différents avantages que procurent des vacances en Europe pour divers groupes de Canadiens, le gouvernement est en mesure de concevoir une campagne promotionnelle qui permette de rendre moins attrayante l'idée de prendre des vacances en Europe, tout en faisant la promotion des destinations canadiennes. Le gouvernement peut même mettre en relief des raisons de ne pas voyager en Europe, afin d'encourager le tourisme intérieur plutôt que des vacances européennes.

Le tableau 1.1 fournit deux autres exemples qui permettent de mieux comprendre ce qu'on entend par «bien économique». Quoiqu'une exposition présentée dans un musée constitue un bien économique, les spécialistes du comportement du consommateur considèrent ce bien comme un ensemble de caractéristiques ou d'attributs variant d'un consommateur à l'autre. En échange de l'attention, de l'intérêt soutenu, d'une certaine appréciation, des contributions monétaires, du bénévolat ou des œuvres provenant d'une collection privée qu'il peut offrir, le visiteur de musée peut bénéficier d'un ou de plusieurs avantages. Parmi ceux-ci, on trouve l'accroissement des connaissances, l'expérience culturelle, le divertissement, la possibilité de s'acquitter de ses obligations à l'égard de visiteurs étrangers ou même la confirmation d'un certain statut social. Kelly, par exemple, a découvert que certains visiteurs d'exposition se procurent une preuve matérielle de leur visite en achetant des cadeaux, des souvenirs, des copies d'œuvres exposées et des catalogues dans la boutique du musée, dans le but de prouver aux autres qu'ils «sont allés» au musée et, ainsi, de confirmer leur statut social[3]. Chacune de ces caractéristiques est recherchée, à des degrés différents, par divers segments de visiteurs de musée; on peut donc se servir de chacune d'une manière différente pour attirer au musée divers segments de visiteurs.

Bien sûr, d'autres biens économiques entrent en concurrence avec les musées pour accroître les connaissances en matière d'éducation et pour procurer une expérience culturelle, la confirmation d'un certain statut social ou un divertissement. Parmi ces biens concurrentiels figurent la télévision, les voyages en Europe, les cours suivis à l'université ou au collège, les vieux tapis persans et les billets pour un match de hockey. Le choix dépend de la disponibilité du bien économique et de sa capacité de procurer le meilleur rapport qualité-prix concernant les attributs recherchés, dans une situation particulière.

Le troisième exemple du tableau 1.1 est constitué par un bien économique fourni par la Fondation canadienne du rein. Dans cet exemple, l'organisme en question ne fournit pas de reins, il souhaite plutôt «avoir vos reins». La Fondation canadienne du rein fournit aux gens l'**occasion de donner** des choses dont elle a besoin: de l'argent, du temps comme bénévole ou des organes après la mort. Sont inclus dans le bien «occasion de donner» plusieurs caractéristiques intangibles comme la satisfaction altruiste que l'on obtient en aidant les autres ou le sentiment d'être désiré quelque part, ou même, un avantage plus tangible: un crédit d'impôt. Ce sont là des avantages qu'obtient le consommateur lorsqu'il profite de l'occasion qui lui est offerte de donner à un organisme charitable de l'argent, du temps ou des organes dont il n'a plus besoin.

☐ Le processus d'acquisition et de consommation d'un bien économique

Lorsque les consommateurs prennent conscience d'un besoin non satisfait et décident qu'il est temps d'agir pour acquérir un certain bien économique permettant de satisfaire ce besoin, une foule de choses se produisent. **Les consommateurs réfléchissent.** Ils révisent ce qu'ils savent du bien en question et songent à d'autres possibilités de satisfaire le besoin ressenti. Ils peuvent se mettre à la recherche d'informations additionnelles qui leur permettent d'évaluer les divers biens et de déterminer lesquels possèdent les caractéristiques recherchées. Ou bien encore, ils peuvent en savoir déjà assez pour prendre une décision rapide et choisir tout de suite le bien préféré. **Les consommateurs éprouvent des sentiments.** Ceux-ci peuvent être bien arrêtés ou ils peuvent changer en cours de route lors de l'évaluation des biens considérés, jusqu'à ce qu'une préférence apparaisse et qu'une intention d'achat se forme. **Les consommateurs agissent.** Ils prennent une décision pour ensuite acheter, louer, adopter, emprunter ou expérimenter le bien choisi, et ce, en payant en espèces ou avec une carte de crédit, ou en faisant un emprunt ou un échange. Ils consomment le bien et, ce faisant, ils éprouvent de la satisfaction ou de l'insatisfaction selon que leurs attentes initiales ont été comblées ou non. Dans certains cas, ils se débarrassent du bien en le revendant, en l'échangeant, en le jetant, en le donnant ou en le recyclant. **Les consommateurs se souviennent.** Ils enregistrent dans leur mémoire l'expérience de consommation qu'ils viennent de vivre, de façon à pouvoir s'en servir comme guide d'achat lors de prises de décision éventuelles par rapport à des biens semblables.

Ce que nous venons de décrire représente un processus. Le comportement du consommateur est un processus, et nous devons l'étudier en tant que tel. Ce processus, qui comporte généralement diverses étapes, est schématisé dans la figure 1.1 sous la forme d'une série de pensées, de sentiments et d'activités orientés vers l'atteinte d'un but; le consommateur traverse un tel processus lorsqu'il prend conscience d'un besoin non satisfait. Ce processus débute par une étape appelée **déclenchement** et ne se termine qu'à la fin de l'étape de la **consommation**, après quoi le besoin est de nouveau ressenti et le cycle visant à satisfaire ce besoin recommence à nouveau. Ce processus peut être long et compliqué, comme c'est le cas, par exemple, pour l'évaluation, le choix et la consommation d'une instruction de niveau universitaire; ou il peut être court et direct, comme c'est le cas lorsqu'on décide de faire une petite sieste sur le canapé du salon pour satisfaire le besoin de se reposer.

Les cinq étapes du processus illustré dans la figure 1.1 forment une partie du modèle de comportement du consommateur qui sera présenté au chapitre 2. L'analyse qui suit se limite donc à une brève explication du processus d'acquisition et de consommation d'un bien économique, contenu dans la définition du comportement du consommateur. Au fur et à mesure que vous lirez cette section, pensez à votre cas personnel, lorsque vous avez traversé ce même processus lors d'un achat récent, alors que vous avez pris les mesures nécessaires pour acquérir et consommer un bien dans le but de satisfaire un certain besoin.

L'étape du **déclenchement** consiste dans les activités mentales qui s'exercent lorsqu'une personne **prend conscience** d'un besoin quelconque, **ressent** la tension engendrée par ce besoin non satisfait et **décide** de diminuer cette tension en satisfaisant le besoin qui l'a provoquée. Le processus est donc «déclenché»; la personne en question constitue maintenant un consommateur orienté vers l'atteinte d'un but et motivé pour prendre une décision d'achat qui lui permette de satisfaire le besoin ressenti. Le déclenchement mène à l'étape appelée **recherche et évaluation**, où le consommateur fait appel à de l'information qu'il a conservée dans sa mémoire pour déterminer quel bien pourra satisfaire son besoin. S'il juge que cette information n'est pas suffisante, le consommateur se tourne vers l'extérieur pour obtenir plus d'information, afin de découvrir des choix potentiels et d'évaluer chacun de ces choix par rapport à sa capacité de satisfaire le besoin ressenti. Un consommateur expérimenté peut donc chercher à l'intérieur de lui en tâchant de se souvenir d'expériences antérieures qu'il peut avoir eues concernant des biens ayant servi à satisfaire le même besoin dans le passé. Les consom-

FIGURE 1.1
Les cinq étapes du processus d'acquisition et de consommation d'un bien économique

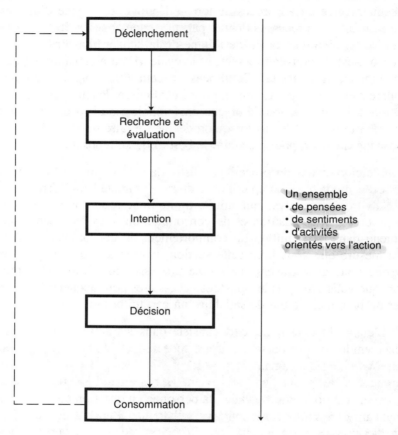

mateurs qui manquent d'expérience ou ceux qui croient ne pas avoir suffisamment d'information sur les divers choix permettant de satisfaire leur besoin peuvent recueillir de l'information à l'extérieur en demandant l'avis des autres, en se procurant de l'information sur le marché, en lisant des communications marketing et en évaluant les divers choix avant d'atteindre l'étape suivante du processus et de se former une intention d'achat.

L'étape de l'**intention** représente le moment où le consommateur se forme une opinion par rapport au bien approprié – parce que ce bien semble posséder les caractéristiques susceptibles de satisfaire le besoin – et est prêt à prendre une décision. L'étape de la **décision** est celle où le bien est acheté, loué, adopté ou obtenu d'une façon ou d'une autre. C'est alors que peut débuter l'étape de la **consommation**, où le consommateur utilise et expérimente le produit dans le but de satisfaire le besoin qui a déclenché le processus. Au cours de cette étape, le consommateur enregistre mentalement quelle est la capacité du bien de lui procurer les avantages souhaités. Il compare ensuite ses attentes initiales avec les résultats de la consommation. Lorsque ses attentes sont comblées ou même dépassées, le consommateur se dit satisfait et il conserve cette information dans sa mémoire. Lorsque la performance du produit ne correspond pas aux attentes initiales, il se produit de l'insatisfaction, laquelle est également ajoutée à l'information déjà recueillie par rapport au produit et à d'autres biens semblables. L'insatisfaction peut parfois déclencher un nouveau processus d'acquisition du produit si le besoin ressenti n'a toujours pas été satisfait. Le processus décrit dans la figure 1.1 inclut donc une boucle de rétroaction reliant la **consommation** au **déclenchement**.

En résumé, la consommation entraîne divers degrés de satisfaction ou d'insatisfaction. La satisfaction se traduit par une diminution de la tension provoquée par le besoin ressenti ; l'insatisfaction implique que la tension n'a pas diminué, ce qui peut déclencher un nouveau processus décisionnel visant à éliminer cette tension. Cela signifie également que le consommateur prend note de cette expérience non satisfaisante et qu'il se servira de cette information dans ses décisions futures. Si le spécialiste de marketing est responsable, pour une raison quelconque, de cette expérience négative, il devrait faire attention ! Les consommateurs n'oublient pas facilement une décision d'achat qui a entraîné l'insatisfaction. L'entreprise perdra probablement l'un de ses clients.

☐ L'ensemble des pensées, des sentiments et des activités

Lorsque vous avez traversé vous-même ce processus, vous avez probablement dû rassembler vos pensées, vos sentiments et vos activités en un effort compatible avec l'angle de résolution du problème. Votre objectif était de trouver un bien pouvant satisfaire votre besoin, de telle sorte que vous puissiez vous soucier d'autre chose. Vous avez peut-être également observé que le processus en question ne correspondait pas à la simple poursuite d'un but. Le processus a pu constituer en lui-même une expérience enrichissante, ou une expérience agréable ou désagréable. Enfin, vous n'étiez pas maître de tous les événements qui se sont produits au cours de ce processus. Certaines choses dont vous avez fait l'expérience à l'étape de la recherche et de l'évaluation ou lorsque vous avez pris votre décision ont peut-être été l'effet du hasard : une source d'information inespérée, la découverte d'un nouveau magasin, un sentiment de respect ou d'admiration à l'égard d'un représentant particulièrement serviable, un changement dans vos plans initiaux, causé par une information nouvelle sur le marché, une rencontre avec un vendeur désagréable, une longue attente à la caisse, l'incapacité de payer pour votre achat parce que votre chèque n'a pas été accepté, une amende de 15 $ pour avoir violé un règlement de stationnement pendant que vous magasiniez. Comme résultat, vous pouvez avoir appris sur le processus de consommation ou sur ce genre de produits un peu plus qu'il n'était nécessaire pour faire un choix. Le consommateur emmagasine ce genre d'information dans sa mémoire en vue de l'utiliser ultérieurement.

La consommation du produit peut avoir éveillé en vous des pensées et des sentiments ayant trait à la capacité du produit de vous procurer les avantages souhaités, mais également, des pensées et des sentiments concernant le plaisir ou le mécontentement entraîné par l'expérience. Cela provient des **qualités inattendues**, d'effets secondaires et de surprises – agréables ou désagréables – qui se manifestent durant l'étape de la consommation. Le comportement du consommateur implique les diverses facettes de ce processus[4]. Lorsqu'une personne décide de satisfaire un besoin, elle s'engage dans un processus qui va du **déclenchement** à la **consommation** et qui comporte un ensemble de pensées, de sentiments et de comportements.

Une interprétation sommaire du comportement du consommateur

Presque tous les individus sont des consommateurs. Pour comprendre le comportement du consommateur, il est essentiel de comprendre :

- la source et la nature des besoins humains qui poussent les gens à acheter et à consommer des produits pouvant satisfaire ces besoins ;
- le processus de recherche et d'évaluation que les consommateurs utilisent pour découvrir les divers choix possibles ;
- la façon dont s'y prennent les consommateurs pour former leurs intentions de comportement et en arriver à préférer l'un des choix ;
- la nature et l'influence des décisions des consommateurs ;
- l'effet de l'expérience de consommation ainsi que ses conséquences sur les décisions ultérieures d'acquisition et de consommation.

Ce volume examine chacune de ces questions en détail, car celles-ci sont au cœur d'une connaissance pratique et fondamentale du comportement du consommateur. Ce comportement constitue un processus : étudier le comportement du consommateur consiste à étudier les consommateurs au moment où ils traversent ce processus qui les transforme.

■ UN BREF HISTORIQUE

Le comportement du consommateur est un domaine d'étude qui est relativement nouveau, mais dont les graines ont été plantées au début des années 30 avec l'apparition d'une philosophie commerciale appelée «ingénierie du consommateur». Cette expression a été créée au début de la grande dépression américaine par Earnest Elmo Calkings, qui a défini l'ingénierie du consommateur en ces termes : «En bref, il s'agit de façonner un produit de sorte qu'il corresponde mieux aux besoins et aux goûts des consommateurs, mais, dans un sens plus large, cela inclut tout plan visant à stimuler la consommation de biens[5].» Le concept et les méthodes de cette technologie commerciale ont été élaborés par Roy Sheldon et Egmont Arens dans un livre publié en 1932 et intitulé *Consumer Engineering : A New Technique for Prosperity*[6]. Les adeptes de l'ingénierie du consommateur voyaient cette philosophie comme un moyen, pour les entreprises américaines, de reconstruire l'économie du pays et de retrouver la prospérité en essayant de résoudre les problèmes de la sous-consommation plutôt que ceux de la surproduction. Un objectif fondamental de l'ingénierie du consommateur était d'éliminer les surplus de marchandises – comme celui du blé – auxquels les États-Unis faisaient face durant la dépression.

L'ingénierie du consommateur a conduit à une façon de percevoir le consommateur qui s'exprime aujourd'hui dans la discipline appelée «comportement du consommateur». La citation ci-dessous, tirée du livre de Sheldon et d'Arens, révèle le changement de mentalité que l'on exigeait des entreprises, en 1932, pour comprendre le consommateur :

> Malheureusement, la personne étudiant [l'ingénierie du consommateur] trouvera peu de vie dans les volumes traitant du marketing. Elle fera face à des statistiques et à des conclusions bornées et souvent métaphysiques sur les marchés, considérés comme des phénomènes mécanistes et inanimés, qui ne pourront l'aider à résoudre ses problèmes pratiques... Comme l'a dit Stuart Chase : «Nous n'arrivons nulle part dans la compréhension du portrait global si nous ne tenons pas compte de la psychologie et de l'anthropologie, sujets que les manuels d'économie ont jusqu'ici rigoureusement négligés. En effet, la majeure partie de la vaste collection de livres traitant des affaires, qui a atteint des proportions imposantes dans les 10 ou 20 dernières années, constitue un véritable gaspillage de papier parce qu'elle néglige les sources du comportement humain[7].»

Il devenait de plus en plus évident que l'étude des consommateurs nécessitait plus que la simple connaissance des pratiques et des techniques commerciales si on désirait stimuler la consommation.

> En fait, votre ingénieur du consommateur devrait être plus fermement axé, non seulement sur les problèmes terre à terre de la production et des techniques marchandes, mais sur les problèmes plus profonds et plus subtils abordés par les sociologues et les psychologues. Il est vrai qu'il doit connaître les affaires, mais il est encore plus vrai qu'il doit connaître les gens[8].

Cette préoccupation à l'égard de la surproduction ou de la sous-consommation des biens a continué d'exister bien après la fin de la Deuxième Guerre mondiale, tant qu'il s'agissait d'un marché d'acheteurs. Dans les années 50, le concept de marketing a commencé à influencer l'approche commerciale à l'égard des consommateurs[9]. À la fin des années 50 et pendant les années 60, les premières contributions à la recherche sur le consommateur ont servi de base à la discipline du comportement du consommateur[10].

Parmi ces premières contributions, il faut mentionner l'analyse empirique des consommateurs, connue sous le nom d'économie psychologique, effectuée par George Katona et ses collègues du Survey Research Center (University of Michigan). Il convient aussi de citer les modèles du comportement du consommateur élaborés par John Howard (Columbia University), par Francesco Nicosia et par l'équipe formée de James Engel, de David Kollat et de Roger Blackwell (Ohio State University). Jusqu'en 1965, les universités offraient peu ou pas de cours sur le comportement du consommateur. Cette année-là, on a mis sur pied, à l'Ohio State University, un cours qui a été donné par Engel, Kollat et Blackwell. Les 10 étudiants de niveau supérieur qui s'y sont inscrits disposaient d'un texte de base en psychosociologie, accompagné de lectures supplémentaires. Le travail de session consistait à écrire un essai proposant un modèle du comportement du consommateur. Le modèle conçu par Lawrence Light (qui travaille aujourd'hui comme cadre en publicité) a attiré l'attention des professeurs. Ce modèle a été repris par ces derniers et a été révisé pour ensuite constituer le cadre du premier manuel pédagogique sur le comportement du consommateur, publié en 1968; ce manuel en est maintenant à sa sixième version. Le modèle lui-même a été raffiné et est maintenant connu sous le nom de modèle du comportement du consommateur Engel, Kollat, Blackwell (modèle EKB). Des étudiants ont donc contribué à fonder une discipline datant maintenant de 25 ans, appelée «comportement du consommateur», et à produire le premier véritable manuel pédagogique offert sur le marché.

Le comportement du consommateur d'aujourd'hui est loin du comportement du consommateur défini et étudié par les économistes des années antérieures. S'étant enrichie de connaissances provenant des sciences du comportement, cette discipline a formé ses propres théories, son propre champ de connaissances et a ses propres spécialistes et chercheurs, qui travaillent dans le domaine des affaires et du gouvernement. Cela se voit de deux grandes façons. D'abord, sur le plan mondial, les membres de l'Association for Consumer Research, une association fondée en 1970, totalisaient 1 125 membres au moment de la conférence qui a eu lieu à Toronto en 1986; ces membres représentaient 27 pays faisant partie de l'Amérique du Nord, de l'Amérique du Sud, de l'Europe, de l'Afrique, de l'Asie et de l'Australie[11]. Deuxièmement, plusieurs revues professionnelles, dont *Journal of Consumer Research*, *Journal of Economic Psychology*, *Journal of Consumer Marketing*, *Journal of Consumer Affairs*,

Journal of Consumer Policy et *Advances in Consumer Research*, publient le travail des chercheurs en comportement du consommateur.

LE COMPORTEMENT DU CONSOMMATEUR À L'ŒUVRE

La discipline du comportement du consommateur a permis de trouver des solutions pratiques aux problèmes de marketing. Le reste de ce chapitre décrit une tendance démographique importante et vitale de la société canadienne, qui aura, dans les prochaines années, d'importantes implications pour le marketing des produits de consommation à l'intérieur du pays. Cet exemple d'actualité illustre les liens étroits qui existent entre le comportement du consommateur, la planification à long terme et la stratégie de marketing.

Les variables démographiques ont une grande influence concernant ce que les consommateurs choisissent, achètent et utilisent pour satisfaire leurs besoins. En effet, les besoins sont influencés par le profil démographique du consommateur, l'âge étant un très bon exemple de ce phénomène. Au fur et à mesure qu'ils avancent en âge, les consommateurs traversent une série d'étapes marquées par des changements en ce qui concerne la maturité psychologique et émotive, le succès professionnel, les habiletés reliées au travail et à la consommation, les réussites sur le plan éducatif, le cycle de vie familial, les responsabilités personnelles, l'importance accordée à la gratification immédiate (plutôt que la remise du plaisir à plus tard dans le but d'obtenir la sécurité financière), la santé physique, les préférences sur le plan récréatif, les attitudes à l'égard de la vie, des autres personnes, de la société et d'eux-mêmes. Cela constitue la réalité du vieillissement. Une adolescente aura, en ce qui a trait au divertissement, à la sécurité financière, à l'amitié et à l'image de soi, des besoins différents de ceux d'un adulte comme sa mère ou de ceux d'une personne plus âgée comme sa grand-mère. Cependant, en vieillissant, cette même adolescente fera face aux besoins qui préoccupent aujourd'hui sa mère et sa grand-mère. Par conséquent, si nous connaissons le nombre d'adolescentes faisant partie de la population d'aujourd'hui, et si nous observons les changements qui se produisent dans les valeurs de ces jeunes filles au fur et à mesure qu'elles vieillissent, nous sommes en mesure de planifier en vue de satisfaire les besoins et les exigences futurs de ce segment de consommateurs.

☐ Les changements dans la pyramide des âges de la population canadienne

L'âge moyen de la population canadienne augmente petit à petit. Depuis 1961, le portrait démographique présenté par Statistique Canada est celui d'une nation qui vieillit progressivement, si on compare avec les recensements des années antérieures. La figure 1.2 illustre cette tendance. Tandis qu'en 1961, l'âge moyen de la population était inférieur à 30 ans, on estime qu'en l'an 2001, la moyenne sera de 37 ans. Cette tendance se manifeste dans la pyramide des âges par des changements qui sont principalement dus au vieillissement de la génération du *baby boom*, née après la Deuxième Guerre mondiale. Les *baby boomers* traversent en effet les diverses étapes de la vie.

La période s'étendant de 1946 à 1964 a connu 8,1 millions de naissances au Canada, créant ce que les démographes ont appelé la génération du *baby boom*[12]. Cette génération «nous a apporté les couches jetables dans les années 50, le rock acide dans les années 60 et le chômage chronique dans les années 70[13]». On pourrait ajouter que la taille même de cette génération suffit pour lui donner une grande influence sur le marché, et ce phénomène se poursuivra pendant la vie entière des membres de ce groupe. Les *baby boomers* continueront de jouer un rôle important dans notre société, en raison de l'influence qu'ils exercent sur le plan politique, de leurs exigences sur le plan matériel et social et de l'action qu'ils exercent par rapport aux valeurs de la société.

Pourquoi autant de bébés sont-ils nés durant une si courte période de temps? Pourquoi le taux de fertilité a-t-il été si élevé entre 1946 et 1964? La fertilité – la décision d'avoir des enfants – constitue une décision de consommation et, par conséquent, nous analyserons cette décision de consommation omniprésente à l'aide de la question «Pourquoi?». La période qui a suivi la Deuxième Guerre mondiale a subi plusieurs influences environnementales qui ont encouragé les consommateurs à avoir des enfants:

FIGURE 1.2
L'âge moyen de la population canadienne, 1951-2001

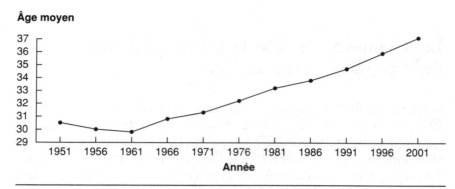

SOURCE: Randall Litchfield, «Tracking the Baby Bulge», *Canadian Business*, novembre 1978.

1. Il y a eu une augmentation des mariages (une autre décision de consommation) ainsi que du «rattrapage» dans la création de la famille, étant donné que plusieurs couples ont dû retarder ces décisions pendant la durée de la guerre[14];
2. Durant cette période, les conditions économiques ont été très favorables, produisant ainsi de l'optimisme chez les consommateurs; plusieurs couples ont eu le sentiment que c'était une bonne époque pour élever une famille de plus d'un ou de deux enfants;
3. Une assez large proportion des femmes canadiennes étaient en âge de procréer (entre 20 et 34 ans) pendant cette période; ce facteur biologique a donc favorisé les naissances[15];
4. La proportion de femmes présentes sur le marché du travail étant plutôt mince, un plus grand nombre de femmes ont eu le temps et le loisir d'élever des enfants à la maison. En 1951, les femmes représentaient 25 % des travailleurs; en 1983, ce chiffre était de 42 %. En ce qui concerne les femmes en âge de procréer, elles représentaient, en 1951, 28,5 % des travailleurs de 20 à 34 ans, comparativement à 44 % en 1983[16].

Ainsi, plusieurs facteurs environnementaux ont joué un rôle important dans la décision de consommation reliée à la fertilité, créant ainsi des conditions propices à ce type de comportement du consommateur. Ce comportement a entraîné un phénomène qui aura une influence fondamentale sur la vie canadienne pendant au moins 80 ans. La figure

1.3 illustre ce phénomène en présentant l'évolution de la pyramide des âges de la population canadienne à travers quatre périodes de l'histoire. Les pyramides relatives aux trois années de recensement 1946, 1961 et 1976 indiquent, pour chaque tranche d'âge, le pourcentage de la population totale représenté par chacun des deux sexes; la quatrième pyramide indique les prévisions de Statistique Canada pour l'an 2001. En 1946, la première vague du *baby boom* apparaît à la base de la pyramide des âges. En 1961, les enfants du *baby boom* faisaient de la population une pyramide à base très lourde. En 1976, le nombre des membres de cette génération créait un renflement dans la catégorie des 10 à 29 ans, comparativement aux autres groupes d'âge. La génération née entre 1946 et 1964 a aplani la pyramide des âges tout entière, de telle sorte que la pyramide prévue pour le Canada en l'an 2001 diffère énormément de celle de 1961 : elle a davantage la forme d'une bouteille de Coke que celle d'une réelle pyramide.

☐ ## La prévision de la demande future pour les biens de consommation

Les Canadiens nés entre 1946 et 1964 étaient au nombre de 8,4 millions en 1986, ce qui implique une légère augmentation du groupe d'âge formé par le *baby boom* si on tient compte de l'effet net des naissances et des mortalités chez les *baby boomers* ainsi que de l'immigration et de l'émigration. Ce groupe représente maintenant 33 % des 25,6 millions d'habitants du Canada[17]. Quel genre d'impact aura, sur la vie canadienne, un groupe de consommateurs qui sont séparés, en âge, par au plus 19 ans, mais qui représentent un tiers de la population du pays ? Qu'est-ce que ces consommateurs achèteront, loueront, adopteront et embrasseront dans les années à venir ? Un défi continuel pour les entreprises d'aujourd'hui est de prévoir et de planifier les demandes futures de ces consommateurs. Les spécialistes de marketing canadiens qui ont l'intention de conquérir le marché américain doivent suivre un nombre encore plus grand de consommateurs issus du *baby boom* s'ils veulent les inclure dans leurs prévisions. Les Américains nés entre 1946 et 1964 sont au nombre de 76 millions; les *baby boomers* américains représentent donc trois fois la population entière du Canada[18].

FIGURE 1.3
L'évolution de la pyramide des âges de la population canadienne, 1946-2001

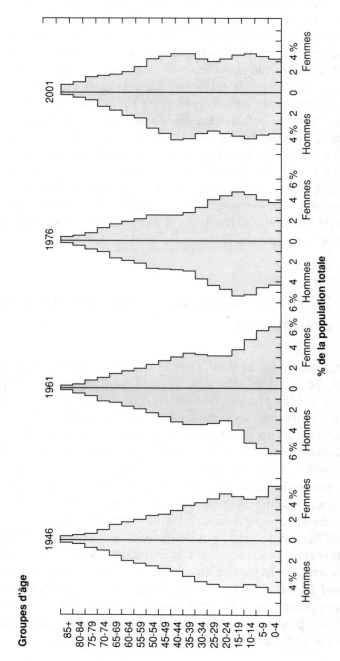

SOURCE: «Canadian Population: Past Trends and Future Prospects», *Commercial Letter*, nº 2, 1979. Gracieuseté de la Banque canadienne impériale de commerce.

Cette tendance des âges, entraînée par le déplacement des *baby boomers* à travers les diverses étapes de la vie, offre aux spécialistes de marketing un **outil de planification stratégique à long terme** pour se préparer à produire les biens que ces consommateurs demanderont dans 5, 10 ou 20 ans. Pour utiliser cet outil, nous devons d'abord déterminer quels types de biens sont susceptibles d'être demandés par les groupes de consommateurs aux différentes étapes du cycle de vie. Les descriptions du cycle de vie présentées au tableau 1.2 donnent un aperçu des différents besoins des consommateurs appartenant aux groupes suivants : les **jeunes adultes** (18-24 ans), les **adultes** (25-39 ans), les **adultes d'âge mûr** (40-64 ans) et les **retraités** (65 ans et plus). La vie de chacun de ces groupes est décrite par rapport à cinq domaines : **la famille, l'instruction et le travail, le divertissement, les amis** et **la croissance personnelle**.

Ces portraits de la vie d'un groupe à chaque étape révèlent, d'une manière sommaire, le style de vie adopté par ce groupe. Ils nous donnent un aperçu des activités et des intérêts des consommateurs à chaque étape ainsi que des biens susceptibles d'être recherchés dans chaque cas. Par exemple, les adultes dont l'âge se situe entre 25 et 49 ans ont tendance à adopter de nouveaux passe-temps tels que la poterie, la peinture ou la photographie, et accordent un plus grand intérêt aux sports de spectateurs. Ils ont aussi tendance à s'inscrire à un service de formation continue pour obtenir une nouvelle formation ou pour favoriser leur carrière, créant ainsi une demande de cours du soir de niveau secondaire, de programmes d'études universitaires, de cours à distance (télévisés ou par correspondance) et de services d'orientation pour adultes.

De plus, notez les changements qui se produisent, par rapport à chaque domaine de la vie, dans les intérêts ainsi que dans l'importance accordée aux activités s'exerçant durant la période de transition d'une étape à l'autre. Par exemple, le domaine de la **croissance personnelle** reflète la tendance qu'ont les adultes de 25 à 39 ans à effectuer des changements de direction qui influenceront leur vie entière ; cela peut impliquer des changements de situation géographique, de travail ou de carrière, ou même, de conjoint. Ces adultes sont plus portés à investir en vue du futur qu'à dépenser pour aujourd'hui, ce qui laisse présager une forte demande d'assurances, de services financiers, de conseils dans le domaine de l'investissement et de plans enregistrés d'épargne-retraite. Le passage à l'étape suivante, celle de l'adulte d'âge mûr (entre 40 et 64 ans), est

TABLEAU 1.2
Portraits de la vie à quatre étapes différentes, par rapport à cinq domaines

	Jeunes adultes (18-24)	Adultes (25-39)	Adultes d'âge mûr (40-64)	Retraités (65 et plus)
Famille	La plupart ont quitté la maison. Plusieurs commencent leur propre famille.	La plupart sont mariés et ont des enfants. Plusieurs couples divorcent. Les célibataires finissent souvent par se marier. Les couples mariés peuvent décider d'avoir des enfants avant de ne plus pouvoir le faire.	La taille de la famille diminue avec le départ des enfants de la maison. Les parents de ces adultes commencent à mourir. Certains couples deviennent grands-parents.	Plusieurs seront grands-parents. Plusieurs se retrouveront seuls après la mort du conjoint. Les femmes, surtout, peuvent passer plusieurs années seules.
Instruction et travail	Plusieurs sont aux études ; certains iront à l'université. La plupart commencent à travailler. Plusieurs sont sans emploi ou sous-employés. Pour certains, le choix d'une carrière prend une importance particulière.	Certains retournent aux études. Plusieurs changent d'emploi. Les femmes mariées peuvent retourner au travail. Les chefs de famille, qui ont des responsabilités accrues, mettent plus d'accent sur l'avancement de la carrière.	Plusieurs sont au faîte de leur carrière. C'est l'étape où l'on a le plus de pouvoir et de prestige sur le marché du travail. Plusieurs réalisent que leur carrière ne peut aller plus loin. Certains choisissent une deuxième carrière.	Les travailleurs commencent à prendre leur retraite. Ils peuvent voyager, retourner aux études, adopter de nouveaux passe-temps. Pour les femmes qui sont restées à la maison, le travail continue. Le revenu diminuera probablement.
Divertissement	Certains sports organisés. Moins de loisirs et plus de réceptions. Continuation de l'usage de drogues, surtout de l'alcool.	Sports de spectateurs, voyages, réceptions. Plusieurs adoptent un nouveau passe-temps comme la poterie, la peinture ou la photographie.	Réceptions, voyages, vacances plus chères. Les passe-temps peuvent se transformer en une deuxième carrière.	Meilleures possibilités de voyager, de recevoir, de passer du temps avec la famille, de se consacrer à des violons d'Ingres et au bénévolat, si l'argent et la santé le permettent.
Amis	Les amis et les pairs continuent d'être importants. Les célibataires se cherchent un partenaire. Les activités sexuelles ont toujours beaucoup d'importance.	Les amis deviennent moins importants avec l'augmentation de la taille de la famille. Les adultes se fient moins à l'opinion des pairs pour prendre des décisions.	Avec le départ des enfants, les amis reprennent de l'importance. L'activité sexuelle peut diminuer.	Les amis et les pairs commencent à mourir. On dispose de plus de temps pour ceux qu'on aime. De vieilles amitiés sont renouées.
Croissance personnelle	Le rythme de développement ralentit et les étapes deviennent moins prononcées. Le psychologue Eric Erikson appelle cela «l'étape de l'intimité et non de l'isolation» : le temps de mettre à l'épreuve sa propre identité et de continuer à croître ou le temps de cacher son identité et de stagner.	Une étape de création et de production, souvent accompagnée d'insatisfaction à l'égard des choix antérieurs, et du désir de changer de direction afin de construire une vie nouvelle et plus solide.	Il peut se produire une crise du milieu de la vie lorsque certains confrontent leur propre mortalité avec les choix effectués dans le passé.	L'individu en vient à accepter son passé, sa vie et l'approche de la mort, ou il devient amer et désespéré.

SOURCE : *The Futurist*, février 1979. Reproduit avec autorisation.

marqué par une diminution importante de la croissance personnelle, car plusieurs consommateurs sont alors limités par les choix qu'ils ont faits dans les années antérieures. La prise de conscience (ou la confrontation) qui survient au milieu de la vie d'une personne peut souvent s'accompagner d'un besoin de conseils psychiatriques ou d'un besoin d'activités permettant de relancer une carrière en déclin ou de compenser par autre chose : un second emploi, des activités communautaires, des voyages plus longs et mûrement préparés, des produits de luxe et des façons d'améliorer la vie quotidienne (des meubles et de la nourriture plus raffinés, des robots culinaires et des fours à micro-ondes, une maison plus agréable, des passe-temps exotiques).

Bien entendu, les données présentées au tableau 1.2 pourraient être bien plus détaillées, de façon à fournir de l'information sur le style de vie et l'utilisation des produits pour chacun des groupes d'âge. Cela peut être réalisé au moyen d'enquêtes menées auprès de consommateurs faisant partie de chaque groupe d'âge. De plus, on pourrait rétrécir les tranches d'âge, de façon à déterminer un plus grand nombre de segments basés sur l'âge des consommateurs. Cet exemple relatif au cycle de vie montre comment le responsable de marketing peut prévoir **la demande éventuelle pour les futurs biens de consommation**. Ainsi, la chaîne de magasins à rayons Eaton se sert d'une matrice âge-revenu pour suivre les changements qui se produisent dans les habitudes d'achat des consommateurs au fur et à mesure qu'ils vieillissent[19]. Une telle construction de scénario constitue une première étape indispensable aux prises de décision reliées à l'innovation et à la conception de nouveaux produits, à la planification de la capacité de production et des réseaux de distribution ainsi qu'à la formation des travailleurs (par exemple, on doit former des infirmiers et infirmières dès maintenant si on veut pouvoir répondre aux besoins de services de santé entraînés par le vieillissement des *baby boomers*). La seconde étape consiste à estimer la demande future pour de tels biens en comptant les têtes. Cette procédure est décrite dans les lignes qui suivent.

La figure 1.4 présente des projections concernant la population canadienne à chacune des quatre étapes du cycle de vie décrites au tableau 1.2. Pour la période s'étendant de 1986 à 2006, cette figure présente, pour chacun des quatre groupes, des taux de croissance et de déclin qui varient d'une manière importante. Alors qu'on prévoit une **diminution** de la population des 25 à 39 ans, qui passera de 6,6 millions en 1986 à

FIGURE 1.4

Projections de la population canadienne à chacune des quatre étapes de la vie, 1986-2006

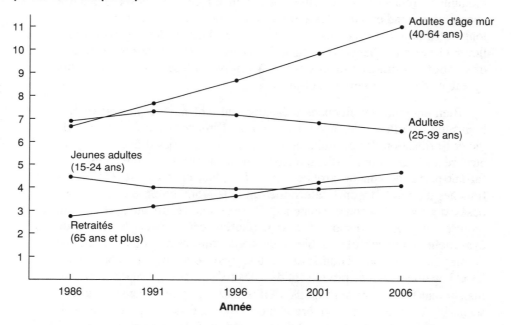

Nombre de millions de personnes à chaque étape

SOURCE: Statistique Canada, *Market Research Handbook 1984*, éd. rév., cat. 63-224, Ottawa, ministère de l'Approvisionnement et des Services, novembre 1984, tableau 3-42.

6,1 millions en l'an 2006, on prévoit que la population des 40 à 64 ans passera de 6,5 millions à 10,5 millions durant cette période de 20 ans. Le groupe des consommateurs d'âge mûr connaîtra donc une augmentation de 60 %, et on peut s'attendre à une augmentation en conséquence du volume des produits recherchés par ces consommateurs. Étant donné que, pour plusieurs spécialistes de marketing, 20 ans est une période qui correspond à l'horizon de planification qu'ils utilisent couramment, il s'agit d'une transition que l'on ne peut se permettre d'ignorer. Même à l'intérieur d'une période de planification de 5, 10 ou 15 ans, les changements de population prévus pour le groupe des adultes d'âge mûr demeurent substantiels.

Des changements semblables se produiront au Canada pour le groupe des personnes retraitées. Tandis que les projections indiquaient, pour 1986, un total de 2,7 millions de personnes âgées de 65 ans et plus, ce chiffre augmente à 4,2 millions pour l'an 2006, ce qui correspond à une croissance de 55 % du nombre de consommateurs qui vivent du revenu de leur pension, qui ne travaillent pas de 9 heures à 5 heures chaque jour, qui disposent de beaucoup plus de temps libre et qui sont probablement en meilleure santé que leurs homologues des générations antérieures. Ces individus ont une forte tendance à consommer des biens qui permettent de passer le temps comme les voyages organisés, les visites de galeries et de musées, les visites aux parents et aux amis, les meubles et autres objets à assembler soi-même, les sports et les jeux, la lecture et les services offerts par les bibliothèques; ils sont moins portés à utiliser des biens permettant d'économiser du temps comme les guichets bancaires automatiques, la nourriture à préparation rapide, les repas tout prêts, les appareils ménagers permettant d'économiser du temps, les services d'entretien du foyer, les repas livrés à domicile ou à emporter et les services de transports rapides[20]. Au contraire, toujours selon ces projections, le groupe des jeunes adultes (les 15 à 24 ans) diminuera, passant de 4,3 millions en 1986 à 3,7 millions en 1996, pour ensuite augmenter à 4 millions en 2006.

Les projections démographiques pour différents groupes d'âge, comme celles de Statistique Canada présentées dans la figure 1.4, constituent un outil de prévision qui permet aux spécialistes de marketing d'aujourd'hui de connaître dès maintenant les niveaux de la demande future pour les biens suceptibles d'être recherchés par les consommateurs de demain dans chaque groupe d'âge. La troisième étape de la planification de la demande à long terme consiste à raffiner les prévisions concernant la demande future en évaluant les effets de changements possibles dans les valeurs et les styles de vie des consommateurs. En d'autres mots, les scénarios de style de vie présentés au tableau 1.2 seront-ils valables pour les *baby boomers*? Cette étape est la plus difficile des trois, comme nous le verrons plus bas.

Plusieurs des tendances apparaissant aujourd'hui chez les *baby boomers* influenceront les valeurs des consommateurs et la demande future pour les biens de consommation. L'un des symptômes de ces tendances est le taux de fertilité généralement bas, qui indique la décision prise par plusieurs *baby boomers* d'avoir moins d'enfants que les générations qui les ont précédés. La figure 1.5 souligne le déclin remarquable du taux de fertilité observé au Canada depuis 1959. Cette diminution de 59 % du nombre d'enfants par femme, le nombre étant passé de 3,9 en 1959 à 1,69 en 1982, a été appelée «la tendance la plus importante dans l'histoire de la fertilité canadienne[21]». La moyenne de 1,69 enfant par femme a été atteinte alors que le groupe de *baby boomers* le plus important était déjà âgé de 36 ans et avait donc dépassé le stade des meilleures années de procréation.

Pourquoi les *baby boomers* ont-ils moins d'enfants? Cela peut s'expliquer en partie par le changement qui s'est produit dans les attitudes de la société à l'égard du fait d'avoir peu ou pas d'enfants. Une meilleure connaissance des méthodes contraceptives, lesquelles sont devenues plus accessibles et plus efficaces, ainsi qu'une diminution des obstacles juridiques et des objections d'ordre religieux et moral à l'égard de la limitation des naissances ont facilité la planification des naissances[22]. Parmi les autres facteurs qui ont contribué à la diminution du taux de fertilité, on note une augmentation des possibilités d'emploi pour les femmes, une augmentation du nombre de couples à double carrière, la remise à plus tard de la maternité et de la paternité, ainsi qu'une élévation de la moyenne d'âge des nouveaux mariés, tant chez les femmes que chez les hommes[23]. La compétition d'ordre économique chez les *baby boomers* constitue sans aucun doute un autre facteur clé. Ayant été élevés dans une période d'abondance ininterrompue, contrairement à leurs parents qui, eux, ont grandi durant une période de dépression, les *baby boomers* ont des attentes élevées à l'égard de la vie[24]. Or, il est possible que leurs attentes ne puissent être satisfaites. La compétition entraînée par la taille même de ce groupe implique que plusieurs *baby boomers* devront se battre pour avoir une carrière satisfaisante et des promotions régulières dans une économie incapable de les absorber entièrement[25]. La compétition associée à la recherche d'une vie agréable et à la poursuite d'une carrière sont d'autres facteurs qui encouragent plusieurs *baby boomers* à abandonner l'idée d'avoir une famille: on renonce aux enfants afin d'obtenir un niveau de vie plus élevé[26]. De plus, le style de vie trépidant, aux horaires trop chargés, des couples à double carrière et sans enfants (appelés DINKS en anglais) laisse peu de temps ou de goût pour élever une famille[27]. Afin de pouvoir consommer un ensemble de biens qui leur

FIGURE 1.5
Le taux global de fertilité au Canada, 1926-1982

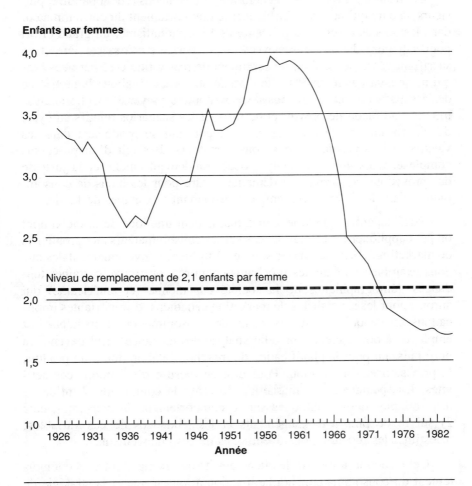

Enfants par femmes

Niveau de remplacement de 2,1 enfants par femme

Année

SOURCE: Statistique Canada, *Canada's Population: Demographic Perspectives*, cat. 98-802E, Ottawa, ministère de l'Approvisionnement et des Services, septembre 1979, charte 4; données additionnelles issues du *Handbook of Canadian Consumer Markets*, 3e éd., Ottawa, Conference Board of Canada, 1984, p. 36. Reproduit avec la permission du ministère de l'Approvisionnement et des Services.

permettront d'avoir une vie agréable, ces couples renoncent à une autre décision de consommation: celle de la fertilité.

En résumé, avec cette génération, nous avons vu apparaître plusieurs valeurs qui pourront influencer le comportement du consommateur dans les années à venir: la primauté de l'individualisme, un grand effort pour satisfaire des attentes élevées en se consacrant à sa carrière et en sacrifiant la vie de famille, un sentiment de frustration créé par des rêves qui ne se sont pas réalisés sur le marché du travail ainsi que la recherche de la satisfaction et de la réussite par d'autres moyens[28]. Cette analyse montre une façon de prévoir et de raffiner les scénarios relatifs au cycle de vie en suivant de près les changements qui se produisent dans les valeurs et le style de vie des consommateurs. Il s'agit d'un processus complexe, mais une telle analyse peut grandement améliorer la justesse des prévisions concernant la demande future pour les biens de consommation dans les divers segments correspondant aux étapes de la vie.

Nous espérons que le lecteur a maintenant une idée de la façon dont on peut appliquer les connaissances sur les consommateurs aux problèmes de marketing. Parmi les autres sources d'influence environnementales que nous examinerons dans les prochains chapitres, on trouve certaines tendances démographiques de la société canadienne (et américaine) qui auront, pour les spécialistes de marketing canadiens, d'importantes implications en ce qui a trait aux biens de consommation. Lorsqu'elle est employée à bon escient, une telle analyse des tendances peut devenir un outil puissant pour la planification du marché, l'élaboration d'un produit, la prévision et l'innovation. Pour être en mesure d'accomplir ces activités, les spécialistes de marketing doivent: 1) comprendre l'influence des variables démographiques sur le comportement du consommateur; 2) suivre de près les changements et les tendances de ces variables; 3) estimer les répercussions éventuelles de ces changements.

Cette section a montré les liens étroits qui existent entre le comportement du consommateur, la planification à long terme et la stratégie de marketing. Les autres chapitres montreront le lien qui existe entre les concepts reliés au comportement du consommateur et l'action managériale.

RÉSUMÉ

Le comportement du consommateur est une discipline universitaire qui possède une grande valeur pratique et une base théorique solide. Fermement enraciné dans les sciences sociales et les mathématiques, ce domaine d'étude relativement jeune a déjà produit des théories, des concepts, des outils, des modèles ainsi qu'une somme imposante de résultats de recherche.

La consommation des produits et services contribue grandement à la prospérité du Canada et au bien-être humain. La production et le marketing de ces biens exigent une compréhension des consommateurs, de leurs besoins et des raisons motivant leurs décisions de consommation.

Le chapitre 1 introduit l'étude du comportement du consommateur et présente les grandes lignes de l'histoire de cette discipline, l'état actuel des connaissances et la direction que prendra cette discipline dans les années à venir. Il procure un avant-goût des nombreuses facettes du comportement du consommateur et montre comment les spécialistes de marketing peuvent utiliser leur connaissance des consommateurs pour élaborer des produits, segmenter le marché et faire correspondre les produits aux segments de marché.

Le comportement du consommateur est défini comme **l'ensemble des pensées, des sentiments et des activités associés au processus d'acquisition et de consommation d'un bien économique.** Par «bien économique», on entend tout produit, tout service, toute activité, toute expérience ou toute idée qui peut être utile au consommateur. Bref, un bien économique est une chose tangible ou intangible qui satisfait un ou plusieurs besoins et qui peut procurer au moins un avantage au consommateur.

La plupart des biens sont multidimensionnels, c'est-à-dire qu'ils peuvent procurer plusieurs sortes d'avantages et satisfaire plusieurs besoins. Un bien économique donné peut satisfaire des besoins très différents d'un individu à l'autre.

Le comportement du consommateur est un processus complexe. L'acte, simple en apparence, de choisir un bien dans le but de le consommer implique une série de pensées, de sentiments et d'activités orientés vers l'atteinte d'un but. Ce processus entre en jeu chaque fois qu'un consommateur prend conscience d'un besoin insatisfait et décide de le satisfaire. Des choix potentiels sont évalués, des décisions sont prises, des actions sont entreprises et une certaine satisfaction – ou insatisfaction – est ressentie. Le consommateur compare son expérience de consommation avec ses attentes initiales et emmagasine dans sa mémoire les résultats de cette évaluation pour les utiliser ultérieurement.

Le processus que traverse le consommateur comporte cinq étapes distinctes: le **déclenchement**, la **recherche** et l'**évaluation**, l'**intention**, la **décision** et la **consommation**. (Un modèle du comportement du consommateur impliquant ces différentes étapes sera décrit au chapitre 2.) Pour comprendre le comportement du consommateur, vous devez connaître:

– la source et la nature des besoins humains qui **déclenchent** le processus de consommation poussant les gens à acquérir et à consommer des biens économiques en vue de satisfaire des besoins;
– les processus de **recherche** et d'**évaluation** que les consommateurs utilisent pour déterminer les divers choix possibles;
– la façon dont les consommateurs forment des **intentions** de comportement et en arrivent à préférer un choix en particulier;
– la nature et l'influence des **décisions** des consommateurs;
– l'effet de l'expérience de **consommation** et l'influence qu'elle aura sur les futures décisions d'acquisition et de consommation.

Il existe un lien très étroit entre le comportement du consommateur, la planification à long terme et la stratégie de marketing. Les tendances démographiques et les changements de valeurs ont des conséquences importantes, en ce qui a trait aux biens de consommation, pour les spécialistes de marketing canadiens. Pour réussir dans la planification du marché, dans l'élaboration d'un produit, dans la prévision et dans l'innovation, on doit avoir une compréhension approfondie du processus du comportement du consommateur et on doit comprendre comment ce processus sera influencé par les changements se produisant dans la société.

QUESTIONS ET DISCUSSIONS

1. Expliquez pourquoi il est nécessaire de comprendre les consommateurs pour concevoir des stratégies de marketing.

2. La recherche sur les consommateurs joue-t-elle un rôle tant sur le plan social que sur le plan économique? Donnez des exemples pour appuyer vos arguments.

3. Expliquez comment le gouvernement fédéral peut se servir des objections des gens concernant les vacances en Europe pour promouvoir les vacances au Canada. Servez-vous pour ce faire des raisons invoquées dans le premier exemple du tableau 1.1.

4. Référez-vous au second exemple du tableau 1.1. Après avoir examiné les raisons pour et contre la visite des musées, énumérez plusieurs choses que peut faire un musée d'histoire naturelle, dans une perspective à long terme, pour augmenter la fréquence des visites ainsi que l'aide fournie par le public.

5. Vous référant au troisième exemple du tableau 1.1, proposez un plan de marketing destiné à la Fondation canadienne du rein; ce plan doit être conçu de façon à triompher des objections formulées par certains segments de consommateurs qui s'opposent à l'idée de contribuer à cette fondation.

6. Décrivez la série de pensées, de sentiments et d'activités orientés vers l'atteinte d'un but qui accompagne le processus associé au choix d'une université après l'obtention du diplôme d'études collégiales.

7. «Le niveau (ainsi que la qualité) de vie des pays en voie de développement peut être grandement amélioré par l'application des principes de marketing à ces nations, à partir d'une compréhension des besoins et des valeurs des consommateurs qui y vivent.» Commentez cet énoncé.

8. Étant donné la tendance de la pyramide des âges de la population canadienne, entraînée principalement par le vieillissement des *baby boomers*, quels changements sont susceptibles de se produire par rapport au marché du divertissement chez le groupe:
   a) des consommateurs adultes (les 25 à 39 ans)?
   b) des consommateurs adultes d'âge mûr (les 40 à 64 ans)?
   c) des consommateurs à la retraite (les 65 ans et plus)?

9. Si, au Canada, le taux de fertilité continue de rester au même niveau que dans les dernières années et si les *baby boomers* renoncent toujours à l'idée d'avoir autant d'enfants que leurs parents en ont

eu, quelles sont les conséquences à long terme pour le marketing des biens de consommation?

10. Le fait de porter une ceinture de sécurité en conduisant une automobile constitue-t-il un bien économique? Expliquez votre réponse.

RÉFÉRENCES

1. Synthia Webster, «Exploratory Survey of Students and Professors Finds Consumer Behaviour Isn't Too Theoretical to be Practical», *Marketing Educators*, 5, n° 1, hiver 1986, p. 4.
2. «The Pause that Represses», *Science Digest*, août 1986, p. 15.
3. Robert F. Kelly, «Museums as Status Symbols II: Attaining a State of Having Been», *Advances in Nonprofit Marketing*, vol. 2, Éd. Russell W. Belk, Greenwich, Connecticut, JAI Press Inc., 1987, p. 1-38.
4. Pour établir une comparaison intéressante entre la perspective du traitement de l'information et la vision du comportement du consommateur basée sur l'expérience, voir Morris B. Holbrook et Elizabeth C. Hirschman, «The Experiential Aspects of Consumption: Consumer Fantasies, Feelings, and Fun», *Journal of Consumer Research*, 9, septembre 1982, p. 132-140.
5. Roy Sheldon et Egmont Arens, *Consumer Engineering: A New Technique for Prosperity*, New York, Harper & Brothers, 1932; réimprimé par Arno Press Inc., 1976, p. 1. Pour une comparaison des théories sur les consommateurs à cette époque, voir également Walter B. Pitkin, *The Consumer: His Nature and His Changing Habits*, New York, McGraw-Hill, 1932.
6. Sheldon et Arens, *Consumer Engineering*.
7. *Ibid.*, p. 96.
8. *Ibid.*, p. 19.
9. William J. Stanton, Montrose S. Sommers et James G. Barnes, *Fundamentals of Marketing*, 4ᵉ éd., Toronto, McGraw-Hill Ryerson, 1985, p. 12-15.
10. L'analyse qui suit est grandement inspirée de James F. Engel, Roger D. Blackwell et David T. Kollat, *Consumer Behavior*, 3ᵉ éd., Hinsdale, Illinois, Dryden Press, 1978, p. 545-555.
11. *Membership Directory, 1986*, Provo, Utah, Association for Consumer Research, 1986. Pour de l'information sur l'inscription, veuillez contacter le secrétaire exécutif, Association for Consumer Research, Graduate School of Management, 632 TNRB, Brigham Young University, Provo, Utah 84602, U.S.A. Téléphone: (801) 378-2080.
12. C.R. Farquhar et C. FitzGerald, *Handbook of Canadian Consumer Markets*, 3ᵉ éd., Ottawa, Conference Board of Canada, 1984, p. 33; données supplémentaires de Statistique Canada.
13. Randall Litchfield, «Tracking the Baby Bulge», *Canadian Business*, novembre 1978, p. 123.
14. Statistique Canada, *Canada's Population: Demographic Perspectives*, cat. 98-802E, Ottawa, ministère de l'Approvisionnement et des Services, septembre 1979.
15. «Canadian Population: Past Trends and Future Prospects», Banque canadienne impériale de commerce, *Commercial Letter*, n° 2, 1979, p. 3.
16. Farquhar et FitzGerald, *Handbook of Canadian Consumer Markets*, p. 62-64; Recensement Canada 1951.
17. Statistique Canada, *Market Research Handbook 1984, rev.*, cat. 63-224, Ottawa, ministère de l'Approvisionnement et des Services, novembre 1984, tableau 3-42, p. 294.
18. «The Baby Boomers Turn 40», *Time*, 19 mai 1986, p. 26-35.
19. Litchfield, «Tracking the Baby Bulge», p. 127.

20. Pour un examen des biens utilisateurs de temps en regard des biens économisateurs de temps, voir James F. Engel, Roger D. Blackwell et Paul W. Miniard, *Consumer Behavior*, 5ᵉ éd., Chicago, Dryden Press, 1986, p. 260-264.

21. Statistique Canada, *Canada's Population : Demographic Perspectives*.

22. *Ibid.*

23. «Canadian Population : Past Trends and Future Prospects», p. 3.

24. Commentaire de Daniel Yankelovitch dans «Downward Mobility», transcription de *U.S. Chronicle*, émission US-36, New York, WNET-TV, 1981, p. 5.

25. Commentaires de Lester Thurow, *ibid.*, p. 2-5. Voir également Litchfield, «Tracking the Baby Bulge», p. 130.

26. «Three's a Crowd», *Newsweek*, 1ᵉʳ septembre 1986, p. 68-76.

27. «Here Come the DINKS», *Time*, 20 avril 1987, p. 73-74.

28. «The Baby Boomers Turn 40».

2

La modélisation du comportement du consommateur : le processus décisionnel suivi par le consommateur

INTRODUCTION

La meilleure façon d'étudier le comportement du consommateur est de chercher à comprendre **pourquoi** les consommateurs agissent comme ils le font. La plupart de ceux qui étudient ce sujet sont préoccupés de savoir **comment** se comportent les consommateurs sur le marché. Ils se bornent à considérer certains faits particuliers ou ils essaient de se rappeler certaines données décrivant ce que les consommateurs ont fait ou n'ont pas fait dans une situation particulière, espérant que ces **données descriptives** les renseigneront sur les meilleures stratégies de marketing à utiliser ultérieurement dans des situations semblables. Cette façon de voir les choses est également très répandue dans les milieux d'affaires, particulièrement dans le secteur du marketing, ainsi que dans les autres secteurs de l'économie: «Dites-moi ce qui a bien, et n'a pas bien, fonctionné, et j'adopterai les stratégies qui ont réussi.» Tout va bien jusqu'à ce que les stratégies qui ont réussi dans le passé entraînent un échec sur un marché particulier, ce qui crée chez le spécialiste de marketing une incertitude quant à la façon de desservir ce marché à l'avenir.

L'approche descriptive est incapable de révéler pourquoi une certaine stratégie de marketing a réussi, alors qu'une autre a échoué. Elle est également incapable de révéler pourquoi deux stratégies de marketing semblables, appliquées à des moments différents, dans des circonstances en apparence identiques, ont entraîné chez les consommateurs des réactions opposées, souvent au grand étonnement du spécialiste de marketing. Chez le consommateur, la **façon** de se comporter varie selon les circonstances, tandis que les **motivations** sous-jacentes aux divers comportements (par exemple, le fait de choisir certains produits et services plutôt que d'autres) ont tendance à demeurer stables. Les êtres humains s'adaptent à l'évolution des conditions environnementales et ils ajustent généralement leur comportement de consommation en conséquence, de façon qu'il soit compatible avec les changements qui se produisent, par exemple, dans l'influence des groupes sociaux ou des groupes de référence, dans les conditions économiques générales ou dans le cycle de vie familial. Cependant, à la base d'un comportement qui s'adapte se trouvent des besoins profondément enracinés que le consommateur continuera de vouloir satisfaire. Ces besoins sont plus permanents que ne l'est le comportement du consommateur à l'égard de la situation présente. La compréhension de ces motivations procure une base **normative** pour les efforts de marketing orientés vers les consommateurs.

Dans ce chapitre, nous présenterons un modèle détaillé décrivant le processus de la consommation. Nous débuterons par des modèles simples pour terminer par un modèle relativement complexe décrivant le processus de prise de décision du consommateur. La dernière partie de ce chapitre fournit un exemple détaillé de décision de consommation personnelle et utilise le modèle pour expliquer ou interpréter chacune des étapes du processus décisionnel.

LA MODÉLISATION DU COMPORTEMENT DU CONSOMMATEUR

Pour expliquer l'approche constituée par la modélisation, nous décrirons les mérites et les inconvénients de trois catégories de modèles: 1) les modèles distributifs; 2) les modèles intrant-extrant; 3) les modèles du processus décisionnel. Bien que chaque approche soit utile, nous mettrons l'accent sur les mérites de celle associée au processus décisionnel[1].

LES MODÈLES DISTRIBUTIFS

Les modèles distributifs ont traditionnellement été utilisés par les économistes et les statisticiens pour décrire des habitudes de consommation collectives. La figure 2.1 constitue un exemple de modèle distributif. De tels modèles montrent la relation existant entre une variable indépendante (par exemple, le revenu familial total) et une variable dépendante (comme la proportion de ce revenu consacrée aux vêtements, à la nourriture ou aux loisirs). Le modèle décrit une relation univoque: nous prenons une variable qui nous intéresse (combien la famille dépense pour l'éducation) et nous la rattachons à une autre variable qui nous intéresse également (le revenu familial)[2]. En calibrant ces variables comme on l'a fait dans le modèle de la figure 2.1, nous pouvons décrire comment différents groupes déterminés par le revenu familial dépensent leur argent, et nous pouvons ainsi modéliser avec précision l'un des aspects du comportement de consommation.

La modélisation des dépenses familiales

Examinons ce que le modèle distributif de la figure 2.1 nous apprend au sujet des consommateurs. Au fur et à mesure que le revenu augmente, les sommes consacrées aux loisirs et à l'éducation représentent une plus grande proportion du revenu familial. Notez que nous avons modélisé les changements de la proportion ou du pourcentage du revenu total dépensé pour divers biens, et non les dépenses totales. Ainsi, on a vu qu'au fur et à mesure que les familles se situent dans des tranches de revenu plus élevées, elles allouent de plus larges proportions de leur

FIGURE 2.1
Un modèle distributif montrant la relation entre le revenu familial et les dépenses familiales pour divers biens

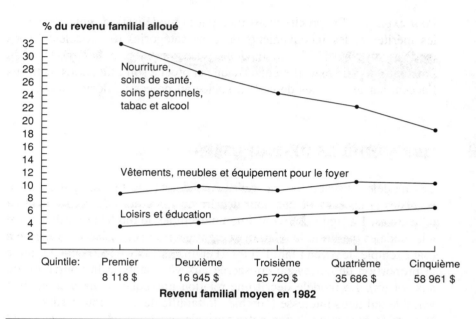

SOURCE: Statistique Canada, *Market Research Handbook 1984*, éd. rév., cat. 63-224, Ottawa, ministère de l'Approvisionnement et des Services, novembre 1984, tableau 4-31.

revenu aux produits et aux services associés aux loisirs et à l'éducation. Cependant, les dépenses de vêtements, de meubles et d'équipement pour le foyer demeurent relativement stables, représentant entre 9,2 % et 10 % du revenu total, pour chacun des cinq groupes de revenu familial présentés dans la figure 2.1[3].

Un examen des dépenses totales de nourriture, de soins de santé, de soins personnels, de tabac et d'alcool révèle qu'au fur et à mesure que les familles obtiennent des revenus plus élevés, elles semblent allouer des proportions plus petites de leur revenu à ces produits et services. Les relations schématisées dans la figure 2.1 ont été observées pour la première fois en 1857 par un statisticien allemand nommé Ernst Engel; depuis ce temps, on a généralisé ces observations, qui sont devenues les «lois d'Engel sur la consommation personnelle». Le portrait qui s'en dégage est que les familles dépensent leur revenu d'une manière différente selon qu'elles se situent dans telle ou telle tranche de revenu.

Les familles canadiennes qui se situaient, en 1982, dans la tranche de revenu inférieure (représentant 20 % de l'ensemble, avec un revenu moyen de 8 118 $) dépensaient 4,1 % de leur revenu pour les loisirs et l'éducation, alors que les familles se situant dans la tranche de revenu supérieure (représentant 20 % de l'ensemble, avec un revenu moyen de 58 961 $ en 1982) dépensaient 6,1 % de leur revenu total pour ces mêmes produits[4]. Non seulement les familles à haut revenu dépensent plus d'argent pour l'éducation et les loisirs, mais elles allouent également une plus grande **proportion** de leur revenu à ces produits. Pourquoi cela ? Malheureusement, les modèles distributifs ne peuvent répondre à ce genre de question.

Les avantages et les inconvénients des modèles distributifs

L'approche des modèles distributifs est relativement simple. Les données requises pour la modélisation sont généralement faciles à obtenir de banques de données publiques comme celles de Statistique Canada et du Conference Board of Canada. Lorsque de telles données secondaires ne sont pas disponibles, on peut facilement obtenir des données primaires au moyen d'une recherche commerciale. Un autre avantage de ce type de modèle est qu'il permet de mettre en relief des options stratégiques pour le marketing s'il s'avère que la relation existant entre les deux variables est claire ou mesurable. Par exemple, les relations décrites par les lois d'Engel ou celles montrées dans la figure 2.1 pourraient servir à segmenter le marché en formant des groupes déterminés par le revenu familial. Il est évident que les groupes à revenu plus élevé constituent pour les fournisseurs de vacances outre-mer ou pour les fournisseurs de régimes enregistrés d'épargne-éducation des clients potentiels plus lucratifs que ne le sont les familles à revenu plus faible.

Un inconvénient important des modèles distributifs est qu'ils sont incapables d'expliquer pourquoi les consommateurs se comportent de telle ou telle manière. Ainsi, le modèle de la figure 2.1 n'explique pas quels facteurs peuvent encourager les familles à allouer des proportions de plus en plus grandes de leur revenu à des biens récréatifs, au fur et à mesure qu'augmente leur revenu.

Un deuxième inconvénient de ces modèles est qu'ils sont extrêmement statiques ; ils conçoivent la consommation comme un acte ponctuel et ne considèrent pas la prise de décision du consommateur comme un processus. Aucun processus n'apparaît ici, seulement le résultat final associé à une certaine tranche de revenu. Ces inconvénients nous obligent à chercher une meilleure approche de modélisation.

■ LES MODÈLES INTRANT-EXTRANT

Les modèles intrant-extrant sont également connus sous le nom de modèles **stimulus-réponse**. Ces appellations suggèrent que nous schématisons le comportement en mesurant ou en décrivant un certain intrant (comme l'implantation d'un marketing-mix par une entreprise), pour ensuite décrire l'extrant ou le résultat qu'il produit (comme les ventes unitaires sur le marché ou les attitudes du consommateur à l'égard de l'entreprise) ; en d'autres mots, nous exposons les consommateurs à certains stimuli et nous observons ensuite les réponses obtenues. Le chercheur peut même réaliser des expériences avec divers intrants et ensuite observer tout changement se produisant dans les extrants correspondants. La figure 2.2 présente un exemple de ce type de modèle.

Les intrants, par exemple, les composantes du marketing-mix, les activités des concurrents, les conditions économiques et le niveau de maturité du marché, sont présentés à l'extrémité de gauche du modèle. À l'autre extrémité, on trouve les extrants intéressant le spécialiste de marketing, par exemple, l'achat du produit par les clients faisant partie d'un certain segment de marché. Entre les intrants et les extrants se situent les gens qui prennent les décisions de consommation – c'est-à-dire les consommateurs –, mais on représente ces derniers à l'aide d'une boîte noire qui ne fait pas partie de l'effort de modélisation. Ce genre de modèle nous permet de déterminer avec une assez grande précision les différents types de réponses que peut entraîner chaque combinaison d'intrants.

FIGURE 2.2
Un modèle intrant-extrant décrivant le comportement du consommateur

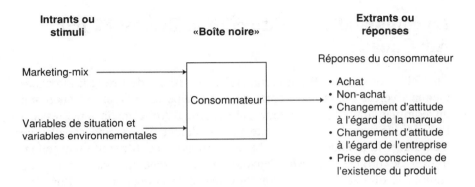

Les avantages et les inconvénients des modèles intrant-extrant

Les modèles intrant-extrant peuvent être très utiles et forment parfois la base d'expérimentations comportant plusieurs stimuli. Par exemple, dans les tests de marché, les entreprises peuvent essayer diverses combinaisons de conception du produit, de prix, de promotion et de distribution, vérifiant chacune de ces combinaisons dans le but de déterminer quel marketing-mix est le plus efficace. À partir d'une base de données sur les réponses produites chez les consommateurs à l'aide de différentes combinaisons d'intrants, on peut savoir comment les consommateurs auront tendance à se comporter à l'avenir. Une grande partie des connaissances et des théories sur le comportement du consommateur provient de résultats obtenus à la suite de nombreuses années de modélisation de type intrant-extrant et d'expérimentations en marketing, en psychologie, en économie et en sociologie.

Parce que la modélisation intrant-extrant ne s'occupe pas du **processus** de consommation qui se cache dans la boîte noire, les scientifiques doivent chercher à deviner ce qui se passe entre le moment où l'on expose le consommateur à certains intrants et l'obtention de réponses observables. Cela fait que le chercheur s'occupe exclusivement des extrants constitués par les résultats finaux, même s'il peut y avoir des sous-résultats, des effets provisoires et des étapes décisionnelles avant qu'une véritable réponse comportementale s'observe sur le marché. Ce principal inconvénient des modèles intrant-extrant est illustré par l'exemple qui suit.

☐ La commandite de l'expédition Everest 82 par Air Canada

En 1982, Air Canada fut le commanditaire officiel de l'expédition canadienne Everest 82. Ayant appris qu'une équipe canadienne se cherchait un commanditaire, le directeur publicitaire d'Air Canada s'intéressa à l'expédition, étant convaincu que le fait d'aider une équipe canadienne à escalader la montagne la plus haute au monde constituerait un excellent moyen de promouvoir Air Canada sur le marché national. Avec son équipe, le directeur élabora donc un plan de commandite que l'on présenta à la haute direction d'Air Canada ; la compagnie accepta de dépenser une somme de 400 000 $ pour financer l'expédition Everest 82. Air Canada apporta son soutien à l'équipe pour la logistique et le transport entre le Canada et Katmandu, au Népal. De plus, Air Canada s'associa à l'expédition dans une campagne promotionnelle nationale qui dura un an et demi.

Dans un modèle intrant-extrant, l'effort de publicité d'Air Canada, sur le plan national, représente l'intrant marketing. Dans les semaines et dans les mois qui ont suivi le succès d'Everest 82, les gestionnaires d'Air Canada ont suivi attentivement les parts de marché constituées par les ventes de billets d'avion aux voyageurs sur les vols intérieurs – les extrants – et n'ont observé aucun changement perceptible entre les périodes qui ont précédé et celles qui ont suivi la campagne en ce qui a trait aux parts de marché ou aux billets vendus. À partir d'un modèle intrant-extrant, on serait tenté de conclure que l'intrant n'a pas eu d'effet sur le comportement du consommateur, que la compagnie a dépensé 400 000 $ et risqué son image sans pouvoir montrer de résultats tangibles à la suite de ses efforts promotionnels.

Or, en réalité, la boîte noire du modèle peut dissimuler plusieurs étapes intermédiaires entre l'intrant et l'extrant comme, par exemple, des changements dans la perception du public à l'égard d'Air Canada, que les consommateurs ont appris à voir comme une compagnie responsable et innovatrice, des changements positifs dans les attitudes des voyageurs à l'égard de la compagnie aérienne ou, tout simplement, une plus grande notoriété de la compagnie auprès de la population canadienne. Des perceptions ou des attitudes favorables à l'égard d'Air Canada pourraient éventuellement déboucher sur la vente de billets additionnels. L'incapacité du modèle de tenir compte des étapes ou des processus intermédiaires se produisant dans la boîte noire peut limiter la compréhension du comportement du consommateur et peut porter à conclure que les intrants n'ont pas eu d'effet. En réalité, Air Canada a effectivement découvert que la commandite d'Everest 82 avait eu un certain effet sur les consommateurs: ayant effectué un premier sondage d'opinion juste avant l'escalade du mont Everest et un deuxième, juste après, la compagnie a découvert que l'attitude du public à son égard s'était améliorée, l'expédition s'étant révélée un succès.

En résumé, un important inconvénient des modèles intrant-extrant est qu'ils ne permettent pas de définir le processus de prise de décision du consommateur qui se situe entre l'intrant et l'extrant. Cependant, ces modèles suggèrent l'existence d'un processus: il se passe quelque chose à l'étape de l'intrant; il se passe quelque chose à l'étape de la boîte noire; il se passe quelque chose – un résultat – à l'étape de l'extrant. Logiquement, la prochaine étape est d'ouvrir la boîte noire dans le but de savoir en quoi consistent les étapes intermédiaires. Cela est précisément ce qu'essaie de faire la troisième catégorie de modèles.

LES MODÈLES DU PROCESSUS DÉCISIONNEL

Les modèles du processus décisionnel constituent une catégorie plus récente de modèles décrivant le comportement du consommateur. Ces modèles expliquent ce qui se passe dans la boîte noire des modèles intrant-extrant. Ils présentent également les divers types d'intrants d'une manière plus détaillée. Ces intrants sont constitués non seulement par les marketing-mix, mais également par des variables environnementales comme les influences exercées sur les consommateurs par les groupes de référence, la classe sociale, la culture, la famille et l'économie, et par des variables de situation (variables exogènes) qui influencent les décisions de consommation. Les modèles du processus décisionnel précisent également les divers types d'extrants, tels les perceptions, les attitudes, les intentions, les satisfactions, les expériences et les souvenirs, en plus des comportements observables. Mais surtout, ce type de modèle reconnaît que la consommation d'un bien est plus qu'une simple action, qu'elle constitue un processus complexe formé de nombreuses étapes et sous-décisions ayant un effet cumulatif sur les décisions de consommation futures.

Les modèles du processus décisionnel décrivant le comportement du consommateur remplissent donc trois fonctions :
- ils prennent en considération les influences sociales et environnementales ;
- ils décrivent le processus de décision d'une façon très détaillée ;
- ils reconnaissent et spécifient l'ensemble des résultats obtenus.

Pour ces raisons, on considère que ce troisième type de modèle est celui qui est le plus utile pour aider à comprendre le comportement du consommateur. C'est donc l'approche que nous utiliserons tout au long de ce volume.

Pour percer le mystère de la boîte noire, nous pourrions commencer par déterminer un ensemble de variables, puis émettre des hypothèses quant aux relations existant entre ces variables ; nous pourrions ensuite effectuer une recherche empirique (comportant à la fois des expériences et des enquêtes) sur une période de plusieurs années afin de vérifier ces hypothèses, après quoi nous pourrions introduire ces variables dans un modèle du processus décisionnel en les reliant les unes aux autres par des flèches représentant des relations causales. Des études additionnelles pourraient suggérer de changer la direction des flèches ou d'établir des liens avec de nouvelles variables. Avec le temps, un modèle comme celui de la figure 2.3 fait l'objet de révisions, puisqu'il évolue. Des révisions additionnelles deviennent souvent nécessaires pour incorporer de nouvelles découvertes scientifiques et de nouvelles théories dans le champ de connaissances en croissance rapide que constitue le comportement du consommateur.

On appelle chercheurs en comportement du consommateur les scientifiques qui travaillent sur de tels problèmes. Ces chercheurs ont conçu plusieurs modèles du processus décisionnel au fil des ans. Nous ne décrirons pas ces différents modèles, mais si vous avez le goût d'en explorer quelques-uns, vous pouvez vous référer au modèle Bettman[5], au modèle Engel, Blackwell et Miniard (EBM)[6], au modèle Howard et Sheth[7], et au modèle Nicosia[8]. Deux de ces modèles (le modèle EBM

FIGURE 2.3
Un modèle du processus décisionnel décrivant le comportement du consommateur

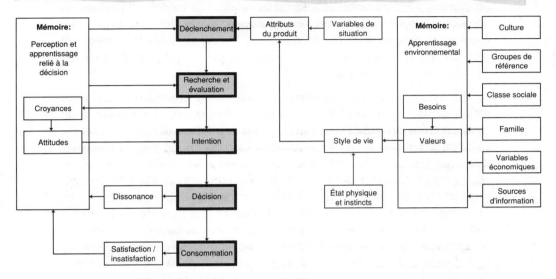

et le modèle Howard et Sheth) ont été révisés pour tenir compte des nouveaux développements ou pour incorporer les résultats de vérifications empiriques effectuées sur les construits de ces modèles[9].

La figure 2.3 représente le modèle du processus décisionnel qui a été conçu par les auteurs de ce livre. Nous croyons que ce modèle décrivant le comportement du consommateur est à la fois utile sur le plan pédagogique et solide sur le plan empirique, étant donné qu'il est basé sur une interprétation des connaissances actuelles en matière de comportement du consommateur. Ce modèle se compare aux efforts de modélisation du processus décisionnel effectués par des chercheurs reconnus dans le domaine.

☐ Les avantages et les inconvénients des modèles du processus décisionnel

Les avantages des modèles du processus décisionnel sont nombreux; parmi ceux-ci, on compte la façon très détaillée de décrire l'ensemble du processus du comportement de consommation, la reconnaissance de plusieurs types d'intrants et d'extrants et la spécification des relations existant entre les diverses variables, à partir des théories et des résultats provenant de la recherche sur le consommateur. Les modèles du processus décisionnel ont pour objectif d'expliquer **pourquoi** les consommateurs agissent comme ils le font, tel que nous le verrons dans la section qui suit, lorsque nous nous servirons du modèle pour expliquer une décision de consommation importante.

Le plus grand inconvénient des modèles du processus décisionnel est qu'ils sont, pour la plupart, en évolution constante. La science de la modélisation du processus décisionnel relatif au comportement de consommation est encore jeune; on n'a pas encore eu le temps de vérifier d'une manière empirique tous les liens existant entre les diverses variables ou les divers éléments de ces modèles. Certains de ces liens constituent toujours des hypothèses, et les relations causales sous-jacentes à ces modèles exigent donc d'être vérifiées et corroborées au moyen d'études empiriques. De plus, ces modèles sont toujours incomplets en ce sens que de nouvelles variables et de nouveaux construits devront probablement y être incorporés avant que nous puissions parler d'une théorie générale du comportement du consommateur. Ce type de modèle continuera d'évoluer; au fur et à mesure que le domaine du comportement du consommateur acquerra de la maturité, on concevra des modèles du processus décisionnel plus précis et plus complets.

■ UN EXEMPLE ILLUSTRANT LE PROCESSUS DÉCISIONNEL SUIVI PAR LE CONSOMMATEUR

La description du cas présenté ci-dessous vise à initier le lecteur au modèle du processus décisionnel illustré dans la figure 2.3. Dans la mesure du possible, nous examinerons chaque élément du modèle par rapport à l'exemple choisi, de façon que le lecteur puisse rapidement se familiariser avec les concepts en question ainsi qu'avec les relations existant entre un concept et les autres éléments du modèle – ces relations étant représentées dans la figure à l'aide de flèches. L'exemple que nous avons choisi répond à quatre critères : il s'agit d'une décision d'achat d'une certaine importance, requérant l'implication du consommateur, et non d'une décision courante ou routinière; le processus décisionnel s'étend sur une période de temps assez longue; les données du cas sont suffisamment détaillées pour nous permettre de comprendre en profondeur certaines composantes du modèle; l'exemple constitue une histoire vraie – seule l'identité de la personne est fictive.

En octobre 1981, Peter Mayer, un enseignant âgé de 39 ans, vivant à Montréal, achète un nouveau téléviseur pour son foyer. Il s'agit d'un modèle récent, un téléviseur couleur de 48 centimètres de marque Blackstripe, fabriqué par Toshiba, au prix de 649 $. Peter est marié et il a une fillette de 11 ans; il s'agit du troisième téléviseur dont il fait l'acquisition et de son premier téléviseur couleur.

Un bref exposé des expériences antérieures de Peter par rapport à la télévision nous aidera à définir le contexte entourant l'analyse du comportement de ce consommateur. Peter a passé son enfance à l'extérieur du Canada. Contrairement à la majorité des enfants d'Amérique du Nord, il n'a pas grandi avec une télévision dans sa maison; les émissions comme *Bobino*, *La boîte à surprises* et *Passe-partout* n'ont pas fait partie de son enfance. En fait, c'est à l'âge de 14 ans, durant des vacances passées avec ses parents dans un petit hôtel en Angleterre, qu'il a vu un téléviseur pour la première fois. Jusqu'en 1971, où il a émigré au Canada, Peter n'avait jamais été propriétaire d'un téléviseur.

Quelques semaines après son arrivée au Canada, à la suite de conversations échangées avec des collègues de travail et des personnes de son entourage, Peter s'est aperçu qu'il lui manquait ce qui semblait être un aspect important de la vie et de la culture canadiennes. Ses collègues discutaient régulièrement des émissions, des nouvelles ou des annonces télévisées. En tant que nouvel arrivant désireux de s'établir et d'être accepté dans son nouveau milieu, Peter était préoccupé par le fait que, sans téléviseur à la maison, il était incapable de partager ces expériences et de mieux s'informer.

Fortement motivé pour faire quelque chose afin de remédier à cette situation, Peter chercha dans les annonces classées du journal local et vit une annonce de magasin d'articles usagés offrant un très vieux téléviseur noir et blanc; il acheta l'appareil au prix de 25 $. Son but était de dépenser le moins d'argent possible pour un «gadget» dont il n'avait jamais eu besoin auparavant. Le téléviseur avait une mauvaise qualité d'image et de son, mais, étant donné que Peter et sa famille ne regardaient pas beaucoup la télévision, l'appareil ne fut remplacé que deux ans plus tard, en 1973, lorsque la femme de Peter acheta pour leur foyer un téléviseur neuf de 48 centimètres, de marque Magnavox, noir et blanc, au prix de 200 $.

☐ Les étapes du processus décisionnel

Notre examen du modèle du processus décisionnel débute par les cinq grandes étapes du processus décisionnel, qui ont été présentées au chapitre 1. Ces cinq étapes, **le déclenchement**, **la recherche et l'évaluation**, **l'intention**, **la décision** et **la consommation**, sont mises en relief dans la figure 2.4.

Le déclenchement

Tout au long de leur vie, les consommateurs essaient continuellement de combler l'écart existant entre ce qu'ils ont et ce qu'ils croient qu'ils devraient avoir afin d'atteindre les buts qu'ils se sont fixés. Lorsqu'une personne s'aperçoit que les biens qu'elle consomme habituellement ne peuvent plus satisfaire ses besoins ou résoudre ses problèmes, il se produit, dans l'esprit de cette personne, un écart entre l'état de choses souhaité et la situation réelle. Cet écart crée, chez cette personne, un certain niveau de tension; or, le consommateur a tendance à vouloir diminuer la tension ressentie. On dit que le consommateur est à l'étape du déclenchement lorsqu'il perçoit un écart entre l'état présent et l'état souhaité et qu'il décide de faire quelque chose à cet égard.

Nous verrons au chapitre 6 que, pour un individu, l'état souhaité est défini par son style de vie, ses besoins et ses valeurs. Lorsqu'un consommateur ne peut atteindre l'état souhaité à l'aide de l'ensemble des produits, des services ou des expériences qu'il consomme, il a tendance à chercher, à trouver et à consommer un bien qui lui permette d'atteindre l'état souhaité. Cela peut ne pas se produire à l'instant même – nous tolérons souvent pendant un certain temps la tension causée par un écart entre l'état présent et l'état souhaité. Mais lorsque le consommateur décide de parvenir à l'état souhaité, il déclenche un processus de décision qui devrait l'amener à consommer un produit déterminé et, ainsi, à résoudre son problème. Le consommateur devient alors

FIGURE 2.4
Les variables reliées au processus en cinq étapes de la prise de décision du consommateur

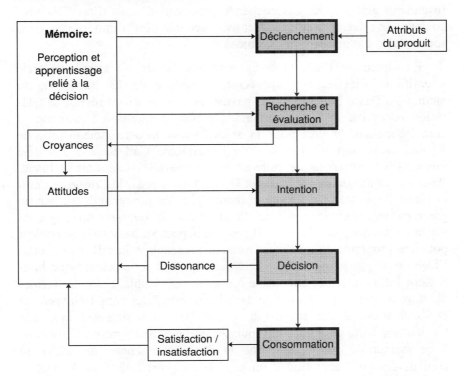

sensible, sur le plan perceptuel, à toute information issue de l'environnement qui est susceptible de l'aider à prendre une décision.

Pour illustrer le concept de déclenchement, retournons à l'exemple de l'achat du téléviseur couleur. Peter avait été très satisfait du téléviseur Magnavox noir et blanc qu'il avait acquis huit ans auparavant. Il utilisait la télévision plutôt pour se tenir informé que pour se divertir et, pour autant qu'il s'agissait simplement de s'informer au moyen de la télévision, il ne percevait pas d'écart entre l'état présent et l'état souhaité. À l'occasion, lorsqu'il désirait regarder en couleur un événement télévisé particulier, il le faisait en se rendant chez un ami, comme ce fut le cas lorsqu'il regarda plusieurs compétitions des Jeux olympiques de 1976. Il se souvient également d'avoir loué un téléviseur couleur afin de «vivre pleinement» le mariage royal du prince Charles et de lady

Diana en juillet 1981. À cette époque, Peter avait commencé à percevoir un écart entre l'état présent et l'état souhaité par rapport à la télévision, mais la tension qu'il ressentait était tolérable et n'était pas suffisamment grande pour déclencher le processus d'achat d'un téléviseur couleur. En effet, la famille Mayer avait accordé plus d'importance, dans son budget, à d'autres types de biens.

En septembre 1981, Peter apprend que *La vie sur terre*, une série scientifique télévisée très appréciée, composée de 13 émissions, du naturaliste David Attenborough, passera sur les ondes du réseau de télévision éducative PBS à l'automne. De plus, toujours à l'automne, il aura l'occasion de voir pour la seconde fois la série scientifique de 13 émissions intitulée *Cosmos*, de l'astronome Carl Sagan; il a déjà vu certaines émissions de cette série sur son téléviseur noir et blanc. Peter est un mordu des sciences et le fait d'avoir regardé *Cosmos* en noir et blanc l'a agacé. Cela l'agace encore plus de penser qu'il ne pourra pas regarder en couleur la nouvelle série *La vie sur terre* ainsi que les vieilles émissions de *Cosmos*. Il sent qu'il peut se passer de la couleur pour les programmes de divertissement présentés à la télévision, mais l'idée de ne pas pouvoir regarder en couleur une série scientifique **hautement informative et éducative** lui est insupportable. Selon les termes de notre modèle, l'écart existant dans l'esprit de Peter entre l'état présent et l'état souhaité par rapport à la télévision a maintenant créé une tension trop forte pour que Peter puisse continuer de l'ignorer. C'est donc à ce moment-là que Peter prend la décision d'acheter un téléviseur couleur dès qu'il aura trouvé un modèle approprié. Il vient de déclencher le processus décisionnel qui l'amènera à la consommation d'un téléviseur couleur et qui pourra, pense-t-il, soulager la tension qu'il ressent. Il est maintenant très réceptif à toute information (stimulus) de l'environnement pouvant influer sur la décision à prendre; tout stimulus relié au choix d'un téléviseur sera maintenant susceptible d'attirer son attention à l'étape de la recherche et de l'évaluation.

La recherche et l'évaluation

Le déclenchement mène à l'étape du processus décisionnel constituée par la recherche et l'évaluation. Les consommateurs fouillent habituellement les expériences de consommation emmagasinées dans leur mémoire afin de déterminer comment ils ont réussi, dans le passé, à atteindre l'état souhaité dans des situations du même genre. Il s'agit alors d'une **recherche interne**. Si l'information dont il se souvient est insuffisante pour qu'il prenne tout de suite une décision, le consommateur continuera probablement ses recherches en obtenant et en évaluant de l'information additionnelle provenant de sources externes, c'est-à-dire qu'il s'engagera dans une **recherche externe**. La recherche externe est définie comme l'attention qu'accorde le consommateur aux stimuli externes susceptibles de l'aider à prendre une décision.

Chaque décision de consommation que prend une personne laisse des traces ou de l'information dans sa mémoire, de telle sorte que les achats et une consommation répétés produisent une accumulation d'expériences dans la mémoire. En d'autres mots, il se produit un **apprentissage relié à la décision**. Chaque fois que le consommateur s'engage dans un processus décisionnel en vue de résoudre un problème et d'atteindre l'état souhaité, il se trouve à enrichir le répertoire d'information qu'il conserve dans sa mémoire par rapport au problème. Ainsi, lorsque les consommateurs qui possèdent beaucoup d'expérience par rapport à un bien déclenchent le processus décisionnel, ils peuvent souvent s'en remettre entièrement à l'information conservée dans leur mémoire pour prendre une décision.

Dans la figure 2.4, la flèche reliant la **mémoire** à l'étape **recherche et évaluation** signifie que le type et la profondeur de la recherche et de l'évaluation sont influencés par le souvenir qu'a le consommateur d'expériences antérieures par rapport à un processus du même genre. Pour évaluer les diverses solutions, les consommateurs cherchent des réponses à des questions telles que les suivantes:

- Quel produit ou service peut me permettre d'atteindre l'état souhaité?
- Quels sont les choix possibles concernant ce produit ou ce service?
- Où puis-je trouver et évaluer les divers choix possibles?
- Quels critères ou attributs du produit vais-je considérer pour faire le choix approprié?
- Où vais-je trouver de l'information concernant ces critères ou attributs du produit?
- À quel moment devrais-je arrêter de chercher et d'évaluer pour enfin prendre une décision?

Tel qu'il a été mentionné dans la section portant sur le déclenchement, une fois le processus décisionnel déclenché, le consommateur devient très sensible à toute information susceptible de l'aider à répondre à des questions de ce genre. Certaines réponses peuvent provenir de l'information conservée dans la mémoire; d'autres réponses seront obtenues par l'exposition du consommateur à divers stimuli: par exemple, les communications de bouche à oreille provenant d'autres consommateurs, les annonces publicitaires et le matériel promotionnel, les discussions avec des représentants ou l'information provenant de sources impartiales telles que les services de tests de produits ou les rapports publiés dans des revues spécialisées. En général, une partie de l'information sera découverte d'une manière accidentelle, alors qu'une autre partie s'obtiendra au moyen d'une recherche active de la part du consommateur.

En résumé, l'exposition aux stimuli utilisés à l'étape de la recherche et de l'évaluation vient du fait que le consommateur part à la recherche de certains types et sources d'information, prête attention à certaines annonces publicitaires et à un certain matériel promotionnel, classe les opinions sollicitées auprès d'autres consommateurs, examine et essaie divers choix possibles par rapport au produit et ainsi de suite. La majeure partie de cette exposition aux stimuli dépend des habitudes du consommateur à l'égard des médias: des magazines qu'il lit, des émissions qu'il écoute ou qu'il regarde, des gens à qui il parle, de la publicité directe qu'il reçoit par la poste et qu'il parcourt des yeux, des magasins et des fournisseurs qu'il fréquente et du temps qu'il passe à la recherche et à l'évaluation. Le type d'information recherché et évalué dépend également des habiletés du consommateur, de son niveau de compréhension et de son style de vie.

Il ne faudrait pas oublier que les consommateurs ne perçoivent, ne se rappellent et n'évaluent pas nécessairement tous les stimuli et messages avec lesquels ils sont en contact à l'étape de la recherche et de l'évaluation. Comme nous le verrons aux chapitres 3 et 4, les consommateurs possèdent des biais perceptuels, recevant et utilisant les stimuli d'une manière sélective. La mémoire de l'individu s'occupe de la **perception** sélective et de la **rétention** sélective. Souvent, ce qui est emmagasiné dans la mémoire à la suite d'une exposition à des stimuli a été déformé par l'individu à des degrés qui varient d'une personne à l'autre en fonction des besoins et des motivations personnels ainsi que du niveau de compréhension de l'individu.

Lorsque les consommateurs cherchent des réponses aux questions du genre de celles qui ont été énumérées plus haut, ils évaluent chacune des solutions découvertes lors de la recherche en fonction des **attributs du produit** qui sont pertinents au problème et qui sont susceptibles de faire atteindre l'état souhaité au moyen de la consommation. Les attributs pertinents au choix d'un téléviseur pourraient être le prix, le pays d'origine, le nom de la marque, le modernisme de la technologie, la fiabilité, la qualité du service après-vente, l'apparence esthétique de l'appareil, la qualité de l'image, la taille de l'écran et la facilité de transport. L'étape de la recherche et de l'évaluation constitue donc une tâche ou un sous-processus qui exige que le consommateur compare les divers choix possibles par rapport aux attributs du produit, qu'il élimine les choix non acceptables, qu'il réduise le nombre de choix possibles et qu'il prenne une décision.

La clé de la recherche et de l'évaluation est l'ensemble des attributs du produit sur lequel s'appuie le consommateur pour choisir une solution susceptible de produire l'état souhaité. En fait, cet ensemble d'attributs du produit **définit** l'état souhaité pour un certain problème et **guide** la recherche et l'évaluation que fait le consommateur. C'est pourquoi **les attributs du produit** sont placés à la tête du processus décisionnel de la figure 2.4 et sont reliés au **déclenchement** par une flèche. Chaque action entreprise par le consommateur entre l'étape du déclenchement et celle de la consommation constitue une tentative pour trouver un bien qui possède les attributs du produit susceptibles de satisfaire le besoin du consommateur et de produire l'état souhaité.

Une partie de l'apprentissage du consommateur consiste à élaborer un ensemble d'attributs du produit sur lequel il pourra s'appuyer lorsqu'il s'agira de choisir entre les différentes solutions. Lorsque Peter a acheté son premier téléviseur, il n'avait pas encore élaboré un répertoire distinct d'attributs du produit par rapport aux décisions d'achat d'un téléviseur, sauf pour l'attribut «prix». Après 10 années d'expérience en tant que propriétaire d'un téléviseur et après avoir déclenché le processus décisionnel une seconde fois, Peter avait déjà plusieurs attributs du produit à l'esprit pour choisir entre les différents modèles de télévision, comme nous le verrons plus loin.

Le sous-processus de la recherche et de l'évaluation représente en fait la formation ou la modification de **croyances** et d'**attitudes** à l'égard des marques ou des options. Ces deux composantes du modèle sont présentées dans la figure 2.4 comme des étapes qui se produisent dans la **mémoire** et qui sont reliées à l'étape constituée par **la recherche**

et l'évaluation. Lorsque les consommateurs évaluent une marque ou un produit à partir de l'information obtenue au cours de la recherche, ils expriment leurs impressions ou leurs croyances à l'égard de cette marque ou de ce produit. Le consommateur a une croyance à l'égard de chaque attribut qu'il utilise pour faire son choix: «Cette marque de téléviseur me donnera une image claire; elle est fiable, car elle est fabriquée au Japon; je serai protégé contre les défauts de fabrication pour une durée de quatre ans; le design de l'appareil plaira à ma femme; le prix est trop élevé pour mon budget...» Il s'agit là d'exemples de croyances à l'égard de la marque. Celles-ci révèlent l'ensemble des attributs du produit que recherche le consommateur et on peut donc, à partir de cet ensemble, déterminer les attributs que doit avoir la marque pour permettre à ce consommateur d'atteindre l'état souhaité.

Cependant, les attributs du produit n'ont pas toutes une importance égale aux yeux du consommateur. La qualité de l'image et le pays d'origine peuvent dominer en tant qu'attributs désirables, alors que le prix et l'approbation de l'épouse quant à l'esthétique peuvent être moins importants. Ainsi, le consommateur soupèse, dans sa tête, chacune des croyances par rapport à sa contribution relative à l'atteinte de l'état souhaité. Les consommateurs utilisent mentalement un système de points pour représenter l'ensemble des croyances considérées et pour déterminer l'attitude globale qu'ils adopteront à l'égard de la solution évaluée[10]. Nous verrons au chapitre 5 les différentes façons dont se forment les attitudes à l'égard de la marque.

Ayant adopté une certaine attitude à l'égard de chacun des choix possibles, le consommateur a donc un ensemble d'attitudes tant positives que négatives à l'égard des solutions évaluées. Puis il manifeste l'intention de choisir la solution la plus avantageuse, afin de terminer la tâche de recherche et d'évaluation et de s'approcher de la décision finale. C'est pourquoi on montre, dans le modèle, que la **formation d'attitudes** mène à l'**intention**.

L'intention

L'étape de l'intention est la dernière étape avant celle constituée par la décision finale, consistant à acheter ou à acquérir d'une façon quelconque le bien le plus avantageux. À cette étape, les consommateurs ont déterminé la marque ou la solution qui est la plus susceptible de produire l'état souhaité et qui devrait donc être adoptée. L'étape de l'intention est l'étape du processus décisionnel où le consommateur a pris la décision d'adopter une certaine solution, basée sur ses attitudes à l'égard des solutions qu'il a évaluées. La personne a décidé de chercher à se comporter d'une manière compatible avec ses attitudes – d'où l'expression communément utilisée d'«intention comportementale».

Or, l'intention d'acheter le bien préféré peut changer si le consommateur, avant de prendre la décision finale, obtient de l'information nouvelle qui l'oblige à modifier ses croyances et ses attitudes. Cela se produit parfois lorsqu'un consommateur qui avait des intentions assez arrêtées prend les mesures nécessaires à l'acquisition du bien qu'il préfère et est ensuite exposé à de l'information de dernière minute – souvent au point de vente – comme, par exemple, un changement de prix inattendu qui rend le bien choisi moins attrayant, la découverte soudaine d'une meilleure solution ou la connaissance d'autres données du même type dont on n'a pas tenu compte au cours de la recherche et de l'évaluation initiales. Qu'arrive-t-il à l'intention lorsque le consommateur fait face à une pénurie de marchandises et que le bien qu'il préfère n'est plus disponible? Il n'y a pas de réponse définitive à cette question, mais certains consommateurs peuvent, à l'occasion, substituer au bien qui fait défaut celui qui représentait le deuxième choix, c'est-à-dire le bien qui, dans leur esprit, se classait au deuxième rang pour le «score d'attitude». Une étude de la clientèle des épiceries a montré que 7 % des clients de supermarchés changeaient de marque lorsque leur marque habituelle venait à faire défaut[11]. Cela ne veut cependant pas dire que l'attitude du consommateur à l'égard de la marque préférée initialement ait changé, mais plutôt que l'intention et le comportement d'achat étaient compatibles avec l'attitude du consommateur à l'égard de la marque classée au deuxième rang.

Bien que l'**intention** mène souvent directement à la **décision** d'obtenir et de consommer le bien préféré, comme le montre la figure 2.4, certaines intentions d'achat ne se matérialiseront jamais. L'intention mènera ou non à l'étape de la décision selon l'urgence du problème qui a initialement déclenché le processus décisionnel.

Les consommateurs remettent souvent la décision d'achat à plus tard, parce que, pendant la période de temps consacrée à la recherche et à l'évaluation, le désir initial d'atteindre l'état souhaité est devenu moins urgent, comparativement à d'autres problèmes nécessitant le déclenchement du processus d'acquisition d'un bien et une décision. Avec le temps, l'intention initiale peut tout doucement s'estomper, et un nouveau processus décisionnel pourrait devenir nécessaire, du fait que les croyances acquises lors de la recherche et de l'évaluation antérieures sont devenus incomplètes ou dépassées. À d'autres moments, un consommateur demeurera à l'étape de l'intention, jusqu'à ce que le problème initial redevienne urgent; le consommateur passera alors directement à l'étape de la décision.

Pour illustrer les concepts reliés à la recherche et à l'évaluation menant à l'intention, nous continuerons d'étudier le processus décisionnel déclenché par Peter Mayer. Au début d'octobre, une brochure promotionnelle en quatre couleurs du magasin à rayons Simpsons de Montréal arrive par la poste à la résidence de Peter. En général, celui-ci s'intéresse peu à de telles annonces, les considérant comme un fléau qu'il faut endurer. Cependant, cette fois-ci, se souvenant que les magasins à rayons annoncent souvent des téléviseurs couleur, il parcourt la brochure des yeux (recherche externe produisant une exposition à des stimuli). À la page 44 de la brochure, cette description d'un téléviseur, associée à une photographie, attire son attention:

> Téléviseur couleur Toshiba 48 cm «Blackstripe»
> Prix Simpsons, 649 $ chacun.
> 1. Téléviseur portatif possédant le châssis exclusif «Comput-R-Built» pour plus de fiabilité et le tube d'image «Blackstripe» pour des couleurs claires et remarquablement naturelles. L'image reste en place grâce aux procédés AAC (ajustement automatique de la couleur) et AAIC (ajustement automatique d'intensité de contraste et de lumière). Le meuble aux lignes pures est fini noyer et il y a une attache incorporée pour le câble – 63L × 49H × 49P cm. Modèle CB910.
> Garantie: 50 mois sur le tube d'image et les pièces, service illimité à domicile de 50 mois dans la zone de service desservie par Simpsons.

Peter se souvient vaguement d'avoir lu ou entendu quelque part que le tube d'image «Blackstripe» de Toshiba constituait une technologie de pointe permettant d'obtenir une précision d'image et une fidélité de couleur de niveau élevé (une croyance). Cette fois-ci, la qualité de la couleur de l'image constitue un attribut très important pour atteindre l'état souhaité par rapport à la télévision.

Un second attribut important du produit consiste dans une utilisation sans problèmes d'une longue durée, car Peter se considère trop occupé pour voir à faire réparer le téléviseur, dans l'éventualité où l'appareil tomberait en panne. Notant le nom de marque, Toshiba, il suppose que l'appareil annoncé est fabriqué au Japon. En s'appuyant sur des sources d'information générales ainsi que sur l'expérience personnelle accumulée au cours des ans par rapport aux produits japonais, Peter a acquis la conviction que les produits japonais sont, en général, fiables et de très haute qualité (une croyance acquise lors d'un apprentissage antérieur relié à la décision en cours). Le prix constitue, pour Peter, un troisième attribut important pour la formation de l'attitude. Dans les années ayant suivi l'acquisition du téléviseur qu'il possède en ce moment, Peter s'est parfois promené dans les rayons d'électronique de plusieurs magasins afin de se familiariser avec les marques ainsi qu'avec les prix des téléviseurs couleur, même s'il n'avait pas encore l'intention d'en acheter un. Le prix de 649 $ lui semble donc très raisonnable, étant donné les caractéristiques décrites dans la brochure; de plus, ce prix correspond à ce qu'il veut dépenser pour un téléviseur couleur.

Deux autres attributs du produit jugés moins importants pour atteindre l'état souhaité sont l'apparence esthétique de l'appareil – que Peter juge acceptable s'il se fie à la photographie de la brochure – et la possibilité d'utiliser le téléviseur comme écran de micro-ordinateur, car, s'il s'achetait un jour un ordinateur personnel, il n'aurait pas besoin de s'acheter un écran séparé. Cela n'est pas évident dans la description de la brochure et Peter décide de trancher la question la fin de semaine suivante, en se rendant au magasin Simpsons du centre-ville de Montréal pour examiner l'appareil Toshiba. Néanmoins, grâce à l'information contenue dans la brochure publicitaire, l'attitude de Peter à l'égard de l'appareil Toshiba annoncé est déjà très favorable. Étant donné que l'appareil semble posséder les attributs qui sont essentiels, selon lui, pour un téléviseur couleur, il ne désire pas dépenser trop d'efforts à chercher et à évaluer d'autres solutions. Paul sent aussi qu'il n'a pas beaucoup de temps pour s'acheter un nouveau téléviseur, étant donné que les séries scientifiques qui l'intéressent sont sur le point de commencer.

Lorsque Peter arrive chez Simpsons à la mi-octobre, il compare attentivement le téléviseur Toshiba de la brochure (qu'il a apportée avec lui) avec le modèle Toshiba montré en magasin, afin de s'assurer qu'il s'agit bien de l'article annoncé. Il est satisfait de l'apparence extérieure ainsi que de la finition soignée de l'appareil. Un sixième attribut du produit lui vient alors à l'esprit, et il demande au représentant s'il s'agit du modèle Toshiba le plus récent. Peter ne veut pas d'un appareil qui devienne trop rapidement désuet ou démodé; il n'a pas l'intention d'acheter un nouveau téléviseur avant longtemps. Le représentant l'assure qu'il s'agit d'un modèle 1981, mais il ignore si l'appareil peut servir d'écran pour ordinateur. Le manque d'information sur cet attribut ne rebute pas Peter, qui manifeste l'intention d'acheter l'appareil Toshiba sur-le-champ. On a des raisons de croire que Peter avait déjà l'intention d'acheter l'appareil avant même d'aller au magasin: il a apporté son carnet de chèques, chose qu'il ne fait pas d'habitude.

La décision

La décision constitue généralement l'étape la plus évidente du processus décisionnel suivi par le consommateur; c'est pourquoi les étudiants pensent à cette étape lorsqu'il est question d'un consommateur qui achète un bien quelconque. Cependant, vous êtes maintenant en mesure de réaliser que la décision ne constitue qu'un aspect du processus dans lequel s'engage chaque individu désireux d'arriver à cette étape.

Une décision se prend **lorsque le consommateur adopte un certain comportement ou qu'il change de comportement**. Pensez aux différentes sortes de décisions qu'un consommateur peut prendre. À part la décision d'acheter l'un des nombreux produits ou marques disponibles, voici des exemples d'autres types de résultats entraînés par le processus décisionnel:

– la décision de commencer à porter la ceinture de sécurité en conduisant une automobile;
– la décision de faire du bénévolat, ou de donner son sang lors d'une campagne de la Croix-Rouge sur le campus;
– la décision d'être plus amical et plus serviable envers les touristes qui visitent le territoire où l'on habite;
– la décision de diminuer sa consommation d'alcool;
– la décision de louer une échelle extensible pour réparer l'antenne installée sur le toit de sa maison;
– la décision de dire la vérité si on se fait questionner par un douanier à la frontière canadienne;

- la décision de s'abonner à un service d'aide aux automobilistes en panne;
- la décision de s'inscrire à l'université;
- la décision de signer un bail d'une durée de un mois, en février, pour une copropriété en temps partagé située aux îles Canaries;
- la décision d'adhérer à un programme d'entraînement physique;
- la décision de voler des serviettes, des cendriers et d'autres «souvenirs» de l'hôtel où l'on a loué une chambre;
- la décision de faire du covoiturage pour se rendre au travail;
- la décision d'emprunter des livres à la bibliothèque.

Chacune de ces 13 décisions a fait l'objet d'efforts de marketing visant à influencer le comportement des consommateurs. Dans chaque cas, le consommateur a dû s'engager dans un processus quelconque avant d'en arriver à une décision. Les décisions ne viennent pas de nulle part; si c'était le cas, les efforts de marketing visant à influencer le consommateur seraient inutiles. **C'est durant le processus décisionnel** menant à une décision que les spécialistes de marketing ont la chance d'influencer la décision d'un consommateur.

À partir des exemples qui précèdent, on peut voir qu'une décision peut être consommée en achetant, en louant à court ou à long terme, en empruntant ou même en volant un bien, ou encore, en échangeant un bien contre un autre: «Je vais donner de mon sang en échange d'un macaron, d'un café et de beignes ainsi que des sentiments agréables que j'éprouverai en étant considéré comme un bon citoyen.» Notez également que plusieurs de ces décisions peuvent être consommées sans que le consommateur dépense de l'argent ou des biens matériels. Enfin, pour les décisions qui exigent des débours, l'individu peut consommer sa décision en payant en argent ou en faisant porter le montant complet à son compte, en payant à l'aide d'un emprunt bancaire ou au moyen de plusieurs paiements échelonnés dans le temps, en remettant le paiement à une date ultérieure déterminée à l'avance, ou en donnant un dépôt ou un acompte. De telles décisions peuvent également être consommées lorsque le consommateur signe un contrat pour des services ou des biens devant être livrés et payés un peu plus tard.

Le consommateur qui prend une décision doit généralement faire un choix parmi plusieurs solutions évaluées. Dans la majorité des cas, la décision du consommateur s'accompagne de la perception que la décision est plus ou moins irréversible et que le consommateur doit assumer les conséquences de son choix. Par exemple, il est difficile de résilier un contrat, de retourner une voiture nouvellement achetée et de se faire rembourser le montant complet de l'achat, ou de changer d'idée au sujet du sang déjà donné ou de la bouteille de vin déjà commandée et ouverte par le serveur. C'est pourquoi les consommateurs éprouvent parfois un sentiment de panique au moment de signer le contrat, de conclure l'entente ou de payer pour le bien qu'ils viennent de choisir.

De plus, immédiatement après avoir pris une décision, le consommateur éprouve parfois un sentiment de doute et d'inconfort psychologique : « Ai-je réellement pris la bonne décision ? Ai-je fait une erreur ? Aurais-je pu faire un meilleur choix ? » Ce doute qui survient après la décision et avec lequel nous sommes tous familiarisés est appelé dissonance[12]. Certains représentants l'appellent « remords de l'acheteur ». Pour diminuer l'inconfort psychologique de la dissonance consécutive à l'achat, les consommateurs se mettent souvent à la recherche de stimuli environnementaux pour s'assurer que la décision qu'ils viennent de prendre est bien la bonne[13]. Ils rechercheront et évalueront de l'information susceptible de confirmer le bien-fondé de leur décision et de renforcer leurs croyances initiales, comme s'ils s'engageaient de nouveau dans le processus décisionnel. Par exemple, un étudiant qui a adopté une attitude favorable à l'égard d'une université et qui a décidé de s'y inscrire se mettra à la recherche d'opinions rassurantes de la part de personnes susceptibles d'approuver sa décision et de lui dire ce qu'il veut entendre, de manière à renforcer les croyances qui ont, à l'origine, entraîné la décision.

La figure 2.4 indique que la décision peut produire de la dissonance, et la flèche reliant la dissonance à la mémoire indique que le consommateur qui ressent de la dissonance essaiera de renforcer les croyances et les attitudes enregistrées dans sa mémoire au moyen d'une recherche et d'une évaluation additionnelles. Dans ce cas, l'objectif du consommateur est de faire en sorte que les attitudes à l'égard des solutions évaluées s'accordent le plus possible avec la décision qu'il vient de prendre. Les consommateurs seront donc sensibles à l'information susceptible de rendre moins attrayantes les solutions rejetées et plus attrayante la solution adoptée ; dans certains cas, ils essaieront même de trouver activement un tel type d'information.

Lorsque plusieurs solutions ont des caractéristiques attrayantes, le choix devient plus difficile ; en outre, plus il est difficile de choisir, plus la dissonance ressentie par le consommateur est grande[14]. À l'inverse, si, à la suite de la recherche et de l'évaluation, l'ensemble des attitudes du consommateur à l'égard des divers choix possibles indique clairement un gagnant, il est plus facile de faire un choix approprié et d'être sûr du bien-fondé de sa décision; dans ce cas, le consommateur ressentira probablement peu de doutes à la suite de sa décision. La dissonance a donc tendance à être plus grande lorsque la décision est irrévocable et exige du consommateur une dépense assez importante d'argent ou d'autres ressources[15].

En résumé, la dissonance constitue un effet secondaire des décisions du consommateur comportant plusieurs choix. C'est le prix à payer pour avoir la liberté de choisir entre plusieurs solutions. C'est l'un des coûts associés au fait d'avoir une économie de marché, une économie de type capitaliste où les décisions sont prises par les consommateurs au lieu de leur être imposées. Les spécialistes de marketing astucieux savent que les consommateurs ressentent souvent de la dissonance à la suite de l'achat; ils prennent donc des mesures visant à apaiser les doutes des consommateurs et à donner à ceux-ci de l'information rassurante, en créant des messages promotionnels destinés aux acheteurs récents, en assurant un suivi après-vente effectué par les représentants, en accordant aux consommateurs le privilège de retourner la marchandise pendant une certaine période de temps, ou encore, en leur offrant une garantie de remboursement ou une garantie concernant le service après-vente.

Revenons à notre exemple de processus décisionnel. Peter prend immédiatement la décision d'acheter le téléviseur Toshiba et demande au représentant de Simpsons si on peut l'aider à mettre tout de suite l'appareil dans le coffre de sa voiture. Il est désappointé d'apprendre qu'on ne pourra livrer l'appareil à son domicile que le mercredi suivant. Peter demande au vendeur de calculer le coût total, y compris la taxe provinciale de 8 %. Il fait un chèque de 700,92 $, obtient un reçu et quitte le magasin.

Dans les mois qui suivent l'achat, Peter remarque qu'il feuillette souvent les dépliants et les catalogues des magasins à rayons livrés à son domicile et qu'il examine les téléviseurs couleur qui y sont annoncés. Il prête particulièrement attention aux prix des téléviseurs qui sont semblables à son appareil Toshiba, essayant de trouver des preuves que le prix qu'il a payé était raisonnable. Presque exactement un an plus tard, il reçoit un dépliant promotionnel de chez Simpsons où l'on annonce le même téléviseur que celui qu'il a acheté. L'appareil est annoncé à 100 $ de moins que le prix payé par Peter un an auparavant. Notre consommateur est un peu ennuyé par cette diminution de prix et il se demande s'il n'aurait pas dû attendre un peu plus longtemps avant d'acheter un nouveau téléviseur. Il se réconforte à l'idée que, dans l'intervalle, sa famille et lui ont bénéficié d'une année d'utilisation pour cette différence de 100 $.

La consommation

La cinquième et dernière étape du processus décisionnel est la consommation même du bien qui a été choisi. Un consommateur peut demeurer à cette étape pour une durée variant de quelques secondes – le temps de boire de l'eau à la fontaine du parc – à 50 ans ou plus, comme ce serait le cas pour une décision de consommation appelée mariage si le couple fêtait ses noces d'or. Bien que la plupart des décisions conduisent à l'étape de la consommation, il est possible qu'une personne prenne une décision par rapport à un bien sans jamais consommer le bien choisi. Ce serait le cas, par exemple, d'une personne qui aurait l'intention de jouer au tennis et qui s'achèterait une raquette usagée, mais qui ne s'en servirait pas même une seule fois, son intention de jouer au tennis ne se concrétisant pas.

Cette cinquième étape comporte non seulement la consommation proprement dite du produit acheté, mais aussi, dans certains cas, l'action de jeter le produit ou son emballage. Par exemple, les propriétaires de vieilles voitures doivent tous, à un moment donné, se débarrasser d'un produit dont ils ne veulent plus : ils peuvent revendre la vieille voiture à un concessionnaire automobile ou à un consommateur individuel, la donner à un membre de la famille ou la vendre à une entreprise spécialisée qui récupérera les pièces encore bonnes et se débarrassera de la vieille carcasse. La valeur de revente estimée de la voiture peut donc constituer, dans ce cas, l'un des attributs recherchés par le consommateur lors de l'achat d'une voiture neuve.

Notre société prend de plus en plus conscience des effets néfastes qu'ont sur l'environnement la consommation et l'action de jeter les produits et les emballages. Cela a conduit les fabricants à réfléchir sérieusement au bien-fondé de certaines de leurs pratiques de marketing. En effet, plusieurs consommateurs, préoccupés par les dommages causés à l'environnement, modifient leurs décisions d'achat et leurs habitudes de consommation dans le but de participer à la protection de l'environnement. Ils cessent donc d'acheter les produits trop emballés (par exemple, un désodorisant dont le conditionnement comporte une bouteille de plastique, une boîte en carton et un emballage de cellophane) ou les produits offerts dans des emballages non biodégradables (la viande empaquetée dans un contenant de styromousse). Ils boycottent les produits et les entreprises jugés trop polluants (ils évitent les couches jetables en papier pour se servir de couches en tissu et évitent les produits en aérosol). Ils achètent les produits qui sont bons pour l'environnement et encouragent les entreprises qui font preuve de civisme (ils fréquentent les restaurants où l'on récupère les contenants de styromousse pour les recycler et ils achètent de la poudre à lessive non dommageable pour les habitants des rivières et des lacs). Ils recyclent le produit ou son contenant (ils se servent des contenants vides de margarine au lieu d'acheter des contenants neufs, ils accumulent leurs vieux journaux pour les apporter à des entreprises de récupération et de transformation du papier).

Plusieurs entreprises ont réagi aux pressions des consommateurs et des groupes écologistes et ont pris des mesures appropriées pour modifier leurs pratiques et leurs stratégies de marketing. L'annonce de la figure 2.5 montre comment une chaîne de magasins de détail peut tenir compte des préoccupations d'ordre environnemental et prendre certaines mesures pour corriger la situation.

Deux cas peuvent se produire lorsqu'une personne est à l'étape de la consommation. D'abord, en consommant le bien en question, la personne atteint et maintient, dans une certaine mesure, l'état souhaité – le but premier du processus décisionnel. Deuxièmement, la personne compare l'expérience de consommation ainsi obtenue à ses attentes initiales: le bien choisi répond-il à mes attentes? dans quelle mesure possède-t-il des attributs me permettant de résoudre mon problème et d'atteindre l'état souhaité? Bien entendu, les attentes constituent des **croyances** à l'égard de la solution choisie, ces croyances s'étant formées à la suite de la recherche et de l'évaluation ou durant la période de consommation du même bien dans des situations antérieures. Si l'expérience de consommation révèle que le produit est incapable de répondre aux attentes du consommateur, celui-ci devient insatisfait. Par

FIGURE 2.5
Un exemple illustrant les efforts réalisés par une entreprise pour protéger l'environnement

LA RÉPONSE DE MARKS & SPENCER

La couche d'ozone qui protège la terre se détériore graduellement due à des CFC nocifs tels que ceux utilisés dans les produits aérosols. Depuis le début de 1989, tous nos produits aérosols contiennent un agent propulseur ami de l'ozone.

Les produits suivants n'affectent pas la couche d'ozone :

* Fragrance pour le corps, pour une fraîcheur continuelle, offerte en camélia, freesia et magnolia.

* Vaporisateur naturel pour le corps à fragrance délicate offert en fougère, pêche, iris versicolore et camomille.

* Fond de teint en mousse hydratant Classics pour un teint tout à fait naturel, en tons moyen et clair.

* Fixatif à maintien ferme pour une meilleure tenue.

* Gel moussant Burgundy pour homme pour un rasage plus confortable et en profondeur.

* Antisudorifique en aérosol Burgundy pour homme pour une fraîcheur continuelle.

TOUT EN PROFITANT DE L'EXCELLENTE QUALITÉ ET DES PRIX DE MARKS & SPENCER, JOIGNEZ-VOUS À NOUS POUR PROTÉGER L'ENVIRONNEMENT!

ARTICLES DE TOILETTE ET COSMÉTIQUES SANS CRUAUTÉ ENVERS LES ANIMAUX

Marks & Spencer a pour politique de ne pas tester ou payer pour des tests devant être effectués sur des animaux de laboratoire.

Nous sommes fiers de vendre une gamme complète d'articles de toilette et de cosmétiques de qualité supérieure qui n'ont pas été testés sur des animaux. Nous garantissons que nos fournisseurs ne font aucun test sur des animaux pour ces produits. Nous avons appris par expérience que des chimistes qualifiés peuvent arriver à une formulation soignée en utilisant des ingrédients reconnus de qualité supérieure sans avoir à effectuer des tests sur des animaux.

Afin de renforcer son engagement au niveau des articles de toilette et des cosmétiques non testés sur des animaux, Marks & Spencer contribue depuis 1984 à un programme de recherche sur les tests de toxicité non effectués sur des animaux. La recherche est effectuée par FRAME (Fund for the Replacement of Animals in Medical Experiments).

Dorlotez-vous avec nos doux produits de beauté naturels. Nous avons allié les bienfaits des ingrédients traditionnels à l'efficacité de la technologie moderne dans une variété de produits parfaits pour vous pour vous aider à vivre en beauté.

Pour de plus amples renseignements sur les tests effectués sur les animaux, communiquez avec la Toronto Humane Society, 11, River Street, Toronto Ontario, M5A 4C2 (416) 392-2273

Imprimé sur du papier recyclé

MARKS & SPENCER
RÉPUTÉE POUR SA QUALITÉ ET SES PRIX

SOURCE: Reproduit avec l'autorisation de Marks & Spencer.

contre, le consommateur ressent de la satisfaction lorsque le bien choisi permet de combler et même de dépasser les attentes initiales[16].

La figure 2.4 montre que l'expérience du consommateur entraîne, à l'étape de la **consommation**, de la **satisfaction** ou de l'**insatisfaction**. De plus, le consommateur se souvient de la satisfaction ou de l'insatisfaction ressentie et il s'en sert pour modifier ses **croyances** initiales à l'égard de la solution choisie. Ainsi, la **satisfaction** ou l'**insatisfaction** est reliée par une flèche à la **mémoire**. Par ailleurs, la **mémoire** est reliée au **déclenchement,** ce qui indique que l'expérience du consommateur par rapport à la solution détermine la mesure dans laquelle l'état souhaité a été atteint et le problème initial résolu. Par conséquent, la flèche reliant la **mémoire** au **déclenchement** constitue une boucle de rétroaction complétant le processus décisionnel. Si jamais l'expérience de consommation révélait que le produit n'a pas suffisamment permis d'atteindre l'état souhaité, le problème initial demeurerait non résolu et le consommateur déclencherait probablement à nouveau le processus décisionnel dans le but de trouver une meilleure solution.

La satisfaction ou l'insatisfaction ressentie par le consommateur constitue un continuum; la consommation d'un bien entraîne rarement une satisfaction ou une insatisfaction complète. Plusieurs facteurs peuvent influer sur le degré de satisfaction ou d'insatisfaction entraîné par la consommation: des croyances erronées à l'étape de la recherche et de l'évaluation, une information inappropriée à l'égard de la solution choisie, l'absence d'une solution parfaite sur le marché ou le fait de ne pas vraiment savoir ce qui pourrait produire l'état souhaité. Pensons, par exemple, à certains jeunes qui font l'expérience de la drogue, de l'alcool ou du sexe parce qu'ils ne savent pas réellement quel produit, quel service, quelle activité ou quelle expérience peuvent leur permettre d'atteindre l'état souhaité. Les expériences de ces jeunes, en apparence sans but, correspondent à l'énoncé «Je ne sais pas vraiment ce que je veux».

Le degré de satisfaction ou d'insatisfaction ressenti par le consommateur est un facteur de premier plan en ce qui concerne les achats répétés, la fidélité à la marque et la fidélité au magasin, trois types de résultats particulièrement appréciés en marketing. Le spécialiste de marketing désireux d'obtenir du succès entreprendra toutes sortes d'actions pour s'assurer que l'expérience du consommateur engendre plus de satisfaction que d'insatisfaction après que la décision a été prise et pendant la période de consommation. Parmi les stratégies souvent employées pour réduire au minimum l'insatisfaction du consommateur, on compte le suivi effectué par l'agent immobilier après l'achat d'une maison par un client, le soutien après-vente offert par le fabricant d'ordinateurs, le questionnaire destiné à évaluer la satisfaction des clients de l'hôtel, la politique de retour de marchandise, la promesse «satisfaction garantie ou argent remis» du magasin de détail et le «service de réparation gratuit pendant la période de garantie» offert par le fabricant.

Le modèle du processus décisionnel présenté dans la figure 2.4 suggère qu'une autre façon efficace de s'assurer de la satisfaction du consommateur à l'étape de la consommation est de commencer par faire tous les efforts possibles pour offrir au client un bien qui possède les attributs recherchés en vue d'atteindre l'état souhaité. C'est pourquoi il est important, par exemple, que le représentant découvre, avant même de s'engager dans l'effort de vente, ce que le client désire par rapport aux attributs du produit. Le modèle du processus décisionnel suggère aussi que le spécialiste de marketing doit veiller à ne pas trop faire augmenter les attentes du consommateur à l'égard de la performance du produit; lorsque le produit n'arrive pas à répondre aux attentes du client, on trouve, la plupart du temps, un consommateur insatisfait qui n'a plus confiance dans la marque, dans le produit et dans les représentants. Par des publicités s'adressant au marché de masse, au début des années 80, des fabricants d'ordinateurs ont fait de grandes promesses, en Amérique du Nord, concernant les avantages d'être propriétaire d'un ordinateur personnel. Mais lorsque les consommateurs ont découvert qu'ils pouvaient faire peu de choses avec un ordinateur personnel sans acheter du matériel périphérique et des logiciels coûteux, plusieurs d'entre eux ont été insatisfaits de leur achat et ont hésité à acheter un autre ordinateur[17].

Comme vous pouvez maintenant le constater, les attentes du consommateur sont étroitement liées à la satisfaction ou à l'insatisfaction ressentie à l'étape de la consommation, mais, pour le spécialiste de marketing, ces attentes sont difficiles à modifier. Si un client potentiel est trop optimiste par rapport à la capacité du produit de procurer les avantages souhaités, il vaut mieux que le représentant avertisse ce consommateur qu'il se peut que le produit ne puisse répondre à toutes ses attentes, plutôt que d'encourager les attentes exagérées du consommateur et de créer par la suite du désappointement. Pensez à l'exemple suivant. Une vendeuse soupçonne que l'appareil photo que vous avez l'intention d'acheter est trop sophistiqué pour vos besoins. Elle vous informe que vous êtes probablement sur le point de payer pour des caractéristiques et un niveau de performance dont vous n'avez pas vraiment besoin. Vous achetez quand même l'appareil photo parce que vous croyez que plus un tel appareil est sophistiqué, meilleures sont les photos. Vous vous rendez compte par la suite que vous n'utilisez presque jamais certaines des caractéristiques qui ont fait augmenter le coût de l'appareil et que vos attentes par rapport à l'obtention de meilleures photos n'ont pas été satisfaites, bien que l'appareil soit plus sophistiqué. Cette expérience débouche sur de l'insatisfaction à l'égard de l'appareil photo acheté, parce que vous avez le sentiment que vous avez payé trop cher, compte tenu de vos besoins réels. Deux choses peuvent maintenant se produire. Vous pouvez faire confiance à la vendeuse qui a essayé de vous mettre en garde et retourner la voir pour vos besoins futurs. Ou vous pouvez mettre le blâme sur la vendeuse, sous prétexte qu'elle n'a pas suffisamment essayé de vous décourager d'acheter un appareil trop sophistiqué, ce qui vous a fait gaspiller de l'argent. Les attentes susceptibles d'entraîner de la satisfaction ou de l'insatisfaction constituent, pour les spécialistes de marketing, une question difficile.

Retournons maintenant au cas de Peter Mayer et observons les expériences qu'il a vécues à l'étape de la consommation, à l'intérieur du processus décisionnel relié à l'achat d'un téléviseur couleur. Les croyances et les attentes de Peter à l'égard de la performance de son téléviseur couleur ont été comblées, grâce à une expérience satisfaisante. La qualité de l'image est excellente, l'appareil est très fiable sur le plan technique, et Peter est heureux de pouvoir regarder en couleur les séries scientifiques ainsi que d'autres émissions qui l'intéressent. L'achat et la consommation d'un téléviseur couleur ont permis à Peter d'atteindre l'état souhaité par rapport au fait de se tenir informé au moyen d'émissions télévisées scientifiques et éducatives, regardées dans le confort de son foyer. L'écart qui existait entre l'état présent et l'état souhaité a donc été comblé. Jusqu'à ce qu'il décide de déclencher à nouveau un processus décisionnel relié à l'acquisition d'un téléviseur couleur, Peter demeurera à l'étape de la consommation pour ce qui est du processus décisionnel dont nous avons parlé et il emmagasinera dans sa mémoire l'expérience qu'il vit ainsi que le degré de satisfaction ressenti à l'égard de l'appareil Toshiba. En février 1989, presque huit ans après l'achat de son téléviseur couleur, Peter était toujours à l'étape de la consommation dans le processus que nous avons décrit.

Concernant l'histoire de ce cas, nous devons ajouter deux éléments qui montrent que Peter n'a pas été à l'abri des croyances erronées, des distorsions perceptuelles et des tours que peut jouer la mémoire. Nous racontons ces faits dans le but de rappeler au lecteur que les stimuli ou les intrants de marketing perçus par les consommateurs sont sujets à des distorsions mentales. Un an ou deux après l'achat du téléviseur couleur, Peter avait l'habitude de raconter à ses élèves qu'il avait acheté l'appareil au magasin Eaton du centre-ville de Montréal. Le souvenir selon lequel l'appareil avait été acheté chez Eaton persista jusqu'au jour où Peter tomba par hasard sur la facture du téléviseur et se rendit compte qu'il avait bel et bien acheté l'appareil chez Simpsons et non chez Eaton. Peut-être Peter avait-il confondu les deux magasins à rayons parce que ceux-ci étaient situés très près l'un de l'autre sur la rue Sainte-Catherine et qu'il magasinait plus souvent chez Eaton que chez Simpsons. Il se peut aussi que, depuis qu'il avait acheté l'appareil, Peter ait été exposé à plus de promotions provenant d'Eaton que de Simpsons, de telle sorte qu'il avait plus tendance à penser à Eaton qu'à Simpsons. Une chose est sûre, le nom de Simpsons n'apparaissait nulle part sur l'appareil de télévision.

Cela nous amène à la seconde remarque. Souvenez-vous que l'une des croyances de Peter à l'étape de la recherche et de l'évaluation était que l'appareil Toshiba auquel il s'intéressait avait été fabriqué au Japon; or, Peter faisait confiance aux produits japonais. Plusieurs années plus tard, en vérifiant quelque chose à l'arrière de l'appareil, Peter remarqua que celui-ci avait été fabriqué à Lebanon, au Tennessee, par Toshiba America inc. Cette information constitua alors une donnée de plus à conserver dans la mémoire.

Remarques additionnelles concernant les étapes du processus décisionnel

Avant d'étudier l'autre partie du modèle du processus décisionnel, il est bon de faire trois remarques importantes qui nous permettront d'étendre les étapes du processus décisionnel à divers types de décisions de consommation. La première remarque concerne le fait que le modèle peut s'appliquer à des décisions qui sont moins importantes et qui engagent moins que l'achat d'un téléviseur couleur, à des décisions plus habituelles, non précédées, du moins en apparence, d'activités préalables à la décision et à la consommation.

Par exemple, supposez que vous ayez soif pendant que vous étudiez à la bibliothèque. Jetant un coup d'œil à votre montre, vous réalisez qu'il est presque midi et vous vous rendez à la cafétéria la plus proche pour prendre une bouchée et boire quelque chose avant votre prochain cours. À la cafétéria, vous ouvrez la porte du comptoir réfrigéré et vous choisissez une cannette de Seven-Up, la boisson gazeuse que vous préférez, que vous payez 70 cents et que vous buvez, accompagnée d'une brioche. La décision de consommer 280 ml de Seven-Up froid, déclenchée par la soif que vous avez ressentie et par votre désir de faire quelque chose pour étancher cette soif, semble être un comportement habituel, direct et presque automatique; comment ce comportement correspond-il au processus du modèle de la figure 2.4? Le modèle s'applique-t-il dans un tel cas? Pensez pendant quelques instants aux réponses que vous pourriez donner à chacune des questions suivantes, en substituant à la boisson de l'exemple votre marque de boisson préférée si celle-ci n'est pas le Seven-Up.

- Comment saviez-vous que l'inconfort physique engendré par la soif pourrait être soulagé en allant à la cafétéria?
- Comment saviez-vous qu'il y avait une cafétéria suffisamment près de la bibliothèque pour vous permettre de résoudre rapidement votre problème?
- Comment avez-vous appris que vous disposiez des ressources économiques suffisantes pour acheter un Seven-Up à la cafétéria?
- Comment saviez-vous que vous pouviez vous fier au liquide incolore contenu dans le contenant métallique pour étancher votre soif?
- Pourquoi le Seven-Up est-il votre boisson gazeuse préférée?
- Comment avez-vous découvert le Seven-Up?
- Si le Seven-Up n'était pas disponible, sortiriez-vous de la cafétéria sans apaiser votre soif? Sinon, qu'achèteriez-vous à la place?

Vous ne pourriez pas répondre à ces questions sans qu'un certain apprentissage ait eu lieu dans le passé et que vous ayez conservé dans votre mémoire certaines croyances. Comment celles-ci ont-elles pris place dans votre mémoire? La figure 2.6 nous fournit certains indices du processus ayant produit des croyances à l'égard des boissons gazeuses.

FIGURE 2.6
La formation des croyances à l'égard des marques de boisson gazeuse: un processus graduel qui débute dès l'enfance

Il y a de cela plusieurs années, lorsque vous n'en saviez pas encore beaucoup au sujet des boissons gazeuses, des personnes plus âgées que vous ont choisi certaines marques à votre place. Vous avez commencé à avoir des préférences à partir de ces expériences d'apprentissage initiales et, très tôt, vous avez commencé à insister pour avoir certaines marques en particulier. En grandissant, vous avez fait des recherches et des évaluations, vous avez décidé, acheté, goûté, vous avez modifié les croyances que vous aviez et vous avez suivi plusieurs fois ce processus, avec différentes marques, jusqu'à ce que vous vous arrêtiez aux préférences qui sont les vôtres en ce moment. Vous avez oublié cela depuis longtemps, mais une hiérarchie de préférences est maintenant gravée dans votre mémoire. Grâce à tout le travail que vous avez fait dans le passé par rapport aux marques de boisson gazeuse, vous n'avez maintenant plus besoin de suivre un long processus chaque fois que vous avez le goût d'une boisson gazeuse. Dès que la soif vous pousse à déclencher le processus de décision, vous vous payez le luxe de passer directement du **déclenchement** à l'**intention**, puis à la **décision** et à la **consommation**, sans courir le risque de faire un choix qui pourrait ne pas vous satisfaire. En d'autres mots, vous vous trouvez maintenant en situation de **faible implication.** Nous examinerons ce cas particulier dans une prochaine section de ce chapitre.

La deuxième remarque concerne les situations où l'apprentissage du consommateur se produit à l'étape de la consommation proprement dite du bien choisi, plutôt qu'à celle de la recherche et de l'évaluation. En effet, il y a des situations où le consommateur perçoit que l'effort mental requis pour découvrir et évaluer plusieurs solutions avant de prendre une décision est plus grand que l'effort et le coût associés à un apprentissage par tâtonnements à l'étape de la consommation. Dans de tels cas, les consommateurs coupent souvent court au processus décisionnel en achetant tout de suite le bien en question, en l'expérimentant par la consommation et en décidant ensuite si le bien choisi permet d'atteindre l'état souhaité. Les croyances et les attitudes à l'égard du produit s'acquièrent alors en grande partie à l'étape de la consommation plutôt qu'à celle de la recherche et de l'évaluation.

Par exemple, une personne voyageant par affaires peut remarquer un hôtel situé dans une ville avec laquelle il n'est pas familiarisé et peut décider d'essayer l'hôtel pour une nuit, plutôt que de dépenser beaucoup d'efforts à chercher et à évaluer avec attention différents hôtels par rapport au coût, aux chambres et au service avant de décider d'un endroit satisfaisant pour passer quelques nuits. Comme autre exemple, l'achat d'un rouleau de film Kodacolor VR-G 100 de Kodak pourrait être précédé d'une évaluation technique des caractéristiques en lisant des critiques dans des magazines de photographie, en discutant avec des vendeurs qui s'y connaissent et en comparant le film avec ceux des concurrents. Plusieurs consommateurs s'épargnent de tels efforts et achètent tout simplement un rouleau du nouveau film, en font l'essai et jugent ensuite si le produit est satisfaisant ou non. Dans chacun de ces exemples, le consommateur perçoit que les coûts (mental et matériel) associés à la recherche et à l'évaluation des produits dépassent largement les coûts associés à l'erreur qui pourrait être commise en achetant un produit non satisfaisant. Les situations de ce genre correspondent, encore une fois, à une faible implication du consommateur.

Certains produits (films, shampooings, romans, produits destinés à chasser les moustiques, vacances au Nouveau-Brunswick) ne peuvent être réellement évalués qu'après avoir été consommés. Par exemple, tant qu'elle n'a pas acheté et essayé une nouvelle marque de biscuits, une mère de famille ne peut pas vraiment évaluer la capacité de cette marque de satisfaire les membres de sa famille, car le goût constitue un attribut du produit essentiel en ce qui concerne le degré de satisfaction ressenti à l'égard des produits alimentaires. Dans de tels cas, la majeure partie de l'évaluation d'un bien (la formation de croyances et d'attitudes) ne se fait qu'à l'étape de la consommation, et non avant de prendre la décision. Cela explique pourquoi les spécialistes de marketing offrent aux consommateurs des échantillons gratuits lors du lancement de nouveaux produits qui ne peuvent être évalués qu'à l'étape de la consommation; cela est une pratique courante chez les fabricants et les distributeurs d'aliments et de produits de soins personnels. Pour les films présentés au cinéma, l'équivalent de l'essai gratuit est la courte séquence que l'on montre aux spectateurs plusieurs semaines avant que le film arrive sur le marché. Rappelons encore que, dans de tels cas, l'implication du consommateur dans le processus d'achat est plutôt faible.

L'évaluation et la formation d'attitudes se produisent également après l'achat lorsqu'il s'agit de produits pour lesquels la dimension «expérience» est très importante; c'est la qualité de l'expérience elle-même et, parfois, celle des émotions l'accompagnant qui déterminent si le consommateur ressent de la satisfaction ou de l'insatisfaction. C'est le cas, par exemple, d'un voyage de camping dans les Rocheuses, d'une fin de semaine de ski au mont Tremblant, d'une visite au Musée d'art contemporain de Montréal, d'une balade en montgolfière au-dessus de la partie sud de la Saskatchewan ou d'un tour de manège dans un parc d'attractions de la région[18].

La troisième et dernière remarque a trait à la durée du processus décisionnel suivi par le consommateur. Comme vous pouvez le constater par vos expériences personnelles, pour certains processus, la période de temps qui s'écoule entre le déclenchement et la décision est très courte, alors que, pour d'autres processus, cette période est très longue. La modélisation du processus décisionnel est néanmoins valable pour toutes les variations et combinaisons de comportement de consommation, que le processus décisionnel soit court ou long, régulier ou intermittent, direct ou compliqué. Certains processus décisionnels sont déclenchés et parcourus rapidement, du fait que le consommateur éprouve un sentiment d'urgence et un grand besoin de consommer le bien le plus tôt possible. Par exemple, le besoin de visiter un parent hospitalisé peut déclencher un processus décisionnel court et relativement direct, caractérisé par une recherche et une évaluation très rapides concernant les divers modes de transport et par une intention formée presque instantanément. Ce processus décisionnel débouche sur la consommation d'un siège en classe économique sur le vol Intair 462 quittant l'aéroport de Dorval à 18:15 le jeudi soir et arrivant à Rouyn-Noranda à 19:20 le même jour.

À l'inverse, pour un autre processus décisionnel, il peut se passer plusieurs années avant que la décision débouche sur la consommation. En général, une telle situation exige du consommateur une recherche en profondeur; celui-ci étant désireux de prendre une décision très éclairée, il consacre beaucoup de temps au processus décisionnel, car le problème qui a entraîné le déclenchement du processus n'est pas particulièrement urgent. Le processus décisionnel est interrompu et relancé à plusieurs reprises et, parfois, il semble même avoir été définitivement arrêté. Le consommateur arrive finalement à l'étape de la décision et consomme le produit. Prenons le cas, par exemple, du processus décisionnel présenté ci-dessous pour l'acquisition d'un ordinateur personnel, cet exemple constituant le résumé d'un cas réel.

Un consommateur a plus ou moins décidé de s'acheter un ordinateur personnel. Lors d'une première visite chez un détaillant d'ordinateurs, il constate que les prix des ordinateurs qui l'intéressent sont bien trop élevés pour ses moyens financiers présents. Néanmoins, cette recherche lui a permis d'en apprendre un peu sur un ou deux fabricants d'ordinateurs et sur les particularités de leurs produits, et même d'en arriver à une préférence pour un modèle en particulier. La recherche et l'évaluation sont alors interrompues pour ne recommencer que trois ans et demi plus tard. Cette fois-ci, la décision du consommateur de se procurer un ordinateur – surtout pour faire du traitement de texte et pour avoir accès à des banques de données informatisées publiques – est ferme, et le consommateur reprend avec beaucoup d'énergie la recherche et l'évaluation des diverses solutions. Pendant une période de 12 mois, le consommateur achète et étudie des magazines traitant d'ordinateurs, il recueille des annonces et des articles de journaux sur les ordinateurs, il téléphone et écrit à des fabricants et à des fournisseurs de matériel informatique et de logiciels pour obtenir de l'information et des dépliants promotionnels, il visite plusieurs détaillants d'ordinateurs dans des villes canadiennes et américaines, il a des discussions techniques avec des représentants et des collègues de travail bien informés et il s'inscrit à deux séminaires d'une demi-journée sur le traitement de texte. En dépit d'un effort de recherche et d'évaluation ayant duré un an, ce consommateur n'a pas encore d'intention claire – en partie parce que l'achat n'est pas urgent et en partie parce qu'aucune préférence particulière à l'égard d'une marque n'est apparue. Le processus décisionnel est donc encore une fois interrompu.

Plusieurs mois plus tard, notre consommateur recommence la recherche et l'évaluation des ordinateurs personnels. Durant une semaine de recherche intensive pour une certaine marque, le consommateur visite la salle d'exposition d'un détaillant, il obtient de plusieurs fournisseurs des prix et des spécifications par téléphone et il étudie plusieurs brochures traitant du matériel périphérique et des logiciels. C'est à ce moment que le consommateur commence à avoir une préférence claire pour un ensemble approprié d'équipement et de logiciels ainsi qu'une intention d'achat. Cependant, il classe cette nouvelle information et ne prend aucune décision, à cause de contraintes financières. Le processus décisionnel recommence une fois encore 21 mois plus tard. Le consommateur est maintenant très motivé pour atteindre l'état souhaité, vu son besoin urgent de compléter une entente contractuelle nécessitant l'utilisation du traitement de texte par ordinateur. De plus, à ce moment-là, le consommateur a suffisamment de ressources pécuniaires pour acheter un ordinateur et l'équipement qui l'accompagne. À la suite d'une recherche et d'une évaluation d'une durée de cinq jours, où il discute des divers choix possibles avec un expert en informatique et visite trois fournisseurs d'ordinateurs, notre consommateur découvre une aubaine chez un certain fournisseur. Il discute en détail de ses besoins avec ce fournisseur et, ensemble, ils décident d'un ensemble de spécifications; le consommateur passe alors une commande. En moins de six jours, la commande est livrée au consommateur, qui concrétise sa décision en faisant un chèque de 3 793,10 $, représentant le coût total de l'achat. Cet exemple illustre un processus décisionnel unique, bien qu'il se soit écoulé **sept ans** entre l'étape du déclenchement et celle de la décision.

☐ Le processus décisionnel en situation de faible implication

La plupart des gens ne passent pas tout leur temps à «jouer au consommateur». S'il arrive que les clients potentiels manifestent un grand intérêt à l'égard d'un stimulus marketing – étant alors en situation de forte implication par rapport au processus décisionnel menant à l'acquisition du bien –, le plus souvent, les consommateurs témoignent d'un intérêt moins prononcé, sinon presque nul, à l'égard du stimulus – étant alors en situation de faible implication. Pensons, par exemple, à l'achat d'une boîte de petit pois ou à celui d'une barre de chocolat.

En effet, faute de temps, de ressources ou d'intérêt, les consommateurs s'impliquent peu dans la plupart des décisions de consommation courantes. Lorsqu'ils prennent conscience d'un besoin non satisfait, ils déclenchent le processus décisionnel menant à l'acquisition et à la consommation du bien susceptible de satisfaire ce besoin, mais le processus est alors plutôt court. Comme le montre la figure 2.7, les consommateurs parcourent rapidement le processus décisionnel. Pour certains biens, ils traversent toutes les étapes du processus, mais passent peu de temps à chercher et à évaluer les diverses solutions. Ils se fient surtout à la recherche interne (l'information déjà présente dans la mémoire) et, s'ils effectuent une recherche externe, celle-ci se limite généralement à l'information présente au point de vente: une comparaison du prix de deux ou trois marques ou une vérification du nombre de calories ou de la quantité de fibres sur un ou deux emballages, s'il s'agit de produits alimentaires. À l'occasion, le consommateur éliminera complètement l'étape de la recherche et de l'évaluation, achetant tout simplement d'une manière routinière la marque qu'il préfère ou qu'il a l'habitude d'acheter; ou bien, le consommateur se fiera à la consommation proprement dite pour évaluer le produit et il achètera alors la première marque qu'il verra, la marque offerte en rabais par le détaillant cette semaine-là, la marque le plus souvent annoncée ou une marque nouvelle qu'il ne connaît pas encore. Il s'agit donc d'une décision reposant sur une règle décisionnelle simple, car le consommateur perçoit peu de risques à acheter la marque sans l'avoir d'abord évaluée. Ce type de processus correspond à ce qu'on appelle en marketing une **faible implication du consommateur**.

FIGURE 2.7
Les étapes du processus décisionnel en situation de faible implication

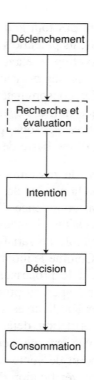

Cependant, il arrive parfois que le consommateur accorde une plus grande attention au stimulus et fasse de plus grands efforts pour se procurer le bien qu'il désire: il est alors en **situation de forte implication**. Le consommateur suit ainsi le processus décisionnel décrit dans la figure 2.4. Pourquoi accorde-t-il alors une plus grande attention au produit? Plusieurs chercheurs se sont penchés sur cette question[19]. Pour certains, l'implication du consommateur est associée à un intérêt personnel pour la catégorie à laquelle appartient le produit (certains consommateurs sont des mordus de l'automobile ou de grands amateurs d'art). Pour d'autres, l'implication du consommateur peut dépendre de la situation (par exemple, un employé a invité son patron à souper et il souhaite acheter une bouteille de vin spéciale pour marquer l'événement et impressionner son patron). Pour d'autres encore, l'implication est fonction de l'intérêt que l'on porte à la consommation (une consommatrice peut éprouver du plaisir à visiter les magasins et à faire des achats, à collectionner les bons de réduction ainsi qu'à lire les dépliants et les annonces)[20].

Une autre façon de considérer le niveau d'implication est d'examiner les attributs du produit. En général, le consommateur aura tendance à manifester une plus forte implication lorsqu'il s'agit de l'achat de produits présentant un niveau de risque élevé. Le risque peut provenir du coût élevé du produit – le risque financier –, de la longueur du cycle d'achat (un réfrigérateur ayant une durée de vie moyenne de 12 ans) et des conséquences associées à la consommation du produit – le risque physique, psychologique ou social. Par exemple, le produit pourrait présenter des risques pour la santé (un médicament ayant des effets secondaires) ou pour la sécurité (des freins défectueux); la consommation du produit pourrait embarrasser le consommateur dans un certain contexte social (un mauvais choix de robe pour une réception chez des amis); enfin, le produit pourrait ne pas être compatible avec les valeurs fondamentales de l'individu (un consommateur très sensibilisé à l'écologie se méfiera des produits susceptibles d'avoir des effets néfastes sur l'environnement).

Comme on le voit, peu importe que l'implication requise pour l'acquisition d'un produit soit faible ou forte, le modèle du processus décisionnel illustré dans la figure 2.4 correspond assez bien au comportement du consommateur. Il suffit simplement de l'adapter en faisant quelques modifications mineures.

☐ L'influence des facteurs associés à la motivation et à la situation

Dans les sections qui suivent, nous examinerons la deuxième moitié du modèle du processus décisionnel, qui est présentée dans la figure 2.8. Les facteurs qui déterminent les attributs du produit définissant l'état souhaité du consommateur influencent tous les processus décisionnels. Plusieurs de ces facteurs sont appelés «influences motivationnelles», parce qu'ils sont à la base de la personnalité et des besoins du consommateur et que, par la suite, ils motivent le consommateur pour agir en fonction de l'atteinte d'un but, et ce, tout au long de sa vie. Nous examinerons également certains facteurs associés à la situation qui déterminent les attributs du produit recherchés par le consommateur. Six des facteurs énumérés dans la figure 2.8 représentent, d'une manière particulière, l'environnement du consommateur, faisant partie intégrante de la mémoire de celui-ci grâce à l'**apprentissage environnemental**. Il s'agit de la **culture** dans laquelle le consommateur est enraciné, des **groupes de référence** auxquels il appartient ou souhaite appartenir, de la **classe sociale** dont il fait partie, de la **famille** – tant d'orientation que de procréation – à laquelle il appartient, des **variables économiques** qui déterminent ses projets d'achat ainsi que sa capacité de mener ces projets à terme, et, enfin, des **sources d'information** auxquelles il a accès.

C'est de façon brève que nous expliquerons chacun de ces six facteurs dans la section qui suit, car la plupart seront examinés d'une manière plus approfondie dans d'autres chapitres. Contentons-nous d'affirmer, pour le moment, qu'il s'agit de facteurs qui **déterminent** les expériences de vie d'une personne et qui favorisent l'exposition de cette dernière à certains stimuli ou intrants. C'est la classe sociale à laquelle vous appartenez, votre famille, votre culture, vos groupes de référence, votre pouvoir socio-économique et d'autres facteurs du même genre qui déterminent les expériences que vous vivrez et ce que vous apprendrez dans la vie.

Les facteurs environnementaux

La **culture** dans laquelle une personne vit est probablement le facteur qui a le plus d'influence et celui qu'on tient le plus pour acquis. Elle constitue le résultat de la sagesse collective et des règles de comportement institutionnalisées à l'intérieur d'une société. Elle s'acquiert tôt dans l'enfance et est rarement remise en question, une fois adoptée. Le sujet de la culture sera examiné plus en profondeur au chapitre 7.

Lorsqu'un groupe de personnes, une organisation ou même un individu guide certains aspects du comportement d'une personne, on dit qu'il s'agit d'un **groupe de référence** pour cette personne. Les êtres humains ont des groupes de référence parce qu'ils sont, dans une large mesure, des animaux sociaux et qu'ils aspirent souvent à se joindre à des groupes, à demeurer membres de groupes, à obtenir l'admiration de groupes ou d'individus, ou à imiter les personnes qu'ils admirent. Étant donné que les groupes ont tendance à établir des règles de conduite en ce qui

FIGURE 2.8
**L'influence exercée sur la prise de décision du consommateur par
les facteurs associés à la motivation et à la situation**

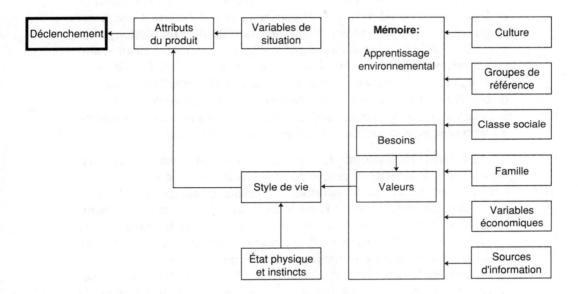

concerne l'acceptation et l'appartenance, l'individu se conforme à ces normes afin d'être accepté dans le groupe ou de pouvoir s'identifier au groupe ou à l'individu. Les groupes de référence seront étudiés d'une manière plus détaillée au chapitre 9.

Le consommateur subit également l'influence des valeurs, des intérêts et des activités qui caractérisent la **classe sociale** à laquelle il appartient. Toute société est stratifiée, en fonction du statut social et du prestige, en des divisions distinctes appelées classes sociales. Les membres d'une certaine strate ou couche sociale diffèrent des membres des autres couches sociales pour ce qui est de leur façon de penser, des choses qu'ils valorisent dans la vie, de leurs intérêts et de leurs préoccupations. En général, les membres d'une classe sociale donnée dépensent leur temps et leur argent d'une manière différente de celle des membres des autres classes. Les membres de classes sociales différentes ont tendance à rechercher et à consommer des produits et des services différents. Nous traiterons des classes sociales d'une manière plus approfondie au chapitre 10.

La **famille** à laquelle appartient un individu constitue un facteur environnemental très important. Le consommateur naît dans une **famille d'orientation**, laquelle joue habituellement un rôle de premier plan dans la socialisation de l'individu, dans la transmission des valeurs culturelles et dans la formation d'habitudes de consommation. Le consommateur qui se marie et qui a des enfants forme une **famille de procréation**, et le cycle de l'influence familiale se répète, le consommateur étant maintenant responsable de la socialisation de ses enfants et de la formation de leurs habitudes de consommation. De plus, lorsqu'il prend des décisions de consommation, l'individu doit maintenant tenir compte des besoins de son conjoint (mari ou femme) ainsi que de ceux de ses enfants. L'influence de la famille sera examinée plus en profondeur au chapitre 11.

Les **variables économiques** constituent un cinquième facteur environnemental. Elles déterminent le pouvoir d'achat de l'individu, sa capacité de consommer, sa propension à dépenser et ses projets d'achat; elles déterminent également l'habileté de l'individu en tant que consommateur. Parce que nous n'étudierons pas ce facteur dans les chapitres qui suivent, nous l'examinerons ici d'une manière détaillée. Les principales variables économiques, que nous examinerons plus bas, sont les conditions économiques, le pouvoir socio-économique, les perspectives de revenu, le pouvoir d'emprunt et les attentes concernant l'inflation. Chacune de ces variables est intériorisée par les consommateurs au moyen de l'apprentissage environnemental, aidant ces derniers à façonner leurs valeurs propres. Ces cinq variables sont présentées ci-dessous.

1. **Les conditions économiques.** Les conditions économiques qui prévalent se trouvent à alimenter ou à restreindre l'activité économique et la confiance du consommateur. Les consommateurs ont tendance à intérioriser les signaux indiquant que l'économie est en récession, qu'elle sort d'une dépression, qu'elle est en croissance ou en période de stagnation ou qu'elle subit un niveau d'inflation élevé; ils incorporent cet apprentissage à leurs projets d'achat et à leurs décisions budgétaires. Le Conference Board du Canada, un organisme qui enquête auprès des consommateurs, chaque trimestre, depuis 1961, mesure le degré de confiance du consommateur ainsi que son optimisme à l'égard des achats au moyen d'un **indice des attitudes des consommateurs**. L'une des mesures de cet indice composé sert à évaluer si les consommateurs ont le sentiment qu'«il est opportun, pour le consommateur moyen, de faire une dépense majeure concernant des biens tels qu'une maison, une voiture

ou tout autre article important[21]». L'indice repose sur l'hypothèse que les consommateurs ont intériorisé les conditions économiques qui prévalent et qu'ils peuvent donner des indices quant aux dépenses éventuelles des consommateurs.

2. **Le pouvoir socio-économique.** Le pouvoir socio-économique du consommateur est fonction de plusieurs variables, dont certaines déterminent la classe sociale. Ces variables sont le revenu familial, la source de revenu, le capital accumulé, le lieu et la valeur de la résidence, l'occupation et le niveau d'instruction (ou l'occupation et le niveau d'instruction du conjoint ou des parents)[22]. Le pouvoir socio-économique détermine le pouvoir d'achat de l'individu, sa capacité de consommer, sa propension à dépenser et son habileté en tant que consommateur. Comparativement aux consommateurs financièrement à l'aise et ayant une bonne instruction, les consommateurs désavantagés sur le plan économique et ayant un faible niveau d'instruction disposent d'un pouvoir socio-économique moindre et sont également moins habiles pour prendre des décisions de consommation efficaces en ce qui a trait au coût[23]. Le pouvoir socio-économique tend à varier en fonction de l'âge. Les enfants disposent d'un moins grand pouvoir socio-économique que leurs parents, mais, avec l'âge et la maturité, ils deviennent plus instruits et plus expérimentés, ils entrent sur le marché du travail, ils progressent dans leur carrière, ils accumulent du capital, ils fondent une famille, ils atteignent le maximum en ce qui concerne leur capacité d'obtenir un revenu élevé, puis ils prennent leur retraite ; ce cycle de vie s'accompagne de variations dans le niveau de pouvoir socio-économique exercé sur le marché.

3. **Les perspectives de revenu.** Les consommateurs intériorisent également leurs perspectives de revenu et tout changement anticipé de leur revenu ou de leur situation financière. Ces perspectives influencent leurs projets d'achat présents et les décisions qu'ils prennent. Par exemple, un consommateur qui s'attend à recevoir une promotion et une augmentation de salaire dans les mois à venir planifiera ses décisions de consommation différemment de celui qui s'attend à perdre son emploi sous peu. Une étudiante qui est sur le point d'obtenir un diplôme universitaire et d'accepter une offre d'emploi peut prendre des décisions de consommation en conséquence, avant même d'avoir commencé à avoir un revenu régulier. L'indice des attitudes des consommateurs du Conference Board of Canada est aussi fondé en partie sur les perceptions des sujets interrogés

à l'égard de leur situation financière présente, des perspectives concernant les ressources du ménage et de leurs perspectives d'emploi[24]. Ce que les consommateurs pensent aujourd'hui de leur situation financière présente et future a beaucoup d'influence sur le niveau de la demande courante, et cette information est d'une grande valeur pour la gestion du marketing et l'élaboration de stratégies efficaces.

4. **Le pouvoir d'emprunt.** Une variable économique qui influence le processus décisionnel suivi par le consommateur est la perception selon laquelle des ressources sont disponibles pour augmenter le pouvoir d'achat de l'individu ou du ménage. En plus du revenu et de l'épargne accumulée, les consommateurs peuvent souvent se fier à leur pouvoir d'emprunt pour obtenir des fonds supplémentaires d'institutions prêteuses comme les banques et les caisses populaires. Ainsi, les processus décisionnels peuvent être influencés par la connaissance qu'a le consommateur de son pouvoir d'emprunt – sa limite de crédit, le crédit qui reste sur ses cartes de crédit, les prêts et les hypothèques qu'il peut obtenir de banques et même d'amis ou de parents.

5. **Les attentes concernant l'inflation.** La perception du consommateur concernant les niveaux de prix futurs influencent les décisions prises dans le présent. En plus des niveaux d'inflation courants qu'ils ont tendance à intérioriser, les consommateurs évaluent aussi par eux-mêmes si les niveaux de prix augmenteront régulièrement, à un rythme croissant ou décroissant. Lorsque les consommateurs s'attendent à ce que le taux d'inflation demeure constant ou augmente, ils ne se comportent pas de la même façon que lorsqu'ils s'attendent à ce que le taux d'inflation diminue. Par exemple, les consommateurs qui s'attendent à ce que le taux d'inflation demeure constant ou augmente auront tendance à avancer le moment de réaliser leurs projets d'achat pour certains biens, car ils croient que les produits désirés coûteront plus cher ultérieurement. Ils achèteront même les biens à crédit, en considérant que la somme représentée par le coût additionnel du crédit est inférieure aux épargnes réalisées en achetant maintenant plutôt que plus tard. Ce comportement a pour effet cumulé d'élever le coût de ces produits et d'alimenter encore plus le taux d'inflation. À l'inverse, si les consommateurs s'attendent à ce que le prix d'un bien se stabilise ou diminue dans l'avenir immédiat, ils auront tendance à attendre un peu et à remettre leur achat à plus

tard. La perception des consommateurs à l'égard des taux d'imposition futurs doit également être incluse dans cette variable économique, car elle influence aussi les décisions d'épargne ou de dépense des consommateurs, étant donné que les taxes et les taux d'intérêt élèvent le coût des produits et des services[25].

Les **sources d'information** sont un sixième facteur environnemental déterminant. Par «sources d'information», on entend les sources de l'information qu'on n'a pas réellement cherchée ou employée à l'étape de la recherche et de l'évaluation, à l'intérieur du processus décisionnel. Il s'agit ici d'une information qui provient de diverses sources et dont le consommateur prend connaissance parfois par hasard et parfois d'une manière systématique. Ce genre d'information renseigne le consommateur sur les nouveaux produits, les nouvelles possibilités, les nouvelles façons de résoudre des problèmes de consommation existants et lui indique de meilleures façons d'atteindre l'état souhaité. Il s'agit de nouveautés aux yeux du consommateur – en ce sens que celui-ci ne connaissait pas encore l'existence ou la disponibilité du produit, du service, de l'activité ou de la solution – ainsi que d'une information qui est nouvelle sur le marché. De cette façon, l'information provenant de l'environnement du consommateur peut parfois déclencher le processus décisionnel. Ce type d'information concernant un bien peut provenir de deux sources distinctes: les sources contrôlées par ceux qui font le marketing de ce bien et celles qui échappent au contrôle des spécialistes de marketing. Les consommateurs subissent l'influence de ces deux sources d'information, pour des raisons différentes, cependant.

La figure 2.9 constitue un exemple de source d'information contrôlée par le spécialiste de marketing. Cette annonce a paru dans le magazine *L'actualité*; le message qu'elle véhicule pourrait servir de source d'information et pourrait même déclencher un processus décisionnel chez les lecteurs de la revue.

Ainsi, la publicité de masse, la promotion envoyée par la poste, les communications sous forme de relations publiques, la promotion au point de vente et la force de vente de l'entreprise constituent toutes des sources d'information qui renseignent les consommateurs sur les nouveaux pro-

FIGURE 2.9
Une source d'information contrôlée par le marketing et pouvant aider à déclencher le processus décisionnel menant à l'achat

Le secouriste

Saisissez vite un nouvel Organiseur II de PSION car si vous êtes submergé, vous risquez de couler !

Même ses caractéristiques fondamentales sont de loin supérieures à celles de la concurrence ! Il comprend un logiciel intégré d'organisation personnelle : base de données professionnelles et privées, agenda, calepin, réveils, calculatrice avec fonctions scientifiques et heure dans le monde avec *indicatifs téléphoniques internationaux*. Vous pouvez trier, imprimer, copier ou supprimer des informations. Grâce à la fonction de recherche, vous pouvez retrouver des données n'importe où dans l'agenda, le calepin, un fichier de données ou une procédure. De plus, le logiciel présente des menus sophistiqués multilingues en anglais, français ou allemand.

Et ce n'est pas tout ! Véritable ordinateur, l'Organiseur II est doté d'un langage de programmation résidant dans la ROM, ce qui vous permet d'écrire vos propres programmes à partir du clavier.

L'Organiseur II est muni de deux fentes d'extension – l'équivalent des deux unités de disquettes d'un PC – qui logent deux Datapak. Chaque Datapak peut contenir une mémoire supplémentaire de 128 k ou des programmes modulaires comme le Tableur, compatible au Lotus[MD], un traitement de texte, des jeux, un logiciel financier et Travel Pak.

Les périphériques ? Les possibilités sont infinies : imprimante PSION, toute autre imprimante sérielle ou parallèle, module de communication relié à votre PC directement ou par l'intermédiaire d'un modem… Et l'Organiseur II peut fonctionner sans cesse pendant des mois, alimenté par une simple pile 9 V.

Submergés comme nous le sommes aujourd'hui par des flots d'informations, nous avons vraiment besoin, pour mieux respirer, d'un secouriste… l'Organiseur II de PSION, le nouvel ordinateur de poche aux possibilités d'expansion illimitées.

COMPULYS
Distributeur canadien exclusif des produits PSION.

PSION

Compulys Data Inc.
Points de vente dans tout le Canada
Pour plus de renseignements
TÉLÉPHONEZ À FRAIS VIRÉS AU
(514) 333-0609

Chef de file mondial de l'informatique mobile.

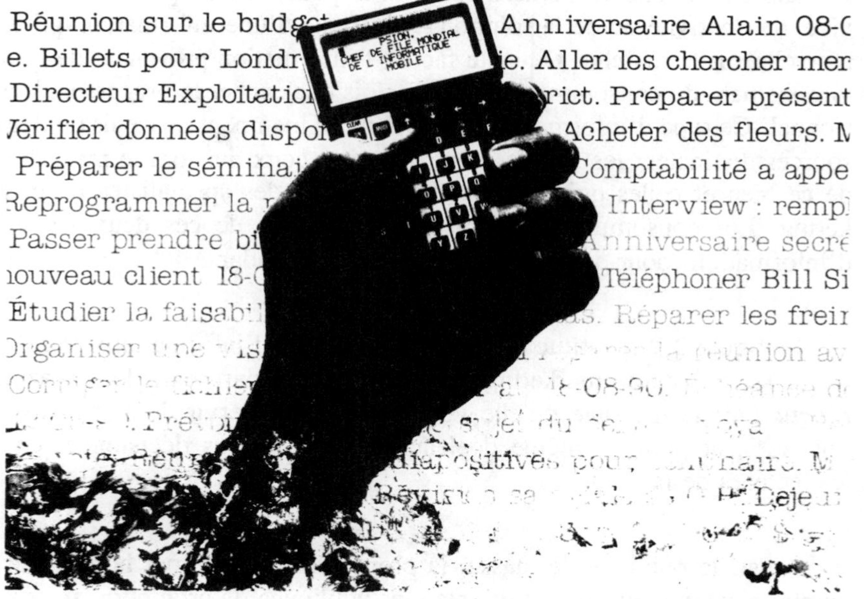

SOURCE : Reproduit avec l'autorisation de Compulys Data Inc.

duits ou les améliorations apportées au produit ainsi que sur les changements de produit, de service ou de réseau de distribution. Ces divers moyens constituent également des sources d'information employées par le spécialiste de marketing pour changer les valeurs et le comportement du consommateur. À l'aide de telles sources, le spécialiste de marketing apprend au consommateur qu'il existe de meilleures façons de se raser, des méthodes plus rapides pour éliminer les déchets, une méthode plus sécuritaire pour perdre du poids, un contraceptif plus sûr, une façon plus commode de se rendre au travail, un meilleur passe-temps récréatif ou de bonnes raisons pour ne pas conduire en état d'ébriété. Les consommateurs subissent l'influence de telles sources d'information, surtout parce que les messages que celles-ci véhiculent sont conçus et présentés avec adresse, qu'ils sont omniprésents et continuels, et qu'ils s'adressent à des besoins du consommateur décelés à l'aide de la recherche commerciale.

L'information sur les produits peut aussi provenir de sources qui sont indépendantes des fabricants ou des spécialistes de marketing. De telles sources peuvent aussi véhiculer une information susceptible de changer les valeurs et le comportement, même si ce n'est pas toujours l'intention expresse de ceux qui la véhiculent. Ces sources sont constituées par les leaders d'opinion, les personnes qui ont de l'expérience par rapport à l'utilisation ou à la consommation du bien et qui peuvent procurer une évaluation indépendante et bien informée de la performance du bien en question et de ses caractéristiques, les médias de masse, qui informent parfois l'auditoire des développements réalisés en matière de produits et de marketing, et les médias imprimés, qui véhiculent couramment de l'information sur les produits, les marchés, les styles de vie et les problèmes des consommateurs. Par l'intermédiaire de ces sources d'information générales, le consommateur peut se renseigner, par exemple, sur des méthodes moins coûteuses pour chauffer sa maison, sur de meilleures façons d'investir son argent, sur les avantages et les inconvénients de diverses marques d'équipement stéréophonique, sur les techniques efficaces pour prendre soin des animaux familiers, sur la manière d'améliorer ses habiletés d'achat ou sur les avantages reliés au fait de cesser de fumer. Les consommateurs sont influencés par ces sources d'information surtout parce qu'elles sont perçues comme indépendantes des spécialistes de marketing et donc impartiales et plus objectives. Souvent, le consommateur moins expérimenté considère de telles sources d'information comme des autorités en la matière.

Les besoins, les valeurs, le style de vie et les attributs du produit

Tel que l'indique, dans la figure 2.8, la composante de la **mémoire** constituée par les **besoins**, c'est l'apprentissage effectué dans l'enfance, influencé par les facteurs environnementaux, qui forme la personnalité de l'individu et définit ses besoins psychologiques – un sujet que nous explorerons au chapitre 6. De plus, la figure 2.8 montre que l'apprentissage environnemental détermine non seulement les besoins, mais aussi les valeurs de la personne, qu'il s'agisse de la formation initiale de ces valeurs ou des changements que celles-ci subissent chez une personne tout au long de la vie. Ainsi, par l'apprentissage environnemental, l'individu intériorise un ensemble ou un système de besoins et de valeurs. Les besoins et les valeurs du consommateur s'expriment au moyen d'un ensemble d'activités, d'intérêts et d'opinions. On appelle **style de vie** cet ensemble de pensées et de comportements compatibles avec les besoins et les valeurs de l'individu. La figure 2.8 exprime cette relation au moyen de flèches reliant les **besoins** aux **valeurs**, puis au **style de vie**.

Le style de vie du consommateur définit les attributs du produit qui sont requis, dans différentes situations de consommation, pour permettre ce style de vie. Cette relation causale est représentée par la flèche reliant le **style de vie** aux **attributs du produit**.

Pour bien comprendre ces concepts, imaginez un consommateur dont la personnalité se caractérise par les besoins suivants: être stimulé sur le plan sensoriel, agir différemment des autres, se faire respecter et se réaliser sur le plan personnel. Dans le domaine des loisirs, l'apprentissage qu'a fait ce consommateur sous l'influence des facteurs environnementaux – il a fait des voyages de camping et des excursions pédestres avec sa famille lorsqu'il était enfant, il a été socialisé dans une culture qui vénère la vie au grand air et il a eu des rencontres fréquentes avec des amateurs de randonnée pédestre lorsqu'il était membre d'un club universitaire orienté vers le plein air – a mené à un ensemble de valeurs qu'on pourrait décrire ainsi: l'amour de la nature, une préférence pour les loisirs de plein air par rapport aux loisirs pratiqués à l'intérieur et un grand respect pour les aventures rarement vécues.

Cette combinaison de besoins psychologiques et de valeurs récréatives se manifeste au dehors par le style de vie adopté par ce consommateur en matière de loisirs. En effet, dans le passé, les loisirs de cet individu ont consisté, entre autres, à descendre en radeau des rapides dangereux, à faire du canot en contrée sauvage, à donner son appui à la Fédération canadienne de la vie sauvage, à faire du parachutisme et de la plongée sous-marine et à visionner des films documentaires relatant des aventures en plein air. De toute évidence, chaque fois que ce consommateur évalue un bien associé à un nouveau sport de plein air, le bien en question doit posséder des attributs compatibles avec son style de vie; autrement, ce sport ne l'intéresse pas. En ce qui concerne les attributs du produit recherchés, le sport de plein air en question doit être, pour ce consommateur:

– un sport inhabituel et pratiqué par relativement peu de personnes;
– un sport qui procure énormément de stimulation sensorielle;
– un sport dans lequel le participant peut clairement faire preuve d'un accomplissement personnel pouvant susciter le respect des autres.

Par conséquent, on ne serait pas surpris d'apprendre que ce consommateur a dépensé plusieurs centaines de dollars en équipement conçu pour escalader des montagnes – bottes d'alpinisme, crampons, corde de nylon, pitons, casque et coupe-vent – et qu'il a passé l'été à s'exercer avec d'autres alpinistes en vue d'escalader à Banff un versant de montagne qui est très escarpé et qui n'a encore jamais été conquis. Bref, le style de vie de ce consommateur en matière de loisirs est composé d'habitudes compatibles avec les besoins et les valeurs de cette personne. Les attributs du produit qui définissent l'état souhaité de ce consommateur en matière de loisirs et qui sont utilisés à l'étape de la recherche et de l'évaluation pour trouver un passe-temps éventuel permettront à cet individu de vivre selon le style de vie désiré.

Étant donné que la personnalité d'un consommateur, telle qu'elle est caractérisée par l'ensemble de ses besoins psychologiques, demeure plus ou moins la même tout au long de la vie, les changements du style de vie sont causés par un changement des valeurs. Le consommateur modifiera son style de vie de façon à pouvoir maintenir une certaine compatibilité entre sa personnalité (ses besoins psychologiques) et un nouvel ensemble de valeurs façonné par des changements survenus en ce qui a trait aux facteurs environnementaux[26]. Dans notre exemple, est-il possible qu'un consommateur individualiste ayant un grand besoin d'accomplissement, de reconnaissance et de stimulation sensorielle adopte un nouveau style de vie? Oui. Imaginez ce même individu 20 ans plus tard, à l'âge de 45 ans, marié, avec des enfants et atteignant le faîte de sa carrière. Bien que les besoins psychologiques de cet individu n'aient pas changé, nous voyons maintenant que celui-ci a délaissé les activités qu'il pratiquait dans sa jeunesse pour les remplacer par l'appartenance à un club de tennis, des pratiques avec d'autres joueurs en vue d'un prochain championnat, des voyages fréquents avec sa famille vers des destinations exotiques, des fins de semaine de ski occasionnelles avec sa famille et une passion pour fixer ces expériences sur film. Ce style de vie récréatif résulte de l'adoption de valeurs légèrement différentes, à la suite d'un apprentissage environnemental continu: depuis le temps où il faisait du parachutisme et de l'alpinisme, notre consommateur a changé de groupes de référence et a dû prendre en considération les exigences de sa famille et de sa carrière; de plus, la culture prescrit des loisirs différents pour les gens qui arrivent à cette étape du cycle de vie.

Jusqu'à maintenant, nous avons traité des besoins psychologiques, considérant la personnalité comme le système de besoins psychologiques de la personne. La figure 2.8 présente également un second type de besoins, les besoins physiologiques ou biologiques. Le style de vie du consommateur est également déterminé par son **état physique** et ses **instincts**. En plus des besoins psychologiques façonnés par l'apprentissage environnemental, l'être humain possède une constitution physique déterminée génétiquement. Cela entraîne des besoins physiologiques tels que celui d'une alimentation suffisante, le besoin d'être protégé contre les éléments, le besoin de sécurité à l'égard des blessures physiques, ainsi que les besoins relatifs à l'activité sexuelle, au repos et à la conservation de la forme physique.

Les instincts de survie et l'état physique de la personne doivent également être considérés en ce qui a trait au style de vie. Par exemple, si, dans le cas présenté ci-dessus, le consommateur souffrait d'une mauvaise santé chronique, il ne pourrait se permettre un style de vie comportant du tennis, du ski et des voyages internationaux, en dépit de ses besoins psychologiques et de ses valeurs. Le style de vie que nous avons décrit exige certains niveaux d'énergie, de forme physique, d'absence de douleur et de santé mentale; autrement, un changement ou un ajustement de style de vie s'impose. Ainsi, le style de vie désiré est souvent conditionné par l'état physique et les besoins biologiques du consommateur. Le fait de négliger ces besoins pour vivre selon un style de vie surtout motivé par des besoins psychologiques peut éventuellement entraîner une dégénérescence de l'état physique ou même l'ultime pénalité: la mort. Les styles de vie consistant à boire de manière excessive, à faire la fête toutes les nuits, à brûler la chandelle par les deux bouts, à être obsédé par la poursuite de sa carrière, à vouloir faire ses preuves à tout prix ou à rechercher le bonheur comme s'il s'agissait d'un endroit et non d'un état d'esprit vont souvent de pair avec une négligence relative à l'état physique et aux besoins biologiques. L'histoire est remplie de cas célèbres où le prix biologique payé pour un tel style de vie a été la mort; citons Wolfgang Amadeus Mozart, Guy de Maupassant, Dr Norman Bethune, Enrico Caruso, Marie Curie, Harry Houdini, Édith Piaf, Elvis Presley, parmi beaucoup d'autres.

Les variables de situation

Le modèle du processus décisionnel présenté dans la figure 2.8 inclut également les variables de situation. Les attributs que recherche le consommateur pour un certain produit sont déterminés non seulement par l'apprentissage environnemental et le style de vie, mais aussi par les situations particulières que l'individu rencontre au cours de sa vie. Le consommateur peut ne pas se baser sur les mêmes attributs du produit pour définir l'état souhaité et évaluer les diverses solutions dans toutes les situations de consommation relatives à un même bien. Des variables de situation telles que des contraintes de temps, un manque de fonds à court terme, un cadeau en argent ou une rentrée de fonds inattendue, des situations de consommation vécues dans un contexte social plutôt que dans un contexte individuel et des cas d'urgence peuvent obliger le consommateur à se baser sur des attributs du produit différents de ceux qu'il recherche habituellement.

Un exemple vous aidera à comprendre ce que nous voulons dire ici. Sur quels attributs du produit vous baserez-vous pour choisir un repas du soir non préparé à la maison? Si vous avez suffisamment d'argent et que quelqu'un peut vous accompagner, vous pourriez choisir un endroit pour manger en vous basant sur les attributs **cuisine raffinée**, **service courtois** et **ambiance chaleureuse**. S'il est tard le soir, que personne ne peut vous accompagner et que vous avez hâte de vous reposer, vous vous baserez probablement plutôt sur les attributs **service rapide** et **commodité**. S'il est tôt dans la soirée, mais que vos ressources financières sont plutôt faibles ou que vous ayez déjà dépensé la somme de la semaine allouée aux repas, vous pourriez plutôt vous baser sur l'attribut

coût du repas. Différents ensembles d'attributs du produit définissent votre état souhaité dans différentes situations lorsque la faim vous pousse à déclencher un processus décisionnel en vue de consommer un repas du soir non préparé à la maison. Les trois situations décrites plus haut auraient pu vous conduire, respectivement, à choisir de manger au restaurant *Les Halles*, à commander une pizza à la pizzeria du quartier et à prendre un repas léger à la cafétéria de l'université. Cela ne signifie aucunement que vous ayez changé de style de vie; le style de vie est plus permanent que cela! Cela signifie seulement que les attributs du produit sur lesquels vous vous basez pour choisir un bien (un repas du soir non préparé à la maison) dépendent généralement autant de la situation que de vos besoins, de vos valeurs et de votre style de vie.

Les contraintes de temps constituent l'une des variables de situation les plus courantes en ce qui concerne la définition des attributs du produit recherchés. Elles peuvent rendre la consommation du bien urgente et forcer le consommateur à se baser sur un ensemble d'attributs différent de celui généralement employé. Par exemple, si, au retour d'un voyage effectué pendant la semaine de relâche à l'université, vous avez raté le vol que vous aviez choisi avec beaucoup de soin, les contraintes de temps auxquelles vous avez maintenant à faire face limiteront probablement le nombre des attributs du produit recherchés, et vous devrez peut-être vous contenter de prendre le prochain vol disponible, de façon à manquer le moins de cours possible. Les contraintes de temps peuvent également limiter la recherche et l'évaluation que fait le consommateur et restreindre le nombre des attributs du produit considérés, même si la consommation du produit peut, en fait, être retardée. Les contraintes de temps perçues par un consommateur qui s'est rendu au magasin pour choisir un cadeau et qui s'aperçoit que le magasin est sur le point de fermer pourront limiter de façon importante le nombre des attributs considérés, de façon que le consommateur puisse prendre une décision rapide. La recherche a démontré que, contrairement aux acheteurs qui ont tout leur temps, les consommateurs qui sont poussés par le manque de temps non seulement réduisent le nombre des attributs du produit considérés pour évaluer les différentes solutions, mais, également, se basent surtout sur des attributs susceptibles de révéler les aspects négatifs d'une solution. Ils éliminent rapidement plusieurs solutions en se basant sur une évidence négative[27]. Cette stratégie suggère que, lorsqu'ils décident de la solution à adopter, les consommateurs soumis à des

contraintes de temps cherchent à réduire au minimum les pertes potentielles plutôt qu'à maximiser leurs gains éventuels.

Cela termine notre étude de l'influence exercée par les facteurs
associés à la motivation et à la situation dans le modèle du processus
décisionnel. Pour donner au lecteur un exemple complet illustrant l'action
des facteurs associés à la motivation, nous avons choisi de terminer ce
chapitre en nous reportant à la décision de Peter Mayer à l'égard de
l'achat d'un téléviseur couleur.

Un exemple concluant

En achetant un téléviseur couleur, Peter a atteint l'état souhaité : se
tenir informé sur les sciences et pouvoir jouir des émissions télévisées
éducatives dans le confort de son propre foyer. Pourquoi les sciences ont-
elles tant d'attrait pour Peter ? Pourquoi l'idée de ne pas pouvoir regarder
en couleur une série télévisée scientifique était-elle insupportable à
Peter, tandis que celui-ci n'avait pas été ennuyé par le fait de regarder
en noir et blanc les Jeux olympiques d'hiver de 1980 ?

Les sciences occupaient une place spéciale dans l'esprit de Peter en
raison d'expériences vécues dans son enfance et de son apprentissage
environnemental. À l'école primaire, Peter n'était pas doué pour les
sports et était donc souvent exclu des jeux et des sports d'équipe. Pour
compenser ce handicap sur le plan de l'éducation physique, qui le faisait
rejeter de ses pairs sur le terrain de jeux, Peter s'était lui-même éloigné
des sports d'école et avait acquis pour les sciences un intérêt précoce
qui n'était pas partagé par la plupart de ses camarades d'école. Son
grand besoin de réussir et de faire quelque chose de différent provient
sans doute d'un désir d'être spécial d'une façon différente, de manière
à raffermir son image de soi. En quatrième année, lorsque la classe
faisait un peu d'astronomie, l'enseignante encourageait les écoliers à
consulter Peter sur les choses qu'ils ne comprenaient pas. En septième
année, lorsque les écoliers devaient faire un exposé sur leur passe-temps
préféré, Peter faisait un discours sur la structure de l'atome. Il ne fait
aucun doute que cela l'aidait à satisfaire son grand besoin d'exceller dans
un domaine où ses pairs et ses groupes de référence avaient de la
difficulté à réussir.

Peter recevait aussi beaucoup d'encouragement de la part de son père; en effet, celui-ci lui donna un ensemble de chimie comme cadeau de Noël, une année, et il lui donnait régulièrement de l'argent de poche pour s'approvisionner en produits chimiques et en équipement de laboratoire. Cette influence familiale et l'encouragement qu'il reçut d'un ou deux enseignants contribuèrent à l'apprentissage environnemental de Peter, par lequel se formèrent ses valeurs à l'égard des sciences, de l'instruction et des découvertes personnelles. Ces besoins et ces valeurs continuent de se refléter dans certains aspects des activités composant son style de vie actuel ainsi que dans ses intérêts et ses opinions : Peter aime à visiter les musées des sciences, à lire sur les sciences, à assister à des conférences sur des sujets scientifiques, à s'inscrire à des cours de sciences, et à écouter ou à regarder des émissions scientifiques – souvent en compagnie de sa fille de 11 ans, dans le but d'éveiller chez elle un intérêt pour ce domaine. Il s'intéresse particulièrement aux découvertes scientifiques les plus récentes en matière d'astronomie et de physique des molécules. Il a des opinions fermes sur certains sujets; il croit qu'on devrait passer plus de temps à enseigner les sciences à l'école, qu'on devrait accorder plus de fonds à la recherche fondamentale et qu'on devrait encourager plus de femmes à étudier les sciences et à entreprendre des carrières scientifiques. Bref, cet aspect du style de vie de Peter a été déterminant dans sa décision de regarder en couleur les émissions scientifiques télévisées – un attribut clé concernant l'état souhaité par rapport à la télévision.

La culture canadienne a également renforcé les valeurs de Peter quant à l'importance de se tenir informé en matière scientifique et à l'à-propos de regarder des émissions éducatives télévisées à la maison, particulièrement pour quelqu'un qui a choisi la profession d'enseignant. Rappelez-vous que c'est la norme culturelle canadienne selon laquelle il convient d'être propriétaire d'un téléviseur qui avait nourri chez Peter la valeur rattachée au fait de regarder la télévision et qui l'avait poussé à acheter un premier téléviseur noir et blanc.

En plus des besoins et des valeurs, certaines variables économiques ont permis que Peter considère l'achat d'un nouveau téléviseur couleur. Le pouvoir socio-économique de Peter, en tant qu'individu possédant un diplôme universitaire et en tant qu'enseignant arrivé en milieu de carrière et ayant accumulé certaines économies, a rendu réalisable le projet d'achat, sans crainte de déséquilibrer le budget du ménage. Ainsi, le terrain était propice à l'achat d'un téléviseur couleur. La seule chose qui manquait était un stimulus approprié, provenant des sources d'information présentes dans l'environnement de Peter, pour aider à déclencher le processus décisionnel.

Vous vous rappellerez que ce stimulus décisif a été l'annonce de la série scientifique télévisée en 13 épisodes *La vie sur terre*. Cet intrant provenait des sources d'information auxquelles Peter avait accès à ce moment-là, dont un guide des émissions télévisées locales et un abonnement aux magazines *Time* et *Discover : The Newsmagazine of Science*.

Deux autres aspects du style de vie de Peter ont contribué à définir certains des attributs recherchés dans un téléviseur couleur. L'un de ces attributs était un usage fiable, sans problèmes, pour une personne ayant un horaire chargé, qui se considérait trop occupée pour voir à faire réparer le téléviseur si cela s'avérait nécessaire. Un autre attribut, moins important dans ce cas, était l'apparence esthétique de l'appareil, car Peter et sa femme avaient l'habitude d'acheter des appareils et des biens durables qui leur plaisaient sur le plan esthétique.

Finalement, parce que la série télévisée était sur le point de commencer, Peter avait le sentiment qu'il ne disposait pas de beaucoup de temps pour trouver un téléviseur couleur. Ainsi, la pénurie de temps a constitué une variable de situation qui a fait en sorte que Peter limite la recherche et l'évaluation à la première solution possédant les quatre ou cinq attributs du produit recherchés par rapport aux téléviseurs couleur. Cela s'est trouvé à être la marque Toshiba annoncée dans une publicité imprimée de Simpsons; c'est donc cette marque qui a été achetée.

RÉSUMÉ

La meilleure façon d'étudier le comportement du consommateur est de chercher à comprendre **pourquoi** les gens agissent comme ils le font. Le fait de comprendre **comment** les consommateurs se comportent donne simplement une description du comportement; le fait de comprendre **pourquoi** aide à prendre des décisions de marketing intelligentes.

Les **modèles** décrivent le raisonnement sous-jacent au processus comportemental suivi par le consommateur. Ce chapitre a présenté trois catégories de modèles – les modèles distributifs, les modèles intrant-extrant et les modèles du processus décisionnel – et a souligné les avantages et les inconvénients de chacune de ces catégories de modèles. Nous avons ensuite élaboré en détail un modèle du processus décisionnel relatif au comportement du consommateur.

Les modèles du processus décisionnel constituent la meilleure approche pour comprendre le comportement du consommateur. Parmi leurs avantages, on trouve:

– l'importance accordée à l'influence des facteurs d'ordre social et environnemental;
– la description détaillée du processus décisionnel lui-même;
– la reconnaissance des divers résultats obtenus.

Le processus décisionnel comporte cinq étapes: **le déclenchement, la recherche et l'évaluation, l'intention, la décision** et **la consommation.** Le consommateur reconnaît un besoin, il recherche et il évalue des solutions, puis il adopte un ensemble d'attitudes et de croyances à l'égard de ces solutions. Le consommateur choisit ensuite un bien en particulier, il se le procure et il le consomme. La consommation entraîne de la satisfaction ou de l'insatisfaction, et cette expérience d'apprentissage est emmagasinée dans la mémoire pour être utilisée dans des décisions futures reliées à l'obtention de biens économiques du même type.

Plusieurs facteurs déterminent l'état souhaité du consommateur et influencent son comportement par rapport à l'atteinte d'un but, tout au long de la vie. Six de ces facteurs, associés à l'apprentissage environnemental, jouent un rôle important sur le plan de la motivation:

– la **culture** du consommateur;
– les **groupes de référence** auxquels le consommateur appartient ou souhaite appartenir;
– la **classe sociale** dont fait partie le consommateur;
– les **familles** d'orientation et de procréation du consommateur;
– les **variables économiques** qui définissent le pouvoir d'achat et la capacité de consommer du consommateur;
– les **sources d'information** qui sont à la portée du consommateur.

Par l'apprentissage environnemental, ~~l'individu se crée des besoins~~ ~~et des valeurs~~ qu'il intériorise et auxquelles correspond un certain **type d'activités, d'intérêts et d'opinions.** Le **style de vie** consiste dans une manière de penser et de se comporter qui soit compatible avec ses besoins et ses valeurs. Il définit les attributs du produit qui sont susceptibles d'entraîner l'atteinte de l'état souhaité dans diverses situations de consommation.

Les variables de situation influent également sur la détermination des attributs du produit susceptibles de répondre aux besoins du consommateur à un moment donné. Des contraintes de temps, une pénurie de fonds, une rentrée de fonds inattendue, la consommation du produit dans un contexte social plutôt que dans un contexte individuel et des situations d'urgence peuvent toutes créer des besoins qui seront satisfaits par des attributs du produit différents de ceux recherchés dans des circonstances plus «normales».

N.B. – On trouvera à la fin de ce livre, à l'annexe 1, une autre illustration du processus décisionnel expliqué dans ce chapitre. Cette illustration schématise le processus décisionnel qu'a suivi un étudiant pour s'acheter un ordinateur personnel Apple de Macintosh. Le schéma met en relief les éléments de notre modèle que l'étudiant considère pertinents à son achat; les brèves descriptions accompagnant chaque élément expliquent ce qui s'est produit à chaque moment ou aident à comprendre l'influence qu'a eue chaque variable.

Vous pourriez également vous familiariser avec le modèle de la figure 2.3 en choisissant une décision de consommation que vous avez prise récemment et dont vous vous souvenez encore et en suivant les diverses étapes du modèle tout en pensant à ce qui s'est passé dans votre cas. Il est possible que certains des 21 éléments du modèle ne soient pas pertinents à votre cas personnel, mais vous devriez essayer d'**expliquer** votre comportement de consommation en considérant tous les éléments qui peuvent avoir joué un rôle dans le processus. En particulier, vous devriez considérer les pensées, les sentiments et les événements qui ont marqué chacune des cinq grandes étapes du processus décisionnel.

QUESTIONS ET DISCUSSIONS

1. Quels avantages y a-t-il à utiliser un modèle du processus décisionnel plutôt qu'un modèle intrant-extrant lorsqu'on veut expliquer pourquoi un nouveau produit a subi un échec sur le marché?

2. Examinez plusieurs raisons pour lesquelles certains processus décisionnels se caractérisent par une durée plus longue de la période de temps située entre l'étape du déclenchement et celle de la décision.

3. Peut-on utiliser un modèle du processus décisionnel dans les situations où une personne achète un cadeau pour quelqu'un d'autre? Justifiez votre réponse.

4. *a)* Choisissez une décision de consommation personnelle qui a nécessité une grande implication de votre part et dont vous vous souvenez encore assez bien, et «suivez» le modèle du processus décisionnel présenté dans ce chapitre pour raconter ce qui s'est produit. Essayez d'expliquer **pourquoi** vous avez agi comme vous l'avez fait et ce qui vous a influencé tout au long du processus menant à la décision et à la consommation.

   b) En quoi le processus que vous avez suivi diffère-t-il de celui du modèle de la figure 2.3?

5. Décrivez comment les éléments du modèle du processus décisionnel présenté dans ce chapitre pourraient être utilisés pour déterminer les effets d'une commandite, par Shell Canada, de l'équipe nationale canadienne de ski alpin.

6. Expliquez pourquoi un consommateur peut percevoir un «écart» entre l'état présent et l'état souhaité pour un certain bien, sans rien faire pour éliminer cet écart.

7. Une personne a dressé une liste d'épicerie et, voyant ensuite au supermarché un article qui n'est pas sur sa liste, elle l'achète; comment expliqueriez-vous un tel comportement à partir de notre modèle du processus décisionnel? Ce type de comportement a-t-il des conséquences pour le spécialiste de marketing responsable des produits vendus en épicerie?

8. Expliquez comment un spécialiste de marketing pourrait utiliser l'approche du processus décisionnel dans le but d'encourager chacun des comportements suivants chez un public cible:
   a) la décision de porter la ceinture de sécurité en conduisant son automobile;
   b) la décision d'accepter de faire du bénévolat ou de donner de son sang lors d'une visite de la Croix-Rouge sur le campus;
   c) la décision d'être plus amical et plus serviable auprès des touristes visitant le territoire où l'on habite;
   d) la décision de diminuer sa consommation d'alcool.

9. Expliquez le lien existant entre les croyances, les attentes et la satisfaction. Illustrez votre réponse à l'aide d'un exemple qui montre un consommateur insatisfait.

10. Décrivez deux variables de situation qui pourraient influer sur le choix d'un consommateur à l'égard d'une destination de vacances.

RÉFÉRENCES

1. Pour un examen des diverses approches utilisées pour modéliser ou étudier le comportement du consommateur d'une manière empirique, voir le chapitre 3 dans James F. Engel, David T. Kollat et Roger D. Blackwell, *Consumer Behavior*, 2ᵉ éd., New York, Holt, Rinehart et Winston, 1973.

2. Voir le chapitre 11 de ce livre pour une description de la définition de la famille donnée par Statistique Canada.

3. Statistique Canada, *Market Research Handbook 1984*, éd. rév., cat. 63-224, Ottawa, ministère de l'Approvisionnement et des Services, novembre 1984.

4. *Ibid.*

5. James R. Bettman, *An Information Processing Theory of Consumer Choice*, Reading, Mass., Addison-Wesley, 1979.

6. James F. Engel, Roger D. Blackwell et Paul W. Miniard, *Consumer Behavior*, 5ᵉ éd., Chicago, Dryden Press, 1986, p. 35.

7. John A. Howard et Jadgish N. Sheth, *The Theory of Buyer Behavior*, New York, Wiley, 1969.

8. Francesco M. Nicosia, *Consumer Decision Processes: Marketing and Advertising Implications*, Englewood Cliffs, N.J., Prentice-Hall, 1966.

9. Pour un examen de ces révisions, voir p. 677-690 dans James F. Engel et Roger D. Blackwell, *Consumer Behavior*, 4ᵉ éd., Chicago, Dryden Press, 1982.

10. C'est le principe qui est à la base du modèle de la formation d'attitudes de Fishbein. Voir Martin Fishbein et Icek Ajzen, *Belief, Attitude, Intention, and Behavior: An Introduction to Theory and Research*, Reading, Mass., Addison-Wesley, 1975.

11. «New Items in Action», *Progressive Grocer*, juin 1968, p. 54.

12. Leon Festinger, *Conflict, Decision, and Dissonance*, Palo Alto, Stanford University Press, 1964.

13. Elliot Aronson, *The Social Animal*, 3e éd., San Francisco, W.H. Freeman and Company, 1980, p. 111-157.

14. *Ibid.*, p. 111.

15. *Ibid.*, p. 111, 116. Voir aussi Jack W. Brehm et Arthur R. Cohen, *Explorations in Cognitive Dissonance*, New York, Wiley, 1962.

16. Pour un modèle du concept de satisfaction/insatisfaction, voir Robert B. Woodruff, Ernest R. Cadotte et Roger L. Jenkins, «Modeling Consumer Satisfaction Processes Using Experience-Based Norms», *Journal of Marketing Research*, 20, août 1983, p. 296-304.

17. Peter D. Petre, «Mass-Marketing the Computer», *Fortune*, 31 octobre 1983, p. 60-67.

18. La question des expériences de consommation mérite plus d'attention de la part des chercheurs et des spécialistes de marketing. Voir Morris B. Holbrook et Elizabeth C. Hirschman, «The Experiential Aspects of Consumption: Consumer Fantasies, Feelings, and Fun», *Journal of Consumer Research*, 9, septembre 1982, p. 132-140.

19. Pour un examen approfondi du concept d'implication, voir Jacques Nantel et Renée Robillard, *Le concept de l'implication dans l'étude des comportements du consommateur: une revue de la littérature*, Cahier de recherche 90-01, École des Hautes Études Commerciales, Montréal, mars 1990.

20. Mark E. Slama et Armen Taschchian, «Selected Socio-Economic and Demographic Characteristics Associated with Purchasing Involvements», *Journal of Marketing*, 49, hiver 1985, p. 72-82.

21. C. Harris, «Consumer Confidence Plunges...», *The Financial Post*, 17 octobre 1981, p. 1-2.

22. Leon G. Schiffman et Leslie Lazar Kanuk, *Consumer Behavior*, 2e éd., Englewood Cliffs, N.J., Prentice-Hall, 1983, p. 352-361.

23. John P. Liefeld, *Product Information Preference of Disadvantaged Consumers*, Ottawa, Consumer Research Council Canada, ministère de l'Approvisionnement et des Services, cat. n° RG 25-1/1, 1976.

24. Harris, «Consumer Confidence Plunges...».

25. Une excellente illustration de l'effet simultané de plusieurs variables économiques sur les projets d'achat et le comportement d'achat des consommateurs est présenté dans «Christmas '82: On Sale Now», *Time*, 20 décembre 1982, p. 40-41.

26. Voir George A. Kelly, *The Psychology of Personal Constructs*, vol. 1, New York, Norton, 1955.

27. Peter L. Wright et Barton Weitz, «Time Horizon Effects on Product Evaluation Strategies», *Journal of Marketing Research*, 14, novembre 1977, p. 429-443.

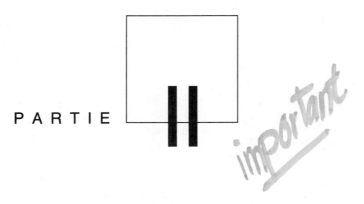

PARTIE **II** *important*

Les facteurs psychologiques et l'individu

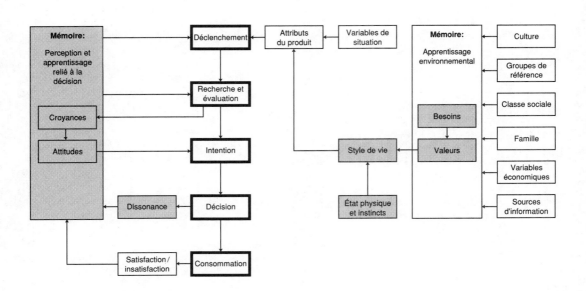

Les facteurs
psychologiques
et affectifs

3

La perception et la stratégie de marketing

INTRODUCTION

Par perception, on entend **les diverses interprétations que nous donnons aux stimuli reçus par l'intermédiaire des cinq sens: le goût, l'odorat, le toucher, la vue et l'ouïe**. Lorsque nous achetons un nouveau produit, nous agissons en fonction de notre **perception du produit** et non en fonction du produit comme tel.

Les individus réagissent aux stimuli selon leur vision personnelle du monde ou leur interprétation subjective de la réalité. Une expérience classique effectuée auprès de 50 ménagères a démontré que le fait d'avoir ajouté des parfums différents à quatre bas-culottes identiques a influencé d'une façon radicale la percep-

tion de ces ménagères quant à la qualité du bas-culotte[1]. Les spécialistes de marketing doivent donc agir en fonction des perceptions qu'ont les consommateurs de la réalité plutôt qu'en fonction de la réalité objective.

Afin de comprendre pourquoi un consommateur accepte ou rejette une certaine marque, les spécialistes de marketing doivent tenir compte de la vision qu'a le consommateur du produit, peu importe que cette vision semble illogique ou erronée. Cela exige aussi bien une connaissance des dynamiques sous-jacentes à la perception humaine qu'une compréhension des diverses lois physiologiques et psychologiques régissant la sélection, l'organisation et l'interprétation des stimuli sensoriels.

Ce chapitre examine d'abord la nature de la perception et les relations de celle-ci avec la sensation; il étudie ensuite les processus perceptuels et leurs principales implications stratégiques. Une attention particulière est accordée aux phénomènes perceptuels qui influencent directement la stratégie de marketing. Nous verrons comment les propres caractéristiques d'un consommateur interagissent avec le stimulus pour entraîner une perception du risque et comment l'utilisation de symboles peut faciliter la perception et la communication. Enfin, dans la dernière section de ce chapitre, nous explorerons un phénomène perceptuel important et controversé: la perception subliminale.

■ LA PERCEPTION ET LA SENSATION

La perception est **la signification que nous donnons aux stimuli reçus**, tandis que la sensation est **la réponse physiologique ultérieure de l'organisme à un stimulus donné**. Selon une définition plus formelle, la perception est « **le processus par lequel un individu sélectionne, organise et interprète les stimuli de façon à tracer un portrait significatif et cohérent du monde qui l'entoure[2]** ».

Il est important de noter que les stimuli reçus sont **interprétés** par le récepteur d'une manière active et **sélective**. Nous déformons souvent, de façon inconsciente, les stimuli que nous recevons, produisant ainsi notre propre vision de la réalité. Même si certaines personnes sont plus objectives que d'autres, la tendance à voir seulement ce que nous voulons voir est presque universelle[3]. Nous avons tous, dans une certaine mesure, une vision personnelle de la réalité.

La perception est aussi **sélective**. Nous avons tendance à ignorer ce qui peut causer de l'anxiété ou ce qui nous apparaît comme non pertinent. Premièrement, nous nous exposons aux stimuli de façon sélective (par exemple, nous décidons de faire un appel téléphonique pendant une pause publicitaire qui ne nous intéresse pas). Deuxièmement, nous sommes **sélectifs dans l'attention** que nous accordons aux différents stimuli. En d'autres mots, nous pouvons ignorer certains stimuli de notre environnement, par exemple, en regardant une annonce publicitaire télévisée sans essayer de la comprendre ou en écoutant un message juste d'une oreille. Enfin, pour des raisons pratiques, nous oublions, filtrons ou sommes incapables de nous **rappeler** l'information qui a peu d'importance à nos yeux ou qui représente une faible priorité.

Lorsque des élèves entrent en classe, ils sont bombardés de stimuli visuels, auditifs et olfactifs qui pourraient produire en eux un chaos mental complet s'ils étaient dépourvus de la capacité d'ignorer totalement certains aspects de l'environnement. Nous estimons qu'un étudiant moyen, vivant à Ottawa, à Montréal ou dans n'importe quelle autre ville canadienne importante, est exposé chaque jour à plus de 600 messages publicitaires transmis par des médias tels que les panneaux d'affichage, les carnets d'allumettes, les journaux, ou la publicité dans les véhicules de transports en commun. Cependant, l'exposition n'équivaut pas à la perception. La plupart des gens se souviennent seulement d'à peu près 10 de ces 600 messages.

Les spécialistes de marketing veulent évidemment connaître les caractéristiques de la dizaine de messages publicitaires qui ont réussi à survivre au processus de filtrage. En général, les stimuli qui sont incompatibles avec les valeurs, les attitudes, l'apprentissage antérieur, les besoins et les buts de l'individu sont éliminés. Par ailleurs, les annonces qui utilisent des couleurs ou des teintes uniques, l'effet de la nouveauté ou du contraste, ou toute autre approche **distinctive** ont tendance à attirer plus facilement l'attention. Nous examinerons plus loin les caractéristiques du stimulus qui sont les plus susceptibles de susciter l'intérêt.

☐ ## Les seuils sensoriels

La **psychophysique** (l'étude de l'importance du stimulus et de la sensation qui y est associée) nous aide à comprendre le phénomène de la perception. Elle peut, par exemple, répondre à des questions telles que «De combien peut-on augmenter le prix d'une marque sans que les consommateurs se rendent compte du changement?» ou «De quelle quantité peut-on réduire le pourcentage de viande d'un hambourgeois avant que les consommateurs voient une différence?». Le **seuil perceptuel** fait référence à la sensibilité de l'individu par rapport à diverses intensités du stimulus.

Le seuil absolu

On appelle seuil absolu **le degré d'intensité du stimulus au-dessous duquel celui-ci est trop faible pour être décelé consciemment**. En d'autres mots, le degré d'intensité auquel nous remarquons la différence entre «rien» et «quelque chose» constitue notre seuil absolu à l'égard de ce stimulus[4]. Les seuils absolus ne sont pas constants et varient en fonction du sens perceptuel. Le tableau 3.1 décrit les seuils absolus quant à chacun des cinq sens: le goût, l'odorat, le toucher, l'ouïe et la vue.

Au fur et à mesure que nous nous adaptons à une certaine intensité du stimulus, le seuil absolu augmente, c'est-à-dire que nous nous habituons au stimulus. Après avoir passé une semaine dans une île chaude et humide, le voyageur tolère mieux la chaleur et l'humidité. Ainsi, les annonceurs publicitaires doivent veiller à ce que le public ne s'habitue pas à leur style ou à leur sens de l'humour au point de ne plus être suffisamment stimulé. C'est pour cette raison qu'ils varient souvent leur message. Par exemple, même si une vedette comme Dominique Michel capte beaucoup l'attention dans les annonces de Coca-Cola, l'effet d'usure provenant de la répétition des messages peut atteindre un point tel que les téléspectateurs cessent d'écouter lorsque passe le message. C'est aussi pourquoi les concepteurs d'emballage essaient de découvrir le seuil absolu des consommateurs afin de s'assurer que les différents aspects de leur conception dépassent ce seuil[5].

Le seuil différentiel

La différence minimale qu'une personne peut déceler entre deux stimuli est plus importante encore que le seuil absolu et constitue le seuil différentiel. Celui-ci peut se définir comme **le degré de stimulation à partir duquel un changement d'intensité du stimulus entraîne une modification de la sensation**[6]. En d'autres mots, le seuil différentiel a trait au degré de stimulation nécessaire pour que l'on puisse percevoir qu'il y a eu un changement dans l'intensité du stimulus. Par exemple, on peut se demander de combien de degrés il faut baisser l'intensité du son du poste de radio pour que les auditeurs se rendent compte qu'on a diminué le son.

TABLEAU 3.1
Valeurs du seuil absolu quant à chacun des cinq sens

Sens	Seuil de détection
Vue	La flamme d'une chandelle vue à une distance de 50 kilomètres dans une nuit sombre et claire (10 quanta).
Ouïe	Le tic-tac d'une montre, entendu à une distance de 6,1 mètres, dans un silence complet (0,0002 dynes/cm²).
Goût	Une quantité équivalant à 10 g de sucre dans 9 l d'eau.
Odorat	Une goutte de parfum répandue dans un logement de trois pièces.
Toucher	L'aile d'une abeille tombant sur votre joue d'une distance de 1 cm.

SOURCE: R.H. Day, *Human Perception*, Sydney, Jacaranda Wiley Ltd., 1969.

Ernst Weber, physiologiste allemand du dix-neuvième siècle, a découvert que le seuil différentiel de l'intensité d'un stimulus constitue un ratio, et non une différence absolue. En d'autres termes, notre capacité de déceler des changements dans les stimuli est fonction de l'intensité du stimulus initial. D'après la **loi de Weber**, plus le stimulus initial est fort, plus l'intensité additionnelle nécessaire pour que le second stimulus soit considéré comme différent est grande[7]. Autrement dit, l'importance du changement de stimulus nécessaire pour produire un seuil différentiel est en proportion constante avec l'intensité du stimulus initial[8]. La Commission sur les pratiques restrictives du commerce du Canada soutient que plus les annonces de cigarettes sont grandes, plus les caractères typographiques utilisés par Santé et Bien-être social Canada pour la mise en garde doivent être gros, reconnaissant ainsi implicitement la loi de Weber. Si la taille des caractères typographiques de la mise en garde est au-dessous du seuil différentiel, il se peut que celle-ci n'attire pas l'attention de plusieurs consommateurs. La loi de Weber s'exprime mathématiquement comme suit:

$$\frac{\Delta I}{I} = k$$

où:

    I = l'intensité du stimulus initial;

    ΔI = l'augmentation ou la diminution minimale de I, suffisamment grande pour être décelée;

    k = une constante.

Ainsi, une augmentation de 20 dollars en ce qui a trait aux frais de scolarité à l'Université du Québec à Montréal se situerait au-dessous du niveau du seuil différentiel, tandis qu'une augmentation de 20 cents pour ce qui est du prix d'un paquet de cigarettes serait vite remarquée par les consommateurs. En effet, le seuil différentiel dépend du niveau du prix initial.

Il va de soi, par conséquent, que les augmentations et les diminutions de prix ne peuvent être vraiment analysées qu'en fonction du pourcentage du prix initial qu'elles représentent. Les détaillants se sont rendu compte depuis longtemps qu'un rabais inférieur à 20 % a généralement peu d'effet. Cependant, dans un environnement hautement concurrentiel comme celui de l'industrie automobile, on peut obtenir des résultats intéressants en offrant une réduction de prix inférieure à 20 %, à la condition de changer un peu la stratégie promotionnelle. Ainsi, au lieu d'offrir des réductions de prix relativement faibles de l'ordre de 5 à 10 %, les fabricants ont plutôt offert des remboursements en argent de quelques centaines de dollars ou encore, des prêts à un taux d'intérêt de 9,5 %. Cette stratégie a bien fonctionné, apparemment parce qu'un remboursement de 500 $ en argent (un rabais de 5 %) impressionne davantage le consommateur qu'une réduction de prix de 10 %.

La loi de Weber a plusieurs autres applications en marketing. À cause de l'augmentation des coûts, les entreprises ont souvent dû choisir entre une augmentation des prix ou une diminution de la qualité du produit. Étant donné que les augmentations de prix se remarquent facilement lorsqu'il s'agit de produits peu coûteux tels que les bonbons et les croustilles, les fabricants ont plutôt choisi de réduire la quantité du produit vendu[9]. Par exemple, depuis une trentaine d'années, la tablette Hershey a subi 15 modifications de taille. Dans chaque cas, la compagnie a pris soin de s'assurer que la réduction de la quantité du produit demeurait au-dessous du seuil différentiel. Depuis son lancement en 1879, le savon Ivory a conservé un emballage d'apparence contemporaine grâce à plus de 25 transformations, dont chacune était tellement subtile que le consommateur pouvait difficilement la déceler (*voir figure 3.1*)[10].

On a même suggéré d'utiliser la loi du seuil différentiel pour déterminer l'amélioration à apporter au produit. Toute amélioration excédant le seuil différentiel est vraisemblablement extravagante et constitue donc un gaspillage[11].

FIGURE 3.1
Changements successifs d'emballage demeurant au-dessous du seuil différentiel

■ LA DYNAMIQUE DE LA PERCEPTION

Tel que nous l'avons déjà vu, la perception est la signification que nous attribuons aux stimuli que nous recevons. Nous avons vu aussi que la perception est subjective, c'est-à-dire que nous donnons à chaque interprétation une touche personnelle. Ce portrait individualisé que nous traçons de la réalité est fonction : *a*) des caractéristiques du stimulus ; *b*) des traits physiologiques et psychologiques de l'individu ; *c*) de l'environnement.

La nature du stimulus

Les caractéristiques du stimulus qui sont importantes pour l'analyse de la perception des consommateurs sont le **contraste**, la **fermeture**, la **proximité** et la **similarité**. Nous examinerons brièvement chacun de ces facteurs dans les paragraphes qui suivent.

Le contraste

Le contraste est probablement l'attribut le plus puissant d'un stimulus. Il facilite la perception en mettant en relief les différences d'intensité du stimulus. En d'autres mots, le consommateur perçoit un stimulus par rapport au contexte. Par exemple, le gris semble plus foncé lorsqu'il est placé à côté d'un objet blanc, et une annonce en noir et blanc est plus susceptible d'attirer l'attention dans un contexte très coloré.

La psychologie gestaltiste a beaucoup amélioré notre compréhension de l'effet de contraste en expliquant le principe image-fond. Nous percevons une image (objet) dans le contexte de son fond (arrière-plan). En manipulant soigneusement cette relation, il est possible de transformer l'arrière-plan en objet (de perception) et vice-versa. La partie supérieure de la figure 3.2 présente un exemple bien connu du principe image-fond : dans le sigle de la compagnie Hawaiian Airlines, nous voyons soit le visage d'une femme (image) dans un arrière-plan foncé (fond), soit une fleur tropicale (image) dans un arrière-plan de couleur blanche.

Le danger d'embrouiller la relation image-fond apparaît lorsque les consommateurs se rappellent très bien la publicité, mais ne peuvent nommer le produit annoncé. Par exemple, tandis que l'Office de mise en marché du lait de l'Ontario a réussi à susciter un formidable intérêt avec sa série d'annonces ayant pour thème «Merci beaucoup… lait», la campagne n'a pas eu pour effet d'entraîner une augmentation significative de la consommation de lait. Cela est probablement dû au fait que les annonces ont tellement mis l'accent sur les modèles, le décor et le caractère émotionnel de l'indicatif publicitaire que, sans qu'on le veuille,

FIGURE 3.2
Les principes de l'organisation des stimuli

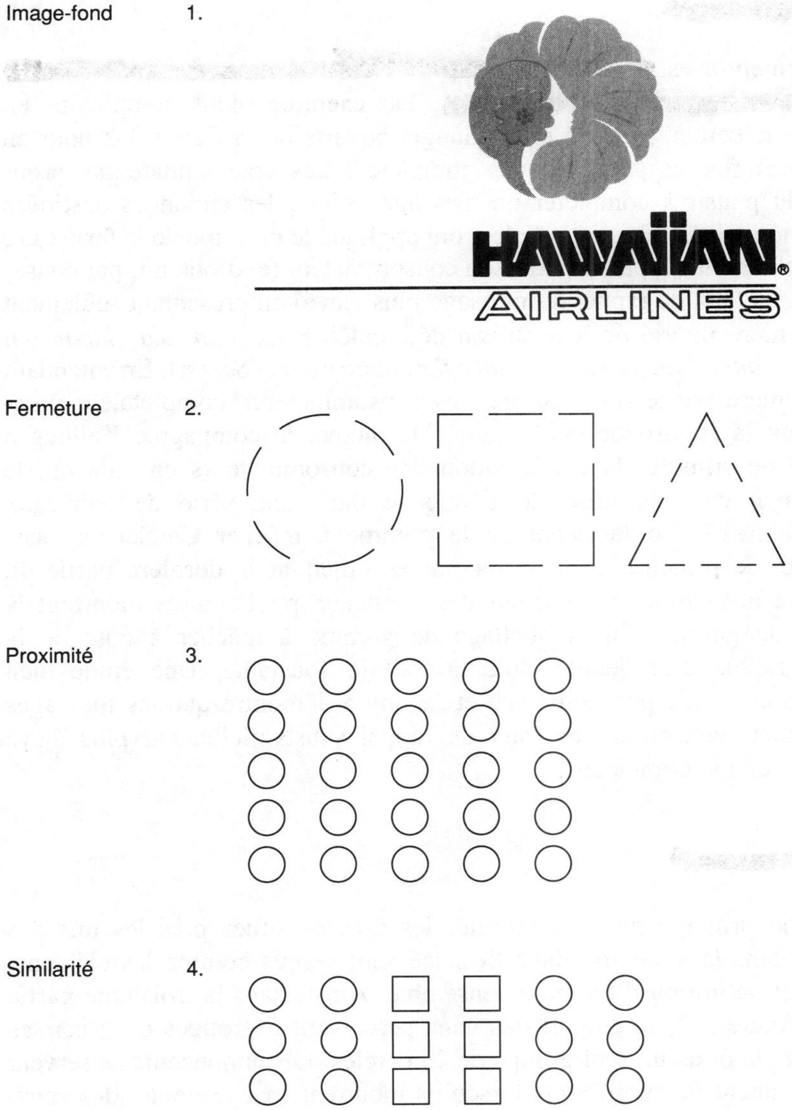
Image-fond 1.
HAWAIIAN
AIRLINES
Fermeture 2.
Proximité 3.
Similarité 4.

le fond est devenu l'image de telle sorte que l'image en question (le lait) s'est fondue dans l'arrière-plan.

La fermeture

La fermeture est **la capacité d'ajouter mentalement les pièces manquantes d'un stimulus incomplet**. Par exemple, nous complétons en pensée le cercle, le carré et le triangle ouverts de la figure 3.2 pour en faire des figures géométriques complètes. Les consommateurs éprouvent du plaisir à compléter un message. Ainsi, les annonces destinées à promouvoir les cigarettes Salem ont appliqué le principe de la fermeture afin de stimuler la participation du consommateur (et d'obtenir, par conséquent, un taux de rappel du message plus élevé) en présentant seulement la première moitié de leur slogan déjà célèbre *You can take Salem out of the country, but… (you can't take the country out of Salem)*. En entendant la première partie du message, les consommateurs complétaient mentalement la ritournelle publicitaire. De même, la compagnie Kellogg a essayé de stimuler la participation des consommateurs en enlevant le dernier *g* du côté droit de l'annonce dans une série de panneaux publicitaires[12]. Le fabricant de la gomme à mâcher Chiclets a aussi appliqué le principe de la fermeture en omettant la dernière partie du nom de la marque («lets») sur des panneaux publicitaires montrant la partie de gauche d'un emballage de gomme à mâcher à côté de la photographie d'un jeune adulte à l'allure souriante. Une étude bien connue effectuée par Heimbach et Jacoby a démontré que les messages incomplets engendrent un taux de rappel substantiellement plus élevé que la version complète[13].

La proximité

Selon le principe de la proximité, les articles situés près les uns des autres dans le temps ou dans l'espace sont perçus comme les éléments d'une structure ou d'un même ensemble. Ainsi, dans la troisième partie de la figure 3.2, la plupart des gens perçoivent 5 groupes de 5 cercles chacun plutôt qu'un seul groupe de 25 cercles. Les annonceurs se servent constamment de ce principe lorsqu'ils montrent, par exemple, des spiritueux à côté de symboles d'élégance et de luxe (du cristal, des billets d'opéra, un haut-de-forme, etc.), des voitures sport associées à une belle femme et des parfums dans un contexte exotique et souvent suggestif. La figure 3.3 fournit un exemple de l'utilisation de l'effet de proximité en publicité.

La similarité

En présence d'un groupe de stimuli, nous percevons les objets qui se ressemblent comme les éléments d'un même ensemble. Ainsi, dans la figure 3.2, les 6 carrés et les 12 cercles sont regroupés en 3 ensembles en vertu du principe de la similarité: 2 ensembles de 6 cercles et un ensemble de 6 carrés. Les stéréotypes (pensons aux blondes, aux hommes aux cheveux longs ou aux habitants de Terre-Neuve) sont souvent la conséquence d'un regroupement fondé sur le principe de la similarité. Ainsi, à la télévision, les annonceurs publicitaires essaient parfois d'éviter de distraire les consommateurs en produisant un message dont le style soit très semblable à celui de l'émission. Vous vous souvenez peut-être de l'annonce destinée à promouvoir les photocopieurs Royal, filmée dans un environnement majestueux afin de cadrer avec le reportage télévisé du mariage du prince Charles[14]. Cette tendance des consommateurs à regrouper des produits en raison de leur similarité pour ce qui est de la couleur, de la conception de l'emballage et même de l'emplacement sur les tablettes est souvent exploitée par des marques moins connues à l'aide des stratégies d'imitation.

La nature de l'individu

Tel que nous l'avons déjà mentionné, les individus peuvent percevoir le même stimulus de diverses façons. En effet, nous différons les uns des autres par notre tempérament psychologique, nos attentes, nos habiletés perceptuelles, notre style de traitement de l'information ainsi que nos antécédents culturels. Dans chaque activité perceptuelle, ces différences donnent lieu à une perception personnelle du stimulus. On peut classer ces principaux facteurs d'influence en trois groupes: 1) les prédispositions perceptuelles; 2) le style perceptuel; 3) les habiletés perceptuelles[15].

FIGURE 3.3
Un exemple illustrant l'utilisation de l'effet de proximité

SOURCE: Reproduit avec l'autorisation de Les Distilleries Corby Limitée.

Les prédispositions perceptuelles

Les facteurs tels que les besoins, les motivations, les attitudes, les antécédents culturels, les attentes et les expériences antérieures influencent la perception de l'individu en prédisposant celui-ci à interpréter le stimulus d'une manière unique. Ainsi, l'annonceur qui adapte sa publicité à la prédisposition perceptuelle du consommateur augmente la probabilité que le message soit reçu sous la forme voulue.

Des expériences ont prouvé que les sujets affamés, c'est-à-dire ceux qui ont vraisemblablement besoin de se nourrir, perçoivent les photographies de nourriture comme des stimuli visuels flous et méconnaissables[16]; on a aussi démontré qu'une personne qui a décidé de remplacer sa vieille voiture recherchera activement les annonces de nouvelles voitures dans les journaux, tandis que la même personne peut montrer un faible intérêt pour ce genre d'annonces en temps normal. Les valeurs et les antécédents culturels peuvent aussi influencer la prédisposition perceptuelle. Par exemple, une boisson gazeuse annoncée à l'aide des expressions «un frais glacier» et «une avalanche de goût» aura probablement peu d'effet sur les marchés où le climat est chaud à longueur d'année et où les consommateurs sont peu familiarisés avec les glaciers et les avalanches[17].

L'apprentissage influence aussi la perception en permettant à l'individu d'interpréter un stimulus à la lumière de ses expériences antérieures relativement à des stimuli semblables (nous étudierons la généralisation de stimulus au chapitre 4). Robert Froman rapporte, par exemple, que certains consommateurs ont rejeté un nouveau mélangeur électrique silencieux parce qu'ils le percevaient comme moins puissant que les mélangeurs plus bruyants utilisés dans le passé[18].

Les gens perçoivent également les produits en fonction de leurs attentes. Par exemple, une personne à qui ses amis ont dit que *Jésus de Montréal* était un mauvais film trouvera probablement ce film mauvais. D'autre part, le fait d'apporter des variations inattendues dans le champ perceptuel du récepteur est un bon moyen d'attirer l'attention. Ainsi, dans une annonce d'huile à moteur, on attirera probablement plus l'attention en utilisant un modèle féminin qu'en employant le modèle masculin traditionnel.

Les attitudes, que l'on peut définir comme des prédispositions généralisées à réagir négativement ou positivement à un stimulus donné, nous permettent d'interpréter les stimuli d'une façon cohérente (bien que parfois déformée). Ainsi, une personne qui a une attitude négative à l'égard du «gaspillage effectué par le gouvernement» pourra percevoir tous les politiciens comme des gens corrompus.

Même si les variables que nous venons d'examiner peuvent avoir des influences différentes selon les individus, la compréhension de ces influences permet aux spécialistes de marketing de rechercher les points qui sont communs aux individus d'un marché cible sur les plans perceptuel et comportemental[19].

Le style perceptuel

Les consommateurs utilisent des stratégies différentes pour traiter l'information. Ils diffèrent particulièrement dans leur propension à traiter l'information en l'organisant en morceaux. Tel que nous le verrons dans le chapitre suivant, un morceau consiste en une agglomération d'information holistique et unifiée. Certains traitent l'information en la morcelant, tandis que d'autres la traitent miette par miette[20].

En outre, certains individus sont plus tolérants que d'autres à l'égard des perceptions qui sont ambiguës et incompatibles avec leurs attitudes et leurs croyances, probablement parce qu'ils ont une plus grande capacité de réagir à l'information conflictuelle. Une personne cognitivement adaptable est réceptive à différentes sources d'information et est plus susceptible d'acheter les nouveaux produits[21].

Les habiletés perceptuelles

Tel que nous l'avons vu dans la section traitant des seuils sensoriels, les gens diffèrent dans leur capacité de déceler des variations dans la lumière, le son et d'autres sources de sensation. En d'autres mots, les niveaux de seuil perceptuel varient d'une personne à l'autre.

On estime que seulement un petit nombre de buveurs de Coca-Cola peuvent percevoir avec exactitude la différence existant entre le coca classique et le nouveau coca. De même, les individus qui possèdent une

capacité de distinction moyenne sur le plan sensoriel sont incapables de faire la différence entre diverses marques de bière et de boisson gazeuse. La recherche démontre que toute variation apportée dans le goût de la bière doit être suffisamment prononcée pour que les consommateurs puissent déceler cette différence dans des tests de goût aveugles[22]. Ce phénomène a aussi été observé pour ce qui est des cigarettes[23] et des boissons à base de cola[24]. Pourquoi, alors, certains consommateurs ne jurent-ils que par la Molson Export ou la Labatt 50 et pourquoi la compagnie Coca-Cola a-t-elle été forcée pour ceux que l'on appelle les fidèles de remettre sur le marché le produit initial? La réponse, bien entendu, tient au fait que les gens achètent certains produits non seulement pour des motifs pratiques, mais aussi en raison de l'image psychologique et sociologique ainsi que de la signification symbolique associées à ces biens. Le vieux coca représentait une gestalt d'images fermement implantée et perpétuée à travers plus de 100 ans de publicité et de promotion. Par conséquent, indépendamment de son goût «supérieur», le nouveau coca représentait pour plusieurs consommateurs un écart sérieux et choquant par rapport à la tradition et à la stabilité. Les fidèles s'accrochaient au confort de cette stabilité plutôt qu'au goût particulier du produit.

Dans notre analyse des niveaux de seuil perceptuel, nous avons vu que les consommateurs ont tendance à s'adapter à différents niveaux de stimulation. L'**adaptation** est un deuxième aspect de l'habileté perceptuelle; elle se rapporte au «**processus par lequel on s'adapte si bien à un stimulus souvent répété qu'on en vient à ne plus le remarquer**[25]». Par exemple, une personne qui entre dans une pièce climatisée ou qui marche dans une rue bruyante de Shanghai cessera de remarquer les variations de stimuli après un certain laps de temps. Cette période de temps varie d'un individu à l'autre. Certains consommateurs cesseront de prêter attention à la publicité répétée plus rapidement que d'autres. Les annonceurs publicitaires essaient d'attirer ou de maintenir l'attention en utilisant le contraste, la fermeture, l'humour et tout autre moyen susceptible de freiner l'adaptation du consommateur.

On a aussi démontré que l'on pouvait modifier le niveau d'adaptation de l'individu en exposant celui-ci à de nouveaux stimuli. En d'autres mots, lorsque le système de référence change, l'individu s'adapte et juge différemment, par exemple le goût de la nourriture ou les niveaux de service. Ainsi, dans la figure 3.4, les deux cercles situés au centre

FIGURE 3.4
Les deux cercles du centre sont-ils de la même grandeur?

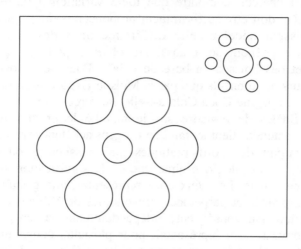

de chaque groupe de cercles semblent inégaux parce que les cercles qui les entourent ne sont pas de la même grandeur.

Pensons au prix de la bière au Canada. Au début des années 70, on aurait considéré comme exorbitant le fait de payer 2,50 $ pour un verre de bière, tandis qu'en 1990, à la suite d'une adaptation graduelle à l'inflation générale, ce prix nous semble acceptable.

La troisième composante des habiletés perceptuelles est la **portée d'attention**[26], qui peut se définir comme **le nombre maximal d'éléments ou de morceaux qu'un individu est capable de percevoir en un temps donné, ou la durée maximale pendant laquelle le consommateur peut porter attention à un stimulus**. En ce qui a trait au nombre d'éléments, la portée d'attention est généralement d'environ cinq à sept morceaux d'information. Pour ce qui est du temps, elle varie selon le degré d'intérêt, mais elle est probablement réduite en ce qui a trait aux messages publicitaires. Par conséquent, pour être efficaces, ceux-ci doivent être courts, concis et morcelés.

La nature de l'environnement

L'environnement dans lequel le stimulus est perçu influence aussi l'interprétation qu'en fait l'individu. Par exemple, si nous voyons une femme vêtue d'un maillot de bain sur le bord du lac Champlain, nous ne serons probablement pas surpris. Mais si cette femme franchissait dans la même tenue le hall d'entrée de l'hôtel Château Laurier, nous la considérerions probablement comme un peu bizarre. Dans ce cas, c'est le contexte environnemental qui fait toute la différence.

Dans le domaine de la publicité, l'environnement dans lequel le stimulus est présenté peut différer de l'environnement du récepteur, ce qui peut entraîner une certaine perte de signification et d'influence. Pensons aux annonces télévisées, par exemple. On peut promouvoir une marque de thé glacé à l'aide d'une annonce filmée durant une chaude journée où les gens sont assoiffés (l'environnement du stimulus). Si le message passe sur les ondes à Montréal un soir de décembre, alors que le téléspectateur boit un petit cognac pour se réchauffer, le message perd presque toute sa signification. Cependant, la même annonce visionnée au même moment en Inde, alors que la température de décembre est d'environ 30 °C, aura toute son efficacité, vu la concordance entre les deux environnements.

■ LA PERCEPTION DU RISQUE

Nous courons des risques chaque fois que nous prenons une décision. Le risque qui influence notre comportement de consommation est appelé **risque perçu** – qu'il soit réel ou imaginaire. Bauer définit le risque perçu comme **l'incapacité des consommateurs de prévoir avec certitude les conséquences de leurs actions**[27].

Il existe trois grands types de risque. Le **risque de performance** a trait aux doutes qui surgissent quant à la capacité du produit d'avoir une performance correspondant aux attentes du consommateur. Le **risque psychosocial** a trait à la possibilité de froisser son ego ou d'être embarrassé. Enfin, l'incertitude la plus évidente a trait au **risque relié au coût en temps ou en argent** ; par exemple, la possibilité que la nouvelle piscine familiale ne soit pas suffisamment utilisée pour compenser les dépenses de temps et d'argent a amené plusieurs propriétaires potentiels à faire de l'insomnie.

La perception du risque varie en fonction de la catégorie de produits. Des recherches ont démontré, par exemple, que les acheteurs de bâtons de golf et de spaghetti percevaient un niveau de risque de beaucoup inférieur à celui perçu par les acheteurs de téléviseurs couleur et de remèdes contre le mal de tête[28,29]. Le fait de classer les produits selon les différentes catégories de risque peut aider à concevoir des thèmes publicitaires plus appropriés. Mais la perception du risque entraîné par un certain produit peut aussi varier selon la culture. Par exemple, une compagnie multinationale peut vendre des machines à laver automatiques au Mexique en soulignant que le produit représente un faible niveau de risque financier, alors que, sur le marché canadien, elle mettra plutôt l'accent sur la performance et la qualité du service après-vente.

La perception du risque varie également selon les individus. Parce que ceux-ci réagissent différemment au même produit, il est possible de segmenter les marchés en fonction du risque perçu[30].

☐ Les stratégies de réduction du risque

Face au risque, les consommateurs répondent automatiquement en élaborant des stratégies visant à réduire l'incertitude. Ces stratégies leur permettent d'être plus confiants lorsqu'ils prennent des décisions de consommation. Les cinq principales stratégies de réduction du risque sont énumérées au tableau 3.2; nous les examinerons dans les lignes qui suivent.

La fidélité à la marque

Les gens qui perçoivent un niveau de risque élevé s'en tiennent généralement aux marques dont ils ont déjà éprouvé la valeur et sont moins portés à essayer les nouveaux produits. Les consommateurs peuvent éviter l'incertitude en achetant de nouveau une marque dont ils ont été satisfaits dans le passé. Les recherches démontrent que la fidélité à la marque est directement liée à l'ampleur du risque perçu[31]. En d'autres mots, la probabilité de la fidélité à la marque est d'autant plus grande que le risque perçu est important. Le désir de nouveauté ou d'amélioration peut cependant pousser les consommateurs à essayer d'autres marques en dépit de la sécurité offerte par la fidélité à la marque.

TABLEAU 3.2
Les principales stratégies utilisées pour réduire le risque

Par le consommateur
1. La fidélité à la marque
2. Le prix comme indice de qualité
3. La marque la plus connue
4. La recherche d'information
    ● sources de caractère privé (amis, famille, leaders d'opinion, etc.)
    ● sources officielles (magasins, représentants, annonces publicitaires, rapports aux consommateurs, etc.)

Par le spécialiste de marketing
5. Diverses formes d'assurance
    ● garanties (remboursement, remplacement, etc.)
    ● tests gouvernementaux ou privés sur le produit
    ● échantillons gratuits et offres d'essai

Le prix comme indice de qualité

En cas de doute, certains consommateurs considèrent le prix comme un indice de qualité. L'évaluation que l'on fait du rapport qualité-prix n'est cependant pas toujours juste. Par exemple, dans une étude, des sujets ont considéré que le bas-culotte d'un prix élevé était de meilleure qualité que les autres, même si les échantillons qu'on leur présentait étaient, en fait, tous identiques[32]. Une autre étude a démontré que les sujets évaluaient la qualité de la bière en fonction du prix, même si les trois échantillons de bière étaient tous de la même marque[33].

Plusieurs spécialistes de marketing ont perpétué l'adage «Vous en avez pour le prix que vous payez» en soulignant le rapport qualité-prix. Par exemple, Joy est annoncé comme «le parfum le plus cher au monde»; le café Chock Full O'Nuts est présenté comme un café cher, mais qui «en vaut le prix»[34].

Si le prix est considéré comme un indice de qualité, des prix inférieurs peuvent, dans certains cas, entraîner une diminution des ventes. La figure 3.5 présente la courbe de la demande illustrant cette relation. L'importance du rapport qualité-prix paraît à son maximum lorsque le choix implique: 1) un risque élevé; 2) une piètre connaissance du produit; 3) un assortiment de marques qui ne sont pas bien connues[35]. Pour ce qui est de certains produits, on ne perçoit pas de relation entre le prix et la qualité; c'est le cas des mélangeurs, des scies à chaînette,

FIGURE 3.5
Courbe de la demande d'un produit témoignant d'un fort rapport qualité-prix

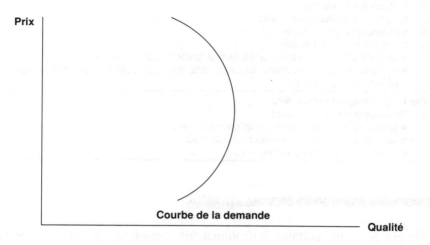

des fours à micro-ondes, des séchoirs à cheveux et des couvertures électriques[36].

La marque la plus connue

Les consommateurs présument, souvent avec justesse, qu'une marque fortement annoncée est supérieure. Cette perception a probablement deux causes: 1) la nature même de la campagne promotionnelle hautement répétitive; 2) le raisonnement selon lequel les marques annoncées sur le plan national ont été minutieusement testées par les plus gros fabricants et ont été, en quelque sorte, «approuvées» par un grand nombre de consommateurs. Bien entendu, le marque la plus connue n'est pas toujours supérieure. Par exemple, il arrive que certaines marques de distributeur moins connues sont fabriquées par la compagnie qui commercialise une marque nationale fortement annoncée. Ainsi, un magnétoscope à cassettes vidéo dont le nom est peu familier peut provenir du même fabricant qu'un magnétoscope de marque connue et peut même être identique à ce dernier produit[37].

La recherche d'information

La stratégie consistant à consulter ses amis, les représentants et les leaders d'opinion, et à rechercher de l'information dans les médias de masse est probablement celle qui est la plus logique. En acquérant le plus d'information possible sur le produit, le consommateur réduit le risque de connaître des surprises déplaisantes.

Les consommateurs perçoivent les sources d'information à caractère privé telles que les leaders d'opinion comme moins partiales et donc plus crédibles que les sources d'information commerciales. Conscients de ce fait, plusieurs spécialistes de marketing dirigent leurs efforts promotionnels vers les leaders d'opinion. Par exemple, Canada Dry a récemment créé un comité consultatif formé de personnalités féminines très en vue (des leaders d'opinion) qui font la promotion de ses produits et les vantent dans leurs élégantes réceptions[38].

Les annonceurs publicitaires ont aussi essayé de stimuler le bouche à oreille en encourageant les consommateurs à «en parler à leurs amis» ou à «demander l'avis de leurs amis». De plus, des chercheurs ont découvert que les consommateurs qui perçoivent un niveau de risque élevé recherchent plus activement de l'information et sont plus susceptibles d'agir en fonction des avis qu'ils ont demandés[39].

Concernant la recherche d'information du consommateur, on pourra, au besoin, se reporter à l'analyse plus détaillée présentée au chapitre 2.

L'assurance du fabricant

Certains spécialistes de marketing aident les consommateurs à réduire le risque perçu en leur offrant diverses formes d'assurance. Parmi les stratégies de réduction du risque les plus courantes, mentionnons les échantillons gratuits, les essais offerts gratuitement, les garanties et les offres de remboursement[40]. Les résultats de recherches suggèrent que «les spécialistes de marketing doivent d'abord déterminer les types de risque perçus par les clients potentiels, de façon à créer des palliatifs conçus en fonction des marchés cibles[41]».

Bien entendu, les spécialistes de marketing contribuent à réduire le risque non seulement en offrant diverses formes d'assurance, mais aussi en créant et en promouvant la fidélité à la marque, le bouche à oreille, l'image de marque et des perceptions appropriées quant au prix.

■ La perception de l'image du produit

Pour les spécialistes de marketing, il importe de savoir comment le produit est perçu par les consommateurs, de façon à pouvoir le différencier des produits concurrents. Il s'agit donc de connaître l'image du produit, soit l'impression générale que crée le produit chez les consommateurs.

À l'aide d'une carte de perception, les spécialistes de marketing peuvent déterminer l'image que leur produit projette auprès des consommateurs par rapport aux produits concurrents, et ce, quant à un ou plusieurs attributs du produit perçus comme importants. Par exemple, concernant le marché de la bière, la recherche a décelé plusieurs attributs du produit considérés comme importants. Il s'agit de la saveur, du contenu en alcool, de la capacité de remplir l'estomac, de la capacité d'étancher la soif et de la popularité auprès des femmes. Dans la plupart des études, deux dimensions apparaissent quant à la préférence à l'égard d'une marque de bière : une dimension physique (la force) et une dimension sociale (la popularité, la qualité, etc.)[42]. De tels attributs peuvent aussi être constitués par des dimensions abstraites telles que le prestige, la séduction et la féminité.

La figure 3.6 fournit un exemple de positionnement du produit en ce qui a trait au marché canadien de la bière. Dow est la marque de bière dont l'image sociale est perçue comme la plus faible par les 350 sujets de cette étude. Il ressort, par ailleurs, que Brador est la marque dont l'image est la plus forte sur le marché, tandis que la Laurentide est considérée comme une bière chic. Une telle carte de perception comporte souvent une **image de marque idéale**. Différents segments du marché de la bière auront, bien entendu, différentes images idéales. Le spécialiste de marketing doit donc essayer de découvrir où se situe la principale image de marque idéale et doit tâcher de positionner sa marque (principalement par la promotion) le plus près possible de cet idéal. Il est bon de répéter ici que la plupart des tests de goût révèlent que les buveurs de bière ne peuvent distinguer entre différentes marques, mais qu'ils continuent quand même d'insister sur le goût supérieur de leur

FIGURE 3.6
Positionnement de 20 marques de bière dans un certain marché géographique

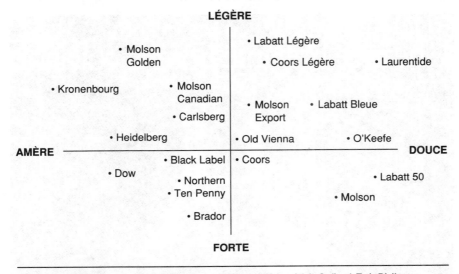

SOURCE: Reproduit avec la permission de Jacques E. Brisoux, Université du Québec à Trois-Rivières.

marque préférée. On doit donc se rappeler qu'en marketing, l'image que les consommateurs possèdent du produit prévaut sur la réalité objective.

Plusieurs stratégies de marketing efficaces sont fondées sur ce phénomène. Par exemple, lorsque la compagnie Kimberly Clark a découvert que les deux attributs considérés comme les plus importants par les consommateurs, en ce qui a trait aux essuie-tout, étaient la résistance et le pouvoir absorbant, elle a mis sur le marché une nouvelle marque connue sous le nom de *Tough and Thirsty* (résistant et absorbant)[43].

Souvent, lorsque les ventes sont stagnantes ou diminuent, il peut être bon de repositionner le produit dans l'esprit du consommateur. Par exemple, le jus d'orange, longtemps considéré par les consommateurs comme une boisson réservée au petit déjeuner, a récemment été repositionné comme une boisson à consommer au moment de la collation. Devant le succès de cette stratégie, on a fait de même pour ce qui est d'un produit connexe, l'orange. (*Voir la figure 3.7.*)

FIGURE 3.7
Un exemple de repositionnement de produit

SOURCE: Reproduit avec l'autorisation de Sunkist Growers Inc.

■ LA PERCEPTION SUBLIMINALE

Jusqu'à présent, notre analyse de la perception s'est limitée aux niveaux de conscience dépassant celui du seuil absolu. Toutefois, depuis le début des années 50, on sait que les êtres humains peuvent aussi percevoir de façon subliminale, c'est-à-dire qu'ils peuvent **percevoir des stimuli dont l'intensité est au-dessous du niveau de la conscience éveillée.**

La perception subliminale peut être obtenue de trois façons: 1) en effectuant une **présentation visuelle** de stimuli à un rythme tellement rapide que le spectateur ne se rend pas compte de leur présence; 2) en réalisant une **présentation auditive** de stimuli à un volume extrêmement faible ou à l'aide d'autres informations auditives; 3) en présentant des **messages enchâssés** sous la forme d'images ou de symboles cachés dans le matériel illustré, de telle sorte que le spectateur ne soit pas conscient de leur présence. Théoriquement, le bénéfice attendu de l'utilisation des messages subliminaux tient en ceci: ces messages ne sont pas suffisamment forts pour qu'entrent en jeu les filtres perceptuels du consommateur, et ils peuvent donc pousser le consommateur à l'action sans que celui-ci ait compris le message. De plus, on croit que l'enchâssement de mots grossiers ainsi que de symboles phalliques ou d'autres symboles sexuels dans les annonces publicitaires répond à des désirs inconscients ou subconscients du consommateur qui ont été réprimés.

En septembre 1957, James Vicary causait un scandale en soutenant que les messages subliminaux pouvaient entraîner, chez les consommateurs, des comportements de consommation. Ayant exposé des spectateurs du New Theatre à deux messages subliminaux les encourageant à manger du maïs soufflé et à boire du Coca-Cola, présentés sur une période de six semaines pendant 1/3 000 de seconde à des intervalles de cinq secondes chacun, le chercheur soutint que, pendant la période de l'expérience, les ventes augmentèrent de 57 % pour ce qui est du maïs soufflé et de 18 % pour ce qui est du Coca-Cola[44]. Même si cette expérience était rudimentaire et manquait de contrôle, elle entraîna un débat énorme. Le *New Yorker* se plaignit de ce qu'on avait «brisé et pénétré les esprits[45]». La U.S. Federal Communications Commission encouragea de nombreuses expériences associées aux résultats des recherches de Vicary, mais personne ne put confirmer la conclusion selon laquelle la publicité subliminale influencerait le comportement des consommateurs[46]. Néanmoins, WAAF, une station de radio de Chicago, fit passer sur les ondes, pendant la programmation habituelle, des murmures auditifs encourageant les auditeurs à boire du Seven-Up et à acheter l'huile Oklahoma[47]. La controverse continua jusqu'au début des années 60, où une étude conclut qu'il n'y avait aucune preuve scientifique démontrant que la stimulation subliminale puisse provoquer la participation de manière à entraîner une action significative sur les plans commercial ou politique[48].

En 1970, à partir de résultats d'expériences, Hawkins suggérait que, tandis que la présentation subliminale du mot *Coke* produit la soif, l'auditeur peut très bien répondre en buvant un Perrier[49]. Une seconde étude a conféré une certaine crédibilité à l'influence subliminale: ayant obtenu la collaboration d'une chaîne de magasins à rayons pour faire jouer le message «Je suis honnête; je ne volerai pas» sur la bande sonore Muzak, on constata une diminution de 37 % du vol à l'étalage dans les six magasins[50].

Récemment, on a assisté à un renouveau d'intérêt pour la question de l'influence subliminale à la suite d'accusations sensationnelles concernant «l'utilisation fréquente de l'enchâssement subliminal» dans diverses formes de publicité imprimée. Wilson Bryan Key, un auteur populaire possédant apparemment une perspicacité exceptionnelle, rapporte ceci:

> Un examen de plusieurs milliers de couvertures de magazines, de publicités, de photos de reportages, etc., a permis de découvrir huit mots enchâssés. De l'aveu général, ce vocabulaire de huit mots tabous tels que SEXE (de loin le mot le plus utilisé), VAGIN et BAISAGE n'est pas la meilleure forme de communication verbale. Néanmoins, la stratégie influence le comportement. Une quantité étonnamment grande de symboles subliminaux concernant la mort est aussi utilisée: des crânes cachés dans des cubes de glace, dans des nuages, etc., le mot MORT, souvent caché à l'arrière-plan[51].

La figure 3.8 présente une annonce qui, paraît-il, est de cette nature. Selon Key, les détails de cette annonce montrent un visage barbu émergeant du gazon et «soufflant sur une portion délicate de l'anatomie du modèle féminin[52]». Key raconte que l'une de ses amies a éprouvé une sensation de fraîcheur sur ses cuisses après avoir étudié l'annonce pendant une ou deux minutes[53]. De plus, il a observé que, tandis que la culotte du maillot du modèle féminin comporte une fermeture éclair, la culotte du modèle masculin est assortie au soutien-gorge de la femme.

FIGURE 3.8
Un exemple de publicité subliminale

SOURCE: Wilson Bryan Key, *Media Sexploitation*, New York, New American Library, 1976, p. 44.

«Bref, elle porte la culotte de l'homme et il porte celle de la femme[54].»
Pourquoi? Selon Key, c'est pour que l'inconsistance, perceptible seulement
sur le plan de l'inconscient, suscite l'attention. Finalement, rapporte Key,
une main de femme, reposant doucement sur la cuisse du modèle féminin
et appartenant «apparemment» à une troisième personne, constitue la
promesse subliminale d'un ménage à trois[55].

Bien que toutes ces observations puissent être vraies, le cœur de la
controverse portant sur l'influence subliminale est de savoir si les enchâs-
sements suggestifs peuvent entraîner une réponse comportementale. En
d'autres mots, est-ce que l'annonce de Jantzen peut entraîner une augmentation des ventes? Kelly a étudié l'effet de l'enchâssement subliminal
sur le rappel et a conclu à une absence de corrélation[56]. Cependant,

comme l'explique le chapitre 4, le rappel d'un message n'est pas une condition nécessaire à l'obtention d'une réponse comportementale.

Habituellement, la perception subliminale est un phénomène de foi individuelle qui est surestimé mais réel. En général, comme c'est le cas en ce qui concerne la notion de beauté, les messages subliminaux existent seulement dans les yeux du spectateur. À ce jour, il n'existe aucune preuve démontrant que les stimuli subliminaux puissent entraîner des réponses comportementales déterminées. Même si l'on ne peut complètement clore le débat sur cette question avant de disposer de résultats de recherche plus concluants, il n'y a aucune raison valable de croire, en ce moment, que la publicité subliminale puisse avoir une valeur quelconque pour ce qui est du marketing.

LA REPRÉSENTATION SYMBOLIQUE

Jusqu'ici, l'analyse a révélé à plusieurs reprises que les gens achètent des produits non seulement pour leur qualité fonctionnelle, mais aussi pour ce qu'ils signifient. Tout ce que nous achetons communique quelque chose de nous-mêmes aux gens qui nous entourent.

Il y a représentation symbolique **lorsqu'une image, une lettre, un signe, une action ou toute combinaison de ces éléments mène à la compréhension non seulement de l'élément en soi, mais aussi, d'une idée, d'une signification ou d'un sentiment implicite**[57]. Les symboles constituent donc des outils servant à évoquer et à suggérer. De ce point de vue, le nom de la marque, la couleur de l'emballage, la taille ainsi que le design du produit peuvent avoir une signification aussi bien littérale que symbolique.

Dans les sociétés d'abondance, les consommateurs achètent des produits autant pour leur valeur économique que pour leur signification sociopsychologique. Étant donné qu'il existe, pour chaque catégorie de produits, une grande variété de marques susceptibles de satisfaire le consommateur sur le plan économique, l'aspect symbolique prend une importance accrue. En effet, les consommateurs choisiront sans doute la marque dont la représentation symbolique concorde avec leurs besoins sociopsychologiques. Selon Levy, «au sens le plus large, chacun essaie de rehausser son image personnelle et se comporte de manière à se conformer à l'image qu'il se fait de la personne qu'il est ou qu'il désire être... Si le fabricant comprend qu'il vend aussi bien des **symboles** que des **biens**, il peut voir son produit d'une façon plus adéquate[58]».

La signification symbolique s'acquiert par l'apprentissage. Certains mots ou certaines couleurs peuvent, en raison d'une expérience purement personnelle, acquérir une signification spéciale qui soit propre à l'individu. Cependant, la signification peut aussi être partagée par un grand nombre de personnes, indépendamment de la classe sociale et, même, de la culture. Pensez, par exemple, à la signification symbolique du chiffre 13 ou à celle du chat noir. La signification symbolique peut aussi évoluer, changer ou devenir désuète avec le temps. Certains symboles disparaissent, pouvant réapparaître sous une forme modifiée. D'autres sont tout à fait contemporains et fonction de l'époque[59].

Nous examinerons maintenant certains véhicules du symbolisme utilisés en marketing: les mots, les couleurs, les formes et les objets.

Le symbolisme des mots

Comme le dit le proverbe, les mots sont souvent insidieux, c'est-à-dire qu'ils ont aussi bien une signification explicite (celle que l'on trouve dans le dictionnaire) qu'une signification sous-entendue ou implicite. Ainsi, à certains égards, le mot *amour* évoque le calme et le mot *passion*, la violence. Même des synonymes peuvent avoir des connotations ou des significations symboliques complètement différentes. Par exemple, tandis que le mot *malentendant* signifie «handicapé auditif» (personne qui n'entend pas), le mot *sourd* est souvent utilisé pour représenter une personne têtue, insensible ou même stupide. De plus, le sens des mots change avec le temps. Par exemple, les fondateurs des deux villes de Terre-Neuve appelées respectivement Dildo et Gayside ne se doutaient pas que ces noms deviendraient un jour une source de gêne pour leurs habitants.

Une annonce de l'agence de publicité Marsteller Inc. soutient que certains mots sont grands et d'autres, chétifs, qu'il existe des mots gras et des mots minces, des mots forts et des mots faibles. Ainsi, les mots *titre*, *péninsule* et *ellipse* seraient des mots de grande taille, tandis que les mots *chaud*, *bombe*, *potelé* et *acné* seraient des mots courts et gras. «Parfois, la taille d'un mot est déterminée par la signification de celui-ci, tandis que, dans certains cas, elle est simplement reliée à la prononciation du mot en question. Ainsi, *acné* est un mot court et gras même si *bouton*, qui y est associé, est plutôt chétif[60]. »

Un bon nom de marque est un nom qui est facile à prononcer, qui possède une signification claire et une connotation symbolique appropriée. Ainsi, General Foods a compris, il y a plusieurs années, que Brim était un nom approprié pour ce qui est du café, mais non en ce qui concerne le lait condensé. Honda Civic est un bon nom parce qu'il évoque le sens des responsabilités sur le plan social, une économie d'essence, un environnement urbain et une faible pollution[61]. Le parfum *Charlie* a eu un succès fou parce qu'il représentait «la femme qui est libérée sans être une féministe radicale[62]». Pierre Martineau a souligné avec justesse que, «dans l'esprit du consommateur, le produit peut changer, d'une certaine manière, simplement parce qu'on a apporté un petit changement dans son nom[63]».

☐ Le symbolisme des couleurs

Les couleurs possèdent aussi une signification symbolique, acquise par l'intermédiaire des expériences antérieures. Mais il semble aussi évident que certaines propriétés intrinsèques des couleurs peuvent entraîner certaines réponses psychologiques. Par exemple, nous parlons d'humeur «noire» et de peur «bleue». Les couleurs qui ont une grande longueur d'ondes (le rouge et l'orange) sont associées à la chaleur et à l'excitation; celles qui ont une courte longueur d'ondes (le violet, l'indigo et le vert) sont, quant à elles, reliées au froid et au calme. De plus, nous savons par expérience que plusieurs objets rouges sont chauds: une plaque de cuisinière, la sauce Tabasco et la peau du visage lorsqu'on ressent une bouffée de chaleur.

Ferber Birren présente, de façon concise, les diverses connotations symboliques que possèdent les couleurs[64]:

- Le rouge: violence, chaleur, danger, feu, excitation, amour, rage.
- Le blanc: pureté, propreté, paix.
- Le noir: mort, deuil, vide.
- Le vert: fraîcheur, calme, froideur, eau. (Le vert domine sur les emballages de cigarettes au menthol et sur ceux de divers dentifrices.)
- Le jaune: rayon de soleil, chaleur, vitalité, prudence.

- Le bleu :   froideur, ciel, tristesse, féminité. (Récemment, le bleu est devenu une couleur contemporaine, vivante et plaisante.)
- L'orange :   chaleur, Halloween, exhubérance, automne.

En général, les couleurs sombres représentent des produits plus «respectables». Le rouge est utilisé pour suggérer la force, l'excitation et la nouveauté. Par exemple, Air Canada fait la promotion de ses tarifs réduits à l'aide d'«étiquettes rouges». Les teintes pastel sont considérées comme féminines, tandis que les bruns et la plupart des couleurs sombres sont perçus comme masculins.

Il est bon de noter, cependant, que s'il est opportun, dans le monde occidental, de vendre les cigarettes au menthol dans des emballages où le vert prédomine, une telle stratégie risque d'échouer en Afrique, où le vert est associé à la maladie. De même, tandis que le blanc est un bon choix de couleur pour symboliser la pureté et la virginité dans le monde occidental, cette couleur est carrément un mauvais choix en Inde, où elle symbolise la mort et le deuil.

Le symbolisme des formes

Comme les mots et les couleurs, les formes sont souvent porteuses de significations implicites. La boisson Slender Diet Drink, par exemple, est emballée dans une bouteille bien proportionnée afin de représenter l'essence du produit. De la même manière, Sego Diet Food a augmenté ses ventes en utilisant un contenant de forme élancée, contrairement à Metrecal, son principal concurrent[65].

La forme de l'emballage peut suggérer certains sentiments et peut avoir un effet significatif sur la perception de la marque. Edward Breck a affirmé ceci :

L'emballage constitue avant tout une idée. Plus cette idée est forte, claire et irrésistible, plus l'emballage est efficace. En marketing, plusieurs d'entre nous sommes devenus tellement absorbés par les détails et les complexités de l'élaboration de l'emballage que nous ne réalisons pas combien cette idée centrale est importante pour atteindre le succès. Sans elle, l'emballage ne réussit pas à communiquer une impression unique ; son message devient flou et ne peut pas agir avec efficacité[66].

Les fabricants de shampooing, de désodorisants et de divers cosmétiques ont souvent été accusés d'emballer leurs produits dans des contenants possédant une forme phallique flagrante. La conception de tels contenants est fondée sur l'hypothèse freudienne selon laquelle la sexualité se retrouve dans toutes nos pensées et nos actions. Plusieurs croient que les symboles phalliques répondent aux pulsions libidinales inconscientes du consommateur; cependant, il n'a pas encore été prouvé que de tels emballages contribuent à augmenter les ventes.

Le symbolisme des objets

Les objets animés et inanimés sont couramment utilisés comme symboles en publicité. Les chatons et les bébés évoquent la douceur, les oiseaux, la gentillesse et les chiens, la virilité. La souris est un symbole classique d'humilité, tandis que les renards représentent la rapidité et la ruse[67]. L'annonce présentée dans la figure 3.9 utilise l'oiseau pour symboliser la légèreté. Les annonceurs publicitaires utilisent souvent des adolescents pour traduire l'excitation et des personnes plus âgées pour représenter la sagesse et la fermeté.

Les objets inanimés tels que les voitures de luxe, les tables en chêne, les porte-documents, les lustres, les hauts-de-forme et le champagne sont fréquemment utilisés pour donner une impression d'élégance et de raffinement. De même que la figure 3.9, la figure 3.10 fournit un exemple illustrant l'utilisation sélective du symbolisme de l'objet. Dans cette dernière figure, la blouse de médecin et le stéthoscope sont utilisés pour symboliser la profession médicale et le professionnalisme.

Les objets peuvent aussi prendre des connotations très subjectives et profondément inconscientes. Les études freudiennes sur l'interprétation des rêves révèlent que les objets allongés tels que les troncs d'arbre et les parapluies évoquent le pénis, tandis que les boîtes, les coffres et les autres objets englobants similaires représentent l'utérus. Par ailleurs, les escaliers et les marches sont censés représenter les relations sexuelles. Les spécialistes de marketing utilisent-ils ce symbolisme? Cela est difficile à dire, car les agences de publicité (de même que d'autres parties concernées), sont peu disposées à discuter de telles questions, par peur d'être accusées de «manipulation» subliminale.

FIGURE 3.9
Un exemple illustrant l'utilisation sélective du symbolisme de l'objet

Pour mon bien-être,
je mange léger.
Le léger de Yoplait.
0,1 % de matières grasses,
0 % d'aspartame, 100 % naturel.
Aucun yogourt n'est plus léger.
Aucun léger
n'est plus savoureux.

SOURCE: Reproduit avec l'autorisation de Agropur.

FIGURE 3.10
Un autre exemple illustrant l'utilisation sélective du symbolisme de l'objet

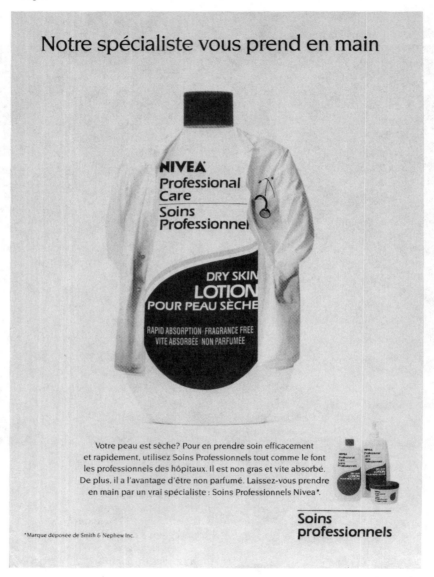

SOURCE: Reproduit avec l'autorisation de Smith & Nephew Inc.

RÉSUMÉ

La perception consiste dans le fait d'attribuer une signification aux stimuli reçus. La sensation est la réponse physiologique ultérieure de la personne à ces stimuli. La perception et la sensation sont **subjectives**; nous traçons nos propres portraits de la réalité. Elles sont aussi **sélectives**; nous utilisons des filtres perceptuels (à trois niveaux : l'exposition, l'attention et la mémoire) pour éliminer les stimuli qui nous semblent peu importants ou peu utiles.

Nos réactions à l'égard des stimuli se produisent à l'intérieur d'un champ restreint. Le **seuil absolu** est le stimulus minimal requis pour produire une sensation particulière. Le **seuil différentiel** est le degré de stimulation requis pour que nous percevions un changement apporté dans l'intensité du stimulus. Ces seuils ont d'importantes implications stratégiques. En effet, pour attirer l'attention, un message doit dépasser le seuil perceptuel, et on peut augmenter son efficacité par la répétition. Cependant, un excès de répétition peut entraîner l'**adaptation**, laquelle augmente le seuil perceptuel et, par conséquent, la difficulté de faire saisir le message.

La perception est fonction de trois facteurs :

1. **La nature du stimulus.** Un consommateur perçoit un stimulus en fonction du contexte. Cette perception est influencée par des phénomènes tels que le **contraste**, la **fermeture**, la **proximité** et la **similarité**;

2. **La nature de l'individu.** Les besoins, les motivations, les valeurs, les attitudes, les antécédents culturels, les attentes ainsi que les expériences antérieures influencent la perception des stimuli. La publicité qui tient compte des prédispositions des consommateurs du marché cible est plus susceptible d'être perçue de la façon que le souhaite l'annonceur. Les consommateurs diffèrent aussi dans leur portée d'attention, leur seuil perceptuel, leur méthode de traitement de l'information et la tolérance à l'égard de l'ambiguïté;

3. **La nature de l'environnement.** Enfin, le cadre dans lequel se trouve le consommateur au moment où il est exposé à un stimulus influence l'interprétation qu'il donnera à celui-ci.

Nous percevons un certain risque, à tort ou à raison, lors de chacune de nos prises de décision concernant la consommation. Il existe trois grands types de risque:

— le risque de performance (le produit fonctionnera-t-il?);
— le risque psychosocial (le produit causera-t-il de la gêne?);
— le risque relié au coût en temps ou en argent (le produit vaut-il le prix payé ou le temps passé à l'acheter?).

Tous les consommateurs élaborent des stratégies visant à réduire les risques inhérents à leurs décisions de consommation. Ces stratégies ont trait à la fidélité à la marque, au rapport qualité-prix, à la reconnaissance de la marque (provenant d'annonces fréquentes), à la recherche d'information et aux exigences concernant les garanties. La perception de l'**image du produit**, qu'elle soit juste ou non, contribue aussi fortement au succès ou à l'échec d'un produit.

Tandis que la perception consciente joue un rôle majeur dans la stratégie de marketing, la **perception subliminale**, qui se situe au-dessous du seuil de la conscience éveillée, est une question très contestée. Selon nos conclusions, les recherches n'ont pas encore réussi à prouver l'efficacité de la perception subliminale; c'est pourquoi, en ce moment, nous ne considérons pas opportun d'utiliser cet outil dans les communications de marketing.

Les **symboles** peuvent grandement influencer l'efficacité des communications de marketing. Ces outils d'évocation et de suggestion, par exemple, les mots, les couleurs, les formes et les objets, s'attaquent à l'aspect psychosocial des décisions de consommation.

QUESTIONS ET DISCUSSIONS

1. Expliquez le concept de seuil différentiel en fonction de la loi de Weber. Expliquez comment ce concept peut s'appliquer aux diverses composantes du marketing-mix.

2. Expliquez brièvement les concepts ou lois régissant:
   a) le contraste;
   b) la fermeture;
   c) la proximité;

d) la similarité.

3. Comment le fait d'insérer une annonce de voiture de luxe dans le magazine *Millionnaire* est-il en conformité avec l'idée selon laquelle la perception d'un consommateur est fonction du stimulus, de l'individu et de l'environnement?

4. Énumérez et analysez les facteurs perceptuels influençant la perception individuelle qui sont en jeu dans les deux affirmations et la situation suivantes:
   a) «*Dans le ventre du dragon* est un bon film, et, de plus, un film comique et distrayant»;
   b) «Oui, il n'y a pas de doute, 'Laurentide', c'est **ma** bière»;
   c) l'utilisation, dans les annonces de lait, d'expressions sélectives telles que «Confiez l'ouvrage au lait», «Excellent goût» et «Plus la vie est rapide, plus il faut boire du lait».

5. Comment le concept de risque perçu nous aide-t-il à comprendre le choix de produit effectué par le consommateur? Discutez-en.

6. Définissez la psychophysique et expliquez le rôle qu'elle joue dans la perception. Comparez le concept de seuil absolu avec celui de seuil différentiel.

7. De quels facteurs perceptuels le spécialiste de marketing doit-il tenir compte lorsqu'il modifie: *a*) le prix; *b*) l'emballage d'un produit? Donnez des exemples de produits dont la modification a été un succès ou un échec et expliquez la réponse perceptuelle des consommateurs à l'égard de ces modifications.

8. Expliquez le concept de positionnement de produit. Où le positionnement se produit-il? Qu'entend-on pas «marque idéale»?

9. Discutez de l'utilisation de la publicité subliminale, spécialement en ce qui concerne:
   a) son degré d'efficacité;
   b) son inefficacité;
   c) les questions d'éthique entourant son utilisation.

10. À l'aide d'exemples, discutez des principaux véhicules de représentation symbolique (mots, couleurs, formes et objets) susceptibles d'être utilisés par les spécialistes de marketing.

RÉFÉRENCES

1. D.A. Laird, «How the Consumer Estimates Quality by Subconscious Sensory Perceptions – with Special References to the Role of Smell», *Journal of Applied Psychology*, 16, 1932, p. 241-246.

2. L. Schiffman et L. Kanuk, *Consumer Behavior*, Englewood Cliffs, N.J., Prentice-Hall, 1983, p. 136.

3. K. Runyon, *Consumer Behavior*, Columbus, O.H., Charles E. Merrill, 1980.

4. Schiffman et Kanuk, *Consumer Behavior*, p. 137.

5. *Ibid.*, p. 137.

6. D. Cohen, *Consumer Behavior*, New York, Random House, 1981, p. 138.

7. Schiffman et Kanuk, *Consumer Behavior*, p. 137.

8. Cohen, *Consumer Behavior*, p. 138.

9. «Consumers Find Firms Are Parting Quantities to Avoid Price Rises», *Wall Street Journal*, 15 février 1977.

10. Schiffman et Kanuk, *Consumer Behavior*, p. 140.

11. S.H. Britt, «How Weber's Law can be Applied to Marketing», *Business Horizons*, février 1975, p. 21-29.

12. J.H. Myers et W.H. Reynolds, *Consumer Behavior and Marketing Management*, Boston, Houghton Mifflin, 1967, p. 21.

13. Cité dans Henry Assael, *Consumer Behavior and Marketing Action*, Boston, Kent, 1984, p. 124. Source: J.T. Meimbach et J. Jacoby, «The Zergarnik Effects in Advertising», *Proceedings of the 3rd Annual Association for Consumer Research Conference*, 1972, Éd. M. Venkatesan, p. 746-758.

14. Schiffman et Kanuk, *Consumer Behavior*, p. 143.

15. Assael, *Consumer Behavior and Marketing Action*, p. 137.

16. H. Berkman et C. Gilson, *Consumer Behavior: Concepts and Strategies*, Boston, Kent, 1981, p. 244.

17. Cité dans Cohen, *Consumer Behavior*, p. 146. Source: T.K. Anchor, «Improve Payoffs from Transnational Advertising», *Harvard Business Review*, juillet-août 1978, p. 108-109.

18. Cité dans D. Loudon et A.J. Della Bitta, *Consumer Behavior: Concepts and Applications*, New York, McGraw-Hill, 1984, p. 437. Source: R. Froman, «You Can Get What You Want», Prentice-Hall, 1953, p. 231.

19. Runyon, *Consumer Behavior*, p. 14.

20. J. Jacoby *et al.*, «A Behavioral Process Approach to Information Acquisition in Nondurable Purchasing», *Journal of Marketing Research*, 15, novembre 1978, p. 532-544.

21. E. Hershman, «Cognitive Complexity, Intelligence and Creativity: A Conceptual Overview with Implications for Research», *Research in Marketing*, 5, 1981, p. 59-99.

22. R. I. Allison et A. Uhl, «Influences of Beer Brand Identification on Taste Perception», *Journal of Marketing Research*, 1, août 1964, p. 36-39.

23. R.W. Husband et J. Godfrey, «An Experimental Study of Cigarette Identification», *Journal of Applied Psychology*, 18, avril 1934, p. 220-251.

24. T.J. Stanley, «Cola Preferences: Disguised Taste vs. Brand Evaluation», *Advances in Consumer Research*, vol. 5, Éd. K. Hunt, Ann Arbor, Association for Consumer Research, 1978, p. 19-21.

25. Assael, *Consumer Behavior and Marketing Action*, p. 139.

26. *Ibid.*, p. 138.

27. R. A. Bauer, «Consumer Behavior as Risk Taking», *Dynamic Marketing for a Changing World*, Éd. R.S. Hancock, Chicago, American Marketing Association, 1960, p. 87.

28. S. Cunningham, «Major Dimensions of Perceived Risk», *Risk Taking and Information Handling in Consumer Behavior*, Éd. D.F. Cox, Boston, Graduate School of Business, Harvard University, 1967, p. 303.

29. M. Perry et B.C. Hamm, «Canonical Analysis of Relations Between Socioeconomic Risk and Personal Influence in Purchase Decisions», *Journal of Marketing Research*, 6, août 1969, p. 352.

30. W. Mahatoo, *The Dynamics of Consumer Behavior*, Toronto, Wiley, 1985, p. 78.

31. S. Cunningham, «Perceived Risk and Brand Loyalty», *Risk Taking and Information Handling*.

32. Cité dans Schiffman, *Consumer Behavior*, p. 158. Source: B. Berman, «The Influence of Socioeconomic and Attitudinal Variables on the Price-Quality Relationship», thèse de doctorat, City University of New York, 1973.

33. D.J. McConnell, «Effects of Pricing on Perception of Product Quality», *Journal of Applied Psychology*, 52, 1968, p. 331-334.

34. Schiffman et Kanuk, *Consumer Behavior*, p. 159.

35. R.A. Peterson, «Consumer Perceptions as a Function of Product Color, Price, and Nutritional Labeling», *Advances in Consumer Research*, Éd. W. Perrault, Atlanta, Association for Consumer Research, 1977, p. 61-63.

36. G.B. Sproles, «New Evidence on Price and Product Quality», *Journal of Consumer Affairs*, été 1977, p. 69-73.

37. H. Berkman et C. Gilson, *Consumer Behavior: Concepts and Strategies*, Boston, Kent, 1981, p. 257.

38. «Reaching Money and Markets», *The New York Times*, 18 juillet 1981.

39. J. Arndt, «Perceived Risk, Sociometric Integration, and Word of Mouth in the Adoption of New Products», *Risk Taking and Information Handling*, p. 315.

40. Schiffman et Kanuk, *Consumer Behavior*, p. 165.

41. *Ibid.*

42. R.Y. Darmon, M. Laroche et J.V. Petrof, *Marketing in Canada: A Management Perspective*, Toronto, McGraw-Hill Ryerson, 1985, p. 180.

43. Cohen, *Consumer Behavior*, p. 159.

44. H. Brean, «What Hidden Sell is All About», *Life*, 31 mars 1958, p. 104-114.

45. Cité dans Assael, *Consumer Behavior and Marketing Action*, p. 134. Source: *New York*, 21 septembre 1957, p. 33.

46. «Subliminal Ad Okay If It Sells: FCC Peers Into Subliminal Picture on TV», *Advertising Age*, 28, 1957.

47. C. Henderson, «Subliminal Salesmen Stalk Consumers Via TV, Radio and Movies», *Wall Street Journal*, 7 mars 1958, p. 4.

48. B. Berelson et G. Steinder, *Human Behavior: An Inventory of Scientific Findings*, New York, Harcourt, Brace, Jovanovich, 1964, p. 88.

49. D. Hawkins, «The Effects of Subliminal Stimulation on Drive Level and Brand Preference», *Journal of Marketing Research*, 7, août 1970, p. 322-326.

50. «Mind Benders», *Money*, septembre 1978, p. 24.

51. Wilson Bryan Key, *Media Sexploitation*, New York, New American Library, 1976, p. 9.

52. *Ibid.*, p. 5.

53. *Ibid.*, p. 4.

54. *Ibid.*, p. 4.

55. *Ibid.*, p. 4.

56. S.J. Kelly, «Subliminal Imbeds in Print Advertising: A Challenge to Advertising Ethics», *Journal of Advertising*, 8, été 1979, p. 43-46.

57. S.J. Levy, «Symbols For Sale», *Harvard Business Review*, 37, juillet 1959, p. 117-124.

58. *Ibid.*, p. 19, 124.

59. Mahatoo, *Dynamics of Consumer Behavior*, p. 100.

60. Une annonce 1969 de Marsteller Inc.

61. Cité dans Mahatoo, *Dynamics of Consumer Behavior*, p. 104. Source: I.N. Bachrach, Founder, Name Lab Inc.

62. «Merchant of Glamour», *Time*, 8 septembre 1975, p. 62.

63. Martineau, *Motivation in Advertising: Motives That Make People Buy*, New York, McGraw-Hill, 1971, p. 109.

64. F. Birren, *Selling with Color*, New York, Wiley, 1973, p. 99.

65. Runyon, *Consumer Behavior*, p. 405.

66. *Ibid.*, p. 405. Source: E.J. Brek, «Function vs. Aesthetic Packaging», *Profitability and Pene-*

tration Through Packaging, AMA Management Bulletin, n° 65, 1965, p. 109.

67. Mahatoo, *Dynamics of Consumer Behavior*, p. 105.

CHAPITRE 4

L'apprentissage

INTRODUCTION

L'apprentissage est une activité humaine qui dure toute la vie. Certains disent même que cette activité commence avant que nous quittions l'utérus de notre mère. La plupart des comportements de l'être humain, y compris le comportement du consommateur, sont appris. Bien que l'apprentissage soit un phénomène important, les scientifiques ne s'entendent toujours pas sur les processus qu'il implique. Il y a donc plusieurs écoles de pensée sur ce sujet, les deux plus importantes étant le behaviorisme, dont les adeptes soutiennent que tout apprentissage est le résultat d'associations de type stimulus-réponse, et la psychologie cognitive, qui s'appuie sur des processus mentaux pour expliquer l'apprentissage.

Les spécialistes de marketing sont très intéressés par les réactions que produisent chez les consommateurs les stimuli commerciaux qu'ils introduisent dans l'environnement. Leur préoccupation est de deux ordres: ils veulent d'abord savoir quels facteurs peuvent favoriser un apprentissage solide et durable, et, ensuite, comment ils peuvent montrer aux consommateurs les avantages d'un produit ou d'un service. Pour réussir à répondre à ces deux questions fondamentales, nous devons aborder des sujets connexes importants tels que l'oubli et la mémoire, la fidélité à la marque, la répétition, la formation d'habitudes et la généralisation de stimulus.

Ce chapitre s'ouvre sur une définition du concept d'apprentissage et une exploration des principales théories et des principales approches reliées à ce phénomène. Plutôt que de faire la critique des différentes théories, nous tâcherons de tirer de celles-ci un certain nombre de conclusions pratiques. En effet, nous croyons que chacune des grandes théories de l'apprentissage peut contribuer à expliquer certaines facettes du comportement du consomma-teur. Enfin, nous traiterons de plusieurs sujets reliés à l'apprentissage afin de répondre à certaines préoccupations des spécialistes de marketing.

■ LA NATURE DE L'APPRENTISSAGE

Tout apprentissage implique un changement de comportement. L'apprentissage ne peut être directement observé; c'est seulement par les changements de comportement que nous pouvons inférer qu'il y a eu apprentissage. Parfois, il peut se passer beaucoup de temps avant que l'apprentissage se manifeste dans le comportement. Par exemple, ce que vous apprenez dans vos cours de marketing peut être à l'origine d'un changement de comportement qui apparaîtra seulement dans quelques années.

Les psychologues excluent du phénomène de l'apprentissage les comportements relevant d'une réaction instinctive ou d'une cause naturelle. Ils en excluent aussi les divers états engendrés par les drogues, la maladie ou la fatigue. Par conséquent, l'apprentissage peut être défini comme un changement de comportement (ou l'apparition d'un comportement nouveau) relativement stable résultant de l'expérience, et non pas de causes physiologiques, de la consommation de drogues, de la maladie ou de la fatigue. Un auteur appelle apprentissage «tout changement dans la réponse ou le comportement d'une personne, dû à la pratique, à l'expérience ou à une association mentale[1,2]».

En marketing, nous définissons l'apprentissage du consommateur comme suit: **l'apprentissage est l'effet qu'a sur le comportement ultérieur du consommateur l'expérience – intentionnelle ou accidentelle – reliée à l'achat et à la consommation[2].** Notons que si l'apprentissage est souvent un phénomène sélectif, c'est-à-dire un phénomène par lequel nous réagissons délibérément à certaines situations en recherchant activement de l'information, il n'en est pas toujours ainsi. En effet, une grande partie de l'apprentissage ne requiert qu'une implication faible, le sujet étant exposé accidentellement à divers stimuli de son environnement.

■ LES THÉORIES DE L'APPRENTISSAGE

Comme nous venons de le dire, en situation de **faible implication**, l'individu apprend, bien qu'il soit peu motivé pour le faire. Ainsi, lorsqu'une consommatrice regardant une émission d'information télévisée comme *Le point* est exposée à une annonce destinée à promouvoir une tondeuse à gazon soit-disant miraculeuse, elle est peu motivée pour prêter attention à l'annonce. Cependant, elle peut mettre en mémoire certaines parties du message publicitaire en vue d'y recourir ultérieurement. Malheureusement, nous connaissons très mal comment se fait l'apprentissage lorsqu'il y a faible implication. Il est cependant clair que l'apprentissage est une question de degré, et non pas un phénomène «tout l'un ou tout l'autre»[3]. En situation de **forte implication**, c'est-à-dire lorsque le consommateur est hautement motivé pour rechercher et évaluer l'information utile à son achat, l'apprentissage est relié à la mémoire à long terme. Cela ne veut pas dire, cependant, que si l'implication est faible, l'apprentissage se détériore ou s'oublie rapidement. En fait, de plus en plus de psychologues croient que les 10 milliards de cellules du cerveau humain forment un réservoir permanent d'information, enregistrant et conservant chacune des expériences de l'organisme. Plutôt, l'information apprise en situation de faible implication est difficilement remémorée parce que l'organisme n'est pas motivé pour traiter, coder et entreposer avec soin du matériel destiné à une récupération future. (Ce sujet sera traité plus en profondeur dans la section «La force de l'apprentissage, de l'oubli et de la mémoire».) Toutefois, quel que soit le niveau d'implication, l'apprentissage suit toujours les mêmes principes.

Il existe deux grandes théories de l'apprentissage : la théorie du conditionnement (proposée par les behavioristes) et la théorie cognitiviste (proposée par les psychologues cognitivistes). Mais en dépit du schisme existant entre ces deux écoles de pensée, celles-ci ne s'excluent pas mutuellement. L'apprentissage n'est pas un phénomène singulier, uniforme; pour pouvoir l'analyser et l'expliquer dans toute sa complexité, nous avons besoin de la richesse apportée par diverses approches.

On dit qu'il y a conditionnement lorsque l'individu apprend à associer un certain stimulus à une réponse correspondante. C'est au moyen de telles associations stimulus-réponse que s'établissent les modes de comportement. Certains psychologues, notamment Pavlov et Thorndike, minimisent l'importance du renforcement, tandis que d'autres comme

Skinner et Watson considèrent que les conséquences de l'action d'un stimulus donné sont essentielles à l'apprentissage. Ces deux types d'apprentissage par stimulus-réponse sont illustrés dans la figure 4.1.

☐ Le conditionnement classique

Selon la théorie du conditionnement classique, l'apprentissage se réalise lorsqu'on associe de façon répétée un stimulus donné à un autre stimulus produisant déjà une réponse particulière. Après plusieurs essais, le nouveau stimulus commence de lui-même à produire une réponse similaire. Lefrançois[4] fait la satire suivante de la notion de conditionnement:

> Un jour, Thorndike a voulu impressionner ses amis par l'intelligence de son chien. Pour ce faire, il s'est agenouillé devant son chien un soir, à l'heure du souper, et il s'est mis à aboyer en produisant les sons que l'on pourrait attendre d'un chien particulièrement intelligent. Le chien a écouté poliment puis, a mangé avec appétit. Le soir suivant, Thorndike a repris le même procédé. Il s'est agenouillé et a sauvagement aboyé, hurlé, braillé, gémi et japé. De nouveau, le chien a écouté attentivement avant d'avaler son repas. De toute évidence, Thorndike essayait d'enseigner à son chien à aboyer – intelligemment plutôt que de la façon ordinaire – pour demander son souper. Nous appelons ce procédé conditionnement. L'expérience de Thorndike a fonctionné à moitié seulement. Après deux semaines, le chien ne voulait toujours

FIGURE 4.1
Les types d'apprentissage

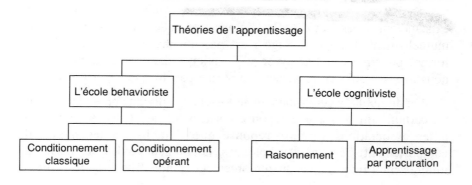

pas aboyer, mais il refusait catégoriquement de manger jusqu'à ce que Thorndike s'agenouille et s'exprime à la manière des chiens.

D'autres scientifiques tels qu'Aldous Huxley et B.F. Skinner ont rêvé d'une société utopique fondée sur les principes de la psychologie stimulus-réponse[5]. Pavlov, l'un des premiers théoriciens du conditionnement classique, suggérait à juste titre que si les chiens utilisés pour ses expériences salivaient (réponse inconditionnelle) lorsqu'il leur présentait de la nourriture (stimulus inconditionnel), un autre stimulus tel que le son d'une cloche (stimulus conditionnel) pourrait provoquer la même réponse (réponse conditionnelle) si on l'associait de façon répétée avec le stimulus inconditionnel. Pavlov a effectué de nombreuses expériences de ce genre et a réussi à prouver que les chiens apprenaient à répondre en salivant au son d'une cloche.

En général, pour qu'un conditionnement efficace se produise, les trois conditions suivantes sont requises[6] :

1. **La contiguïté.** Dans l'expérience de Pavlov, le son de la cloche précédait la présentation de la nourriture d'environ une demi-seconde. De nombreuses expériences ont confirmé que si le laps de temps compris entre les deux événements dépasse une demi-seconde, le conditionnement devient, au mieux, difficile à établir;
2. **La répétition.** Le conditionnement le plus efficace se produit lorsqu'on associe fréquemment le stimulus conditionnel au stimulus inconditionnel;
3. **La préséance du stimulus conditionnel.** Si Pavlov avait d'abord présenté la nourriture à son chien au lieu de la faire précéder du son de la cloche, il n'y aurait pas eu conditionnement. Il semble que le stimulus conditionnel (la cloche) serve d'informateur de telle sorte que, pour qu'il y ait conditionnement, ce stimulus doit précéder la présentation du stimulus inconditionnel.

En marketing, le conditionnement classique est souvent utilisé lorsqu'on veut associer un certain produit à un stimulus agréable. (*Voir la figure 4.2.*) Pensons, par exemple, à la campagne du cow-boy Malboro – une des campagnes les plus efficaces de l'histoire de la publicité. Après avoir associé de façon répétée l'homme Malboro (le stimulus inconditionnel) aux cigarettes (le stimulus conditionnel), les publicitaires ont réussi à associer la marque Malboro à des sentiments de virilité et de sécurité. Dans le même ordre d'idées, la bière est souvent associée

FIGURE 4.2
Le conditionnement classique

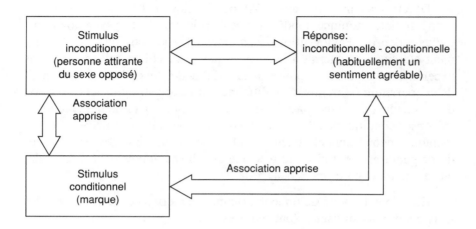

à «des moments agréables» et à «une soirée avec les gars», tandis que les cosmétiques, les automobiles, les boissons gazeuses et plusieurs autres produits sont plutôt régulièrement associés à la sexualité et à la séduction. Henry Assael cite une expérience dans laquelle on a demandé aux sujets de choisir entre plusieurs marques de stylos, dont l'une était annoncée avec une musique de fond. «La plupart des répondants ont choisi ou rejeté cette marque selon qu'ils aimaient ou non la musique de fond. Cette expérience suggère que les consommateurs forment des associations entre les stimuli publicitaires et les produits, ce qui peut déterminer des préférences quant au produit[7].»

La généralisation de stimulus

En plus des règles relatives à la contiguïté, à la répétition et à la préséance du stimulus conditionnel, la généralisation de stimulus joue aussi un rôle très important dans l'apprentissage. La généralisation est la **tendance par laquelle l'organisme humain réagit à divers stimuli ou situations semblables comme s'il s'agissait de la situation ou du stimulus qui, à l'origine, a été associé à une expérience donnée[8]**. En d'autres mots, il y a généralisation de stimulus lorsque, grâce à un apprentissage, le consommateur réagit d'une façon identique à des stimuli qui, tout en étant différents, se ressemblent. Par exemple, on dit d'un consommateur qu'il généralise lorsqu'il consomme indifféremment du Coca-Cola, du Pepsi ou une autre marque de cola. La majeure partie de notre apprentissage dépend de cette capacité de répondre de façon identique à des stimuli quelque peu différents. Lors d'une expérience particulièrement cruelle, rapportée en 1920, des scientifiques arrivèrent à démontrer que plusieurs de nos phobies sont basées sur de telles généralisations[9]. On présenta un rat blanc à un sujet humain âgé de 11 mois et, immédiatement après, on lui présenta un stimulus répugnant. Après quelques essais, l'enfant répondait à la seule présence du rat par des cris et des gémissements. En peu de temps, le sujet généralisa cette peur du rat blanc en l'étendant à de nombreux objets semblables tels que la laine, le coton, le masque du Père Noël et même le collier de sa mère et les cheveux gris du scientifique[10].

En marketing, après qu'un nouveau produit a été introduit sur le marché avec succès, on voit apparaître de nombreuses copies de ce produit, parce que les spécialistes de marketing savent qu'il existe chez le consommateur une tendance à la généralisation. Par exemple, après que le produit Tic-Tac a été lancé sur le marché avec succès, on a immédiatement assisté à la mise en marché de Dynamints et de Mighty Mints, deux copies presque conformes du produit original[11]. Les produits imitateurs vivent aux dépens du produit leader, évitant ainsi les coûts élevés associés à la différenciation et au positionnement du produit. D'autre part, les leaders du marché essaient de différencier leur produit afin qu'il tranche sur les autres dans l'esprit du consommateur. Le concept de positionnement du produit est fondé sur l'aptitude du consommateur à se corriger de cette tendance à la généralisation en essayant de répondre avec plus de justesse à un ensemble de stimuli semblables. Ce phénomène constitue ce que l'on appelle le principe de la **discrimination de stimulus**, qui est le contraire de la généralisation de stimulus. Tous les efforts de positionnement du produit visent à encourager les consommateurs à distinguer un produit parmi plusieurs produits semblables. Par exemple, alors que Dr Pepper essaie de décourager la généralisation en se disant «clairement différent», Coca-Cola continue d'affirmer avec insistance que Coke est «le vrai de vrai». La figure 4.3 illustre bien les stratégies de combat adoptées par le Bureau laitier du Canada dans sa lutte classique pour maintenir une distinction entre le beurre et la margarine, alors que les fabricants de margarine soutiennent que celle-ci est pratiquement identique au beurre.

FIGURE 4.3
«Parce que du beurre, c'est du beurre... naturellement»

T'appelles ça du beurre...
Moi j'appelle ça
une bonne source
d'énergie alimentaire.

Gaétan Boucher, patineur de vitesse de renommée mondiale.

Excellente source
de vitamine A, le beurre
joue un rôle important
dans l'équilibre alimentaire
des champions,
grands et petits.

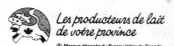

*Les producteurs de lait
de votre province*

® Marque déposée du Bureau laitier du Canada

**Parce que du beurre,
c'est du beurre... naturellement!®**

SOURCE: Reproduit avec l'autorisation du Bureau laitier du Canada.

La généralisation s'applique aussi à la stratégie de la marque lorsqu'une compagnie offre une ligne de produits reliés les uns aux autres en utilisant une **marque commune** aux divers produits (famille de marque). En règle générale, cette stratégie est efficace pour les compagnies qui jouissent d'une réputation impeccable quant à un produit et qui désirent tirer profit de cette réputation en encourageant les consommateurs à étendre leur perception positive à d'autres produits portant le même nom. Par exemple, Canada Packers utilise la marque commune York pour des centaines de produits, alors que General Electric du Canada offre une ligne complète d'appareils électroménagers sous le nom de CGE.

Bien entendu, la généralisation peut donner des résultats désastreux si les consommateurs ayant eu une mauvaise expérience quant à un produit transfèrent cette expérience négative aux autres produits de la ligne. De plus, pour que la généralisation soit utilisée avec profit, il est important de ne pas abuser de cette propension des consommateurs à généraliser en présence de stimuli semblables. Lorsque la compagnie Arm and Hammer a enfreint cette règle en introduisant un désodorisant sur le marché, sa stratégie a subi un échec, tout comme ce fut le cas lorsque Kool-Aid essaya de lancer sur le marché une ligne de tasses de réception[12]. Les tentatives trop audacieuses, tel le lancement d'un vin sous le nom de Pierre Cardin, semblent vouées à l'échec. C'est pourquoi les compagnies expérimentées comme Johnson & Johnson s'assurent que leur stratégie de marque axée sur la généralisation demeure dans des limites raisonnables en s'en tenant à des produits connexes et familiers tels que la poudre pour bébé, le shampooing et les lotions.

Le conditionnement opérant

Le conditionnement opérant met l'accent sur le comportement et ses conséquences. On l'appelle aussi apprentissage répondant, parce que l'obtention d'une récompense dépend de la réponse donnée par l'organisme[13]. Par exemple, en utilisant le principe de la récompense, on peut enseigner à un pigeon placé dans une boîte à donner des coups de bec sur le mécanisme prévu pour distribuer de la nourriture, et ce, à des rythmes divers[14]. L'apprentissage a lieu lorsque le même acte est récompensé à plusieurs reprises. Il est mesuré par l'augmentation ou la diminution de la probabilité de réponse. Dans le même ordre d'idées que la satire de Lefrançois citée plus haut, les sceptiques soutiennent

FIGURE 4.4
Le conditionnement opérant

«J'ai réussi à conditionner les spectateurs de telle sorte que, chaque fois que je joue de ces stupides klaxons, ils applaudissent et l'un d'eux me lance un poisson!»

SOURCE: *The Wall Street Journal*, 1980. Reproduit avec la permission de Cartoon Features Syndicate, Boston.

qu'en réalité, c'est le pigeon qui a conditionné le chercheur à lui présenter de la nourriture lorsqu'il donne un coup de bec au mécanisme. Apparemment, cette opinion est partagée par un caricaturiste du *Wall Street Journal*. (*Voir la figure 4.4.*)

Les implications de la théorie du conditionnement opérant (*voir la figure 4.5*) sont importantes; cette théorie suggère que tout comportement peut être modifié à condition de pouvoir offrir une récompense appropriée à l'organisme qui est le sujet de l'apprentissage. Selon Skinner, «nous sommes ce que nous avons été récompensés d'avoir été. Ce que nous appelons personnalité n'est rien de plus que des modes de comportement façonnés par notre expérience de renforcement[15]». Par conséquent, celui qui maîtrise la distribution des récompenses peut aussi maîtriser le comportement.

Le conditionnement opérant diffère du conditionnement classique de deux façons. Premièrement, il appelle des réponses dont l'individu a généralement la maîtrise, tandis que le conditionnement classique a trait à des réponses involontaires. Deuxièmement, tandis que les réponses obtenues par le conditionnement classique sont directement entraînées par le stimulus, les réponses opérantes sont conditionnées par les **conséquences** d'une action.

Bien entendu, ces conséquences peuvent être plaisantes ou déplaisantes. Par exemple, si, en adoptant une nouvelle eau de toilette, vous plongiez toutes les personnes de sexe opposé de votre entourage dans un état de frénésie sexuelle et que vous considériez ce résultat comme

FIGURE 4.5
Schéma du conditionnement opérant

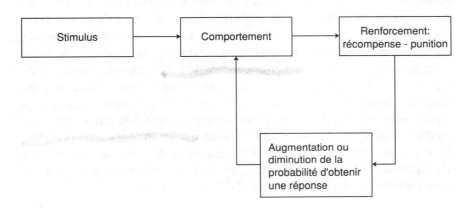

satisfaisant, vous achèteriez probablement ce produit. Un tel phénomène est appelé **renforcement positif**. Dans certains cas, on peut augmenter la probabilité d'obtenir une réponse en éliminant un stimulus désagréable. Par exemple, si, après avoir utilisé un certain rince-bouche, vous voyiez fondre l'ostracisme social dont vous souffrez, la probabilité que vous utilisiez de nouveau ce produit augmenterait. C'est ce qu'on appelle le **renforcement négatif**. D'autre part, si l'utilisation du rince-bouche en question rendait vos dents vertes et faisait apparaître des plaies dans votre bouche, la probabilité que vous achetiez de nouveau ce produit diminuerait. Cela est un exemple de **punition**[16].

En règle générale, il n'est ni pratique ni acceptable de vendre des produits ou des services en se basant sur leurs conséquences négatives. Cependant, plusieurs campagnes de marketing (et de démarketing) reliées à des causes sociales, par exemple, les campagnes prônant le planning familial en Inde et en Chine, ont utilisé la punition pour encourager l'adoption des idées qu'elles préconisaient[17].

Deux concepts reliés au conditionnement opérant méritent une attention spéciale. Il s'agit du programme de renforcement et du façonnement.

Le programme de renforcement

Le mode de présentation du renforcement est appelé programme de renforcement. Les deux principaux types de programme de renforcement sont le **programme à ratio** et le **programme à intervalle**. Dans un programme à ratio, le renforcement est donné après un certain nombre de réponses, peu importe le temps qui s'écoule entre celles-ci. Dans un programme à intervalle, il doit s'écouler un certain laps de temps avant que l'on donne la récompense; dans ce cas, le nombre de réponses importe peu. Pour chacun de ces programmes, il existe deux sous-programmes. On appelle **programme à ratio fixe** le cas où chaque nième réponse est récompensée (c'est-à-dire qu'il doit y avoir un nombre de réponses déterminé avant que l'on donne la récompense). Lorsque la récompense est donnée en moyenne seulement une fois par *x* réponses, on dit que le renforcement se fait selon un **programme à ratio variable**. Même si le sujet peut recevoir 3 récompenses de suite ou bien donner 10 réponses sans être récompensé, le taux de renforcement moyen, au sens statistique, demeure constant. (*Voir figure 4.6.*)

Dans un **programme à intervalle fixe**, il doit s'écouler un laps de temps déterminé avant que l'on donne le renforcement – par exemple, la récompense sera donnée après un intervalle de deux minutes. Dans un **programme à intervalle variable**, les réponses font l'objet de renforcements périodiques, à la fin d'intervalles variables qui peuvent être, par exemple, de deux minutes en moyenne.

C'est le programme de renforcement à intervalle variable qui produit les formes de comportement les plus durables; les jeux de hasard et les crises de colère infantiles en sont des exemples bien connus. Le programme de renforcement à ratio variable vient en deuxième lieu, suivi du programme à ratio fixe et du programme à intervalle fixe. L'efficacité des programmes variables, en ce qui concerne la production des formes de comportement attendues, est démontrée dans une étude de Deslauriers et Eberett prouvant que «l'on a pu obtenir le même taux de succès – mesuré par le nombre de voyages par autobus – en donnant de petites récompenses à l'aide d'un programme à ratio variable qu'en donnant continuellement des récompenses à l'aide d'un programme à renforcement continu. Cependant, le premier type de programme permettait d'obtenir le même genre de comportement pour environ le tiers du coût du programme à renforcement continu[18]». Un deuxième avantage du programme variable est sa plus grande résistance à l'extinction.

FIGURE 4.6
Les divers programmes de renforcement

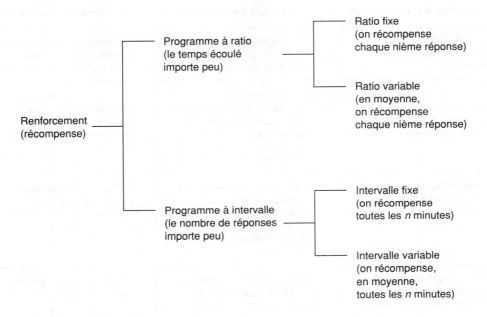

Le façonnement

Tel que son nom l'indique, le façonnement consiste dans **la présentation de renforcements successifs destinés à établir un comportement final complexe**. Ainsi, un comportement final tel que la fidélité à la marque n'est pas, de toute évidence, un phénomène comportant une étape unique. Il s'agit plutôt d'un phénomène nécessitant la création de certaines conditions (renforcements) qui, graduellement, conduisent au comportement final attendu. Par conséquent, «le façonnement implique le renforcement positif d'approximations successives du comportement attendu, lesquelles sont requises pour que la réponse attendue puisse se produire[19]».

La figure 4.7 illustre l'application de la technique du façonnement à une stratégie de marketing bien connue: la création de la fidélité à la marque. Au début, ce sont les échantillons gratuits du produit qui incitent le consommateur à essayer ce produit. Présumant que le consommateur est satisfait après la première utilisation, on l'incite à acheter le

FIGURE 4.7

Application de la technique du façonnement au marketing

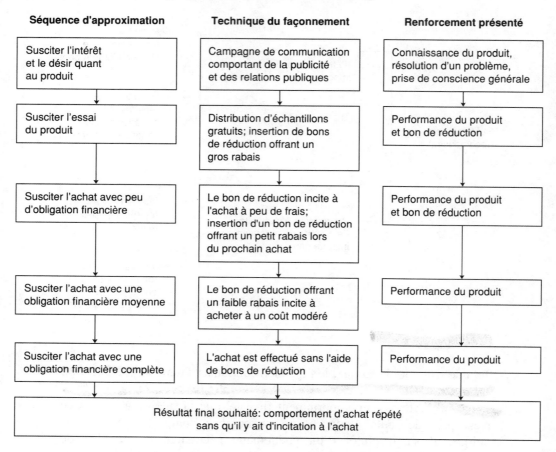

Séquence d'approximation	Technique du façonnement	Renforcement présenté
Susciter l'intérêt et le désir quant au produit	Campagne de communication comportant de la publicité et des relations publiques	Connaissance du produit, résolution d'un problème, prise de conscience générale
Susciter l'essai du produit	Distribution d'échantillons gratuits; insertion de bons de réduction offrant un gros rabais	Performance du produit et bon de réduction
Susciter l'achat avec peu d'obligation financière	Le bon de réduction incite à l'achat à peu de frais; insertion d'un bon de réduction offrant un petit rabais lors du prochain achat	Performance du produit et bon de réduction
Susciter l'achat avec une obligation financière moyenne	Le bon de réduction offrant un faible rabais incite à acheter à un coût modéré	Performance du produit
Susciter l'achat avec une obligation financière complète	L'achat est effectué sans l'aide de bons de réduction	Performance du produit

Résultat final souhaité: comportement d'achat répété sans qu'il y ait d'incitation à l'achat

SOURCE: Adapté de M. Rothschild et W. Gaidis, «Behavioral Learning Theory: Its Relevance to Marketing and Promotion», *Journal of Marketing*, 45, printemps 1981, p. 72.

produit en lui donnant un bon de réduction d'une valeur substantielle. Par la suite, le renforcement créé par la satisfaction ultérieure éprouvée à l'égard du produit ainsi que par la distribution d'un second bon de réduction d'une valeur moindre amène le consommateur à l'étape finale, soit l'achat du produit au prix courant. Ainsi, par une série d'approximations successives, on a façonné le comportement en partant d'un manque d'intérêt total pour passer à l'essai gratuit, puis à l'essai à un moindre coût, avant d'en arriver à l'achat au prix courant. Bien entendu, le test final concernant les achats répétés a lieu au moment où l'on s'attend à ce que le consommateur achète le produit au prix courant sans qu'il y ait eu d'incitation à l'achat. La répétition de ce comportement ne dépend plus que de la satisfaction du consommateur à l'égard du produit[20].

Il faut faire attention à trois choses lorsqu'on applique la technique du façonnement au comportement du consommateur. Premièrement, si le but poursuivi est la pénétration du marché à long terme, on ne doit pas faire en sorte que l'incitation à l'achat domine l'effort de promotion. En effet, si le principal renforcement de l'achat n'est pas fondé sur les attributs mêmes du produit, la réponse du consommateur dépendra d'une série sans fin d'offres spéciales et de réductions[21]. Aucun effort de façonnement ne réussira sans doute à maintenir le résultat souhaité à moins que le produit lui-même n'offre un avantage substantiel par rapport aux produits existants. Deuxièmement, il est essentiel de surveiller attentivement chacune des étapes successives du façonnement pour s'assurer que l'on n'abandonne pas prématurément les promotions correspondantes. Si une promotion se termine avant qu'une approximation du comportement attendu ait été complètement atteinte, les efforts réalisés dans les étapes suivantes produiront peu ou point de résultats. Enfin, le façonnement exige que l'incitation à l'achat s'effectue dans une série d'étapes organisées de façon à assurer une transition en douceur entre la volonté de faire un essai et le réachat reposant sur la motivation personnelle. (*Voir figure 4.7.*) On recommande généralement de prévoir de quatre à six étapes d'approximations successives pour que l'utilisation de la technique du façonnement aux fins de marketing ait du succès.

L'apprentissage cognitif

L'apprentissage cognitif est une forme complexe d'apprentissage impliquant la résolution d'un problème à partir du discernement et d'autres processus mentaux. Les psychologues cognitivistes soutiennent que l'apprentissage est fondé sur la découverte de modes de comportement significatifs résultant d'une interaction complexe des valeurs, des croyances, des motivations, des attitudes, des attentes et de l'expérience antérieure.

La théorie de l'apprentissage cognitif provient des travaux de Wolfgang Köhler, de Kurt Koffka et d'autres psychologues gestaltistes, aussi appelés phénoménologues[22]. Alors qu'il effectuait des expériences sur des singes à l'université, Köhler découvrit que ses animaux pouvaient bel et bien méditer sur un problème et arriver à en voir la solution[23]. Selon lui, lorsque les singes faisaient face à un problème donné, ils «pesaient le pour et le contre» de différentes solutions (un peu comme lorsque nous essayons mentalement de trouver la solution d'un casse-tête) jusqu'à ce qu'ils aient l'intuition de la solution. Cette intuition survenait généralement d'une manière soudaine. La motivation de ces animaux pour résoudre un problème donné s'explique par la loi de **Prägnanz**. Celle-ci suggère qu'une situation problématique s'accompagne toujours d'un état de déséquilibre cognitif qui persiste jusqu'à ce que le problème soit résolu[24]. Cela explique pourquoi, par exemple, un étudiant en philosophie s'efforcera de résoudre un problème même si le fait de trouver une solution n'est pas récompensé de façon tangible. L'approche cognitiviste en matière d'apprentissage est illustrée par la figure 4.8.

L'apprentissage cognitif implique un comportement orienté vers l'atteinte d'un but et est généralement associé à des situations nécessitant une forte implication. Dans la figure 4.8, le consommateur déduit, à l'aide de processus mentaux, que le shampooing X pourrait résoudre son problème de pellicules. Bien entendu, cette déduction peut être erronée ou inexacte; dans ce cas, le consommateur pourra de nouveau essayer de résoudre son problème, sachant alors que le shampooing X n'est pas le produit qu'il lui faut.

En général, les annonces fondées sur la théorie de l'apprentissage cognitif montrent le but que l'on peut atteindre par l'utilisation du produit annoncé. Ces annonces présentent une argumentation logique axée sur la valeur du produit et ses différences significatives par rapport aux marques concurrentes. Contrairement aux annonces fondées sur le conditionnement, ces publicités mettent l'accent non sur les marques, les étiquettes ou les autres variables reliées au produit, mais sur les **avantages** que le consommateur peut retirer de l'utilisation du produit en ce qui a trait à la poursuite d'un but.

FIGURE 4.8
Le processus de l'apprentissage cognitif

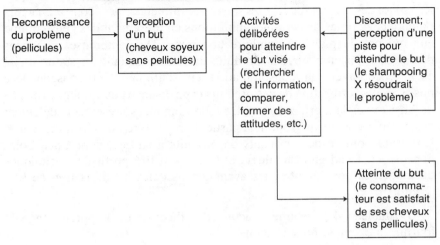

Reconnaissance du problème (pellicules) → Perception d'un but (cheveux soyeux sans pellicules) → Activités délibérées pour atteindre le but visé (rechercher de l'information, comparer, former des attitudes, etc.) ← Discernement; perception d'une piste pour atteindre le but (le shampooing X résoudrait le problème)

Atteinte du but (le consommateur est satisfait de ses cheveux sans pellicules)

L'apprentissage par procuration

Comme son nom l'indique, l'apprentissage par procuration est fondé sur **l'observation des comportements des autres et des résultats découlant de ces comportements**[25]. Parce que l'apprentissage par procuration est fondé sur l'émulation, on l'appelle aussi **modelage**. Une personne n'a pas besoin, pour apprendre, de faire directement l'expérience du renforcement; on peut obtenir les mêmes résultats en observant les résultats des actions des autres et en ajustant son propre comportement en conséquence[26].

Les spécialistes de marketing utilisent le modelage pour produire trois sortes de changement[27]. Premièrement, lorsqu'on veut encourager le consommateur **à élaborer certaines réponses**, on peut lui montrer quels sont les avantages d'utiliser le produit de façon adéquate ou plus fréquente, ou encore, on peut lui fournir des explications susceptibles de répondre à son scepticisme. La seconde application vise à **décourager un comportement indésirable**. De nombreux programmes de marketing reliés à des causes sociales ou gouvernementales utilisent le principe de l'apprentissage par procuration pour décourager des comportements tels que la consommation de cigarettes, la conduite en état d'ébriété, l'évasion fiscale et la pollution environnementale. La troisième application du modelage a pour but d'**encourager les réponses refoulées**. Par exemple, les annonces de motocyclettes peuvent influencer les consommateurs potentiels victimes de certaines inhibitions en présentant des gens comme eux qui ont du plaisir à conduire une moto. De nombreuses annonces destinées à promouvoir des produits de luxe évoquant un statut social élevé encouragent la consommation en soulignant les conséquences positives de l'utilisation de ces produits et en disant «pourquoi pas vous?» ou bien «vous le méritez bien». De telles annonces présentent seulement des comportements qui font déjà partie du répertoire du consommateur[28]. Un grand nombre de fabricants de produits à succès, dont Coca-Cola, Pepsi-Cola, Head and Shoulders et Crest, ont tiré profit des techniques du modelage pour montrer les avantages associés à l'utilisation de leur produit[29].

Le tableau 4.1 résume chacune des théories de l'apprentissage et fournit un exemple pour chacune.

LA FORCE DE L'APPRENTISSAGE, DE L'OUBLI ET DE LA MÉMOIRE

L'oubli

Ce qui est appris est souvent oublié. **L'oubli** se définit comme **la perte du matériel conservé, en raison de la non-utilisation, ou de l'interférence d'une autre tâche d'apprentissage**[30]. Cette définition est un bon compromis entre les trois différentes théories visant à expliquer le mécanisme de l'oubli. En effet, certains scientifiques croient que l'oubli provient de l'**interférence d'événements** se produisant entre le moment de l'apprentissage et celui du rappel. Guthrie était un fervent adepte de cette théorie; il croyait que, s'il n'y avait aucune interférence, il n'y aurait jamais d'oubli.

Une seconde théorie, appelée **théorie de l'effacement des traces**, suggère que le matériel appris et mis en mémoire s'efface ou se désintègre avec le temps. Enfin, une troisième théorie suggère que l'oubli est le résultat d'un **échec du processus de récupération**, probablement

TABLEAU 4.1
Résumé des théories de l'apprentissage avec exemples

Théorie	Description	Exemple
Conditionnement classique	Une réponse provoquée par un objet sera aussi provoquée par un second objet si ces deux objets sont souvent présentés ensemble.	La réponse émotionnelle favorable provoquée par le mot «Canada» sera aussi provoquée par la marque V.O. Canadian Whisky de Seagram si un consommateur lit que «le V.O. Canadian Whisky de Seagram est non seulement le meilleur rye au Canada, mais aussi le plus apprécié et le plus vendu au monde».
Conditionnement opérant	Une réponse que l'on renforce positivement est plus susceptible d'être répétée lorsque la même situation se produit à nouveau ultérieurement.	Un consommateur achète une platine à cassettes stéréo pour ajouter à sa chaîne haute fidélité et constate que le son obtenu est de très bonne qualité, un sentiment renforcé par les compliments de ses amis. Le consommateur achète alors un lecteur de disque compact du même fabricant.
Apprentissage par procuration	Les comportements appropriés et non appropriés sont appris en observant les résultats engendrés par les comportements des autres.	Une consommatrice observe les réactions des gens par rapport à la robe très décolletée d'une amie avant d'en acheter une elle-même.
Apprentissage cognitif	Les individus utilisent la pensée créatrice pour restructurer et réarranger les informations existantes et nouvelles afin de former des associations et des concepts nouveaux.	Un étudiant faisant son inscription pour le semestre d'automne découvre que le cours de stratégie en marketing est complet; il décide de suivre un cours de finance à la place.

dû à une confusion dans les codes d'entreposage. L'information est présente dans la mémoire, mais nous sommes incapables de la retrouver et, par conséquent, nous ne pouvons nous en souvenir[31].

Il est prouvé que ces trois théories sont valables, bien que la théorie de l'effacement des traces soit celle qui a obtenu le moins d'appui, tandis que la théorie de l'échec du processus de récupération est celle qui en a obtenu le plus[32]. Dans les sections suivantes, nous verrons plus en profondeur les relations complexes existant entre l'apprentissage, l'oubli et la mémoire.

☐   # La force de l'apprentissage

En plus de comprendre **comment** nous oublions, les spécialistes de marketing doivent connaître les facteurs requis pour qu'un apprentissage résiste à l'oubli. Trois facteurs déterminent la force de l'apprentissage : le renforcement, la pertinence et la répétition.

Le renforcement

Comme nous l'avons vu précédemment dans la section consacrée à l'apprentissage opérant, le renforcement (positif ou négatif) se rapporte à tout stimulus capable de modifier la probabilité de réapparition d'une réponse donnée[33]. Bien que l'apprentissage puisse se produire en l'absence de renforcement, celui-ci influence grandement le rythme d'apprentissage et le taux d'oubli. Rappelons-nous aussi que l'on peut utiliser divers programmes de renforcement et que c'est le programme variable qui produit la forme d'apprentissage la plus efficace (à la fois en ce qui a trait au coût et à la résistance à l'oubli).

Les spécialistes de marketing doivent donc se demander quel type de renforcement est le plus approprié à leur produit et doivent construire des programmes promotionnels qui présentent un tel renforcement au consommateur. Si le produit se révèle à la hauteur des promesses du marketing, la probabilité de réachat augmentera. Lorsqu'on utilise des renforcements continuels, la probabilité de réachat augmente tellement qu'une **habitude** finit par se créer.

La pertinence

La pertinence a trait à la valeur que le consommateur accorde à la tâche d'apprentissage. Ainsi, une information jugée très pertinente s'apprend mieux qu'une information jugée moins importante[34]. Nous avons déjà traité de ce phénomène lorsqu'il a été question de l'apprentissage en situation de forte implication.

L'information jugée pertinente n'est pas toujours traitée et emmagasinée avec une célérité et un effort égaux. Le cerveau donne la priorité à l'information qui est non seulement hautement pertinente, mais, aussi, facile à emmagasiner. En effet, la capacité de traiter l'information est limitée chez l'être humain, ce qui oblige celui-ci à donner la priorité à certaines tâches d'apprentissage[35]. Souvent, il faut sacrifier la précision d'une information très pertinente afin de faciliter le rappel. Par exemple, un consommateur soucieux de son poids peut se contenter de retenir qu'une marque de crème glacée donnée fait grossir, plutôt que d'essayer de se rappeler l'apport calorifique exact de la marque en question[36].

La répétition

Le processus de répétition sert aussi à renforcer l'apprentissage. Le tableau 4.2 montre comment un spécialiste de marketing du 19e siècle, Thomas Smith, décrivait les effets de la répétition. Cependant, lorsqu'il y a peu d'implication et que le renforcement est faible, il est peu probable que la répétition puisse faire en sorte, à elle seule, que le consommateur garde solidement en mémoire l'information reçue[37].

La plupart des études qui ont été réalisées sur la mémorisation de la publicité ont utilisé deux mesures de l'apprentissage et de l'oubli : le rappel et la reconnaissance. Par **rappel**, on entend la restructuration et la récupération entière du stimulus étudié. Par exemple, on peut demander au consommateur de raconter à l'enquêteur les annonces qu'il a vues durant les vingt-quatre dernières heures. La **reconnaissance**, d'autre part, exige que le sujet puisse simplement distinguer ou différencier le stimulus appris parmi plusieurs autres stimuli. Dans les études sur la reconnaissance, on présente au consommateur une série d'annonces et on lui demande de choisir celle qu'il pourrait avoir vue dans les vingt-quatre dernières heures. (Nous verrons dans la section suivante ce qui distingue ces deux réalités et quelles sont leurs implications pour le marketing.)

Dans une étude classique sur le rappel publicitaire, Zielske fut le premier chercheur à analyser le phénomène en considérant un marché global[38]. Il utilisa un échantillon aléatoire de deux groupes de ménagères de Chicago pour tester 13 annonces parues dans un journal national concernant un produit de consommation largement répandu. Le premier groupe reçut le message chaque semaine pendant une période de 13 semaines; l'autre groupe reçut par la poste les 13 mêmes annonces toutes les 4 semaines pendant une période de 52 semaines. On mesura le rappel de l'annonce au moyen d'un sondage téléphonique effectué sur une période d'un an auprès de 3 640 sujets. On demanda aux sujets

TABLEAU 4.2
Une vision 1885 de la répétition en publicité

La première fois qu'un individu regarde une annonce publicitaire, il ne la voit pas.
La seconde fois, il ne la remarque pas.
La troisième fois, il en prend conscience.
La quatrième fois, il se souvient vaguement de l'avoir déjà vue.
La cinquième fois, il la lit.
La sixième fois, il fait le dégoûté.
La septième fois, il la lit attentivement et dit : « Ciel ! »
La huitième fois, il dit : « Voici de nouveau cette maudite annonce ! »
La neuvième fois, il se demande si le produit vaut quelque chose.
La dixième fois, il pense qu'il demandera à son voisin s'il l'a essayé.
La onzième fois, il se demande comment l'annonceur fait pour payer cette publicité.
La douzième fois, il pense que le produit vaut peut-être quelque chose.
La treizième fois, il pense que c'est peut-être un bon produit.
La quatorzième fois, il se souvient qu'il désire un tel produit depuis longtemps.
La quinzième fois, il est au supplice parce qu'il ne peut pas se le payer.
La seizième fois, il pense qu'il l'achètera un jour.
La dix-septième fois, il en prend note.
La dix-huitième fois, il maudit sa pauvreté.
La dix-neuvième fois, il compte son argent avec soin.
La vingtième fois qu'il voit l'annonce, il achète le produit...

SOURCE : Adapté de T. Smith, *Hints to Intending Advertisers*, Londres, 1885.

de répondre à des questions sur les annonces sans qu'il soit fait mention du nom de la marque ou de la campagne de publicité postale. Tel que le montre la figure 4.9, cette étude a donné des résultats très intéressants.

Le premier groupe, celui qui avait reçu les 13 annonces chaque semaine, est celui qui a réalisé l'apprentissage le plus solide ; 63 % des femmes se souvenaient du produit à la fin des 13 semaines. Autre résultat remarquable, elles oublièrent aussi très rapidement. Quant au groupe ayant reçu le même message toutes les 4 semaines pendant 52 semaines, l'apprentissage fut lent, et un oubli substantiel se produisit après chaque exposition ; cependant, 48 % des sujets se souvenaient du produit à la fin des 52 semaines[39].

Les résultats de cette étude ont d'importantes implications. Si l'on veut, par une campagne publicitaire, créer sur le marché une prise de conscience à long terme, il vaut mieux répartir les expositions dans le temps. Cependant, si l'objectif est plutôt de créer une prise de conscience maximum à court terme, il est plus approprié de faire un matraquage d'expositions.

FIGURE 4.9
Résultats de l'étude de Zielske

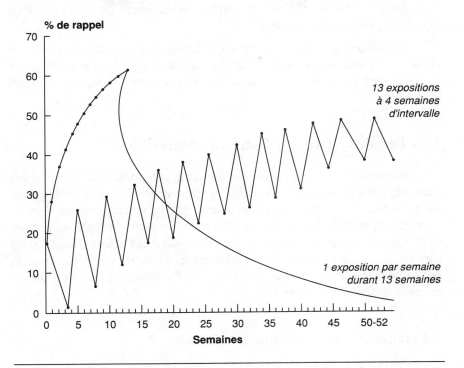

SOURCE: H. A. Zielske, «The Remembering and Forgetting of Advertising», *Journal of Marketing*, 23, janvier 1959, p. 239-243. Reproduit avec autorisation.

Il vaut la peine de répéter que même si l'oubli peut être en partie atténué par la répétition, en soi, celle-ci contribue peu à l'atteinte du but explicite recherché par une annonce publicitaire. En fait, «des niveaux de répétition très élevés peuvent produire des réponses cognitives pouvant aller jusqu'à empêcher l'apprentissage[40]». La recherche démontre que le degré d'attention et de motivation du public joue un rôle de premier plan en ce qui concerne l'aptitude de ses membres à se rappeler le contenu de messages hautement répétitifs[41]. En fait, «un excès de répétition peut quelquefois amener les gens à se fermer volontairement au message parce qu'il est trop familier, voire agaçant[42]». Il semble que dans les cas où le niveau d'implication est élevé, deux ou trois expositions à un message publicitaire peuvent être suffisantes pour produire un rappel ultérieur[43]. Dans un même ordre d'idées, Goldberg et Gorn ont observé que, pour les enfants, une seule exposition à un message publicitaire peut suffire pour qu'ils déploient de gros efforts en vue d'obtenir le jouet annoncé[44].

Étant donné que la mémoire est le réceptable où est conservé tout ce que nous apprenons, sa structure et son mode d'opération influencent l'entreposage de l'information ainsi que les inférences reliées au matériel mémorisé.

☐ Les facteurs influant sur la mémoire

L'apprentissage est le processus par lequel le comportement potentiel est implanté dans la mémoire, laquelle constitue elle-même la manifestation du potentiel accumulé en même temps que le mécanisme de déclenchement du rappel. Bien entendu, l'oubli est la perte du matériel acquis, se produisant entre le moment de l'apprentissage et l'effort effectué pour s'en souvenir. En ce sens, l'apprentissage (et l'oubli) et la mémorisation constituent les deux facettes de la même réalité, et l'étude de l'un est nécessairement liée à celle de l'autre.

La structure de la mémoire

Selon une théorie de la mémoire largement répandue, celle-ci contiendrait trois systèmes d'entreposage, dont chacun posséderait des fonctions et des caractéristiques distinctes[45]. Notons que ces trois composantes ne sont pas des entités physiques, mais simplement des processus distincts dans le fonctionnement de la mémoire. La figure 4.10 présente un modèle typique comportant un entreposage sensoriel (ES), un entreposage relié à la mémoire à court terme (MCT) et un entreposage relié à la mémoire à long terme (MLT).

Supposons que vous faites du jogging le long du canal Rideau, à Ottawa, et que vous voyez une autre personne courant en sens inverse. D'un simple coup d'œil, vous remarquez que cette personne est de sexe masculin et qu'elle porte seulement des shorts et des chaussures d'entraînement. Il s'agit d'un niveau de mémoire très superficiel; ce souvenir s'effacera en une seconde à moins qu'il ne soit traité et logé dans la MCT. En général, nous ignorons la plupart des informations apparem-

FIGURE 4.10
Le fonctionnement de la mémoire

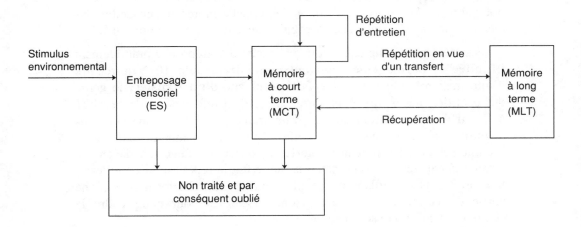

ment non pertinentes que nous percevons au niveau sensoriel. Par conséquent, même si les publicitaires dépensent des sommes énormes pour attirer notre attention, les effets peuvent être fugaces.

La mémoire à court terme est l'endroit où se produit le traitement actif de l'information. C'est là que nous associons l'information la plus récente à nos expériences antérieures, que nous réorganisons les différents éléments d'information et que nous donnons un sens à l'information reçue par le compartiment sensoriel, parvenant de cette façon à la compréhension. Ce que nous conservons dans la MCT est une question de choix personnel. Une personne pourrait voir le coureur en shorts et conclure (à partir d'un traitement d'information effectué dans la MCT) que cet homme est un maniaque de la santé, alors qu'une autre personne pourrait conclure que cet homme semble être détendu.

L'information peut subsister indéfiniment dans la MCT si on la répète mentalement, comme on le fait parfois après avoir cherché un numéro de téléphone dans l'annuaire. Dans la figure 4.10, on appelle ce processus **répétition d'entretien**. Cependant, si l'information n'est pas traitée d'une manière active, elle s'efface dans l'espace d'environ 20 secondes. De plus, la MCT a une capacité de traitement de l'information limitée, c'est-à-dire qu'elle est incapable de traiter plus de cinq «morceaux» d'information à la fois. Un **morceau** d'information est un ensemble organisé d'éléments qui est familier à la personne et qui peut être manipulé comme une unité. Ainsi, un nom de marque bien connu comme IBM entraîne des associations telles que «ordinateurs», «technologie avancée» et «capitalisme». On appelle morceau l'ensemble des éléments interreliés du scénario cognitif déclenché par le nom IBM.

La mémoire à long terme a une capacité d'entreposage pratiquement illimitée et permanente, pouvant contenir jusqu'à 10^{15} morceaux d'information[46]. On appelle **répétition en vue d'un transfert** le genre de répétition nécessaire pour faire passer de l'information de la MCT à la MLT. La répétition en vue d'un transfert implique un processus cognitif complexe consistant à relier l'information aux connaissances accumulées et à l'expérience antérieure; on croit qu'elle fait davantage appel à la capacité de traitement que ne le fait la répétition d'entretien[47]. Les processus contrôlant ou régularisant le flux d'information d'une partie de la mémoire à l'autre sont très utiles pour comprendre le comportement du consommateur.

Les processus de contrôle de la mémoire

Les processus de contrôle de la mémoire sont des façons de régulariser le flot d'information qui circule dans la mémoire à long terme. Ces processus peuvent prendre quatre formes: la répétition, le codage, la sélection et l'entreposage, et la récupération.

La répétition

La répétition est l'effort d'analyse s'effectuant dans la mémoire à court terme. Elle fait appel à la capacité de traitement, qui est elle-même fonction des objectifs de l'individu et de la difficulté d'apprentissage de la tâche à accomplir[48].

La répétition a souvent été considérée comme un acte machinal, posé à la manière d'un perroquet, mais cette conception a été remise en question par plusieurs études récentes suggérant qu'un consommateur se souvient du prix d'une marque annoncée non pas parce qu'il l'a répété comme un perroquet, mais plutôt parce qu'il l'a associé au prix courant de cette marque. Il semble donc que la répétition machinale, en tant que mécanisme visant à se rappeler, est utilisée seulement comme technique d'entretien, tandis que la répétition en vue d'un transfert, quant à elle, est plus étroitement reliée à la notion de capacité de traitement.

Le codage

Par codage, on entend les moyens que nous utilisons pour faciliter la répétition de l'information. La plupart d'entre nous avons, une fois ou l'autre, utilisé des techniques telles que la mnémotechnique et l'association de mots et d'images pour nous souvenir d'un nom, d'un événement ou d'un endroit. Par exemple, un consommateur peut se souvenir du nom de la marque Singles en l'associant à la solitude ou aux bars pour célibataires – une association malheureuse, comme l'a découvert Gerber Foods avant de devoir abandonner sa ligne de produits destinés aux célibataires yuppies occupés. Les slogans «Le fait-elle ou ne le fait-elle pas?» de Clairol, «Bon jusqu'à la dernière goutte» de Maxwell House et «Tue les insectes tenaces...raide» de Raid constituent des exemples de tactiques de codage employées avec succès.

Lorsqu'ils veulent faciliter le codage par l'emploi de signes et de symboles de marque appropriés, les spécialistes de marketing doivent présenter l'information de telle sorte que le consommateur puisse facilement s'y retrouver. La publicité comparative, qui décrit plusieurs attributs de trois ou quatre marques différentes, sème la confusion chez le consommateur.

La sélection et l'entreposage

Ce processus de contrôle consiste à choisir l'information qui sera emmagasinée dans la mémoire et la forme sous laquelle elle sera emmagasinée. L'information qu'un individu considère comme importante et qui, de plus, est facile à emmagasiner, est habituellement celle qui reçoit la priorité. Tel que nous l'avons déjà mentionné, lorsque la capacité de traitement de l'information est limitée, un individu peut être forcé à faire un compromis quant à la précision de l'information reçue.

La forme d'entreposage de l'information dépend de ce que l'individu entend faire avec celle-ci; les détails inutiles sont automatiquement éliminés. Par exemple, si le consommateur a l'intention de comparer en magasin une nouvelle marque de dentifrice avec d'autres marques (en se basant sur l'information fournie sur les emballages des différentes marques), il a seulement besoin de se souvenir des noms des marques qu'il veut comparer. Notez que, dans ce cas, le consommateur emmagasine l'information dans sa mémoire pour pouvoir **reconnaître** les marques en question sur les tablettes du magasin. D'autre part, si la décision d'achat se prend en dehors du magasin, il est nécessaire qu'il y ait **rappel** plutôt que reconnaissance[49].

Tel que nous l'avons mentionné dans la section consacrée à la répétition, la reconnaissance requiert simplement que l'on choisisse un stimulus parmi de nombreux autres stimuli. Cependant, le rappel, lui, exige que l'on reconstruise entièrement le stimulus. Par conséquent, il semble raisonnable de croire que le consommateur traite et emmagasine différemment l'information selon qu'il veut recourir ultérieurement au rappel ou à la reconnaissance[50]. Il est probable qu'un consommateur non familiarisé avec les marques de l'ensemble évoqué potentiel (c'est-à-dire les marques qui sont à l'étude) traitera l'information en magasin en utilisant la reconnaissance plutôt que le rappel, tandis que les consommateurs déjà familiarisés avec le produit en question seront plutôt portés à traiter l'information en dehors du magasin, en utilisant le rappel[51].

L'observation que nous venons de faire possède deux importantes implications pour le marketing. Premièrement, lorsqu'il s'agit de nouveaux produits ou de nouvelles situations et que le consommateur n'est pas familiarisé avec le produit, les spécialistes de marketing devraient mettre l'accent sur les efforts promotionnels en magasin, le design de l'emballage et l'espace occupé sur les tablettes ; au contraire, en ce qui concerne les produits avec lesquels le consommateur est très familiarisé, les spécialistes de marketing devraient plutôt mettre l'accent sur les activités effectuées en dehors du magasin, parce qu'il est probable que le consommateur prendra sa décision avant de se rendre au magasin[52].

Deuxièmement, étant donné que les consommateurs sont portés à utiliser le rappel dans les situations où ils doivent prendre leur décision en dehors du magasin, les messages promotionnels devraient être simples, morcelés avec soin et faciles d'accès pour le consommateur. Dans le cas d'une prise de décision en magasin, l'information fournie sur l'emballage et au point de vente devrait pouvoir déclencher la reconnaissance[53]. Les emballages de nombreux produits utilisent à cette fin des éléments visuels provenant de messages publicitaires.

La récupération

La récupération est le quatrième et dernier processus de contrôle. L'efficacité de la récupération de l'information conservée dans la mémoire à long terme dépend, dans une large mesure, de l'utilisation que l'on fait des stratégies de répétition, de codage et d'entreposage.

Si nous sommes incapables de nous souvenir du code utilisé pour la répétition et le transfert, nous ne pourrons pas nous rappeler l'information pertinente. Nous avons souvent besoin d'un petit indice pour nous souvenir du numéro de téléphone ou du nom d'une vieille connaissance. Le principe selon lequel nous avons besoin de la bonne clef pour avoir accès à l'information emmagasinée dans la mémoire à long terme devient évident lorsque nous pensons aux amateurs du jeu *Quelques arpents de piège*, qui supplient qu'on leur donne un petit indice parce qu'ils ont supposément la réponse sur le bout de la langue.

De nombreux psychologues croient que l'oubli n'est pas autre chose qu'un échec du processus de récupération. «L'échec du processus de récupération peut provenir du fait que l'on cherche dans la mauvaise partie de la mémoire (c'est-à-dire dans le mauvais ensemble d'associations), que l'on manque de temps pour effectuer la tâche ou que l'on a perdu sa place dans la recherche[54,55].» C'est pourquoi les images accompagnant les annonces publicitaires et les emballages, ainsi que les nombreux autres indices commerciaux tels que les ritournelles, les slogans et les symboles, jouent un rôle primordial dans la reconnaissance et le rappel effectués par le consommateur. Les images présentées sur un emballage devraient créer un contexte susceptible de faciliter la récupération; on ne devrait pas se contenter de les utiliser simplement pour attirer l'attention, cette dernière fonction pouvant distraire le consommateur du but réel visé par le message. Dans une étude à laquelle participèrent 180 étudiants en administration, les sujets se souvinrent de beaucoup plus de produits annoncés à l'aide de modèles vêtus modestement que de produits présentés à l'aide de modèles nus[56].

Une autre étude, qui concernait l'entreposage et la récupération d'information dans un supermarché, a démontré que les consommateurs achetaient des marques moins chères lorsqu'on leur présentait les prix de toutes les marques sur une seule étiquette (au lieu d'utiliser des étiquettes de prix individuelles)[57]. Apparemment, ce changement est attribuable au fait que les consommateurs ont pu éviter la fatigue cognitive associée à l'entreposage d'information dans la mémoire à long terme[58].

Il semble donc que les spécialistes de marketing devraient faciliter le rappel de l'information, n'oubliant pas que des facteurs tels que l'importance de l'information, les attentes des consommateurs quant à la façon d'utiliser l'information et l'expérience antérieure concernant le produit annoncé jouent un rôle primordial. C'est par de tels efforts que le gestionnaire peut encourager le consommateur à être fidèle à sa marque.

■ LA FIDÉLITÉ À LA MARQUE

La fidélité à la marque consiste à acheter fidèlement une même marque dans le temps. Contrairement au simple achat répété, la fidélité à la marque implique un engagement psychologique à l'égard de la marque[59]. Ainsi, le simple fait d'acheter régulièrement la marque X[60,61] n'est pas une preuve de fidélité à la marque. Par exemple, je pourrais acheter régulièrement un produit parce qu'il est toujours en solde ou parce que c'est la seule marque disponible dans le magasin que je fréquente. L'importance d'arriver à créer la fidélité à la marque et les implications pour la stratégie de marketing sont mises en lumière dans cette citation du président de Seagram :

> Le but de la publicité destinée à promouvoir les spiritueux dépasse le simple fait d'obtenir un essai et un achat répété du produit... Le consommateur doit adopter la marque. Chez Seagram, nous augmentons continuellement les prix de toutes nos marques, réinvestissant les profits dans la publicité afin d'être suffisamment présents auprès du consommateur pour créer chez lui la fidélité à la marque[62].

Il est donc clair que la définition de la fidélité à la marque doit tenir compte autant de la cohérence du comportement que de l'attitude (favorable, bien sûr) à l'égard de la marque en question. Jacoby et Kryner définissent la fidélité à la marque comme un comportement d'achat impliquant la présence de six conditions, toutes nécessaires :

> ... la fidélité à la marque est la réponse comportementale, c'est-à-dire l'achat (1), qui, se caractérisant par un parti pris (2), s'exprime dans le temps (3), par une unité de prise de décision donnée (4),

concernant une ou plusieurs marques parmi un ensemble de marques (5), et qui résulte de processus psychologiques comportant une éva-luation et une prise de décision (6)[63].

Il existe une certaine corrélation entre la fidélité à la marque et la fidélité au magasin[64]. En d'autres mots, les consommateurs qui font leurs achats seulement dans quelques magasins ont tendance à témoigner d'un niveau élevé de fidélité à la marque. Des études ont aussi démontré que les consommateurs fidèles à une marque ont une grande confiance en leur habileté à évaluer les produits et qu'ils sont plus portés à se dire très satisfaits des produits qu'ils achètent[65]. De plus, la fidélité à la marque n'est pas un phénomène généralisé; elle est limitée à une catégorie de produits en particulier[66]. Par exemple, un consommateur qui est fidèle à une marque de dentifrice n'est pas nécessairement fidèle à une marque de détersif.

Les consommateurs fidèles à une marque sont plus influencés que les autres par les groupes de référence[67]. La recherche a aussi démontré que la fidélité à la marque se développait souvent très tôt dans l'enfance et qu'elle pouvait durer toute la vie d'une personne[68,69]. Cela ne veut pas dire qu'il n'y a jamais de changement de marque. En fait, les spécialistes de marketing encouragent régulièrement les consommateurs à changer de marque en leur offrant un «meilleur» produit (pensons aux publicités comme celle de la bière Molson Dry, illustrée dans la figure 4.11) et en les incitant à faire un essai au moyen de promotions spéciales. Mais, dans la majorité des cas, ce changement est seulement temporaire; la plupart du temps, les consommateurs ont tendance à revenir à leur marque préférée à la fin de la promotion.

Selon une étude effectuée en 1982, le niveau de fidélité à la marque est en déclin chez les consommateurs américains, tant pour les produits à forte implication que pour les produits à faible implication[70]. En effet, la popularité des produits génériques (produits sans nom) ainsi qu'une prise de conscience générale des prix peuvent probablement expliquer pourquoi plusieurs consommateurs témoignent d'un faible niveau de fidé-lité à la marque.

La fidélité à la marque semble être fonction de la compétitivité des prix, du nombre de marques disponibles, de la possibilité de remplacer le produit par un autre, de la satisfaction du consommateur et de la fidélité au magasin[71].

FIGURE 4.11
**Exemple de publicité destinée à promouvoir un nouveau produit
supposément meilleur que les produits concurrents**

RÉSUMÉ

La majeure partie du comportement de l'être humain est apprise. Afin de prendre de meilleures décisions de marketing, il est donc utile de bien comprendre le processus de l'apprentissage. Il s'agit d'un processus complexe, et les psychologues ne s'entendent pas sur le comment et le pourquoi de l'apprentissage. Celui-ci est un sujet difficile à étudier parce qu'il ne peut être directement mesuré; on ne le connaît que par déduction, en observant les changements de comportement.

Notre approche de l'apprentissage est éclectique, puisque nous empruntons aux théories et aux systèmes à la fois de la psychologie cognitive et de la psychologie behavioriste pour expliquer le comportement du consommateur.

La psychologie behavioriste comporte les théories du **conditionnement classique** et du **conditionnement opérant**. Pour être efficace, le conditionnement classique doit satisfaire à trois conditions: la **contiguïté**, la **répétition** et la **préséance** du stimulus conditionnel. Selon la théorie du conditionnement opérant, le comportement doit être renforcé pour qu'il y ait apprentissage. Le **renforcement** doit être donné à l'aide d'un programme soigneusement déterminé. Le **façonnement** consiste dans la présentation de renforcements successifs destinés à établir un comportement final complexe. Ces principes, ainsi que la **généralisation de stimulus** et la **discrimination de stimulus**, peuvent jouer un rôle majeur dans la définition d'une stratégie de marketing.

La psychologie cognitive met l'accent sur la résolution de problème, fondée sur le discernement. Elle définit l'apprentissage comme la découverte de modèles significatifs basée sur une interaction complexe des valeurs, des croyances, des attitudes, des attentes et de l'expérience antérieure. L'apprentissage cognitif accorde de l'importance au **raisonnement**, à la **poursuite d'objectifs** et à l'**apprentissage par procuration** (apprentissage fondé sur l'observation des autres et l'émulation).

Les écoles behavioristes et cognitivistes ne s'excluent pas mutuellement. L'apprentissage n'est pas un phénomène singulier, uniforme; nous avons besoin de recourir à une variété d'approches pour expliquer ses complexités. L'**apprentissage du consommateur** consiste en un changement relativement stable du comportement d'achat et de consommation (ou du comportement potentiel) provenant de l'expérience. Cet apprentissage peut être intentionnel ou accidentel. À l'aide d'une combinaison de techniques psychologiques appropriées, on peut raffiner les campagnes de marketing de façon qu'elles fournissent une expérience d'apprentissage conçue avec soin. Ce raffinement est particulièrement important lorsqu'on vise à créer la fidélité à la marque. Les campagnes de marketing qui réussissent à produire un apprentissage durable et solide utilisent les principes du renforcement, de la pertinence et de la répétition.

En tant que spécialiste de marketing, vous devez découvrir les programmes de renforcement qui sont appropriés à votre produit, à votre service ou à l'expérience offerte. De plus, ayant promis une récompense appropriée, vous devez tenir vos promesses ! Vous devriez également faire en sorte que votre message soit adapté au consommateur visé. Un individu qui accorde une grande valeur à votre message y réagira positivement et il désirera en savoir plus sur le comportement désiré qu'un consommateur non intéressé.

La répétition renforce habituellement l'apprentissage pourvu que l'on satisfasse aussi aux critères du renforcement et de la pertinence. La fréquence des répétitions et leur programmation dans le temps sont également importantes et doivent être déterminées en fonction des objectifs de la campagne.

Il existe une interrelation complexe de l'apprentissage, de l'extinction (l'oubli) et de la mémoire. Celle-ci possède des composantes à court terme et à long terme ainsi qu'une variété de mécanismes de contrôle. Ces processus font que la promotion des produits nouveaux ou peu familiers doit être différente de celle des produits déjà connus. Si on fait fi du renforcement, de la répétition et de la pertinence, le produit peut très bien être oublié.

QUESTIONS ET DISCUSSIONS

1. Définissez brièvement ce que l'on entend par apprentissage. Décrivez et comparez :
   a) l'apprentissage en situation de faible implication et l'apprentissage en situation de forte implication ;

b) les deux approches de l'apprentissage constituées par la théorie du conditionnement et la théorie cognitiviste.

2. «Les consommateurs créent entre les stimuli publicitaires et les produits des associations qui peuvent conduire à préférer certains produits.» Discutez de cet énoncé en vous référant spécifiquement aux aspects du conditionnement classique impliqués dans:
   a) les annonces de cigarettes Malboro;
   b) l'utilisation de la chanson des Beatles «A Hard Day's Night» à l'intérieur de l'annonce télévisée de Molson, destinée à promouvoir la bière Canadian.

3. Faites la distinction entre la généralisation et la discrimination. Expliquez l'importance de ces phénomènes dans l'élaboration d'une stratégie de marketing; dans votre explication, référez-vous aux annonces de Coca-Cola («le vrai de vrai») et de Seven-Up («l'incola»).

4. Expliquez brièvement les conséquences:
   a) du renforcement positif;
   b) du renforcement négatif;
   c) de la punition.

5. Décrivez les principales étapes impliquées dans l'application de la technique du façonnement en marketing, reliant chaque étape à la réponse comportementale du consommateur.

6. *a*) Expliquez comment un consommateur peut s'y prendre pour cheminer dans le processus de l'apprentissage cognitif lorsqu'il envisage l'achat d'un magnétoscope à cassette d'une marque connue.
   b) En quoi les annonces fondées sur la théorie de l'apprentissage cognitif diffèrent-elles de celles fondées sur la théorie du conditionnement?

7. Comment une personne s'occupant du marketing d'une cause sociale peut-elle utiliser les trois applications de l'apprentissage par procuration pour encourager ou décourager la consommation:
   a) de bière;
   b) de cigarettes;
   c) de condoms?

8. Examinez les trois différentes théories de l'oubli (dans le contexte des messages publicitaires). Pour répondre, vous devez utiliser les résultats de l'étude de Zielske.

9. Expliquez d'une façon détaillée les principaux facteurs influant sur la solidité de l'apprentissage.

10. Décrivez les trois systèmes impliqués dans le fonctionnement de la mémoire, en donnant une brève description:
    a) de la répétition d'entretien;
    b) de la répétition en vue du transfert;
    c) du morcelage de l'information.

11. Discutez des processus de contrôle de la mémoire pouvant être impliqués dans la situation suivante:
    Jeannette décide d'acheter un nouvel album de Richard Séguin, sa décision résultant d'une comparaison établie en magasin, tandis qu'André prend la même décision en effectuant une comparaison à l'extérieur du magasin.

12. Qu'entend-on par fidélité à la marque? Analysez ce concept quant à ses implications stratégiques pour le marketing.

13. «La publicité qui présente les messages de façon morcelée facilite le traitement de l'information et le rappel.» Commentez cet énoncé en vous servant d'exemples pour illustrer votre réponse.

RÉFÉRENCES

1. J.A. Adams, *Learning and Memory: An Introduction*, Homewood, Illinois, Richard D. Irwin, 1976, p. 6.
2. Pour un examen plus détaillé de la définition de l'apprentissage, voir J.F. Hall, *Psychology of Learning*, Philadelphia, J.B. Lippincott, 1966, p. 3-6.
3. D. Hawkins *et al.*, *Consumer Behavior*, Plano, Tex., Business Publications Inc., 1983, p. 312.
4. G.R. Lefrançois, *Psychological Theories and Human Learning: Kongor's Report*, Monterey, Cal., Brooks/Cole, 1972.

5. Huxley a exposé sa brillante version d'une société future dans un roman intitulé *Brave New World*. B.F. Skinner a imaginé une planète Utopian dans un ouvrage intitulé *Walden Two*.
6. Pour un examen plus détaillé de ceux-ci, voir B.R. Hergenhaln, *An Introduction to Learning Theories*, Englewood Cliffs, N.J., Prentice-Hall, 1976, p. 170-171.
7. Henry Assael, *Consumer Behavior and Marketing Action*, Boston, Kent, 1983, p. 63.
8. O.H. Mowrer, *Learning Theory and Behavior*, New York, Wiley, 1960, p. 439.

9. J.B. Watson et R. Rayner, «Conditioned Emotional Reactions», *Journal of Experimental Psychology*, 3, 1920, p. 1-14.

10. Cité dans Runyon, *Consumer Behavior and the Practice of Marketing*, p. 224.

11. L.G. Schiffman et L. Kanuk, *Consumer Behavior*, Englewood Cliffs, N.J., Prentice-Hall, 1983, p. 178.

12. *Ibid.*, p. 180.

13. Même si, au sens technique, les deux termes sont différents (le dernier met l'accent sur l'importance du stimulus, tandis que l'apprentissage opérant met l'accent sur la réponse de l'organisme), ces différences n'ont pas d'importance pour notre propos. Deux autres expressions sont souvent utilisées pour décrire ce type d'apprentissage : apprentissage instrumental et renforcement contigu. Pour une analyse plus détaillée de ce sujet, voir B.R. Hergenhahn, *An Introduction to the Themes of Learning*, Englewood Cliffs, N.J., Prentice-Hall, 1976, p. 84-120.

14. B.F. Skinner, *Behavior of Organisms : An Experimental Analysis*, New York, Appleton, 1966.

15. Hergenhahn, *An Introduction to Learning Theories*, p. 87.

16. Skinner, cependant, croyait que la punition supprimait simplement le comportement et qu'il fallait s'attendre, lorsque le stimulus négatif était retiré, à ce que l'organisme réadopte le comportement indésirable. Dans ce cas, pourquoi tant de gens continuent-ils de punir d'autres personnes ? Parce que, dit Skinner, c'est un renforcement pour celui qui punit. Pour une analyse plus détaillée de ce sujet, voir Hergenhahn, *An Introduction to Learning Theories*, p. 102-106.

17. *Marketing in Developing Countries*, Éd. G.S. Kindra, Londres, Croom Helm, 1984.

18. Cité dans W.R. Nord et P. Peter, «A Behavior Modification Perspective on Marketing», *Journal of Marketing*, 44, printemps 1980, p. 39.

19. *Ibid.*, p. 39.

20. M. Rothschild et W. Gaidis, «Behavioral Learning Theory : Its Relevance to Marketing and Promotion», *Journal of Marketing*, 45, printemps 1981, p. 70-78.

21. *Ibid.*, p. 72.

22. *Gestalt* est un mot allemand signifiant «ensemble de modèles ou de configurations».

23. Hergenhahn, *An Introduction to Learning Theories*, p. 245-248.

24. *Ibid.*, p. 248.

25. Nord et Peter, «A Behavior Modification Perspective on Marketing», p. 40.

26. Hawkins *et al.*, *Consumer Behavior*, p. 318.

27. A. Bandura, *Principles of Behavior Modification*, New York, Holt, Rinehart et Winston, 1969.

28. Nord et Peter, «A Behavior Modification Perspective on Marketing», p. 41.

29. R. J. Markin et C.L. Narayana, «Behavior Control : Are Consumers Beyond Freedom and Dignity ?», *Advances in Consumer Research*, vol. 3, Éd. B.B. Anderson, Chicago, 1975, Association for Consumer Research, p. 222-228.

30. D.L. Loudon et A.J. Della Bitta, *Consumer Behavior : Concepts and Applications*, New York, McGraw-Hill, 1984, p. 476.

31. Adams, *Learning and Memory*, p. 318.

32. *Ibid.*

33. Même si elle est communément acceptée, cette notion skinnérienne de renforcement n'est aucunement universelle. Tandis que Thorndike assimile le renforcement à une «situation satisfaisante», les psychologues cognitifs parlent de «réduction de l'ambiguïté» et l'école de Pavlov l'associe au stimulus inconditionnel. Par conséquent, si on définit le renforcement d'une façon suffisamment large, on peut affirmer qu'il n'y a absolument pas d'apprentissage en l'absence de comportement.

34. Hawkins *et al.*, *Consumer Behavior*, p. 322.

35. J. Bettman, «Memory Factors in Consumer Choice : A Review», *Journal of Marketing*, 43, printemps 1979, p. 40.

36. *Ibid.*

37. Ray *et al.*, «Frequency Effects Revisited», *Journal of Advertising Research*, 2, 1971, p. 14-20.

38. R. Darmon et M. Laroche, *Advertising Management in Canada*, Toronto, Wiley, 1984, p. 277.

39. H.A. Zielske, «The Remembering and Forgetting of Advertising», *Journal of Marketing*, 43, janvier 1959, p. 239-243.

40. C. S. Craig, B. Sternthal et C. Leavitt, «Advertising Wearout: An Experimental Analysis», *Journal of Marketing Research*, 13, novembre 1976, p. 365-372.

41. *Ibid.*, p. 371.

42. Hawkins *et al.*, *Consumer Behavior*, p. 322.

43. M. E. Krugman, «Why Three Exposures May Be Enough», *Journal of Advertising Research*, 12, décembre 1972, p. 11-14.

44. M. Goldberg et G. Gorn, «Children's Reaction to TV Advertising: An Experimental Approach», *Journal of Consumer Research*, 1, septembre 1984, p. 69-74.

45. Bettman, «Memory Factors in Consumer Choice», p. 37.

46. J. Sandulescu, «An Uncommon Friendship», *Quest*, 3, 1979, p. 63-67.

47. Loudon et Della Bitta, *Consumer Behavior*, p. 480.

48. Bettman, «Memory Factors in Consumer Choice», p. 40.

49. *Ibid.*, p. 48.

50. Toversky, B. «Encoding Processes in Recognition and Recall», *Cognitive Psychology*, 86, 1973, p. 255-262.

51. Bettman, «Memory Factors in Consumer Choice», p. 49.

52. J. R. Bettman, *An Information Processing Theory of Consumer Choice*, Reading, Mass., Addison-Wesley, 1979.

53. Bettman, «Memory Factors in Consumer Choice».

54. *Ibid.*, p. 40.

55. Voir aussi l'analyse précédente dans la section intitulée «Oubli».

56. M.W. Alexander et B. Judd, «Do Nudes in Ads Enhance Brand Recall?», *Journal of Advertising Research*, 18, n° 1, février 1978, p. 47-50.

57. J.E. Russo *et al.*, «An Effective Display of Unit Price Information», *Journal of Marketing*, 39, avril 1975, p. 11-19.

58. J. A. Howard, *Consumer Behavior*, New York, McGraw-Hill, 1977, p. 74-75. Cité dans D. Cohen, *Consumer Behavior*, New York, Random House, 1981, p. 173.

59. Hawkins *et al.*, *Consumer Behavior*, p. 598.

60. W.T. Tucker, «The Development of Brand Loyalty», *Journal of Marketing Research*, 1, août 1964, p. 33.

61. R. Cunningham, «Brand Loyalty – What, Where, and How Much», *Harvard Business Review*, 34, janvier 1956, p. 117.

62. Cité dans Hawkins *et al.*, *Consumer Behavior*, p. 599. Source: «Instill 'Brand Loyalty', Seagram Exec Tells Marketers», *Advertising Age*, 30 avril 1979, p. 26.

63. J. Jacoby et B. Kryner, «Brand Loyalty vs. Repeat Purchase Behavior», *Journal of Marketing Research*, 10, février 1973, p. 1-9.

64. J. Carman, «Correlates of Brand Loyalty: Some Positive Results», *Journal of Marketing Research*, février 1970, p. 67-76.

65. G. Day, «A Two Dimensional Concept of Brand Loyalty», *Journal of Advertising Research*, 9, septembre 1969, p. 29-35.

66. J. Newman et R. Werbel, «Multivariate Analysis of Brand Loyalty for Major Household Appliances», *Journal of Marketing Research*, novembre 1973, p. 404-409.

67. J.E. Stafford, «Effects of Group Influence on Consumer Brand Preferences», *Journal of Marketing Research*, 3, février 1966, p. 68-75.

68. R.L. Moore et L.F. Stephens, «Some Communication and Demographic Determinants of Adolescent Consumer Learning», *Journal of Consumer Research*, 2, septembre 1975, p. 85.

69. L. Guest, «Brand Loyalty Revisited: A Twenty Year Report», *Journal of Applied Psychology*, 48, 1964, p. 93-97.

70. «Comparison Shopping Fosters Brand Disloyalty», *Ad Forum*, mars 1982, p. 9.

71. J. Farley, «Why Does Brand Loyalty Vary Over Products?», *Journal of Marketing Research*, novembre 1964, p. 9-14.

CHAPITRE 5

La formation
et la modification
des attitudes

INTRODUCTION

Chaque fois qu'un consommateur éprouve un sentiment favorable ou défavorable à l'égard d'une entreprise, d'un produit, d'une annonce ou d'un thème publicitaires, il manifeste une attitude. En marketing, il importe de savoir comment les attitudes des consommateurs se forment et comment elles peuvent être changées. En effet, plusieurs stratégies de marketing relatives au positionnement du produit, au lancement de nouveaux produits et à la création de campagnes publicitaires ont pour but de changer une attitude, de la renforcer ou de faire les deux.

Au chapitre 3, nous avons vu que la perception est la signification que nous don-

nons aux divers stimuli perçus par les sens. Les perceptions se transforment éventuellement en attitudes qui influencent le comportement du consommateur. Dans ce chapitre, nous étudierons d'abord la nature des attitudes, tâchant de déceler la définition qui est la plus appropriée à notre sujet. Nous verrons ensuite comment les attitudes se forment et influencent le comportement. Nous accorderons une attention spéciale à plusieurs théories et modèles concernant la structure des attitudes, puisque le fait de comprendre celles-ci nous permet de mesurer et de prédire le comportement du consommateur. Nous examinerons également les principales approches utilisées pour mesurer les attitudes. Enfin, nous présenterons diverses méthodes visant à changer les attitudes et nous discuterons de la pertinence de ces méthodes pour la stratégie de marketing.

■ LA DÉFINITION ET LA NATURE DES ATTITUDES

Depuis plus d'un siècle, l'étude des attitudes occupe dans la psychologie sociale une place de premier plan. Il existe, en effet, une centaine de définitions du concept d'attitude, et il est difficile d'obtenir un consensus conceptuel quant à ces différentes définitions.

Bien que le concept d'attitude soit ambigu, la plupart des psychologues sociaux s'entendent sur le point central de leurs études : la relation entre le comportement et les attitudes. Néanmoins, quelques behavioristes soutiennent que les attitudes n'existent pas, qu'elles sont une création des phénoménologues. D'autres affirment que, étant donné que les attitudes ne sont pas directement observables et qu'on doit se contenter de les inférer indirectement, leur étude sera toujours ambiguë, non scientifique et fragmentée[1]. Pour notre part, nous croyons que : 1) les attitudes existent ; 2) sur le plan individuel, il se peut qu'il n'y ait pas de relation entre une attitude et un comportement donnés ou que cette relation ne soit pas mesurable ; 3) dans l'ensemble, la somme des attitudes procure une très bonne idée de l'orientation générale du comportement. (La nature particulière de la relation entre les attitudes et le comportement sera examinée un peu plus loin dans ce chapitre.)

Selon une définition populaire des attitudes, celles-ci constituent des tendances générales ou des «**prédispositions à réagir à l'égard d'un objet ou d'une catégorie d'objets d'une manière favorable ou défavorable**»[2]. L'objet peut être une entreprise, un produit ou même un thème promotionnel. Cette définition suppose que les attitudes sont relativement stables et, par conséquent, qu'elles résistent au changement. Notez que la réponse réelle d'un individu peut être différente de la prédisposition générale, suivant les attentes particulières et les priorités de l'individu et suivant la force de l'attitude en question. Dans cette définition, en attirant l'attention sur la nature qualitative des attitudes, Allport souligne la complexité du phénomène. En fait, d'autres chercheurs ont élargi cette définition et ont proposé une théorie des attitudes comportant plusieurs composantes.

Les adeptes de la théorie «multicomposante» croient qu'une attitude donnée provient: 1) des **sentiments** et des réactions émotives d'une personne à l'égard d'un objet de marketing (composante affective); 2) des **croyances** de cette personne par rapport à l'objet (composante cognitive); 3) des **tendances comportementales** relativement à l'objet en question (composante conative ou comportementale). Nous examinerons cette théorie plus en profondeur dans la section qui suit.

Dans le prolongement de la théorie présentée ci-dessus, on a soutenu récemment que l'objet de l'attitude (par exemple, un produit) possède habituellement plusieurs attributs, qui diffèrent en importance pour le consommateur, et que c'est «l'évaluation conjuguée» de ces attributs qui entraîne la formation d'une attitude, favorable ou défavorable. Selon ce raisonnement, l'attitude d'un consommateur à l'égard d'un produit dépend: 1) de la perception qu'a le consommateur de l'importance des principaux attributs du produit; 2) de la mesure dans laquelle le consommateur croit que les attributs importants sont inhérents au produit donné[3]. Cette théorie suppose que les trois composantes de l'attitude sont compatibles et que l'intention sert d'intermédiaire entre l'attitude et le comportement observable. Ce point de vue possède un grand attrait pour le marketing et sera donc examiné en profondeur un peu plus loin dans ce chapitre, dans la section intitulée «Le modèle «multiattribut» de Fishbein».

En résumé, les attitudes représentent nos prédispositions à l'égard d'un objet, et elles sont fortement reliées à nos croyances, à nos valeurs et à nos intentions.

■ LES FONCTIONS REMPLIES PAR LES ATTITUDES

Les attitudes sont utiles sur le plan fonctionnel. Selon Daniel Katz, elles remplissent quatre fonctions[4]:

- une fonction utilitaire;
- une fonction reliée à la défense de l'ego;
- une fonction reliée à l'expression des valeurs;

– une fonction reliée à la construction d'un système de référence.

Katz a souligné que si nous connaissons les principaux bénéfices psychologiques associés aux attitudes, nous sommes mieux placés pour comprendre la dynamique sous-jacente à celles-ci[5].

La fonction utilitaire

Par l'entremise des goûts et des dégoûts («j'aime/je n'aime pas»), les attitudes permettent aux individus de choisir des produits qui entraîneront des résultats positifs ou de la satisfaction et de rejeter les autres produits. En d'autres mots, une personne adoptera probablement une attitude positive à l'égard d'un produit si celui-ci lui permet d'atteindre ses objectifs. Par exemple, si une personne désire mener une vie sociale plus active et que l'utilisation du rince-bouche Listerine lui permet d'y arriver, elle associera Listerine à l'atteinte de ce but et adoptera une attitude positive à l'égard de ce produit.

Dans une certaine mesure, les attitudes des consommateurs sont donc fonction de ce qu'ils perçoivent comme satisfaisant et de ce qu'ils considèrent comme un résultat négatif. Les attitudes permettent à l'individu d'avoir un comportement de consommation approprié en maximisant les récompenses tout en minimisant les coûts en temps et en argent, l'inconfort psychologique et l'embarras social. Les campagnes publicitaires font régulièrement appel à la fonction utilitaire des attitudes en mettant l'accent sur la performance du produit.

Le tableau 5.1 fournit des exemples de messages publicitaires basés sur les quatre fonctions des attitudes.

La fonction de défense de l'ego

Nous adoptons souvent certaines attitudes dans le but de protéger des écorchures psychologiques l'image que nous avons de nous-mêmes ou notre ego. Les attitudes ainsi formées peuvent reposer sur des rationalisations ou sur des déformations perceptuelles. Par exemple, certaines personnes qui se sentent coincées dans un travail bureaucratique sans débouché justifient cet état de choses (évitant ainsi l'anxiété et la formation d'une piètre image d'elles-mêmes) en adoptant des attitudes

TABLEAU 5.1
Thèmes publicitaires fondés sur les fonctions des attitudes

Fonctions	Thèmes publicitaires
Fonction utilitaire	«Listerine rapproche les gens»
Fonction d'expression des valeurs	«Les buveurs de Brador pensent jeune»
Fonction de défense de l'ego	«Les fumeurs de Gitane sont 'de jeunes artistes fougueux'»
Fonction de construction d'un système de référence	«Les vins français sont les meilleurs»

SOURCE: Adapté de R.J. Lutz, «A Functional Theory Framework for Designing and Pretesting Advertising Themes», *Attitude Research Plays for High Stakes*, Éd. J.C. Maloney et B. Silverman, Chicago, American Marketing Association, 1979, p. 43. Reproduit avec autorisation.

positives à l'égard de leur «style de vie détendu»; les racistes appartenant au groupe dominant d'une société peuvent inconsciemment projeter leurs propres échecs sur les groupes minoritaires; les grands fumeurs essaient souvent de nier le lien qui existe entre la cigarette et les problèmes de santé.

La fonction de défense de l'ego remplie par les attitudes est particulièrement importante pour les spécialistes de marketing. En effet, plusieurs produits et plusieurs marques de prestige sont achetés pour compenser psychologiquement des sentiments de médiocrité et d'insécurité. Rappelons-nous que, dans les sociétés de consommation avancées telles que le Canada, plusieurs marques de produits et de services servent de symboles ou de signaux qui représentent notre **moi** et communiquent aux autres de l'information sur ce que nous sommes et sur ce en quoi nous croyons. Les vêtements et les coiffures excentriques, portés par certains artistes populaires comme Madonna, Cyndi Lauper, Joe Bocan et Diane Dufresne et, sans doute, par plusieurs de leurs admirateurs, constituent l'expression inconsciente du désir d'affirmer son individualité et de résister aux normes d'une société de plus en plus impersonnelle. Madonna disait un jour à un journaliste: «Je crois que l'image que les gens ont de moi... c'est celle d'une jeune femme effrontée, dynamique... qui porte ce qu'elle veut bien porter et qui dit ce qu'elle pense[6]...»

Notez que, contrairement aux attitudes utilitaires, les attitudes associées à la défense de l'ego relèvent de la personne elle-même, et non de l'objet ou de la situation. Au lieu d'être créés par le produit ou le service, elles sont issues de conflits émotifs vécus par la personne[7].

En outre, bien que les attitudes associées à la défense de l'ego relèvent de mécanismes d'adaptation en ce sens qu'elles nous aident à nous adapter à nos limites, les déformations que nous faisons de la réalité ainsi que les rationalisations que nous effectuons par rapport à certaines questions peuvent créer des déséquilibres dans d'autres domaines. Par exemple, même si les gros fumeurs évitent un conflit psychologique immédiat en déformant les faits relatifs à la mise en garde de Santé et Bien-être social Canada, ils peuvent éventuellement faire face à un conflit difficile et même à un désastre sur le plan de la santé.

La fonction d'expression des valeurs

Tandis que la fonction de défense de l'ego évite à l'individu d'avoir à affronter une situation pénible, la fonction d'expression des valeurs lui permet d'exprimer clairement l'image qu'il a de lui-même et les valeurs qu'il juge fondamentales.

Non seulement les attitudes servant à l'expression des valeurs permettent à l'individu de clarifier et de confirmer sa propre identité, mais aussi, elles servent de source de gratification et de récompense[8]. Par exemple, un individu qui se considère comme un véritable libéral, un naturaliste ou un Canadien français patriotique retire de la satisfaction de l'adoption d'attitudes exprimant ces valeurs fondamentales. Le dynamisme d'une personne peut se manifester par de grandes déclarations pro-capitalistes ainsi que par l'achat d'une puissante voiture sport et d'autres produits reflétant l'image que cette personne a d'elle-même.

Conscients du fait que la consommation d'un produit peut servir à l'expression des valeurs, certains spécialistes de marketing encouragent les consommateurs à payer un prix élevé pour acquérir des produits «rehausseurs d'image» comme les voitures Mercedes et l'équipement stéréophonique Bang et Olufsen. Un produit est souvent associé à l'une des valeurs fondamentales de la société – comme le culte de la jeunesse; citons, par exemple, les campagnes publicitaires prônant que les utilisateurs d'un certain parfum «pensent jeune».

La fonction de construction d'un système de référence

Les êtres humains organisent les divers environnements dans lesquels ils vivent de façon à les rendre compatibles et stables. Dans leur recherche d'un monde ordonné, ils utilisent les attitudes pour organiser et simplifier une réalité qui leur paraît complexe. En effet, notre capacité de traiter l'information est limitée, et nous sommes donc incapables de manier des ensembles de variables qui sont trop vastes et qui changent rapidement. Par conséquent, nous devons nous fier à notre savoir, qui est constitué par des généralisations fondées sur les attitudes, ainsi que par des stéréotypes et des simplifications.

Par exemple, notre conviction[9] selon laquelle toutes les marques de bière se ressemblent nous permet de nous soustraire à la tâche ardue de comparer en fait les marques disponibles sur le marché par rapport à divers attributs. Ainsi, plusieurs consommateurs simplifient le processus de prise de décision relié à l'achat de vêtements en rejetant d'emblée toutes les fibres synthétiques; d'autres facilitent leur prise de décision concernant le choix d'un endroit pour sortir en évitant tous les établissements appelés tavernes.

Dans le même ordre d'idées, en se basant sur leur expérience antérieure, sur les traditions familiales ou sur les valeurs culturelles[10], les gens adoptent des attitudes positives ou négatives à l'égard des marques, évitant par le fait même l'ennui de devoir effectuer une réévaluation chaque fois qu'ils ont à prendre une décision de consommation.

Les attitudes peuvent remplir une ou plusieurs des quatre fonctions que nous venons d'examiner. Par exemple, le stéréotype selon lequel «tous les restaurants français sont chers» nous aide non seulement à organiser notre champ perceptuel, mais aussi à protéger notre ego. Il semble raisonnable de supposer que plus le nombre de fonctions remplies par une attitude donnée est élevé, plus celle-ci résistera aux efforts visant à la changer.

LA STRUCTURE DES ATTITUDES

Nous ne pouvons observer directement ni les attitudes ni leur structure; nous pouvons seulement les inférer. Une bonne connaissance de la structure et de l'organisation des attitudes nous aide à comprendre comment celles-ci se forment et comment elles peuvent être changées avec succès.

Dans cette section, nous examinerons deux théories très répandues concernant les attitudes: le modèle «multicomposante» et le modèle «multiattribut» de Fishbein.

Le modèle «multicomposante»

Selon la théorie traditionnelle sur la structure des attitudes, celles-ci sont constituées de trois composantes: une composante cognitive (croyances), une composante affective (sentiments) et une composante conative ou comportementale (actions). La figure 5.1 illustre ce modèle.

Tandis que la composante cognitive des attitudes a trait à l'évaluation que nous faisons d'un objet ou d'une idée (par exemple, «l'avortement est un acte criminel»), la composante affective est reliée aux aspects émotionnels (par exemple, «je déteste les avorteurs comme Henry Morgentaler») et la composante conative concerne les prédispositions comportementales à l'égard de l'objet (par exemple, «je ne permettrai pas que l'on ouvre une clinique Morgentaler dans ma ville»).

Comme il a été suggéré par Kretch *et al.*, chaque composante de ce modèle est caractérisée par une **valence** particulière, ou une certaine puissance d'inclination ou de répulsion à l'égard de l'objet de l'attitude en question. La puissance de la valence est directement proportionnelle à la puissance globale ainsi qu'à la persistance de cette attitude[11].

La compatibilité des composantes du modèle

Le modèle «multicomposante» suppose que les trois composantes de l'attitude sont compatibles. Par exemple, une personne qui fréquente régulièrement un restaurant (tendance comportementale) croit probablement que celui-ci offre un bon ratio qualité-prix (aspect cognitif); il est aussi probable qu'elle ait des sentiments à tout le moins un peu positifs à l'égard de l'équipe de gestion de ce restaurant, de ses employés ainsi que de la nourriture qu'on y sert (aspect affectif).

Il s'ensuit donc non seulement qu'en mesurant une composante, nous pouvons inférer les deux autres, mais aussi qu'en modifiant l'une des

FIGURE 5.1
La théorie «multicomposante» relative à la structure des attitudes

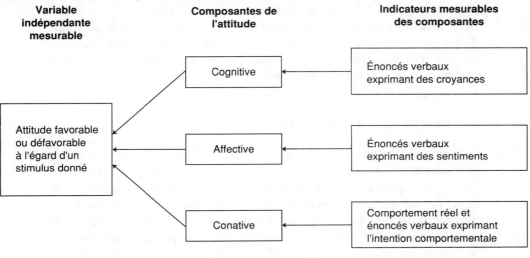

SOURCE: Adapté de M.J. Rosenberg, «Inconsistency, Arousal and Reduction in Attitude Change», *Current Issues in Social Psychology*, Éd. I. Steiner et M. Fishbein, New York, Holt, Rinehart et Winston, 1965, p. 3.

composantes, nous pouvons provoquer un changement dans les deux autres. Cependant, il existe de nombreuses exceptions à cette généralisation hâtive. Par exemple, plusieurs consommateurs pourraient continuer de fréquenter le restaurant en question en raison de sa proximité avec leur lieu de travail, et ce, en dépit du fait qu'on y trouve un mauvais service, des prix élevés ou une nourriture médiocre. Un autre exemple est celui du lait: en dépit des sentiments très positifs engendrés par la série d'annonces publicitaires «Merci beaucoup... lait», les consommateurs ontariens n'ont pas répondu en augmentant leur consommation de lait.

Des chercheurs ont découvert que la complémentarité entre les composantes affective et cognitive favorisait le maintien d'une attitude[12]. «Lorsqu'il y a un manque d'harmonie entre les deux, un plateau est atteint, et l'attitude se dissipe. Pour réanimer une vieille attitude, il faut que la cause de l'incompatibilité soit décelée et rejetée par l'individu comme quantité négligeable[13].»

Toutefois, le passage des composantes affective et cognitive positives à un comportement positif orienté vers l'action est déterminé par des facteurs externes tels que les pressions socioculturelles, la peur d'être puni et la capacité (financière, juridique, etc.) que possède la personne d'agir en accord avec ses attitudes[14]. Nous discuterons de cette question un peu plus loin dans la section intitulée «La dissonance inhérente à l'attitude et le changement d'attitude».

La compatibilité des attitudes

Les attitudes reflétant la personnalité et le système de valeurs d'une personne devraient, en toute logique, tendre vers la compatibilité. Selon Festinger les gens essaient d'harmoniser leurs «cognitions» (la perception qu'ils ont de leur environnement, de leurs actions et d'eux-mêmes) afin d'éviter la tension psychologique entraînée par l'incompatibilité (ou la dissonance) de deux cognitions données. Par exemple, une personne qui se perçoit comme dure et peu raffinée, mais qui aime quand même à assister à un spectacle de ballet, à manger de la quiche et à fumer des cigarettes Virginia Slims souffrira probablement de **dissonance cognitive**. La théorie de Festinger sur la dissonance cognitive est particulièrement utile en marketing et elle sera donc examinée plus loin en tant que fondement des stratégies visant à changer les attitudes.

Le modèle «multiattribut» de Fishbein

Le modèle «multicomposante» que nous venons d'étudier possède deux grandes faiblesses. D'abord, l'hypothèse d'une relation de cause à effet entre les attitudes et les comportements n'est pas entièrement fondée. De plus, ce modèle n'accorde pas assez d'importance au fait que l'objet-stimulus peut posséder plusieurs attributs pertinents[15].

Rosenberg et Fishbein ont élaboré de nouveaux modèles d'attitudes afin de remédier aux faiblesses du modèle «multicomposante». Le modèle de Fishbein, aussi appelé modèle «multiattribut», est celui qui a le plus retenu l'attention des spécialistes de marketing; c'est pourquoi nous nous y attarderons dans la section qui suit.

Le modèle de Fishbein est unique sous trois aspects importants. Premièrement, ce modèle considère que les attitudes ont seulement une composante, celle-ci étant d'ordre affectif. Deuxièmement, il reconnaît explicitement que chaque objet d'attitude peut posséder plusieurs attributs, lesquels peuvent différer quant à l'importance qu'on leur accorde. Troisièmement, ce modèle présente l'**intention** comme une variable intermédiaire entre l'attitude et le comportement observable. En d'autres mots, le comportement observable est déterminé par les intentions, lesquelles sont elles-mêmes influencées par les attitudes[16].

Fishbein soutient que l'attitude adoptée à l'égard d'un objet est fonction des croyances concernant l'objet en question ainsi que des aspects évaluatifs de ces croyances. Mathématiquement, l'attitude adoptée à l'égard d'une marque peut être déterminée de la façon suivante[17] :

$$A_b = \sum_{i=1}^{n} W_i B_{ib} \text{ (équation 1)}$$

où :

A_b = le score de l'attitude adoptée à l'égard de la marque b ;

W_i = le poids (l'importance relative) accordé à l'attribut i (par exemple, l'importance que l'individu accorde au contenu en sucre des boissons gazeuses) ;

B_{ib} = l'évaluation de l'intensité de la croyance concernant la présence ou l'absence de l'attribut i dans la marque b (par exemple, la croyance selon laquelle le nouveau Coke est très sucré) ;

n = le nombre de croyances.

Il s'agit d'un modèle dit d'attente en ce sens que les attributs de la marque sont évalués l'un après l'autre par les consommateurs et que les évaluations ayant trait à l'ensemble des attributs sont ensuite additionnées, de façon à donner la valeur totale estimée concernant la marque. À titre d'exemple, disons qu'on a donné à Annie, qui étudie en vue d'obtenir un diplôme de M.B.A., la tâche de mesurer l'attitude des Montréalais à l'égard du nouveau Coke. Pour ce faire, l'étudiante peut utiliser la procédure suivante :

1. Déterminer les critères d'évaluation des boissons gazeuses. Cela pourrait se faire par des entrevues individuelles, des entrevues de groupe ou encore, par un sondage à l'aide de questions structurées, effectué auprès d'un échantillon aléatoire de Montréalais. À la suite de cet effort, Annie pourrait découvrir que, pour les Montréalais, les attributs qui sont considérés comme pertinents pour ce qui est de

l'évaluation des boissons gazeuses sont ceux qu'évoquent les questions suivantes :

- Combien de calories cette boisson contient-elle ?
- La saveur est-elle naturelle ou artificielle ?
- Dans quelle mesure cette boisson rafraîchit-elle ?
- Quel en est le prix ?
- Cette boisson est-elle nourrissante ?

Toutefois, le consommateur peut considérer certains des attributs comme peu importants bien que pertinents. Par conséquent, la prochaine étape consiste à évaluer le degré d'importance de chaque attribut. Cela peut se faire en énumérant tous les attributs possibles du produit, du design de l'emballage jusqu'à l'usage qui en est fait, et ce, en demandant au consommateur d'attribuer un degré d'importance à chacun de ces attributs, ce qui permet d'éliminer ceux qui sont perçus comme les moins importants.

2. Attribuer un poids (une importance relative) à chaque attribut. Cela peut se faire au moyen d'une échelle à trois points, en s'adressant aux sujets de la façon suivante : «Lorsque vous décidez d'acheter une boisson gazeuse, quelle importance accordez-vous à chacun des cinq attributs énumérés ci-dessous ? Pour chaque attribut, indiquez s'il est d'une grande importance, d'une importance moyenne ou d'une faible importance[18].» Ainsi, le poids (W_i) pourrait varier de 1 = le moins important à 3 = le plus important. (*Voir tableau 5.2.*)

3. Demander ensuite aux sujets d'indiquer dans quelle mesure ils croient que chacun des attributs est offert par le nouveau Coke (B_{ib}). Cela peut être réalisé en utilisant une échelle bipolaire à quatre points :

Riche en calories	1 2 3 4	Faible en calories
Saveur artificielle	1 2 3 4	Saveur naturelle
Peu rafraîchissant	1 2 3 4	Très rafraîchissant
Prix élevé	1 2 3 4	Bas prix
Peu nourrissant	1 2 3 4	Très nourrissant

4. Pour obtenir le score d'attitude relatif à un sujet donné, il faut multiplier le score de la croyance concernant chaque attribut par son poids ; il faut ensuite additionner les produits obtenus pour chaque attribut. En faisant la moyenne des scores d'attitude de tous les sujets, on obtient le score global de l'attitude adoptée à l'égard de la marque

TABLEAU 5.2

Calcul du score de l'attitude adoptée à l'égard du nouveau Coke

Attributs (critères)	Importances (W_I)	Croyances (B_{Ib})	($W_I B_{Ib}$)
Faible en calories	3	3	9
Saveur naturelle	2	4	8
Rafraîchissant	2	2	4
Bas prix	1	2	2
Nourrissant	3	1	3
		Score total :	26

en question[19]. Les données du tableau 5.2 montrent comment on calcule le score de l'attitude adoptée par un consommateur donné à l'égard du nouveau Coke (à l'aide de la formule de l'équation 1).

Dans l'exemple que nous venons de citer, le score d'attitude (A_b) peut varier entre 5 et 60. Un score de 60 représente l'attitude la plus favorable, tandis qu'un score de 26 pourrait suggérer qu'il serait opportun d'élaborer des stratégies de changement d'attitude. La réserve exprimée par le mot *pourrait* est basée sur le fait que l'on peut mettre en doute la capacité des attitudes de prédire les intentions et, par conséquent, le comportement. En effet, deux personnes possédant des attitudes semblables à l'égard du nouveau Coke peuvent avoir des intentions très différentes quant à l'achat de ce produit.

Par exemple, tandis que Jeanne Morin peut avoir une attitude négative à l'égard de cette marque, son intention pourrait quand même être de continuer à l'acheter parce que son mari Paul adore cette boisson. Au contraire, une autre personne dont l'attitude est la même à l'égard de ce produit pourrait avoir l'intention de ne plus jamais l'acheter. Il semble donc que, bien qu'il y ait une forte corrélation entre l'attitude et l'intention comportementale (c'est-à-dire la tendance globale à se comporter positivement ou négativement à l'égard d'un produit, pourvu que les contraintes environnementales soient faibles ou inexistantes), la capacité inconditionnelle d'une intention d'entraîner un comportement particulier est discutable.

Une version élargie du modèle de Fishbein intègre les influences des attitudes et les influences sociales ou environnementales pour expliquer l'apparition des intentions comportementales[20].

Le modèle d'intention comportementale de Fishbein

Le modèle d'intention comportementale de Fishbein suppose que l'intention comportementale d'une personne (ou son comportement réel) est «fonction de son attitude à l'égard de l'**adoption d'un certain comportement** dans **une situation donnée**, des **normes** régissant le comportement dans cette situation et de la **motivation** de cette personne pour se soumettre à ces normes[21]».

Le modèle d'intention comportementale de Fishbein est représenté par l'équation qui suit:

$$B \simeq BI = W_1(A_{acte}) + W_2 \left[\sum_{i=1}^{n} (NB_i)(MC_i) \right] \quad \text{(équation 2)}$$

où:

B = le comportement observable (approximativement égal à BI);

BI = l'intention comportementale;

A_{acte} = l'attitude prise à l'égard de l'adoption du comportement;

NB_i = la croyance normative qui dicte le comportement à partir de l'opinion (perçue) de plusieurs référents importants;

MC_i = la motivation pour se conformer à ce système de référence;

W_1, W_2 = les paramètres bêta déterminés empiriquement et indiquant l'influence relative des composantes A_{acte}, NB_i et MC_i sur BI.

La norme subjective $[(NB_i)(MC_i)]$ est déterminée par l'évaluation que fait l'individu des sentiments et des réactions d'autres personnes dont l'opinion compte pour lui et qui peuvent l'influencer, compte tenu des conséquences entraînées par le comportement en question. Par exemple, pensons au cas de Jeanne: celle-ci réalise que Paul réagirait très mal à l'achat d'une autre marque de boisson gazeuse. La norme subjective est aussi influencée par la tendance de l'individu à se conformer à ce que les autres attendent de lui par rapport au comportement en question. (Jeanne désire faire plaisir à Paul.) Les poids W_1 et W_2 sont déterminés à l'aide d'une régression et ils reflètent l'importance relative de A_{acte} et de la norme subjective pour déterminer l'intention comportementale. Par exemple, certains hommes regardent les matches de football non pas parce qu'ils aiment particulièrement ce sport, mais plutôt parce qu'ils désirent se conformer à un certain stéréotype de l'homme viril. Dans ce cas, la norme subjective aurait un poids relatif plus important que celui relié à l'attitude adoptée à l'égard du comportement. (*Voir figure 5.2.*)

Il n'est pas évident que le modèle de Fishbein, même dans sa formule élargie, peut servir au marketing. Bien que, d'un point de vue empirique, ce modèle soit fondé et possède une valeur prédictive raisonnable pour les décisions de marketing, sa complexité en restreint l'utilisation; de plus, comparativement à d'autres modèles plus simples, sa supériorité n'est pas évidente et n'a pas été prouvée[22]. Cela est particulièrement vrai pour certains produits peu chers d'achat courant pour lesquels il est probable que la norme subjective joue un rôle insignifiant dans la prédiction des intentions[23]. Cependant, certains soutiennent que, pour de tels produits, les normes subjectives nous **semblent** être insignifiantes parce que le modèle ne tient pas compte de tout un ensemble de variables de situation telles que le statut financier, les attentes par rapport à l'avenir et l'accessibilité aux magasins de détail[24]. De toute façon, il semble

FIGURE 5.2
Conceptualisation schématique du modèle d'intention comportementale de Fishbein

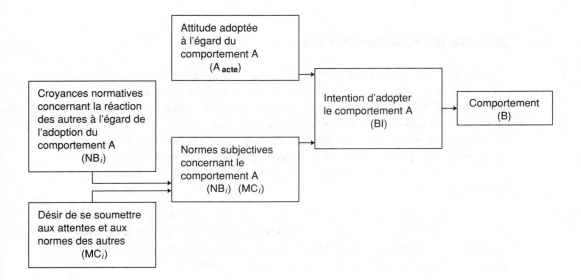

qu'on ait besoin d'effectuer des études plus poussées pour s'assurer que la plus grande complexité des modèles de Fishbein contribue d'une façon plus que marginale à la prédiction des intentions. C'est seulement à ce moment que les modèles d'attitude complexes pourront passer de la théorie à l'application pratique en marketing.

LE CHANGEMENT D'ATTITUDE ET LE MARKETING

D'un point de vue stratégique, les spécialistes de marketing peuvent vouloir renforcer ou maintenir les attitudes existantes ou les faire passer d'un état négatif à un état positif.

Certaines attitudes sont plus faciles à changer que d'autres, suivant leur intensité, leur complexité et leur importance[25]. Tandis que certaines de nos attitudes à l'égard des produits de consommation sont simples et donc relativement faciles à changer, d'autres sont complexes et presque impossibles à modifier. Même s'il est difficile de généraliser, le tableau 5.3 énumère plusieurs conditions facilitant le changement d'attitude. Nous verrons plus clairement sur quoi reposent ces conditions au fur et à mesure que nous examinerons les deux principales approches conceptuelles du changement d'attitude : l'approche fonctionnelle et l'approche reliée à la compatibilité cognitive.

L'approche fonctionnelle

Rappelons-nous que les attitudes remplissent plusieurs fonctions : une fonction utilitaire, une fonction reliée à la défense de l'ego, une fonction associée à l'expression des valeurs et une fonction reliée à la construction d'un système de référence. Rappelons-nous aussi que deux personnes peuvent avoir la même attitude pour des raisons fonctionnelles différentes. Dans un tel cas, il semble évident que les motivations sous-jacentes à une attitude donnée peuvent servir de point de départ pour un changement.

Lorsque la motivation sous-jacente à une certaine attitude disparaît (soit parce qu'elle a déjà satisfait un besoin, soit parce qu'elle n'est plus capable de le faire), l'attitude devient fonctionnellement inutile. Lorsqu'un besoin ne peut plus être satisfait, le sentiment de frustration qui en découle

TABLEAU 5.3
Facteurs facilitant le changement d'attitude

Le changement d'attitude est plus facile lorsque:
1. la composante cognitive a plus d'importance que la composante affective
2. le niveau d'implication de l'ego est peu élevé
3. l'attitude visée entre en conflit avec d'autres attitudes
4. les sujets ont peu confiance en leur habileté à évaluer la marque
5. l'information disponible sur le marché est ambiguë pour les consommateurs
6. les attitudes sont faibles
7. les attitudes ne sont pas enracinées dans des mécanismes de défense de l'ego

SOURCE: Compilation partielle provenant de H. Assael, *Consumer Behavior and Marketing Action*, Boston, Kent, 1984, p. 209-211.

est une condition nécessaire (mais non suffisante) au changement d'attitude[26]. D'autres facteurs, considérés plus haut, influencent aussi la situation.

La modification d'une attitude utilitaire

Nous sommes fidèles à certaines marques parce que nous croyons qu'elles ont une performance supérieure. Pour changer de telles attitudes, deux conditions doivent être présentes:

premièrement, l'attitude et les activités qui lui sont reliées ne doivent plus être capables de procurer de la satisfaction comme elles l'ont déjà fait; deuxièmement, le niveau d'attente de l'individu doit avoir augmenté. Le propriétaire d'une voiture Chevrolet qui a des attitudes positives à l'égard de sa vieille automobile peut quand même désirer une voiture plus dispendieuse, plus appropriée à son nouveau statut[27].

Le changement d'attitude se fait plus rapidement lorsqu'il est associé aux instruments destinés à satisfaire les besoins plutôt qu'aux besoins eux-mêmes. En effet, les besoins ont tendance à être stables, même si de nouveaux désirs peuvent être créés par les spécialistes de marketing[28].

L'une des façons de créer des attitudes positives à l'égard d'une marque est de présenter celle-ci comme un moyen permettant d'atteindre un but utilitaire[29]. Une autre stratégie efficace pour provoquer un changement d'attitude est l'utilisation d'échantillons gratuits, de bons de réduction et de démonstrations – en supposant, bien sûr, que le produit en question est supérieur aux autres quant à sa capacité de procurer de la satisfaction[30]. Ainsi, afin de promouvoir la couche Pampers, Kimberly-Clark a récemment utilisé cette stratégie en envoyant une couche gratuite aux parents de jeunes bébés.

La modification d'une attitude reliée à l'expression des valeurs

Tel que nous l'avons déjà vu, les attitudes projettent, représentent ou servent à exprimer les valeurs fondamentales d'une personne ainsi que son style de vie. La modification de celles-ci constitue une tâche redoutable, étant donné que les valeurs fondamentales opposent une extrême résistance au changement. L'approche la plus pratique et la plus utilisée par les spécialistes de marketing consiste à associer le produit à ces valeurs fondamentales, comme on le voit dans la section du chapitre 4 intitulée «Conditionnement classique».

Si, par exemple, un certain segment de la société, ou même la société entière, valorise énormément la forme physique, les attitudes des gens refléteront alors des sentiments positifs à l'égard de l'idée de se garder en forme. Dans une telle situation, il est préférable, pour les spécialistes de marketing, d'adapter leurs produits aux valeurs dominantes plutôt que d'essayer de modifier ces valeurs. L'annonce Rejuvia, présentée dans la figure 5.3, encourage clairement un style de vie axé sur la forme physique, la santé, la souplesse et une apparence jeune.

Le fait de présenter la marque comme un moyen d'exprimer ses valeurs est fondamental en ce qui a trait au concept de positionnement de la marque. Par exemple, le culte de la jeunesse, si fortement enraciné dans la culture nord-américaine, rend attrayantes les stratégies de marketing consistant à offrir des produits qui promettent «de vous rendre aussi jeune que vous vous sentez» et qui permettent aux individus d'exprimer leur fascination à l'égard de la jeunesse.

La modification d'une attitude reliée à la défense de l'ego

Les attitudes relatives à la fonction de défense de l'ego nous permettent de protéger notre ego des sentiments de doute, des incohérences ainsi

FIGURE 5.3
Publicité faisant appel à la fonction d'expression des valeurs

que des autres formes d'anxiété. Plusieurs annonces de cosmétiques et de produits de soins personnels flattent l'ego du consommateur en offrant de vagues promesses et du réconfort. La publicité de l'eau de parfum *Chanel N° 19* utilise une telle stratégie en laissant entendre que la personne qui emploiera ce produit deviendra irrésistible[31]. (*Voir la figure 5.4.*)

Le succès des annonces de produits et de services qui stimulent et exploitent les attitudes reliées à la défense de l'ego dépend du degré de frustration éprouvé par l'individu visé. Par exemple, le fait de réprimer ses besoins sexuels d'une façon prolongée rend une personne plus sensible à la suggestion symbolique. De plus, l'attitude protégeant l'ego tend à être plus facilement stimulée lorsque le message publicitaire possède un appui social direct ou indirect[32].

La modification d'une attitude reliée à la construction d'un système de référence

Rappelons-nous que les attitudes remplissant la fonction de construction d'un système de référence concernent les efforts visant à simplifier une réalité complexe dans le but de mieux la comprendre. La clarté et la concision de l'information sont capitales en ce qui a trait au positionnement de produit. Par exemple, le lancement par General Foods du produit nommé Brim, un supplément alimentaire pour le petit déjeuner, a échoué parce que les consommateurs avaient de la difficulté à comprendre le concept de ce produit. Par contre, en présentant un produit semblable comme un «petit déjeuner instantané», Carnation a obtenu un grand succès[33]. Contrairement au message de General Foods, qui se perdait au milieu d'informations ambiguës et fragmentées, Carnation a compris le problème et a su communiquer aux gens pressés, d'une façon à la fois claire et brève, le concept de son nouveau produit.

Les consommateurs comprennent plus facilement les concepts de produits qui touchent à leur répertoire de comportements et qui n'exigent pas de procéder à une évaluation complète et parfois pénible de la situation[34]. Par exemple, nous avons appris, dans les années 80, à associer l'informatique à la haute technologie et au progrès. L'annonce de la figure 5.5 projette avec beaucoup de succès l'image d'une entreprise dynamique et orientée vers le futur en organisant les connaissances autour d'un titre simple et évocateur: «Savoir-faire».

FIGURE 5.4
Publicité faisant appel à la fonction de défense de l'ego

SOURCE: Reproduit avec l'autorisation de Parfumerie Versailles limitée.

FIGURE 5.5
Publicité faisant appel à la fonction de construction d'un système de référence

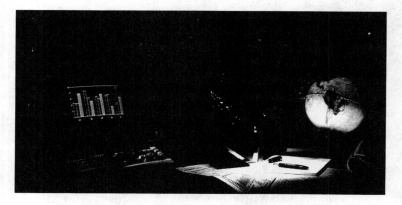

Savoir-faire

Gestionnaire des fonds de onze caisses de retraite
et régimes d'assurance publics,
la Caisse de dépôt et placement du Québec
a un actif de plus de trente milliards de dollars.

Son portefeuille comprend
différentes catégories de placement :
les obligations, les actions et les valeurs convertibles,
les hypothèques, les immeubles et
les valeurs à court terme.

La Caisse, un savoir-faire financier
au profit des Québécois.

SOURCE: Reproduit avec l'autorisation de la Caisse de dépôt et placement du Québec.

☐ L'approche relative à la compatibilité cognitive

Tel qu'il a été mentionné auparavant, l'incompatibilité de deux cognitions, appelée **dissonance cognitive**, crée un malaise psychologique. La dissonance cognitive peut être due à: 1) **une incompatibilité logique** (par exemple, de la pluie par temps clair); 2) **un écart entre l'attitude et le comportement** (par exemple, Anne déteste vivre avec sa sœur, mais continue quand même de le faire; 3) **un écart entre l'attente et le résultat du comportement** (par exemple, Richard s'attendait à économiser beaucoup d'argent en achetant une nouvelle marque de téléviseur «qualité-budget», mais il est déçu de la performance du produit). Avant d'examiner les implications stratégiques de la dissonance cognitive et du changement d'attitude en marketing, il est important de comprendre d'abord comment survient la dissonance cognitive et comment on peut la réduire.

La dissonance cognitive post-achat

Il y a dissonance cognitive lorsqu'un consommateur ayant choisi entre deux ou plusieurs marques doute ensuite de la sagesse de sa décision. De tels doutes peuvent apparaître lorsque le choix d'une marque est incompatible avec: 1) les attributs négatifs de la marque achetée; 2) les attributs positifs des marques rejetées[35]. Cela entraîne une **dissonance cognitive post-achat** ainsi que des pressions visant à réduire celle-ci.

La dissonance cognitive consécutive à l'achat se produit le plus souvent dans les quatre situations suivantes:

1. Il existe plusieurs marques (ou produits) entre lesquelles on peut choisir, chacune d'elles possédant des caractéristiques positives qui la distinguent des autres[36];
2. Le produit attire les regards;
3. La décision est importante psychologiquement ou financièrement[37];
4. Le produit est complexe.

Halloway souligne 10 situations d'achat susceptibles de produire de la dissonance cognitive. (*Voir le tableau 5.4.*) De telles situations se rencontrent couramment dans la vie quotidienne.

TABLEAU 5.4
Dissonance cognitive provenant de situations d'achat particulières

Facteurs influençant la dissonance	Situations d'achat	Conditions impliquant une probabilité de dissonance élevée	Conditions impliquant une faible probabilité de dissonance
1. Attrait de la solution rejetée	Un diplômé du secondaire choisit la photo qu'il va commander.	Trois des épreuves ont des caractéristiques attrayantes et désirables.	L'une des épreuves est clairement supérieure aux autres.
2. Points faibles des solutions retenues	Un homme choisit entre deux complets.	Le complet choisi est de la bonne couleur, mais pas du bon style.	Le complet choisi est de la bonne couleur ainsi que du bon style.
3. Nombre de solutions	Un enseignant magasine en vue d'acheter un magnétophone.	Il peut choisir entre huit appareils différents.	Il peut choisir entre deux appareils seulement.
4. Chevauchement cognitif	Une ménagère magasine en vue d'acheter un aspirateur.	Une vendeuse lui montre deux modèles semblables à un prix identique.	Une vendeuse lui montre un modèle vertical et un modèle à réservoir.
5. Importance des croyances impliquées	Un enfant achète un cadeau pour sa sœur.	Sa sœur a des préférences marquées pour certains genres de musique.	Sa sœur n'a pas de préférence particulière en matière de musique.
6. Incitation positive	Des parents décident d'acheter un agrandisseur de photos pour leur fils.	Leur fils a déjà de l'équipement de loisirs et n'a pas besoin d'un agrandisseur.	Leur fils n'a jamais vraiment eu d'équipement de loisirs et a besoin de quelque chose pour se tenir occupé.
7. Action négative ou contradictoire	Un homme achète une montre chère.	L'homme n'a encore jamais payé plus de 35 $ pour une montre.	Dans sa famille, on donne régulièrement des montres chères en cadeau.
8. Information disponible	Une ménagère achète du détersif.	La ménagère n'a pas d'expérience concernant la marque achetée; c'est une nouvelle catégorie.	La ménagère a lu et a entendu beaucoup d'information sur ce produit et a une grande confiance dans le fabricant.
9. Dissonance anticipée	Un petit garçon achète un modèle d'avion réduit.	Le garçon prévoit avoir des problèmes à la maison à cause du coût élevé de l'avion.	Le garçon ne prévoit pas avoir de problèmes à la maison.

TABLEAU 5.4
(suite)

Facteurs influençant la dissonance	Situations d'achat	Conditions impliquant une probabilité de dissonance élevée	Conditions impliquant une faible probabilité de dissonance
10. Familiarité et connaissances	Une famille achète une polisseuse.	L'article a été acheté sans qu'on y pense longtemps.	L'article a été acheté après un long processus de sélection.

SOURCE: Robert S. Halloway, «An Experiment in Cognitive Dissonance», *Journal of Marketing*, 31 janvier 1967, p. 40. Reproduit avec la permission de l'American Marketing Association.

La réduction de la dissonance cognitive

Festinger a souligné que plus la dissonance cognitive est grande, plus la motivation pour la réduire est élevée et plus les gens la combattent de diverses façons[38].

Étant donné que la dissonance cognitive crée un malaise psychologique, l'individu tâchera de la réduire et d'atteindre l'état appelé consonance. Un consommateur peut résoudre ce problème de plusieurs façons:

— en retournant le produit au détaillant ou au fabricant;
— en changeant sa perception des facteurs qui ont causé la dissonance. Par exemple, le consommateur peut exagérer les caractéristiques négatives des marques rejetées ainsi que les traits positifs de la marque achetée; ou bien, il peut minimiser les attributs négatifs de la marque achetée ainsi que les attributs positifs des autres marques;
— en recherchant de l'information additionnelle, de manière à renforcer sa décision d'achat. Par exemple, les acheteurs d'articles chers continuent souvent de rechercher de l'information sur la marque qu'ils ont choisie après avoir acheté le produit. C'est pourquoi les fabricants d'automobiles attribuent systématiquement une partie de leur budget de publicité aux messages post-achat visant à diminuer les doutes des acheteurs récents.

Les spécialistes de marketing peuvent prendre plusieurs précautions pour réduire la dissonance cognitive qui survient chez les consommateurs à l'égard du produit. Il est important de le faire, car il est peu probable qu'il y ait réachat si on permet à la dissonance de s'installer.

Les tentatives des spécialistes de marketing pour réduire la dissonance cognitive peuvent prendre les formes suivantes :

1. **Une publicité post-achat** visant à rassurer le consommateur sur la sagesse de son achat. De telles annonces essaient de renforcer les attributs positifs du produit acheté ainsi que les attributs négatifs des marques rejetées. Cette stratégie est particulièrement valable pour les achats d'appareils électroménagers, d'automobiles et d'équipement dispendieux ;
2. **Des garanties quant à la performance du produit et à la satisfaction du consommateur.** Celles-ci sont communément offertes pour une grande variété d'articles, notamment les appareils électriques et les autres biens durables ;
3. **La promesse d'un excellent service post-achat.** Plusieurs entreprises installent une ligne téléphonique gérée par des experts dont la fonction est d'écouter les questions et les plaintes des consommateurs et d'y répondre. Le fabricant du logiciel WordPerfect, par exemple, gère avec beaucoup de succès un service de ce genre ;
4. **Des politiques libérales d'échange et de retour de marchandises.** Ces politiques peuvent faire beaucoup pour rassurer un consommateur anxieux. Plusieurs magasins de détail, particulièrement les grandes chaînes, utilisent ce mode de résolution des conflits.

La dissonance inhérente à l'attitude et le changement d'attitude

Les adeptes du modèle «multicomposante» soutiennent que le changement d'attitude peut être obtenu en créant une incompatibilité dans la structure de l'attitude. Par exemple, des annonces publicitaires chargées d'émotion, destinées à modifier la composante affective d'une attitude, peuvent créer une tension susceptible d'entraîner un changement global de l'attitude, s'il y a une incompatibilité entre les composantes de celle-ci. L'utilisation d'échantillons gratuits, d'offres de rabais, de démonstrations ainsi que d'autres tactiques visant à susciter l'action a pour but de modifier la composante comportementale et, ainsi, d'entraîner un changement semblable de l'attitude adoptée à l'égard du produit[39]. En d'autres mots, le fait de modifier de façon prolongée et délibérée n'importe laquelle des composantes de l'attitude de manière à engendrer un conflit au niveau de l'attitude globale entraîne éventuellement une modification des sentiments éprouvés à l'égard de l'objet de l'attitude.

Bien entendu, il est possible qu'un consommateur accepte l'incompatibilité ou réagisse en discréditant la source plutôt qu'en modifiant son attitude globale. Le consommateur a tendance à douter de la source lorsque les tentatives destinées à modifier la tendance à l'action ou les composantes cognitives ne reposent pas sur une supériorité évidente du produit.

La modification d'attitudes à partir du modèle « multiattribut »

Tel que nous l'avons vu auparavant, le modèle « multiattribut » de Fishbein possède d'importantes implications en ce qui concerne les stratégies de changement d'attitude. Dans la section qui suit, nous examinerons quatre stratégies visant à implanter des programmes de changement d'attitude ; il peut s'agir :

- de changer l'importance ou la valeur relative d'un attribut du produit (la composante W_i) ;
- de changer l'intensité de la croyance quant à la présence ou à l'absence de l'attribut i dans la marque b (la composante B_{ib}) ;
- d'introduire un nouvel attribut ;
- de changer l'évaluation globale de la marque.

La modification de la composante valeur

Cette stratégie encourage les consommateurs à remettre en question leur impression initiale d'un attribut de produit donné. Elle suppose que si on modifie dans la direction désirée l'évaluation que fait le consommateur d'un attribut, l'attitude globale changera probablement aussi dans la même direction.

En général, les annonces où l'on essaie de convaincre les consommateurs de l'importance d'un attribut particulier du produit suivent cette stratégie. Par exemple, les annonces de Crest visent à convaincre les adolescents que la prévention de la carie est un attribut important de tout dentifrice. Quant à la publicité de Listerine, elle soutient que le goût médical du produit constitue en réalité une qualité enviable.

Une critique majeure suscitée par la publicité est qu'elle crée souvent de fausses valeurs et des besoins inutiles. Par exemple, certaines associations de consommateurs prétendent que sont coupables de telles pratiques les compagnies qui annoncent des céréales à haute teneur en sucre ainsi que la ligne de jouets et accessoires He-Man (habituellement des armes de destruction) lors d'émissions télévisées pour enfants, le samedi matin[40].

Chaque année, Consommation et Corporations Canada reçoit environ 5 000 plaintes concernant la publicité trompeuse. Un grand nombre de ces plaintes ont trait à la manipulation des enfants ainsi qu'à l'utilisation de la peur et du sexisme[41]. Certains soutiennent qu'étant donné que les enfants (particulièrement ceux de moins de cinq ans) ne sont pas suffisamment développés sur le plan cognitif pour reconnaître les visées commerciales des annonceurs, il n'est pas honnête de les cajoler et de les manipuler en leur destinant des messages relatifs à des produits. Certains faits démontrent la justesse de ce point de vue. Par exemple, le rapport de la F.T.C. (Federal Trade Commission, 1978) sur la publicité destinée aux enfants cite de nombreux exemples d'influence indue et déloyale[42]. En fait, le rapport suggère que la publicité destinée aux enfants ressemble à la pêche à la truite dans un baril.

L'Association canadienne des télédiffuseurs s'attend à ce que ses membres respectent certaines normes sociales concernant la publicité destinée aux enfants en adhérant à un code interne de diffusion régissant ce type de publicité[43]. En avril 1980, le Québec créait la Loi sur la publicité destinée aux enfants et devenait ainsi le premier État en Amérique du Nord à restreindre sévèrement la publicité destinée aux enfants de moins de 13 ans.

Le changement de la composante croyance

La stratégie consistant à modifier la composante croyance, couramment utilisée dans la publicité effectuée à l'aide des médias de masse, essaie de changer les croyances des consommateurs (ou d'en modifier l'intensité) quant à la présence ou à l'absence d'un ou de plusieurs attributs dans un produit donné. Par exemple, les annonceurs publicitaires décrivent leur produit comme «ultra-doux», «extra-large», «meilleur» ou «faible en nicotine». Ces descriptions mettent en évidence les attributs les plus importants.

Il va sans dire que les spécialistes de marketing doivent s'assurer que leur marque possède réellement le ou les attributs en question. On doit aussi veiller à ne pas en dire trop, car si les gens ont tendance à accepter les changements modérés, ils sont portés à rejeter les changements extrêmes apportés tant dans la composante valeur que dans la composante croyance.

Une étude effectuée par Lutz a démontré ceci: tandis qu'un changement apporté dans la composante croyance a entraîné un changement dans l'évaluation globale d'une marque fictive de savon, les efforts réalisés pour modifier la composante valeur n'ont pas, par eux-mêmes, produit de changement[44]. Ce résultat s'explique intuitivement: s'il est relativement facile, par exemple, de convaincre les gens du faible contenu en nicotine d'une certaine marque de cigarette, les convaincre de la nocivité (la composante valeur W_i) de cette substance est une tâche beaucoup plus difficile. Lutz conclut également que l'information négative est plus efficace que l'information positive pour créer un changement d'attitude.

L'introduction d'un nouvel attribut

Une troisième stratégie, moins courante, consiste à introduire un nouvel attribut permettant de réévaluer le produit. Par exemple, c'est ce qu'a fait la compagnie Colgate-Palmolive lorsqu'elle a lancé sur le marché un nouveau dentifrice destiné à combattre le tartre. Cette stratégie permet de modifier le positionnement d'une marque en changeant la carte perceptuelle des consommateurs.

Si elle réussit, cette approche peut donner quelques longueurs d'avance à la marque; mais elle possède deux grandes faiblesses. Premièrement, elle est coûteuse à implanter, car son succès repose généralement sur la mise en œuvre de beaucoup d'efforts en ce qui a trait à la publicité, à la recherche et au développement. Deuxièmement, elle est difficile à implanter, car elle exige non seulement que l'on convainque les consommateurs du bien-fondé ou de l'importance de ce nouvel attribut, mais souvent, aussi, que l'on commence par informer les gens de ce en quoi consiste l'attribut en question. Par exemple, avant qu'on introduise sur le marché le dentifrice visant à combattre le tartre, plusieurs consommateurs n'avaient jamais entendu parler du tartre, ignorant les dommages qu'il peut causer sur le plan de la santé dentaire.

La modification de l'évaluation globale de la marque

Il est parfois possible d'influencer directement l'évaluation que l'on fait de la marque sans faire de référence explicite à une composante quelconque du modèle «multiattribut». La plupart des annonces portant sur le style de vie – par exemple, les annonces de bière montrant un groupe d'hommes appréciant leur marque préférée après une dure journée de travail – essaient tout simplement de créer une ambiance favorisant l'adoption de la marque en question. Ainsi, les annonces de cosmétiques, de cigarettes, de spiritueux et d'autres produits ayant des attributs implicites (fantasme, aventure sexuelle, liaison amoureuse, etc.) **associent** ces produits à une ambiance ou à une suggestion sans faire directement référence à des attributs dont il est, de toute façon, difficile de parler.

La modification de l'évaluation globale de la marque repose souvent sur «une forme quelconque d'énoncé global significatif soutenant que la marque en question est celle qui est la plus vendue ou que tous les autres essaient d'imiter, ou sur tout autre énoncé du même genre visant à situer la marque en question dans une catégorie à part[45]». Cette stratégie a souvent été utilisée pour des produits peu différenciables objectivement comme les boissons gazeuses («Pepsi est le n° 1 au Québec»).

Le spécialiste de marketing peut aussi utiliser ces stratégies pour changer l'attitude du consommateur à l'égard des marques concurrentes. Fondée sur la **publicité comparative**, cette approche est de plus en plus populaire et est encouragée par les agences gouvernementales. Cependant, les bénéfices associés à la publicité comparative ne sont pas évidents. D'abord, cette stratégie donne une certaine publicité à la marque concurrente. En outre, il est peu probable qu'un public non sophistiqué et peu intéressé par le produit soit capable de comprendre un message comparatif[46]. Enfin, la publicité comparative est quelquefois perçue comme offensante[47] et moins attirante que la publicité habituelle[48].

M. Laroche a proposé un modèle mathématique du changement d'attitude, lequel a été jugé compatible avec la théorie cognitiviste et la théorie de l'apprentissage. Ce modèle tient compte de plusieurs variables importantes telles que la crédibilité de la source, la participation de l'ego et la distraction; cependant, ce modèle est limité par sa conception unidimensionnelle de l'attitude[49]. Néanmoins, sa tentative consistant à essayer de rendre opérationnels les construits théoriques des travaux antérieurs représente un pas dans la bonne direction.

RÉSUMÉ

Une **attitude** est un sentiment positif ou négatif à l'égard d'un objet quelconque. Plusieurs stratégies de marketing, par exemple, le lancement d'un nouveau produit, le repositionnement d'une marque ou une campagne publicitaire, visent à renforcer ou à changer une attitude ou même à faire les deux en même temps.

Les attitudes remplissent les quatre grandes fonctions suivantes:

1. **La fonction utilitaire.** Les gens adoptent des attitudes positives à l'égard des produits qui les satisfont et des attitudes négatives à l'égard de ceux qui ne les satisfont pas. Ces attitudes sont reliées au produit ou à la situation;
2. **La fonction de défense de l'ego.** Les attitudes peuvent protéger des écorchures psychologiques l'image de soi d'un individu et peuvent aider celui-ci à s'adapter à ses limites. Ces attitudes proviennent de l'intérieur même de la personne;
3. **La fonction d'expression des valeurs.** Les attitudes peuvent permettre à l'individu d'exprimer l'image qu'il a de lui-même et les valeurs qu'il juge fondamentales;
4. **La fonction de création d'un système de référence.** Les attitudes sont utilisées pour organiser et simplifier une réalité qui semble complexe.

En sachant comment les attitudes sont structurées, nous pouvons comprendre comment elles se forment et comment elles peuvent être modifiées. Il existe deux grandes théories sur la structure de l'attitude: le **modèle «multicomposante»** et le **modèle «multiattribut»**.

Le modèle «multicomposante» représente le point de vue traditionnel, à savoir que chaque attitude comporte trois composantes: une composante **cognitive** (l'évaluation de l'objet), une composante **affective** (les émotions qu'il suscite) et une composante **conative** ou **comportementale** (une prédisposition à se comporter de telle façon par rapport à l'objet).

Lorsque ces trois composantes sont compatibles, l'attitude est maintenue. Lorsqu'elles deviennent incompatibles, ou **dissonantes**, il est probable que l'attitude change. Ce modèle possède deux faiblesses importantes. Il suppose qu'il existe une relation de cause à effet entre les attitudes et les comportements observables, ce qui peut ne pas être le cas, et il ne reconnaît pas que l'objet-stimulus peut posséder plusieurs attributs pertinents (lesquels peuvent différer en importance).

Le modèle «multiattribut», quant à lui, met l'accent uniquement sur la composante affective et reconnaît que l'objet de l'attitude peut être évalué selon plusieurs attributs différant en importance. Selon ce modèle, une attitude est fonction d'un certain nombre de **croyances** quant à l'objet de l'attitude ainsi que de l'**évaluation** que l'on fait de ces croyances. Le comportement observable est déterminé par les intentions, qui sont, quant à elles, influencées par les attitudes. Un consommateur évalue les attributs d'une marque un par un et fait la somme des évaluations ainsi obtenues pour en arriver à une évaluation composée. Le modèle «multiattribut» le plus connu est celui de Fishbein.

Une version élargie du modèle de Fishbein comporte l'idée que toute intention comportementale est fonction de trois variables : l'attitude d'une personne à l'égard de l'**adoption** d'un comportement dans une situation donnée ; les **normes** régissant le comportement dans cette situation ; la **motivation** de l'individu pour se soumettre à ces normes. Selon ce modèle, les attitudes sont plus près de l'**intention** comportementale que du comportement lui-même.

Le modèle «multiattribut» de Fishbein et sa version élargie sont fondés sur le plan empirique et possèdent une valeur prédictive raisonnable ; cependant, leur utilité est limitée par leur complexité.

La capacité des spécialistes de marketing de changer les attitudes du consommateur dépend de l'intensité, de la complexité et de l'importance de celles-ci. Certaines attitudes sont plus faciles à changer que d'autres. Il existe deux approches théoriques fondamentales concernant le changement d'attitude : l'approche fonctionnelle et l'approche relative à la compatibilité cognitive.

L'approche **fonctionnelle** suggère que les **motivations** sous-jacentes à une attitude peuvent servir de point de départ pour un changement.

Lorsque la motivation sous-jacente à une attitude disparaît, celle-ci devient inutile d'un point de vue fonctionnel. Selon cette théorie, nous pouvons créer des attitudes favorables à l'égard d'une marque en promouvant la supériorité fonctionnelle de celle-ci («elle a un meilleur pouvoir récurant»), en donnant de l'information pouvant servir de système de référence («cette marque procure énormément de fibres»), en l'associant à la défense de l'ego («vous ne serez pas dans l'embarras»), ou en faisant appel à des valeurs personnelles («grâce à elle, vous paraîtrez aussi jeune que vous vous sentez»).

Selon l'**approche relative à la compatibilité cognitive**, toute incompatibilité entre deux cognitions, ou **dissonance cognitive**, engendre un malaise psychologique et crée une motivation pour changer l'attitude. La dissonance cognitive peut provenir d'une **incompatibilité sur le plan de la logique**, d'un **écart entre l'attitude et le comportement** ou d'un **écart entre les attentes et le résultat du comportement**. Elle se produit dans plusieurs situations où l'on est appelé à faire un choix et se rencontre souvent à la suite d'un achat important (dissonance post-achat). En général, les consommateurs agissent de façon à dissiper la dissonance cognitive pour revenir à une situation de confort psychologique.

Le modèle de Fishbein suggère quatre façons additionnelles de favoriser un changement d'attitude:

- modifier l'importance ou la valeur relative d'un attribut du produit;
- changer l'intensité d'une croyance quant à l'absence ou à la présence d'un attribut dans une marque donnée;
- introduire un nouvel attribut;
- agir sur l'évaluation globale de la marque en utilisant un énoncé global significatif concernant la marque.

QUESTIONS ET DISCUSSIONS

1. Décrivez les quatre fonctions des attitudes et expliquez comment la compréhension de ces fonctions peut aider les professionnels du marketing.

2. Construisez un diagramme schématique de la théorie «multicomposante» de l'attitude.

3. Diane a décidé d'acheter une voiture Volkswagen. Elle compte prendre sa décision finale en se basant sur quatre attributs de produit: l'économie, le style, la qualité et le confort. Pour les trois modèles qu'elle considère, elle a donné les scores suivants aux quatre attributs.

Modèle	Économie	Qualité	Confort	Style
Scirocco	6	9	8	9
Golf	6	8	6	7
Beetle	9	7	6	8

(où 10 est le score idéal)

Pour Diane, l'économie est l'attribut le plus important (score de 4); viennent ensuite la qualité (score de 3), le confort (score de 2) et le style (score de 1). Déterminez le modèle que Diane risque le plus de choisir ainsi que celui qu'elle risque le moins de choisir, en vous basant sur l'approche attente-valeur.

4. Décrivez comment le modèle «multiattribut» de Fishbein pourrait être utilisé dans une recherche commerciale visant à déterminer l'attitude des buveurs de bière d'Ottawa à l'égard d'un nouveau produit «ultra-léger» de Molson.

5. Indiquez pourquoi la plupart des entreprises préfèrent **ne pas** essayer de changer les attitudes des consommateurs.

6. *a)* Qu'entend-on par dissonance cognitive? Quelles en sont les principales sources?
   b) Quelles conditions peuvent favoriser l'apparition de la dissonance cognitive post-achat?

7. Expliquez pourquoi il est important, pour le spécialiste de marketing, de comprendre les fonctions de l'attitude énumérées ci-dessous, en ce qui concerne le changement d'attitude:
   a) la fonction utilitaire;
   b) la fonction de défense de l'ego;
   c) la fonction d'expression des valeurs;
   d) la fonction de construction d'un système de référence.

8. «Les consommateurs sont portés à acheter la marque qu'ils perçoivent comme la plus compatible avec les valeurs qu'ils jugent fondamentales et le style de vie qu'ils ont adopté.» Discutez de cet énoncé,

indiquant clairement quelles sont ses implications concernant la stratégie publicitaire.

9. Décrivez les stratégies basées sur le modèle «multiattribut» qu'un spécialiste de marketing peut employer pour changer les attitudes du consommateur.

RÉFÉRENCES

1. I. Ajzen et M. Fishbein, *Understanding Attitudes and Predicting Social Behaviour*, Englewood Cliffs, N.J., Prentice-Hall, 1980, p. 13-25.
2. G.W. Allport, «Attitudes», *A Handbook of Social Psychology*, Éd. C.A. Murchison, Worchester, Mass., Clark University Press, 1985, p. 798-844.
3. M. Fishbein, «A Behavior Theory Approach to the Relations Between Beliefs About an Object and the Attitude Toward the Object», *Readings in Attitude Theory and Measurement*, Éd. M. Fishbein, New York, Wiley, 1967, p. 394.
4. D. Katz, «The Functional Approach to the Study of Attitudes», *Public Opinion Quaterly*, 24, 1960, p. 163-204.
5. *Ibid.*, p. 170.
6. «Madonna Rocks the Land», *Time*, 27 mai 1985, p. 63.
7. Katz, «The Functional Approach to the Study of Attitudes», p. 173.
8. *Ibid.*
9. À strictement parler, les **croyances** (ou cognitions) représentent ce que nous pensons par rapport à un objet psychologique (c'est-à-dire toute chose à laquelle une personne peut penser). Il existe trois types de croyances: la **connaissance** (une croyance factuelle, basée sur des faits), l'**opinion** (une croyance vérifiable) et la **foi** (une croyance non vérifiable).
10. Les valeurs et les normes culturelles sont souvent le fondement de nombreuses attitudes toutes faites qui nous permettent, non seulement de comprendre le monde qui nous entoure, mais aussi d'exprimer les valeurs auxquelles nous croyons. Par exemple, la fascination des Canadiens à l'égard du temps se manifeste par des attitudes reliées à des affirmations telles que «le temps, c'est de l'argent» et «la ponctualité est une vertu». C'est ainsi que plusieurs sont attirés par les montres à fonctions multiples douées d'une grande précision. Les valeurs culturelles seront examinées en détail au chapitre 7.
11. D. Kretch *et al.*, *Individuals in Society*, New York, McGraw-Hill, 1962.
12. M. J. Rosenberg, «Inconsistency, Arousal and Reduction in Attitude Change», *Current Issues in Social Psychology*, Éd. I. Steiner et M. Fishbein, New York, Holt, Rinehart et Winston, 1965.
13. H.W. Berkman et C. Gilson, *Consumer Behaviour: Concepts and Strategies*, Boston, Kent, 1981, p. 305.
14. D. Cohen, *Consumer Behavior*, New York, Random House, 1981, p. 269.
15. K. Runyon, *Consumer Behavior*, Toronto, Charles E. Merrill, 1980, p. 293.
16. *Ibid.*
17. Il s'agit d'une variation du modèle original de Fishbein; voir F. M. Bass et W. W. Talorzyk, «An Attitude Model for the Study of Brand Preferences», *Journal of Marketing Research*, 9, février 1972, p. 39-96.
18. F.D. Reynolds et W.D. Wells, *Consumer Behaviour*, Toronto, McGraw-Hill, 1977, p. 236.
19. *Ibid.*, p. 237.

20. M. Fishbein et I. Ajzen, *Belief, Attitude, Intention, and Behavior*, Reading, Mass., Addison-Wesley, 1975.

21. Cité dans Cohen, *Consumer Behavior*, p. 276. Source: M. Fishbein, « Attitude and the Prediction of Behavior », *Readings in Attitude Theory and Measurement*, Éd. M. Fishbein, New York, Wiley, 1967, p. 489.

22. M.J. Ryan et E. H. Bonfield, « The Fishbein Extended Model and Consumer Behavior », *Journal of Consumer Research*, 2, septembre 1975, p. 118-136.

23. D. T. Wilson *et al.*, « An Empirical Test of the Fishbein Behavioural Intention Model », *Journal of Consumer Research*, 1, mars 1975, p. 39-48.

24. J.F. Engel *et al.*, *Consumer Behavior*, Hinsdale, Illinois, Dryden Press, 1978, p. 403.

25. W.H. Mahatoo, *The Dynamics of Consumer Behavior*, Toronto, Wiley, 1985, p. 202.

26. Katz, « The Functional Approach to the Study of Attitudes », p. 177.

27. *Ibid.*

28. *Ibid.*, p. 179.

29. L. Schiffman et L. Kanuk, *Consumer Behavior*, Englewood Cliffs, N.J., Prentice-Hall, 1983, p. 225.

30. K. Runyon, *Consumer Behavior*, Columbus, Ohio, Charles E. Merrill, 1980, p. 309.

31. Shiffman et Kanuk, *Consumer Behavior*, p. 225.

32. Katz, « The Functional Approach to the Study of Attitudes », p. 181.

33. Runyon, *Consumer Behavior*, p. 311.

34. G.S. Day, « Theories of Attitude Structure and Change », *Consumer Behavior: Theoretical Sources*, Éd. S. Ward et T.S. Robertson, Englewood Cliffs, N.J., Prentice-Hall, 1973.

35. Runyon, *Consumer Behavior*, p. 309.

36. J.W. Brehm et A.R. Cohen, « Re-evaluation of Choice Alternatives as a Function of Their Number and Qualitative Similarity », *Journal of Abnormal and Social Psychology*, 58, 1959, p. 373-378.

37. C.A. Kiesler, « Commitment », *Theories of Cognitive Consistency: A Sourcebook*, Éd. R. P. Abelson *et al.*, Chicago, Rand McNally, 1968, p. 448-455.

38. L. Festinger, *A Theory of Cognitive Dissonance*, Stanford, Cal., Stanford University Press, 1957.

39. Runyon, *Consumer Behavior*, p. 307.

40. Pour une excellente analyse de la publicité destinée aux enfants, voir S. Ward, « Kids'TV – Marketers on the Hot Seat », *Harvard Business Review*, juillet-août 1972, p. 16.

41. Director of Investigation and Research, « Combines Investigation Act », *Annual Report*, Ottawa, Consommation et Corporations Canada, sur plusieurs années.

42. Federal Trade Commission, Staff Report on Television Advertising to Children, Washington, Government Printing Office, 1978.

43. *Broadcast Code for Advertising to Children*, Ottawa, Canadian Association of Broadcasters, 1982.

44. R.J. Lutz, « Changing Brand Attitudes Through Modification of Cognitive Structures », *Journal of Consumer Research*, 1, mars 1975, p. 49-59.

45. Schiffman et Kanuk, *Consumer Behavior*, p. 233.

46. W. L. Wilkie et P. Farris, « Comparison Advertising: Problems and Prospects », *Journal of Marketing*, 39, octobre 1975, p. 7-15.

47. T.A. Shimp et D.C. Dyer, « The Effects of Comparative Advertising Mediated by Market Position of a Sponsored Brand », *Journal of Advertising*, été 1978, p. 13-19.

48. P. Levine, « Commercials that Name Competing Brands », *Journal of Advertising Research*, 16, décembre 1976, p. 7-14.

49. M. Laroche, « A Model of Attitude Change in Groups Following a Persuasive Communication: An Attempt at Formalizing Research Findings », *Behavioral Science*, 22, 1977, p. 246-257.

6

Les besoins, les valeurs
et le style de vie

INTRODUCTION

Dans ce chapitre, nous verrons comment le style de vie d'une personne influence le comportement de consommation de celle-ci. Nous étudierons les facteurs reliés à la personnalité, aux besoins et aux valeurs d'un individu et, par conséquent, les motifs qui poussent à rechercher et à consommer certains biens économiques. Ce chapitre vous aidera à comprendre quelques-uns des principes sousjacents aux besoins et aux valeurs et à répondre à cette importante question: «Pourquoi les gens désirent-ils acquérir certains produits?» Nous commence-rons par étudier le déclenchement, qui est la première étape dans le processus par lequel on décide d'obtenir un bien ou un service. Puis nous examinerons les «causes» du déclenchement pour ce qui est de la mémoire, des besoins et des valeurs. Nous ferons ensuite une analyse du style de vie, reliant les besoins et les valeurs du consommateur au style de vie, d'une part, et, d'autre part, aux attributs du produit. Enfin, il apparaîtra que le concept de «style de vie» peut être un outil de segmentation très utile.

■   ## L'ÉTAT PRÉSENT EN REGARD DE L'ÉTAT SOUHAITÉ : CONCEPTUALISATION DU DÉCLENCHEMENT

Une vue d'ensemble du déclenchement

Aux chapitres 1 et 2, le déclenchement a été présenté comme la première étape du processus par lequel le consommateur prend une décision. Le déclenchement est en fait un processus en lui-même. Avant de décrire ce processus, il est utile de revoir ses principales causes ou ses principaux antécédents en nous référant aux composantes du modèle du processus décisionnel impliqué dans le comportement du consommateur, tel qu'il a été présenté au chapitre 2. La figure 6.1 montre qu'un des principaux antécédents du déclenchement est la mémoire – ou, plus précisément, la perception. Au fur et à mesure qu'ils consomment ou expérimentent un bien donné, les consommateurs perçoivent dans quelle mesure celui-ci permet d'atteindre l'état souhaité. Certains biens viennent à manquer, d'autres cessent de satisfaire le besoin pour lequel ils ont été achetés et d'autres, enfin, continuent de procurer de la satisfaction en permettant d'atteindre l'état souhaité.

Un second antécédent est le style de vie du consommateur, lequel permet de spécifier l'état que la personne souhaite atteindre dans une situation de consommation particulière. La meilleure façon de définir l'état souhaité est de déterminer quels attributs du produit sont requis, dans diverses situations de consommation, pour que l'on puisse vivre selon le style de vie adopté. Comme nous l'avons vu au chapitre 2, le style de vie d'un consommateur est l'expression externe de ses valeurs et de ses besoins. La figure 6.1, qui présente les besoins et les valeurs comme des antécédents du style de vie, vous aidera à vous le rappeler.

Le processus du déclenchement

Le processus du déclenchement est le mécanisme qui amorce le processus décisionnel devant mener à la consommation et à la satisfaction d'un besoin. Comment ce mécanisme fonctionne-t-il ? Qu'est-ce qui pousse un consommateur soucieux de satisfaire un besoin à adopter un mode de

FIGURE 6.1
Les principaux antécédents du déclenchement de la prise de décision du consommateur

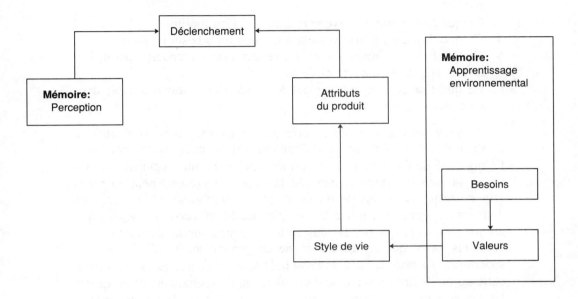

prise de décision consistant à rechercher et à évaluer des possibilités, à définir son intention et à choisir l'une des possibilités pour arriver, finalement, à la consommation?

Pour répondre à ces questions, il est nécessaire d'associer le déclenchement à un écart perçu par le consommateur entre ce qu'il souhaite et ce qu'il a présentement. En d'autres mots, les consommateurs doivent d'abord se rendre compte qu'il existe une différence entre leurs conditions présentes et ce qu'ils souhaitent. La notion selon laquelle la satisfaction ou l'insatisfaction est due à la perception d'un écart entre ce que l'on a et ce que l'on souhaite est une idée ancienne (on estime qu'elle précède de 300 ans la venue du Christ et qu'elle nous vient du philosophe Zénon de Citium)[1]. Plus récemment, à l'Université de Guelph, en Ontario, le philosophe Alex Michalos a élaboré, pour expliquer la satisfaction et le bonheur, une théorie selon laquelle la perception de l'écart entre ce que l'on a et ce que l'on souhaite dépend, en fait, de la perception de plusieurs écarts.

1. Ce que l'on a comparativement à ce que possèdent d'autres personnes «dont l'opinion compte»;
2. Ce que l'on a comparativement à ce que l'on a eu de mieux dans le passé;
3. Ce que l'on a comparativement à ce que l'on mérite;
4. Ce que l'on a comparativement à ce dont on a besoin;
5. Ce que l'on a comparativement à ce que l'on s'attendait à avoir, il y a trois ans, à ce moment-ci de sa vie;
6. Ce que l'on a comparativement à ce que l'on s'attend à avoir dans cinq ans[2].

Connue sous le nom de théorie des écarts multiples, cette théorie a d'abord été testée auprès d'étudiants du premier cycle inscrits à l'Université de Guelph. Une importante recherche internationale, impliquant 44 pays et effectuée dans 22 langues, est présentement en cours afin de tester cette théorie de façon plus approfondie[3]. L'analyse des données de recherche, provenant de plus de 55 universités, indique que les trois facteurs qui ont la plus forte influence sur la satisfaction des étudiants en ce qui a trait à leur vie en général ainsi qu'à 12 aspects spécifiques de celle-ci (*voir tableau 6.1*) sont les écarts qu'ils perçoivent entre ce qu'ils ont présentement et: *a*) ce qu'ils souhaitent; *b*) ce qu'ont les autres personnes de leur âge; *c*) ce qu'ils ont eu de mieux dans le passé. À ce jour, les quatre autres types d'écart semblent avoir moins d'influence sur la satisfaction et le bonheur des étudiants; les écarts perçus sont, par ordre d'influence décroissante, ceux qui sont énumérés aux numéros 3, 4, 5 et 6 dans le paragraphe précédent[4]. Comme c'est souvent le cas, les étudiants nous aident à acquérir des connaissances et à enrichir notre compréhension formelle du comportement humain.

Le tableau 6.1 présente les 12 grands domaines de la vie d'un étudiant qui ont servi à mesurer la satisfaction dans le cadre de ces projets de recherche. En ce qui nous concerne, nous nous en servirons pour illustrer des situations dans lesquelles on peut percevoir des écarts entre l'état présent et l'état souhaité quant à un produit ou à un service. Par exemple, on a voulu mesurer la satisfaction de l'étudiant par rapport au transport, public et privé, quant à la commodité et aux coûts. Le niveau de satisfaction ou d'insatisfaction d'un étudiant par rapport au transport dépend de la perception qu'a cet étudiant de l'écart existant entre les moyens de transport qu'il utilise en ce moment et ceux qu'il préférerait utiliser. Cependant, pour mieux comprendre la perception des consom-

TABLEAU 6.1
Douze grands domaines de la vie d'un étudiant pour lesquels peuvent être définis des états souhaités plus particuliers

Santé	Votre état de santé général, votre santé sur le plan global (absence relative de maladies communes et chroniques).
Sécurité financière	Dans quelle mesure votre revenu (y compris vos investissements et vos propriétés, etc.) vous permet de satisfaire vos besoins journaliers et de vous donner un «coussin» pour faire face aux dépenses inattendues et imprévues.
Relations familiales	Le genre et la fréquence des contacts que vous avez avec les membres de votre famille : contacts personnels, appels téléphoniques et lettres.
Travail rémunéré	Tout travail pour lequel vous recevez des gages, un salaire ou une rémunération quelconque.
Amitié	Le genre et la fréquence des contacts que vous avez avec vos amis : contacts personnels, appels téléphoniques et lettres.
Logement	Le genre, l'atmosphère et l'état du logement dans lequel vous vivez en ce moment. La convenance de ce logement (appartement, maison, ferme, chambre, etc.).
Lieu de résidence	L'environnement dans lequel vous vivez, y compris le climat, l'emplacement et le style de vie.
Loisirs	Les activités que vous exercez pour votre plaisir personnel lorsque vous ne faites pas des corvées journalières ou tout autre type de travail : relaxation, lecture, télévision, rencontres, activités organisées par votre Église, arts, artisanat, exercice, voyages, etc.
Religion	Votre épanouissement spirituel.
Estime de soi	Comment vous vous sentez par rapport à vous-même ; le respect que vous avez de vous-même.
Transport	En général, dans quelle mesure les moyens de transport privés et publics satisfont vos besoins (commodité, coûts).
Éducation	L'instruction formelle procurée par l'université où vous êtes présentement inscrit.

SOURCE: Appendice B dans Alex C. Michalos, «Multiple Discrepancies Theory (MDT)», *Social Indicators Research*, 16, 1985, p. 347-413. Copyright 1985 par D. Reidel Publishing Company. Reproduit avec autorisation.

mateurs quant aux écarts existant entre l'état présent et l'état souhaité, on doit décrire l'état souhaité en des termes beaucoup plus précis que ceux utilisés au tableau 6.1.

Par exemple, toujours par rapport au transport, un étudiant pourra souhaiter posséder un vélo à 10 vitesses pour se rendre à ses cours s'il fait beau et si le campus, situé relativement près, renferme de nombreux supports à bicyclettes ainsi que des sentiers réservés aux cyclistes. Cependant, si ses ressources financières lui permettent de posséder et de faire fonctionner une voiture compacte et s'il doit parcourir des distances considérables dans des conditions météorologiques souvent difficiles, l'étudiant pourra souhaiter posséder une voiture économique et confortable. Enfin, un étudiant qui est désireux de faire régulièrement de l'exercice, qui ne veut ni ne peut conduire pour aller à ses cours et qui, par surcroît, habite suffisamment près du campus pour pouvoir s'y rendre à pied ne souhaitera peut-être posséder, quant à lui, que des chaussures et des vêtements chauds et confortables ainsi qu'un bon sac à dos.

C'est en comparant l'état souhaité avec l'état présent par rapport au transport que l'étudiant perçoit ou non un écart. Un étudiant qui a le sentiment que les deux états coïncident ne sera pas porté à penser à cet aspect particulier ou à ce problème potentiel. Par contre, un étudiant qui a le sentiment que les deux états ne coïncident pas pourra percevoir un écart suffisamment grand pour qu'il en éprouve de l'insatisfaction, de la frustration et de la tension. Cette personne sera donc portée à faire disparaître cet écart en faisant quelque chose qui lui permette d'atteindre l'état souhaité.

Nous sommes maintenant prêts à étudier le schéma de la figure 6.2, qui montre le processus du déclenchement à l'œuvre. Ce schéma conceptualise le processus du déclenchement de façon qu'il puisse servir à résoudre des problèmes de marketing, en utilisant deux cercles concentriques représentant les deux états mentaux. Le cercle extérieur illustre l'état souhaité par le consommateur par rapport à un bien économique donné. Tout consommateur a en tête d'innombrables états souhaités, concernant divers aspects de l'existence. Pour ne citer que certains exemples ayant trait à l'éducation, un étudiant a sans doute en tête un état souhaité par rapport aux moyens d'inscrire ses idées. Selon l'état souhaité, l'étudiant pourrait atteindre son but en achetant un appareil de traitement de texte portatif, un magnétophone à cassettes ou, tout simplement, un carnet et un crayon. En même temps, cet étudiant aura en tête plusieurs autres états souhaités concernant, par exemple, l'université où il étudiera, le choix de cours lui permettant d'obtenir un diplôme en administration, des activités de loisirs tenant compte des contraintes de temps, un moyen de transport pour voyager entre le campus et son domicile, un travail à temps partiel durant le semestre, des moyens à prendre pour rester en contact avec ses parents et amis, etc. Ainsi, chaque consommateur a en tête, d'une façon claire ou vague, un état souhaité par rapport à chacune des nombreuses décisions de consom-

FIGURE 6.2
Diagramme représentant le processus du déclenchement à l'œuvre

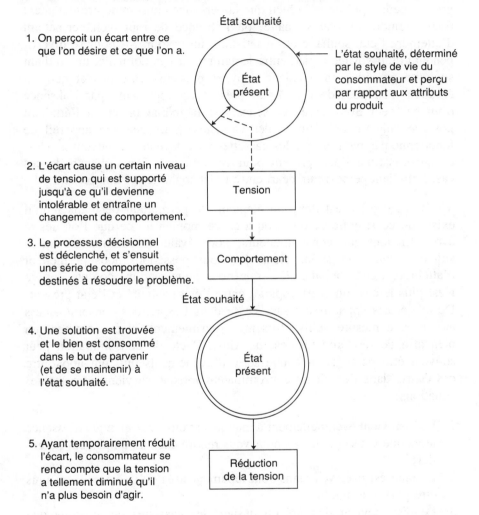

1. On perçoit un écart entre ce que l'on désire et ce que l'on a.

L'état souhaité, déterminé par le style de vie du consommateur et perçu par rapport aux attributs du produit

2. L'écart cause un certain niveau de tension qui est supporté jusqu'à ce qu'il devienne intolérable et entraîne un changement de comportement.

3. Le processus décisionnel est déclenché, et s'ensuit une série de comportements destinés à résoudre le problème.

4. Une solution est trouvée et le bien est consommé dans le but de parvenir (et de se maintenir) à l'état souhaité.

5. Ayant temporairement réduit l'écart, le consommateur se rend compte que la tension a tellement diminué qu'il n'a plus besoin d'agir.

mation et à chacun des biens économiques nécessaires à une personne dans la vie quotidienne.

Contrastant avec l'état souhaité par rapport à un besoin donné se trouve la réalité de l'état présent vécu par le consommateur (ce que la personne consomme présentement ou la situation dans laquelle le consommateur se trouve en ce moment), aussi représentée par un cercle.

En haut de la figure 6.2, on a fait ce cercle plus petit pour suggérer que l'état présent ne coïncide pas avec l'état souhaité par l'individu. L'état présent peut représenter le bien que la personne consomme présentement pour atteindre un état souhaité, ou l'absence de tout bien permettant d'atteindre l'état souhaité et de satisfaire un besoin. Si, pour se divertir pendant qu'il voyage à pied entre le campus et son domicile, un étudiant souhaite posséder un baladeur Sony et plusieurs cassettes et que cet étudiant n'en possède pas, l'état présent est représenté par l'absence d'un baladeur Sony et de cassettes. De la même façon, si l'étudiant possède déjà un baladeur et des cassettes, mais que son appareil ne fonctionne pas bien ou que les cassettes sont devenues ennuyeuses, c'est ce qui constitue l'état présent pour cet étudiant. Dans chacun de ces cas, l'étudiant percevra un écart entre l'état souhaité et l'état présent.

La perception est donc un élément clé permettant de réaliser qu'il existe un écart entre ce que l'on a en ce moment et ce que l'on désire avoir. En tant que consommateurs, nous évaluons continuellement la situation pour voir si les biens que nous possédons nous permettent d'atteindre l'état souhaité. Dès que nous nous rendons compte que ce n'est plus le cas, un écart apparaît entre l'état souhaité et l'état présent. De tels écarts apparaissent sans cesse dans l'esprit des consommateurs au fur et à mesure qu'ils utilisent, expérimentent ou consomment un bien afin de satisfaire un besoin. Ainsi, l'acte de consommation peut souvent être perçu comme une série d'événements qui font apparaître des écarts dans l'esprit du consommateur lorsque surviennent certaines situations :

1. Le bien vient éventuellement à manquer : vous avez manqué d'essence alors que vous conduisiez pour vous rendre chez un employeur potentiel ;
2. Le bien est usé : vos jeans sont tellement usés qu'ils ne peuvent plus être portés en public ;
3. Le bien devient démodé ou désuet : les cassettes de musique que vous aviez achetées pour votre baladeur ne sont plus à la mode et ne vous satisfont plus ; pour couronner le tout, vos chaussures de marche, pourtant si confortables, provoquent des commentaires négatifs de la part des critiques de la mode ;
4. Le bien devient défectueux : votre calculatrice solaire ne fonctionne pas dans la salle d'examen un peu obscure ;

5. Le bien n'est plus disponible: votre fournisseur de produits exotiques a fermé ses portes;
6. Le bien se modifie dans sa capacité de vous offrir les attributs du produit pour lesquels vous le consommiez: votre acteur préféré ne réussit plus à vous émouvoir;
7. Le bien est perdu ou volé: vous sortez du théâtre avec des amis pour vous apercevoir que votre voiture a disparu.

Au fur et à mesure que les biens s'usent, viennent à manquer, se brisent ou ne sont plus capables d'offrir les attributs souhaités, on peut penser que le cercle représentant **l'état présent** rétrécit alors que le cercle extérieur demeure intact. Pour certains biens, la consommation a tendance à faire rétrécir le cercle représentant l'état présent comparativement à celui représentant l'état souhaité. Pour d'autres biens, l'état présent peut coïncider avec l'état souhaité sur une période couvrant plusieurs cycles de consommation. Par exemple, le fait, pour une personne, d'écouter à la maison de la musique de Mozart sur des disques stéréo peut lui permettre d'atteindre l'état souhaité pendant de nombreuses années sans que rétrécisse le cercle représentant l'état présent.

La figure 6.2 montre les diverses étapes du processus du déclenchement. Un consommateur qui perçoit un écart entre un état présent et un état souhaité peut ressentir ou non une certaine tension psychologique. Les consommateurs réalisent souvent que ce qu'ils désirent n'est pas à leur portée et qu'ils doivent donc accepter la situation présente, du moins jusqu'au jour où ils pourront entreprendre une action capable de faire disparaître l'écart perçu. Par exemple, un diplômé universitaire possédant un baccalauréat en commerce peut percevoir que l'état souhaité par rapport à la formation consiste en l'obtention d'un diplôme de M.B.A.; mais, étant donné qu'il débute à peine dans sa carrière et que son nouvel emploi lui procure des défis intéressants, il peut ne pas considérer ce but comme une grande priorité, évitant ainsi de ressentir une tension due à l'écart entre le niveau d'études présent et celui souhaité. Même si les consommateurs perçoivent un certain niveau de tension, il arrive souvent qu'ils tolèrent cet inconfort et ne prennent alors aucun moyen pour le réduire.

Il se peut que, six ans plus tard, la personne dont nous venons de parler ait atteint dans sa carrière un niveau tel que l'obtention d'un diplôme de M.B.A. devienne très souhaitable, même nécessaire; à ce moment, l'écart existant entre les deux états peut engendrer de la tension, et ce, à un point tel que la personne décide de changer son comportement, c'est-à-dire de quitter son emploi et de s'inscrire à plein temps à un programme de M.B.A. Dans la figure 6.2, les lignes pointillées reliant l'**écart** entre l'état présent et l'état souhaité à la **tension**, et la **tension** au **comportement** servent à rappeler au lecteur que les niveaux de tension produits par les écarts peuvent varier considérablement, allant de presque zéro jusqu'à la limite du tolérable; ainsi, les tensions peuvent être supportées et mises en veilleuse, et n'entraînent pas nécessairement de changements de comportement, à moins qu'elles ne deviennent intolérables.

Lorsque la tension atteint un niveau tel que le consommateur décide de faire quelque chose pour la réduire, nous disons que le processus décisionnel a été déclenché. Suit ensuite toute une série de comportements représentant le processus de prise de décision du consommateur, dont nous avons parlé au chapitre 2. Le consommateur se met alors à la recherche d'un bien économique susceptible de lui faire atteindre l'état souhaité; lorsqu'il a trouvé ce bien, il l'achète et le consomme, satisfaisant ainsi le besoin ressenti, ce qui a pour effet de réduire la tension.

Dans l'exemple précédent, le bachelier en commerce peut effectuer des recherches et évaluer plusieurs programmes de deuxième cycle offrant un diplôme de M.B.A., s'inscrire à l'un de ces programmes et consommer le produit (c'est-à-dire suivre des cours) jusqu'à ce qu'il obtienne le diplôme de M.B.A. désiré. Ce comportement lui permettra vraisemblablement de transformer l'état souhaité en état présent en ce qui concerne son niveau de formation. L'écart perçu disparaîtra en même temps que la tension qui l'accompagne.

☐ Les facteurs permettant de redéfinir l'état souhaité

En ce qui a trait à l'exemple précédent, le cercle représentant l'état présent n'a pas rétréci; c'est plutôt l'état souhaité en matière de formation qui a été redéfini. En effet, ce que représente un diplôme de baccalauréat en commerce constitue un acquis pour le reste de votre vie; personne ne peut vous l'enlever une fois que vous l'avez obtenu. Jusqu'à maintenant, nous avons mis l'accent sur les événements susceptibles de **faire rétrécir le cercle représentant l'état présent**. Mais qu'en est-il des événements pouvant influer sur l'état souhaité? Plusieurs facteurs permettent de redéfinir et de modifier l'état souhaité par un consommateur quant à un bien ou à un besoin donné. L'un de ces facteurs est constitué par le fait que le consommateur reçoit de nouvelles informations provenant de l'environnement, ce qui lui laisse entrevoir qu'il existe une «meilleure» définition de l'état souhaité, c'est-à-dire une solution plus apte à satisfaire son besoin. De telles informations peuvent provenir d'efforts de marketing ainsi que de sources générales d'information telles que les médias et les leaders d'opinion. C'est ce qui constitue l'apprentissage environnemental du consommateur, tel que nous l'avons décrit au chapitre 2. Ainsi, de nouvelles informations concernant une meilleure méthode d'apprentissage ou une meilleure technique de rasage appartiennent à cette catégorie de facteurs.

Une deuxième catégorie de facteurs permettant de redéfinir l'état souhaité est constituée par les changements survenus dans le style de vie, dus aux influences environnementales qui modifient les valeurs du consommateur. Un changement survenu dans l'état souhaité par un consommateur quant à un bien donné peut être représenté par un **agrandissement du cercle extérieur** de la figure 6.2, formant ainsi un nouvel état souhaité, alors que le cercle intérieur demeure intact (à moins, bien sûr, que des circonstances influent à la fois sur l'état présent et sur l'état souhaité, produisant ainsi un très grand écart).

Plusieurs changements environnementaux et circonstanciels sont susceptibles d'entraîner une nouvelle définition de l'état souhaité par le consommateur – ce qui, dans la figure 6.2, se traduit par un agrandissement du cercle de l'état souhaité par rapport à celui représentant l'état présent. Dans les paragraphes qui suivent, nous donnerons des exemples illustrant quelques-uns des changements qui surviennent le plus souvent. Mis à part l'innovation de produit, tous ces changements environnementaux modifient les valeurs des consommateurs, ce qui conduit à redéfinir l'état souhaité.

Les changements dus au groupe de référence

Un certain consommateur perçoit la montre qu'il porte en ce moment comme parfaitement adéquate, l'état souhaité coïncidant alors avec l'état présent en ce qui a trait à la mesure du temps. Quelque temps après avoir adhéré à un club de voitures sport, ce jeune homme remarque que la plupart des membres du club portent des montres de précision. Étant donné qu'il désire être identifié à ce groupe et qu'il veut imiter le comportement des amateurs de voitures sport, il souhaite maintenant posséder, en ce qui a trait à la mesure du temps, une montre de précision. La montre qu'il porte en ce moment est donc devenue inadéquate, et un écart se forme dans son esprit.

Les changements dans les variables socio-économiques

À la suite d'une promotion à son travail et d'une augmentation de salaire, une jeune femme occupant un poste de cadre dans une agence de publicité perçoit maintenant sa Toyota *Supra* comme inadéquate. Jusqu'à ce jour, elle a été plutôt satisfaite de sa voiture, mais elle souhaite maintenant posséder une Jaguar XJ-SC. Cependant, son frère, qui vient de perdre son emploi, perçoit maintenant le fait de posséder deux automobiles comme incompatible avec sa nouvelle situation, et il ne veut plus avoir qu'une seule voiture, ce qui constitue tout ce qu'il peut maintenant se permettre financièrement. Il redéfinit donc ainsi l'état souhaité: conserver la plus petite des deux voitures et se débarrasser de celle qui est la moins économique.

Les changements dans les normes de la société

Il y a dix ans, Sylvie Martin décidait qu'elle aurait quatre enfants lorsqu'elle se marierait, ce qui constituait pour elle l'état souhaité quant à la taille de sa famille. Aujourd'hui, influencée par les valeurs et les attitudes de plusieurs personnes de son entourage, elle désire une plus petite famille. En ce moment, elle a déjà deux enfants, ce qui correspond pour elle à l'état souhaité. Elle décide donc de se faire faire une ligature des trompes, de façon à ne plus avoir d'enfants (ce qui créerait un écart entre l'état présent et l'état souhaité).

Les changements dans le cycle de vie familial

Au fur et à mesure que les consommateurs progressent à l'intérieur du cycle de vie familial, passant de l'état de célibataire à celui de personne mariée, pour former ensuite un couple avec des enfants, puis un couple au nid vide, le dernier stade étant l'état de survivant, on peut constater un changement dans les états souhaités en matière de loisirs, et ce, à chacun des stades du cycle. Par exemple, pour un jeune couple, l'état souhaité par rapport aux loisirs de fin de semaine peut être de jouir de la nature en faisant de l'escalade en montagne. Lorsque la famille s'agrandit par la naissance d'un enfant, l'état souhaité peut changer pour devenir une activité de loisirs plus appropriée aux besoins d'un jeune enfant, par exemple, le camping à l'aide d'une tente-caravane.

Les changements dus à l'environnement culturel

Un couple canadien avait l'habitude de recevoir ses amis en faisant des garden-parties et des repas au charbon de bois, l'été. Après avoir déménagé en Arabie saoudite dans le cadre d'un contrat de travail à court terme, ils ont dû modifier l'état souhaité par rapport aux réceptions. Afin de tenir compte des tabous culturels locaux concernant la danse et la consommation d'alcool, ils durent se contenter de donner des fêtes clandestines et de restreindre la liste d'invités à un petit groupe d'étrangers.

L'innovation de produit

Les progrès scientifiques et technologiques permettent d'améliorer les produits et services existant sur le marché. Lorsqu'un consommateur apprend l'existence d'une innovation, il arrive souvent qu'il redéfinisse l'état souhaité. En effet, l'innovation entraîne la perception d'un écart relatif par rapport au moyen que l'on utilise présentement pour satisfaire un besoin donné. Le fait que les consommateurs perçoivent des écarts encourage la vente des produits innovateurs et pousse les entreprises à offrir de nouveaux produits permettant de mieux satisfaire les besoins des consommateurs. Les spécialistes de marketing peuvent influencer ou redéfinir les états souhaités par les consommateurs, mais il leur appartient d'informer et de convaincre ces derniers que l'innovation contribuera à mieux satisfaire leurs besoins. Les innovations ayant le plus de succès sont celles qui sont les plus aptes à satisfaire les besoins fondamentaux des consommateurs. Pour ne citer que des exemples très connus, pensons aux cartes de crédit, aux guichets bancaires automatiques, aux montres à quartz, aux calculatrices de poche, aux fours à micro-ondes, aux moteurs d'automobile économiseurs d'essence, aux disques compacts, aux machines à écrire électroniques, aux caméras magnétoscopes, à l'achat par catalogue et au rasoir à lames jumelées (ATRA de Gillette). Dans chacun de ces cas, l'innovation a remplacé un produit ou un service ayant une moindre capacité de satisfaire les besoins des consommateurs. C'est le fait d'apprendre qu'il existe un produit ou un service plus apte à résoudre ses problèmes ou à satisfaire ses besoins qui entraîne chez le consommateur la perception d'un écart entre l'état souhaité et l'état présent par rapport au produit ou au service en question.

☐ Le mesurage des écarts perçus

Le concept d'écart entre l'état présent et l'état souhaité a plusieurs implications en ce qui concerne la planification des affaires et la stratégie de marketing. Certaines recherches commerciales visent à découvrir s'il existe un écart entre l'état souhaité et l'état présent par rapport à divers biens de consommation; elles mesurent aussi l'ampleur de l'écart. Cette question intéresse les spécialistes de marketing, car il doit nécessairement y avoir un écart pour que soit déclenché le processus décisionnel menant à l'achat de biens économiques. Le Conference Board of Canada, un organisme qui enquête, chaque trimestre, auprès des consommateurs dans le but d'obtenir un index des attitudes de consommation, mesure aussi les intentions d'achat des consommateurs par rapport à des biens durables importants tels que les automobiles, les maisons et les appareils électroménagers[5]. On demande aux répondants, choisis scientifiquement de manière qu'ils représentent tous les ménages canadiens, d'indiquer quelle est la probabilité qu'ils achètent chacun des biens durables dans les six prochains mois. Ainsi, le Conference Board of Canada mesure l'ampleur des écarts perçus par les consommateurs, lesquels peuvent ou non se traduire par des achats dans un avenir rapproché. Ces données de sondage sont mises à la disposition des membres du Conference Board (des fabricants, des détaillants et d'autres spécialistes de marketing), qui utilisent ces résultats pour faire des projections concernant la demande des consommateurs en ce qui a trait à de tels biens.

Même si l'intention d'achat dénote que le consommateur perçoit un écart entre l'état présent et l'état souhaité, cet écart ne se traduit pas nécessairement en comportement d'achat. En effet, les écarts perçus sont souvent tolérés par le consommateur parce que d'autres postes budgétaires ou d'autres projets ont la priorité au moment de l'enquête. De plus, la perception d'un écart peut signifier que le processus décisionnel a déjà été déclenché et que le consommateur est présentement à l'étape de la recherche et de l'évaluation des possibilités. Un grand laps de temps peut cependant s'écouler avant qu'une décision soit prise et qu'un achat soit effectué. Néanmoins, il y a suffisamment de cohérence entre les intentions d'achat décelées et le niveau réel des achats pour que ce genre de recherches soit considéré comme utile aux spécialistes du marketing – en d'autres mots, pour justifier que l'on examine la relation existant entre les chiffres représentant les niveaux d'intention d'achat et les données globales concernant les achats réellement effectués.

Les figures 6.3 et 6.4 servent à illustrer cette remarque. Les données proviennent de sondages annuels réalisés auprès d'un échantillon nationalement représentatif de consommateurs américains, ces sondages ayant été effectués par une entreprise menant une recherche commerciale sur le style de vie. La figure 6.3 indique le pourcentage des 2 000 hommes mariés interrogés qui ont affirmé leur intention d'acheter une montre à affichage numérique ainsi que le pourcentage de cet échantillon ayant effectivement acheté une montre de ce type durant l'année écoulée. Ces résultats ont été obtenus pour la période comprise entre 1976 et 1983. Remarquez premièrement que la proportion de consommateurs qui affirment leur intention d'acheter une montre à affichage numérique est toujours plus élevée que la proportion de répondants de l'année suivante qui affirment avoir effectivement acheté un tel type de montre à un moment donné de l'année précédente. Remarquez aussi que, bien que l'écart entre ces deux pourcentages varie d'une année à l'autre, les achats réels semblent suivre de plus en plus la tendance à la hausse observée dans les intentions d'achat. Par exemple, même si 39 % de tous les répondants affirmaient, en 1981, leur intention d'acheter une montre à affichage numérique, seulement 16 % des répondants composant l'échantillon de 1982 ont affirmé qu'ils en avaient effectivement acheté une pendant l'année précédente. Puis, en 1982, 36 % des répondants affirmaient leur intention d'acheter une montre à affichage numérique, tandis que la proportion de ceux qui ont affirmé, lors du sondage de 1983, qu'ils en avaient effectivement acheté une pendant l'année précédente était de 28 %, un chiffre beaucoup plus proche de celui représentant l'intention d'achat de 1982.

FIGURE 6.3
Pourcentage des consommateurs affirmant leur intention d'acheter une montre à affichage numérique en regard du pourcentage de ceux qui ont effectivement acheté un tel type de montre durant l'année écoulée, 1976-1983

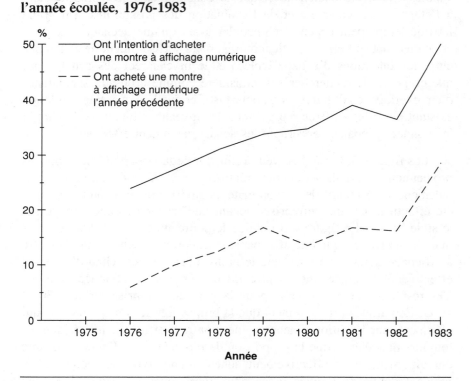

SOURCE: Figure 13-1 dans Martin I. Horn et William D. Wells, «Do Trends in Attitudes Predict Trends in Behavior?», p. 187-198. Reproduit avec la permission de l'éditeur de *Personal Values and Consumer Psychology*, Éd. Robert E. Pitts Jr. et Arch G. Woodside, Lexington, Mass., Lexington Books, D.C. Heath and Company, Copyright 1984, D.C. Heath and Company.

La figure 6.4 montre la relation qui existe entre les intentions d'achat et les achats réels pour ce qui est des postes émetteurs-récepteurs de bande publique. Les données proviennent de la même enquête annuelle effectuée auprès de 2 000 hommes mariés et elles indiquent le pourcentage de répondants ayant l'intention d'acheter un poste émetteur-récepteur de bande publique ainsi que celui des répondants ayant effectivement acheté un tel appareil durant l'année écoulée. Tenant compte qu'il y a un décalage de un an entre les intentions d'achat et les achats réels, notez la forme très semblable des deux courbes. De nouveau, la figure 6.4 démontre que le pourcentage des achats réels est considérablement plus faible que celui des intentions exprimées durant l'année précédente. Cependant, la tendance de ces deux dimensions est semblable; cela permet donc aux spécialistes de marketing d'utiliser les données relatives aux intentions d'achat, fournies par de telles enquêtes, pour faire des projections quant aux ventes annuelles et pour élaborer

FIGURE 6.4
Pourcentage des consommateurs affirmant leur intention d'acheter un poste de bande publique en regard du pourcentage de ceux qui ont effectivement acheté un tel poste durant l'année écoulée, 1976-1983

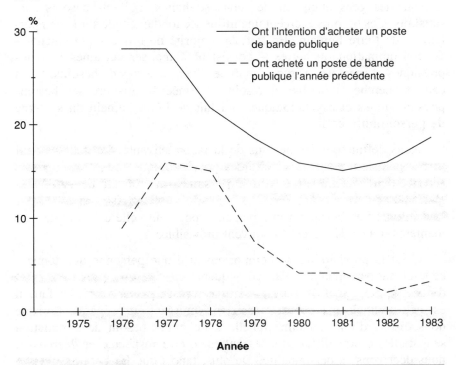

SOURCE: Figure 13-2 dans Martin I. Horn et William D. Wells, «Do Trends in Attitudes Predict Trends in Behavior?», p. 187-198. Reproduit avec la permission de l'éditeur de *Personal Values and Consumer Psychology*, Éd. Robert E. Pitts Jr. et Arch G. Woodside, Lexington, Mass., Lexington Books, D.C. Heath and Company, Copyright 1984, D.C. Heath and Company.

des plans de marketing, et ce, tout en tenant compte des différences entre les deux dimensions.

■ LES BESOINS

Dans la tête de tout consommateur réside un réservoir inépuisable d'états souhaités qu'il essaie d'atteindre en consommant des biens susceptibles de satisfaire ses besoins aussi bien physiologiques que psychologiques. Nous avons décrit plusieurs facteurs ou événements qui peuvent changer les valeurs du consommateur et qui peuvent conduire, par le fait même, à redéfinir ou à changer l'état souhaité par le consommateur. Lorsque les gens atteignent les états souhaités, certains besoins sont satisfaits. Ces besoins exercent une influence fondamentale sur le comportement de l'être humain. En fait, la majorité de nos comportements – de consommation ou autres – consistent à réaliser certaines activités physiques et mentales afin de satisfaire diverses sortes de besoins. C'est cette recherche autonome et résolue destinée à satisfaire ses besoins physiologiques et psychologiques qui fait de l'être humain un **système de personnalité actif**[6].

Nous définissons les besoins de la façon suivante : **les besoins sont une expression des caractéristiques psychologiques et physiologiques relativement permanentes d'une personne au moyen de stratégies généralement observables visant à produire du plaisir ou à réduire la douleur**. Les besoins d'une personne poussent celle-ci à adopter des manières d'agir délibérées et souvent prévisibles.

C'est la prévisibilité du comportement d'une personne qui donne à celle-ci sa personnalité. Par conséquent, les besoins **psychologiques** d'une personne sont en étroite relation avec sa personnalité ; en fait, il est peu probable que ces deux concepts puissent être séparés. Lorsque nous disons d'une personne qu'elle a un grand besoin de stimulation sensorielle, d'être différente des autres, d'être respectée et de réussir, nous décrivons sa personnalité. De plus, tandis que les besoins **physiologiques** (biologiques) tendent à changer avec l'âge du consommateur, les besoins psychologiques, quant à eux, demeurent plus ou moins les mêmes tout au long de la vie. En effet, ces caractéristiques d'un consommateur s'acquièrent lors de la formation de la personnalité, dans la petite enfance, et ne varient plus par la suite.

Bien qu'ils soient à la base de la personnalité et qu'ils constituent les racines du comportement du consommateur, les besoins psychologiques sont habituellement cachés; ils se manifestent toutefois par des signes particuliers plus facilement observables tels que les activités, les intérêts, les opinions, les préférences et les aversions. Pour comprendre les comportements d'un consommateur, on doit au moins connaître les besoins fondamentaux produisant de tels comportements ainsi que les manifestations de ces besoins.

Parmi les nombreuses tentatives effectuées pour déceler et systématiser les besoins fondamentaux de l'être humain, la mieux connue est probablement celle d'Abraham Maslow. Ce chercheur a proposé une théorie selon laquelle il existe cinq niveaux de besoins qui, selon lui, se font sentir suivant un certain ordre de priorité, de telle sorte que les besoins d'un ordre supérieur ne peuvent être ressentis avant que ceux relevant d'un ordre inférieur aient été satisfaits dans une large mesure[7]. La figure 6.5 présente cette hiérarchie des besoins et fournit des exemples de comportements susceptibles d'être engendrés par chaque type de besoin. Selon la théorie de Maslow, c'est de façon systématique que les besoins entrent en jeu et déterminent les comportements des gens; par exemple, ceux-ci ne ressentent pas les besoins de sécurité, d'appartenance ou d'amour tant qu'ils n'ont pas largement satisfait leurs besoins physiologiques, qui appartiennent à un ordre inférieur.

De la même façon, le besoin d'estime ne se fait pas sentir tant que l'individu n'a pas largement satisfait ses besoins de sécurité, d'appartenance et d'amour, qui sont d'un ordre inférieur. Ainsi, il se peut qu'un immigrant nouvellement arrivé au Canada qui se retrouve dans un milieu non familier subisse un choc culturel et ne se sente pas complètement accepté par les personnes nées au Canada ou par les immigrants de longue date; dans ce cas, il ressentira un grand besoin de sécurité, d'appartenance et d'amour, tandis que, pendant cette période, le besoin d'estime sera mis en veilleuse. Si cela est vrai même pour des professionnels d'expérience originaires de la France ou de la Grande-Bretagne, qui, grâce à leur compétence, sont présumément très bien considérés par les autorités canadiennes, imaginez quelle est la situation, en ce qui concerne la satisfaction de ses besoins, d'un immigrant sans qualification professionnelle provenant d'un pays du tiers monde et ne parlant ni le

FIGURE 6.5
Classification hiérarchique des besoins humains proposée par Abraham Maslow et quelques exemples d'expression de ces besoins

Besoin d'épanouissement personnel	*Besoin poussant une personne à:* changer de carrière, cultiver des loisirs sérieux, voyager pour se découvrir soi-même, développer ses talents latents, apporter une véritable contribution à l'espèce humaine, rechercher diverses façons de s'exprimer.
Besoin d'estime	*Besoin poussant une personne à:* obtenir un diplôme universitaire, porter des vêtements de haute couture, meubler sa maison d'antiquités, devenir membre d'un club privé, acheter et mettre en évidence des symboles de statut social, soutenir des causes prestigieuses.
Besoin d'appartenance et d'amour	*Besoin poussant une personne à:* devenir membre d'un club ou d'une association, avoir des enfants, recevoir ses amis, accepter des invitations, envoyer des cartes de vœux, célébrer Noël, faire des appels interurbains personnels.
Besoin de sécurité	*Besoin poussant une personne à:* se procurer des assurances, épargner, consulter un avocat, contribuer à un régime enregistré d'épargne-retraite, demander de la protection, quitter un pays politiquement instable.
Besoins physiologiques	*Besoins poussant une personne à:* manger, se reposer, satisfaire ses besoins sexuels, échapper aux dangers physiques, aller chez le médecin, éviter la douleur, porter des vêtements protecteurs.

français, ni l'anglais. Au fur et à mesure que l'immigrant s'établit dans son nouveau pays, qu'il se crée un réseau d'amis et de connaissances, qu'il s'assimile dans une certaine mesure et qu'il se sent accepté dans certains milieux, ses besoins de sécurité et d'appartenance se voient satisfaits. Son besoin d'estime refait donc surface et recommence à motiver son comportement.

Selon Maslow, plusieurs niveaux de besoin peuvent simultanément motiver le comportement. De plus, aucun niveau n'est jamais complètement satisfait; celui qui est le moins satisfait est celui qui constitue le principal agent de motivation du comportement[8]. Par exemple, les consommateurs dont le comportement est dominé par le besoin d'estime continueront cependant de ressentir périodiquement les besoins physiologiques constitués par la faim, l'instinct sexuel et l'instinct de conservation ainsi que les besoins reliés à la sécurité et à l'amour. La figure 6.5 présente certains comportements qu'une personne peut adopter en vue de satisfaire ses besoins.

À l'occasion, un besoin d'ordre supérieur peut dominer à un point tel que la personne commence à négliger la satisfaction des besoins vitaux d'ordre inférieur; ce comportement a des conséquences présentant un certain intérêt. Ainsi, le Dr Norman Bethune, chirurgien de Toronto, essayait probablement de satisfaire son besoin d'épanouissement personnel (mêlé à un certain besoin d'estime) lorsqu'il soignait, sans relâche, les soldats chinois dans les champs de bataille de la guerre sino-japonaise de 1931-1945. Sa préoccupation à l'égard de la satisfaction de ce besoin était si grande qu'il négligeait de prendre du repos, de se nourrir correctement et de soigner une blessure à la main qu'il s'était faite avec un bistouri. L'infection qui en résulta se répandit alors qu'il continuait de travailler, ce qui finit par le tuer. Certains ajouteront que ce comportement a fait du Dr Bethune un héros national que la plupart des Chinois honorent encore aujourd'hui. Pour sa part, Terry Fox, l'amputé du cancer originaire de Coquitlam, en Colombie-Britannique, essayait peut-être de satisfaire son besoin d'estime lorsqu'il parcourait, en sautillant sur sa bonne jambe, la moitié du Canada, s'attirant par le fait même beaucoup de publicité, ce qui lui permit d'obtenir du financement pour la recherche sur le cancer. Néanmoins, ce besoin d'ordre supérieur dominait tellement que Terry en vint à ignorer les besoins physiologiques consistant à éviter les blessures et la douleur, et ce, jusqu'à ce que ces besoins insatisfaits deviennent tellement puissants qu'ils reprennent le dessus alors qu'il était à Thunder Bay; à ce moment-là, Terry dut être hospitalité. Un troisième exemple est fourni par le pionnier immigrant qui ignore délibérément ses besoins de sécurité, d'appartenance et d'amour en quittant le milieu confortable et familier de son pays pour chercher à satisfaire des besoins d'épanouissement personnel et d'estime en «commençant une nouvelle vie dans un pays plein de possibilités». Le choc se produit lorsque cette personne réalise que, pour vivre dans son nouveau pays, elle doit d'abord voir à la satisfaction de ses besoins de sécurité et d'appartenance avant de songer à satisfaire ses besoins d'estime et d'épanouissement personnel.

La hiérarchie de Maslow n'est pas le seul système de besoins que nous connaissions. Un autre théoricien, Henry Murray, a élaboré une typologie des besoins psychologiques plus détaillée que celle constituée par la hiérarchie de Maslow. Par exemple, au «besoin d'estime» présenté dans le système de Maslow correspond, dans la typologie de Murray, une liste de 10 besoins:

- la supériorité;
- la dominance;
- la réussite;
- la reconnaissance;
- l'autonomie;
- le besoin de se donner en spectacle;
- l'inviolabilité;
- le besoin d'éviter l'humiliation et la honte;
- l'autodéfense;
- la neutralisation[9].

Le fait d'explorer une telle liste de besoins reliés au besoin d'estime peut donner aux spécialistes de marketing l'occasion d'élaborer des messages s'adressant à ce niveau spécifique de besoins du consommateur. En effet, le principe central du marketing repose sur la découverte des besoins humains et sur la production de biens destinés à satisfaire ces besoins.

Une fois qu'un besoin a été satisfait, il cesse de motiver le comportement. Cependant, il est possible que certains types de besoins ne puissent pas être satisfaits ou puissent seulement l'être de façon temporaire, spécialement les besoins d'ordre supérieur représentés dans le haut de la figure 6.5. Ces types de besoins continuent donc de motiver les comportements susceptibles de les satisfaire. Par conséquent, dès qu'un consommateur a atteint l'état souhaité, tel qu'il est défini par un besoin d'ordre supérieur, à l'aide d'un bien, d'une activité ou d'une expérience, il peut arriver que ce bien, cette activité ou cette expérience ne corresponde plus à l'état souhaité et qu'un écart soit de nouveau perçu. Les écarts entre l'état présent et l'état souhaité continuent d'exister parce que l'atteinte de l'état souhaité ne suffit pas à éliminer le besoin ressenti au départ ni l'influence qu'exerce ce besoin sur le comportement. En fait, de tels écarts continuent d'exister parce que, «sur le plan psychologique, non seulement le comportement tend à faire diminuer les tensions, mais il contribue aussi à les faire s'accumuler[10]...» Ainsi, l'étudiant peut probablement se rappeler le soulagement qu'il a ressenti lorsqu'il a obtenu le diplôme d'études collégiales, sentiment qui a ensuite fait place au désir d'obtenir un diplôme universitaire. Une fois son désir réalisé, l'étudiant souhaitera peut-être acquérir un diplôme de maîtrise, tous ces efforts visant à satisfaire les besoins d'estime et d'épanouissement personnel.

Il est opportun de faire une remarque additionnelle concernant les besoins et le comportement de consommation, afin d'éclairer davantage le comportement du consommateur. Un phénomène communément observé chez les consommateurs est le fait que l'acquisition et la consommation d'un bien donné ne peuvent ni satisfaire d'une manière définitive le besoin fondamental ressenti ni suffire à éliminer la tension de façon permanente. En fait, la poursuite d'un but peut quelquefois être perçue comme plus gratifiante que l'atteinte même du but, de telle sorte que, par la suite, le consommateur peut avoir le sentiment qu'on l'a laissé tomber. C'est probablement de là que provient l'adage «L'herbe est toujours plus verte dans la cour du voisin». Les consommateurs qui sont dans un tel état d'esprit peuvent parfois s'engager dans une course effrénée de consommation et ressentir un sentiment de vide menant à des pensées telles que: «Ciel, je ne semble pas être capable d'être heureux; plus j'en ai, plus j'en veux.» Ce phénomène, souvent encouragé par les spécialistes de marketing, est dû à cette notion erronée à savoir qu'un des buts de la vie sur terre est l'élimination de toute tension reliée aux besoins et qu'on peut satisfaire à jamais les besoins par la consommation d'un bien ou par la réalisation d'une activité économique quelconque. «Si vous voulez être heureux pour toujours, dit-on, il suffit simplement de devenir membre du club Nautilus, de donner une bague en diamants à la personne que vous aimez, de prendre votre retraite dans le complexe résidentiel *Au Bon Repos*, d'acheter une propriété située sur les berges du fleuve ou de devenir membre d'une certaine secte religieuse.» En réalité, pour mener une existence saine, l'être humain **a besoin** d'un certain niveau de tension et d'une activité orientée vers l'atteinte d'un but; l'élimination complète des tensions n'est pas un état idéal[11]. Cette réalité est en partie exprimée par la maxime «Le bonheur est une direction et non un endroit».

Nous croyons que les écarts entre les états présents et les états souhaités se perpétuent parce que même si les consommateurs atteignent les états qu'ils désirent, leurs besoins continuent d'exister et de motiver d'autres comportements visant à les satisfaire. Une fois que nous avons résolu certains problèmes et atteint certains buts, nous nous fixons de nouveaux objectifs issus des besoins fondamentaux, et nous percevons de nouveau un écart. Essentiellement, de nouveaux écarts continuent d'apparaître **en conséquence** de nos propres comportements de consommation. C'est ce qui donne au comportement du consommateur son caractère dynamique.

■ LES VALEURS

Tandis que les besoins sont des aspects relativement permanents du comportement, les valeurs peuvent changer et changent, en fait, continuellement. Tel que l'affirmait Milton Rokeach, théoricien des valeurs, «si les valeurs étaient complètement stables, le changement individuel et le changement social seraient impossibles. Si les valeurs étaient complètement instables, la continuité de la société et celle de la personnalité humaine seraient impossibles[12]». En ce qui nous concerne, nous pouvons définir le concept de valeurs de la façon suivante: **les valeurs sont des représentations cognitives de nos besoins fondamentaux qui tiennent compte des exigences de la société**[13].

Selon Rokeach, nous utilisons les valeurs pour définir ce qui est souhaitable, ce qui vaut la peine d'être fait, ce qui vaut la peine d'être encouragé, d'être défendu, d'être recherché et ce qui n'en vaut pas la peine. Nous utilisons aussi les valeurs pour nous évaluer nous-mêmes et pour évaluer les autres en ce qui concerne la compétence et la moralité ainsi que pour maintenir et améliorer l'estime que nous avons de nous-mêmes; «la fonction ultime des valeurs humaines est de nous procurer un ensemble de normes pour nous guider dans les efforts que nous effectuons pour satisfaire nos besoins[14]».

Tel que nous l'avons vu au chapitre 2, l'individu acquiert ses valeurs par le moyen de l'apprentissage environnemental ainsi que par l'influence socialisante de la culture, des groupes de référence, de la classe sociale, de la famille, des variables économiques et des diverses sources d'information. Cela signifie que les valeurs d'un consommateur peuvent être considérées comme le lien entre les besoins personnels et la structure sociale composant l'environnement du consommateur[15]. D'une façon plus spécifique, les valeurs constituent des façons socialement approuvées d'exprimer et de justifier nos besoins fondamentaux. Pour donner quelques exemples de besoins humains transformés en valeurs, le besoin de satisfaction sexuelle peut s'exprimer sur le plan cognitif par la valorisation de l'amour, de l'union spirituelle ou de l'intimité; le besoin de dépendance, de conformité ou d'humiliation d'une personne peut s'exprimer ou se justifier en valorisant la loyauté à l'égard de ses amis ou de son pays, l'obéissance ou le respect des aînés; le besoin d'agression peut être transformé en valeur si on l'associe à l'ambition, au courage, à une vie excitante, à la sécurité familiale ou à la sécurité nationale[16].

Notez, à partir de ces exemples, que les valeurs sont considérées comme souhaitables par l'ensemble de la société; elles sont socialement approuvées par la culture dans laquelle nous vivons ainsi que par plusieurs autres cultures. Alors que notre culture tend à désapprouver et à supprimer les besoins de satisfaction sexuelle et d'agression, les parallèles cognitifs de ces besoins, soit l'amour, l'union spirituelle, l'ambition et le courage, sont prônés, partagés, acceptés et encouragés.

On peut observer ce phénomène dans le matériel de publicité postale présenté dans la figure 6.6. L'entreprise d'édition Grolier, de Toronto, vend une collection de livres pour enfants intitulée *Que signifie...* Ce matériel promotionnel est destiné aux parents qui se soucient des valeurs inculquées à leurs enfants. Chaque histoire raconte combien la vie peut être plus belle pour l'enfant et son entourage lorsque le jeune apprend à vivre en harmonie avec les autres. Cette série offre aux parents l'occasion d'inculquer à leurs rejetons certaines valeurs socialement approuvées en achetant des volumes qu'ils peuvent lire à leurs enfants. La grande variété de valeurs présentées par les différents volumes rend cette série

FIGURE 6.6
Publicité postale destinée à promouvoir une série de livres visant à inculquer certaines valeurs aux enfants

SOURCE: Reproduit avec l'autorisation de Grolier, Canada.

attrayante pour un grand nombre de parents désireux d'inculquer à leurs enfants un certain ensemble de valeurs.

Rokeach a fait la distinction entre deux sortes de valeurs : une personne peut avoir des convictions concernant : 1) les buts ultimes, souhaitables ou idéalisés, de l'existence (valeurs terminales) ; 2) les modes de comportement qu'il est souhaitable d'adopter pour atteindre ces buts ultimes (valeurs instrumentales)[17]. Les tableaux 6.2 et 6.3 présentent respectivement une liste de valeurs terminales et une liste de valeurs instrumentales élaborées par Rokeach. Ce dernier soutient que les valeurs terminales sont étroitement reliées aux besoins biologiques et sociaux, de telle sorte que ces valeurs n'existent pas en très grand nombre. Mais il existe probablement un très grand nombre de valeurs instrumentales permettant

TABLEAU 6.2

Classification de 18 valeurs terminales par ordre d'importance, d'après une enquête effectuée sur des échantillons d'étudiants du Canada, des États-Unis, de l'Australie et d'Israël

	Canada	États-Unis	Australie	Israël
Nombre d'étudiants composant l'échantillon	**125**	**169**	**279**	**71**
Valeurs terminales				
Liberté (indépendance, libre choix)	1	1	3	4
Bonheur (contentement)	2	2	7	3
Amour adulte (intimité sexuelle et spirituelle)	3	6	5	5
Dignité personnelle (estime de soi)	4	4	6	11
Amitié véritable (étroite camaraderie)	5	8	2	12
Harmonie intérieure (absence de conflit interne)	6	9	8	13
Sécurité familiale (en prenant soin de ceux qu'on aime)	7	7	12	8
Sagesse (une bonne compréhension de la vie)	8	3	1	6
Sentiment d'avoir réussi (contribution durable)	9	5	4	7
Égalité (des chances égales pour tous)	10	13	10	10
Stimulation (une vie active et excitante)	11	12	11	9
Paix dans le monde (un monde exempt de guerre et de conflit)	12	10	9	1
Confort (une vie prospère et confortable)	13	11	13	15
Plaisir (une vie plaisante, remplie de loisirs)	14	15	14	14
Beauté dans le monde (beauté de la nature et des arts)	15	18	15	17
Reconnaissance sociale (respect et admiration)	16	14	16	16
Sécurité nationale (défense)	17	17	17	2
Salut (vie éternelle)	18	16	18	18

SOURCE: Adapté de Milton Rokeach, *The Nature of Human Values*, New York, Free Press, 1973, p. 89, tableau 3.18.

TABLEAU 6.3

Classification de 18 valeurs instrumentales par ordre d'importance, d'après une enquête effectuée sur des échantillons d'étudiants du Canada, des États-Unis, de l'Australie et d'Israël

	Canada	États-Unis	Australie	Israël
Nombre d'étudiants composant l'échantillon	**125**	**169**	**279**	**71**
Valeurs instrumentales				
Honnête (sincère, vrai)	1	1	1	1
Responsable (fiable, digne de confiance)	2	2	3	2
Affectueux (tendre, aimant)	3	11	4	8
Large d'esprit (d'esprit ouvert)	4	4	2	9
Indépendant (autonome)	5	6	7	13
Enjoué (joyeux, gai)	6	15	9	14
Intellectuel (intelligent, réfléchi)	7	9	14	6
Courageux (défend ses idées)	8	8	10	12
Serviable (travaille au bien-être des autres)	9	14	13	10
Clément (prêt à pardonner aux autres)	10	12	11	18
Ambitieux (travailleur, désire aller plus loin)	11	3	6	7
Capable (compétent, efficace)	12	5	8	4
Maître de soi (a de la retenue, de la discipline personnelle)	13	10	5	5
Logique (rationnel)	14	7	12	3
Imaginatif (créatif, audacieux)	15	13	15	16
Poli (courtois, a de belles manières)	16	16	16	11
Propre (net, soigné)	17	17	17	15
Obéissant (respectueux, soumis)	18	18	18	17

SOURCE: Adapté de Milton Rokeach, *The Nature of Human Values*, New York, Free Press, 1973, p. 90, tableau 3.19.

d'atteindre les valeurs terminales[18]. De plus, celles-ci sont probablement universelles, c'est-à-dire qu'elles peuvent exister dans d'autres cultures et, par conséquent, qu'elles peuvent être comparées entre diverses cultures. En fait, tel que le montre le tableau 6.2, Rokeach a mis en évidence 18 valeurs terminales.

La plupart des individus possèdent plusieurs valeurs terminales et instrumentales qu'ils utilisent comme principes directeurs dans la conduite de leur vie. En général, l'individu élabore un certain système afin d'organiser ses valeurs par ordre de priorité ou d'importance. Ces valeurs s'expriment par le style de vie adopté par la personne. Par exemple, l'un des auteurs de ce manuel possède le système de valeurs terminales suivant, les valeurs étant présentées dans l'ordre de leur importance à ses yeux : la reconnaissance sociale, le sentiment d'avoir réussi, la sagesse et la stimulation. À l'autre extrémité se situent des valeurs moins importantes pour lui : le confort, le plaisir et le salut. Ses valeurs instrumentales les plus importantes sont les suivantes (par ordre d'importance approximatif) : être imaginatif, être capable, être large d'esprit, être intellectuel, être ambitieux, être indépendant, être maître de soi et être poli ; ses valeurs les moins importantes sont d'être obéissant, propre et clément. En tant que professeur d'université qui aime son travail et le considère comme une composante importante de son style de vie, il trouve que toutes les valeurs auxquelles il accorde de l'importance peuvent être véhiculées et exprimées par ses activités universitaires, ses intérêts et ses opinions. Bref, tel que l'indiquent les tableaux 6.2 et 6.3, c'est l'ordre de priorité des valeurs adopté par une personne qui façonne le comportement et le style de vie de celle-ci.

Le tableau 6.2 indique aussi comment des échantillons d'étudiants de sexe masculin établissent leurs priorités dans quatre cultures différentes. On a demandé aux étudiants de chaque pays de classer les valeurs terminales «par ordre d'importance **pour vous** en tant que principes directeurs de **votre** vie[19]». Le tableau 6.2 présente une liste de valeurs terminales classées par ordre d'importance d'après le score **moyen** obtenu par chaque groupe, allant du degré d'importance le plus élevé (1) à celui qui est le moins élevé (18). Tandis que des valeurs telles que le plaisir, la reconnaissance sociale et le salut ont été classées, dans chacun des quatre pays, comme moins importantes, il y a beaucoup moins de concordance entre les quatre cultures en ce qui a trait aux deux valeurs terminales les plus importantes. Cela peut être vérifié en considérant l'importance relative qui a été accordée à la liberté, au bonheur, à l'amitié véritable, à la sagesse, à la paix dans le monde et à la sécurité nationale par les étudiants des quatre cultures.

Le tableau 6.3 donne les résultats obtenus par rapport aux valeurs instrumentales à partir des mêmes échantillons d'étudiants. Bien qu'il y ait une grande ressemblance entre les quatre cultures en ce qui a trait à la valeur accordée à l'honnêteté et au sens des responsabilités, il y en a beaucoup moins quant à l'importance accordée à des valeurs telles que le fait d'être affectueux, large d'esprit, ambitieux et logique. Il ne fait aucun doute que le tempérament national ainsi que les valeurs culturelles d'un pays exercent une grande influence sur le choix des valeurs adoptées par les étudiants appartenant à cette culture.

Comment les valeurs se reflètent dans le choix des attributs du produit

La figure 6.1 suggère que les valeurs personnelles déterminent, d'une manière indirecte, les attributs du produit recherchés par le consommateur. Ces attributs décrivent l'état souhaité par la personne et sont supposément susceptibles de satisfaire les besoins perçus. La recherche commerciale dont nous décrivons les grandes lignes dans les paragraphes qui suivent démontre comment le fait de rechercher certains attributs dans un produit révèle les valeurs sous-jacentes du consommateur et, par conséquent, indique les vraies raisons pour lesquelles on consomme un produit.

Une étude a été effectuée dans le but de déterminer les relations existant entre les attributs du produit, les avantages recherchés et les valeurs des adultes qui consomment des produits destinés à rafraîchir l'haleine, des bonbons, du dentifrice et du rince-bouche[20]. Lors d'entrevues personnelles effectuées auprès d'utilisateurs de ces produits, on a utilisé 13 marques comme stimuli: Binaca, Certs, Close Up, Crest, Dentyne, Double Mint, Life Savers, Listerine, Listermint, Scope, Trident, Ultra Brite et Velamints. On demandait aux répondants d'indiquer les attributs ou aspects d'une marque qu'ils préféraient; on leur demandait ensuite **pourquoi** tel aspect avait de l'importance à leurs yeux. L'enquêteur allait ensuite plus loin en posant des questions portant sur le pourquoi, afin de déterminer les avantages et les conséquences notables découlant de l'utilisation du produit. Cette procédure, dite technique de l'échelle, était utilisée jusqu'à ce que le répondant devienne incapable de répondre à la question «Pourquoi?».

Les résultats de toutes ces entrevues sont résumées dans la figure 6.7. Celle-ci montre, à partir des questions posées, les attributs du produit recherchés et les avantages retirés; les questions portant sur les avantages retirés entraînent à leur tour des réponses se rapprochant de plus en plus du niveau des valeurs, jusqu'à ce qu'on puisse déceler quelques valeurs clés. Notez, par exemple, les types de réponses qui constituent le chemin menant des attributs du produit «fluor» et «sans sucre» aux avantages «belle apparence» et «bon pour la santé». Ces derniers, à leur tour, mènent à la valeur «se sentir mieux». De la même façon, les deux chemins partant des attributs du produit «goût de menthe fraîche» et «goût médicinal» mènent tous deux à l'avantage «haleine fraîche». Si on pousse un peu plus loin, il devient clair que les avantages «haleine fraîche» et «belle apparence» sont perçus comme bénéfiques parce que le consommateur désire éviter l'embarras ou le rejet lorsqu'il se rapproche d'autres personnes. Si on pousse encore plus loin, on découvre que c'est le désir du consommateur d'être accepté et de ne pas offenser les autres qui permet d'être en accord avec les valeurs constituées par la sécurité, la confiance en soi et le respect de soi-même.

La recherche dont nous venons de donner un modeste aperçu est une excellente illustration de la théorie selon laquelle les valeurs personnelles conduisent à rechercher certains attributs offerts par un bien et, en conséquence, à consommer le produit. Si on n'a pas fait une telle recherche, on ne sait pas vraiment **pourquoi**, par exemple, une personne achète du maquillage pour les yeux, s'abonne à la série *Time-Life* sur la cuisine internationale, amène sa famille au Walt Disney's Epcot Center, loue une tente ou une caravane, contribue à la fondation Save the Children, envoie de l'argent à Centraide, prend des leçons de guitare ou vote pour le candidat du Parti progressiste conservateur. Si les spécialistes de marketing ne connaissent pas les valeurs qui motivent de tels comportements et conduisent à adopter un certain style de vie, il leur est très difficile de créer des produits, d'offrir des services, de trouver des systèmes de distribution et de prendre des décisions promotionnelles qui influencent et satisfassent des segments de consommateurs partageant certaines valeurs.

FIGURE 6.7
Résultats d'une étude visant à déceler les valeurs qui poussent le consommateur à rechercher certains attributs dans les produits destinés à améliorer l'haleine, les bonbons, le dentifrice et le rince-bouche

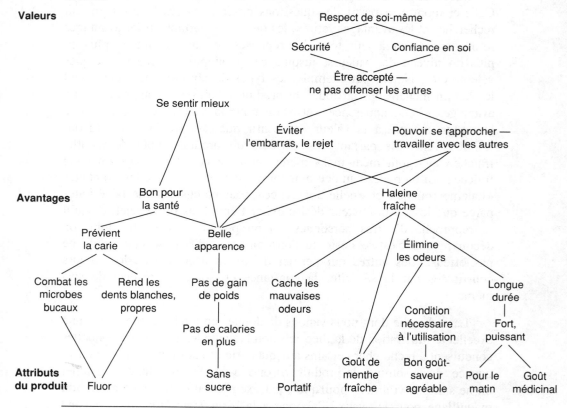

SOURCE: Figure 11.2 dans Thomas J. Reynolds et Jonathan Gutman, «Laddering: Extending the Repertory Grid Methodology to Construct Attribute-Consequence-Value Hierarchies», p. 164. Reproduit avec la permission de l'éditeur de *Personal Values and Consumer Psychology*, Éd. Robert E. Pitts, Jr. et Arch G. Woodside, Lexington, Mass., Lexington Books, D.C. Heath and Company, Copyright 1984, D.C. Heath and Company.

■ LES STYLES DE VIE

Tel que nous l'avons mentionné au chapitre 2, le style de vie d'une personne est l'expression externe de ses valeurs et de ses besoins. Lorsque nous examinons le style de vie d'un consommateur, nous décrivons comment cette personne vit selon ses valeurs et les exprime, et comment elle satisfait ses besoins. Ces manifestations des besoins et des valeurs ont trait à ce que le consommateur achète ou n'achète pas, à ce qu'il fait ou ne fait pas, à ce qui l'intéresse ou ne l'intéresse pas ainsi qu'aux opinions et aux attitudes qu'il adopte à l'égard de divers sujets. Ces diverses dimensions de la pensée et du comportement constituent le style de vie d'un consommateur. L'expression **style de vie** se définit donc comme suit : **le style de vie d'un consommateur est le type d'activités, d'intérêts et d'opinions qu'adopte cette personne en accord avec ses besoins et ses valeurs**.

Le mot clé de cette définition est le terme «type», étant donné qu'il existe une remarquable cohérence dans les comportements et les intérêts qu'une personne adopte afin de satisfaire ses besoins et d'être en accord avec ses valeurs. Si l'on ne pouvait prévoir les comportements adoptés, le concept de style de vie ne serait pas d'une grande utilité pour les spécialistes de marketing. En fait, nous pouvons considérer le style de vie d'un consommateur comme la tendance à consommer et à répondre aux efforts de marketing d'une manière prévisible. Vu sous cet angle, le concept de style de vie, lorsqu'il est correctement utilisé, devient un outil de marketing exceptionnellement puissant, étant donné qu'il existe de vastes segments de consommateurs partageant le même style de vie.

De plus, il semble que, dans une société, il n'y ait pas un très grand nombre de styles de vie qui diffèrent d'une manière significative. Une étude bien connue, comportant plusieurs phases et effectuée à l'échelle nationale, a mis en évidence **neuf** styles de vie distincts et mesurables chez les adultes américains; cette typologie du style de vie, appelée VALS (*Values and Life Styles*), est fondée sur la théorie de la hiérarchie des besoins de Maslow et sur le concept de caractère social de David Riesman[21]. Les adeptes des neuf styles de vie désignés dans la typologie VALS ont reçu les étiquettes suivantes (le chiffre entre parenthèses représente le pourcentage approximatif de la population adulte américaine comprise dans chaque groupe): les «survivants» (4 %), les «supporteurs» (7 %), les «participants» (35 %), les «imitateurs» (10 %), les «réalisateurs» (22 %), les «je-suis-moi» (5 %), les «expérimentateurs» (7 %), les «socio-conscients» (8 %) et les «intégrés» (2 %).

Enfin, le style de vie d'un consommateur peut changer avec le temps. Cela n'implique pas que les besoins fondamentaux changent – ceux-ci demeurent les mêmes tout au long de la vie adulte –, mais, plutôt, que les valeurs se modifient; en d'autres mots, le style de vie change parce que les valeurs, et non les besoins, ont changé. Ce phénomène a été expressément reconnu dans la théorie sous-jacente à la typologie des styles de vie VALS: les consommateurs, au fur et à mesure qu'ils évoluent et qu'ils acquièrent de la maturité, peuvent cesser d'appartenir à une certaine catégorie VALS pour faire partie d'une autre catégorie. Tel que nous l'avons vu auparavant, les valeurs d'une personne changent parce que, tout au long de sa vie, cette personne subit l'influence de l'environnement, c'est-à-dire l'influence des six facteurs dont nous avons parlé au chapitre 2.

☐ L'utilité du concept de style de vie pour le marketing

Quels sont les principaux problèmes que doit affronter le responsable des produits de consommation et qui peuvent être résolus par une analyse du style de vie? Il existe deux grands types de problèmes.

Premièrement, le spécialiste de marketing doit avoir une bonne description du consommateur cible ou de l'utilisateur potentiel d'un produit ou d'un service donné[22]. Qui achète présentement ce genre de produit? Qui est le plus susceptible de l'acheter? Aussi, en examinant l'autre côté de la médaille, qui est le moins susceptible d'utiliser ce produit? Dans ces questions, le qui est au cœur du problème. Le spécialiste de marketing doit avoir du consommateur une description qui aille au-delà des profils démographiques standard et qui fournisse un portrait vivant de l'utilisateur potentiel (ou du non-utilisateur); cette description doit concerner la personnalité, les valeurs, les intérêts, les opinions, les attitudes et les priorités personnelles. Essentiellement, les spécialistes de marketing ont besoin d'une description du style de vie du consommateur cible, celle-ci pouvant être obtenue par des recherches sur le style de vie. Dans le langage technique, ce genre de recherche est appelé recherche psychographique.

Deuxièmement, une fois qu'il a obtenu une telle description, le spécialiste de marketing doit concevoir un produit, un prix, un mode de distribution et une stratégie promotionnelle appropriés, que le consommateur cible puisse comprendre et avec lesquels il puisse s'identifier. Idéalement, le consommateur devrait pouvoir se reconnaître dans le produit, dans les messages promotionnels ainsi que dans la situation de consommation. Si l'on veut conquérir un marché cible donné, chacune de ces stratégies doit respecter le profil du style de vie du consommateur cible. De plus, tel que l'indique la figure 6.1, le consommateur recherche des biens possédant des **attributs** qui reflètent le style de vie qu'il a adopté et qui lui permettent d'agir en fonction de ce style de vie. Ce sont ces attributs que le consommateur recherche lorsqu'il analyse et évalue différents produits lors du processus décisionnel visant à se procurer un bien.

Les objectifs de la recherche psychographique

Avant de présenter un exemple concret, il est bon de rappeler les objectifs poursuivis par les recherches portant sur le style de vie, ou recherches psychographiques. Pour le chef de produit, le concepteur de produit, le concepteur du conditionnement, le rédacteur de textes publicitaires, l'auteur de scénarios commerciaux, le producteur de messages promotionnels, le responsable du programme des différents médias et tous ceux qui «doivent créer des produits, des services ou des messages pour des consommateurs qu'ils ne peuvent rencontrer en personne[23]», les principaux objectifs de la recherche psychographique sont les suivants:

1. Tracer, pour chaque segment de marché donné, un portrait ressemblant des consommateurs où l'élément humain ressorte clairement du profil psychographique des consommateurs cibles. Quels sont les valeurs, les idéaux, les goûts, les préoccupations, les inquiétudes, les préjugés, les peurs et les problèmes des consommateurs[24]? Quelles activités aiment-ils ou n'aiment-ils pas? Quels sont leurs orientations et leurs intérêts quotidiens? Quelles sont leurs opinions sur diverses questions personnelles et sociales? Comment se sentent-ils par rapport aux autres?

2. Permettre au spécialiste de marketing, armé de cette description riche et vivante, de créer des produits, des services et des communications qui correspondent aux exigences et aux besoins d'un segment de style de vie donné; par exemple, cette recherche doit permettre de découvrir quels sont les mots ou les images à utiliser dans les publicités et les efforts promotionnels destinés à ce groupe, quel type d'information les représentants des ventes devraient communiquer aux acheteurs potentiels, quels sont les messages à lancer dans les publicités paraissant à la radio et à la télévision, quels sont les médias à utiliser

pour les messages promotionnels et quels sont les canaux de distribution et les stratégies de prix à employer.

UNE APPLICATION DE LA RECHERCHE PSYCHOGRAPHIQUE

L'exemple qui suit vous aidera à comprendre le concept de style de vie et son application à un problème de marketing. Il permet de se rendre compte du type d'information fourni par la recherche psychographique.

L'utilisatrice de maquillage pour les yeux en regard de la grande utilisatrice de graisse végétale

Les données provenant de la recherche sur le style de vie (recherche psychographique) sont souvent obtenues par des sondages concernant le style de vie en général, effectués sur un large échantillon; ces sondages utilisent de longs questionnaires postaux que l'on envoie à un groupe témoin de consommateurs déterminé par une entreprise de recherche commerciale. Lors d'une telle étude, 1 000 questionnaires ont été postés à un groupe témoin de ménagères, dont la grande majorité étaient mariées; l'échantillon incluait des épouses travaillant à l'extérieur ainsi que des ménagères à temps plein[25]. Le questionnaire contenait 300 énoncés concernant une large gamme d'activités, d'intérêts et d'opinions (on appelle ce genre de questions **énoncés AIO – Activités, Intérêts et Opinions**); les répondants devaient indiquer s'ils souscrivaient ou non à chaque énoncé au moyen d'échelles allant de 1 (je rejette totalement l'énoncé) à 6 (j'acquiesce totalement à l'énoncé). Le tableau 6.4 fournit des exemples de certains de ces énoncés AIO. Étant donné que les énoncés AIO des questionnaires portant sur le style de vie traitent généralement de problèmes de la vie courante ainsi que des aspirations, des intérêts et des activités préférées des répondants, ils intéressent généralement beaucoup ces derniers. Par conséquent, un questionnaire d'une longueur de 25 pages, posté aux membres d'un groupe témoin, peut produire un taux de réponse de 75 à 80 %, et même de 90 % s'il est accompagné d'un petit cadeau destiné à récompenser les gens de leur coopération[26].

TABLEAU 6.4

Profil du mode de vie de l'utilisatrice typique de maquillage pour les yeux et de la grande utilisatrice typique de graisse végétale

Utilisatrice de maquillage pour les yeux	Grande utilisatrice de graisse végétale
Caractéristiques démographiques	**Caractéristiques démographiques**
Jeune, instruite, vit dans une grande agglomération.	D'âge moyen, de famille moyenne à large, ne vit pas dans une grande agglomération.
Utilisation de produit	**Utilisation de produit**
Est aussi une grande utilisatrice de fond de teint liquide, de rouge à lèvres, de fixatif pour les cheveux, de parfum, de cigarettes et d'essence.	Est aussi une grande utilisatrice de farine, de sucre, de viande en conserve, de desserts cuisinés et de ketchup.
Préférences par rapport aux médias	**Préférences par rapport aux médias**
Magazines de mode, *Life*, *Look*, émissions d'aventure, *Tonight Show*.	*Reader's Digest*, mélodrames télévisés, comédies télévisées représentant des situations familiales.
Activités, intérêts et opinions	**Activités, intérêts et opinions**
Acquiesce plus souvent que la moyenne aux énoncés suivants:	*Acquiesce plus souvent que la moyenne aux énoncés suivants:*
J'essaie souvent les nouvelles coiffures à la mode.	J'aime faire de la pâtisserie et j'en fais souvent.
J'ai habituellement un ou plusieurs ensembles à la dernière mode.	Je découpe les recettes dans les revues et journaux.
L'habillement est une partie importante de ma vie et de mes activités.	La cuisine est ma pièce préférée.
J'aime me sentir attrayante auprès des hommes.	J'adore manger.
Je veux paraître un peu différente des autres.	J'aime faire la plupart des travaux domestiques.
Il est important d'avoir une belle apparence pour garder son mari.	D'habitude, j'ai des journées assignées au lavage, au ménage, etc.
J'aime ce que je vois lorsque je regarde dans le miroir.	Ça me dérange lorsque la maison n'est pas complètement propre.
La première chose que je fais le matin est de me peigner et de mettre du rouge à lèvres.	Je fais souvent moi-même mes vêtements et ceux de mes enfants.
Je prends bien soin de ma peau.	J'aime coudre et je le fais souvent.
Les gens négligés ont l'air affreux.	J'essaie d'arranger ma maison en fonction de mes enfants.
J'aimerais faire un voyage autour du monde.	Les membres de notre famille sont très proches les uns des autres.
J'aimerais passer une année à Londres ou à Paris.	Il y a beaucoup d'amour dans notre famille.
J'aime le ballet.	Je passe beaucoup de temps avec mes enfants à parler de leurs activités, de leurs amis et de leurs problèmes.
J'aime les réceptions où il y a beaucoup de musique et de discussions.	Tous devraient faire des marches, jardiner, aller à bicyclette ou effectuer

TABLEAU 6.4
(suite)

Utilisatrice de maquillage pour les yeux	Grande utilisatrice de graisse végétale
J'aime les choses brillantes, joyeuses et excitantes. J'ai une vie sociale plus élaborée que celle de la plupart de mes amis. J'aimerais avoir une domestique pour faire le travail de maison. J'aime servir des repas sortant de l'ordinaire. Je m'intéresse aux épices et aux assaisonnements. Si j'avais à choisir, je préférerais avoir un téléviseur couleur plutôt qu'un nouveau réfrigérateur. J'aime les couleurs brillantes et éblouissantes. Je crois sincèrement que les blondes ont plus de plaisir.	toute autre forme d'exercice plusieurs fois par semaine. Les vêtements devraient sécher à l'air frais, à l'extérieur. Il est important de se laver les mains avant chaque repas. On devrait passer un examen médical au moins une fois l'an. Je préfère passer une soirée tranquille à la maison plutôt que d'aller à une réception. Je préfère aller à une manifestation sportive plutôt qu'à une danse.
Rejette plus souvent que la moyenne les énoncés suivants: Je suis casanière. J'aime faire l'épicerie. J'aime accomplir la plupart des tâches domestiques. Je meuble ma maison pour le confort, et non pour le style. J'essaie d'arranger ma maison en fonction de mes enfants. Il est plus important d'avoir de bons appareils ménagers dans la maison que de bons meubles. Les femmes ne devraient pas fumer en public. De nos jours, on accorde trop d'importance au sexe. Les valeurs spirituelles sont plus importantes que les choses matérielles. Si c'était assez bon pour ma mère, c'est assez bon pour moi.	*Rejette plus souvent que la moyenne les énoncés suivants:* J'aimerais avoir une domestique pour faire le travail ménager. Mon idée du travail domestique est «de passer une fois rapidement». La musique classique est plus intéressante que la musique populaire. J'aime le ballet. J'aimerais vivre un an à Londres ou à Paris.

SOURCE: Tableau 4 dans William D. Wells et Arthur D. Beard, «Personality and Consumer Behavior»,
Consumer Behavior : Theoretical Sources, Éd. Scott Ward and Thomas S. Robertson, Englewood
Cliffs, N.J., Prentice-Hall, 1973.

En plus de tous ces énoncés, l'étude comportait des questions portant sur les habitudes d'utilisation des médias électroniques et de lecture des médias imprimés, sur l'utilisation de divers autres produits et sur des variables démographiques standard. Un des produits sur lesquels portait le questionnaire était le maquillage pour les yeux ; on demandait à la répondante d'indiquer sur une échelle comportant sept degrés allant de «jamais» à «plus d'une fois par jour» combien souvent elle utilisait ce genre de produit.

Le tableau 6.4 présente les résultats obtenus auprès des utilisatrices de maquillage pour les yeux en regard de ceux obtenus auprès des non-utilisatrices ; on observe que les utilisatrices diffèrent des non-utilisatrices quant à plusieurs des énoncés. Notez la vivacité du portrait de l'utilisatrice de maquillage pour les yeux émergeant de ce profil psychographique. Le fait que les utilisatrices de maquillage pour les yeux consomment d'autres produits en grande quantité suggère aux responsables de la stratégie marketing que les méthodes élaborées pour rejoindre et persuader cette catégorie de consommatrices peuvent aussi être utilisées pour le marketing d'autres produits cosmétiques, de cigarettes et de produits et services reliés aux trajets journaliers et aux voyages en voiture. Les préférences des utilisatrices de maquillage pour les yeux quant aux médias ainsi que les intérêts de celles-ci indiquent au responsable du programme des médias comment dépenser le plus efficacement possible les sommes allouées à la publicité s'adressant aux consommatrices potentielles de ces produits.

Mieux encore, la tendance de ces consommatrices à souscrire aux énoncés AIO présentés dans la colonne de gauche du tableau suggère au concepteur de produit le type de conditionnement et d'appellation à utiliser pour la commercialisation d'un cosmétique susceptible de plaire à ce genre de consommatrices ; elle donne aux rédacteurs de messages publicitaires des idées utiles pour la création d'annonces, de messages et de symboles de communication susceptibles de toucher ce genre de personnes.

Notez aussi que le portrait du style de vie de l'utilisatrice de maquillage pour les yeux émergeant de cette étude révèle une personnalité dynamique témoignant d'une remarquable cohérence dans ses goûts, ses valeurs et ses comportements ; les caractéristiques de cette consommatrice en ce qui a trait au style de vie la distinguent nettement de la grande utilisatrice de graisse végétale.

Cette même étude a aussi décelé des femmes qui sont de grandes utilisatrices de graisse végétale. Le profil psychographique typique d'une grande utilisatrice de graisse végétale est présenté dans la colonne de droite du tableau 6.4. D'un point de vue démographique, cette consommatrice diffère de l'utilisatrice de maquillage pour les yeux. Concernant divers produits, elle n'utilise pas beaucoup le maquillage pour les yeux ni les autres cosmétiques accompagnant généralement ce produit. Inversement, elle utilise beaucoup les produits alimentaires destinés aux familles nombreuses. Elle s'intéresse au *Reader's Digest* plutôt qu'aux revues de mode et aux revues sur l'actualité; à la télévision, elle préfère les mélodrames aux émissions et aux films d'aventure. Le tableau 6.4 énumère aussi les énoncés AIO distinguant la grande utilisatrice de graisse végétale de la personne qui utilise peu ce produit, c'est-à-dire les énoncés que la grande utilisatrice de graisse végétale avait plus tendance à rejeter ou ceux auxquels elle avait plus tendance à acquiescer que la moyenne des répondantes.

Le portrait du style de vie émergeant de ces derniers énoncés diffère radicalement de celui qui décrit l'utilisatrice de maquillage pour les yeux. La grande utilisatrice de graisse végétale semble très attachée à son foyer et à sa famille, extrêmement préoccupée par la propreté, extraordinairement intéressée par la santé; elle ne semble pas s'intéresser aux réceptions et paraît très peu ouverte aux étrangers[27]. Il est clair que les messages promotionnels les plus susceptibles d'être efficaces auprès des grandes utilisatrices de graisse végétale ne sont pas du tout les mêmes que ceux pouvant toucher les utilisatrices de maquillage pour les yeux. Ces résultats permettent aux responsables de la commercialisation de produits tels que la graisse végétale, les ingrédients requis pour faire de la pâtisserie, les aliments en conserve et les détersifs pour la lessive d'avoir une meilleure idée de ce qu'ils doivent faire pour attirer les consommatrices de ce segment de style de vie, lesquelles représentent sans aucun doute un important marché en ce qui a trait à de tels produits.

La création d'un message à partir des résultats de la recherche psychographique

La description du style de vie de l'utilisatrice de maquillage pour les yeux, présentée au tableau 6.4, peut être utilisée pour élaborer une campagne de marketing destinée à promouvoir un parfum. La figure 6.8 montre une annonce faisant partie de la campagne promotionnelle destinée à promouvoir le parfum *Lady Stetson*. La mise en scène, le choix du modèle féminin en vedette, le texte de l'annonce ainsi que le nom même du parfum pourraient très bien avoir été choisis pour correspondre aux énoncés AIO du tableau 6.4, lesquels caractérisent l'utilisatrice de maquillage pour les yeux. Notez le nom de la marque: *Lady Stetson*. Pour ce qui est des images visuelles, notez la pose adoptée par le modèle féminin: sur un fond de scène formé d'une imposante statue de pierre et de marches en marbre, le mouvement du bras droit de la femme, sa démarche vivante et sa chevelure au vent donnent une impression de mouvement et, par conséquent, l'image d'une personne intelligente, excitante, ouverte et aimant le plaisir. Cette image correspond très bien au style de vie de l'utilisatrice de maquillage pour les yeux.

Le style de vie et les attributs du produit

Bien entendu, le profil psychographique de l'utilisatrice de maquillage pour les yeux peut être utilisé pour promouvoir plusieurs produits autres que le parfum. Si la recherche suggère que cette utilisatrice représente aussi un marché substantiel en ce qui concerne les voyages outre-mer, les restaurants gastronomiques, les vins européens, les livres sur la décoration ou les valises de cuir, le même profil peut également être exploité par des efforts de marketing destinés à promouvoir de tels produits. Ce n'est pas le produit qui importe ici; c'est plutôt la consommatrice qui achète le produit et qui, par son achat, exprime son style de vie.

Ayant déterminé que l'utilisatrice de maquillage pour les yeux est une personne qui souscrit à des énoncés tels que «J'aime le ballet», «J'aime servir des repas sortant de l'ordinaire», «J'aimerais faire un voyage autour du monde», «Je veux paraître un peu différente des autres» et «J'essaie souvent les nouvelles coiffures à la mode», et qui rejette des énoncés tels que «Je suis casanière», «Si c'était assez bon pour ma

FIGURE 6.8
Une annonce de parfum reliée à un certain style de vie féminin

SOURCE: Reproduit avec l'autorisation de Coty (Division Pfizer, Canada).

mère, c'est assez bon pour moi» et «Les femmes ne devraient pas fumer en public», le spécialiste de marketing commence à avoir une bonne idée des attributs du produit que cette personne devrait considérer comme les plus importants. Par exemple, certains des attributs que cette consommatrice recherchera en évaluant différents produits pourront être la nouveauté du produit ou le fait qu'il est à la mode (est-ce le dernier modèle? est-ce la dernière technologie ou la dernière mode?), son caractère exclusif (le produit sera-t-il suffisamment différent ou peu commun pour accentuer mon individualité et attirer l'attention des autres?), sa capacité de stimuler (ce choix peut-il satisfaire, mieux que les autres, ma soif de connaître, ma nature ouverte, mon besoin d'expériences variées?) tout en procurant un plaisir esthétique (comparativement aux autres produits offerts sur le marché, celui-ci est-il plus élégant, plus agréable à l'œil, et plus harmonieux?).

L'information portant sur le style de vie d'un segment de consommateurs donne au concepteur de produit et au responsable de la promotion une idée des attributs du produit qu'ils ont avantage à mettre en évidence lors de l'élaboration et de la mise en marché d'un produit ou d'un service visant ce segment de consommateurs. Tel que nous l'avons vu au tableau 6.4, l'utilisation de maquillage pour les yeux n'est pas un comportement isolé; cette habitude est associée au fait de consommer beaucoup de fixatif pour les cheveux, de parfum, de cigarettes, d'essence, de revues de mode et d'émissions d'aventure. C'est peut-être cette consommatrice peu traditionnelle que voulait atteindre Philip Morris Inc., promoteur des cigarettes Virginia Slims, lorsqu'il conçut une campagne promotionnelle utilisant le slogan «Tu as fait du chemin, ma belle».

UNE SEGMENTATION GÉOGRAPHIQUE BASÉE SUR LE STYLE DE VIE: LES NEUF RÉGIONS DE L'AMÉRIQUE DU NORD

Concernant la typologie des styles de vie en Amérique du Nord, Joël Garreau a récemment proposé une nouvelle théorie sur la façon de considérer les habitants du continent nord-américain. En effet, Garreau nous suggère de concevoir les régions géographiques de l'Amérique du Nord à partir non pas des frontières traditionnelles, mais des différences que l'on décèle entre les valeurs des habitants des différentes régions, ces différences se reflétant dans les styles de vie[28].

La segmentation du continent à partir des styles de vie régionaux

Selon Garreau, les divisions traditionnelles de l'Amérique du Nord, c'est-à-dire les 12 provinces et territoires du Canada et les 50 États américains, ne sont plus valables comme variables de segmentation géographique. Au Canada, par exemple, nous faisons souvent la distinction entre les provinces de l'Ouest, les Prairies, les provinces de l'Atlantique et celles du centre du Canada; aux États-Unis, les spécialistes de marketing prennent habituellement des décisions stratégiques en se basant sur le découpage de régions telles que le Midwest, la côte du Pacifique, le Sud-Ouest, le Sud-Est et la Nouvelle-Angleterre. Garreau soutient que cette façon de distinguer entre les différentes régions de l'Amérique du Nord est dépassée et que les particularités que l'on peut observer sont déterminées non pas par les frontières politiques conventionnelles, mais par de nombreux facteurs économiques, sociaux, culturels et topographiques ainsi que par des facteurs reliés aux ressources naturelles. Ces divers facteurs façonnent les valeurs des habitants d'une région beaucoup plus fortement que ne le font les frontières politiques. L'effet combiné de tels facteurs crée des différences entre les régions quant au style de vie.

En réalité, l'analyse que fait Garreau de ces différences le conduit à conclure que l'Amérique du Nord est présentement un continent comportant neuf régions distinctes, qu'il a appelées:

1. Québec;
2. New England;
3. The Foundry;
4. Ecotopia;
5. Empty Quarter;
6. Breadbasket;
7. Dixie;
8. MexAmerica;
9. The Islands.

Ces régions sont énumérées selon l'ordre de latitude de leur frontière située le plus au sud. La carte de ces neuf régions, présentée dans la figure 6.9, révèle des frontières nettement différentes de celles qui nous sont familières sur le plan politique. Sur cette carte, le Québec est la seule région dont les frontières demeurent inchangées. Selon cette théorie, l'Ontario serait en fait composé de trois régions appelées The Foundry, Breadbasket et Empty Quarter. L'Alberta fait partie de la vaste région appelée Empty Quarter, tandis que la ville d'Ottawa est située dans une région tout à fait différente appelée The Foundry. Il n'est pas surprenant que «le royaume de l'huile de l'Alberta mette Ottawa au défi»,

FIGURE 6.9
Une carte des neuf régions d'Amérique du Nord selon Joël Garreau

SOURCE: Reproduit à partir de *Nine Nations of North America* de Joël Garreau. Copyright 1981 par Joël Garreau, avec la permission de Houghton Mifflin Company.

note Garreau. « Sur les plans économique et philosophique, dit-il, la ville de Calgary est beaucoup plus proche de Fairbanks, de Salt Lake City ou de Denver qu'elle ne l'est d'Ottawa[29]. » En ce qui concerne les valeurs, Ottawa aurait plus en commun avec Toronto, Windsor, Detroit, Cleveland, Pittsburgh et Buffalo qu'avec Edmonton ou Calgary.

La typologie de Garreau révèle des différences en ce qui a trait aux valeurs des gens, de telle sorte que chaque région se distingue par les valeurs adoptées par ses habitants. Ces valeurs se reflètent dans le style de vie, les attitudes, la vision de la vie et les comportements des consommateurs de chaque région, ce qui suggère par le fait même que les spécialistes de marketing disposent, pour segmenter les marchés nord-américains, d'une méthode nouvelle et peut-être même plus pertinente et à jour. Les noms que Garreau a donnés à ces régions sont hautement descriptifs et mettent en lumière un trait important de chaque région. Selon Garreau, le Canada ne constitue pas une région unique, mais bien six régions différentes. Dans les paragraphes qui suivent, nous décrirons chacune de ces six régions de façon concise, en ce qui a trait à la géographie, au potentiel économique, à la culture, aux ressources naturelles et aux perspectives d'avenir, ces facteurs influençant les valeurs et les styles de vie des consommateurs. Trois des six régions de Garreau, MexAmerica, Dixie et The Islands, ne seront pas décrites, étant donné qu'elles sont entièrement situées en dehors du Canada. Nous résumerons la vision de Garreau sur chacune des six régions décrites en commençant par la côte ouest du Canada pour finir par les régions situées à l'est.

Ecotopia

La région appelée Ecotopia est une bande de terre relativement étroite située le long de la côte du Pacifique, s'étendant du sud de l'Alaska jusqu'au sud de San Francisco et incluant Prince Rupert, Vancouver, Victoria, Seattle et Portland. Pour chaque région, Garreau a choisi une capitale qui la représente. La région nommée Ecotopia a pour capitale San Francisco. Cette région est favorisée sur le plan économique, car elle possède beaucoup d'eau et des ressources renouvelables. Pour ce qui est du style de vie, la qualité de vie est une valeur primordiale chez ses habitants, ceux-ci ayant adopté la philosophie du « Small is beautiful ». Les « Ecotopians », qui attachent beaucoup d'importance à l'environnement, sont fortement antinucléaires et en faveur d'une « technologie appropriée» pour leur région. Au lieu d'industries lourdes, ils désirent avoir des industries propres, de haute technologie, suivant l'exemple de la «Silicon Valley», et qui ne sont pas susceptibles d'endommager l'environnement. Ils sont pour la préservation de l'énergie et le recyclage, et ils comptent sur les pays situés le long du Pacifique ainsi que sur l'Asie pour assurer leur avenir.

Empty Quarter

La région appelée Empty Quarter est la plus grande de toutes en ce qui a trait à la superficie, mais la plus petite pour ce qui est de la population. Comprenant l'Alaska et les Territoires du Nord-Ouest, le Yukon, la majeure partie de la Colombie-Britannique, la totalité de l'Alberta, la majeure partie de la Saskatchewan et du Manitoba et le nord de l'Ontario, cette région renferme, vers le sud, le Montana, l'Idaho, le Wyoming, l'ouest de l'État de Washington, l'Oregon, le Nevada, l'Utah, le Colorado, environ la moitié de l'Arizona ainsi que certaines parties du Nouveau-Mexique et de la Californie. La capitale est Denver. Les vastes espaces de cette région ainsi que son environnement encore à l'état naturel créent certains problèmes aux consommateurs; Garreau note qu'il n'est pas inhabituel pour les résidents de cette région de conduire sur une distance de 300 kilomètres simplement pour voir un film au cinéma! La campagne, sèche et élevée, est située au sommet d'énormes réserves encore intactes de minéraux et de pétrole. Les valeurs des habitants sont influencées par une telle réalité physique et topographique. Ainsi, lorsque le gouvernement fédéral américain a imposé aux automobilistes circulant sur les autoroutes une limite de vitesse de 90 kilomètres à l'heure afin de conserver l'énergie, il a beaucoup frustré les habitants de cette région; de telles mesures n'ont pas de sens pour des gens qui sont potentiellement riches en énergie et qui doivent parcourir de très grandes distances. Ces habitants continuent de vivre selon une éthique de «frontière» dans une région qui constitue probablement l'«Ouest» véritable, tel qu'il est présenté dans les annonces du cow-boy Malboro. Bien que cette région soit politiquement faible quant au nombre de votes, en raison de sa population clairsemée, Garreau croit qu'elle connaîtra des changements radicaux dans les 20 prochaines années.

Breadbasket

La région appelée Breadbasket renferme les grandes plaines de l'Amérique du Nord; au Canada, cette région comprend la partie sud-est de la Saskatchewan, le sud du Manitoba et la partie nord de l'Ontario située au-dessus du lac Supérieur. Elle s'étend vers le sud, comprenant le Minnesota, le Wisconsin, certaines parties de l'Illinois, l'Iowa, le nord du Missouri, le Dakota du Nord et le Dakota du Sud, le Nebraska, le Kansas, l'Oklahoma et la moitié nord du Texas. Sa capitale est Kansas City. Selon Garreau, les habitants de cette région ont tendance à être conservateurs, religieux et travailleurs. Ils sont stables et en paix avec eux-mêmes; ils ne font rien pour promouvoir le changement social et sont les derniers à l'approuver. Ils dépendent aussi fortement de l'agriculture ainsi que des économies et des industries qui y sont rattachées; par conséquent, les fluctuations que subissent les prix des aliments sur la scène mondiale peuvent rendre cette région très prospère ou, au contraire, entraîner son appauvrissement sur le plan économique[30].

The Foundry

Située à l'est du Breadbasket, la région appelée The Foundry couvre le sud de l'Ontario, le sud-est de l'Illinois, la majeure partie du Michigan, le nord de l'Indiana, l'Ohio, la Pennsylvanie, le New Jersey, l'État de New York, des parties du Connecticut, l'ouest de la Virginie, le Maryland et le Delaware. La capitale, Detroit, est représentative de cette région, dont la valeur primordiale est le travail. Comme le dit Garreau, « nul n'a jamais vécu à Buffalo pour son climat ou à Gary (Indiana) pour ses vues panoramiques. Le travail est tellement au centre de l'expérience de cette région que lorsque les gens en sortent, ils deviennent littéralement fous[31] ». Bien que le travail façonne les valeurs et les perspectives des 90 millions d'habitants de cette région, le portrait qu'en fait Garreau n'est pas très joli. Il parle « de camps de prisonniers urbains », d'infrastructures qui se détériorent, de syndicats à la poigne de fer, de technologies de production dépassées, de tensions raciales et d'une région en perte de population, d'emplois et de capital. Selon Garreau, les perspectives d'avenir de cette région sont cependant intéressantes, surtout parce que la principale ressource naturelle est l'eau, qui est très utile pour les progrès de l'industrie, du transport et du commerce, pour l'irrigation, comme source d'énergie et pour les loisirs.

Québec

Le Québec est la seule des neuf régions à être entièrement située au Canada. Les racines historiques de cette région sont anciennes, remontant à l'année 1608, où l'explorateur français Samuel de Champlain fonda la capitale, Québec, dans la colonie de la Nouvelle-France, jetant ainsi les bases du Canada d'aujourd'hui. Sans Champlain, il est peu probable que le Canada français existerait aujourd'hui. Il n'est donc pas surprenant que les Québécois soient très fiers de leurs traditions et de leur culture et qu'ils aient le sentiment d'être différents, non seulement du reste du Canada, mais aussi du reste du monde. Leur forte indépendance d'esprit est résumée dans le populaire slogan «Maîtres chez nous»; elle se reflète aussi dans cette conviction québécoise à savoir que si le Québec désirait vraiment se séparer du Canada, il pourrait réussir par lui-même. En majeure partie catholiques romains, les Québécois de langue française perçoivent la France comme leur mère patrie; la culture québécoise a une grande influence sur le comportement de consommation de cette région, tel que nous le montrerons au chapitre 8. Garreau croit que les perspectives du Québec reposent sur l'abondance de son énergie hydro-électrique, le succès de ses industries de transport, la diversification de son économie et le fait qu'il a une mentalité favorable à la haute technologie.

New England

Plus à l'est se situe la région que Garreau a appelée New England, un secteur qui couvre les quatre provinces de l'Atlantique et les États du Maine, du New Hampshire, du Vermont, du Massachusetts et du Rhode Island ainsi que l'est du Connecticut. Ce territoire dont la capitale est Boston est la région anglaise la plus ancienne et la plus civilisée de l'Amérique du Nord. Ses habitants sont soucieux de la qualité de l'environnement, tolérants, intelligents, vigilants sur le plan politique et quelque peu élitistes. Cette région est aussi la plus pauvre des neuf; elle possède en propre très peu d'énergie, très peu de matières premières, peu d'agriculture et peu d'industries de base. Elle doit faire face à des taxes et à des coûts d'énergie élevés, car elle doit importer de l'énergie, devant acheter l'énergie hydro-électrique de la région voisine, le Québec. Garreau souligne que ses habitants considèrent comme chic le fait d'être pauvre. Cette région revêt un certain charme historique et met l'accent sur la qualité de vie; ses habitants aiment leurs villes et en sont fiers. De plusieurs façons, leurs attitudes ressemblent à celles de leurs cousins d'Ecotopia vivant à l'extrémité ouest du continent. La région est en train de sortir d'une période de déclin économique et se développe rapidement, visant à devenir une société post-industrielle axée sur les industries de haute technologie.

Il vaut certainement la peine d'étudier plus en profondeur cette vision inhabituelle et même surprenante des consommateurs nord-américains. À ce jour, plusieurs groupes de personnes ont montré de l'intérêt pour la typologie de Garreau, y compris des responsables de marketing spécialisés dans les produits emballés, des agences publicitaires, des spécialistes de marketing œuvrant dans l'industrie alimentaire, dans l'immobilier, dans les opérations bancaires d'investissement et dans le placement de capitaux à risque ainsi que des politiciens et des universitaires[32]. S'il était prouvé que ces présumées différences entre les neuf régions quant aux styles de vie, aux valeurs, aux attitudes, aux habitudes de travail, aux activités et aux perspectives sont réelles et caractéristiques des consommateurs de chaque région, la théorie des neuf régions d'Amérique du Nord pourrait devenir un outil de segmentation très efficace.

Pour que sa valeur soit reconnue, cette théorie doit cependant être testée sur une grande échelle, et ce, sur des échantillons représentatifs des habitants de chaque région. Une étude récente signale que la typologie de Garreau est moins efficace pour mettre en lumière des différences régionales par rapport aux valeurs que ne l'est la classification du Bureau américain du recensement, qui définit les régions à l'aide de frontières plus traditionnelles[33]. On ne sait pas très bien, cependant, quelles sortes de valeurs ont été mesurées dans cette étude. De plus, les valeurs constituent seulement l'une des dimensions par lesquelles diffèrent les neuf régions; on doit effectuer des recherches additionnelles pour déterminer s'il existe des différences significatives entre les différentes régions en ce qui concerne les styles de vie, les valeurs concernant spécifiquement la consommation ainsi que les attitudes à l'égard des questions importantes. Une étude effectuée par une agence de publicité a démontré qu'il existait certaines relations entre la typologie VALS (*Values and Life Styles*) mentionnée au début de la section de ce chapitre traitant des styles de vie et le cadre de référence fourni par la théorie des neuf régions d'Amérique du Nord[34].

RÉSUMÉ

Ce chapitre a amélioré notre compréhension des principes sous-jacents aux besoins et aux valeurs et a répondu à deux importantes questions: 1) Pourquoi les gens désirent-ils acquérir certains biens? 2) Comment pouvons-nous utiliser notre connaissance des motifs d'achat pour résoudre les problèmes de marketing? Cette deuxième question a conduit à relier les besoins et les valeurs des consommateurs au style de vie, un concept permettant aux spécialistes de marketing de déterminer leurs marchés cibles et de communiquer efficacement avec eux. Nous avons commencé par examiner le **déclenchement** en tant que première étape du processus décisionnel visant à se procurer un bien ou un service. Nous avons ensuite examiné les «causes» du déclenchement en considérant les besoins humains fondamentaux, lesquels, à leur tour, ont été reliés aux valeurs personnelles. Le déclenchement est le mécanisme qui pousse le consommateur à amorcer le processus décisionnel devant mener à la consommation et à la satisfaction d'un besoin. Ce mécanisme est relié au fait que le consommateur perçoit un écart entre ce qu'il désire et ce qu'il a présentement. En d'autres mots, pour que se produise le déclenchement, le consommateur doit percevoir une différence entre l'état souhaité et l'état présent relativement à un bien donné.

En tant que consommateurs, nous savons si un bien que nous consommons satisfait nos besoins. Lorsque nous avons le sentiment que ce n'est pas le cas, un écart apparaît entre l'état présent et l'état souhaité. L'acte de consommation entraîne la perception d'écarts lorsque le bien vient à manquer, qu'il s'use, qu'il devient démodé ou désuet, qu'il se brise, qu'il n'est plus disponible, qu'il est perdu ou volé ou qu'il n'a plus la même capacité de nous satisfaire.

La perception d'un écart entre l'état présent et l'état souhaité peut produire de la tension. Lorsque cette tension dépasse le seuil de tolérance du consommateur, celui-ci est amené à agir de façon à la réduire.

Lorsque cela se produit, nous disons que le processus décisionnel a été déclenché. Le consommateur adoptera un comportement orienté vers l'atteinte d'un but, se mettant à la recherche d'un bien économique lui permettant d'atteindre l'état souhaité. Le consommateur fera ensuite l'acquisition du bien, de façon à satisfaire son besoin et à réduire la tension.

Plusieurs facteurs permettent de redéfinir ou de modifier l'état souhaité par le consommateur par rapport à un bien ou à un besoin donné. Le consommateur peut avoir reçu de l'environnement une information nouvelle lui indiquant une «meilleure» solution pour satisfaire le besoin ressenti. En outre, il peut se produire des changements dans le style de vie du consommateur, les influences environnementales pouvant modifier les valeurs de l'individu; cela peut être dû à des changements entraînés par le groupe de référence, à des changements survenus dans les variables socio-économiques, dans les normes de la société, ou dans le cycle de vie familial, ainsi qu'à des changements dépendant de l'environnement culturel. Enfin, l'innovation de produit est aussi un facteur qui permet de redéfinir l'état souhaité.

Lorsqu'on parvient à l'état souhaité, certains besoins fondamentaux sont satisfaits. Bien qu'ils soient à la base de la personnalité et qu'ils constituent les racines du comportement du consommateur, les **besoins** psychologiques d'une personne sont intériorisés et, par conséquent, difficiles à observer ou à analyser. Les besoins sont définis comme une expression des caractéristiques psychologiques et physiologiques relativement permanentes d'une personne au moyen de stratégies généralement observables visant à produire du plaisir ou à réduire la douleur. Ils poussent une personne à adopter des manières d'agir délibérées et souvent prévisibles. Parmi les nombreuses tentatives effectuées dans le but de déceler et de systématiser les besoins humains fondamentaux, la mieux connue est celle d'Abraham Maslow. Ce chercheur a proposé une hiérarchie des besoins comportant cinq niveaux. Les besoins d'ordre supérieur ne se font pas sentir tant que les besoins d'ordre inférieur n'ont pas été largement satisfaits.

Tandis que les besoins psychologiques sont relativement permanents, les **valeurs** peuvent changer et changent en fait. Les valeurs sont des **représentations cognitives de nos besoins fondamentaux qui tiennent compte des exigences de la société**. Elles se forment et se modifient par l'apprentissage environnemental, et elles constituent des façons socialement approuvées d'exprimer et de justifier nos besoins fondamentaux. Le système de valeurs d'une personne est organisé selon un certain ordre de priorité ou d'importance et il s'exprime par le style de vie adopté.

Le style de vie est constitué par **les nombreuses façons d'exprimer ses valeurs et de vivre en accord avec celles-ci afin de satisfaire ses besoins.** Ces manifestations des besoins et des valeurs ont trait à ce que nous achetons ou n'achetons pas, à ce que nous faisons ou ne faisons pas, aux activités que nous exerçons ou n'exerçons pas, à ce qui nous intéresse ou ne nous intéresse pas ainsi qu'aux opinions et aux attitudes que nous avons à l'égard de différents sujets ou questions. Toutes ces dimensions de notre pensée et de notre comportement composent notre style de vie, c'est-à-dire le type d'activités, d'intérêts et d'opinions que nous adoptons en accord avec nos besoins et nos valeurs.

La mesure du style de vie, ou **recherche psychographique**, rapproche les spécialistes de marketing des consommateurs d'un marché cible donné. La recherche psychographique sert à deux choses : 1) elle permet au chercheur de tracer un portrait fidèle du consommateur typique dans un segment de marché donné, de telle sorte que le profil psychographique qui émerge de cette recherche décrive les activités, les intérêts et les opinions des consommateurs de ce segment ; 2) elle permet au spécialiste de marketing, armé de cette description riche et vivante, de concevoir des stratégies de produit, de communication, de distribution et de prix appropriées aux exigences et aux besoins du style de vie adopté par les consommateurs d'un segment de marché donné.

QUESTIONS ET DISCUSSIONS

1. Si les valeurs peuvent être définies comme l'expression de besoins humains et si les besoins humains sont organisés selon une hiérarchie ou un certain ordre de priorité, cela veut-il dire que les valeurs aussi ont un ordre de priorité, qu'il existe des valeurs d'ordre inférieur et des valeurs d'ordre supérieur ? Illustrez votre point de vue à l'aide d'exemples concrets.

2. Le déclenchement peut être défini comme la perception d'un écart intolérable entre l'état présent d'un consommateur et l'état qu'il désire atteindre, ce qui amène le consommateur à prendre la décision

de faire quelque chose pour réduire la tension causée par cet écart. Quelles sont les implications du concept de déclenchement pour:

a) les enseignants en comportement du consommateur, c'est-à-dire les personnes qui essaient d'éduquer les consommateurs de façon qu'ils soient plus avertis, mieux informés et plus rationnels;

b) les parents;

c) les stratégies et les tactiques de marketing sur le marché;

d) les responsables de la planification, c'est-à-dire les gestionnaires qui planifient les niveaux de production, les besoins en distribution et les stocks de matière première?

3. Les spécialistes de marketing peuvent-ils réellement amener un consommateur à percevoir un écart entre l'état présent et l'état souhaité là où le consommateur ne percevait auparavant aucun écart? Donnez des exemples pour illustrer votre point de vue.

4. Un spécialiste de marketing projette de lancer et de promouvoir une nouvelle ligne de vêtements sport à la mode. Quels aspects du style de vie des consommateurs d'un segment cible donné devrait-il considérer afin d'élaborer un marketing-mix approprié?

5. À partir de la théorie des neuf régions d'Amérique du Nord proposée par Garreau, quelles conclusions peuvent tirer les chercheurs et les spécialistes en comportement du consommateur et les spécialistes de marketing?

6. Certains chercheurs en comportement du consommateur prétendent que la façon la plus facile de créer des écarts dans l'esprit des consommateurs est d'effectuer des recherches et des études et de lancer de nouveaux produits qui permettent de redéfinir l'état souhaité par les consommateurs visés. D'autres, au contraire, croient que la meilleure stratégie est de trouver et de desservir des consommateurs qui ont déjà perçu un écart entre l'état présent et l'état souhaité et qui cherchent à faire disparaître cet écart. Quels sont les arguments pour et contre en ce qui a trait à chacun de ces deux points de vue?

7. Compte tenu des profils de style de vie de l'utilisatrice de maquillage pour les yeux et de la grande utilisatrice de graisse végétale présentés au tableau 6.4, expliquez comment un spécialiste de marketing pourrait élaborer et promouvoir une série de livres de cuisine visant les utilisatrices de maquillage pour les yeux, à partir des données fournies

au tableau 6.4. Faites des recommandations précises quant à un marketing-mix approprié à ce segment de consommatrices.

8. Étant donné que les valeurs et les systèmes de valeurs diffèrent selon les cultures, les spécialistes de marketing international ne peuvent utiliser efficacement les stratégies basées sur le style de vie qu'ils ont élaborées en fonction du marché local pour conquérir les marchés des autres pays. Êtes-vous en accord avec cet énoncé? Donnez les raisons qui justifient votre opinion.

9. Si le style de vie d'un consommateur peut changer avec le temps, comme le suggère la typologie du style de vie VALS, cela veut-il dire que les résultats de la recherche psychographique possèdent seulement une valeur à court terme et qu'ils deviennent rapidement désuets? Illustrez votre position à l'aide d'exemples.

RÉFÉRENCES

1. Alex C. Michalos, «Multiple Discrepancies Theory (MDT)», *Social Indicators Research*, 16, 1985, p. 348.
2. *Ibid.*, p. 347-413.
3. Alex C. Michalos, *Global Report of Student Well-Being: Applications of Multiple Discrepancies Theory (MDT)*, University of Guelph, Ontario, Canada, février 1986.
4. *Ibid.*
5. C. Harris, «Consumer Confidence Plunges...», *The Financial Post*, 17 octobre 1981, p. 1-2.
6. Cette expression destinée à décrire le comportement humain est utilisée par Ludwig von Bertalanffy, *General System Theory: Foundations, Development, Applications*, éd. rév., New York, George Braziller, 1968, p. 207.
7. Abraham H. Maslow, *Motivations and Personality*, New York, Harper & Row, 1954.
8. *Ibid.*
9. Henry A. Murray, «Types of Human Needs», *Studies in Motivation*, Éd. David C. McClelland, New York, Appleton-Century-Crofts, 1955.
10. Von Bertalanffy, *General System Theory*, p. 191.

11. *Ibid.*, p. 209-210.
12. Milton Rokeach, *The Nature of Human Values*, New York, Free Press, 1973, p. 5-6.
13. Milton Rokeach, *Understanding Human Values: Individual and Societal*, New York, Free Press, 1979, p. 48.
14. *Ibid.*
15. Lawrence A. Crosby, James D. Gill et Robert E. Lee, «Life Status and Age as Predictors of Value Orientation», *Personal Values and Consumer Psychology*, Éd. Robert E. Pitts, Jr. et Arch G. Woodside, Lexington, Mass., Lexington Books, D.C. Heath and Company, 1984, p. 202.
16. Rokeach, *The Nature of Human Values*, p. 20.
17. *Ibid.*, p. 7-9.
18. *Ibid.*, p. 11-12.
19. *Ibid.*, p. 89, 358.
20. Cette étude est décrite dans Thomas J. Reynolds et Jonathan Gutman, «Laddering: Extending the Repertory Grid Methodology to Construct Attribut-Consequence-Value Hierarchies», *Personal Values and Consumer Psychology*, Éd. Robert E. Pitts, Jr. and Arch G.

Woodside, Lexington, Mass., Lexington Books, D.C. Heath and Company, 1984, p. 155-167.

21. Rebecca H. Holman, «A Values and Lifestyle Perspective on Human Behavior», *Personal Values and Consumer Psychology*, Éd. Robert E. Pitts, Jr., et Arch G. Woodside, Lexington, Mass., Lexington Books, D.C. Heath and Company, 1984, p. 35-54.

22. William D. Wells et Arthur D. Beard, «Personality and Consumer Behavior», *Consumer Behavior: Theoretical Sources*, Éd. Scott Ward et Thomas S. Robertson, Englewood Cliffs, N.J., Prentice-Hall, 1973, p. 193.

23. William D. Wells, «Psychographics: A Critical Review», *Journal of Marketing Research*, 12, mai 1975, p. 197.

24. Wells et Beard, «Personality and Consumer Behavior», p. 194.

25. Les détails de cette étude sont rapportés dans William D. Wells et Douglas J. Tigert, «Activities, Interests, and Opinions», *Perspectives in Consumer Behavior*, Éd. Harold H. Kassarjian et Thomas S. Robertson, Glenview, Illinois, Scott, Foresman, 1973, p. 162-176.

26. *Ibid.*, p. 168. Voir aussi Holman, «A Values and Lifestyle Perspective on Human Behavior», p. 35 et Fred. D. Reynolds, Melvin R. Crask et William D. Wells, «The Modern Feminine Life Style», *Journal of Marketing*, 41, n° 3, juillet 1977, p. 38-39.

27. Wells et Tigert, «Activities, Interests, and Opinions», p. 166.

28. L'analyse qui suit provient en grande partie de deux sources: Joël Garreau, *The Nine Nations of North America*, New York, Avon, 1981; Bernie Whalen, «The Nine Nations of North America: 'Provocative' Theory Gives Researchers a New View of Consumer, Market Differences», *Marketing News*, 21 janvier 1983, section 1, p. 1, 18, 19.

29. Garreau, *The Nine Nations*, p. 6.

30. Une bonne analyse quant à la façon dont cette région peut souffrir des chutes de prix des produits sur le marché mondial est présentée dans «America's Deflation Belt: Falling Commodity Prices are Turning the Heartland Into a Wasteland», *Business Week*, 9 juin 1986, p. 52-60.

31. Whalen, «The Nine Nations», p. 18.

32. *Ibid.*, p. 1.

33. Lynn R. Kahle, «The Nine Nations of North America and the Value Basis of Geographic Segmentation», *Journal of Marketing*, 50, avril 1986, p. 37-47.

34. Bernie Whalen, «Ad Agency Cross-Tabs VALS with 'Nine Nations': Results 'Unnerving'», *Marketing News*, 21 janvier 1983, section 1, p. 20. Voir aussi «Ogilvy & Mather's Eight Nations of the United States», *Listening Post*, décembre 1983.

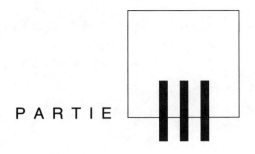

PARTIE

L'influence de l'environnement et du groupe sur le comportement du consommateur

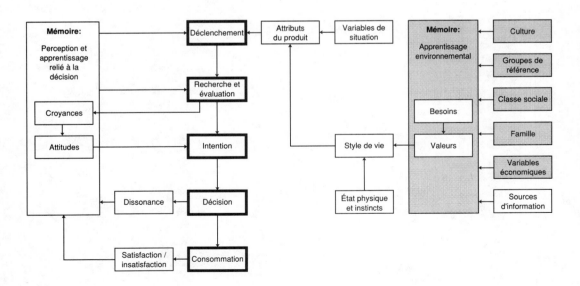

CHAPITRE **7**

Les influences de la culture sur le comportement du consommateur

INTRODUCTION

Dans ce chapitre, nous étudierons les effets de la culture d'une société sur le comportement des consommateurs vivant dans cette société. Étant donné que les membres d'une collectivité sont façonnés dès leur naissance par la culture dans laquelle ils vivent, celle-ci exerce sur le comportement une influence qui, tout en étant subtile, se fait sentir un peu partout. À moins qu'ils n'entrent en contact, un jour, avec une culture différente et qu'ils ne puissent la comparer avec la leur, les gens ne sont généralement pas conscients du rôle que joue la culture dans leur vie de tous les jours. La culture aide l'individu

à former sa personnalité et ses besoins. Par la suite, elle oriente la personne dans la poursuite de ses objectifs tout au long de la vie.

Ce chapitre traite des origines et des fonctions de la culture ainsi que du processus de la socialisation, par lequel un individu acquiert et assimile sa propre culture. Nous mettrons ensuite l'accent sur la nécessité, pour le spécialiste de marketing international, de se sensibiliser aux cultures étrangères, et nous établirons un rapport entre la culture et le comportement des consommateurs. Nous comparerons différentes cultures, selon les six dimensions constituées par les valeurs, les idées, les attitudes, les traditions, les artefacts et les symboles; de plus, nous discuterons des quatre étapes nécessaires pour réaliser avec succès un programme de marketing à l'étranger, chaque étape étant illustrée par des exemples d'efforts de marketing mondial s'étant soldés par un succès ou un échec.

■ UNE VUE GLOBALE DU RÔLE JOUÉ PAR LA CULTURE

Le consommateur assimile la culture de la société dans laquelle il vit en faisant l'apprentissage de son environnement. De toutes les influences environnementales qui s'exercent sur les décisions de consommation, c'est la culture qui joue le rôle le plus global tout en étant ce qu'on tient le plus pour acquis. La culture est le résultat de la sagesse collective d'une société et des règles de conduite adoptées par celle-ci. Ces règles de conduite représentent les normes et les valeurs de la culture. Celle-ci s'acquiert tôt dans l'enfance et est rarement remise en question par la suite. La figure 7.1 montre comment l'apprentissage culturel influence les valeurs, les normes et les besoins du consommateur. Le style de vie recherché par les membres d'une culture donnée reflète ces aspects culturels.

La culture d'un consommateur détermine s'il faut être ponctuel et soucieux de respecter l'horaire, exigeant en ce qui concerne l'hygiène personnelle, préoccupé par l'embonpoint ou bon envers les animaux. Quant à la culture canadienne, elle encourage ces valeurs; c'est ce qui pousse – et même oblige – les consommateurs canadiens à acheter des réveille-matin, des agendas et des répondeurs téléphoniques, à se gargariser avec des rince-bouche au fluorure, à utiliser des désodorisants pour les aisselles, à dépenser pour des appareils de gymnastique et des programmes d'amaigrissement, à ingurgiter des aliments enrichis de vitamines ainsi qu'à recourir aux soins d'un vétérinaire pour leurs animaux domestiques. C'est seulement en vivant dans une culture différente que le consommateur canadien réalise que ces attitudes ne sont pas universellement valorisées et que des règles de conduite différentes appellent des habitudes de consommation différentes.

FIGURE 7.1
L'influence de la culture sur l'apprentissage environnemental et les attributs recherchés par le consommateur

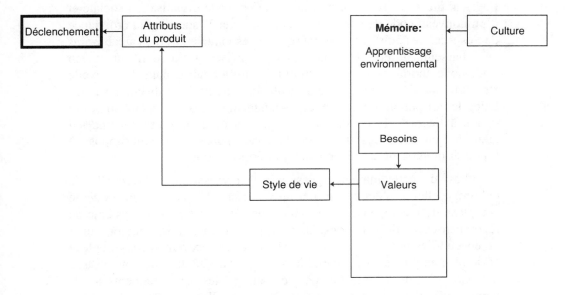

■ LES ORIGINES DES NORMES ET DES VALEURS CULTURELLES

Pendant des milliers de générations, l'être humain a vécu de la chasse[1], cette manière de vivre ayant sûrement contribué à former le caractère de l'être humain d'aujourd'hui. Le comportement humain, à cette époque, était probablement mû par plusieurs instincts très puissants[2]: les gens étaient forcés d'être gloutons parce que les réserves alimentaires étaient irrégulières et incertaines; les mâles se devaient d'être belliqueux et agressifs, car il leur fallait se battre pour trouver une nourriture rare ainsi qu'une compagne; de plus, il était nécessaire que les hommes soient facilement stimulés sexuellement pour compenser le taux élevé de mortalité par un taux élevé de natalité. Ces caractéristiques étaient essentielles à la survie de l'individu et de l'espèce. En fait, comme l'a mentionné Will Durant, les attitudes que nous considérons de nos jours comme nos plus grands vices étaient perçues comme des vertus fondamentales à cette époque[3].

Il y a 10 000 à 20 000 ans, l'être humain a commencé à abandonner le style de vie nomade du chasseur. Il est devenu peu à peu sédentaire en s'adonnant à l'agriculture et à la vie pastorale[4]. Avec la venue de l'agriculture se fit sentir le besoin d'une nouvelle organisation sociale et d'un nouveau code de conduite visant à assurer la survie et la croissance de l'espèce. Les puissants instincts qui correspondaient si bien aux besoins des chasseurs durent être contenus et maîtrisés. Cela se fit au moyen d'un code moral sanctionné qui fut institutionnalisé dans la nouvelle structure sociale et transmis par l'autorité parentale, la discipline familiale, la formation religieuse et, finalement, l'enseignement structuré donné à l'école[5]. Les individus acceptèrent ce code moral, même s'il allait à l'encontre des désirs de la chair, parce qu'il était imposé à l'aide d'un système de récompenses et de sanctions.

C'est de cette manière qu'est née la civilisation et, avec elle, la culture, celle-ci n'étant, en définitive, rien de plus qu'un système complexe de récompenses et de sanctions. Avec le temps, le système de récompenses et de sanctions instauré pour façonner le comportement de chacun des membres de la société est devenu extrêmement complexe et de plus en plus subtil. Pensez à la grande variété de sanctions utilisée dans notre culture occidentale pour décourager les comportements socialement perturbateurs. Ces sanctions peuvent aller, par exemple, d'une remarque amicale de votre voisin concernant la longueur du gazon de votre propriété jusqu'à la peine de mort infligée à ceux qui sont reconnus coupables de meurtre.

Les récompenses varient aussi grandement, tant en forme qu'en intensité, même à l'intérieur d'une culture donnée. Elles peuvent aller, par exemple, des applaudissements enthousiastes soulevés par les comportements culturellement appropriés d'un enfant jusqu'au prix annuel de 100 000 $ (accompagné d'une reconnaissance nationale) accordé par la Banque Royale du Canada à un citoyen canadien ayant réalisé une importante contribution à la vie et au bien-être de la population.

■ LES FONCTIONS DE LA CULTURE

Les sociétés se forgent une culture pour façonner le comportement de l'être humain. Les coutumes, les traditions, les usages, les valeurs et les idées propres à une culture sont le résultat final de l'expérience acquise, à l'aide d'essais et d'erreurs, par une société à travers les siècles[6]. Chaque société s'est forgé une culture qui lui permet d'assurer sa survie et sa croissance. De ce point de vue, on peut considérer que la culture remplit trois grandes fonctions[7] :

1. **Établir des règles de conduite.** C'est la culture qui définit, par exemple, quelle est la façon adéquate de répondre lorsqu'on reçoit une lettre d'affaires, un formulaire d'impôt sur le revenu, une demande pour collaborer à une étude de marché, une contravention, une sommation pour faire partie d'un jury ou un cadeau d'un parent;
2. **Établir des critères de réussite.** C'est la culture qui définit, par exemple, quel est le niveau d'effort et de réussite nécessaire pour mériter une note A+ à l'école, le titre de chevalier, une ovation de la part de l'auditoire ou l'Ordre du Canada;
3. **Établir des façons d'interpréter les données de l'environnement et les signaux interpersonnels.** Par exemple, c'est la culture qui détermine comment une personne devrait interpréter l'octroi d'une faveur, une longue période de silence lors de négociations avec un autre parti, une main tendue lorsqu'on pénètre dans une pièce, un hochement de tête ou la direction du regard lors d'une conversation. Par conséquent, la culture définit la signification à accorder aux communications verbales et non verbales, ce qui permet d'interpréter adéquatement le comportement des autres. Cela évite des malentendus qui pourraient conduire quelqu'un à conclure, par exemple, que son interlocuteur est incompétent, grossier ou peu intéressé[8].

Ces fonctions de la culture servent à réduire l'incertitude ou à augmenter la prévisibilité, ce qui aide une société à survivre, à se développer et à prospérer.

La raison pour laquelle plusieurs spécialistes de marketing international ont commis des bévues et des erreurs de marketing à l'étranger est que les règles de conduite, les critères de réussite et les interprétations des signaux environnementaux peuvent différer substantiellement d'un marché à l'autre.

L'apprentissage des règles de conduite propres à une culture étrangère est particulièrement important pour les entreprises qui doivent travailler avec les gens d'affaires locaux, choisir des secteurs et des techniques de vente, s'assurer la collaboration d'organismes locaux et d'agences gouvernementales et comprendre les tendances de la consommation et les habitudes des consommateurs dans le pays étranger.

Les critères de réussite varient aussi d'une culture à l'autre. Cet aspect est particulièrement important pour les spécialistes de marketing international qui mettent sur pied, à l'étranger, des projets dépendant de la productivité des employés et de leurs attitudes à l'égard du temps et des loisirs, ainsi que du contrôle de la qualité, des quotas de vente, du moral de la force de vente et de l'efficacité de la distribution. Les différences culturelles concernant les critères de réussite causent souvent des difficultés; c'est le cas, par exemple, lorsque les universités cana-diennes essaient d'évaluer, en se basant sur les diplômes, les niveaux d'étude, la compétence et les notes, les demandes d'admission d'étu-diants étrangers provenant d'institutions dont les exigences varient énor-mément en ce qui concerne la compétence des étudiants et le travail universitaire. Les critères de réussite d'une culture donnée déterminent ce que cette culture est capable de produire et de laisser en héritage aux générations et aux civilisations futures. Sans l'existence de critères élevés de réussite, il est peu probable qu'on ait connu les magnifiques temples grecs et égyptiens, l'art italien de la Renaissance, les progrès scientifiques allemands, les satellites canadiens de télécommunication et les sondes spatiales américaines et soviétiques.

Enfin, la culture donne des significations différentes aux signaux environnementaux et interpersonnels. Les spécialistes de marketing ayant affaire à des cultures étrangères doivent interpréter ces signaux de façon adéquate s'ils veulent comprendre leurs marchés. Cela est particuliè-rement vrai lorsqu'un spécialiste de marketing veut effectuer à l'étranger des activités de vente personnelle et des négociations avec la clientèle dans le but de développer le marché[9].

■ LE PROCESSUS DE LA SOCIALISATION

La socialisation est **le processus par lequel un individu fait l'appren-tissage de sa propre culture.** Dans la figure 7.1, on a présenté la culture comme une variable ayant des répercussions sur la mémoire du consom-mateur par l'intermédiaire de l'apprentissage environnemental. Le pro-cessus de la socialisation est décrit dans la figure 7.2 au moyen d'un

FIGURE 7.2
Le processus de la socialisation dans une culture donnée

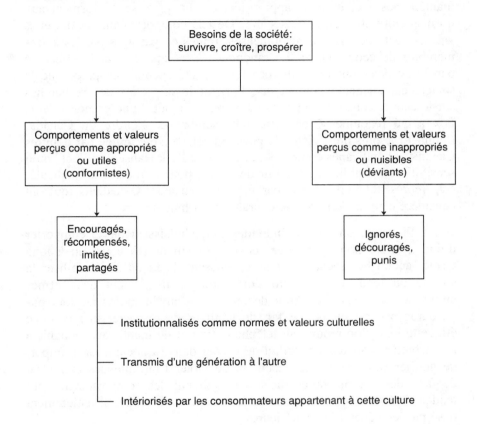

diagramme. Chaque consommateur est socialisé dans le cadre de la culture locale par ses parents ou tuteurs, les écoles qu'il fréquente et les groupes de référence auxquels il est lié. Ces modèles clés nous familiarisent avec les normes culturelles, qui favorisent la bonne entente avec les autres individus appartenant à notre culture, et nous inculquent nos valeurs culturelles.

La figure 7.2 montre que chaque société en est venue à reconnaître que certains comportements et certaines valeurs adoptés par ses membres sont conformes aux buts qu'elle poursuit et l'aident à survivre et à croître, tandis que d'autres types de comportements et leurs valeurs sous-jacentes ne sont pas aussi appropriés et peuvent même être nuisibles à la structure sociale[10]. Lorsque des membres d'une société se comportent d'une manière positive, utile ou appropriée, on dit qu'ils se conforment aux normes culturelles de cette société. De tels comportements et de telles valeurs sont encouragés, récompensés, imités ou partagés par les autres membres de cette société. La randonnée à travers le Canada effectuée par Terry Fox pour recueillir des fonds a été encouragée parce que la société canadienne reconnaît que l'argent investi dans des recherches sur le cancer constitue pour ses membres un atout d'une grande valeur; Fox a été récompensé en étant fait membre de l'Ordre du Canada, l'honneur le plus prestigieux du pays. Sa course a été imitée par d'autres Canadiens handicapés comme Steve Fonyo et Rick Hansen, qui ont voulu sensibiliser le public et recueillir des fonds pour la recherche médicale; cela représentait une valeur partagée par plusieurs Canadiens, qui ont considéré cette action comme courageuse et humanitaire.

À l'inverse, on dit des individus qui, choisissant de se comporter d'une manière non appropriée, en ne poursuivant, à court ou à long terme, aucun but socialement utile, agissent de façon à déstabiliser la société ou tendent à la faire s'effondrer, qu'ils dévient des normes culturelles. De tels actes sont découragés – ou du moins ne sont pas encouragés – ou punis. Le fait de négliger de respecter une certaine étiquette lorsqu'on répond au téléphone, le fait de mentir aux douaniers à la frontière canadienne, le fait de tricher dans sa déclaration d'impôt, de gonfler son compte de dépenses, de violer l'intimité des autres ou de faire des commentaires racistes constituent des comportements qui tendent à défaire le tissu social de la société canadienne, si patiemment tissé par les générations antérieures.

Les comportements qui sont encouragés et récompensés ainsi que les valeurs qui sont partagées par une société deviennent **institution- nalisés** en tant que normes et valeurs culturelles; ils sont **transmis** de génération en génération; ils sont **intériorisés** par les consommateurs appartenant à cette culture. Par exemple, une société moderne a besoin d'omnipraticiens et de chirurgiens afin de survivre et de prospérer. Mais l'acquisition des habiletés nécessaires pour pratiquer la médecine géné- rale ou la chirurgie requiert d'un individu, avant qu'il devienne utile à la société, qu'il consacre de longues années à un apprentissage ardu et à un travail relativement non productif. Pour encourager des individus à entreprendre ce travail difficile, la société a institutionnalisé des récompenses matérielles et sociales pour ceux qui terminent leur apprentissage : des revenus élevés et beaucoup de prestige et de respect. Ainsi, lorsqu'un comportement, un ensemble de comportements ou une valeur sont institutionnalisés, cela signifie qu'ils sont soutenus officiellement et généralement acceptés comme faisant partie de la culture.

Les comportements et les valeurs souhaitables sont aussi **transmis** d'une génération à l'autre. C'est le rôle des parents, des écoles et des institutions religieuses de voir à ce que chaque génération assimile les valeurs de la culture. Cependant, les valeurs et les comportements socialement souhaitables changent parfois avec le temps. Par exemple, bien que la religion garde son importance dans la vie de plusieurs Canadiens, son influence dans les écoles publiques du pays a sensiblement diminué en l'espace de quelques générations. Une autre valeur culturelle ayant changé de façon spectaculaire dans une période de temps relativement courte est celle des rôles attribués à l'homme et à la femme dans un ménage, la femme étant traditionnellement ménagère et l'homme, soutien de famille. Dans une étude portant sur le mode de vie consécutif aux changements survenus dans les valeurs et les attitudes des Américains sur une période de 18 ans, le pourcentage de femmes acceptant l'énoncé « La place de la femme est à la maison » est passé de 60 % en 1967[11] à 32 % en 1985[12]. Le pourcentage de Canadiens acceptant le même énoncé était, en 1985, de 27 % chez les femmes, de 32 % chez les hommes, de 28 % chez les Canadiens anglais et de 34 % chez les Canadiens français[13].

Enfin, les valeurs culturelles qui sont partagées par les membres d'une société ainsi que les comportements qui sont encouragés et soutenus sont **intériorisés** par les consommateurs appartenant à cette culture. Cela constitue le résultat final du processus de la socialisation. Les consommateurs qui ont été convenablement socialisés savent distinguer ce qui est « bon » de ce qui est « mauvais » et savent reconnaître ce qui sera approuvé et ce qui sera désapprouvé ; ils ont une bonne idée du degré de déviance que la société tolère à l'égard des normes culturelles avant que des mécanismes correctifs soient mis en œuvre. Au Canada, par exemple, l'achat d'une tondeuse à gazon est partiellement fondé sur la perception suivante : un propriétaire de maison possédant une pelouse devant sa maison ne peut pas se permettre de la négliger trop longtemps, car il risque de devenir la cible des plaisanteries des voisins, de voir se développer des relations peu chaleureuses avec ces derniers, qui peuvent éventuellement lui refuser leur collaboration parce qu'ils s'attendent à ce que chaque citoyen fasse sa part pour conserver une belle allure au quartier. Par ailleurs, les consommateurs canadiens sont relativement libres d'essayer les nouvelles modes, en ce qui a trait aux vêtements et à l'apparence personnelle, sans avoir à subir la désapprobation des autres. Par exemple, dans une banque, il est considéré comme acceptable, pour un caissier, de porter un tee-shirt pour servir la clientèle; dans plusieurs autres cultures, un tel comportement serait jugé tout à fait intolérable.

Les normes et les valeurs culturelles sont souvent tellement intériorisées par les consommateurs d'une culture donnée que certains en viennent à tenir ces normes pour acquises. Les produits comme le beurre d'arachide, la bière, les épis de maïs, le sirop d'érable, les flocons de maïs, le porc et la sauce aux canneberges font tellement partie de notre culture qu'il ne viendrait pas à l'esprit de la plupart des personnes nées au Canada de penser que ces aliments puissent être inconnus, ou même rejetés, dans d'autres cultures. De la même façon, les consommateurs du Moyen-Orient ne voient rien d'inhabituel dans le fait de faire cuire et de servir de la cervelle de veau ou encore, la tête, les pieds, les testicules ou l'estomac des moutons.

La plupart des consommateurs canadiens ne remettent pas en question la nécessité d'utiliser du savon, du dentifrice, un rince-bouche, des pastilles pour l'haleine ou un désodorisant. Ces produits font partie intégrante de la culture canadienne, comme on peut le voir en inspectant l'armoire à pharmacie ou la salle de bain d'un foyer canadien. Cependant, il est instructif de noter qu'il existe certaines différences culturelles dans l'utilisation d'un produit d'hygiène personnelle qui est, en fait, tenu pour acquis en Amérique du Nord: le désodorisant. Une étude interculturelle a révélé que les pourcentages de consommateurs acceptant l'énoncé «Tous devraient utiliser un désodorisant» différaient de la façon suivante[14]:

États-Unis	89 %
Canada français	81 %
Canada anglais	77 %
Royaume-Uni	71 %
Italie	69 %
France	59 %
Australie	53 %

La recherche a aussi révélé des différences interculturelles en ce qui concerne les pourcentages de consommateurs acceptant l'énoncé «La maison devrait être époussetée et balayée trois fois par semaine»[15]:

Italie   86 %
Royaume-Uni   59 %
France   55 %
Espagne   53 %
Allemagne   45 %
Australie   33 %
États-Unis   25 %

De tels résultats de recherche indiquent qu'il est nécessaire, pour les spécialistes de marketing, de reconnaître que les attitudes et les valeurs prônées dans leur pays respectif ne sont pas des guides fiables lorsqu'on planifie de conquérir des marchés étrangers. Chaque produit ou service doit être évalué en fonction de sa compatibilité potentielle avec les normes et les valeurs culturelles des consommateurs dans un milieu. Pour les gestionnaires canadiens désireux de créer une stratégie de marketing et de l'adapter aux besoins des consommateurs appartenant à une culture étrangère, cela implique souvent qu'ils doivent se familiariser avec cette culture par l'intermédiaire du processus d'acculturation.

LA NÉCESSITÉ DE L'ACCULTURATION

Tandis que la socialisation est le processus par lequel les individus font l'apprentissage des mœurs et des critères de la culture dans laquelle ils grandissent, l'acculturation est **le processus par lequel une personne fait l'apprentissage des normes et des valeurs d'une culture différente de la sienne**. Les consommateurs qui déménagent à l'étranger et même les touristes qui se trouvent dans une culture étrangère vivent habituellement un «choc culturel» dont ils subissent l'effet jusqu'à ce qu'ils apprennent et acceptent les normes, les comportements et les critères de cette culture. Cela est vrai même lorsqu'on est plongé dans une culture qui est très semblable, sous plusieurs aspects, à la sienne propre, pour ne pas parler des cultures qui sont diamétralement opposées. Ainsi, les Américaines arrivant en France se sentent d'abord mal à l'aise à cause des regards très directs qu'elles reçoivent des hommes français lorsqu'elles se promènent dans la rue. Après s'être habituée à se faire regarder durant un séjour en France, une Américaine qui retourne aux États-Unis connaît souvent une période de carence sensorielle: l'habitude culturelle américaine de **ne pas regarder** fait que cette femme a le sentiment de ne pas exister[16]. Il s'agit là d'un choc culturel double: le choc de la culture française, puis celui du retour chez soi après une période d'acculturation.

Les consommateurs qui déménagent dans un milieu appartenant à une culture radicalement différente de la leur subissent généralement un choc culturel beaucoup plus grand. Par exemple, une consommatrice canadienne habituée à faire ses achats le samedi matin dans les marchés en plein air de Montréal, vêtue de vêtements d'été confortables, trouvera , lorsqu'elle fera des achats dans un marché en plein air du Moyen-Orient, certaines conditions semblables à celles du Canada: bruit, bousculade, remue-ménage, stimulations sensorielles, variété de couleurs et de produits. Mais les règles en vigueur au Moyen-Orient sont complètement différentes. Au lieu de trouver des prix fixes, la consommatrice devra marchander et négocier pour chaque article, du melon d'eau aux côtelettes d'agneau. Il est probable qu'elle paiera trop cher, à moins de maîtriser l'art du marchandage, un comportement auquel s'attendent les vendeurs, qui en ont tenu compte lorsqu'ils ont fixé leurs prix. Elle remarquera probablement la prépondérance de la clientèle masculine et l'absence relative de femmes dans ce lieu. À moins de porter une robe très modeste qui ne laisse voir aucune partie de sa peau et à moins de se cacher la tête en ne montrant que son visage, elle se fera longuement dévisager, sera l'objet de railleries et se fera même bousculer par les hommes rencontrés. Elle sera importunée par des mendiants qui la toucheront et tireront sur ses vêtements pour attirer son attention; elle sera considérée comme une étrangère naïve parce qu'elle ne parle pas la langue du pays et qu'elle ne fait pas face à la situation d'une manière appropriée sur le plan culturel. Dans les rues, elle remarquera des chiens et des chats errants qui ont l'air d'être sous-alimentés et négligés.

Si cette femme est invitée à dîner dans la maison d'une famille locale avec laquelle elle s'est liée d'amitié, elle fera probablement face à d'autres surprises culturelles. Tandis qu'au Québec il est considéré comme poli d'apporter une bouteille de vin ou de spiritueux à son hôte, au Moyen-Orient, on considérerait comme une insulte le fait d'apporter n'importe quelle nourriture ou boisson que ce soit, car cela laisserait entendre que l'hôte est incapable d'offrir l'hospitalité complète à ses invités[17]. De plus, l'alcool ne ferait qu'empirer l'insulte si les hôtes étaient des musulmans pratiquants. Si la femme arrivait à l'heure précise de l'invitation, elle serait probablement la première invitée à se présenter, les autres invités arrivant petit à petit au cours des 90 minutes suivantes – une pratique acceptable dans cette culture. À leur arrivée, les invités masculins qui se connaissent s'embrasseront, mais ils se contenteront de saluer poliment les femmes sans les toucher. La femme d'origine canadienne sera probablement invitée à se joindre aux autres femmes, qui s'entretiendront poliment avec elle alors que les hommes se rendront dans une autre pièce pour parler entre eux. Si elle se débrouille un tant soit peu dans la langue locale, les femmes essaieront de lui faire la conversation en lui posant des questions profondes et personnelles sur sa vie, ses enfants, ses possessions, ses antécédents et sa maison, une façon, pour elles, d'être amicales et de mieux la connaître. Certaines de ses réponses déclencheront des fous rires stupéfiés de la part de ses compagnes; pour celles-ci, c'est elle qui est l'étrangère.

S'efforçant de plaire à son invitée durant sa visite, l'hôte fera jouer de la musique locale présentant des sons très bizarres pour les oreilles des Occidentaux. Les gammes et les tonalités seront surprenantes: au lieu de composer une harmonie, les instruments sont joués à l'unisson et demeurent au même mode pendant toute la durée du morceau; à la place d'une mélodie ou de changements d'ambiance marqués, les invités entendent des variations mineures et monotones en ce qui a trait au rythme et à la couleur, autour d'une suite de notes toujours répétée[18].

Tout au long du dîner et de la soirée, l'hôte continuera d'offrir à son invitée de la nourriture, des amuse-gueule, des friandises, des fruits secs, des noix, des bonbons parfumés et des fruits frais, qu'elle le veuille ou non; refuser étant impoli, le truc qu'elle doit rapidement apprendre est d'accepter ce qu'on lui offre et de le laisser ensuite dans son assiette. Pour son hôte, une assiette vide signifie non pas un invité repu, mais un invité qui a encore faim et qu'on doit nourrir jusqu'à ce qu'il ne puisse plus rien avaler. La dame devra aussi faire attention à ne pas admirer ouvertement les objets qui lui plaisent dans la maison de son hôte, étant donné que toute démonstration d'admiration obligera celui-ci à lui offrir en cadeau l'objet en question. Cela placerait l'invitée dans le dilemme de devoir refuser le cadeau afin de ne pas se sentir coupable d'accepter quelque chose qui ne lui appartient pas vraiment tout en courant le risque, au même moment, d'offenser son hôte en n'acceptant pas son cadeau.

Ce croquis sur le vif de la vie dans une autre culture révèle certains des signaux déroutants, des critères étranges, des mœurs particulières et des normes singulières auxquels doit s'attendre un nouveau venu dans toute culture étrangère. Cependant, pour les autochtones ayant été socialisés dans cette culture, tout cela est parfaitement normal et tenu pour acquis. L'expérience vécue par un consommateur canadien lors d'un séjour à l'étranger peut, par conséquent, se révéler très stressante et causer une «fatigue culturelle» (certains symptômes étant la dépression, l'anxiété et l'insomnie)[19] jusqu'à ce que la personne devienne suffisamment acculturée, par l'intermédiaire de l'apprentissage environnemental, pour éviter de commettre des erreurs culturelles. Il est important de se souvenir de ce fait lorsqu'on entre en contact avec un immigrant récemment arrivé au Canada.

Le coût associé aux erreurs culturelles est multiplié plusieurs fois lorsque l'équipe de marketing voulant conquérir un marché étranger ne connaît pas la culture de la société en question. Par exemple, une entreprise vendant du détersif à lessive a lancé une campagne promotionnelle au Moyen-Orient sans d'abord se familiariser avec la culture locale et sans même réviser le plan de la campagne avec le personnel local. Toutes les annonces imprimées de la campagne comportaient à gauche une photo de vêtements sales, au milieu la boîte de détersif et à droite des vêtements propres. Au Moyen-Orient, les gens lisent de droite à gauche; par conséquent, plusieurs consommateurs potentiels eurent des doutes à l'égard d'un détersif qui, du moins en apparence, salissait les vêtements[20]. Au cas où vous auriez envie de rire d'une telle réaction, voyez comment vous réagiriez à l'égard d'une marque de détersif si vous voyiez une annonce montrant les vêtements sales à droite de la boîte. Vous auriez l'impression que quelque chose ne va pas; aucun publicitaire n'oserait faire une telle annonce.

Un incident du même genre est arrivé lorsqu'un fabricant bien connu de vaisselle en porcelaine d'Allemagne de l'Ouest a rempli une grosse commande et l'a envoyée dans un hôtel nouvellement ouvert en Iran. Lorsqu'on ouvrit les boîtes de vaisselle, on se rendit compte que le logo de l'hôtel avait été appliqué à l'envers parce que personne, à l'usine, ne savait lire le persan. On dut envoyer en Iran un technicien muni d'appareils spéciaux pour enlever l'inscription sur 12 000 morceaux de vaisselle. De plus, l'entreprise dut accorder à l'hôtel un rabais substantiel pour compenser le fait de ne pas avoir rempli la commande selon les stipulations de l'entente.

LA COMPRÉHENSION DES DIMENSIONS D'UNE CULTURE

La rapidité des changements technologiques ainsi que l'intensité de la concurrence internationale constituent des réalités auxquelles les spécialistes canadiens de marketing ne peuvent échapper. Plusieurs entreprises canadiennes considèrent que les marchés de consommation d'outre-mer offrent des possibilités lucratives, qu'il s'agisse d'exporter des produits fabriqués au Canada ou de mettre sur pied des activités de production à l'étranger. Toutefois, il est primordial d'éviter des erreurs culturelles coûteuses lors de l'implantation de ces projets de marketing international. Pour comprendre les consommateurs appartenant à une culture étrangère, les gestionnaires ont besoin d'un cadre de référence comme point de départ. Un tel outil peut les aider à identifier et à évaluer les implications d'importantes différences interculturelles, en ce qui a trait aux six dimensions suivantes :

- les valeurs ;
- les idées ;
- les attitudes ;
- les traditions ou coutumes ;
- les artefacts ;
- les symboles.

Le tableau 7.1 présente les six aspects ou dimensions d'une culture et donne des exemples de différences interculturelles concernant chacune de ces dimensions. La troisième colonne du tableau présente certaines implications de ces différences qui sont susceptibles d'intéresser les spécialistes de marketing. Chaque dimension culturelle est présentée de façon plus approfondie dans les paragraphes qui suivent.

TABLEAU 7.1
Les six dimensions d'une culture, des exemples de différences interculturelles ayant trait à ces dimensions ainsi que certaines implications de ces différences

Dimensions	Différences	Implications quant au comportement du consommateur
Valeurs	Au Canada et aux États-Unis, la minceur est considérée comme désirable.	La demande de produits diététiques et de programmes d'amaigrissement a créé une industrie de 600 millions de dollars par an.
	La minceur est indésirable chez les insulaires polynésiens.	
Idées	On chante les louanges de la silhouette féminine chez les Canadiens, les Américains et les Français.	Le sexe fait vendre les produits. Le corps et les traits de la femme sont utilisés dans la promotion.
	La silhouette féminine et la nudité sont taboues chez les Arabes traditionnels.	La polygamie est permise, mais les individus de sexes opposés ne se mêlent pas en public. La photo instantanée a un attrait spécial.
Attitudes	Au Canada, on est beaucoup préoccupé par la jeunesse.	Les produits promettant vitalité et apparence jeune disposent d'un marché très vaste.
	En Asie, le fait d'être jeune est considéré comme secondaire, par égards pour les personnes âgées.	Le rôle des enfants dans la prise de décision des consommateurs est minime ; les parents sont la cible promotionnelle.
Traditions	La semaine de travail s'étend du lundi au vendredi pour les Canadiens esclaves de leur horaire.	La plupart des achats d'épicerie se font les jeudis, vendredis et samedis.
	Les ménagères mexicaines vivant à la campagne ont l'habitude de rencontrer des gens tous les jours.	Les achats d'épicerie se font quotidiennement.
Artefacts	Bottes de cow-boy, Stetson, selle, lasso, chariot chez les Canadiens vivant dans l'Ouest.	Représentent la vie des éleveurs de bétail et des cow-boys ; font partie du Stampede annuel de Calgary, des rodéos et des courses de chariot.

TABLEAU 7.1
(suite)

Dimensions	Différences	Implications quant au comportement du consommateur
	Stations thermales et stations d'eau minérale européennes.	Incarnent la tradition de faire une cure thermale pour se reposer et recevoir des traitements.
Symboles	Signe O.K. au Canada.	Peut être utilisé dans les communications promotionnelles pour symboliser l'accord.
	Signe obscène en Iran.	Ne peut être utilisé comme symbole.
	Signe de perfection, d'excellence au Canada.	Peut être utilisé pour symboliser la qualité dans les marques de commerce, les étiquettes et le matériel promotionnel.
	Zéro en France; geste vulgaire en Amérique du Sud.	Ne peut être utilisé comme symbole d'excellence dans les communications de marketing.
	«Ne pas jeter de déchets; amende de 200 $», symbole utilisé sur les routes du Québec.	En Amérique du Nord, des signes sont utilisés pour donner aux automobilistes circulant sur les routes des instructions se lisant rapidement.

Les valeurs

Tel qu'il est mentionné au chapitre 6, une personne acquiert ses valeurs par l'intermédiaire de la culture dans laquelle elle vit, ces valeurs déterminant ce que la personne trouve souhaitable, ce qui vaut la peine d'être fait, ce qui mérite des efforts, ce qui vaut la peine d'être soutenu et ce qui mérite qu'on y consacre sa vie. Les valeurs humaines fondamentales (valeurs terminales) ne diffèrent pas beaucoup d'une culture à l'autre; ce qui diffère énormément, c'est la façon dont ces valeurs sont définies et exprimées par les consommateurs selon les différentes cultures. Par exemple, la valeur humaine consistant à être attrayant pour les autres membres de la société est presque universelle; par contre, la définition de l'attrait et les moyens mis en œuvre pour être attrayant sont différents d'une culture à l'autre.

L'obsession des Nord-Américains à l'égard de la minceur et du contrôle du poids en est un exemple frappant. Les consommateurs du Canada et des États-Unis valorisent la minceur à un point tel qu'ils font vivre une industrie de 600 millions de dollars par année[21]. Les consommateurs préoccupés par leur poids achètent des pilules, des potions, des livres et des programmes pour perdre du poids; citons, par exemple, le programme des Weight Watchers, le régime Scarsdale, le régime Cambridge, le régime de Beverly Hills ainsi que les régimes au riz, à l'eau, au Martini et au pamplemousse. La culture nord-américaine a même été jusqu'à créer des aliments diététiques pour chiens[22]. De plus, ces consommateurs ont demandé et obtenu des appareils de gymnastique, des cours de conditionnement physique, des restaurants où l'on sert de la cuisine diététique ainsi que des boissons gazeuses, des aliments et des édulcorants pauvres en calories. Tel est le comportement de consommateurs qui associent la minceur à la beauté, à l'attrait et à l'estime de soi.

Par contre, dans plusieurs cultures polynésiennes du Pacifique Sud, l'attrait se définit tout autrement, les personnes grosses étant considérées comme très attrayantes. L'obésité signifie, pour les autres membres de la société, que la personne est riche, qu'elle a réussi et qu'elle est haut placée dans la hiérarchie sociale; les personnes minces sont perçues comme pauvres et en mauvaise santé. Certaines cultures de l'Europe de l'Est partagent cette vision négative de la minceur, qui se rencontre particulièrement dans les régions rurales, plus traditionnelles. Entre ces deux extrêmes se situent des cultures qui n'accordent pas beaucoup d'importance à la minceur ou au poids corporel. De toute évidence, le spécialiste canadien de marketing désireux d'introduire sur des marchés étrangers des produits et services destinés à faire perdre du poids devrait d'abord déterminer la valeur accordée par les consommateurs au fait d'être mince.

La valeur accordée au temps par différentes cultures – mentionnons, par exemple, la promptitude, la ponctualité et le respect des échéances – est un autre exemple frappant. La culture canadienne, contrairement à la plupart des autres cultures, accorde beaucoup d'importance au concept de temps: «Le temps, c'est de l'argent!» Nos artefacts culturels révèlent cette valeur: nous achetons et utilisons des répondeurs téléphoniques afin de pouvoir rappeler rapidement; nous utilisons des agendas pour programmer des rendez-vous d'affaires rapprochés les uns des autres et nous n'hésitons pas à faire comprendre aux gens que le temps que nous pouvons leur accorder est limité et même épuisé; nous ajustons nos montres au quartz et nos horloges par rapport à l'heure officielle donnée par le Conseil national de recherches; nous mettons de l'argent dans les parcomètres situés le long des rues du centre-ville et nous payons une amende lorsque nous dépassons la limite de temps allouée. Nous achetons des fours à micro-ondes, des cafetières automatiques et des lave-vaisselle automatiques pour épargner du temps, de sorte que nous puissions ensuite suivre des cours du soir sur des sujets tels que la gestion du temps.

Pour les touristes et les spécialistes de marketing canadiens non acculturés, l'approche plutôt désinvolte des populations de l'Amérique latine, du Moyen-Orient et de l'Asie à l'égard du temps est source de frustrations et de problèmes. Dans ces pays, il n'y a pas d'heure précise pour faire des affaires, recevoir, manger ou s'occuper de ses affaires personnelles, comme c'est le cas au Canada. Plusieurs contrats d'affaires potentiellement lucratifs ont été perdus par des spécialistes nord-américains impatients qui, lors de négociations, ont essayé d'imposer leur horaire et leurs échéances aux gens d'affaires ou aux fonctionnaires locaux[23]. La ponctualité consiste dans le respect du temps, qui est perçu comme un bien précieux dans certaines cultures. En Occident, ce respect nous est inculqué dès notre jeune âge. Nos parents nous demandent d'être à la maison à une certaine heure, de prendre nos repas à des moments précis, de ne pas faire attendre les gens parce que leur temps est précieux et de ne pas arriver en retard à l'école. Les trains, les autobus et les avions n'attendent pas les retardataires comme c'est le cas dans d'autres cultures.

On dit que la reine Élisabeth II est terriblement gênée si elle arrive légèrement en retard pour une obligation officielle. Sa culture définit qu'il est impoli de faire attendre les gens parce que le temps est perçu comme un bien précieux. (Un jour, on a même reculé un peu l'horloge de la tribune lors d'une course de chevaux, parce que, prévoyant que la reine allait avoir une ou deux minutes de retard, on a voulu lui éviter d'être embarrassée.) À l'inverse, en Afrique et dans les pays du Moyen-Orient, les princes et les potentats, dont le comportement reflète la valeur accordée au temps dans leur culture, arrivent souvent délibérément en retard dans l'exercice de leurs fonctions officielles. Le raisonnement qui est fait est le suivant: si vous avez du pouvoir et un haut statut, vous pouvez prendre votre temps et faire attendre les gens; de plus, le temps n'est pas considéré comme un bien précieux par le public qui attend, et le fait d'être en retard n'est pas perçu comme un acte impoli.

Par conséquent, les appareils destinés à épargner du temps et du travail, qui s'intègrent si bien à la culture canadienne, ne seront probablement pas facilement acceptés dans certaines cultures étrangères. Il s'agit de sociétés où les consommateurs n'accordent pas la même importance au progrès matériel, qui rend si précieux le temps des Canadiens. De plus, dans ces pays, les travaux manuels de la vie quotidienne constituent souvent pour le consommateur une source de plaisir, d'esprit communautaire et d'interaction interpersonnelle. Enfin, les mieux nantis de ces sociétés ont à leur disposition une main-d'œuvre à bon marché, et des serviteurs effectuent le travail manuel à leur place. Dans certaines cultures, le travail manuel est même considéré comme dégradant et les consommateurs désireux de conserver un statut social élevé ne veulent pas se faire surprendre à en effectuer. Les appareils et outils de quincaillerie y sont réservés aux personnes qui se trouvent au bas de l'échelle sociale et les produits permettant d'exécuter le travail manuel soi-même n'intéressent aucunement les consommateurs dont le statut est élevé.

☐ Les idées

Certaines idées sont admises et institutionnalisées dans une culture donnée et ne sont presque jamais remises en question par les membres de cette société, même si elles sont radicalement différentes de celles qui prévalent dans une autre culture. Par conséquent, les idées reliées à une culture peuvent être considérées comme des institutions. Pensez au principe de la monogamie dans les cultures occidentales et à celui de la polygamie dans le monde islamique. Au Canada, un homme ne peut être l'époux que d'une seule femme – un principe basé sur l'égalité sociale entre les sexes. Selon la loi islamique, cependant, un homme peut avoir simultanément jusqu'à quatre épouses, ainsi qu'un nombre illimité de concubines. La loi islamique est fondée sur le Coran, qui correspond au Nouveau Testament dans le christianisme ou à la Torah dans le judaïsme. Le Coran donne les instructions suivantes aux fidèles:

> Au nom d'Allah, le compatissant, le miséricordieux… Si vous craignez de ne pouvoir traiter les orphelins d'une façon juste, vous pouvez épouser d'autres femmes qui vous semblent bonnes: deux, trois ou

quatre d'elles. Mais si vous craignez de ne pas pouvoir maintenir l'égalité entre elles, épousez-en seulement une ou toute fille-esclave que vous possédez. Ceci vous aidera à éviter l'injustice[24].

Bien que peu d'hommes, dans les pays islamiques, puissent se permettre de faire vivre deux ou trois épouses (habituellement, les épouses ne travaillent pas à l'extérieur pour gagner un second revenu), l'idée de la polygamie fournit un exutoire culturellement accepté dans une société où les interactions entre les sexes sont extrêmement restreintes, tout au long de la vie. En dehors du mariage, les hommes et les femmes musulmans se mêlent très peu, particulièrement en public. Plusieurs comportements considérés comme appropriés ou admis dans les cultures occidentales – danser avec un membre du sexe opposé, s'embrasser en public, fréquenter ou courtiser quelqu'un, porter un bikini sur la plage, ériger dans des endroits publics des statues représentant des personnages dont le torse est nu – sont absolument tabous dans plusieurs cultures islamiques. À cause de ces contraintes religieuses, la photographie instantanée est très populaire chez les consommateurs islamiques du monde arabe et il existe très peu de laboratoires pour développer les photos. Utilisant un appareil photographique et des films Polaroid instantanés, les hommes arabes peuvent photographier leurs épouses et leurs filles sans avoir peur qu'un étranger se trouvant dans un laboratoire de photos puisse voir les femmes dévoilées et sans courir le risque que quelqu'un fasse un double des photos[25].

La compagnie Polaroid effectue maintenant des ventes de 40 millions de dollars dans seize pays du Moyen-Orient: l'État du Bahreïn, l'Égypte, l'Iraq, l'Iran, la Jordanie, le Koweït, le Liban, la Libye, le Yémen du Nord, l'Oman, l'État de Qatar, l'Arabie saoudite, le Yémen du Sud, le Soudan, la Syrie et les Émirats arabes unis. Polaroid a adapté son marketing-mix aux particularités de chaque pays. L'entreprise a formé les chefs de produit des distributeurs locaux à son siège principal, situé en Angleterre; ces chefs de produit sont ensuite retournés dans leur pays pour former les représentants locaux. Tandis que, dans la plupart des pays du monde, les emballages des appareils Polaroid comportent une photo de femme en maillot de bain, les emballages vendus au Moyen-Orient présentent une photo de fleurs. De plus, Polaroid a travaillé avec des agences de publicité locales dans chacun des pays; ses annonces ont été traduites en langue arabe et ne sont pas aussi provocantes que celles des pays occidentaux[26].

La glorification de la beauté féminine est une idée largement admise au Canada, aux États-Unis et dans la majeure partie de l'Europe. On donne beaucoup d'importance et on fait une grande publicité aux reines de beauté, qu'il s'agisse de Miss Winnipeg ou de Miss Univers; on les comble de contrats lucratifs pour faire de la publicité, pour servir de modèles dans la haute couture, pour jouer dans des films, pour figurer en maillots de bain dans des chars allégoriques lors de défilés et pour montrer leurs photos sur la page couverture de magazines. Par la suite, d'autres femmes essaient de ressembler à ces modèles de beauté. Pour dissiper la croyance selon laquelle l'avocat est un fruit qui fait grossir, on se sert de la photo d'Angie Dickinson, dont on montre le corps allongé dans le format classique d'une double page, dans des annonces de magazines informant le lecteur qu'une tranche d'avocat de Californie ne contient que 17 calories; les lecteurs des principaux magazines féminins du Canada et des États-Unis prennent ce message au sérieux[27].

Le corps humain – masculin et féminin – est couramment représenté dans les publicités occidentales pour annoncer les produits de beauté et de santé, les parfums, les sous-vêtements et la lingerie. En France, les annonces publicitaires qui montrent une grande partie du corps humain masculin et féminin sont bien acceptées. Les publicitaires français utilisent des thèmes sexuels pour promouvoir des produits aussi invraisemblables que les pâtes alimentaires Rivoire & Carret, la bière Kronenbourg, les systèmes de communication pour bureaux Rank Xerox et l'eau minérale Perrier. Cependant, l'utilisation du corps humain, nu ou vêtu d'une façon suggestive, choque les membres de plusieurs autres cultures un peu partout à travers le monde. En Inde, les consommateurs ont été bouleversés par des annonces présentant le talc BiNoca, placées dans plusieurs journaux locaux. Les annonces montraient un modèle féminin attrayant et apparemment nu (qui, en fait, portait un vêtement moulant couleur chair) qui se poudrait généreusement avec du talc. Les parties stratégiques de son corps étaient soigneusement couvertes par le slogan «Ne soyez pas extravagant – juste un peu de talc BiNoca suffit». Tandis que de telles annonces peuvent être très efficaces dans plusieurs cultures occidentales, le public hindou les a perçues comme indécentes[28].

Lorsqu'on vend des produits de parfumerie dans les pays arabes, on doit adapter les annonces aux particularités culturelles arabes. L'Arabie saoudite constitue le sixième marché au monde pour les parfums, après les États-Unis, le Japon, l'Allemagne, la France et l'Italie; mais avec une population de seulement neuf millions d'habitants, l'Arabie saoudite dépasse tous les autres pays quant à la consommation de parfums par habitant[29]. Dans cette société sévère et religieuse qui interdit l'alcool et multiplie les tabous, le parfum est l'un des rares produits faisant appel aux sens qui a reçu l'approbation sociale. De plus, le sens olfactif des Arabes étant bien développé, les parfums occupent dans cette culture une plus grande place qu'au Canada, aux États-Unis et en Europe du Nord. Les Arabes utilisent les odeurs agréables pour favoriser les relations humaines et ils se servent du champ olfactif pour établir des distances interpersonnelles – ils se tiennent très près les uns des autres lorsqu'ils communiquent face à face[30].

Une Saoudienne qui peut se le permettre achètera le parfum qu'elle aime dans toutes ses versions et dans tous ses formats – l'essence concentrée, l'eau de toilette, l'atomiseur, l'essence pour le bain, le talc et la lotion pour le corps ainsi que les savons[31]... Les hommes saoudiens sont aussi d'importants acheteurs de parfums pour femmes et ils préfèrent les parfums les plus chers ainsi que ceux qui donnent les senteurs les plus fortes, les plus épicées et les plus durables. Les parfums constituent aussi d'excellents cadeaux à offrir aux amis lors des fêtes religieuses. Allant à l'encontre de la tendance consistant à adapter les campagnes publicitaires à la culture saoudienne, les principaux importateurs de parfums utilisent en Arabie saoudite les mêmes campagnes promotionnelles que celles utilisées en Europe par les spécialistes de marketing. Les Saoudiennes visitent régulièrement l'Europe de telle sorte que si, pour un parfum, on donnait en Arabie saoudite une image différente de celle donnée en Europe, la campagne aurait moins d'effet.

Cependant, si on considère les détails d'une annonce donnée, on se rend compte que les campagnes se conforment tout de même aux normes culturelles de la société saoudienne. C'est le cas, par exemple, de la campagne annonçant Drakkar Noir, un parfum pour hommes de Guy Laroche. Bien que les deux campagnes soient les mêmes, l'annonce européenne montre la main d'une femme saisissant le bras dénudé d'un homme qui s'agrippe à la bouteille de parfum, ce qui laisse de la place à l'imagination pour expliquer ce qui peut se passer en dessous de l'image. La version saoudienne atténue la sensualité de la publicité en couvrant discrètement le bras de l'homme d'une manche de veston et d'une chemise de soirée et en faisant en sorte que la femme ne fasse qu'effleurer l'homme avec son ongle. La figure 7.3 reproduit ces deux publicités, présentées

FIGURE 7.3
La version américaine et européenne (à gauche) et la version canadienne et saoudienne (à droite) d'une annonce concernant le parfum pour hommes *Drakkar Noir*

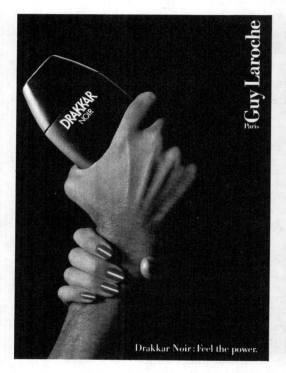

SOURCE: Reproduit avec la permission de Cosmair Canada inc., Exclusivités du groupe L'Oréal.

cette fois pour les campagnes publicitaires canadienne et américaine. La photo de gauche montre l'annonce américaine, une annonce identique à celle parue en Europe, tandis que la photo de droite présente l'annonce canadienne, identique à l'annonce saoudienne. Cela signifierait-il que les Américains sont plus tolérants que les Canadiens à ce point de vue?

En Europe, une annonce présentant le parfum Fidji montre une femme nue couchée sur une plage, tenant dans ses bras une bouteille de ce parfum. Pour éviter de choquer les consommateurs saoudiens, l'annonce placée dans une revue sophistiquée s'adressant aux femmes saoudiennes,

Sayidaty (*Madame*), montre seulement des bouteilles de Fidji étalées sur une table ornée d'orchidées[32].

Les attitudes

Les attitudes qui occupent une place prépondérante dans l'esprit des gens constituent une troisième dimension culturelle. L'attitude envers les jeunes ou envers la jeunesse en est un exemple. Au Canada, et peut-être même encore plus aux États-Unis, les gens sont préoccupés par la jeunesse ainsi que par la vigueur et la beauté des jeunes. Cette attitude souligne l'importance d'être jeune de cœur, d'apparence et de comportement[33]; elle suscite aussi la crainte de perdre la vitalité de la jeunesse et de devenir vieux. Le culte de la jeunesse existe indéniablement au Canada, où un auteur peut se permettre d'écrire que, vers l'an 2000, l'âge moyen de la population canadienne oscillera autour des «trente-cinq ans grinçants» et qu'alors la génération Pepsi pourrait très bien devenir la génération Geritol[34].

Au Canada et aux États-Unis, les spécialistes de marketing ont tiré parti de cette préoccupation à l'égard de la jeunesse en faisant la promotion de produits et de services qui donnent aux consommateurs le sentiment et l'apparence de la jeunesse, quel que soit leur âge réel[35].

Par ailleurs, dans plusieurs autres cultures d'Asie, d'Afrique et d'Europe, les consommateurs ne partagent pas cet asservissement au culte de la jeunesse. Les jeunes sont relégués à un rôle secondaire, par égards pour la sagesse et l'expérience des aînés. Les enfants jouent un moins grand rôle dans la prise de décision, et c'est le membre le plus âgé de la famille nucléaire ou élargie qui a droit aux plus grandes marques de respect de la part des autres membres. L'anthropologue Margaret Mead disait un jour que le plus grand péché que puisse faire un enfant américain est de mentir, un enfant britannique, de faire du mal aux animaux, et un enfant japonais, de manquer de respect à un aîné.

S'ils ne tiennent pas compte des différences de culture en ce qui concerne les attitudes envers les jeunes, les spécialistes de marketing peuvent commettre de coûteuses erreurs. Il y a de cela plusieurs années, General Mills a connu des problèmes avec ses annonces de céréales destinées au marché britannique, lesquelles étaient construites sur le modèle des annonces utilisées aux États-Unis. Ces annonces mettaient en vedette des enfants et elles s'adressaient à eux; la boîte de céréales montrait le visage plein de taches de rousseur d'un enfant américain typique. Les consommateurs britanniques adultes étaient contre le fait d'utiliser des enfants pour la publicité et n'admettaient pas qu'on essaie d'influencer les plus jeunes d'une manière directe. La compagnie fut obligée de créer des messages publicitaires entièrement nouveaux, s'adressant aux adultes[36].

Les tableaux 7.2 et 7.3 donnent deux autres exemples de différences dans les attitudes adoptées par les gens, selon les cultures. Le tableau 7.2 donne le degré de fierté nationale des citoyens de sept pays. Des différences frappantes apparaissent d'une culture à l'autre. Au sommet se trouvent les citoyens des États-Unis, 95 % d'entre eux étant fiers ou très fiers d'être américains. À l'autre extrême, seulement 59 % d'Allemands et 62 % de Japonais ont le même niveau de fierté nationale. Les pourcentages de Japonais et d'Allemands qui ont une attitude négative à l'égard de leur nationalité sont environ dix fois plus élevés que le pourcentage d'Américains.

La fierté engendrée par son travail varie aussi grandement d'une culture à l'autre, comme le montre le tableau 7.3. L'attitude optimiste qui caractérise la culture américaine est reflétée dans l'attitude à l'égard du travail: 98 % des Américains se sentent très fiers ou plutôt fiers de leur occupation, de leur travail ou de leur profession. Cette attitude très positive à l'égard de son travail ou de son occupation est aussi partagée par les Britanniques. La proportion de Français et d'Allemands qui ont le même sentiment tombe à 59 % et à 53 % respectivement.

En fait, ni le Japon ni les autres pays de l'Europe continentale présentés au tableau 7.3 n'approchent un tant soit peu des niveaux de fierté existant aux États-Unis et en Angleterre. Ces données suggèrent que les consommateurs de l'Europe continentale, n'étant pas particulièrement fiers de leur travail, mettent leur fierté dans d'autres aspects de leur vie non reliés au travail. Il est possible que l'absence de l'éthique protestante du travail (dans laquelle le travail, l'ambition, la productivité et la réussite matérielle sont au cœur de la vie et du concept de soi) dans les pays européens à prédominance catholique soit reflétée dans ces attitudes. Ceci ne signifie pas que les travailleurs allemands, français ou italiens ne sont pas productifs; ils ont fait de leurs pays respectifs trois des sept grandes puissances économiques non communistes (les quatre autres étant les États-Unis, le Japon, le Royaume-Uni et le Canada). Cela signifie

TABLEAU 7.2
Niveau de fierté nationale de sept pays (en pourcentages de la population)

Question: «Êtes-vous fier d'être un Américain/Anglais/Allemand/etc.?»

	États-Unis	Angle-terre	Espagne	Italie	France	Japon	Alle-magne
Très fier	80	55	49	41	33	30	21
Plutôt fier	15	31	34	39	43	32	38
Pas très fier	2	8	8	11	8	28	18
Pas fier du tout	1	3	4	7	9	3	11
Indécis	2	3	5	2	7	7	12
	100	100	100	100	100	100	100

SOURCE: Internationale Werte-Studie, 1981, reproduit dans Élisabeth Noelle-Neumann, «Who Needs a Flag?», *Encounter*, 60, n° 1, janvier 1983, p. 72-80.

TABLEAU 7.3
Niveau de fierté à l'égard de son travail dans neuf pays (en pourcentages de la population)

Question: «Êtes-vous fier de votre occupation, de votre travail, de votre profession?»

	États-Unis	Angle-terre	Espagne	Japon	Belgique	Italie	Pays-Bas	Alle-magne	France
Très fier	84	79	42	37	30	29	19	15	13
Plutôt fier	14	18	41	44	47	43	55	38	46
Pas très fier	2	2	12	9	11	14	15	29	16
Pas fier du tout	–	1	2	3	6	12	4	11	17
Indécis	–	–	3	7	6	2	7	7	8
	100	100	100	100	100	100	100	100	100

SOURCE: Internationale Werte-Studie, 1981, reproduit dans Élisabeth Noelle-Neumann, «Who Needs a Flag?», *Encounter*, 60, n° 1, janvier 1983, p. 72-80.

cependant que les spécialistes de marketing nord-américains auraient avantage à mettre l'accent sur d'autres aspects de la vie que le travail, celui-ci ne représentant pas la plus grande satisfaction pour plusieurs consommateurs vivant dans ces cultures.

☐ Les traditions

Les traditions ou coutumes sont **des comportements faisant office de lois ou de règles tacites**. Elles sont souvent fonction de l'époque et sont mises en pratique par la majorité des membres d'une culture pour des raisons qui peuvent être oubliées depuis longtemps; elles servent à resserrer les liens d'une société et à rappeler aux individus leur parenté culturelle.

Vu les traditions de la culture canadienne, il n'est pas difficile de deviner ce que font les gens après le travail les deux dernières semaines précédant le 25 décembre, pendant le repas du soir de l'Action de grâces, le samedi matin, les quelques jours précédant la date limite du 30 avril pour l'envoi de la déclaration d'impôt et la fin de semaine de la coupe Grey. Font aussi partie des traditions canadiennes les nombreux carnavals d'hiver du Québec, les défilés du *Victoria Day* au Canada anglais et les baignades de l'ours polaire des régions nordiques.

Traditionnellement, le Canadien se rend au travail à 8 heures le matin les jours de semaine, interrompt son travail pour manger à midi, revient à la maison à 17 heures et se met à table à 18 heures. Toujours selon la tradition, la mariée canadienne est accompagnée de demoiselles d'honneur et le marié d'un garçon d'honneur. L'industrie canadienne des cartes de vœux fait d'excellentes affaires à Noël, à l'Hanukkah, à Pâques et à la Saint-Valentin. Au Canada, les hommes d'affaires portent un complet à leur travail et les femmes d'affaires, un tailleur. À part le fait qu'il s'agit d'une coutume, il n'y a aucune raison pouvant justifier que l'on porte cet uniforme d'affaires plutôt que, par exemple, la robe plus confortable de l'homme d'affaires arabe ou la tunique de l'homme d'affaires hindou.

Dans le monde occidental, la semaine de travail est, par tradition, d'une durée de cinq jours, les samedis et dimanches étant considérés comme des jours de repos. Au Moyen-Orient islamique, par contre, les gens travaillent six jours par semaine, et le vendredi est considéré comme un jour de repos ou un jour saint.

Les consommateurs adoptent souvent des comportements d'achat prévisibles fondés sur des traditions culturelles. Ainsi, au Canada, les dépliants promotionnels des supermarchés sont généralement distribués de porte en porte le mercredi, pour correspondre aux habitudes de consommation consistant à faire l'épicerie le jeudi, le vendredi ou le samedi. Au Mexique, les ménagères habitant la campagne font traditionnellement leur épicerie tous les jours. Cette habitude a du sens pour les Mexicaines de la campagne, car elle leur donne une excuse pour sortir chaque jour de la maison, pour satisfaire leur besoin de rencontrer d'autres membres de leur communauté à l'aller ou au retour; cela leur permet aussi d'acheter à chaque voyage de très petites quantités avec le peu d'argent qu'elles portent sur elles[37].

Un fabricant de réfrigérateurs américain a essayé de pénétrer le marché rural mexicain avec des modèles américains standard; il a connu un succès limité. Par contre, lorsqu'une compagnie allemande a introduit ses réfrigérateurs sur le même marché, ceux-ci ayant à peu près le tiers de la taille des modèles américains, elle a connu un très grand succès. Non seulement le plus petit appareil était moins cher, mais sa taille correspondait à la tradition mexicaine de la campagne d'acheter tous les jours de petites quantités de nourriture périssable[38].

☐ Les artefacts

Les artefacts témoignent de façon tangible de ce que fait une culture donnée, de ce qu'elle a accompli, des attitudes qu'elle privilégie, de ce qui est jugé important par les individus appartenant à cette culture ainsi que des moyens que ceux-ci ont mis en œuvre pour organiser leurs activités quotidiennes, pour résoudre leurs problèmes et pour mener leur vie.

Grâce à quelques artefacts particulièrement durables – par exemple, les murs de la ville de Jéricho (construite il y a environ 10 000 ans), la pierre de Rosette, la tombe de Toutânkhamon, les ruines de Persépolis, les trésors enfouis des galions espagnols, les édifices en pierre des Zapotèques, le temple d'Angkor Vat et les peintures murales de Pompéi – les archéologues et les anthropologues peuvent arriver à connaître une culture qui s'est développée, puis éteinte, il y a des milliers d'années. Par exemple, les artefacts de la culture romaine conservés à Pompéi, ville qui a été ensevelie sous la lave d'un volcan il y a 1 900 ans, ont révélé que les femmes de cette époque teignaient leurs cheveux ou portaient des perruques, s'habillaient selon la dernière mode, utilisaient du rouge à lèvres, de l'ombre à paupières, du fard à joues et des parfums exotiques et, finalement, demandaient à leurs esclaves coiffeurs de leur faire des coiffures compliquées[39].

Un grand nombre d'artefacts de la planète Terre sont communs à plusieurs cultures parce que les cultures ne vivent pas en vase clos; elles ont tendance à s'emprunter ou à copier certaines idées ou certains objets matériels jugés utiles. Les bicyclettes, les livres, les bancs, les couvertures, les banques, les stylos à bille, les paniers et les bordels sont des artefacts communs à presque toutes les cultures du monde civilisé. Par contre, d'autres artefacts sont propres à une culture donnée. Ainsi, un fermier de Costa Rica aura de la difficulté à imaginer à quoi peuvent servir une motoneige ou un réseau de remonte-pentes installé sur le flanc d'une montagne, tandis que la plupart des Canadiens ne peuvent pas savoir que le corral en bois situé au milieu d'un village de Costa Rica sert aux combats de taureaux. Les consommateurs libanais ne sauraient pas quoi faire avec du beurre d'arachide et des bâtons de réglisse, tandis que les cuisiniers canadiens seraient perplexes si on leur proposait d'utiliser pour une recette le sirop de grenade ou les coings.

Les artefacts d'une culture reflètent habituellement les idées et les traditions adoptées par la société. Les stations thermales européennes en sont un bon exemple. À travers les siècles, les Européens ont construit des sanatoriums près des sources naturelles d'eau chaude, des sources d'eau sulfureuse et des fontaines thermales. Ils aiment faire une cure et vont régulièrement aux stations thermales pour récupérer, relaxer ou suivre un traitement médical. Karlovy Vary, une station thermale populaire située en Tchécoslovaquie, reçoit 85 000 visiteurs par année et ses fontaines ont été utilisées par des célébrités telles que l'empereur François-Joseph, Pierre le Grand, le roi Édouard VII, Goethe, Beethoven et Karl Marx[40]. Dans cette station, le visiteur dispose des services d'un grand nombre d'hôtels, de cafés et de restaurants. Les Américains regardent souvent d'un œil amusé les pèlerinages que font les Européens dans le but de prendre des bains de boue, de se faire faire des massages thermaux ou de boire des eaux sulfureuses. Pour les Européens qui prennent les stations thermales au sérieux, ces visites sont des traditions aussi valables que, pour les Américains, les pompons, les *cheerleaders* et les orchestres étudiants agrémentant l'ambiance des parties de football.

Lorsque les spécialistes de marketing élaborent leurs campagnes promotionnelles, ils se servent presque toujours des artefacts culturels pour passer leurs messages et pour différencier une marque des autres dans l'esprit des consommateurs. Ils introduisent dans leurs annonces des artefacts qui ont une signification spéciale pour les consommateurs du marché cible, de façon à transmettre cette signification au produit annoncé. Cela est particulièrement utilisé pour les produits qu'il serait difficile de différencier de manière explicite, soit parce qu'il y a peu de différences entre les marques ou parce que les différences peuvent difficilement être évaluées. Les cigarettes et la bière en sont de bons exemples. Avant de lire les paragraphes qui suivent, trouvez dans un magazine une annonce de cigarettes ou de boisson alcoolisée (ces annonces sont souvent situées sur la quatrième de couverture) et examinez l'utilisation qu'on fait des artefacts pour différencier la marque annoncée des autres marques.

McCracken a décrit le processus consistant à rechercher, dans le «monde culturellement constitué», des artefacts susceptibles d'être utilisés dans la publicité, afin de transmettre leur signification au produit annoncé. Ce processus comprend quatre étapes principales[41]:

1. Le spécialiste de marketing précise au directeur de création d'une agence de publicité les caractéristiques de l'image que le produit devra avoir, ce qui revient à définir l'image de marque précise qu'on a besoin de créer (pour une nouvelle marque) ou de maintenir (pour une marque se trouvant déjà sur le marché). Cette image doit être très claire pour le directeur de création. Souvent, le spécialiste de marketing se fiera à des résultats de recherche commerciale pour définir une image de marque appropriée, compte tenu du profil du consommateur du marché cible, et il partagera cette information avec le directeur de création.

2. Le directeur de création doit maintenant se demander où il pourra trouver, dans l'environnement culturel, les artefacts destinés à transmettre l'image et la signification souhaitées. Cela exige d'abord que l'on décide si l'on utilisera dans l'annonce un thème réaliste ou un thème fantastique. Si l'on choisit d'utiliser un thème réaliste, le directeur de création doit opter entre un site extérieur ou un site intérieur, un paysage urbain ou un paysage rural, un environnement cultivé ou un environnement sauvage; il doit aussi spécifier le moment de la journée et de l'année. Si des gens doivent figurer dans l'annonce, ils doivent être choisis en fonction de la signification culturelle particulière qu'ils peuvent transmettre par l'entremise de leur âge, de leur sexe, de leur statut, de leur classe sociale, de leur occupation ainsi que par des artefacts propres à la personne tels que les vêtements, les accessoires de mode et les possessions. Finalement, le directeur de création doit choisir les activités et les postures par lesquelles les modèles de l'annonce sont susceptibles de refléter, dans l'annonce du produit, la signification recherchée. Le choix d'artefacts culturels appropriés en vue de créer une image de marque cohérente est un

processus hautement subjectif. Ce processus nécessite de la créativité ainsi qu'une habileté acquise par l'expérience, étant donné qu'il existe peu de règles toutes faites à ce sujet.

3. Le directeur de création décide ensuite de la façon dont on présentera les artefacts culturels accompagnant le produit annoncé, se fiant souvent à la compétence du directeur artistique de l'agence et à celle du personnel de la photographie. On doit veiller à bien agencer les différents éléments de l'annonce, qu'il s'agisse des artefacts culturels, des modèles ou de la mise en scène, toujours dans le but d'aider le consommateur visé à faire le lien entre la signification culturelle et le produit annoncé.

4. Enfin, le rédacteur publicitaire crée un texte ayant pour objectif de renforcer et d'aider à interpréter les images présentées dans l'annonce: les mots dirigent l'attention du consommateur cible vers les principaux artefacts de l'image, l'aidant à interpréter ceux-ci d'une manière compatible avec l'image de marque souhaitée. Peu importe sa longueur, le texte doit soutenir l'effort réalisé sur le plan visuel pour transmettre les propriétés culturelles des éléments de l'annonce au produit annoncé.

Au Canada, on fait souvent la promotion des liqueurs et des spiritueux à l'aide d'une annonce imprimée comportant seulement quelques mots choisis avec soin. On entoure le produit d'artefacts symbolisant le luxe, la qualité, la rareté ou la richesse – un yacht, la cour d'une villa spacieuse, un site exotique montrant les artefacts d'une culture étrangère, des tenues de soirée de cérémonie ou encore une table ornée d'une verrerie de cristal ou entourée d'antiquités et d'autres objets évoquant un style de vie aristocratique. Dans ces annonces, on utilise souvent le noir comme couleur de fond parce que, dans notre culture, le noir représente l'élégance, la dignité, le prestige et la classe.

Cette tentative par laquelle on vise à reporter la signification d'artefacts culturels sur le produit annoncé suppose que l'annonceur et le consommateur ont une compréhension commune concernant ce que chaque artefact est censé représenter. L'annonce ne peut pas produire l'effet recherché si le directeur de création a utilisé des artefacts dont la signification n'est pas appropriée par rapport au consommateur cible. L'équipe de création d'une agence de publicité a été socialisée dans la même culture que celle du consommateur visé par le message, ce qui facilite les choses. Le problème surgit généralement lorsqu'une agence de publicité doit produire du matériel promotionnel destiné à une clientèle étrangère.

Lorsque les spécialistes de marketing international oublient que les artefacts peuvent être propres à une culture donnée, ils courent le risque de commettre des bévues lorsqu'ils transmettent des images sur les marchés étrangers. Un tel problème a surgi lorsque la compagnie Philip Morris Inc. a utilisé son thème traditionnel pour promouvoir les cigarettes Malboro à Hong-Kong. L'image du cow-boy galopant dans les immenses prairies de l'Ouest américain a été utilisée avec beaucoup de succès dans des cultures aussi diverses que celles des États-Unis, de l'Allemagne et du Moyen-Orient. En réalité, ce thème a fait de Malboro la cigarette la plus vendue au monde. Mais à Hong-Kong, les choses se sont passées autrement. En effet, les fumeurs de Hong-Kong, totalement urbanisés, n'ont réussi ni à s'identifier avec un cow-boy chevauchant un cheval dans un pays immense, ni à se reconnaître dans les artefacts utilisés pour représenter le mode de vie du cow-boy (une veste de cuir passablement usée, des bottes avec étriers, des cordes, des selles et des chevaux), de telle sorte que l'annonce a eu sur eux très peu d'effet. Par la suite, Philip Morris a modifié son annonce de façon à mieux refléter la culture de Hong-Kong: le héros américain a fait place à un cow-boy viril mais plus jeune et mieux habillé, propriétaire d'un camion et de la terre sur laquelle il travaille[42].

À l'occasion, certains artefacts pittoresques et dignes d'intérêt appartenant à une culture donnée – qu'ils soient matériels ou abstraits – offrent des possibilités de marketing dans d'autres cultures, à condition que ces artefacts soient mondialement reconnus ou suffisamment célèbres. La figure 7.4, qui représente une brochure promotionnelle, en fournit un exemple. Les contes arabes intitulés *Les mille et une nuits* sont si universellement connus que Rosenthal, fabricant allemand de porcelaine, exporte dans plusieurs régions du monde, dont l'Amérique du Nord, une série d'assiettes de collection décorées de scènes issues du conte intitulé *Sindbad le marin*. De plus, comme si on voulait souligner le caractère multiculturel de ce produit allemand, les thèmes arabes de ces assiettes en porcelaine (une invention chinoise) sont illustrés par l'artiste danois Bjørn Wiinblad, et le produit est vendu au Canada dans des magasins exclusifs spécialisés dans la vente d'objets en porcelaine.

FIGURE 7.4
Scènes tirées de l'œuvre classique *Les mille et une nuits*, illustrées sur des assiettes de collection mises sur le marché avec beaucoup de succès dans plusieurs cultures non arabes

SOURCE :   Reproduit avec la permission de Rosenthal China (Canada) Ltd.

De toute évidence, l'équipe de création qui prépare du matériel publicitaire et promotionnel destiné à des marchés étrangers doit savoir quels artefacts peuvent ou ne peuvent pas susciter l'image, les émotions et les pensées souhaitées auprès de la cible visée. Chaque nouveau marché étranger exige que l'annonceur utilise un vocabulaire composé d'artefacts dont les significations culturelles sont adaptées à cette culture, pour réussir à créer une image de marque propre. Heureusement, les spécialistes de marketing peuvent généralement utiliser les services des agences de publicité locales, qui sont soit des entreprises du pays, soit des succursales locales d'une agence multinationale et qui sont, par conséquent, familiarisées avec la culture locale.

☐   # Les symboles

À part leur utilité pratique, plusieurs artefacts jouent aussi un rôle symbolique et peuvent, par conséquent, transmettre des idées, des émotions, des pensées ainsi que des significations à l'intérieur d'une culture donnée. Par exemple, en Angleterre, le chat noir symbolise la chance. Aux Indes, le hibou symbolise la malchance. Dans le **symbolisme des nombres**, les Nord-Américains considèrent le trèfle à quatre feuilles ainsi que le chiffre sept comme des symboles de chance (c'est pourquoi la compagnie Boeing a donné à ses modèles d'avion les nombres 727, 707 et 747), tandis que le chiffre treize est perçu comme un symbole de malchance (plusieurs hôtels et immeubles locatifs n'ont pas de treizième étage). Au Japon, le chiffre quatre évoque quelque chose d'indésirable parce que ce chiffre sonne comme le mot japonais servant à désigner la mort. Les produits emballés en ensembles de quatre sont donc difficiles à vendre au Japon, comme l'a découvert un fabricant de balles de golf américain. Par ailleurs, une brasserie desservant un certain marché africain a dû ajouter un troisième éléphant blanc à sa marque de fabrique sur les emballages de bière, parce que, dans cette culture, le chiffre deux est synonyme de malchance[43].

Le **symbolisme des couleurs** diffère grandement d'une culture à l'autre. Par exemple, en Malaisie ainsi que dans d'autres pays asiatiques où l'on trouve des jungles vertes et épaisses, le vert est associé à la maladie ; dans le Moyen-Orient musulman, cette couleur est populaire, car elle symbolise l'Islam. Au Canada, le noir symbolise le deuil, les funérailles et la mort ; cependant, ces mêmes concepts sont symbolisés par le blanc dans la culture japonaise et dans d'autres cultures asiatiques, et par le mauve en Amérique latine. Au Royaume-Uni et en France, le rouge est employé plus souvent que le bleu comme symbole de masculinité, un renversement du symbolisme de ces deux couleurs dans la plupart des autres pays. Pour les Nord-Américains, le rose est la couleur qui symbolise le plus la féminité ; cependant, c'est le jaune qui remplit cette fonction dans la plupart des autres cultures. Selon la partie du monde où on l'utilise, la couleur rouge ou rouge foncé peut symboliser la passion, le blasphème, le deuil, le luxe, la richesse ou la virilité.

Le **symbolisme des signes** révèle d'autres différences de signification d'une culture à une autre. Tel qu'on le voit dans le tableau 7.1, pour les Occidentaux, le signe du pouce en l'air est considéré comme positif et veut dire «tout va bien», «continuez», «O.K.» ou «allez-y». En Iran, par contre, ce signe est considéré comme obscène. De même, le signe du pouce et de l'index réunis pour former un cercle, souvent utilisé au Canada pour dire «O.K.», ne représente pas la même chose dans toutes les cultures. Ainsi, dans certaines régions de l'Amérique du Sud, ce signe est considéré comme un geste vulgaire; ce fait a été découvert trop tard par une entreprise ayant déjà distribué sur une grande échelle un catalogue dont chaque page contenait ce signe. Cette bévue a coûté à l'entreprise un retard de six mois, le temps d'imprimer à nouveau le catalogue en question.

Parmi les autres signes couramment utilisés, mentionnons la marque $\sqrt{}$, utilisée pour cocher une case, la lettre X, qui, dans notre culture, signifie qu'une chose est correcte ou incorrecte, l'étoile de David et le crucifix, symbolisant la foi judaïque et la foi chrétienne, ainsi que le fait de hocher la tête ou de remuer la main ou un doigt pour exprimer l'accord ou le désaccord, selon les cultures.

Le **symbolisme des objets animés** est aussi défini par la culture. Au Canada, nous reconnaissons aisément le symbolisme de certains animaux; mentionnons, par exemple, la rapidité du lièvre, la mémoire de l'éléphant, la loyauté du chien, la liberté de l'oiseau, la douceur du chaton, la sagesse du hibou et la stupidité de la dinde. On peut dire d'une personne qu'elle est un peu ours ou qu'elle fonce comme un taureau; on traite certains politiciens de vautours.

Les spécialistes de marketing canadiens utilisent régulièrement des images d'animaux pour faire passer certaines idées en annonçant leurs produits. Or, en Thaïlande, les animaux sont considérés comme une forme de vie de bas niveau; les utiliser pour annoncer quelque chose qui sera porté par des humains y serait perçu comme un manque de respect. En dépit de cela, un spécialiste de marketing relativement naïf en matière culturelle, espérant vendre des lunettes sur le marché thaïlandais, a mené une campagne promotionnelle dans laquelle on montrait des animaux portant les lunettes annoncées. Vous pouvez imaginer le succès obtenu par cette campagne! Le tigre, cependant, a une image positive: en Thaïlande, comme dans plusieurs autres pays, c'est un symbole de puissance et de force. La compagnie Exxon a utilisé ce symbole partout à travers le monde dans une campagne publicitaire très réussie ayant pour thème : «Mettez du tigre dans votre moteur». L'utilisation de ce thème sur le marché thaïlandais a permis à Exxon d'aller chercher une part importante de ce marché. Cependant, lorsqu'un spécialiste de marketing désireux de pénétrer un marché étranger se propose d'utiliser des animaux pour symboliser certaines qualités d'un produit, il doit le faire avec beaucoup de précaution, en veillant à consulter les agents locaux et à faire une campagne d'essai. En effet, l'utilisation de certains animaux doit être évitée (par exemple, les chiens et les porcs sont tabous dans les cultures islamiques) ; de plus, certains animaux peuvent symboliser des qualités différentes selon les marchés (en Iran, l'éléphant symbolise la solidité et l'endurance plutôt qu'une mémoire longue).

Enfin, le **symbolisme des objets inanimés** peut aussi aider le publicitaire à communiquer avec son marché cible. Par exemple, un gratte-ciel ou l'horizon d'une ville dénotent un certain cosmopolitisme ; un col relâché, une cravate dénouée et une corbeille à papier débordante symbolisent l'épuisement, la frustration, ou une intense concentration ; l'envol d'un planeur indique la liberté individuelle ; une autoroute bloquée symbolise des options limitées ; un passeport et un billet d'avion évoquent une perspective mondiale ; un sentier ombragé au milieu d'une forêt symbolise la tranquillité.

Regardez le symbole présenté au bas du tableau 7.1. Ce symbole s'adressant aux conducteurs de véhicules motorisés est utilisé sur les panneaux des autoroutes du Québec pour communiquer le message suivant : «Il est interdit de jeter des déchets sur les autoroutes, sous peine d'une amende de 200 $.» Pour communiquer ce message, on se sert de symboles d'objets inanimés, chacun d'eux évoquant un aspect propre de notre culture. La boîte de conserve vide symbolise le fait de jeter des déchets ; la diagonale placée sur la boîte de conserve, à l'intérieur du cercle, symbolise une interdiction ; le maillet du juge symbolise une institution culturelle, celle de notre système judiciaire ; enfin, le signe du dollar symbolise l'argent. En fait, le signe du dollar a été emprunté à la culture américaine – il a été créé en superposant les lettres majuscules U et S et en enlevant par la suite la courbe du bas de la lettre U.

■ LES PRINCIPALES ÉTAPES VERS UN MARKETING EFFICACE DANS LES CULTURES ÉTRANGÈRES

Le spécialiste de marketing désireux de pénétrer un marché étranger doit comprendre chacune des six dimensions culturelles de ce marché. Il peut y arriver en envoyant vivre dans la culture étrangère les personnes qui seront responsables du marketing et en leur donnant le temps nécessaire pour s'acculturer. Une autre option est d'embaucher des personnes compétentes qui sont nées dans la culture étrangère et qui, par conséquent, sont suffisamment familiarisées avec les normes et les valeurs de cette culture pour pouvoir diriger d'une façon appropriée les activités de marketing de l'entreprise. Dans l'un ou l'autre cas, le spécialiste de marketing devra probablement améliorer le système d'information marketing local en effectuant des recherches commerciales propres au produit ou en utilisant des sources bien informées, les données locales sur le marché et les statistiques de consommation.

Runyon a suggéré quatre tâches à effectuer chaque fois que l'on planifie un programme de marketing distinct destiné à un marché étranger[44]. Dans les paragraphes qui suivent, nous énumérerons et décrirons brièvement chacune de ces tâches en les illustrant par des exemples[45].

1. **Déterminer si le produit est compatible avec les principales valeurs de la culture cible.** À ce stade, les spécialistes de marketing doivent vérifier si le produit et son conditionnement comportent des caractéristiques pouvant se heurter à une résistance chez le consommateur, étant donné les valeurs prévalant dans la culture étrangère, les goûts locaux, les conditions différentes ou les exigences de l'utilisateur. Il arrive souvent qu'un produit déjà commercialisé dans un pays doive subir des modifications quant à son design, à ses qualités, à son fonctionnement ou à son conditionnement avant de pouvoir être vendu sur le marché étranger. Par exemple, les réfrigérateurs vendus par Sears sur le marché japonais ont un moteur plus silencieux, étant donné que les maisons japonaises ont des murs très minces. Dans ses établissements du Japon, le restaurant *Poulet Frit Kentucky* a dû s'adapter aux attentes des consommateurs concernant la variété de la nourriture en ajoutant au menu du poisson frit, du poulet fumé et du yogourt; on a aussi veillé à mettre moins de sucre dans la vinaigrette de la salade de chou pour se conformer

aux goûts locaux. Les fabricants de plats cuisinés américains ont dû modifier la composition et le goût de leurs produits dans plusieurs pays afin de satisfaire les goûts des consommateurs. Coca-Cola a eu de la difficulté à introduire ses bouteilles de deux litres en Espagne, étant donné que peu d'Espagnols possèdent des réfrigérateurs dont les tablettes de la porte peuvent loger une si grande bouteille.

Certains produits peuvent être difficiles à vendre à l'étranger parce que le concept lui-même est culturellement inapproprié. Ainsi, la compagnie Sunbeam a peu de succès en Italie dans la vente de rasoirs électriques pour dames parce que les Italiens préfèrent les femmes aux jambes poilues. Le bidet, un appareil sanitaire très répandu en Europe, a peu de succès au Canada et aux États-Unis, où la vente de ce produit est parfois même considérée comme un peu risquée; en fait, plusieurs Canadiens ignorent ce que le mot signifie.

Lorsqu'on veut vendre un produit à l'étranger, on doit s'assurer que le nom de marque ne pose pas de problème de prononciation et qu'il n'a aucune signification péjorative sur le plan culturel. Quand la compagnie Ford a introduit dans les pays de langue espagnole un camion bon marché nommé *Fiera*, elle a découvert que ce mot y signifiait «vieille femme laide». En outre, après avoir introduit la *Pinto* au Brésil, Ford a très rapidement changé le nom de cette voiture pour *Corcel* (cheval) parce que, dans le langage de la rue, au Brésil, le mot *pinto* signifie «petit appendice mâle». Par ailleurs, la compagnie Sunbeam a lancé une campagne publicitaire en Allemagne pour mettre sur le marché un nouveau fer à friser à vapeur appelé *Mist-Stick*. Cette compagnie s'est ensuite rendu compte que *Mist* signifiait en allemand «excrément» ou «crotte», tandis que *Stick* se prononçait de la même façon que le mot allemand signifiant «morceau»; elle faisait donc la promotion d'un produit dont le nom sonnait comme «morceau d'excrément».

Certains noms de marque anglais ne peuvent pas être prononcés correctement dans d'autres cultures et doivent être changés pour ces marchés. Ainsi, le café *Maxwell House* de General Foods est vendu sous les noms de *Maxwell Kaffee* en Allemagne, de *Légal* en France et de *Monky* en Espagne. Le même principe s'applique aux noms d'entreprises. Tandis que la compagnie Vicks doit nommer ses produits *Wicks* sur le marché allemand (parce que *vick*, en allemand, est un mot vulgaire signifiant «rapport sexuel»), *Kodak* et *Exxon* sont de bons exemples de noms d'entreprises adoptés à la suite de recherches commerciales approfondies; ces noms se prononcent facilement partout à travers le monde et n'ont aucune signification particulière, quelle que soit la langue.

2. Étudier les modes d'achat et d'utilisation typiques ainsi que les processus décisionnels pour ce type de produit. Dans cette étape, il s'agit d'apprendre comment le produit en question sera acheté, utilisé et consommé et qui sont les décideurs les plus susceptibles d'acheter ce produit. Une façon d'y arriver est d'étudier comment, dans cette culture, les consommateurs s'y prennent pour choisir, acquérir, payer et utiliser des produits similaires. S'il n'y a aucun produit comparable sur le marché, on pourra d'abord faire un test de marché, après quoi on pourra effectuer une recherche commerciale et des sondages auprès des consommateurs. On peut aussi prendre le risque de lancer d'abord le produit sur le marché, puis tâcher de détecter, le plus rapidement possible, les problèmes éventuels reliés au marketing-mix choisi. Plusieurs exemples peuvent aider à comprendre l'importance de cette seconde étape.

Les spécialistes de marketing chargés de faire la promotion de l'automobile Volvo ont compris que, selon les cultures, les consommateurs recherchent des attributs différents lorsqu'ils achètent une voiture. Ainsi, aux États-Unis, la compagnie Volvo fait la promotion de la voiture en insistant sur son caractère économique, sa durabilité et son caractère sécuritaire, alors qu'en France on parle de statut et de loisirs, en Allemagne, de performance et en Suisse, du côté sécuritaire. Au Mexique, le prix est considéré comme un facteur crucial, tandis qu'au Venezuela les consommateurs accordent plus d'importance à la qualité.

Les consommateurs japonais veulent voir ce qu'ils mangeront avant de commander au restaurant. Par conséquent, les entreprises qui œuvrent dans le domaine de la restauration au Japon doivent installer devant leur établissement des présentoirs renfermant des modèles réalistes, fabriqués en cire ou en silicone, de tous les plats composant le menu. Dans ce pays, il existe donc des entreprises de reproduction qui fabriquent des moules à partir d'aliments véritables; ces entreprises peuvent fournir aux restaurants des échantillons de n'importe quel plat. Cette pratique évite aux consommateurs les surprises désagréables.

Lorsqu'on introduisit au Pérou un nouveau détersif à lessive aux enzymes, les ventes furent d'abord très florissantes, puis s'arrêtèrent. La compagnie découvrit que les Péruviennes avaient l'habitude de faire bouillir les vêtements pour tuer les microbes. En faisant bouillir le détersif, les ménagères détruisaient les enzymes, si efficaces pour éliminer les taches, de telle sorte que le détersif ne pouvait plus atteindre les résultats annoncés; par conséquent, les Péruviennes ne rachetaient pas le détersif une deuxième fois. Cependant, le fait d'utiliser un produit d'une façon incorrecte n'est pas toujours nuisible aux ventes. En effet, une compagnie américaine vendant des serviettes hygiéniques en Amérique du Sud a découvert la raison d'une soudaine augmentation de ses ventes : les fermiers locaux achetaient les serviettes et s'en servaient comme masques de protection contre la poussière.

La possibilité de vendre à crédit peut être un facteur crucial en ce qui concerne les efforts de marketing réalisés à l'étranger. Le cas suivant en est un exemple. Une multinationale a effectué des tests de marketing pour ses machines à laver, lesquelles avaient été spécialement modifiées pour le marché de l'Amérique latine, et a découvert que les réactions des consommateurs étaient très positives. Mais lorsqu'elle a introduit ses machines sur ce marché, elle a été très désappointée par le niveau des ventes. En effet, la pratique locale, en affaires, était d'offrir aux consommateurs des conditions de crédit avantageuses, de telle sorte que la multinationale, n'offrant pas de crédit aux acheteurs éventuels, perdait des ventes au profit des concurrents locaux.

3. **Déterminer les institutions de marketing appropriées au produit.**
Cette étape détermine quel système de marketing peut être utilisé par une entreprise désireuse de pénétrer et d'exploiter un marché de consommation étranger pour y distribuer son produit. Ce sont la disponibilité et l'efficacité des médias et des services promotionnels, des représentants, des canaux de distribution, ainsi que des équipements et des personnes-ressources nécessaires pour effectuer la recherche commerciale qui détermineront comment le produit pourra être commercialisé avec succès dans la culture étrangère. Par exemple, le système ainsi que les institutions de marketing qui existent présentement dans les pays du tiers monde et dans les pays communistes ne peuvent en aucun cas atteindre le niveau de variété, de sophistication et de professionnalisme qui caractérise la publicité, le commerce de détail, la recherche commerciale, la vente personnelle ainsi que les outils de promotion des ventes existant dans des économies développées et efficaces comme celle du Canada. Souvent, les gestionnaires canadiens qui projettent d'internationaliser leur programme de marketing ne peuvent transposer les pratiques de marketing canadiennes sur les marchés étrangers; ils doivent adapter

le programme à ce qui est disponible dans chaque pays et utiliser les méthodes établies pour amener le produit au consommateur.

Pensons à l'élément promotionnel du marketing-mix. À l'aide d'exemples, nous soulignerons les problèmes auxquels pourra faire face l'éventuel gestionnaire canadien dans une culture étrangère[16]. En Arabie saoudite, la télévision n'est pas disponible en tant que média publicitaire, et dans les pays arabes où elle est disponible, la qualité des annonces publicitaires produites localement est souvent plutôt faible. Dans ces pays, le publipostage est considéré comme une invasion de la vie privée et le télémarketing ainsi que les sondages sont très peu populaires. Le média traditionnel de la péninsule arabe est le panneau d'affichage extérieur, lequel se prête bien aux messages simples (rendus nécessaires par un taux élevé d'analphabétisme); cependant, ces messages sont rapidement détruits par un environnement difficile où l'on trouve un soleil qui décolore, une chaleur torride, une humidité corrosive et des tempêtes de sable au pouvoir décapant. Cela met les spécialistes de marketing étrangers au défi de produire des panneaux d'affichage plus durables et plus souples. Un autre point à considérer est le fait que plusieurs consommateurs habitant ces régions sont des immigrants qui ne lisent pas l'arabe. Au Koweït, où le niveau d'alphabétisation est élevé, les journaux et les magazines féminins constituent des médias plus efficaces. En Arabie saoudite, les cassettes magnétoscopiques importées contiennent des réclames, ce qui constitue un média publicitaire efficace dans une société où les loisirs ne se prennent pas en public et où l'écoute de vidéocassettes est une forme de divertissement populaire à la maison.

En plus de constater les limites du marché arabe en ce qui a trait aux médias et aux annonces, on s'aperçoit que les consommateurs arabes sont peu sensibles aux efforts promotionnels et qu'ils ne possèdent pas la sophistication des consommateurs vivant dans les pays industrialisés. Étant moins bien informés, les consommateurs arabes croient souvent que si une compagnie doit annoncer, c'est parce que ses produits se vendent mal. Dans la péninsule arabe, un facteur crucial est **l'image ainsi que la réputation du distributeur ou de l'importateur** distribuant le produit. Un autre facteur important est le pays d'origine du produit: la qualité de plusieurs produits fabriqués en Extrême-Orient est perçue comme inférieure à celle des produits européens et américains. De plus, une fois qu'une marque est bien connue, elle domine le marché, ce qui engendre une somme énorme d'inertie chez les consommateurs, à un point tel qu'elle devient pour eux la «bonne» marque à acheter et que des marques telles que Philishave, Tide, Singer, Hoover, Mazola et Kolynos (un dentifrice) sont devenues des noms génériques dans leur catégorie de produits respective. À cause de ce facteur, il est extrêmement difficile, pour les marques nouvellement introduites, de concurrencer les autres, à moins que le produit n'offre un nouvel avantage par rapport aux autres marques. Par conséquent, les entreprises canadiennes qui essaient de pénétrer ce marché doivent souvent compter sur le facteur prix pour stimuler les ventes.

Une autre institution de marketing à considérer est constituée par les canaux de distribution disponibles. Il se peut que les intermédiaires généralement utilisés sur les marchés canadiens n'existent pas ou ne puissent être utilisés à l'étranger. Par exemple, lorsqu'un fabricant de cosmétiques américain a tenté de diffuser ses produits en France en utilisant un circuit de détail local, il est allé à l'encontre de la pratique traditionnelle consistant à désigner des parfumeries locales (de petites boutiques indépendantes vendant des cosmétiques) pour vendre les produits. On accorde généralement à ces magasins spécialisés une exclusivité limitée pour la vente de la gamme de cosmétiques du fabricant, et ces magasins sont reconnus par le public acheteur comme des leaders d'opinion. La compagnie américaine essayait d'atteindre une distribution maximale tout en minimisant ses coûts de distribution, mais cette pratique a provoqué la colère des parfumeurs de telle sorte que ces derniers ont utilisé leur influence pour discréditer la gamme de cosmétiques et ternir la réputation de cette compagnie en France.

Parfois, les entrevues et le recrutement de la force de vente d'une compagnie œuvrant à l'étranger doivent être basés sur des critères passablement différents de ceux que l'on utilise pour embaucher les représentants au Canada. La plupart des spécialistes de marketing ne songeraient pas sérieusement à évaluer la classe sociale d'un représentant dans la procédure de sélection. Cependant, au Japon, c'est ce qu'a dû faire la compagnie Simmons, fabricant de lits et de matelas de qualité, étant donné que la société japonaise est hautement stratifiée et qu'il existe des différences de langage subtiles mais évidentes entre les classes. Les représentants sont plus efficaces lorsque leur classe sociale correspond à celle du client.

4. **Utiliser les symboles appropriés pour communiquer avec le groupe culturel cible.** La quatrième tâche consiste à mettre sur pied une stra-

tégie promotionnelle qui communique d'une manière efficace l'image de marque souhaitée, l'information sur le produit ainsi que les principales qualités de la marque au public choisi comme cible dans la culture étrangère. Cette dernière étape est la plus délicate, la plus difficile, et elle présente beaucoup de possibilités d'erreurs de marketing. Comme il a été démontré dans une section précédente de ce chapitre, il est important que le responsable de marketing choisisse des symboles et des thèmes dont la signification correspond à la culture des consommateurs. De plus, il se peut qu'il y ait certaines restrictions quant à la publicité dans les différents marchés. Pour ne donner qu'un exemple, dans la péninsule arabe, les personnalités et les acteurs de la télévision locale n'ont pas le droit d'annoncer des produits; les enfants et les femmes du pays n'ont pas le droit de servir de modèles ou de jouer un rôle dans les annonces télévisées[47].

En plus des symboles, le ton des annonces utilisées dans une campagne doit être en harmonie avec la façon de penser et le tempérament de la nation. Au Japon, le ton général de certaines annonces canadiennes télévisées utilisant une approche très directe, où l'on vante les avantages du produit d'une façon systématique, ou encore, où l'on compare ouvertement des marques concurrentes, ne réussirait pas à susciter des ventes. Indépendamment du produit annoncé, de telles réclames seraient perçues comme impolies et trop directes. On atteint la corde sensible du consommateur japonais en jouant doucement avec ses émotions et en essayant de lui plaire. On y arrive souvent à l'aide d'une courte histoire accompagnée d'images de fond exceptionnelles ou désirables, ou encore par la poésie et l'harmonie verbales et visuelles, provoquant ainsi certaines émotions chez les téléspectateurs: un appel à l'hémisphère droit, émotif, plutôt qu'à l'hémisphère gauche, logique, du cerveau[48].

Les deux exemples qui suivent illustrent l'approche japonaise. Dans des annonces visant les consommateurs japonais et faisant la promotion d'une nouvelle gamme de montres aux cadrans de couleur, Seiko a utilisé le slogan «Comme le vent, je suis la couleur de l'oiseau». Tandis que ce texte n'aurait pas de sens pour un Canadien, il provoque, chez les Japonais, d'agréables images évoquant une montre légère comme le vent ou possédant les couleurs de pierres précieuses d'un colibri qui vole[49].

Le deuxième exemple a trait à une campagne publicitaire télévisée créée pour la compagnie Kentucky Fried Chicken au Japon[50]. Un responsable de budget de l'agence publicitaire japonaise de la compagnie,

McCann-Ericson Hakuhodo, présentait un jour le texte d'une des nombreuses versions d'une annonce télévisée de 30 secondes à Loy Weston, le président de Kentucky Fried Chicken au Japon. Avec la douce musique d'accompagnement d'un chœur chantant les louanges du poulet frit à la Kentucky en japonais, l'annonce, à l'aide d'images visuelles et de la voix d'un narrateur, racontait l'histoire du colonel Sanders qui, alors qu'il était un petit garçon de sept ans à l'air angélique habitant une vieille maison du Kentucky, a cuisiné une miche de pain de farine de seigle tellement parfaite qu'«il aurait pu faire tomber sa mère à l'aide d'une plume...». Ensuite, après avoir montré une marmite à pression et un produit venant d'être frit, la scène se remplissait d'Américains habillés de vêtements sport, se léchant les doigts après avoir mangé du poulet et chantant: «La joie du colonel atteint son paroxysme cinquante ans plus tard sur des visages souriants partout à travers le monde!»

Après avoir écouté la présentation, Weston, un Américain possédant plusieurs années d'expérience au Japon, était préoccupé par la crédibilité de l'annonce et, comparant celle-ci avec les annonces télévisées de la compagnie aux États-Unis, se dit déçu du fait que l'annonce ne faisait clairement ressortir aucun des avantages du produit. «Où sont les avantages pour le consommateur?» demanda-t-il. «Où est la proposition de vente?» Il fut rappelé à l'ordre par le vice-président japonais, qui était resté en étroit contact avec l'agence publicitaire; ce dernier lui rappela que l'objectif de la campagne était de renforcer trois images quant au poulet frit à la Kentucky: son authenticité, son caractère américain ainsi que son élégance aristocratique. Le responsable de budget ajouta qu'on avait testé cette annonce auprès d'un public japonais et qu'elle avait obtenu des scores plus élevés que toutes les autres annonces que l'agence avait créées. «J'abandonne», répondit Weston. «Ici, c'est le Japon.»

En plus de choisir les symboles et le ton appropriés, le spécialiste de marketing doit considérer le problème du langage. Plusieurs annonces publicitaires canadiennes et américaines reposent sur un slogan accrocheur qui fonctionne bien au Canada et aux États-Unis. Il est tentant de traduire le slogan pour l'utiliser à l'étranger. Mais la traduction est une tâche épineuse; il ne peut s'agir de traduire mot à mot, et plusieurs locutions et expressions anglaises ou françaises constituent un langage symbolique qui se traduit mal ou qui n'a pas la même signification dans d'autres langues. Pensez au populaire slogan des annonces de Pepsi-Cola: *Come*

Alive with Pepsi! (Soyez plein de vie avec Pepsi). Lorsque la compagnie a exporté ce slogan en Allemagne, les annonces disaient aux consommateurs : « Sortez de votre tombe ! » Le même slogan traduit en chinois devint : « Ramenez vos ancêtres du monde des morts avec Pepsi ! »

La compagnie Parker Pen a vécu une expérience semblable. La compagnie fut un pionnier dans son domaine en créant un stylo qui ne coule pas et que l'on peut transporter dans la poche de sa chemise sans courir le risque de faire des taches d'encre. Aux États-Unis, on mena avec beaucoup de succès une campagne publicitaire autour du slogan suivant : « Évitez l'embarras – utilisez les stylos Parker ». Quelques années plus tard, lorsque la compagnie pénétra le marché de l'Amérique latine, elle utilisa simplement une traduction de ce slogan pour tout son matériel promotionnel, y compris les enseignes de métal sur les devantures des magasins où les stylos devaient être en vente. Malheureusement, le mot *embarras* possède, en espagnol, plusieurs significations, l'une d'elles étant « grossesse ». Sans le savoir, la compagnie Parker Pen faisait la promotion de ses stylos comme moyen contraceptif.

Des problèmes de langage peuvent exister même sur des marchés situés très près de chez soi. Frank Perdue, de la compagnie Perdue Chickens, essayait de communiquer avec les consommateurs hispaniques des États-Unis en utilisant le slogan *It Takes a Tough Man to Make a Tender Chicken* (Ça prend un dur à cuire pour produire un poulet tendre). La personne qui fit une traduction littérale en espagnol n'a pas réalisé que, pour les consommateurs hispaniques, ce slogan deviendrait : *It Takes a Sexually Excited Man to Make a Chick Sensual* (Ça prend un gars stimulé sexuellement pour rendre une fille sensuelle)[51].

Une bonne façon de déceler de tels problèmes de langage avant que les dépenses de la campagne promotionnelle soient engagées est d'effectuer une traduction en sens inverse. Après avoir traduit dans une autre langue un message ou un texte promotionnel français, on demande à un autre traducteur de le remettre en français. On compare ensuite le message de départ avec la version traduite pour identifier tout écart par rapport à la signification recherchée. Mieux encore, on suggère d'utiliser une équipe de traducteurs travaillant sur le même message d'une façon indépendante pour effectuer la traduction initiale ainsi que la traduction en sens inverse. Les traducteurs peuvent ensuite comparer leurs versions respectives et travailler de façon à obtenir l'unanimité quant à la version finale[52]. L'exemple suivant montre comment la traduction en sens inverse peut prévenir un malentendu interculturel dans les communications de marketing. Un fabricant australien de boisson gazeuse avait l'intention de vendre son produit à Hong-Kong à l'aide du slogan qu'il avait utilisé avec succès sur le marché de son pays: *Baby, It's Cold Inside* (Ma belle, il fait froid à l'intérieur). Après avoir traduit le slogan en chinois, la compagnie décida de vérifier la traduction en retraduisant le slogan en sens inverse avant de commencer la campagne. Le slogan revint en anglais sous la forme *Small mosquito, on the inside it is very cold* (Petit moustique, à l'intérieur, il fait très froid). L'expression «petit moustique» est une expression familière signifiant «petit enfant»; on était très loin du mot anglais désignant une femme en slang (*Baby*). Le slogan fut immédiatement abandonné.

Les quatre tâches que nous venons de présenter dans cette section sont suffisamment vastes pour englober la majeure partie des activités que doit effectuer un spécialiste de marketing canadien dans une culture étrangère. Néanmoins, ces tâches constituent simplement des lignes de conduite et ne dispensent pas de travailler en étroite collaboration avec des personnes qui connaissent bien les consommateurs et la culture du marché étranger. Ces gens sont le personnel de l'agence publicitaire locale, les agents d'importation, les représentants du fabricant, d'autres intermédiaires des canaux de distribution, les fonctionnaires locaux, les personnes à même de fournir les données locales sur le consommateur et les gens d'affaires travaillant avec d'autres compagnies multinationales établies sur le marché étranger.

Enfin, le spécialiste de marketing qui désire construire une relation à long terme avec les consommateurs d'un marché étranger devra tenir compte de certains avertissements résumés avec beaucoup d'à-propos par le directeur de la création d'une agence de publicité internationale: «Il devra faire attention aux détails complexes relevant des coutumes, des habitudes et des traditions, ne rien tenir pour acquis et traiter le marché avec respect dans sa façon de penser ainsi que dans la présentation de ses annonces[53].

RÉSUMÉ

La culture d'un consommateur constitue l'élément le plus vaste et le plus englobant de son environnement et en vient à faire partie de la mémoire de la personne par l'intermédiaire de l'apprentissage environ-nemental. De toutes les influences environnementales s'exerçant sur les décisions de consommation, c'est celle que l'on tient le plus pour acquise. La culture est constituée par la sagesse collective et les modes de compor-tement institutionnalisés de la société, lesquels sont appris tôt dans l'enfance, adoptés, puis rarement remis en question. Ces modes de comportement représentent les normes et les valeurs culturelles.

La culture façonne le comportement de l'être humain. Les coutumes, les traditions, les usages, les valeurs et les idées d'une culture sont le résultat final de l'expérience acquise, à l'aide d'essais et d'erreurs, par une société donnée à travers les siècles. Toutes les sociétés de la terre se sont forgé une culture qui leur est propre afin de pouvoir survivre et croître. De ce point de vue, on peut considérer que la culture remplit trois grandes fonctions:
– établir des règles de conduite;
– établir des critères de réussite;
– établir des façons d'interpréter les données de l'environnement et les signaux interpersonnels.

Ces fonctions de la culture servent à réduire l'incertitude ou à augmenter la prévisibilité et à aider une société à survivre, à se développer et à prospérer. Plusieurs responsables de marketing inter-national ont commis des bévues culturelles sur les marchés étrangers parce que les lignes de conduite, les critères de réussite et l'interprétation des données de l'environnement peuvent différer d'une manière sub-stantielle d'un pays à l'autre.

La socialisation est le processus par lequel on fait l'apprentissage de sa propre culture. Chaque consommateur est socialisé dans la culture où il est élevé. Les parents, les écoles et les groupes de référence nous familiarisent avec les règles de la société. Chaque société en est venue à reconnaître que certains comportements et certaines valeurs sont adaptés à ses objectifs, l'aidant à survivre et à croître; on tend donc à encourager et à récompenser ces comportements et ces valeurs. D'autres types de comportements et les valeurs sous-jacentes sont ina-déquats ou peuvent même causer du tort; ils sont donc découragés ou punis. Les comportements qui sont encouragés et les valeurs qui sont partagées sont **institutionnalisés** en tant que normes et valeurs cultu-relles; ils sont **transmis** aux générations suivantes et sont **intériorisés** par les consommateurs appartenant à cette culture.

L'acculturation est le processus par lequel une personne fait l'apprentissage des normes et des valeurs d'une culture différente de la sienne. Le fait de vivre dans une culture étrangère peut engendrer du stress et causer une «fatigue culturelle», jusqu'à ce que la personne se soit suffisamment acculturée pour éviter de commettre des erreurs culturelles.

Pour comprendre les consommateurs appartenant à des cultures étrangères, les gestionnaires ont besoin d'un cadre d'analyse leur permettant de cerner les problèmes de marketing interculturels. Comme point de départ, on suggère aux gestionnaires d'identifier et d'évaluer les implications, pour le marketing, d'importantes différences interculturelles concernant six dimensions culturelles:

– les valeurs;
– les idées;
– les attitudes;
– les traditions;
– les artefacts;
– les symboles.

Utilisant ce cadre d'analyse pour comprendre une culture étrangère, le spécialiste de marketing doit accomplir, lors de la planification et du lancement d'un programme de marketing destiné au marché étranger, quatre tâches distinctes:

1. S'assurer que le produit est compatible avec les principales valeurs du groupe culturel cible;
2. Étudier les modes d'achat et d'utilisation typiques ainsi que les modes de prise de décision des consommateurs visés pour ce type de produit;
3. Déterminer les institutions de marketing appropriées au produit;
4. Utiliser les symboles appropriés pour communiquer avec le groupe culturel cible.

Ces quatre tâches sont suffisamment vastes pour englober la plupart des activités que doit effectuer un spécialiste de marketing canadien dans une culture étrangère. Mais elles constituent seulement des lignes de conduite et ne dispensent pas de travailler en étroite collaboration avec des personnes qui connaissent bien les consommateurs et la culture du marché étranger.

QUESTIONS ET DISCUSSIONS

1. Existe-t-il certaines valeurs communes à toutes les cultures? Si oui, expliquez pourquoi certaines normes culturelles diffèrent d'une culture à l'autre.

2. La culture d'un consommateur constitue l'élément le plus vaste et le plus englobant de son environnement et vient à faire partie de la mémoire de la personne par l'intermédiaire de l'apprentissage environnemental. De toutes les influences environnementales s'exerçant sur les décisions de consommation, c'est celle que l'on tient le plus pour acquise. Expliquez comment cette réalité peut donner lieu à:
   a) des modes de comportement de consommation prévisibles;
   b) des pratiques d'affaires et des stratégies de marketing standardisées;
   c) des gaffes culturelles dans le marketing effectué sur des marchés étrangers.

3. Je veux donner de l'expansion à mon entreprise, qui diffuse sur le marché canadien des produits diététiques, des livres sur des régimes ainsi que des programmes d'amaigrissement. Je désire conquérir le marché français. Quelles sont les différentes étapes que je devrais suivre?

4. En vous basant sur les quatre tâches qu'un spécialiste de marketing doit accomplir lorsqu'il entre sur un marché étranger, donnez quatre raisons expliquant qu'un produit ayant du succès dans une culture peut être rejeté dans une autre culture.

5. Supposez qu'un fabricant d'appareils électroménagers canadien cherche à augmenter la taille de son marché en exportant en Asie. Donnez un ensemble de recommandations destinées à préparer le terrain pour un tel projet.

6. Vous êtes le directeur adjoint de l'exportation de la compagnie Canadian General Electric et vous devez créer un plan de marketing destiné à introduire des réfrigérateurs au Mexique, surtout en milieu rural. Votre recherche démontre que les Mexicains de la campagne font leurs achats de nourriture tous les jours et qu'ils ont un revenu se situant généralement au-dessous du revenu moyen de la population

mexicaine. Décrivez les grandes lignes de la stratégie de produit qui vous permettra d'obtenir du succès sur ce marché.

7. Discutez des implications stratégiques que chacune des valeurs ou des attitudes culturelles suivantes pourrait avoir pour une compagnie devant créer un programme de marketing pour vendre ses produits sur un marché de consommation étranger :
   a) L'affirmation de la supériorité masculine ou de la virilité constitue un puissant facteur de motivation masculine dans tous les aspects de la vie ;
   b) On a tendance à considérer les gens comme plus importants que les choses ; même si on est préoccupé, dans une certaine mesure, par les choses matérielles, les relations sociales sont considérées comme plus importantes que la richesse matérielle ;
   c) Le temps a moins de valeur qu'au Canada ; les gens ne sont pas autant préoccupés par la ponctualité et par le désir d'en faire le plus possible dans chaque période de 24 heures sur le plan des réalisations ou de la productivité.

8. La culture ayant trois fonctions principales, montrez comment le comportement des consommateurs est influencé d'une manière particulière par chacune de ces fonctions.

9. En vous référant aux six dimensions d'une culture, expliquez pourquoi certaines campagnes publicitaires, et même certaines annonces particulières, ont eu beaucoup de succès dans plusieurs cultures différentes, tandis que d'autres annonces ont eu du succès seulement sur le marché de consommation où elles ont été créées.

10. Les ménagères canadiennes-françaises du Québec ont la réputation de considérer leur maison comme une institution de premier plan et comme l'élément culturel probablement le plus important dans leur vie. Le rôle de ménagère n'est pas pris à la légère. Or, un fabricant de poisson en conserve américain désireux de vendre son produit sur le marché du Québec introduisit sa marque dans plusieurs magasins d'alimentation et mit sur pied une campagne publicitaire diffusée dans plusieurs journaux et magazines québécois. Le thème des annonces était tiré d'une campagne ayant eu beaucoup de succès sur le marché américain. Les annonces montraient une jeune ménagère vêtue d'un short, jouant au golf avec son mari. Le titre ainsi que le texte suggéraient que cette femme chanceuse, venant tout juste

de passer un après-midi agréable loin des tracas domestiques, avait encore le temps de se précipiter à la maison pour préparer un délicieux repas à l'aide du produit annoncé. L'annonce se terminait par ces mots : «Procurez-vous en dès aujourd'hui[54].»

Évaluez cette annonce selon les six dimensions de la culture. Aura-t-elle un grand succès commercial au Québec? Sinon, quelles améliorations suggérez-vous? (Donnez des arguments pour appuyer vos suggestions.)

RÉFÉRENCES

1. Richard E. Leakey, *The Making of Mankind*, New York, E.P. Dutton, 1981, p. 97.
2. Will Durant, *Commencement Address*, Webb School of California, Claremont, California, 7 juin 1958.
3. *Ibid.*
4. Leakey, *The Making of Mankind*, p. 198-217.
5. Durant, *Commencement Address*.
6. *Ibid.*
7. Kenneth E. Runyon, *Consumer Behavior and the Practice of Marketing*, 2ᵉ éd., Columbus, Ohio, Charles E. Merrill, 1980, p. 94.
8. Edward T. Hall, *The Hidden Dimension*, New York, Anchor Books, 1969, p. 131.
9. Pour d'excellents exemples d'erreurs de vente personnelle pouvant être commises par un responsable de marketing naïf, voir Edward T. Hall, «The Silent Language in Overseas Business», *Harvard Business Review*, 38, mai-juin 1960, p. 87-96.
10. Cette terminologie ainsi que la vision systématique de la socialisation proviennent de Runyon, *Consumer Behavior and the Practice of Marketing*, p. 94.
11. Fred D. Reynolds, Melvin R. Crask et William D. Wells, «The Modern Feminine Life Style», *Journal of Marketing*, 41, juin 1977, p. 39.
12. *The Needham Harper of Canada Study of Canadian Lifestyle and Product Use*, Toronto, Needham Harper of Canada Ltd., 1985, p. 16.
13. *Ibid.*
14. Joseph T. Plummer, «Consumer Focus In Cross-National Research», *Journal of Advertising*, 6, nº 10, printemps 1977, p. 11.
15. *Ibid.*, p. 10.
16. Hall, *The Hidden Dimension*, p. 145.
17. David A. Ricks, *Big Business Blunders: Mistakes in Multinational Marketing*, Homewood, Illinois, Dow Jones-Irwin, 1983, p. 9-10.
18. Cette description est basée sur une analyse de la musique orientale par Yehudi Menuhin et Curtis W. Davis, *The Music of Man*, Toronto, Methuen, 1979, p. 49-51.
19. Zuhair Kashmeri, «Mideast Sales Hint: Stay Off the Sofa», *The Globe and Mail*, 25 octobre 1986, p. B1, B4.
20. Ricks, *Big Business Blunders*, p. 55.
21. NOVA, *Fat Chance in a Thin World*, Boston, WGBH Television, mars 1983.
22. *Ibid.*
23. Hall, «The Silent Language.»
24. *The Koran*, chapitre 4:2, «Women», traduction de N.J. Dawood, Harmondsworth, Middlesex, Penguin Books, 1977, p. 366.
25. Timothy Harper, «Polaroid Clicks Instantly in Moslem Market», *Advertising Age*, 30 janvier 1986, p. 12.
26. *Ibid.*
27. «California Avocados: Now – a «Top 10' Produce Profit Potential for Retailers Everywhere»

(annonce de la commission California Avocado), *Progressive Grocer*, février 1981, p. 31-33.

28. Cette comparaison entre la France et l'Inde est basée sur « Sex Please, We're French », *Time*, 6 octobre 1986, p. 66, et sur l'œuvre de Ricks, *Big Business Blunders*, p. 63.

29. Michael Field, « Fragrance Marketers Sniff Out Rich Aroma », *Advertising Age*, 30 janvier 1986, p. 10.

30. Hall, *The Hidden Dimension*, p. 159-160.

31. L'exemple utilisé tout au long de cette discussion provient de Field, « Fragrance Marketing ».

32. *Ibid.*

33. Leon G. Schiffman et Leslie Lazar Kanuk, *Consumer Behavior*, 2ᵉ éd., Englewood Cliffs, N.J., Prentice-Hall, 1983, p. 420.

34. Randall Lichfield, « Tracking the Baby Bulge », *Canadian Business*, novembre 1978, p. 123.

35. Runyon, *Consumer Behavior and the Practice of Marketing*, p. 98.

36. Cet incident est basé sur des rapports provenant de Ricks, *Big Business Blunders*, p. 67 et de James F. Engel et Roger D. Blackwell, *Consumer Behavior*, 4ᵉ éd., Chicago, Dryden Press, 1982, p. 77.

37. Cet exemple est décrit dans le livre de Joe Kent Kerby, *Consumer Behavior : Conceptual Foundations*, New York, Dun-Donnelley, 1975, p. 565.

38. *Ibid.*

39. Moses Hadas et The Editors of Time-Life Books, *Imperial Rome*, Amsterdam, Time-Life International, Nederland, N.V., 1966, p. 132.

40. « In Czechoslovakia : Workers' Waters », *Time*, 27 octobre 1986, p. 10, 12.

41. Développé à partir du matériel de Grant McCracken, « Culture and Consumption : A Theoretical Account of the Structure and Movement of the Cultural Meaning of Consumer Goods », *Journal of Consumer Research*, 13, juin 1986, p. 71-84.

42. Cet exemple ainsi que plusieurs exemples et cas cités dans la prochaine section proviennent de Ricks, *Big Business Blunders*.

43. Cité dans Harold H. Kassarjian et Thomas S. Robertson, *Perspectives in Consumer Behavior*, éd. rév., Glenview, Ill., Scott, Foresman, 1973, p. 454.

44. Runyon, *Consumer Behavior and the Practice of Marketing*, p. 113.

45. Sauf quelques exemples dont nous indiquons la provenance, la plupart des exemples du reste de ce chapitre proviennent de Ricks, *Big Business Blunders*.

46. Ces informations sur les conditions de marketing dans la péninsule arabe proviennent de « Import Market Still Strong », *Advertising Age*, 30 janvier 1986, p. 9-11.

47. *Ibid.*

48. James F. Engel, Roger D. Blackwell et Paul W. Miniard, *Consumer Behavior*, 5ᵉ éd., Chicago, Dryden Press, 1986, p. 400.

49. Cité dans Schiffman et Kanuk, *Consumer Behavior*, p. 455.

50. « The Colonel Comes to Japan », *Enterprise*, programme de télévision produit, écrit et dirigé par John Nathan, Boston, WGBH Educational Foundation et NHK Japan, 1981.

51. Cité dans Engel, Blackwell et Miniard, *Consumer Behavior*, p. 421.

52. Richard W. Brislin, « Back-Translation for Cross-Cultural Research », *Journal of Cross-Cultural Psychology*, 1, septembre 1970.

53. Paul Donnelly, « Passing the Test of Good Advertising », *Advertising Age*, 30 janvier 1986, p. 11.

54. John Fayerweather, *Management of International Operations : Text and Cases*, New York, McGraw-Hill, 1960, p. 75-76. Voir aussi Charles Winick, « Anthropology's Contributions to Marketing », *Journal of Marketing*, 25, juillet 1961, p. 53-60.

CHAPITRE **8**

Le comportement du consommateur au Canada français et dans les autres groupes ethniques

INTRODUCTION

Tel qu'on l'a vu au chapitre 7, la culture est un facteur qui influe considérablement sur le comportement du consommateur, mais qui, aussi, est très difficile à étudier. Dans ce chapitre, nous tâcherons de brosser un tableau des principaux groupes culturels du Canada en tirant profit de toute l'information dont nous disposons. Une partie de cette information provient d'observations et l'autre partie, d'études empiriques dont la rigueur scientifique est variable. Néanmoins, c'est la meilleure information que nous possédions sur ces

marchés, et notre but est d'essayer de la présenter le plus objectivement possible.

La première section, « L'environnement culturel canadien », décrit les principaux groupes formant le « saladier » national et présente quelques marchés néo-canadiens. Le reste du chapitre traite d'un sujet qui a beaucoup retenu l'attention des spécialistes de marketing, les marchés canadiens-français, en mettant l'accent sur le plus grand de ces marchés, le Québec. Nous examinerons les principales approches utilisées et les principaux résultats obtenus dans l'étude des marchés canadiens-français, la position du Québec en Amérique du Nord et l'histoire qui a façonné cette province. Deux grands courants de recherche seront présentés et analysés. L'approche comparative vise à dégager les caractéristiques des francophones en regard de celles d'autres groupes importants, tels les anglophones. L'approche structurelle vise à construire les profils particuliers des consommateurs canadiens-français. Enfin, nous énumérerons et analyserons les principaux problèmes méthodologiques qui influent sur l'interprétation de ces études.

■ L'ENVIRONNEMENT CULTUREL CANADIEN

Pour pouvoir saisir quelles sont les principales caractéristiques des marchés culturels canadiens, nous devons comprendre certaines réalités fondamentales concernant les principaux groupes culturels de la société canadienne, c'est-à-dire les deux cultures fondatrices ainsi que les principales minorités ethniques.

☐ Une société multiculturelle

Comme les États-Unis, le Canada a été profondément marqué par l'arrivée de plusieurs groupes culturels. Cependant, les Canadiens n'ont jamais souscrit à la notion de «melting pot», qui a caractérisé les États-Unis dans le passé et continue de le faire encore aujourd'hui, dans une moindre mesure. La société canadienne a plutôt été décrite comme une mosaïque de groupes culturels vivant en cohabitation[1]. Cependant, le concept de mosaïque étant plutôt statique, celui de saladier nous semble plus approprié à la situation actuelle.

Le saladier canadien

La société canadienne a été décrite comme un saladier dans lequel chaque groupe culturel est explicitement encouragé à conserver sa propre identité tout en se mêlant aux autres. Cette diversité se reflète dans les politiques gouvernementales officielles telles que la création du ministère

TABLEAU 8.1
Origines ethniques des Canadiens

	Canada	Provinces atlantiques	Québec	Ontario	Prairies	Ouest
Origines simples	92,4	93,8	98,0	90,8	88,6	88,7
Britannique	40,1	71,8	7,7	52,6	40,7	50,5
Française	26,7	15,9	80,2	7,7	5,6	3,4
Allemande	4,7	1,9	0,5	4,4	12,0	6,8
Italienne	3,1	0,2	2,6	5,7	0,9	1,9
Autochtone	1,7	0,7	0,7	1,0	4,2	3,4
Ukrainienne	2,2	0,1	0,2	1,6	7,5	2,3
Autres	13,9	3,1	6,1	17,8	17,7	20,4
Origines multiples	7,6	6,2	2,0	9,2	11,4	11,3
Avec l'origine britannique	3,6	2,1	0,3	4,4	5,8	6,2
Avec l'origine française	0,5	0,3	0,3	0,5	0,9	0,6
Avec les deux	2,2	3,3	1,1	2,9	1,9	2,2
Autres	1,3	0,5	0,3	1,3	2,8	2,3

NOTE: En tenant compte tant des origines simples que des origines multiples, on peut estimer que les Canadiens se disant surtout:
- d'origine britannique comptent pour: 40,1 % + 3,6 % + 1,3 % $\approx$ 45,0 %,
- d'origine française comptent pour: 26,7 % + 0,5 % + 0,9 % $\approx$ 28,1 %
  où 1,3 % = 2,2 % $\times$ 60 %,
  0,9 % = 2,2 % $\times$ 40 %.
Au Québec, ces proportions sont de 8,1 % et de 81,5 %.
SOURCE: Statistique Canada, *Canada Update*, 16 avril 1983, p. 1-3.

d'État au Multiculturalisme et à la Citoyenneté et la politique des Langues officielles dans la fonction publique[2].

Un portrait statistique

Les principaux groupes culturels canadiens sont les Amérindiens, les Inuit ainsi que les personnes d'origines française, anglaise, allemande, italienne, scandinave, hollandaise et chinoise. Le tableau 8.1, qui utilise les résultats du recensement de 1981, montre que 45 % des Canadiens sont d'origine britannique, 28 % d'origine française, 5 % d'origine allemande, 3 % d'origine italienne, 2 % d'origine ukrainienne, et que 2 % des Canadiens sont des autochtones. Le reste (15 %) est partagé entre plusieurs autres groupes ethniques de plus petite taille[3].

Plus des trois quarts des Canadiens vivant dans les provinces atlantiques sont d'origine britannique, tandis que plus de 80 % des Québécois sont d'origine française. La plus grande concentration de Canadiens d'origine allemande ou ukrainienne, de même que la plus grande concentration d'autochtones, se trouve dans les provinces des Prairies. Les Canadiens d'origine italienne, pour leur part, sont en plus grand nombre en Ontario.

En plus de s'intéresser à l'origine ethnique des Canadiens, les spécialistes de marketing ont avantage à considérer la langue maternelle (figure 8.1). Dans chaque province, à l'exception du Québec, l'anglais est la langue maternelle dominante. À Terre-Neuve, 99 % des habitants ont l'anglais comme langue maternelle, comparativement à 10 % au Québec. Quant au français, il est la langue maternelle de 84 % des Québécois. Le Manitoba abrite le plus grand nombre de personnes ayant respectivement pour langue maternelle l'allemand (7 %) et l'ukrainien (4 %). En Ontario, l'italien est la langue maternelle de 3 % de la population, tandis qu'en Colombie-Britannique, 3 % des habitants affirment avoir été élevés dans la langue chinoise[4].

Le Canada est donc une société multiculturelle dans laquelle les deux cultures les plus importantes en nombre, soit les cultures canadienne-anglaise et canadienne-française, peuvent être identifiées par leurs dimensions linguistiques, géographiques et économiques.

☐ Les deux groupes culturels fondateurs

Les deux groupes culturels fondateurs constituent les marchés canadiens les plus importants en nombre – on compte plus de 10 millions de Canadiens anglais et plus de 6,5 millions de Canadiens français. Cependant, tel que l'indique le tableau 8.2, la répartition est plutôt inégale sur le plan géographique.

La proportion de Canadiens anglais dans la population varie entre 8 % au Québec et plus de 92 % à Terre-Neuve. Le niveau de concentration de ce groupe est aussi très élevé dans les régions métropolitaines de recensement (RMR), à l'exception de celles du Québec, Montréal mis à part (11 %). De la même façon, la proportion de Canadiens français varie entre 3 % à Terre-Neuve et plus de 80 % au Québec. Dans les RMR, les plus importantes concentrations de ce groupe en dehors du Québec se trouvent à Ottawa-Hull (36 %), à Sudbury (35 %) et à Windsor (16 %)[5].

FIGURE 8.1
Langue maternelle dominante et autres langues maternelles importantes par provinces, 1986

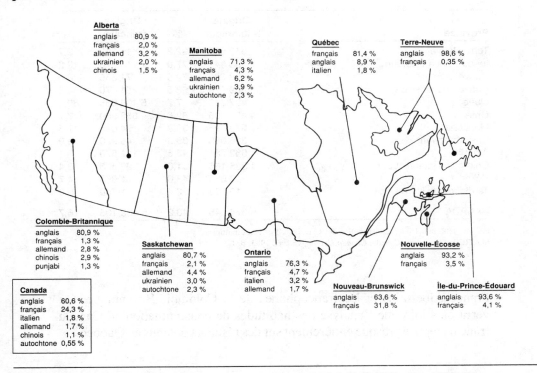

Alberta	
anglais	80,9 %
français	2,0 %
allemand	3,2 %
ukrainien	2,0 %
chinois	1,5 %

Manitoba	
anglais	71,3 %
français	4,3 %
allemand	6,2 %
ukrainien	3,9 %
autochtone	2,3 %

Québec	
français	81,4 %
anglais	8,9 %
italien	1,8 %

Terre-Neuve	
anglais	98,6 %
français	0,35 %

Colombie-Britannique	
anglais	80,9 %
français	1,3 %
allemand	2,8 %
chinois	2,9 %
punjabi	1,3 %

Saskatchewan	
anglais	80,7 %
français	2,1 %
allemand	4,4 %
ukrainien	3,0 %
autochtone	2,3 %

Ontario	
anglais	76,3 %
français	4,7 %
italien	3,2 %
allemand	1,7 %

Nouvelle-Écosse	
anglais	93,2 %
français	3,5 %

Canada	
anglais	60,6 %
français	24,3 %
italien	1,8 %
allemand	1,7 %
chinois	1,1 %
autochtone	0,55 %

Nouveau-Brunswick	
anglais	63,6 %
français	31,8 %

Île-du-Prince-Édouard	
anglais	93,6 %
français	4,1 %

SOURCE: Adapté de Statistique Canada, *1986 Census of Canada, Summary Tabulation*, juillet 1987, tableau MT86A01A.

Un marché «français» unique?

Contrairement aux Canadiens anglais, dont la distribution dans les provinces est plus équilibrée, bien que 46 % d'entre eux habitent l'Ontario, les Canadiens français sont plus concentrés, presque 80 % de la population vivant au Québec, 10 % en Ontario et à peu près 4 % au Nouveau-Brunswick. Par conséquent, il n'est pas surprenant que la plupart des études sur les marchés canadiens-français se rapportent au Québec ou établissent une comparaison entre le Québec et l'Ontario. Malheureusement, on a très peu d'information sur les habitudes de consommation des francophones hors Québec: les Acadiens du Nouveau-Brunswick et de la Nouvelle-Écosse, les Franco-Ontariens, les Franco-Manitobains, les

TABLEAU 8.2
Distribution géographique des Canadiens français et des Canadiens anglais (origines simples seulement[a])

Province	Origine britannique	%	Origine française	%
Terre-Neuve	519 620	92,2	15 355	2,7
Île-du-Prince-Édouard	93 345	77,0	14 770	12,2
Nouvelle-Écosse	608 685	72,5	71 355	8,5
Nouveau-Brunswick	369 120	53,5	251 070	36,4
Québec	487 385	7,7	5 105 665	80,2
Ontario	4 487 795	52,6	652 900	7,7
Manitoba	373 995	36,9	74 045	7,3
Saskatchewan	366 085	38,3	46 920	4,9
Alberta	962 785	43,5	111 870	5,1
Colombie-Britannique	1 385 165	51,0	92 305	3,4
Yukon	10 055	43,6	1 085	4,7
Territoires du Nord-Ouest	10 205	22,4	1 760	3,9
CANADA	9 674 245	40,2	6 439 105	26,7

a. Voir tableau 8.1 pour la distribution des Canadiens d'origines multiples.
SOURCE: Statistique Canada, *Canada Update*, 16 avril 1983, p. 1-3.

Franco-Albertains et les francophones de la Colombie-Britannique. On verra plus loin que l'analyse des habitudes de consommation au Canada français repose presque entièrement sur des résultats obtenus au Québec.

Le marché « britannique » ?

En plus des différences régionales qui peuvent exister dans les styles de vie des membres de la communauté canadienne-anglaise, il y a sans doute de grandes différences entre les divers groupes composant cette communauté. À partir des statistiques de recensement, on peut estimer qu'au moins 1,4 million de Canadiens anglais sont d'origine écossaise et 1,2 million, d'origine irlandaise. De plus, les immigrants récemment arrivés d'Angleterre peuvent avoir des habitudes de consommation très différentes de celles des descendants des pionniers britanniques du dix-neuvième siècle ou d'avant, y compris les Loyalistes de l'Empire britannique ayant déménagé au Canada après la révolution américaine[6].

☐ Les marchés néo-canadiens

La population néo-canadienne (dont l'origine n'est ni anglaise ni française) s'accroît rapidement, vu l'augmentation des taux d'immigration. Collectivement, les divers groupes néo-canadiens sont en même nombre que les Canadiens français. Bien entendu, la population néo-canadienne est composée de diverses communautés que l'on ne peut sans doute pas rejoindre au moyen d'un marketing-mix unique. Cependant, l'importance grandissante de ces groupes culturels a été soulignée par certains spécialistes de marketing, et des études de recherche commerciale ont été effectuées. Le tableau 8.3 présente la distribution, dans les provinces et dans les régions métropolitaines de recensement, des sept minorités ethniques les plus importantes. Les régions métropolitaines de recensement sont des plus importantes, parce qu'elles tendent à attirer certaines minorités ethniques en nombre suffisamment grand pour qu'elles constituent des segments de marché viables.

Un deuxième point important pour les spécialistes de marketing est de savoir si ces groupes ont été assimilés par l'une des deux cultures fondatrices, ou si on doit rejoindre leurs membres dans leur langue maternelle. Comme vous vous en doutez, les questions soulevées par les marchés canadiens-français intéressent aussi les autres groupes culturels. Il convient donc de jeter un bref coup d'œil sur certaines minorités ethniques particulières[7].

Les Allemands

Au Canada, on compte plus de 1,2 million d'Allemands, surtout concentrés à l'ouest de l'Ontario. Ils représentent 20 % de la population de Kitchener, 18 % de celle de Regina, 15 % de celle de Saskatoon et 9 % de celles de Winnipeg et d'Edmonton. Comme les autres groupes d'Europe du Nord, les Allemands ont rejeté la notion d'assimilation totale (particulière au «melting pot») et conservé leurs caractéristiques ethniques au moyen de rituels et de festivités. Cependant, même si 37 % d'entre eux ont l'allemand comme langue maternelle, seulement 12 % le parlent à la maison.

TABLEAU 8.3
Distribution des sept minorités ethniques les plus importantes (origine simple seulement)[a]

	Allemands	%	Italiens	%	Ukrainiens	%	Autochtones	%	Hollandais	%	Chinois	%	Scandinaves	%
Canada	1 142 365	4,7	747 970	3,1	529 615	2,2	413 375	1,7	408 240	1,7	289 245	1,2	282 795	1,2
Provinces atlantiques	42 100	1,9	4 895	0,2	2 845	0,1	14 580	0,7	19 915	0,9	3 210	0,1	5 415	0,2
Halifax	9 200	3,3	1 335	0,5	625	0,2			4 345	1,6	1 000	0,4		
Québec	33 765	0,5	163 735	2,6	14 640	0,2	46 850	0,7	8 055	0,1	19 260	0,3	4 230	0,1
Montréal	22 290	0,8	156 535	5,6	13 005	0,5			5 265	0,2	17 200	0,6		
Ontario	373 390	4,4	487 310	5,7	133 995	1,6	83 860	1,0	191 125	2,2	118 640	1,4	40 335	0,5
Toronto	82 930	2,8	297 205	10,0	50 705	1,7			34 220	1,2	89 590	3,0		
Prairies	503 015	12,0	38 960	0,9	313 315	7,5	174 650	4,2	116 145	2,8	50 800	1,2	146 450	3,5
Calgary	48 765	8,3	11 240	1,9	18 045	3,1			14 150	2,4	15 545	2,6		
Provinces de l'Ouest	190 090	6,8	53 080	1,9	64 830	2,3	93 435	3,4	72 995	2,6	97 335	3,5	86 365	3,1
Vancouver	73 960	5,9	30 685	2,5	29 280	2,3			28 220	2,3	83 845	6,7		

a. Voir tableau 8.1 en ce qui a trait aux origines multiples.
SOURCE: Statistique Canada, *Canada Update*, 16 avril 1983, p. 1-3.

Les Italiens

Plus de 800 000 Italiens habitent le Québec et l'Ontario, ce qui représente 87 % des Italiens vivant au Canada (88 % d'entre eux habitant les régions métropolitaines de recensement). Ce groupe représente 10 % de la population de Toronto, 9 % de la population de St. Catharines-Niagara, 8 % des populations de Thunder Bay et de Windsor et 6 % de la population de Montréal. Environ 69 % de ces habitants ont l'italien comme langue maternelle et 48 % le parlent à la maison. Une étude sur les Italiens de Toronto suggère que ceux-ci conservent leur culture en limitant leurs contacts avec les autres groupes. Leurs relations les plus importantes se vivent principalement avec des gens ayant les mêmes antécédents[8]. Ce groupe possède ses propres magasins, cinémas, stations de radio, programmes de télévision et manifestations. Au fur et à mesure qu'augmentent leurs ressources financières, les Italiens deviennent plus soucieux de leur statut social; ils cherchent à posséder leur propre maison, ils achètent des voitures neuves et ils envoient leurs enfants étudier à l'université. Chez les Italiens de Montréal, 75 % possèdent une voiture de marque General Motors, 51 % boivent du vin fabriqué à la maison, 72 % font leurs achats dans un grand supermarché et 39 % fréquentent un magasin à rayons une ou deux fois par semaine[9].

Les Ukrainiens

Les plus de 500 000 Ukrainiens habitant au Canada sont concentrés à l'ouest de l'Ontario. Ils représentent 10 % des populations de Winnipeg, de Saskatoon et d'Edmonton et 8 % de la population de Thunder Bay. L'ukrainien est la langue maternelle de 49 % d'entre eux, mais il est parlé à la maison par seulement 17 % de ces personnes. Une étude de la communauté ukrainienne effectuée dans la campagne de la Saskatchewan a démontré que ce groupe possédait une alimentation, un artisanat, une façon de se vêtir, des techniques pour construire et décorer les maisons et des activités de loisirs distincts, mais que ceux-ci devenaient moins importants pour la troisième génération d'Ukrainiens[10].

Les autochtones

On compte au Canada plus de 400 000 autochtones, répartis également dans les provinces et territoires, du Québec aux Territoires du Nord-

Ouest. Dans les Territoires du Nord-Ouest, ils représentent 56 % de la population. Cette catégorie inclut divers groupes : 64 % des autochtones ont le statut d'Indien, 11 %, celui de non-Indien, tandis que 19 % sont des Métis et 6 %, des Inuit. Environ 29 % des autochtones parlent leur langue maternelle à la maison. Les habitudes de consommation des autochtones sont très peu connues.

Les Hollandais

Les Hollandais dépassent aussi le nombre de 400 000, 47 % d'entre eux vivant en Ontario et 34 % en Alberta et en Colombie-Britannique. Seulement 46 % des Hollandais habitent dans les 24 régions métropolitaines de recensement, les plus grandes concentrations se trouvant à Toronto, à Vancouver, à Edmonton et à Hamilton. Plus de 37 % des membres de ce groupe sont nés à l'extérieur du Canada et seulement 8 % parlent le hollandais à la maison, bien que 40 % des personnes de ce groupe affirment que cette langue est leur langue maternelle.

Les Chinois

Le Canada compte environ 300 000 Chinois, 41 % d'entre eux vivant en Ontario, 34 % en Colombie-Britannique et 13 % en Alberta. Environ 90 % des membres de ce groupe vivent dans les régions métropolitaines de recensement, constituant 7 % de la population de Vancouver et 3 % des populations de Toronto et de Calgary. Environ 78 % des membres de ce groupe affirment que le chinois est leur langue maternelle et 65 % d'entre eux le parlent à la maison. Environ 75 % des membres de ce groupe sont nés à l'extérieur du Canada. Une étude récente sur les Chinois de Toronto a démontré qu'en tant que communauté, ce groupe devenait plus indépendant et plus autonome. Un pourcentage important de cette population n'utilise pas l'anglais au travail et plusieurs se limitent aux médias chinois : la télévision (70 %), la radio (14 %), les journaux (78 %). Environ 70 % des membres de cette communauté affirment que, pour faire plus d'affaires avec leur groupe, les entreprises ont avantage à annoncer en chinois. Au fur et à mesure que le niveau d'instruction augmente, on voit poindre des différences significatives : les Chinois possédant une instruction de niveau universitaire parlent davantage l'anglais et moins le chinois[11]. Une étude effectuée à Montréal révèle que

64 % des Chinois ne boivent pas de spiritueux, que 49 % d'entre eux ne boivent pas de bière et que 41 % préfèrent le coca-cola aux autres boissons gazeuses et la Banque de Montréal aux autres banques à charte[12].

Les Scandinaves

En tout, les Scandinaves du Canada sont au nombre d'environ 290 000, ce groupe étant composé de Norvégiens (36 %), de Suédois (28 %), de Danois (20 %) et d'Islandais (8 %). Environ 23 % des Scandinaves parlent leur langue maternelle à la maison et 22 % d'entre eux sont nés en dehors du Canada. On en sait peu sur les habitudes de consommation de ce groupe ethnique.

Les autres groupes importants

Les autres groupes culturels néo-canadiens importants sont décrits ici très brièvement[13] :
- Les Juifs (265 000) : Il s'agit d'un groupe relativement hétérogène ; 96 % d'entre eux vivent dans les régions métropolitaines de recensement dont 75 %, à Montréal et à Toronto.
- Les Polonais (260 000) : Les deux tiers vivent dans les grandes régions métropolitaines de recensement, particulièrement à Toronto, à Winnipeg, à Montréal, à Edmonton, à Hamilton et à Vancouver.
- Les Indo-Pakistanais (200 000) : La majorité habite à Toronto et à Vancouver. Ce groupe parle plusieurs langues, dont le punjabi, l'ourdou, le gujarati, l'hindi et le tamil. Plus de 90 % des membres de ce groupe affirment parler leur propre langue à la maison et 80 % d'entre eux regardent régulièrement des émissions de télévision indo-pakistanaises[14].
- Les Portugais (190 000) : La plupart vivent à Toronto (47 %) ou à Montréal (12 %). À Montréal, ils apprécient particulièrement les produits Molson et Canon, et la Banque Royale ; 38 % d'entre eux boivent du vin fabriqué à la maison.
- Les Grecs (160 000) : La plupart vivent à Toronto (42 %) ou à Montréal (31 %). À Montréal, ils apprécient particulièrement les marques Seven-Up, Head and Shoulders, Labatt 50 et Craven A. Environ la moitié des membres de ce groupe ne consomment pas de boissons

alcoolisées, 26 % d'entre eux n'achètent pas de parfums, et 66 % ne sont abonnés à aucun magazine.

Conclusions sur les marchés néo-canadiens

Comme le montre cette brève présentation, les minorités ethniques constituent des marchés divers et souvent hétérogènes, représentant à la fois des défis et des possibilités pour les spécialistes de marketing. Lorsque ces groupes sont nombreux et concentrés en certains endroits, comme c'est le cas dans les plus grandes régions métropolitaines de recensement, et lorsqu'on a pu identifier des modes de comportement stables, on peut élaborer des stratégies de marketing originales, adaptées à chacun de ces groupes. Bien que notre connaissance de ces marchés soit fragmentaire, on peut prédire, sans risquer de se tromper, que les minorités ethniques les plus prometteuses se verront consacrer plus d'attention et d'efforts de recherche.

■ LE COMPORTEMENT DU CONSOMMATEUR ET LE CANADA FRANÇAIS

Le reste de ce chapitre passe en revue ce que nous savons du marché canadien-français. Nous essaierons de refléter les points de vue de la plupart des auteurs et des spécialistes de marketing, en examinant les facteurs historiques et économiques sous-jacents.

☐ Définitions

Tel qu'on l'a vu précédemment, il y a des Canadiens français dans chacune des provinces et chacun des territoires du Canada, mais environ 80 % d'entre eux sont concentrés au Québec. Les spécialistes de marketing doivent définir ce marché de façon à faciliter la promotion et la distribution efficace de produits particuliers auprès de ce groupe.

Selon la définition de Lefrançois et Chatel, le marché canadien-français inclut, en plus du Québec, huit comtés adjacents de l'Ontario et sept comtés du Nouveau-Brunswick[15]. Cette définition englobe environ 93 % de l'ensemble des Canadiens français.

Les définitions d'autres auteurs reposent sur des critères linguistiques tels que la langue parlée à la maison, la langue du questionnaire retourné ou la langue maternelle. Nous examinerons et évaluerons ces définitions un peu plus loin dans ce chapitre.

☐ L'importance du marché canadien-français

Le marché canadien-français mérite une attention spéciale de la part des spécialistes de marketing, et ce, pour deux raisons:

1. Ce marché est le deuxième en importance au Canada, comportant, en 1986, environ sept millions de consommateurs. Cette même année, le total des ventes au détail atteignait environ 34 milliards de dollars.
2. Étant donné les particularités culturelles et linguistiques de ce marché, toute erreur par rapport à l'un ou l'autre des éléments du marketing-mix (par exemple, le nom de marque, l'emballage ou le prix) peut devenir évidente et peut même être amplifiée, entraînant le rejet du produit. Pour illustrer ce point de vue, voyons les exemples suivants:

   Les noms de marque: Le lait *Pet* et le dentifrice *Cue* possèdent en français des connotations péjoratives. Face à un problème semblable, Procter & Gamble a trouvé une solution intelligente, utilisant pour une marque de shampooing des noms légèrement différents dans les deux langues. (*Voir la figure 8.2.*)

   L'emballage: Les ménagères francophones préfèrent les soupes et les préparations pour gâteaux en sachets aux soupes en conserve et aux gâteaux prêts à manger.

   Le prix: Lorsqu'on les a introduits au Canada, en 1978, les produits génériques se sont bien vendus chez les Canadiens anglais, mais ils ont eu moins de succès chez les Canadiens français.

FIGURE 8.2
Des noms de marque différents en français et en anglais

Étant donné que le nom de marque *Pert* a une connotation négative en français, il a été légèrement modifié pour *Prêt*, acquérant ainsi une connotation positive.

SOURCE: Reproduit avec l'autorisation de Procter & Gamble Inc.

Pour plusieurs produits, le marché canadien-français peut donc être rentable, mais ce marché est suffisamment différent de celui du reste du Canada pour qu'on l'approche avec précaution. Cela peut nécessiter d'importantes adaptations ou des approches originales en ce qui a trait à la publicité, à la stratégie de marque ou à l'emballage. Par exemple, la cinématographie constitue une si grande industrie que les erreurs peuvent coûter des millions de dollars en revenus perdus. Ainsi, les titres de film jouent un rôle important lorsqu'il s'agit d'attirer des clients au cinéma; les responsables du marketing des films se sont en effet aperçus qu'une bonne adaptation du titre peut faire une énorme différence sur les marchés de langue française lorsqu'on présente la version française d'un film anglais. Le tableau 8.4 fournit des exemples d'adaptation de l'anglais au français.

De plus, un grand nombre de francophones sont touchés par les médias de langue anglaise. Or, on a prouvé que certains messages publicitaires sont très mal compris. Ainsi, une étude portant sur la compréhension des annonces télévisées de langue anglaise a démontré que, comparativement aux téléspectateurs anglophones, les téléspectateurs francophones comprenaient seulement 50 % du contenu écrit, 42 % du contenu parlé, 33 % des mots chantés et 56 % du message total[16].

☐ Un bref aperçu historique

Il est opportun de considérer le contexte historique qui est à l'origine des différences reliées au langage. Pour les spécialistes de marketing, la langue est un élément important de la communication; pour les gens politisés, elle peut représenter un problème crucial lié à la défense de leurs droits. Les spécialistes de marketing doivent donc être au courant de l'influence que peuvent exercer ces perceptions sur le marketing-mix destiné à faire vendre un produit. Les paragraphes qui suivent passent en revue le débat historique relié à l'utilisation du français dans le monde des affaires au Québec.

Les trois dernières décennies ont vu des changements spectaculaires dans le comportement du marché au Québec. Avant la mort du premier ministre Maurice Duplessis en 1959, les Canadiens français et les Canadiens anglais existaient en tant que «deux solitudes»: les deux groupes culturels vivaient dans des champs psychologiques distincts, ayant peu de

TABLEAU 8.4
Titres de films en anglais et en français

Titres anglais	Titres français
Vertigo	Sueurs froides
The Flamingo Kid	Le Kid de la plage
The Killing Fields	La déchirure
Rumblefish	Rusty James
Terms of Endearment	Tendres passions
A Boy and His Dog	Apocalypse 2024
Moving Violations	Les zéros de conduite
The Dog Who Stopped the War	La guerre des tuques
Ladyhawke	Femme de la nuit
The Falcon and the Snowman	Le jeu de faucon
Naughty Victorians, Part 2	La prisonnière du château
Runaway	L'évadé du futur
Monster Club	Le cercle d'horreur
Ghostbusters	S.O.S. fantômes
A View to a Kill	Dangereusement vôtre

SOURCE: Bruce Bailey, «What's in a Title? Beaucoup!», *The Gazette*, 10 août 1985, p. D-2.

contacts entre eux. Par conséquent, les Canadiens français ont conservé une forte identité culturelle, fondée sur la religion, la tradition et des liens familiaux solides. Cependant, ils se sont sentis menacés par la suprématie exercée par la langue anglaise dans la plupart des outils de communication en marketing. Même si, à l'article 133, l'Acte de l'Amérique du Nord britannique de 1867 garantissait l'égalité de la langue française et de la langue anglaise, dans la réalité, on percevait que seul l'anglais était utilisé pour les noms de comtés, les annonces, les catalogues et les autres formes de communication s'adressant aux consommateurs canadiens-français[17].

La Ligue des droits du français a été créée en 1913 pour encourager le monde des affaires à utiliser un français correct dans ses communications, particulièrement avec les consommateurs canadiens-français. Une étude effectuée au Québec a démontré que, depuis 1943, la plupart des annonces étaient directement traduites de l'anglais au français, sans aucun souci des différences culturelles[18]. Par exemple, tel que l'a rapporté Jacques Bouchard, Abbey's, une marque de sel médicinal, a vu son slogan *Abbey's every morning* devenir «Abbey's tous les matins», ce qui, phonétiquement, sonnait comme: «Elle baise tous les matins»[19]. L'une des premières campagnes conçues originalement en français a été créée en 1939 pour le ministère de la Défense nationale, dans le but de recruter des candidats pour la Marine royale[20].

En 1960, le gouvernement de Jean Lesage prit le pouvoir, ce qui marqua le début d'une nouvelle période appelée la Révolution tranquille, où les Québécois se tournèrent vers l'extérieur. L'optimisme et la réforme étaient à l'ordre du jour, particulièrement dans les domaines de l'éducation et de l'industrie. Ce mouvement permit de réaliser que l'on pouvait utiliser des outils de communication plus efficaces auprès du marché canadien-français. Cependant, des études démontrèrent que la plupart des annonces continuaient d'être des traductions directes de l'anglais et que des déséquilibres existaient relativement aux types de produit annoncés, à la distribution de l'espace, au style du langage et à l'image du consommateur francophone. Par exemple, une étude effectuée en 1972 pour le compte de la commission Gendron révélait que 42 % des répondants francophones avaient acheté un produit dont le guide d'entretien était écrit seulement en anglais; de plus, presque le tiers de ces mêmes répondants affirmaient qu'au cours de l'année précédente, ils s'étaient sentis brimés dans leurs droits linguistiques à au moins cinq reprises[21]. Du côté positif, plusieurs agences publicitaires de langue française furent créées, et un certain nombre de talents du monde publicitaire français devinrent connus et recherchés. La fondation du Club de la publicité donna de l'élan à ce mouvement. En 1963, l'agence de publicité BCP lançait la formule «deux agences»: une agence de langue anglaise et une agence de langue française pour chaque annonceur national[22].

Le Parti québécois, élu en 1976, créa, un an plus tard, la Charte de la langue française. Son objectif était de rétablir l'usage du français dans tous les aspects de la vie socio-économique du Québec. Cette charte eut pour effet d'augmenter le niveau de confiance en soi des Canadiens français et entraîna un accroissement constant de leur richesse et de leur pouvoir économique. Simultanément, les Canadiens anglais durent traverser une période d'adaptation difficile. Certains quittèrent le Québec, mais ceux qui y demeurèrent s'adaptèrent finalement à la nouvelle situation. Selon les résultats d'une étude récente, ces changements se reflètent dans les pratiques de marketing, qui accordent beaucoup d'attention au marché québécois[23]. Aujourd'hui, plusieurs grandes entreprises élaborent des stratégies de marketing particulières pour le marché canadien-français et utilisent des agences francophones, lesquelles se sont développées au point de pouvoir rivaliser avec les agences anglophones en ce qui a trait à la taille et à la qualité[24]. Par exemple, Cossette Communications-Marketing, qui a démarré comme une toute petite agence dans la ville de Québec, était devenue, en 1986, la neuvième agence de publicité canadienne en importance, ayant des revenus d'environ 103 millions de dollars et des bureaux à Québec, à Montréal, à Toronto et à Vancouver. Cependant, après avoir réexaminé la situation cinq ans après la promulgation de la Charte de la langue française, Robert M. MacGregor concluait: «Le principe de l'égalité des langues et des cultures, en ce qui a trait aux collectivités anglophones et francophones, n'est pas encore respecté. Les pièces à conviction reliées aux violations des règles linguistiques indiquent clairement que d'importants abus de langage continuent d'exister. Ces irrégularités sont commises par les plus grandes entreprises canadiennes, telles que Simpsons, par la Galerie nationale et par les petits distributeurs comme Emery[25].»

Le tableau 8.5 fournit des exemples de violations des règles linguistiques; ces écarts se produisent lorsqu'on traduit de façon littérale de l'anglais au français ou vice-versa, sans tenir compte des complexités ou des subtilités de langage fondées sur la culture.

Ce bref aperçu historique démontre que le débat sur la question de la langue n'est pas terminé, mais qu'un progrès a été fait dans la compréhension des marchés canadiens-français, ce qui favorise la communication. Cette expérience devrait servir d'exemple aux spécialistes de marketing visant d'autres groupes culturels au Canada, aux États-Unis ou sur d'autres marchés internationaux.

☐ ## Le profil économique du marché canadien-français

Le comportement de consommation est influencé autant par les conditions économiques que par les facteurs psychologiques et sociaux. Par conséquent, il est important de comprendre les principales différences économiques qui existent entre les Canadiens français et le reste du Canada. Des différences d'ordre économique pourraient expliquer certaines différences observées dans le comportement de consommation, comme nous le verrons dans les paragraphes qui suivent. Étant donné qu'il n'existe

TABLEAU 8.5
Exemples de mauvaise utilisation des deux langues en marketing

Traduction littérale de l'anglais au français
1. *Car wash* : «Lavement d'auto» (Lave-auto)
2. *Fresh milk used* : «Lait frais usagé» (Lait frais utilisé)
3. *They are terrific* : «Elles sont terrifiantes» (Elles sont épatantes)
4. *Big John* : «Gros Jos» (Le grand Jo)
5. *Chicken to take out* : «Poulet pour sortir» (Poulet pour emporter)

Traduction littérale du français à l'anglais
1. Lui y connaît ça : «*He There Knows That*» (*He really knows what he's talking about*)
2. Y en a dedans : «*There Is In It*» (*There's a lot to it*)
3. Ça, ça marche : «*That – That Walks*» (*That really works*)
4. Une chance sur treize : «*One Chance Out of Thirteen*» (*Thirteen to one*)
5. C'est tout un numéro : «*That's all a number*» (*He's a hell of a guy*)

SOURCE: Adapté de Madeleine Saint-Jacques et Bruce Mallen, «The French Market Under the Microscope», *Marketing*, 11 mai 1981, p. 14.

pas de statistiques fondées sur le regroupement culturel, nous comparerons le Québec aux autres provinces.

Le revenu

En 1985, le revenu moyen des familles québécoises était inférieur à celui des familles de l'Ontario, de l'Alberta et de la Colombie-Britannique, tel qu'on le voit au tableau 8.6. Environ 34 % des familles du Québec avaient des revenus de moins de 17 000 $, comparativement à 27 % en Ontario. D'autre part, environ 30 % des familles du Québec avaient un revenu de plus de 37 000 $, comparativement à 39 % en Ontario. Par conséquent, il est dangereux de s'en tenir à une simple comparaison entre les familles du Québec et de l'Ontario, étant donné que les différences concernant la consommation sont probablement influencées par les différences de revenu.

L'endettement

En plus d'avoir un revenu inférieur, les familles québécoises ont un faible niveau de richesse et d'actif par rapport au reste du Canada, ce niveau étant d'environ 30 000 $ au-dessous de celui de l'Ontario et de 50 000 $ au-dessous de celui des provinces des Prairies. (*Voir tableau 8.7.*)

TABLEAU 8.6
Distribution du revenu pour 11 groupes de revenu, 1985

Distribution du pourcentage des familles et des célibataires

Groupes de revenu (en $)	Canada	Provinces atlantiques	Québec	Ontario	Prairies	Colombie-Britannique
Moins de 5 000	3,8	3,8	3,1	3,3	4,6	5,3
5 000 – 9 999	11,8	13,4	15,3	9,3	10,7	12,2
10 000 – 14 999	11,0	13,3	11,5	10,2	10,7	11,8
15 000 – 19 999	10,3	13,0	9,9	9,9	11,0	9,7
20 000 – 24 999	9,3	10,9	9,4	8,7	9,4	9,3
25 000 – 29 999	8,6	9,0	8,8	8,3	9,4	8,1
30 000 – 34 999	8,2	8,0	8,6	8,1	8,3	7,8
35 000 – 39 999	7,5	6,8	8,2	7,5	6,8	6,9
40 000 – 44 999	6,2	5,6	6,1	6,8	5,7	6,0
45 000 – 49 999	5,2	4,1	4,3	5,5	5,5	6,0
50 000 et plus	18,1	12,3	14,7	22,2	17,8	17,1
Total	100,0	100,0	100,0	100,0	100,0	100,0
Revenu moyen ($)	31 959	27 974	29 435	35 092	31 735	31 163
Moins de 17 000	31,0	35,8	34,0	27,1	31,0	33,3
17 000 – 36 999	35,1	38,5	36,1	33,8	36,3	33,5
37 000 et plus	33,9	25,7	29,9	39,1	32,7	33,2

SOURCE: Adapté de Statistique Canada, *Income Distribution by Size in Canada*, 1985, cat. 13-207, Ottawa, ministère de l'Approvisionnement et des Services, tableau 40, p. 88-89.

TABLEAU 8.7
Actif, dettes et avoir net des familles canadiennes

	Revenu ($)	Actif ($)	Dettes ($)	Avoir net ($)	Dettes/Actif (%)
Canada	29 113	97 536	12 192	85 344	12,5
Provinces atlantiques	24 991	66 754	8 411	58 343	12,6
Québec	26 744	69 740	8 229	61 511	11,8
Ontario	31 340	105 000	13 230	91 770	12,4
Provinces des Prairies	29 616	127 146	15 639	111 507	12,3
Colombie-Britannique	29 607	112 764	15 900	96 864	14,1

SOURCE: Statistique Canada, *The Distribution of Wealth in Canada*, 1984, cat. 13-580, Ottawa, ministère de l'Approvisionnement et des Services, septembre 1986, tableaux 8 et 28.

Cependant, le niveau d'endettement des Québécois est maintenant le plus bas au Canada, ce qui constitue une amélioration par rapport aux années antérieures.

La distribution des dépenses familiales

Le tableau 8.8 présente les habitudes de consommation dans six grandes régions métropolitaines de recensement. Les résultats les plus évidents, en ce qui concerne les familles canadiennes-françaises, sont les suivants:

1. Les dépenses de nourriture ont tendance à être élevées, la plus large portion des dépenses étant effectuée par les familles de Montréal (16 %) et la plus faible, par les familles de Regina (13 %).
2. Les dépenses de logement ont tendance à être faibles; la probabilité que les familles québécoises soient propriétaires est moins grande que partout ailleurs au Canada. Le pourcentage de propriétaires de maison, au Québec, est de 53 % (43 % à Montréal), comparativement à 68 % dans les provinces atlantiques, où le revenu des familles est pourtant plus faible que chez les Canadiens français. On peut faire la même remarque au sujet des dépenses courantes reliées au ménage, à l'ameublement et à l'équipement. Par exemple, comparativement aux familles canadiennes-anglaises, les familles canadiennes-françaises possèdent des meubles de salon et de salle à manger de moins grande valeur, qui ont été achetés plus souvent dans des magasins de bas de gamme que dans des magasins à rayons ou dans des magasins de meubles[26].
3. Les dépenses de vêtements sont parmi les plus élevées au Canada en pourcentage des dépenses totales. Cela correspond aux résultats d'études démontrant que les Canadiennes françaises sont généralement plus soucieuses de leur apparence ainsi que des dernières modes et des derniers styles de coiffure que ne le sont les Canadiennes anglaises[27]. Par exemple, si on se fie aux statistiques de 1982, les dépenses concernant les accessoires féminins (gants, mitaines, chapeaux, foulards, ceintures, sacs à main et porte-monnaie) étaient plus élevées au Québec que la moyenne canadienne[28].
4. Les dépenses de loisirs, de lecture et d'éducation sont inférieures à la médiane canadienne. Cela peut s'expliquer partiellement par le fait que les Canadiens français regardent plus la télévision que les Canadiens anglais[29]. La télévision est en effet le principal média de

TABLEAU 8.8
Distribution des dépenses familiales dans six grandes régions métropolitaines de recensement, 1984

Catégorie	St John's	Québec	Toronto	Regina	Edmonton	Vancouver
Nourriture	15,4	14,9	14,5	13,2	13,9	14,6
Logement	16,1	16,3	18,0	16,6	17,7	19,0
Dépenses du ménage, ameublement, équipement	8,0	7,0	7,9	8,0	7,6	7,9
Vêtements	6,8	6,8	6,5	6,3	6,6	5,2
Soins personnels et soins de santé	3,9	3,6	4,1	3,4	4,1	3,8
Tabac, boissons alcoolisées	3,8	3,0	2,9	2,9	3,1	3,1
Voyages et transport	13,1	12,8	11,1	12,2	10,8	12,5
Loisirs, lecture, éducation	5,3	6,3	5,9	7,1	7,2	6,4
Divers	2,4	2,3	2,5	2,5	2,6	2,7
Consommation courante totale	74,8	73,0	73,3	72,2	73,6	75,1
Taxes personnelles	17,2	19,7	18,8	18,7	17,5	17,3
Sécurité	5,0	5,3	4,5	5,5	4,4	4,0
Cadeaux et contributions	3,0	2,1	3,4	3,6	4,6	3,6
Dépenses totales ($)	32 067	31 840	36 076	31 734	33 562	30 744
Autres caractéristiques						
La plus forte concentration d'un groupe culturel au Canada (%)	britann. (93)	franç. (94)	italien (10)	allem. (18)	ukrain. (10)	chinois (7)
Revenu avant taxes ($)	31 933	32 515	38 048	34 863	35 290	32 235
Propriétaire de maison (%)	67,9	53,0	56,7	63,4	52,1	56,9
Épouse travaillant à temps plein (%)	16,4	12,1	27,0	17,8	20,1	14,3

SOURCE: Statistique Canada, *Family Expenditures in Canada 1984*, cat. 62-555, Ottawa, ministère de l'Approvisionnement et des Services, novembre 1986, p. 34-41.

divertissement des Canadiens français, ce qui laisse moins de temps pour d'autres activités telles que la lecture de volumes et de journaux[30].

5. Les familles québécoises paient plus de taxes que les familles des autres provinces, ce qui diminue leur revenu disponible ainsi que leur revenu discrétionnaire.

6. Les dépenses de cadeaux et de contributions sont les plus basses au Canada – 2 %, comparativement à plus de 3 % dans toutes les autres provinces. Cela pourrait provenir d'un sentiment d'insécurité ou encore de la peur ou de l'antipathie éprouvées par les catholiques par rapport aux autres religions[31].

7. Parmi leurs autres caractéristiques, les familles québécoises ont le plus faible pourcentage d'épouses travaillant à l'extérieur à temps plein (12 %, comparativement à 27 % à Toronto). Cela peut dépendre de la situation de l'emploi au Québec, mais ce pourrait aussi être le résultat de l'orientation familiale marquée caractérisant les familles canadiennes-françaises.

Ce bref aperçu économique met en lumière certaines différences pouvant expliquer le comportement de consommation. Nous devons aussi maintenant analyser les facteurs psychologiques et sociologiques qui influent sur ce comportement.

APPROCHES THÉORIQUES POUR L'ÉTUDE DU COMPORTEMENT DU CONSOMMATEUR CANADIEN-FRANÇAIS

La plupart des études portant sur le comportement de consommation du Canadien français peuvent être classées selon qu'elles utilisent l'approche comparative ou l'approche structurelle. Dans l'approche comparative, le chercheur distribue des questionnaires identiques aux Canadiens français et aux Canadiens anglais (dans la langue appropriée), et l'on compare ensuite les réponses des deux groupes. Dans l'approche structurelle, le chercheur essaie d'élaborer un profil du marché canadien-français qui permette d'expliquer le comportement des consommateurs.

Bien que le sujet soit très subjectif, nous essaierons de présenter d'une manière objective la recherche effectuée sur ces marchés. À la fin de cette section, nous examinerons les principaux problèmes méthodologiques rencontrés, afin de marquer les limites de ces études. Si imparfaites et si incomplètes soient-elles, ces études représentent l'ensemble des connaissances dont disposent les spécialistes de marketing sur ces marchés.

☐ L'approche comparative

La plupart des études déjà publiées utilisent l'approche comparative – c'est-à-dire qu'elles sont purement descriptives, s'attachant à comparer les comportements de consommation des Canadiens français et des Canadiens anglais et à interpréter les résultats en se basant sur la culture et d'autres dimensions.

L'hypothèse socio-économique

P.C. Lefrançois et G. Chatel attribuent les différences de comportement entre les Canadiens français et les Canadiens anglais à des facteurs socio-économiques: en effet, on remarque entre ces deux groupes des différences concernant le niveau de revenu, le niveau d'instruction, le taux d'urbanisation et le profil d'emploi. Poursuivant ce raisonnement, on peut considérer que l'élimination de ces différences conduirait à une similarité de comportement d'achat chez les Canadiens français et les Canadiens anglais.

> Le revenu et l'instruction étant deux importants déterminants de la classe sociale, nous pouvons conclure qu'en moyenne, les Canadiens français appartiennent à une classe sociale inférieure à celle des Canadiens anglais... Selon nous, une grande part des différences d'attitudes qui ont été décelées entre les Canadiens français et les Canadiens anglais peut être attribuée à des différences de statut social[32].

Cependant, cette hypothèse n'a pas été confirmée par deux études destinées à comparer le comportement de consommation de familles de même taille et de même revenu au Québec et en Ontario. En effet, ces études ont permis d'affirmer que les habitudes de consommation différaient d'une manière importante selon que les familles habitaient le Québec ou l'Ontario, et ce, même après que les différences démographiques et économiques ont été éliminées[33].

Depuis cette époque, les différences entre les Canadiens anglais et les Canadiens français, en ce qui a trait à la démographie, à la situation économique et au statut social, ont probablement diminué. On pourrait donc se demander si, en ce moment, une similarité apparaît, comme le prédisait l'hypothèse socio-économique. Une étude récente sur l'attitude et le comportement à l'égard des cartes de crédit conclut à l'opposé : les répondants francophones à revenu plus élevé différaient davantage des répondants anglophones de la même catégorie de revenu qu'ils ne différaient des francophones et des anglophones à revenu plus faible[34].

Une autre étude récente montrait, après avoir tenu compte de l'influence du revenu et de la classe sociale, qu'il existe des différences significatives entre les familles francophones, les familles bilingues et les familles anglophones par rapport à une large variété de produits, à la fréquentation des magasins et aux médias. L'élimination de l'effet des variables constituées par la classe sociale et le revenu a fait que certaines de ces différences sont devenues encore plus significatives[35].

L'approche descriptive

Plusieurs études ont analysé les différences de consommation entre les anglophones et les francophones[36]. Bien que la plupart de ces études soient peu récentes, nous présentons ci-dessous un échantillon des résultats obtenus, afin de vous donner une idée de la nature de ces recherches.

La recherche déjà publiée indique qu'il existe des variations importantes dans les comportements des consommateurs francophones et des consommateurs anglophones ; par exemple, 95 % de la bière consommée au Québec est de type ale, comparativement à 55 % en Ontario. De la même manière, les Québécois consomment 95 % du genièvre (*gin*) vendu au Canada. Les francophones sont aussi plus introspectifs, plus humanistes, plus émotifs, moins matérialistes et moins pragmatiques que les anglophones[37]. Ces caractéristiques ont permis aux chercheurs de souligner des habitudes de consommation particulières. Par exemple, les consommateurs du Québec sont ceux qui font la plus grande consommation par tête de boissons gazeuses, de vins, de sirop d'érable et de sucreries, et ceux qui écoutent le plus la radio et regardent le plus la télévision. Ce sont les francophones qui dépensent le plus pour leurs vêtements, et les Québécoises sont plus exigeantes que les autres Canadiennes à l'égard de la qualité de leur habillement.

Une étude récente a cherché à déterminer si certains de ces résultats étaient toujours valables aujourd'hui[38]. Après avoir tenu compte de l'effet du revenu et de la classe sociale, on a trouvé que, comparativement aux Canadiens anglais, les Canadiens français consommaient plus d'aliments de base, de boissons gazeuses, de boissons sucrées à préparation rapide, de bière, de vin et de genièvre (*gin*), et moins de spiritueux, de légumes surgelés et de boissons diététiques. Les francophones continuent de posséder des ameublements de salon et de salle à manger de moindre valeur ainsi que des automobiles principales plus récentes et plus grosses. De plus, ils achètent des appareils possédant plus de caractéristiques particulières, font leurs achats à un moins grand nombre d'épiceries (préférant les commerces indépendants aux chaînes), lisent moins de journaux et regardent plus la télévision. D'autre part, on a trouvé que, contrairement aux résultats obtenus antérieurement, les Canadiens français n'utilisaient pas moins d'aliments à préparation rapide, en conserve ou surgelés, qu'ils ne possédaient pas plus d'appareils et qu'ils ne semblaient pas être plus sensibles aux soldes ou aux prix. Enfin, la différence entre les deux groupes quant aux vêtements et au maquillage n'était pas concluante. On a aussi étudié les familles bilingues et on a découvert que même si les modes de consommation de ces familles tendaient à justifier la thèse de l'assimilation, ces modes de consommation ne s'inséraient pas toujours entre celui des familles canadiennes-françaises et celui des familles canadiennes-anglaises. Ainsi, la quantité de certains biens consommés par les familles bilingues n'était pas nécessairement à mi-chemin entre la quantité consommée par les familles canadiennes-françaises et celle consommée par les familles canadiennes-anglaises.

La recherche a aussi démontré que les francophones n'ont pas cru à la crise de l'énergie. Les Canadiens français sont moins préoccupés par l'écologie que ne le sont les anglophones[39] et ils sont aussi moins satisfaits de la qualité des réparations ou des services professionnels[40]. Lors de l'achat d'une voiture, les Canadiens français évaluent un moins grand nombre de modèles, passent moins de jours à faire de la recherche d'information et essaient moins souvent la voiture que ne le font les Canadiens anglais[41]. Finalement, les Canadiens français sont plus sensibles à la **source** de l'annonce (incluant le porte-parole), tandis que les Canadiens anglais sont plus sensibles au **contenu** du message[42].

☐ L'approche structurelle

Utilisant les nombreux résultats d'études privées ou publiques portant sur le comportement de consommation des francophones, certains observateurs ont élaboré leurs propres théories au sujet des traits particuliers des Canadiens français. Bien que l'on puisse critiquer cette façon d'élaborer des théories, il demeure que cette approche constitue l'unique tentative effectuée pour comprendre les traits des Canadiens français. Quatre grandes typologies de traits culturels ont été proposées; voyons-les par ordre chronologique.

Hénault

Georges Hénault, qui fut l'un des premiers auteurs à élaborer un profil culturel du Canadien français aux fins de marketing, souligne dix caractéristiques culturelles par lesquelles les Canadiens français et les Canadiens anglais diffèrent de façon marquée[43].

Le tableau 8.9 indique certaines des différences culturelles qui existent entre les francophones et les anglophones, selon Hénault. Les francophones représentent un groupe à part, parce qu'ils possèdent plusieurs caractéristiques culturelles distinctes, dont la langue, la religion et des liens familiaux solides. Même si beaucoup de choses ont changé avec la Révolution tranquille, l'influence de ces caractéristiques culturelles est probablement toujours forte, bien qu'elle se manifeste de façon différente. La langue est une question importante, non pas quant aux deux solitudes, mais en ce qui a trait à sa fonction à la fois comme outil de communication et comme outil économique. D'une part, l'anglais devient graduellement la langue universelle du monde des affaires alors que, d'autre part, la maîtrise du français devient une nécessité pour le gestionnaire adoptant une perspective de marketing aussi bien mondiale que nationale.

Avant la Révolution tranquille, l'autorité de l'Église catholique romaine était suprême, et le curé était l'âme dirigeante d'une commu-

TABLEAU 8.9
Différences culturelles entre les Canadiens anglais et les Canadiens français

Tendances des traits culturels	Anglophones	Francophones
Origine ethnique	anglo-saxons	latins
Religion	protestante	catholique
Langue parlée	anglais	français
Attitude intellectuelle	pragmatique	théorique
Famille	matriarcat	patriarcat
Loisirs	fonction du milieu professionnel	fonction du milieu familial
L'individu face à son milieu	plus social	plus individualiste
Gestion des affaires	administrateur	innovateur
Tendance politique	conservatrice	libérale
Attitude de consommation	tendance à l'épargne; conformiste; financier plus que financé.	jouisseur; innovateur, financé plus que financier.

SOURCE: Georges Hénault, « Les conséquences du biculturalisme sur la consommation », *Commerce*, 73, nᵒ 9, septembre 1971.

nauté à prédominance rurale. Aujourd'hui, tel que cela s'est produit plus tôt dans d'autres pays dont la population était en majorité catholique romaine, l'autorité de l'Église a diminué. Certaines valeurs religieuses sont probablement modifiées, en raison du développement de l'urbanisation et de l'instruction. De plus en plus de jeunes Canadiens français entreprennent une carrière dans le monde des affaires au lieu de s'engager dans des carrières plus traditionnelles, comme en droit, en médecine ou dans les ordres religieux.

En outre, chez les Canadiens français, où le taux de natalité est très faible, le rôle de la famille change plus rapidement que dans le reste du Canada. Cependant, les liens de parenté continuent sans doute d'être solides et ne devraient pas être sous-estimés. Dans une large mesure, le temps de loisirs des Canadiens français continue d'être fonction du cercle familial (au sens large). L'attitude des Canadiens français à l'égard de l'environnement est encore largement individualiste (c'est-à-dire que les francophones se préoccupent davantage du bien-être individuel que de celui du groupe)[44].

Mallen

Selon Bruce Mallen, trois grands traits sont sous-jacents au comportement de consommation des francophones[45] : l'importance accordée à la sensation, le conservatisme et une certaine indifférence à l'égard du prix.

L'importance accordée à la sensation

Ce trait intéresse les sens et inclut aussi bien le toucher, le goût, la vue, l'odorat et l'ouïe que l'hédonisme social.

La plupart des études empiriques indiquent très clairement l'importance primordiale du **goût** chez les Canadiens français. Ceux-ci n'aiment pas les boissons et les aliments amers (les produits aromatisés au citron ne se vendent pas bien au Québec). D'autre part, ils aiment les aliments sucrés et sont de grands consommateurs de boissons gazeuses, de sirops, de mélasse, de boissons sucrées à préparation rapide, de chocolat et d'autres sucreries[46]. Au Québec, Pepsi-Cola s'est toujours mieux vendu que son rival Coca-Cola, parce qu'il a un goût plus sucré.

En outre, les Canadiens français sont plus sensibles à la présence d'une **senteur** agréable dans divers produits (aliments, désodorisants pour la maison et papier hygiénique), ainsi qu'à l'**apparence** du produit et à la **sensation** qu'il crée.

Enfin, pour les Canadiens français, l'**hédonisme social** est important et a trait à des plaisirs sensoriels attirants. L'expression **joie de vivre** est souvent utilisée pour décrire l'attitude canadienne-française consistant à rechercher les bonnes choses de la vie – par exemple, la bonne chère, le divertissement, les appareils et les voitures de fantaisie –, que l'on goûte avec des amis, des invités et la parenté.

Le conservatisme

Ce trait est relié à l'habitude de prendre peu de risque ainsi qu'à l'existence d'une forte orientation familiale. Il pourrait expliquer le haut degré de fidélité que l'on observe chez les Canadiens français par rapport à une marque commerciale.

Bien qu'elle diminue, l'orientation familiale des Canadiens français continue d'être prononcée. La plupart des études montrent que les Canadiens français utilisent plus d'aliments de base associés à la cuisine «faite à la maison», qu'il s'agisse de préparation pour la soupe, de condiments pour hambourgeois, de crêpes et de gaufres ou de gâteaux et de glaçage. À l'inverse, ils utilisent peu de viandes emballées, de soupes en conserve, de légumes surgelés et de préparations pour gâteaux.

Tel que nous venons de le mentionner, la plupart des études démontrent que les Canadiens français sont très fidèles à une marque commerciale. Dans plusieurs cas, la part de marché de la marque qui est la plus populaire chez les Canadiens français est plus grande que celle de la marque vedette chez les Canadiens anglais. Pour le thé, par exemple, les parts de marché les plus grandes sont de 73 % et de 38 % respectivement, les marques vedette n'étant pas les mêmes dans ces deux segments de marché[47].

Une certaine indifférence à l'égard du prix

Ce trait résulte des deux traits précédents. En effet, si un produit est aimé des francophones (importance de la sensation), il sera régulièrement acheté (conservatisme), de telle sorte que le prix (à l'intérieur d'une certaine fourchette) ne constituera pas un obstacle à l'achat. Ce trait explique qu'en 1978, les marques génériques ou les marques sans nom ont connu un échec chez les francophones alors qu'elles ont eu beaucoup de succès chez les anglophones[48].

Bouchard

Selon Jacques Bouchard, les francophones ont 6 racines historiques et culturelles en commun[49]: les racines terrienne, minoritaire, nord-américaine, catholique, latine et française. (*Voir la figure 8.3.*) Chaque racine produit 6 cordes sensibles pour un total de 36 cordes, ce qui peut aider à expliquer plusieurs comportements de consommation chez les francophones.

La racine terrienne

La racine terrienne est reliée à l'histoire récente du Québec ainsi qu'à des traditions bien ancrées qui n'ont été touchées ni par l'industriali-

FIGURE 8.3
Les 36 cordes sensibles des Québécois

SOURCE: Jacques Bouchard, *Les 36 cordes sensibles des Québécois*, Montréal, Éditions Héritage Inc., 1978.

sation, ni par l'urbanisation. Ce n'est qu'à l'époque de la Révolution tranquille que le Québec est passé d'une société rurale à une société urbaine – beaucoup plus tard que le reste du Canada. Plusieurs Canadiens français ont encore de la parenté dans les régions rurales. Les six cordes du bon sens, de l'amour de la nature, de la simplicité, de la fidélité au patrimoine, de la finasserie et de l'habileté manuelle sont dérivées de cette racine. Comme exemple de cette dernière corde, mentionnons que les Canadiens français sont plus portés que les Canadiens anglais à effectuer eux-mêmes la rénovation de leur maison. Une étude récente révèle que 31 % des femmes francophones ont installé des carreaux sur le sol de leur foyer durant les deux dernières années, comparativement à 20 % chez les femmes anglophones[50].

La racine minoritaire

La racine minoritaire est reliée à la position des Canadiens français en Amérique du Nord en tant que petit groupe dans une masse qui parle l'anglais. Cette racine est particulièrement sensible et elle explique que l'on observe chez les Canadiens français des sentiments d'insécurité et d'envie ainsi qu'un complexe d'infériorité. Comme mécanisme de défense, les Canadiens français ont tendance à se tourner plus vers eux-mêmes, à se fier davantage à la famille et, par conséquent, à être plus étroits d'esprit.

La racine nord-américaine

La racine nord-américaine reflète l'influence de la culture américaine intériorisée au fil des ans, spécialement en ce qui concerne la poursuite matérialiste de la surconsommation et du confort ainsi que l'attrait exercé par la publicité. Cela favorise l'achat des modèles d'automobiles et d'appareils électroménagers les plus récents et les plus nouveaux, mais aussi un goût douteux, par exemple dans le choix des meubles de salon et de salle à manger[51]. Environ 13 % des propriétaires de maison du Québec possèdent une piscine, comparativement à 7 % dans le reste du Canada[52].

La racine catholique

La racine catholique continue d'être forte en dépit d'un déclin prononcé dans la fréquentation des églises. Des attitudes telles que l'antimercantilisme, le mysticisme, l'esprit moutonnier, le fatalisme, le conservatisme (une aversion pour le risque) et la xénophobie continuent d'exister, bien qu'elles deviennent graduellement moins répandues. Ces attitudes expliquent le haut niveau de fidélité à une marque commerciale observé dans les études antérieures.

La racine latine

La racine latine explique pourquoi les approches créatives utilisant les émotions et l'ambiance sont plutôt efficaces, tandis que les arguments froids et rationnels le sont moins. Ainsi, le tableau 8.10 montre comment les slogans de certaines publicités ont été traduits et adaptés de l'anglais au français. Ces adaptations prennent en considération plusieurs de ces cordes: pour le slogan sur le fromage, l'adaptation française se traduit par « Votre cheddar a le goût de se sentir aimé »; pour le gâteau, « Laissez Sara Lee faire sa conquête ».

La racine française

La racine française concerne non seulement la langue, mais aussi l'héritage transmis par l'histoire et la littérature. Cela signifie qu'en publicité, il vaut mieux utiliser Napoléon et Molière plutôt que Wellington et Shakespeare. De la même façon, on a avantage à utiliser des célébrités locales (acteurs, chanteurs ou vedettes sportives) dans les publicités basées sur des témoignages.

En conclusion, les gestionnaires désireux d'élaborer une stratégie de marketing ou de publicité auprès du marché francophone auraient avantage à connaître la liste des cordes sensibles présentées dans la figure 8.3. Par exemple, les consommateurs canadiens-français ont tendance à choisir des produits qui apportent une gratification instantanée, satisfont leur sens esthétique et réduisent leur complexe d'infériorité. Si un produit est aimé lors des prétests, la sensibilité au prix aura tendance à être faible, de telle sorte que la stratégie de prix pourrait reposer sur une relation qualité-prix plus élevée.

TABLEAU 8.10
Slogans adaptés et traduits de l'anglais au français

Catégories de produit	Slogan anglais	Slogan français
Nourriture		
Jus d'orange	*Pick a pack of Libby's... and peel yourself an orange.*	Le jus d'orange Libby's en cannette... du jus pur, sous la languette.
Fromage	*Show your cheddar more warmth.*	Votre cheddar a le goût de se sentir aimé.
Gâteau	*Make Sara Lee the other woman in his life.*	Laissez Sara Lee faire sa conquête.
Nourriture pour chien	*Bring home the bacon.*	Place au bacon.
Produits pour femmes		
Revitalisant pour cheveux	*L'Oreal excellence.*	Parce que la douceur de vos cheveux est aussi importante que leur couleur.
Colorant pour cheveux	*Change with Clairesse.*	Adoptez Clairesse.

SOURCE: Robert M. MacGregor, «The Utilisation of Originally Conceived French Language Advertisements in Parallel Canadian Magazines», *Marketing*, vol. 2, Éd. R. Wyckham, Montréal, Association des sciences administratives du Canada, 1981, p. 186-195.

Ces traits aident à expliquer les résultats de plusieurs études. Les francophones ont tendance à être plus sensibles à la source de la communication qu'au message, ce qui est le contraire des résultats obtenus chez les anglophones[53]. Tel qu'il a été mentionné plus haut, on a observé dans le passé que les francophones n'avaient pas cru à la crise de l'énergie et qu'ils étaient moins préoccupés par l'écologie que le sont les anglophones[54]; enfin, on a vu que les francophones étaient moins satisfaits que les anglophones de la qualité des réparations et des services professionnels[55].

Cossette

Claude Cossette fonde sa théorie sur la **capacité d'ouverture à l'innovation** de l'individu. Il définit un modèle de comportement basé sur l'aptitude à réagir au changement et à l'innovation[56]. Cinq grandes valeurs traditionnelles sous-tendent ce modèle: la foi, la famille, la patrie, l'autre sexe et toute valeur possédant une grande importance pour l'individu. L'importance de ces valeurs est mesurée à l'aide d'une série d'énoncés d'attitudes qui sont combinés de façon à former un index global d'ouverture à l'innovation.

À l'aide de cet index, Cossette répartit la population du Québec en quatre grands groupes d'individus : les inertes (35 %), les amovibles (40 %), les mobiles (15 %) et les versatiles (10 %). Les tableaux 8.11 et 8.12 décrivent la typologie ainsi obtenue, le tableau 8.11 présentant les attitudes et les valeurs de chaque groupe et le tableau 8.12, les comportements particuliers de ces mêmes groupes. Dans les paragraphes qui suivent, nous décrirons brièvement chacun de ces quatre groupes.

1. Les **inertes** ont des valeurs et des habitudes très traditionnelles. La foi, la famille, le travail ainsi que la morale sont pour eux des valeurs éternelles. La télévision constitue leur principale source d'information externe et leurs habitudes de consommation sont les mêmes que celles de leurs parents.

2. Les **amovibles** sont capables de changement si leur environnement les encourage fortement à évoluer. Ils espèrent monter dans l'échelle sociale ou, du moins, améliorer leur sort sur le plan économique. Ils lisent très peu et ils aiment manger à la maison et participer à des loisirs de groupe tels que les quilles et la motoneige.

3. Les **mobiles** ont une certaine ouverture d'esprit, mais celle-ci se manifeste surtout dans leurs comportements. Ils croient au progrès scientifique et recherchent en dehors du cercle familial des relations pouvant leur être utiles. Ils lisent les best-sellers, aiment à être à la page et espèrent pouvoir vivre un jour comme l'*establishment* : des vacances au soleil en hiver, des repas pris à l'extérieur, une grosse voiture et une belle maison.

4. Les **versatiles** sont ouverts d'esprit et réformistes, et réfléchissent constamment sur leurs attitudes et sur leurs valeurs. Ils sont à la recherche de sources d'information nouvelles et essaient les nouveautés telles que les plats exotiques ou des vacances inhabituelles. Ils ont l'esprit critique et portent des jugements sur la société et sur leur environnement.

L'approche de Cossette est une méthode simple et opérationnelle permettant de segmenter le marché en fonction de divers degrés d'ouverture à l'innovation, et d'utiliser cette information pour créer des messages de marketing plus efficaces qui soient compatibles avec des valeurs et des attitudes profondément ancrées.

TABLEAU 8.11
Typologie de Cossette: A. Attitudes et valeurs

	Inertes (35 %)	Amovibles (40 %)	Mobiles (15 %)	Versatiles (10 %)
Valeurs morales traditionnelles				
Foi	«La foi du charbonnier».	Se détachent de la foi sans crise.	Pratiquent sans conviction.	Se détachent rationnellement de la foi.
Famille	Les liens familiaux extensifs sont très importants.	Liens avec les proches parents.	Y croient comme valeur d'ordre.	Liens amicaux plus importants.
Patrie	Ils font confiance aux chefs du Canada (et ils font référence au Québec).	Ils se sentent un peu complexés (infériorité) comme Québécois.	Ils veulent freiner l'envahissement par les étrangers, mais considèrent que les Américains sont des modèles.	L'amitié n'a pas de frontière, mais ils ont le goût du Québec.
L'autre sexe	«Un homme est un homme, une femme est une femme.»	«Les hommes (ou les femmes) ne sont plus ce qu'ils étaient!»	«Mon voilier, mon berger allemand et ma femme.»	«Un homme ou une femme, c'est un humain.»
Valeur morale la plus importante	L'esprit de clan.	Le travail.	L'ordre.	L'authenticité.
Interrelations				
Milieu d'origine	Même que celui de leurs parents.	Essaient d'améliorer leur sort.	Souvent issus de la classe la plus basse.	Ont «monté de classe» ou viennent de la classe moyenne.
Vie sociale	Pratiquement inexistante à l'extérieur de la parenté.	Quelques parents et amis.	Très active, mais «utilitariste».	Assez bonne, participent à plusieurs organismes.
Vie politique	Ne les préoccupe pas tellement.	Optent pour les partis traditionnels.	Conformistes.	Réformistes.
Esprit critique	Bougonnant mais sans but.	Conscience sociale en gestation.	Quasi absent.	Assez incisif.
Indice de mobilité-versatilité	Quasi nulle.	Surtout au niveau social.	Surtout au niveau professionnel, des comportements.	Surtout au niveau des idées, des attitudes.

SOURCE: Claude Cossette, «Typologie du Québécois en quatre portraits», *Cahiers de Communication Graphique*, nᵒ 4, Université Laval, 1976.

TABLEAU 8.12
Typologie de Cossette: B. Comportements-types

	Inertes (35 %)	Amovibles (40 %)	Mobiles (15 %)	Versatiles (10 %)
Loisirs				
Vacances	Pratiquement aucune, restent à la maison.	Se permettent une semaine ou deux, visite au chalet des parents ou des amis.	Plusieurs fois par année, lieux «classiques».	Plusieurs semaines au Québec, en Amérique ou en Europe.
Déplacements	D'un quartier à l'autre.	D'une ville à l'autre.	L'Amérique.	D'un continent à l'autre.
Développement des connaissances				
Sources d'information	La télévision.	*Sélection.*	Livres Time-Life et les encyclopédies souvent pour le décor.	Le cinéma, *Nous, L'Express, Time*, et leur bibliothèque personnelle.
Cours de perfectionnement	Aucun.	Parfois.	Oui, car ça sert pour les relations et la valorisation sociale.	Souvent comme loisir.
Instruction				
Études	Primaires.	Secondaires.	Secondaires ou collégiales.	Collégiales ou universitaires.
Emploi	Ouvriers non spécialisés.	Ouvriers spécialisés, cols blancs.	Commerce, professions traditionnelles.	Professions libérales
Habitudes quotidiennes				
Alimentation	Baloney.	Mets «canadiens».	Steak.	Plats exotiques.
Boisson alcoolisée	Gros gin occasionnel.	Bière, parfois un gros gin.	Rye, Scotch.	Vins, alcools.
Automobile	Une vieille «minoune».	Une moyenne américaine de quelques années.	La grosse américaine.	Voiture européenne.
Sports	Aucun.	Quilles, motoneige.	Golf, motoneige.	Camping, ski de fond.

SOURCE: Claude Cossette, «Typologie du Québécois en quatre portraits», *Cahiers de Communication Graphique*, n° 4, Université Laval, 1976.

■ PROBLÈMES MÉTHODOLOGIQUES DANS L'ÉTUDE DU COMPORTEMENT DES CONSOMMATEURS CANADIENS-FRANÇAIS

Étant donné qu'il est difficile d'évaluer le rôle de la culture et de l'appartenance ethnique dans le comportement du consommateur, la majorité des écrits portant sur ce sujet ont été critiqués quant à la méthodologie utilisée, à la subjectivité des opinions exprimées ou au manque d'objectivité de l'auteur. Par conséquent, nous examinerons les principaux problèmes méthodologiques reliés à ce courant de recherche.

☐ L'inconsistance des définitions opérationnelles

Un important problème posé par la recherche sur les Canadiens français est le manque de consistance des définitions opérationnelles de ce groupe culturel. La plupart des études empiriques utilisent l'une des cinq définitions opérationnelles suivantes[57] :

- la langue dominante, c'est-à-dire la langue parlée à la maison ou celle qui est le plus souvent parlée par les adultes[58] ;
- la langue maternelle, c'est-à-dire la première langue apprise dans l'enfance[59] ;
- la langue du questionnaire retourné[60] ;
- les caractéristiques ethnoculturelles, c'est-à-dire la religion, l'origine ethnique et l'orientation familiale[61] ;
- le lieu de résidence, par exemple le Québec ou l'Ontario[62].

Dans une étude utilisant plusieurs de ces définitions, on a trouvé de graves erreurs de classification selon les différentes définitions opérationnelles utilisées. Certains des résultats de cette étude ont été reproduits au tableau 8.13. Selon la définition utilisée, le degré d'erreur de classification varie entre 12 % et 37 %, ce qui pourrait influencer d'une manière importante les résultats de l'étude.

Robert D. Tamilia rejette l'utilisation de la langue maternelle comme critère de classification en recherche commerciale, lorsqu'on veut déterminer si un consommateur est francophone ou anglophone[63]. Il suggère plutôt de déterminer le degré d'appartenance au groupe culturel au moyen de questions portant sur l'usage des médias, par une auto-identification du répondant ainsi que par des mesures plus traditionnelles

TABLEAU 8.13
Classification des répondants selon divers critères communément utilisés

		Langue parlée (le français)	Langue parlée (l'anglais)
Langue du questionnaire retourné	Anglais (139)	20	119
	Français (145)	124	21

% d'anglophones mal classés = 14 %
% de francophones mal classés = 14 %

		Langue maternelle (anglais)	Langue maternelle (français)	Langue maternelle (autre)
Langue du questionnaire retourné	Anglais (139)	88	16	35
	Français (145)	13	120	12

% d'anglophones mal classés = 37 %
% de francophones mal classés = 17 %

		Se considère plus comme Canadien anglais	Se considère plus comme Canadien français
Langue du questionnaire retourné	Anglais (139)	113	26
	Français (145)	17	128

% d'anglophones mal classés = 19 %
% de francophones mal classés = 12 %

SOURCE: Adapté de Michel Bergier et Jerry Rosenblatt, «A Critical Review of Past and Current Methodoligies Used for Classifying English and French Consumers», *Marketing*, vol. 3, Éd. Michel Laroche, Montréal, Association des sciences administratives du Canada, 1982, p. 15-16.

axées sur la langue, par exemple la langue maternelle, la langue dominante et la langue du questionnaire.

Dans une étude récente utilisant des techniques statistiques avancées, Michel Bergier a choisi deux groupes de Canadiens français et de Canadiens anglais et a testé la validité de prévision de diverses mesures d'identification ethnique[64]. La figure 8.4 montre les différences entre les

FIGURE 8.4
Différences entre Canadiens français et Canadiens anglais par rapport à des énoncés sur l'identification ethnique

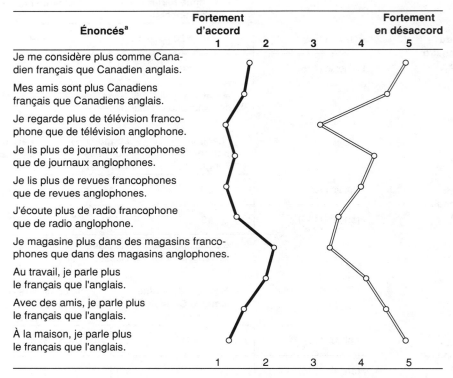

Énoncés[a]	Fortement d'accord				Fortement en désaccord
	1	2	3	4	5
Je me considère plus comme Canadien français que Canadien anglais.					
Mes amis sont plus Canadiens français que Canadiens anglais.					
Je regarde plus de télévision francophone que de télévision anglophone.					
Je lis plus de journaux francophones que de journaux anglophones.					
Je lis plus de revues francophones que de revues anglophones.					
J'écoute plus de radio francophone que de radio anglophone.					
Je magasine plus dans des magasins francophones que dans des magasins anglophones.					
Au travail, je parle plus le français que l'anglais.					
Avec des amis, je parle plus le français que l'anglais.					
À la maison, je parle plus le français que l'anglais.					

Groupe 1 (anglophones) N=145
Groupe 2 (francophones) N=135
N. B. Chacune des différences est significative à $p < 0,05$ (F-test).

a . Dans le questionnaire anglais, chaque énoncé était inversé.

SOURCE: Michel Bergier, «Predictive Validity of Ethnic Identification Measures: An Illustration of the English/French Classification Dilemma in Canada», *Journal of the Academy of Marketing Sciences*, 14, n° 2, été 1986, p. 37-46.

deux groupes par rapport à divers énoncés. Il ressort de ces profils que l'attitude par rapport à la télévision et à la radio, le choix du magasin ainsi que la langue parlée à la maison ne distinguent pas ces deux groupes aussi bien que le font d'autres variables. Le tableau 8.14 présente la validité de prévision de 12 mesures d'identification ethnique.

TABLEAU 8.14
Validité de prévision de 12 mesures d'identification ethnique

Rang		Pourcentage d'individus correctement classés
1	Avec mes amis, je parle plus le français que l'anglais.	94,2
2	Je lis plus de journaux francophones que de journaux anglophones.	94,0
3	À la maison, je parle plus le français que l'anglais.	94,0
4	J'ai un plus grand nombre d'amis canadiens-français que canadiens-anglais.	93,4
5	Je me considère plus comme Canadien français que comme Canadien anglais.	92,2
6	Langue du questionnaire retourné.	90,4
7	Je lis plus de magazines francophones que de magazines anglophones.	88,0
8	J'écoute plus de radio francophone que de radio anglophone.	86,7
9	Au travail, je parle plus le français que l'anglais.	84,5
10	Langue maternelle.	82,2
11	Je regarde plus la télévision francophone que la télévision anglophone.	80,0
12	Je magasine plus dans des magasins francophones que dans des magasins anglophones.	68,6

NOTE: Dans le questionnaire anglais, les énoncés étaient inversés.
SOURCE: Michel Bergier, «Predictive Validity of Ethnic Identification Measures: An Illustration of the English/ French Classification Dilemma in Canada», *Journal of the Academy of Marketing Sciences*, 14, nº 2, été 1986, p. 37-46.

Les **meilleurs** critères pour mesurer le degré d'identification au groupe sont la langue parlée avec les amis et à la maison, la lecture du journal, l'appartenance à un groupe d'amis, l'auto-identification ainsi que la langue du questionnaire retourné. Les **pires** critères pour mesurer le degré d'identification au groupe sont le choix des magasins, l'usage de la télévision, la langue maternelle, la langue parlée au travail, l'écoute de la radio et la lecture de magazines.

Cette étude renforce l'argument de Tamilia et suggère que la langue maternelle est un piètre critère pour mesurer l'appartenance au groupe. Ce chercheur rappelle que Statistique Canada a pour politique officielle de ne pas publier d'études portant spécifiquement sur le Canada français[65]. Cela rend la tâche difficile aux chercheurs désireux d'utiliser les résultats des recensements publiés pour étudier ce marché; il reste au chercheur la possibilité, s'il le désire, d'acheter l'accès à la banque de données, qui comporte les questions suivantes[66]:

1. Origine ethnique: À quel groupe ethnique ou culturel appartenez-vous ou vos ancêtres appartenaient-ils?
2. Langue maternelle: Quelle est la langue que vous avez apprise en premier lieu et que vous comprenez encore?
3. Lieu de naissance: Où êtes-vous né? (Répondez en fonction des frontières actuelles.)

On a soulevé un dernier problème concernant les deux millions d'individus qui ont affirmé appartenir à une origine ethnique mixte: doit-on les classer comme francophones, comme anglophones ou comme membres d'un autre groupe ethnique, ou doit-on les traiter comme un groupe à part[67]? Pour les spécialistes de marketing, les réponses à ces questions sont d'une grande importance, étant donné que ce groupe est très nombreux.

☐ L'hétérogénéité des Canadiens français et des Canadiens anglais

Le problème de l'hétérogénéité, tant chez les Canadiens français que chez les Canadiens anglais, se fait particulièrement sentir lorsqu'on compare des échantillons de ces deux populations, ni l'un ni l'autre de ces groupes n'étant homogène.

On sait qu'il existe de très grandes différences régionales au Canada[68], comme l'illustre le concept des «neuf nations d'Amérique du Nord» de Joël Garreau, présenté au chapitre 6. Selon Garreau, les frontières constituées par l'État ou la province sont artificielles, et les consommateurs ayant des styles de vie, des comportements de consommation, des réactions à l'égard de l'environnement et des activités économiques semblables devraient être regroupés en «nations»[69]. La théorie de la segmentation régionale de Garreau peut être très utile aux spécialistes de marketing desservant les marchés canadiens, et même les marchés internationaux. Une étude préliminaire du potentiel du régionalisme canadien fondé sur les classifications de Garreau a donné des résultats très prometteurs[70].

L'exemple du marché des spiritueux illustre l'effet des sous-cultures régionales sur la consommation. Ce marché est constitué de plusieurs segments, et la consommation de spiritueux varie grandement, la consommation la plus élevée se trouvant au Yukon et la plus faible, au Québec. De plus, les Canadiens français boivent presque tout le genièvre (*gin*) produit au Canada, mais seulement 9 % du whisky canadien, ce qui est moins que les Américains (12 %) et bien moins que la moyenne canadienne de 40 %. De la même façon, les Canadiens français boivent moins de vodka (8 %) que les habitants de la Colombie-Britannique (16 %). Chez les buveurs de l'Ontario, la consommation de whisky canadien, de scotch, de genièvre (*gin*), de spiritueux et de brandy est plus élevée que la moyenne nationale. Enfin, le rhum est plus populaire dans les Maritimes, parce qu'il constituait, dans le passé, une marchandise du commerce océanique et qu'il est, depuis longtemps, largement distribué dans ces provinces côtières[71].

Une autre étude, effectuée auprès de 2 000 consommateurs de Toronto et de Montréal, a montré qu'il existait des différences non seulement entre les francophones et les anglophones, mais aussi entre les anglophones de Toronto et ceux de Montréal. Ces différences ont été attribuées à des variations dans la distribution et dans la promotion régionales[72]. C'est aussi l'avis de Tamilia, qui soutient que les différences de consommation peuvent être attribuées à des variations concernant aussi bien le prix que l'intensité de la distribution, lesquelles influencent la diffusion du produit sur les divers marchés[73].

Les quatre catégories de Canadiens français selon Lefebvre

D'après la théorie de Lefebvre, les Canadiens français ne sont pas un groupe homogène; ils se divisent en quatre segments, selon la vision qu'ils ont d'eux-mêmes par rapport aux cultures française et anglaise: les «assimilationnistes», les pluralistes culturels, les aliénés et les séparatistes[74].

1. Les «assimilationnistes» veulent que le Canada français fusionne avec le Canada anglais, perdant ainsi son identité originale.
2. Les pluralistes culturels souhaitent obtenir l'égalité avec le reste du Canada et des gestes de tolérance de la part des anglophones, de telle

sorte que les principaux caractères distinctifs du Canada français soient préservés.

3. Les séparatistes désirent se séparer du reste du Canada afin de préserver leur identité française.

4. Les aliénés rejettent aussi bien l'identité française que l'identité anglaise, une condition particulièrement éprouvante du point de vue psychologique.

Ces quatre catégories sont présentées au tableau 8.15 sous l'angle de l'identification avec les autres Canadiens français et de l'identification avec les Canadiens anglais.

Lefebvre a élaboré une longue liste de propositions concernant les consommateurs de chaque catégorie et a souligné les implications de ces propositions pour les gestionnaires. Malheureusement, cette classification n'a jamais été testée d'une manière empirique et nous ne connaissons pas les tailles relatives des catégories.

☐ ## Le manque de contrôle

À peu d'exceptions près, la plupart des études disponibles n'essaient pas de déterminer l'influence de variables telles que le revenu, la classe sociale, la taille de la famille ou la géographie. Par conséquent, ces variables peuvent être confondues avec la culture. De plus, il faut tenir compte de l'hétérogénéité du marché canadien-français, tel qu'on l'a déjà vu, étant donné que c'est là où les forces de l'assimilation sont

TABLEAU 8.15
Classification des Canadiens français selon Lefebvre

		Identification avec les autres Canadiens français	
		Négative	*Positive*
Identification avec les Canadiens anglais	*Positive*	Assimilationnistes	Pluralistes culturels
	Négative	Aliénés	Séparatistes

SOURCE: Traduit et adapté de Jean Lefebvre, «Ethnic Identification as a Criterion for Segmenting the French-Canadian Market: Some A Priori Considerations», *Combined Proceedings*, Éd. Ronald C. Curhan, Chicago, American Marketing Association, 1974, p. 683-688.

les plus importantes, depuis des années. La même remarque peut être faite pour les autres groupes culturels du Canada. Cette question est étroitement reliée à la nécessité du contrôle dans la recherche interculturelle en général, tel que nous l'avons vu au chapitre 7.

RÉSUMÉ

Le Canada est devenu une société multiculturelle. Les deux cultures fondatrices, la culture française et la culture anglaise, représentent encore les marchés les plus importants, mais certaines minorités ethniques offrent des défis ainsi que des possibilités sur le plan du marketing. Les milieux où ces minorités ethniques sont largement concentrées représentent des segments de marché viables pour des produits et des services particuliers. Environ 30 % des Canadiens ne sont ni d'origine française, ni d'origine anglaise, et on s'attend à ce que ce pourcentage augmente dans le futur. Dans ce chapitre, nous avons décrit les principaux groupes néo-canadiens à partir de l'information présentement disponible.

Notre survol de 30 ans de recherche sur le comportement du consommateur canadien-français montre que les spécialistes de marketing, autant que les chercheurs, doivent être plus systématiques et plus consciencieux, afin de pouvoir déterminer correctement l'influence de la culture sur les processus décisionnels des consommateurs. Il existe des différences entre les Canadiens français et les Canadiens anglais, mais ces différences sont mal comprises. Dans le futur, la recherche devrait utiliser l'approche structurelle décrite dans ce chapitre pour trouver des populations homogènes. Nous devons effectuer des expériences qui mettent en lumière et analysent les effets de la culture sur la perception, la recherche d'information, la formation d'attitudes, la confiance, l'intention ainsi que le mode d'achat. Le marché canadien-français est un marché que les spécialistes de marketing ont intérêt à comprendre. Des données fragmentées et souvent peu rigoureuses suggèrent l'existence de différences subtiles; cependant, il est nécessaire d'effectuer des recherches plus approfondies pour démontrer que ces différences existent **vraiment**. C'est seulement à ce moment que nous pourrons élaborer des stratégies de marketing et de communication efficaces à partir de ces différences.

QUESTIONS ET DISCUSSIONS

1. Énumérez des noms de marque qui, selon vous, devraient être aussi efficaces en anglais qu'en français.

2. Pourquoi le marché canadien-français est-il un marché important pour les fabricants canadiens? Comment le fait d'avoir de l'expérience sur ce marché pourrait-il être utile dans les opérations de marketing international?

3. «La meilleure chose à faire pour vendre au Québec est de traduire les annonces et les étiquettes de l'anglais au français. Ce qui fonctionne au Canada anglais devrait aussi fonctionner au Québec.» Êtes-vous d'accord avec cet énoncé? Expliquez votre réponse.

4. Un animateur de radio qui est très populaire à Toronto sera-t-il aussi populaire à Vancouver, à Winnipeg ou à Halifax? Et au Canada français?

5. Exposez l'hypothèse socio-économique. Admettez-vous cette hypothèse? Expliquez votre réponse.

6. Pourquoi est-il utile, pour les spécialistes de marketing, de connaître l'importance que les Canadiens français accordent à la sensation? Pour quels spécialistes et pourquoi?

7. Une certaine indifférence à l'égard du prix est-il un trait favorable pour les spécialistes de marketing? Expliquez votre réponse et donnez des exemples.

8. Choisissez l'une des six racines culturelles des Canadiens français d'après Bouchard et expliquez en détail comment cette racine peut influencer le comportement du consommateur.

9. Choisissez une catégorie de Canadiens français dans la classification de Cossette ou dans celle de Lefebvre et expliquez en détail les implications reliées à cette catégorie pour le directeur de marketing: *a)* d'une compagnie de distribution de films; *b)* d'un fabricant de tablettes de chocolat; ou *c)* des restaurants McDonald's.

RÉFÉRENCES

1. John Porter, *The Vertical Mosaic*, Toronto, University of Toronto Press, 1965.
2. Robert D. Tamilia, «Is the Presence of French Canada What Really Makes Marketing Different Between the U.S. and Canada?», *Cahier de recherche*, Université du Québec à Montréal, 1979.
3. Statistique Canada, *Canada Update*, 16 avril 1983, p. 1-13.
4. *Ibid.*
5. Carl Lawrence, Stanley J. Shapiro et Shaheen Lalji, «Ethnic Markets – A Canadian Perspective», *Journal of the Academy of Marketing Science*, été 1986, p. 7-16.
6. *Ibid.*
7. *Ibid.*
8. C. Jansen, «The Italian Community in Toronto», *Immigrant Groups*, Éd. J.L. Elliott, Toronto, Prentice-Hall, 1971.
9. «Montreal Ethnics Focus of New Study», *Marketing*, 5 mars 1984, p. 12-13.
10. A. Anderson, «Ukrainian Ethnicity», *Two Nations, Many Cultures*, Éd. J.L. Elliott, Toronto, Prentice-Hall, 1979.
11. Stan Sutter, «Advertisers Missing Out», *«Marketing*, 20 octobre 1986, p. 22-23.
12. «Montreal Ethnics».
13. *Ibid.*, Lawrence *et al.*, «Ethnic Markets».
14. *Ibid.*, Stan Sutter, «Ethnic Advertising Is Where It's At», *Marketing*, 2 février 1987, p. 18.
15. P.C. Lefrançois et G. Chatel, «The French Canadian Consumer: Fact and Fancy», *The Canadian Marketer*, 2, n° 2, printemps 1967, p. 4-7.
16. «Study Shows Many Quebec Viewers are Missing the Message», *Marketing*, 27 mai 1985, p. 27; Gail Chiasson, «Are English Commercials Getting Across to French Speakers?», *Marketing*, 5 janvier 1987, p. 11.
17. Robert M. MacGregor, «Le principe de l'égalité entre les deux peuples fondateurs: A Market Reality?», *Marketing*, vol. 3, Éd. Michel Laroche, Montréal, Association des sciences administratives du Canada, 1982, p. 127-136.
18. *Ibid.*
19. Jacques Bouchard, «The French Evolution», *Marketing*, 26 septembre 1983, p. 60.
20. *Ibid.*
21. F. Elkin et M.B. Hill, «Bicultural and Bilingual Adaptations in French Canada: The Example of Retail Advertising», *Canadian Review of Sociology and Anthropology*, août 1965, p. 132-148; F. Elkin, *Rebels and Colleagues: Advertising and Social Change in French Canada*, Montréal, McGill-Queen's University Press, 1973; MacGregor, «Le principe de l'égalité», p. 129.
22. Bouchard, «The French Evolution».
23. Roger Calantone et Jacques Picard, «Bilingual Advertising Revisited», *Marketing*, vol. 3, Éd. Michel Laroche, Montréal, Association des sciences administratives du Canada, 1982, p. 31-38.
24. René Y. Darmon et Michel Laroche, *Advertising Management in Canada*, Toronto, Wiley, 1984; R. MacGregor, «The Impact of the Neo-Nationalist Movement on the Changing Structure and Composition of the Quebec Advertising Industry», *Marketing*, vol. 1, Éd. Vernon J. Jones, Montréal, Association des sciences administratives du Canada, 1980, p. 237-247.
25. MacGregor, «Le principe de l'égalité», p. 135.
26. Charles M. Schaninger, Jacques Bourgeois et W. Christian Buss, «French-English Canadian Subcultural Consumption Differences», *Journal of Marketing*, 49, n° 2, printemps 1985, p. 82-92.
27. Bruce Mallen, *French Canadian Consumer Behaviour*, Montréal, Advertising and Sales Executive Club of Montreal, octobre 1977, p. 8.
28. «Buying Habits of Quebec Consumers – Points to Ponder», *Marketing*, 27 mai 1985, p. 33-34.
29. Mallen, *French Canadian Consumer Behaviour*, p. 5.

30. Schaninger *et al.*, « French-English Canadian Subcultural Consumption Differences ».

31. Mallen, *French Canadian Consumer Behaviour*, p. 42.

32. Lefrançois et Chatel, « The French Canadian Consumer ».

33. K.S. Palda, « A Comparison of Consumers' Expenditures in Quebec and Ontario », *Canadian Journal of Economics and Political Science*, 33, février 1967, p. 26; D.R. Thomas, « Culture and Consumption Behaviour in English and French Canada », *Marketing in the 1970s and Beyond*, B. Stidsen, CAAS Conference, 1975, p. 255-261.

34. Jean-Charles Chebat, Michel Laroche et Helen Malette, « A Cross-Cultural Comparison of Attitudes Towards and Usage of Credit Cards », *International Journal of Bank Marketing*, 6, n° 4, 1988, p. 42-54.

35. Schaninger *et al.*, « French-English Subcultural Consumption Differences », p. 90.

36. En plus des études auxquelles on se réfère dans ce qui suit, voir les sources suivantes : J.C. Chebat et Georges Hénault, « The Cultural Behaviour of Canadian Consumers », *Cases and Readings in Marketing*, Éd. R.H. Rotenberg et V.H. Kirpalani, Toronto, Holt, Rinehart and Winston, 1974, p. 176-184; E. Clifford, « Tippers Reflect Diverse Taste of National Mosaic », *The Globe and Mail*, 30 juin 1979; B. Mallen, « The French Canadian Retail Customer : Changing ? To What ? So What ? », *The Canadian Marketer*, hiver 1975, p. 33; R.G. Wyckham, « Spending Attitudes of Consumers : Pilot Studies in French and English Canada », *Journal of the Academy of Marketing Science*, 1978; S.A. Ahmed, « Marketing a Public Service Product : A Cross-Cultural Approach », présenté à la conférence CAAS de 1978, à Québec; M.J. Bergier, B.Z. Gidengil et R. Blydt-Hansen, « A Cross-Cultural Investigation of Behavioural Responses and Attitudes Towards Life Insurance Protection », *Marketing*, V.J. Jones, Actes de la conférence annuelle de l'ASAC, 1980, p. 31-38; M.J. Bergier, Jerry Rosenblatt et Michel Laroche, « Cultural Dif-

ferences in Attitudes and Intended Behaviour Towards House Brands and National Brands », *Marketing*, Éd. V.J. Jones, Actes de la conférence annuelle de l'ASAC, 1980, p. 49-57.

37. M. Brisebois, « Industrial Advertising and Marketing in Quebec », *The Canadian Marketer*, 2, printemps-été 1966, p. 10.

38. Schaninger *et al.*, « French-English Canadian Subcultural Consumption Differences », p. 90-91.

39. S.A. Ahmed, R. de Camprieu et Paul Hope, « A Comparison of English and French Canadian Attitudes Toward Energy and the Environment », *Marketing*, Éd. Robert Wyckham, Actes de la conférence annuelle de l'ASAC, 1981, p. 1-10.

40. S. B. Ash, Carole Duhaime et John Quelch, « Consumer Satisfaction : A Comparison of English and French-Speaking Canadians », *Marketing*, Éd. V.J. Jones, Actes de la conférence annuelle de l'ASAC, 1980, p. 11-20.

41. Thomas E. Muller et Christopher Bolger, « Search Behaviour of French and English Canadians in Automobile Purchase », *International Marketing Review*, hiver 1985, p. 21-30.

42. Robert D. Tamilia, « A Cross-Cultural Study of Source Effects in a Canadian Advertising Situation », *Marketing*, Éd. J.M. Boisvert et R. Savitt, Montréal, Association des sciences administratives du Canada, 1978, p. 250-256.

43. Georges Hénault, « Les conséquences du biculturalisme sur la consommation », *Commerce*, 73, n° 9, septembre 1971, p. 78-80.

44. Ahmed *et al.*, « A Comparison of English and French Canadian Attitudes ».

45. Mallen, *French Canadian Consumer Behaviour*, p. 13-27.

46. *Ibid.*, p. 6-7; Schaninger *et al.*, « French-English Canadian Subcultural Consumption Differences », p. 90.

47. Mallen, *French Canadian Consumer Behaviour*, p. 25-26.

48. R. Y. Darmon, Michel Laroche et John V. Petrof, *Marketing in Canada : A Management Perspective*, Toronto, McGraw-Hill, 1989, chap. 3.

49. Jacques Bouchard, *Les 36 cordes sensibles des Québécois*, Montréal, Éd. Héritage inc., 1978.

50. «Buying Habits».

51. Schaninger *et al.*, «French-English Canadian Subcultural Consumption Differences».

52. «Buying Habits».

53. Tamilia, «A Cross-Cultural Study».

54. Ahmed *et al.*, «A Comparison of English and French Canadian Attitudes».

55. Ash *et al.*, «Consumer Satisfaction».

56. Claude Cossette, «Typologie du Québécois en quatre portraits», *Cahiers de communication graphique*, n° 4, Université Laval, 1976.

57. Michel Bergier et Jerry Rosenblatt, «A Critical Review of Past and Current Methodologies Used for Classifying English and French Consumers», *Marketing*, vol. 3, Éd. Michel Laroche, Montréal, Association des sciences administratives du Canada, 1982, p. 11-20.

58. Par exemple, voir M.W. McCarrey, S. Edwards et R. Jones, «The Influence of Ethnolinguistic Group Membership, Sex and Position Level on Motivational Orientation of Canadian Anglophone and Francophone Employees», *Canadian Journal of Behavioral Science*, 9, 1977, p. 3.

59. Par exemple, voir Ash *et al.*, «Consumer Satisfaction».

60. Par exemple, voir R.W. Crosby, «Attitude Measurement in a Bilingual Culture», *Marketing in Canada*, 2ᵉ édition, Éd. Bruce Mallen et I.A. Litvak, Toronto, McGraw-Hill, 1968.

61. Par exemple, voir D.M. Taylor, J.N. Bassili et F. Aboud, «Dimensions of Ethnic Identity: An Example from Quebec», *Journal of Social Psychology*, avril 1973.

62. Par exemple, voir Palda, «A Comparison of Consumers' Expenditures».

63. Robert D. Tamilia, «Cultural Market Segmentation in a Bilingual and Bicultural Setting», *European Journal of Marketing*, 14, n° 4, 1980, p. 223-231; Robert D. Tamilia, «Advanced Research Skills Needed to Probe Consumption Patterns of French Canadians», *Marketing News*, 18 avril 1980, p. 3.

64. Michel Bergier, «Predictive Validity of Ethnic Identification Measures: An Illustration of the English/French Classification Dilemma in Canada», *Journal of the Academy of Marketing Science*, 14, n° 2, été 1986, p. 37-46.

65. Robert D. Tamilia, «The Definition of Culture for Cross-Cultural Research: A Critical Approach», *Cahier de recherche*, Université du Québec à Montréal, 1979.

66. Tel qu'il est rapporté dans Lawrence *et al.*, «Ethnic Markets», p. 9.

67. *Ibid.*, p. 15.

68. Darmon *et al.*, *Marketing in Canada*.

69. Joël Garreau, *The Nine Nations of North America*, New York, Avon, 1981; Harrie Vredenberg et Peter Thirkel, «Canadian Regionalism: A Marketplace Reality?», *Marketing*, vol. 4, Éd. James D. Forbes, Montréal, Association des sciences administratives du Canada, 1983, p. 360-370.

70. Vredenberg et Thirkel, «Canadian Regionalism».

71. E. Clifford, «Tippers Reflect Diverse Tastes of National Mosaic», *Globe and Mail*, 30 juin 1979.

72. Bergier *et al.*, «A Cross-Cultural Investigation».

73. Tamilia, «Cultural Market Segmentation»; voir aussi Marcel Boisvert, «Is the French Canadian Consumer Really Different?», *Sales and Marketing Management in Canada*, 24, n° 2, février 1983, p. 10-11, p. 20; D.J. Tigert, «Can a Separate Marketing Strategy for French Canada Be Justified? Profiling English-French Markets Through Life-Style Analysis», *Canadian Marketing: Problems and Prospects*, Éd. D.N. Thompson et D.S. Leighton, Toronto, Wiley, 1973, p. 119-131.

74. Jean M. Lefebvre, «Ethnic Identification as a Criterion for Segmenting the French-Canadian Market: Some A Priori Considerations», *Combined Proceedings*, Éd. R.C. Curhan, Chicago, American Marketing Association, 1974, p. 683-688.

CHAPITRE 9

Les groupes de référence

INTRODUCTION

Ce chapitre analyse l'effet exercé sur la consommation par une importante source d'influence environnementale: les groupes de référence du consommateur. Les groupes ou personnes de référence constituent pour le consommateur une base de comparaison, ou de référence, dans l'apprentissage des valeurs, des croyances, des attitudes ou des modes de consommation. Les groupes de référence jouent un rôle vital dans la socialisation du consommateur et dans la transmission des normes et des valeurs culturelles de la société. Cependant, dans ce chapitre, nous nous limiterons à analyser l'influence exercée par ces groupes quant à la formation de croyances et d'attitudes particulières à l'égard des produits et des marques et quant à la détermination des attributs de produit qui sont considérés comme importants et des styles de vie qui sont perçus comme plus (ou moins) souhaitables.

■ UNE INTRODUCTION AU CONCEPT DE GROUPE DE RÉFÉRENCE

Vous avez sans doute vu de nombreuses annonces publicitaires relatives aux cigarettes Malboro. Quelles images ces annonces suscitent-elles? Le cow-boy indépendant parcourant sur son cheval les grands espaces de l'Ouest américain, attrapant le bétail au lasso ou traversant des rivières? Le rude aventurier amateur de liberté? L'homme Malboro viril, endurci par le terrain et la nature? Lorsqu'on a demandé à des étudiants de décrire certaines images verbales qui leur venaient en tête par rapport à l'«homme Malboro», ils ont mentionné des choses telles que «rude», «en santé», «amateur de plein air» et «un homme qui sait où il s'en va».

Depuis 1968, plusieurs fumeurs de cigarettes se sont apparemment identifiés à l'homme Malboro, en nombre suffisamment grand pour que Malboro devienne la marque de cigarette la plus vendue au monde. L'homme Malboro original est un vrai cow-boy du nom de Darrell Winfield qui travaillait au ranch *Quarter Circle Five* à Pinedale, dans le Wyoming[1]. Cependant, ce qui nous intéresse le plus est de savoir qui sont les fumeurs de Malboro et pourquoi ils s'identifient à l'homme Malboro. La recherche commerciale effectuée par Philip Morris Inc. suggère que les fumeurs de Malboro Red (non pas de Malboro Lights) du marché américain sont surtout des hommes de race blanche dont l'âge varie de 18 à 35 ans, qui ont une occupation de col blanc et possèdent une certaine formation de niveau collégial[2].

Philip Morris a exploité le thème de l'homme Malboro pour communiquer à la marque l'image de la confiance masculine, axant sa campagne publicitaire sur les fumeurs mâles[3]. Le succès de cette marque signale que l'image du cow-boy possède beaucoup de charme pour plusieurs fumeurs mâles. En ce sens, l'homme Malboro, réel ou non, incarne un mode de vie rude, indépendant et viril, et sert de **personne de référence** pour les fumeurs qui perçoivent ces qualités en lui. Les consommateurs qui s'identifient à l'homme Malboro peuvent être assurés qu'ils fument une cigarette «virile», ce qui leur permet de se sentir un peu plus virils eux-mêmes.

Depuis 1936, Betty Crocker, ménagère, sert de symbole pour General Mills et pour le Betty Crocker Food & Publications Center au siège social de la compagnie, situé à Minneapolis. Même si Betty est un personnage fictif, General Mills a soigneusement cultivé l'image de cette ménagère auprès des consommateurs. On a modernisé ses traits à six reprises sur une période de 50 ans – cinq de ces transformations sont illustrées à la figure 9.1 – et la Betty Crocker de 1986 possède l'allure assurée d'une citadine engagée dans une carrière. General Mills a dépensé presque un million de dollars pour ce dernier rajeunissement afin de «créer une femme qui soit contemporaine, compétente et un leader[4]». La nouvelle Betty semble pouvoir être aussi à l'aise dans la salle d'un conseil d'administration que dans la cuisine; étant donné que jusqu'à 30 % des hommes participent, du moins en partie, aux tâches de la cuisine, General Mills voulait que Betty Crocker «ressemble aux femmes avec lesquelles travaillent les hommes d'affaires. Nous voulions représenter quelqu'un à qui ils puissent faire confiance pour répondre à leurs questions culinaires[5]».

Donc, même si Betty Crocker est une ménagère fictive, elle sert de personne de référence pour plusieurs femmes et plusieurs hommes qui sont restés fidèles aux marques d'aliments General Mills. Pour ces personnes, Betty Crocker symbolise la continuité, la qualité de la nourriture ainsi que l'expertise culinaire d'une personne réelle telle que Jehane Benoît au Canada.

FIGURE 9.1
Évolution du visage de Betty Crocker au fil des ans

1955   1965

1972   1980

La version originale de Betty Crocker telle qu'elle apparaissait en 1936

La version modernisée apparaissant en 1986

On a conservé l'efficacité de Betty Crocker comme personne de référence en mettant continuellement à jour le portrait de cette femme.

SOURCE: Reproduit avec la permission de General Mills Inc.

L'homme Malboro et Betty Crocker sont des applications classiques du concept de groupe de référence en matière de marketing de produit. La tâche consiste à choisir ou à créer une personne ou un groupe de référence qui soit approprié au produit et auquel le public cible puisse s'identifier. Au moyen de formes d'association créatives, le spécialiste de marketing doit ensuite établir un lien entre ce **référent** et le produit à promouvoir.

Avant de continuer l'analyse des groupes de référence, nous devons définir le concept du point de vue du comportement du consommateur.

☐ Une définition

Une personne ou un groupe de référence est **ce qui sert de base de comparaison, ou de référence, à l'individu dans la formation de valeurs, de croyances ou d'attitudes générales ou particulières, ou dans l'apprentissage des modes de comportement.**

FIGURE 9.2
L'influence des groupes de référence
sur le comportement du consommateur

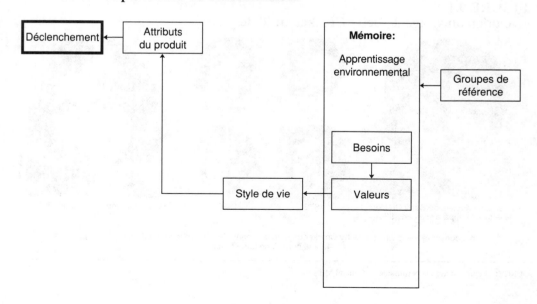

La figure 9.2 montre que les influences du groupe de référence constituent pour le consommateur une source d'apprentissage environnemental. Au chapitre 7, nous avons appris que les groupes et les personnes de référence jouent un rôle vital dans la socialisation du consommateur et dans la transmission des normes et des valeurs culturelles de la société. Leur influence sur le consommateur s'exerce aussi dans un sens plus étroit. En effet, c'est en observant et en suivant les exemples fournis par les groupes de référence que le consommateur forme ses croyances et ses attitudes à l'égard des produits et des marques, détermine quels attributs du produit sont importants et quels styles de vie sont souhaitables. Cela suggère que les groupes de référence exercent un certain pouvoir sur l'individu en ce qu'ils sont attrayants, qu'ils peuvent permettre ou refuser l'adhésion au groupe, qu'ils peuvent accorder des récompenses ou décerner des punitions à des individus membres du groupe, qu'ils peuvent augmenter ou réduire la confiance en soi de l'individu et, enfin, qu'ils peuvent rassurer celui-ci dans ses doutes.

■ LES TYPES DE PERSONNES ET DE GROUPES DE RÉFÉRENCE

Les sources d'influence du groupe de référence peuvent provenir de tout groupe ou de toute personne possédant ce genre de pouvoir sur un individu. Dans les paragraphes qui suivent, nous décrirons plusieurs types d'influence individuelle ou de groupe, dans le but d'aider le lecteur à saisir l'étendue de l'influence du groupe de référence et à déceler sa présence dans la vie quotidienne. Bien que non exhaustive, cette liste de cas présente plusieurs types de groupe de référence. Vous allez sans doute vous rendre compte que n'importe quel groupe constitue un groupe de référence **s'il influence les valeurs, les attitudes et les comportements d'un individu**. Les consommateurs peuvent appartenir à plusieurs groupes, dont certains ne sont pas des groupes de référence, étant donné qu'ils ne peuvent satisfaire à cette condition. Cependant, il est probable que les groupes présentés ci-dessous constituent des groupes de référence pour les consommateurs. Ces groupes offrent des défis au spécialiste de marketing, qui devrait essayer de les utiliser de façon créative dans ses communications et dans ses stratégies de persuasion.

☐ La famille

La famille du consommateur, nucléaire ou élargie, exerce sur celui-ci une influence qui dépasse de loin celle de chaque membre de la famille ou de la parenté. Premièrement, le consommateur voit sa famille comme une unité ou un groupe ayant établi certaines préférences, certaines règles et certaines normes. Cela s'applique autant aux familles d'orientation qu'aux familles de procréation. Il existe chez chaque membre de la famille des attentes influençant le comportement de consommation : nous passons nos vacances annuelles ensemble ; nous servons aussi souvent que possible des repas familiaux qui plaisent à chaque membre de la famille ; nous essayons de nous adapter aux préférences des autres membres de la famille lorsqu'il s'agit de choisir le programme à la télévision ; nous pensons d'abord à la famille lorsqu'un de ses membres doit prendre une décision concernant une voiture, un sport ou un loisir familial, un ordinateur pour la maison ou des invitations sociales conflictuelles. Vous pouvez imaginer sans peine la pression qui s'exerce sur un membre de la famille exprimant le désir de ne pas assister à un mariage ou à un enterrement dans la famille immédiate, sous prétexte de vaquer à une occupation personnelle.

Deuxièmement, plusieurs décisions de consommation sont prises conjointement par les parents et par les enfants. Cela signifie que les attributs du produit, le choix du moment prévu pour effectuer l'achat ainsi que le budget doivent être considérés par toute personne participant au processus de décision. Le chapitre 11 explore plus en détail ces aspects de l'influence de la famille sur le comportement d'achat. Ce qu'il convient d'affirmer ici, c'est que la famille, tant dans ses formes traditionnelles que dans ses formes non traditionnelles, constitue pour la plupart des consommateurs canadiens un groupe de référence fondamental.

☐ Le groupe des pairs

Dans leur cheminement pour atteindre l'âge adulte et pour se forger une identité qui leur soit propre, les adolescents se détournent souvent de leur famille au profit de leurs pairs à l'école et dans le voisinage pour obtenir des conseils, des avis sur le goût personnel ainsi que, d'une manière toute spéciale, pour se faire accepter. Les pairs sont ces personnes qui se trouvent à peu près sur le même pied que l'individu comptant sur eux pour obtenir le respect de soi et pour s'évaluer lui-même. Un élève du niveau collégial évaluera sa conduite, son apparence ainsi que ses résultats scolaires en se référant à la façon d'être, aux vues ainsi qu'aux normes du groupe formé par ses pairs, c'est-à-dire les autres élèves du collège. Tel que peut le remarquer tout observateur dans une école d'administration canadienne, les étudiants peuvent être passablement réticents à exprimer une opinion personnelle en classe (même lorsque leurs notes dépendent de leur participation en classe!), non pas à cause de ce que le professeur va penser, mais plutôt parce qu'ils seront évalués, à partir de ce qu'ils diront en classe, par leurs pairs étudiants. Par conséquent, en tant que consommateurs d'études supérieures, ils se lèsent souvent eux-mêmes, se privant d'une expérience valable plutôt que de risquer une réaction négative possible de la part de leurs pairs.

☐ Les groupes d'amis

Les groupes d'amis peuvent être relativement structurés; pensons, par exemple, aux amitiés qui se forment et se maintiennent dans les groupes à caractère religieux, les clubs de services (le club Kiwanis, le club Lions, le club Rotary), les groupes sportifs, les clubs fermés ainsi que les sociétés secrètes (la franc-maçonnerie et l'ordre des Chevaliers de Colomb). Ils peuvent aussi prendre la forme moins structurée d'un groupe composé de copains du quartier, de collègues de travail, ou encore, de partenaires de golf ou de bridge. Le principal trait distinguant les groupes d'amis des autres groupes de référence est que l'individu se trouve en présence de gens avec qui il a volontairement choisi de s'associer et qui l'ont accepté pour lui-même plutôt que pour ce qu'il représente sur un plan structuré ou officiel. Le membre du groupe d'amis appartient à ce groupe dans le but d'influencer les autres ou d'être influencé par eux, l'adhésion au groupe se faisant par choix plutôt que par hasard ou par obligation. Les décisions de consommation sont fonction de ce qui fait que l'individu est mieux accepté par ses amis et de ce qui rend les relations plus agréables au sein du groupe. Surtout, étant donné que les individus composant un groupe d'amis sont portés à se ressembler et à partager des valeurs et des intérêts semblables, le groupe d'amis constitue une source d'information et d'opinions qui exerce une grande influence sur le choix des produits et des marques effectué par le consommateur faisant partie d'un tel groupe; en effet, il est probable que ce consommateur se fiera à ces opinions et à ces avis dans sa prise de décision.

☐ Les associations et les organisations officielles

Les associations et les organisations sont les plus structurés des quatre groupes de référence présentés. Dans ce genre de groupe, chaque membre assume un rôle particulier et occupe une position clairement définie. Un bon exemple est l'American Marketing Association (AMA), qui, avec ses 50 000 membres, constitue l'association professionnelle en marketing la plus grande au monde. Fondée en 1937, l'AMA possède plusieurs sections locales au Canada et a célébré à Montréal son 50e anniversaire de fondation en y tenant en 1987 une conférence et une exposition sur le marketing mondial. L'adhésion à ce groupe structuré peut prendre plusieurs formes: on peut être «étudiant», «associé», «professionnel» (cela inclut les professeurs et les érudits en marketing), «cadre» et «émérite»[6]. La réputation et le professionnalisme de l'AMA étant reconnus à travers le monde, plusieurs membres de cette association respectent et reconnaissent cette dernière comme «l'**autorité** en matière de marketing[7]» et s'y fient pour connaître ce qui est important en marketing et la direction que devrait prendre le développement des connaissances en marketing et dans les disciplines connexes, pour savoir quelles sont les activités de marketing qui devraient être améliorées, quels livres il serait utile de lire ou d'acheter et quelles sont les conférences et les rencontres auxquelles il vaut la peine d'assister. L'association diffuse son information par une publication bimensuelle intitulée *Marketing News*, par des revues trimestrielles, dont le *Journal of Marketing*, le *Journal of Marketing Research* et le *Journal of Healthcare Marketing*, ainsi que par des livres qui représentent, pour plusieurs membres, la voix de leur profession et influencent leurs croyances, leurs attitudes, leurs valeurs et leurs comportements de consommation. De plus, parce que les membres de cette association sont réunis par un intérêt commun à l'égard du marketing, le fichier d'adresses des membres de l'AMA est utilisé par d'autres associations ou groupes en tant que véhicule leur permettant de rejoindre de tels consommateurs. Les membres de l'AMA reçoivent donc assez souvent du matériel promotionnel et des communications provenant d'autres spécialistes du marketing concernant des livres, des périodiques, des séminaires, des conférences, des produits ainsi que des services, ce qui les influence souvent. C'est un cas unique où des spécialistes de marketing mettent sur le marché du matériel relatif au marketing pour d'autres spécialistes de marketing.

Les paragraphes qui suivent décrivent différents types de personnes de référence, rappelant au gestionnaire que les individus aussi peuvent influencer un consommateur, et ce, de la même manière que le fait le groupe de référence.

☐ Les parents

Certains individus composant la famille nucléaire ou élargie d'un consommateur peuvent posséder des qualités ou une expertise qui sont admirées ou valorisées par ce consommateur. Sur les sujets ayant trait à une décision de consommation, ces parents peuvent influencer le choix du consommateur en donnant des opinions, des avis ou de l'information sur le produit. Ainsi, les grands enfants consultent souvent leur père ou leur mère avant d'acheter une automobile, spécialement s'il s'agit d'un premier achat. De même, les préférences d'un consommateur quant à une marque de bière peuvent être celles d'une tante ou d'un oncle favori.

☐ Les mentors

À un moment donné de leur vie, plusieurs consommateurs ont un mentor. Dans une telle relation, l'individu devient le protégé d'une personne influente qui peut faire avancer sa carrière, lui offrir des possibilités, prendre fait et cause pour lui auprès d'autres personnes influentes ou avoir à cœur ses intérêts, de plusieurs autres façons. Généralement, le mentor est plus âgé, plus expérimenté et plus influent, quelqu'un qui peut «ouvrir des portes» pour son protégé. Des élèves du niveau collégial peuvent faire la connaissance d'un professeur, d'un administrateur ou d'un entraîneur qu'ils admirent particulièrement et sur qui ils peuvent compter au point que cette personne devienne leur mentor. Dans le monde des affaires, il s'agit généralement d'un patron ou d'un cadre supérieur qui a décelé chez un subordonné un potentiel évident ou une nature sympathique et qui devient le guide de cet employé. Plusieurs carrières ont été lancées ou facilitées par un mentor; en tant que conseillers ou guides fiables, les mentors exercent une grande influence sur les attitudes, les aspirations et le comportement de consommation éventuel du protégé.

☐ Les amis

Les consommateurs se fient souvent à leurs amis pour prendre les décisions les plus difficiles ou les plus personnelles. (Devrais-je me faire avorter ? Est-ce que je devrais quitter la maison et vivre seul pendant un certain temps ? Est-ce que j'émets des odeurs corporelles ? Quelle sorte de cadeau devrais-je offrir ?) Cette situation de fait a souvent été exploitée dans des publicités et des annonces mettant en scène un consommateur potentiel qui a de la difficulté à prendre une décision et qui demande conseil à un ami possédant la réponse.

☐ Les leaders d'opinion

Les leaders d'opinion sont **des individus dont l'opinion sur certains produits est recherchée par les consommateurs moins informés.** Ils jouent un rôle de premier plan dans les communications de bouche à oreille. Les leaders d'opinion peuvent être des détaillants œuvrant dans des boutiques spécialisées, par exemple les propriétaires et les vendeurs dans les magasins de cosmétiques et de parfums ou de produits électroniques ; ils peuvent être aussi des personnes très en vue qui utilisent un produit, par exemple, des animateurs de radio présentant de nouveaux disques ou des animateurs de télévision tels que Nathalie Petrowski et René Homier-Roy faisant la critique d'un nouveau film ; ou encore, des chroniqueurs de journaux dont la compétence est reconnue quant à une catégorie de produits particulière, comme c'est le cas pour John Helliwell, consultant en informatique de Toronto, dont les articles sur les ordinateurs personnels paraissent dans le *Financial Post*, ou Françoise Kayler, critique gastronomique pour le journal *La Presse*. Les spécialistes de marketing s'adressent souvent à de tels leaders d'opinion et essaient de les influencer en leur offrant des échantillons gratuits, une période d'utilisation à l'essai, des communiqués de presse et des rapports sur les tests effectués, dans le but d'obtenir d'eux des évaluations favorables sur le produit ou le service offert.

Les leaders d'opinion exercent souvent leur influence à l'échelle de la communauté ou du quartier. Certains consommateurs sont mieux informés que les autres sur des catégories de produits particulières, étant plus portés à essayer les nouveaux produits ou les idées nouvelles, plus soucieux de la mode ou plus actifs sur le plan social, de telle sorte qu'ils deviennent pour les gens avec qui ils sont en contact une source privilégiée d'information et d'opinions sur les produits. Ces leaders d'opinion sont beaucoup plus difficiles à identifier, et il peut être coûteux d'essayer de les rejoindre par un marketing direct. À l'occasion, le spécialiste de marketing peut obtenir des listes de consommateurs ou de ménages qui ont été, dans le passé, parmi les premiers à adopter une innovation, un nouveau modèle ou une nouvelle marque et qui peuvent probablement être intéressés par d'autres innovations du même genre. Les listes de personnes ayant demandé et utilisé de l'information sur le produit (par exemple, celles qui ont envoyé leur coupon pour demander des échantillons gratuits ou des informations additionnelles) peuvent aussi constituer une source potentielle de leaders d'opinion.

Au chapitre 13, nous analyserons d'une manière plus approfondie les caractéristiques des leaders d'opinion, le rôle crucial qu'ils jouent dans l'acceptation d'un nouveau produit par le marché ainsi que l'utilisation stratégique qu'en font les spécialistes de marketing.

☐ Les célébrités

Plusieurs consommateurs sont fascinés par les célébrités, admirant et allant même jusqu'à adopter leurs comportements, leurs opinions et leurs attitudes. Qu'elles le veuillent ou non, les célébrités influencent leurs admirateurs en ce qui a trait à ce qu'ils pensent, achètent, regardent, utilisent, mangent, boivent, écoutent et font. Cela est vrai, que la célébrité soit une vedette de la chanson rock, une personnalité de la télévision, un ténor d'opéra, un comédien, un chirurgien du cœur, un astronome, un casse-cou de la motocyclette, un écrivain, un lutteur, une ballerine ou un coureur de formule 1. Les spécialistes de marketing sont bien au courant de l'influence qu'exercent les célébrités sur les consommateurs; ils acceptent souvent de payer une fortune pour obtenir qu'une telle personne contribue à promouvoir leur produit. L'utilisation de célébrités en tant que personnes de référence peut être si efficace qu'il est difficile de penser à la carte American Express sans songer à Peter

Ustinov, à la Banque Royale sans évoquer Jean Lapointe, au lait sans voir Normand Brathwaite ou au thé Red Rose sans songer à Andrée Boucher. À l'occasion, il devient difficile de savoir qui fait la promotion de qui : la compagnie aérienne Qantas fait-elle la promotion de son porte-parole si sympathique, le koala, ou est-ce plutôt l'inverse ?

☐ Les vendeurs

En règle générale, les vendeurs en connaissent plus que le consommateur moyen sur un produit donné, de telle sorte qu'ils doivent avoir à l'esprit qu'ils constituent pour le consommateur des personnes de référence potentielles et, par le fait même, qu'ils sont très influents dans le processus de décision. Un vendeur peut accroître son influence en évaluant soigneusement les besoins de l'acheteur potentiel quant aux attributs du produit qu'il recherche particulièrement, ce qui permet de gagner la confiance du consommateur. Un client qui trouve la vendeuse crédible et sincère peut se laisser persuader, spécialement s'il n'est pas certain de la performance ou de la qualité du produit, s'il est perplexe par rapport à certaines possibilités ou s'il manque de temps pour prendre sa décision. Lorsque les vendeurs concluent une vente dans ces circonstances, ils deviennent pour l'acheteur des personnes de référence. Mieux encore, si la vendeuse a réellement satisfait aux critères d'achat d'un consommateur lors d'une première vente, elle continuera de représenter pour lui une personne de référence pour une période d'une durée assez longue. Trop de vendeurs oublient qu'ils disposent d'une seule chance pour faire une bonne impression : en effet, la première impression est très importante pour créer une activité commerciale continue.

■ LES FONCTIONS REMPLIES PAR LES GROUPES DE RÉFÉRENCE

Ayant démontré que les groupes et les personnes de référence influencent les croyances, les attitudes, les valeurs et les comportements du consommateur, il s'agit maintenant de décrire comment agit cette influence sur le processus de décision de l'individu. Nous verrons donc les différentes stratégies par lesquelles un gestionnaire peut exploiter l'influence du groupe de référence. Tout spécialiste de marketing doit comprendre comment tirer parti, d'une manière créative, du pouvoir exercé par les groupes de référence, qu'il s'agisse, pour le gouvernement fédéral, d'essayer de décourager les adolescentes de fumer, pour le gouvernement provincial, d'essayer de diminuer la fréquence de la conduite en état d'ébriété, pour les directeurs de CARE Canada, d'essayer d'obtenir plus de contributions pour financer des projets dans les pays du tiers monde, pour les administrateurs de la société Outward Bound, d'essayer d'encourager plus de gens à vivre l'expérience d'un séjour en région sauvage d'une durée de 23 jours ou, pour Procter and Gamble, d'essayer de vendre plus de dentifrice Crest. Les groupes de référence remplissent quatre grandes fonctions reliées aux rapports sociaux et aux relations humaines. Qu'ils en soient conscients ou non, les individus se servent des groupes de référence lorsqu'ils:

— cherchent à gagner l'estime des autres;
— s'identifient à une personne ou à un groupe qu'ils admirent;
— adhèrent à un groupe ou y demeurent en se conformant aux normes du groupe;
— reconnaissent et utilisent l'expertise des autres.

Dans les paragraphes qui suivent, nous décrirons chacune de ces fonctions à partir d'un cas montrant la fonction à l'œuvre dans le contexte de la consommation.

☐ La recherche de l'estime des autres

Les consommateurs peuvent utiliser un groupe de référence pour évaluer et améliorer leur image de soi. En d'autres mots, une personne se comporte de façon à susciter l'admiration de ceux ou celles qui comptent beaucoup pour elle. Le consommateur attache de l'importance aux compliments provenant de ces personnes, il essaie de se mettre en valeur auprès d'elles, considérant qu'elles ont le pouvoir d'approuver ou de désapprouver ses agissements. De telles personnes ou de tels groupes disposent donc d'un **pouvoir de récompense**: ils peuvent faire en sorte que le consommateur ait le sentiment que son estime de soi a augmenté. Voyons comment cela peut se passer.

La compagnie Josiah Wedgwood & Sons Ltd., qui fabrique de la vaisselle en porcelaine Wedgwood, exploite cette fonction du groupe de

FIGURE 9.3
Annonce fondée sur la fonction du groupe de référence
associée à la recherche de l'estime des autres

Un moment inestimable, par Wedgwood
(Le prix est moindre que ce que vous croyez.)

SOURCE : Reproduit avec la permission de Josiah Wedgwood & Sons (Canada) Ltd.

référence. Dans l'une de ses annonces (figure 9.3), on voit un couple attablé chez des amis jeter un coup d'œil sur le dessous d'une assiette, probablement pour chercher à savoir qui fabrique ce splendide service de porcelaine. L'hôtesse, à l'arrière-plan, vient de les surprendre dans ce moment inestimable, en train d'admirer discrètement son service de vaisselle – ce qui est exactement le genre d'admiration qu'elle souhaite obtenir de la part d'invités qu'elle désire impressionner par son bon goût. La figure 9.4 schématise cette fonction particulière du groupe de référence. Les invités constituent le groupe de référence, c'est-à-dire des gens dont l'opinion compte et que l'hôtesse désire impressionner lors d'une rencontre sociale. L'hôtesse, en tant que consommatrice, espère que l'utilisation de son meilleur service en porcelaine rehaussera son image de soi en faisant en sorte que ses invités la considèrent admirativement comme une hôtesse sophistiquée, au goût raffiné.

Cet exemple appelle deux remarques. Premièrement, le fait d'utiliser une porcelaine de qualité pour garnir la table doit être interprété de la même façon par le consommateur et son groupe de référence, si l'on veut exercer l'effet souhaité sur le groupe de référence. En d'autres mots, les invités doivent réaliser que le choix du service de vaisselle démontre que l'hôtesse a un goût raffiné. Sinon, l'utilisation de la porcelaine ne pourra rehausser son image à leurs yeux. La deuxième remarque est que l'annonce décrit l'utilisation de la porcelaine d'une manière **symbolique** : il s'agit d'impressionner, par son goût raffiné, des personnes dont l'opinion compte. Mais, bien entendu, la porcelaine peut être utilisée à d'autres fins : par exemple, on peut la posséder pour se faire plaisir à soi-même et pour l'utiliser en des occasions plus intimes.

☐ L'identification à un groupe ou à une personne de référence

Une autre façon de rehausser son image de soi consiste à adopter les valeurs, les opinions et les comportements de ceux ou celles qu'on respecte ou qu'on admire. En s'identifiant à ce genre de personne ou de groupe, on peut, d'une certaine façon, avoir l'impression d'être comme le référent en question. Par conséquent, les groupes considérés comme attrayants, les célébrités ainsi que les autres personnes possédant des qualités admirées possèdent un certain degré de **pouvoir de référence**

FIGURE 9.4
**Schéma illustrant la fonction du groupe de référence
associée à la recherche de l'estime des autres**

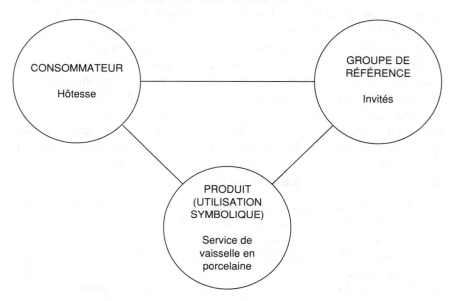

sur les consommateurs qui les admirent et sont donc souvent utilisés en
marketing pour témoigner de la qualité d'un produit, d'un service, ou
de la justesse d'une idée.

Santé et Bien-être social Canada utilise dans ses annonces le pouvoir
de référence d'une célébrité pour promouvoir la modération dans la
consommation d'alcool. Visant les élèves des collèges et des universités
du pays, l'annonce de cet organisme met en vedette le champion olympique
John Wood. Les élèves de l'âge de Wood prendront probablement ce
message au sérieux, car ce porte-parole est respecté et peut facilement
être perçu comme l'un des leurs.

La figure 9.5 montre comment le processus d'identification est censé
agir. Ce processus repose sur le choix d'une personne de référence
appropriée qui possède de la crédibilité et qui est aimée ou admirée
par les membres du public choisi comme cible. Les élèves s'identifiant
à John Wood seront donc probablement portés à accepter l'idée qu'il
appuie personnellement: la modération dans la consommation d'alcool.
La recherche a démontré que les principaux attributs permettant à une

FIGURE 9.5
Schéma illustrant la fonction du groupe de référence
associée à l'identification avec une personne de référence

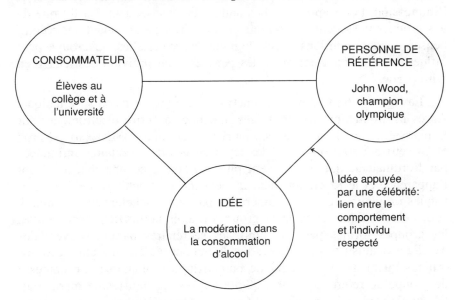

célébrité d'exercer un pouvoir de référence sont sa **crédibilité** et sa **popularité** auprès des consommateurs visés, et non pas nécessairement sa renommée ou le fait qu'elle soit bien connue[8]. Donc, le gestionnaire doit absolument connaître le public visé par la campagne promotionnelle afin de choisir la célébrité qui sera la plus crédible auprès des membres de ce public, compte tenu du produit ou de l'idée que la célébrité devra promouvoir, moyennant rétribution.

☐ L'adhésion aux normes

La troisième fonction remplie par le groupe de référence entre en jeu lorsque les consommateurs adoptent les croyances, les attitudes, les valeurs ainsi que les comportements d'un groupe auquel ils **désirent appartenir** ou dont ils souhaitent **demeurer membres**. Dans le premier cas, le consommateur essaie d'adopter les normes du groupe dans l'espoir d'être admis dans ce groupe, au lieu d'en être tenu à l'écart. Dans le deuxième cas, le consommateur se conforme aux normes du groupe de façon à continuer d'être considéré comme un membre du groupe utile ou respecté, évitant d'en être exclu. Donc, le fait d'être membre d'un groupe considéré comme attrayant donne à la personne un sentiment de respect de soi et l'impression d'être appréciée des autres. Par conséquent, on dit que de tels groupes possèdent un **pouvoir de coercition**; en donnant des récompenses ou des punitions psychologiques et matérielles, le groupe peut influencer le comportement ou les pensées d'un individu désireux d'en faire partie.

La figure 9.6 montre cette fonction à l'œuvre de façon schématique. Après l'introduction des premières machines à écrire électroniques sur le marché mondial en 1978, les fabricants comme IBM, Exxon, Xerox et Olivetti ont souvent utilisé les témoignages de secrétaires intimidées par l'ordinateur, qui se sentaient plus à l'aise avec une machine dont l'apparence et le fonctionnement rappelaient les machines à écrire électriques ordinaires, pour convaincre les patrons d'acheter une machine à écrire électronique. Dans leurs groupes d'amis non officiels (en réalité, les groupes formés par les pairs), les secrétaires parlent souvent des dernières acquisitions effectuées par le bureau, établissant ainsi certains critères quant à l'équipement de bureau jugé souhaitable. Ce contexte de groupe de référence a été exploité par les spécialistes de marketing, tel que l'a expliqué le président d'Olivetti, Albert Winegar: «Vous passez à côté d'un gros défi de marketing si vous ne tenez pas compte de la pression énorme qui s'exerce entre pairs, parmi les secrétaires, quant à qui posséderait la dernière nouveauté. Les secrétaires vont déjeuner avec leurs amies, et cette machine à écrire électronique devient un symbole de statut social. La pression que les secrétaires peuvent exercer sur leurs patrons, vous l'utilisez, du point de vue du marketing, vous jouez sur ces émotions, et les ventes suivront toutes seules[9].»

Donc, une secrétaire qui a le souci de préserver son image en disposant d'un équipement considéré comme «à la mode» par ses pairs, se conformant ainsi aux normes de son groupe, se soumettra, en tant que consommatrice, à la **pression exercée par les pairs** lorsqu'elle encouragera son patron à acheter une machine à écrire électronique.

☐ La reconnaissance du pouvoir d'expertise

Pour diminuer le risque perçu ou pour compenser son manque d'habileté à évaluer les attributs importants du produit, le consommateur peut se

FIGURE 9.6
Schéma illustrant la fonction du groupe de référence
reliée à l'adhésion aux normes

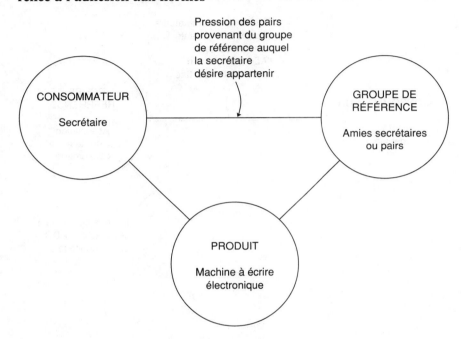

fier à l'opinion de gens ou de groupes reconnus pour avoir des connaissances techniques ou de l'expertise par rapport au produit, avant de tirer ses propres conclusions quant à la qualité ou à la performance de ce produit. Cela confère au groupe ou à la personne de référence un **pouvoir d'expertise** dont le spécialiste de marketing peut tirer parti en demandant à un expert approprié de recommander le produit.

Le schéma de la figure 9.7 montre ce qui arrive lorsqu'on reconnaît à une personne ou à un groupe un pouvoir d'expertise. Les promoteurs du dentifrice Crest utilisent le sceau d'approbation de l'Association dentaire canadienne (ADC) pour souligner que la marque a le pouvoir de réduire la carie et la plaque dentaires. Les consommateurs soucieux de la santé de leurs dents n'ont ni l'habileté, ni l'équipement nécessaires pour tester scientifiquement les affirmations concernant les caries et la plaque ; seuls des tests cliniques peuvent prouver que le dentifrice possède ces deux importants attributs. Par conséquent, les consommateurs se fient

FIGURE 9.7
Schéma illustrant la fonction du groupe de référence associée à la reconnaissance du pouvoir d'expertise

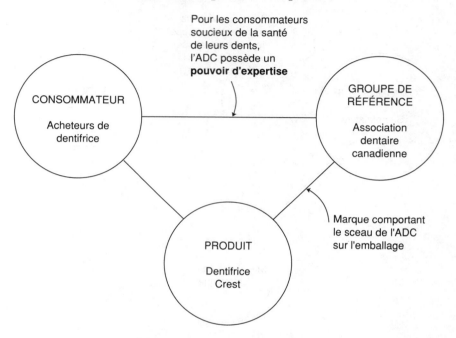

au témoignage de l'ADC pour s'assurer que Crest possède bien les deux attributs en question. L'Association dentaire canadienne, agissant comme groupe de référence auprès de ces consommateurs, possède un pouvoir d'expertise lui permettant de déterminer l'efficacité d'un dentifrice et de donner de l'information sur le degré de fiabilité du produit.

Un autre exemple, plus subtil, utilise le pouvoir d'expertise d'une façon moins évidente. Une annonce destinée à promouvoir le décongestionnant Actifed, parue dans *Canadian Living*, affirmait que cette marque avait obtenu de bons résultats auprès des astronautes de la NASA lorsque, dans une mission spatiale, ils l'avaient utilisée pour soulager les symptômes du rhume. Cette annonce laissait sous-entendre que si les experts spatiaux avaient testé Actifed et que ce produit avait donné de bons résultats dans les conditions difficiles de l'apesanteur, les terriens souffrant de congestion nasale pouvaient se fier à ce produit pour obtenir un soulagement de leurs symptômes.

Nous venons de décrire les quatre principales fonctions remplies par le groupe de référence concernant le comportement du consommateur, et de montrer comment les spécialistes de marketing peuvent se servir de l'influence du groupe de référence comme outil de communication et de persuasion. Plusieurs études importantes ayant trait à l'influence du groupe sur le comportement de l'individu ont été effectuées dans les années 40 et au début des années 50[10]. Depuis ce temps, les spécialistes de marketing de tous les secteurs de l'économie – public, privé et à but non lucratif – ont utilisé le concept de groupe de référence, l'appliquant dans plusieurs types de situation exigeant des communications persuasives auprès d'un public ou d'un marché cible. Nous décrirons maintenant plusieurs des conditions requises pour qu'agisse l'influence du groupe de référence. Un gestionnaire désirant appliquer le concept de groupe de référence à un problème de marketing particulier doit évaluer la situation à la lumière de ces facteurs.

■ LES FACTEURS DÉTERMINANT L'INFLUENCE DU GROUPE DE RÉFÉRENCE

☐ Les connaissances et l'expérience quant au produit

Le consommateur qui n'a pas fait l'expérience d'un produit ou d'un service ou qui n'a pas emmagasiné suffisamment d'information sur la marque sera porté à consulter son groupe de référence. La recherche a démontré que les jeunes, ainsi que les consommateurs achetant une automobile neuve pour la première fois, recherchaient de l'information sur les voitures auprès de sources personnelles dans une bien plus large mesure que ne le font les acheteurs plus âgés ou possédant plus d'expérience dans l'achat de voitures neuves[11].

De plus, l'influence des groupes de référence est généralement plus grande dans le cas de nouveaux produits, lorsqu'il s'agit, pour le consommateur, d'envisager l'adoption d'une innovation sur le marché. L'influence des leaders d'opinion peut être très grande durant la période de lancement d'un produit ou d'un service innovateur alors que la majorité des gens n'ont pas encore essayé l'innovation. Conscients de ce fait, les gestionnaires tâchent souvent de s'assurer la collaboration des leaders d'opinion et d'utiliser leur influence dans le but d'accélérer le processus d'adoption d'un nouveau produit.

Bref, moins une personne en connaît sur un produit, plus il est probable que des personnes ou des groupes influenceront la décision d'achat de cette personne. Inversement, le consommateur qui a confiance en ses connaissances quant au produit sera moins porté à consulter ou sera moins influencé par les opinions du groupe de référence sur ce produit.

☐   Le degré de risque perçu

Il existe une relation entre la perception du degré de risque associé à l'achat ou à l'utilisation du mauvais produit et la confiance accordée au groupe de référence. Les consommateurs sont plus portés à se laisser influencer par les opinions du groupe de référence lorsqu'ils perçoivent un haut niveau de risque que dans les situations où ce n'est pas le cas. Tout consommateur appelé à choisir entre plusieurs possibilités doit faire face à trois grands types de risque, qu'il s'agisse d'un risque réel ou imaginaire : le risque économique, le risque social et le risque physique.

Le risque économique

Une décision de consommation peut être risquée sur le plan économique, car il se peut que la somme d'argent investie à la suite de cette décision ou que le temps consacré à la prise de décision soient gaspillés. En effet, plusieurs décisions d'achat sont irrévocables ou coûteuses à corriger si elles se révèlent mauvaises. Selon le degré de risque perçu, les consommateurs achètent habituellement une «assurance» en recueillant les opinions des autres avant de prendre une décision, en se fiant aux «experts» quant au produit et en consultant des individus qui ont déjà pris une décision semblable dans le passé et qui consomment déjà le produit.

Le risque social

Une décision de consommation planifiée peut constituer une erreur sociale, étant donné que la consommation du «mauvais» produit peut entraîner la désapprobation des autres ou le ridicule. Lorsqu'ils ont à faire des achats perçus comme risqués sur le plan social, les consommateurs sont amenés à se fier aux opinions et aux avis du groupe de référence. Les gens se réfèrent aux groupes de référence pour éviter de prendre des risques. Ainsi, un propriétaire de maison qui désire redécorer son salon ou sa salle à manger, mais qui n'est pas certain d'avoir un goût sûr, peut essayer d'adopter les styles d'ameublement, les couleurs ainsi que les matériaux aperçus chez ses amis et ses connaissances. Cela lui permet d'éviter le risque d'être évalué d'une manière négative par les futurs visiteurs. Cette perception d'un risque social est tellement forte que certains propriétaires sont terrifiés à l'idée d'utiliser, en décoration, des couleurs prononcées ou des matériaux d'avant-garde. Cela rend la tâche extrêmement difficile aux fabricants canadiens désireux de mettre en marché de meilleurs matériaux de décoration intérieure ainsi que des meubles qui soient modernes, fonctionnels, pratiques et sophistiqués sur le plan technologique. Les spécialistes de marketing œuvrant dans la décoration intérieure et l'architecture de maison doivent compter sur la collaboration des leaders d'opinion dans ce domaine pour rejoindre un marché potentiellement très lucratif.

Ce type de risque a d'ailleurs été reconnu par les fabricants du store Levolor. En effet, les publicités télévisées destinées à promouvoir la marque Levolor montrent généralement quelqu'un qui, lors d'une rencontre sociale, vérifie en douce la marque du store acheté par son hôte en en soulevant la partie inférieure. Ces annonces suggèrent que le consommateur peut diminuer le risque social en achetant la «bonne» marque de store, Levolor, bien sûr (figure 9.8).

Le risque physique

Il est probable que le consommateur utilise les groupes de référence dans son processus de décision s'il perçoit une possibilité de blessures physiques dans l'utilisation d'un produit donné. Ainsi, les Canadiens qui préparent un voyage à Mexico et ont entendu parler de la soi-disant «revanche de Montezuma» pourront s'informer de la nature de ce danger

FIGURE 9.8
Annonce montrant comment diminuer le risque social
en achetant la «bonne» marque

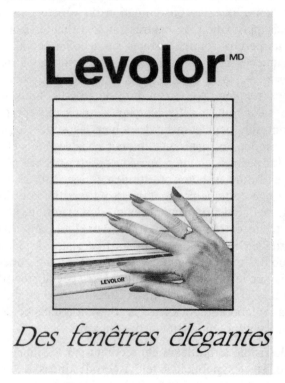

SOURCE: Reproduit avec l'autorisation de Canadian Window Coverings Corporation.

ainsi que des précautions à prendre en matière de santé auprès de leur
agent de voyages ou auprès d'amis possédant une expérience récente
par rapport à cette destination. De même, les consommateurs qui ont
l'intention de passer des lunettes aux lentilles cornéennes s'informeront,
auprès d'utilisateurs de verres de contact expérimentés, des problèmes
susceptibles de se présenter, par exemple, une irritation des yeux, ou leur
demanderont conseil quant au type de lentilles, à la marque et aux magasins appropriés. Lorsque s'est produit l'incident de la station nucléaire
de Chernobyl en Union soviétique, lequel a entraîné, sur le plan mondial,
une augmentation d'éléments radioactifs dans l'eau de source, le bétail,

le lait frais ainsi que dans les légumes à feuilles, les consommateurs du monde entier ont eu recours aux experts ainsi qu'aux organismes de santé locaux pour connaître les aliments qu'il était dangereux de consommer. En Allemagne de l'Ouest, l'incident a poussé presque 1 000 téléspectateurs à appeler un groupe d'experts afin d'apaiser leur peur de faire du jogging à l'extérieur, de jouer au tennis ou de faire faire une marche à leur chien[12].

☐ Le caractère ostentatoire du produit

Le caractère ostentatoire du produit constitue un troisième facteur déterminant le degré d'influence du groupe de référence. Pour qu'un produit ait un caractère ostentatoire, **il doit être exclusif en ce sens qu'il ne doit pas être possédé par tout le monde, tout en étant remarqué et aisément reconnu par les autres**[13]. La gamme d'accessoires pour hommes Porsche Design de Carrera (lunettes de soleil, chronomètres, serviettes de cuir, portefeuilles de cuir, pipes) est très ostentatoire, car elle est à la fois exclusive et très visible aux yeux du public. Il s'agit d'une gamme luxueuse, qui n'est pas à la portée de plusieurs consommateurs, et la marque de commerce est placée bien en évidence sur chaque article de la gamme. Même sans la marque de commerce, cette gamme attire l'attention grâce à son design européen noir mat.

Francis Bourne a proposé une façon efficace d'utiliser le côté ostentatoire d'un produit pour déterminer le degré d'influence du groupe de référence[14]. L'analyse de Bourne repose sur deux questions, à savoir si c'est la possession du produit générique ou si c'est le choix de la marque particulière du produit qui suscitera le respect, l'admiration, l'approbation ou la désapprobation du groupe de référence. Bourne a suggéré que le degré d'influence du groupe de référence quant à la possession du produit et au choix de la marque dépend du côté ostentatoire du produit en relation avec sa visibilité et son exclusivité. Dans le paragraphe qui suit, on a généralisé ces relations en utilisant des exemples provenant d'une étude de Bearden et Etzel dans laquelle on déterminait la visibilité selon que le produit était consommé en public ou dans le privé et l'exclusivité, selon que le produit était un luxe ou une nécessité[15].

Si le produit est un **produit de luxe consommé en public** (par exemple, une raquette de tennis, des bâtons de golf, des skis alpins ou un bateau à voile), le choix de la marque sera soumis à l'influence du groupe de référence en raison de la visibilité du produit, alors que la possession du produit générique subira aussi l'influence du groupe de référence en raison du caractère exclusif du produit. Si celui-ci est un **produit de luxe consommé dans le privé** (table de billard, jeu vidéo, broyeur à déchets, machine automatique pour faire de la glace ou encore, piscine privée), la possession du produit donne des signaux aux autres par rapport au propriétaire, mais le choix de la marque est moins sujet à subir l'influence du groupe de référence. Si le produit est une **chose essentielle consommée en public** (un complet, une robe, une automobile ou une montre-bracelet), l'influence du groupe de référence sera à peu près nulle par rapport à la possession du produit générique, parce qu'à peu près tout le monde possède ce genre de produit, alors que le choix de la marque sera influencé par les autres, parce qu'un tel produit est visible socialement. Dans le cas des **choses essentielles consommées dans le privé** (réfrigérateur, couverture, matelas ou lampe), les groupes de référence n'ont généralement que peu d'influence, tant par rapport à la possession du produit que par rapport au choix de la marque ou au type de produit choisi.

☐ Le pouvoir du groupe de référence

L'influence du groupe de référence est aussi fonction de sa crédibilité ainsi que de l'attrait et du pouvoir qu'il exerce sur le consommateur.

La crédibilité

L'influence du groupe de référence sur les décisions d'achat dépend de la crédibilité que possède le groupe ou la personne de référence (par exemple, le publicitaire du produit ou la célébrité, dans le cas de la publicité) lorsqu'il recommande un certain produit. Par exemple, c'est le degré de crédibilité projeté par le mécanicien de garage du quartier qui déterminera dans quelle mesure cet expert pourra avoir de l'influence sur un consommateur par rapport à la marque de voiture que celui-ci achètera la prochaine fois.

L'attrait

Si un groupe de référence semble très attrayant à un consommateur, son influence sur les décisions d'achat sera grande. Par exemple, c'est le désir d'appartenir à la classe sociale élevée et d'être invitée à des soirées de bridge qui a poussé une femme appartenant à la classe sociale moyenne à acheter une Cadillac d'occasion, même si elle pouvait à peine se la payer et même si cette voiture se révéla à la longue le mauvais symbole de statut social[16]. Cette consommatrice avait fait un achat qu'elle **croyait** susceptible de susciter l'approbation du groupe.

Le pouvoir

Le pouvoir de récompense ou de coercition du groupe de référence peut aussi déterminer le degré d'influence de celui-ci sur le consommateur. Cela est en grande partie fonction de la personnalité du consommateur et de l'intensité avec laquelle celui-ci désire être accepté et apprécié du groupe ou de la personne de référence ou demeurer membre du groupe. Les individus insécurisés sur le plan social ainsi que ceux possédant un faible niveau d'estime de soi se fient, dans une large mesure, aux normes du groupe pour guider leur conduite et augmenter le respect qu'ils ont d'eux-mêmes. Les consommateurs qui ont une plus grande confiance en eux, qui manifestent plus d'assurance et qui sont plus indépendants subissent moins l'influence des normes du groupe lors de leurs décisions d'achat et sont aussi moins portés à consommer dans le but de se conformer aux normes du groupe. Dans leur cheminement pour se forger une identité qui leur soit propre et pour devenir adultes, les adolescents du secondaire se fient généralement beaucoup à leurs pairs de l'école, lesquels établissent des normes concernant l'apparence physique, l'habillement, le goût, les sorties et la musique. Une des facettes de la formation de l'identité et du développement du respect de soi-même est la soif d'acceptation et de reconnaissance. Par conséquent, les adolescents sont très vulnérables à la pression exercée par les pairs. Ils sont portés à croire que «si tu ne te conformes pas aux normes du groupe, tu es perçu comme un drôle de type[17]».

■ CONCLUSION

Un gestionnaire qui a l'intention d'utiliser les principes de l'influence du groupe de référence doit évaluer dans quelle mesure celui-ci peut influencer les décisions des consommateurs cibles quant au produit, au service ou à l'idée. Les quatre facteurs que nous avons présentés dans ce chapitre constituent des outils susceptibles d'aider dans cette évaluation et de guider les décisions stratégiques dans la campagne de communication. Si l'analyse révèle que les groupes de référence peuvent avoir de l'influence, il faudra ensuite élaborer le profil de la personne ou du groupe de référence approprié au produit. Cette étape sera suivie du choix d'un porte-parole, d'une célébrité ou d'un «expert» approprié (dans le cas des recommandations ou des témoignages) ou de l'identification des leaders d'opinion efficaces que le spécialiste de marketing se doit d'approcher ou d'influencer dans une phase initiale de la campagne.

Si l'on s'aperçoit que l'influence du groupe de référence est trop faible quant à la catégorie du produit générique ou quant à la marque, on doit abandonner le thème du groupe de référence au profit de messages promotionnels mettant l'accent sur les attributs du produit, sa grande disponibilité, les avantages concurrentiels ou le rapport qualité-prix.

RÉSUMÉ

Ce chapitre considère les effets du groupe de référence comme facteur environnemental influençant la consommation. Une **personne** ou un **groupe de référence** est toute personne ou tout groupe servant de base de comparaison ou de référence à l'individu dans la formation de valeurs, de croyances ou d'attitudes générales ou particulières ou encore, dans l'apprentissage de modes de comportement. Les personnes ou groupes de référence jouent un rôle vital dans la socialisation du consommateur et la transmission des normes et des valeurs culturelles de la société. En un sens plus étroit, par les exemples qu'ils fournissent au consommateur, les personnes et les groupes de référence aident celui-ci à former ses attitudes à l'égard des produits et des marques donnés, et à déterminer quels attributs du produit sont importants et quels styles de vie sont souhaitables.

Tout groupe constitue un groupe de référence s'il influence les valeurs, les attitudes et les comportements d'un individu. Les groupes de référence les plus populaires et, par conséquent, ceux que l'on utilise le plus souvent dans les communications et les stratégies de persuasion créatives de marketing sont la famille, le groupe des pairs, les groupes d'amis, les associations et les organisations officielles, les parents, les mentors, les amis, les leaders d'opinion, les célébrités et les vendeurs.

Les groupes de référence remplissent quatre grandes fonctions associées aux rapports sociaux et aux relations humaines. Qu'ils en soient conscients ou non, les gens se servent des groupes de référence lorsqu'ils :

– cherchent à gagner l'estime des autres ;
– s'identifient à une personne ou à un groupe qu'ils admirent ;
– adhèrent à un groupe ou y demeurent en se conformant aux normes du groupe ;
– reconnaissent et utilisent l'expertise des autres.

Plusieurs conditions sont requises pour qu'agisse l'influence du groupe de référence. Lorsqu'un gestionnaire a l'intention d'appliquer le concept de groupe de référence à un problème de marketing particulier, il doit évaluer la situation à la lumière de ces facteurs. En effet, c'est la présence ou l'absence de certains facteurs qui fait que les groupes de référence ont plus ou moins d'influence auprès des consommateurs dans le processus adopté pour satisfaire un besoin. Ces facteurs sont :

– le niveau des connaissances ou de l'expérience que possède le consommateur par rapport au produit ;
– le degré de risque – économique, social ou physique – perçu par le consommateur songeant à acheter et à utiliser le produit ;
– le caractère ostentatoire du produit, ce caractère étant fonction de deux propriétés du produit : son exclusivité et sa visibilité pour les autres ;
– le pouvoir du groupe de référence, lequel est fonction de la crédibilité ainsi que de l'attrait ou du pouvoir (pouvoir de récompense ou de coercition) que le groupe possède aux yeux du consommateur.

QUESTIONS ET DISCUSSIONS

1. Quels groupes ou personnes de référence particuliers sont capables d'influencer le comportement:

   a) d'un récent acheteur de maison projetant de s'acheter un ameublement de salon?

   b) d'un étudiant diplômé qui vient d'être embauché par une compagnie pour occuper un poste permanent et qui désire s'acheter des vêtements de travail appropriés?

   c) d'un couple de jeunes mariés projetant de visiter l'Europe pendant un mois?

2. Supposez qu'un gestionnaire a découvert une célébrité crédible et populaire pour recommander un produit ou un service et qu'il a réussi à établir des liens fructueux entre le produit et la célébrité, et entre la célébrité et le marché cible. Décrivez les autres facteurs reliés au témoignage d'une célébrité qui devront maintenant être examinés; décrivez aussi la stratégie qu'il sera nécessaire d'adopter par la suite.

3. À partir de la théorie du groupe de référence, décrivez la fonction particulière qui a agi ou sur laquelle le gestionnaire a pu se fier, dans chacun des cas suivants:

   a) Après que Marc-André Coallier s'est procuré une carte de bibliothèque, lors d'un épisode du programme de télévision «Le Club des 100 watts», on a noté une augmentation de 500 % des demandes d'adhésion aux bibliothèques locales dans le groupe des téléspectateurs âgés de 7 à 12 ans.

   b) Un fabricant d'équipement de camping et de montagne du Canada fait la promotion d'une gamme spéciale de tentes destinées à un usage familial au moyen d'une étiquette sur laquelle on peut lire: «Choisie par les membres de l'équipe Quatre Nations de l'expédition du mont Everest 1988.» Le verso de l'étiquette se lit: «Testée dans les montagnes de l'Himalaya par des vents allant jusqu'à 120 kilomètres à l'heure.»

   c) Vous allez dans le Sud cet hiver parce que les voyages élargissent les horizons? Balivernes... Le psychiatre Frank Sommers vous connaît: «La personne qui revient bronzée fait une déclaration sans même ouvrir la bouche. Elle dit ceci: 'Hé! je suis suffisamment à l'aise financièrement pour pouvoir changer d'environnement au milieu de l'hiver.' Cela lui confère un certain sentiment de puissance.»

4. Santé et Bien-être social Canada vous a demandé d'élaborer une campagne promotionnelle nationale pour décourager l'usage de la cigarette chez les adolescentes du pays. Vous savez que la plupart des adolescents ont une perception plutôt faible de leur identité propre, qu'ils subissent grandement l'influence de leurs pairs et de leurs idoles et qu'ils aspirent à être «à la mode» et populaires. Décrivez les principales caractéristiques d'une annonce ou d'une communication qui soit représentative de votre campagne et fondée sur les principes du groupe de référence. Expliquez comment l'annonce contribuera à atteindre l'objectif fixé.

RÉFÉRENCES

1. Mason Smith, «The Malboro Man», *Sports Illustrated*, 10 janvier 1977, p. 59-67.
2. Conversation entre Thomas E. Muller et Ajit Sahgal, directeur du marketing, Benson & Hedges, Montréal.
3. Del I. Hawkins, Kenneth A. Coney et Roger J. Best, *Consumer Behavior: Implications for Marketing Strategy*, Dallas, Business Publications, Inc., 1980, p. 353.
4. «Betty Cooks Up New Look», *USA Today*, 23 mai 1986, p. 2B.
5. «Betty Crocker Goes Yuppie», *Time*, 2 juin 1986, p. 58.
6. *Inside AMA*, 1, n° 1, été 1986, Chicago, American Marketing Association.
7. «President's Column: A Vision for the American Marketing Association», *Inside AMA*, 1, n° 2, automne 1986, Chicago, American Marketing Association, p. 2.
8. Leon G. Schiffman et Leslie Lazar Kanuk, *Consumer Behaviour*, 2ᵉ édition, Englewood Cliffs, N.J., Prentice-Hall, 1983, p. 303-305.
9. Peter D. Petre, «Who Needs a Smart Typewriter?», *Fortune*, 29 décembre 1980, p. 61.
10. Voir, par exemple, Herbert H. Hyman et Eleanor Singer, *Readings in Reference Group Theory and Research*, New York, Free Press, 1968; Elihu Katz et Paul F. Lazarsfeld, *Personal Influence*, New York, Free Press, 1955; Paul F. Lazarsfeld, Bernard Berelson et Hazel Gaudet, *The People's Choice*, New York, Columbia University Press, 1948; Harold H. Kelley, «Two Functions of Reference Groups», *Readings in Social Psychology*, Éd. Guy E. Swanson, Theodore M. Newcomb et E.L. Hartley, New York, Holt, Rinehart & Winston, 1947, p. 410-414; Herbert H. Hyman, «The Psychology of Status», *Archives of Psychology*, 269, 1942, p. 94-102. C'est Hyman qui, le premier, a parlé du «groupe de référence».
11. Thomas E. Muller et Christopher Bolger, «Search Behaviour of French and English Canadians in Automobile Purchase», *International Marketing Review*, 2, n° 4, 1985, p. 21-30.
12. «More Fallout From Chernobyl: A Crippled Reactor Spreads Disquiet and Fear», *Time*, 19 mai 1986, p. 36-38.

13. Francis S. Bourne, «Group Influence in Marketing and Public Relations», *Some Applications of Behavioural Research*, Éd. Rensis Likert et Samuel P. Hayes Jr, Paris, Unesco, 1957.
14. *Ibid.*
15. William O. Bearden et Michael J. Etzel, «Reference Group Influence on Product and Brand Purchase Decisions», *Journal of Consumer Research*, 9, septembre 1982, p. 183-194.

16. Voir Wilbur Banks Parson, «The Wrong Status Symbol», *Foundations for a Theory of Consumer Behaviour*, Éd. W.T. Tucker, New York, Holt, Rinehart & Winston, 1967, p. 81-86.
17. Ian Brown, «High School Confidential: A Day in the Life of the Kids at Bramalea Secondary», *The Globe and Mail*, 22 septembre 1984, p. 10.

10

Les classes sociales

INTRODUCTION

Dans ce chapitre, nous considérerons une autre influence environnementale, celle de la classe sociale à laquelle appartient le consommateur. La classe sociale constitue l'un des groupes de référence influençant le consommateur. Tout comme la culture, elle façonne et guide, d'une manière subtile et imperceptible, les priorités et les choix de l'individu. Les classes sociales sont constituées de groupes de personnes possédant des caractéristiques socio-économiques ainsi que des antécédents sociaux communs et partageant des valeurs, des attitudes à l'égard de la vie ainsi que des horizons sociogéographiques semblables. La classe sociale à laquelle appartient le consommateur exerce donc une grande influence sur le comportement de celui-ci. Dans ce chapitre, nous examinerons les concepts de classe sociale et de statut social, la façon dont la société est stratifiée en différentes classes sociales, les comportements caractéristiques de chaque classe ainsi que les méthodes de recherche visant à déterminer la classe sociale d'un consommateur.

■ UNE INTRODUCTION AU CONCEPT DE CLASSE SOCIALE

C'est le sociologue Richard Coleman qui a établi les bases de la réflexion universitaire sur la classe sociale aux États-Unis, ayant su éclairer la signification «d'un sujet qui est compliqué sur le plan conceptuel, qui dérange sur le plan philosophique et qui présente un défi sur le plan méthodologique[1]»:

> Cela est indéniable: la classe sociale est une idée difficile. Les sociologues, dont la discipline est à l'origine de ce concept, ne sont pas unanimes quant à sa valeur et à sa justesse. Les chercheurs en comportement du consommateur, qui utilisent de plus en plus ce concept, sont perplexes lorsqu'il s'agit de savoir quand et comment l'utiliser. C'est chose connue que le public américain n'est pas à l'aise avec les réalités que reflète la classe sociale. Tous ceux qui ont essayé de mesurer celle-ci ont éprouvé des difficultés. L'étudier d'une manière rigoureuse et originale peut s'avérer monstrueusement coûteux. Cependant, en dépit de toutes ces difficultés, la proposition continue d'être valable: la classe sociale vaut la peine qu'elle cause parce qu'elle permet d'éclairer le comportement des consommateurs composant une nation.

Comme le souligne le critique social Paul Fussell, le simple fait d'utiliser l'expression «classe sociale» suffit pour gêner les gens et même pour les scandaliser[2]. En effet, la **stratification sociale** – la division de la société en classes (ou couches) possédant différents niveaux de prestige et de pouvoir – représente une hiérarchie fondée sur l'inégalité sociale. Or, une telle inégalité n'est pas censée exister dans une société démocratique; du moins, les gens n'aiment pas admettre qu'elle existe. En réalité, la stratification sociale est une caractéristique inhérente à **toutes** les sociétés contemporaines[3].

Karl Marx, celui que l'on a appelé le «père de l'étude de la classe sociale», croyait que l'inégalité sociale menait à l'aliénation d'une classe ouvrière dépossédée, exploitée économiquement par les membres de la classe dominante: la classe supérieure capitaliste; Marx soutenait qu'«une société de classes produit nécessairement des individus aliénés, partiaux et dénaturés» et, par conséquent, que toutes les sociétés stratifiées sont indignes de l'être humain et que les classes doivent disparaître[4]. Les écrits de Marx ainsi que son analyse des conditions économiques de l'époque avaient pour but de stimuler une prise de conscience de classe parmi les couches opprimées de la société, de façon à entraîner un changement social au moyen de la révolution. Ce désir de créer une société sans classe fut le point de départ de la révolution bolchevique russe, menée par Lénine en 1917, ainsi que de la révolution chinoise, menée par Mao en 1949.

Malheureusement, il s'est avéré que Marx, Lénine et Mao espéraient trop de l'humanité, laquelle avait travaillé pendant plus de 10 000 ans pour créer une sagesse collective qui s'était incarnée dans la civilisation et qui comportait nécessairement une stratification sociale afin d'assurer son fonctionnement et sa survie. Que nous le voulions ou non, si embarrassant que nous paraisse ce principe sur le plan philosophique, chaque société possède une structure relative au statut social ainsi qu'une hiérarchie sociale. Le communisme n'a pas réussi à créer une société sans classe, et l'expérience de la République populaire de Chine s'est révélée une coûteuse leçon. Par un bouleversement révolutionnaire continuel du système, Mao a essayé sans succès, pendant trois décades, d'éliminer la hiérarchie sociale ayant prévalu pendant des millénaires dans la culture chinoise, et de créer une société sans classe. Mais, sous le règne de Mao, le zèle idéologique du peuple chinois s'est transformé en une sorte de communisme pragmatique, dont est sortie une nouvelle classe mandarine de bureaucrates possédant des privilèges et un statut institutionnalisés. À plusieurs reprises, Mao a donc instauré des «révolutions culturelles« afin de purger la bureaucratie et les institutions communistes de toute stratification sociale et de reconstruire une simple société paysanne, aux dépens du progrès et de la modernisation. Il paraît cependant que, peu d'années avant sa mort, Mao aurait confié au président américain Richard Nixon qu'il avait été incapable de changer la structure sociale chinoise: «J'ai seulement été capable de changer quelques endroits près de Pékin[5].»

■ LE CONCEPT DE CLASSE SOCIALE

Comme la culture, la classe sociale exerce une influence de premier plan sur les modes de consommation des individus. Cette source d'influence agit, par l'intermédiaire de l'apprentissage environnemental, sur les valeurs et les besoins des consommateurs ainsi que sur le style de vie adopté par chacun. (*Voir figure 10.1.*) Cependant, avant d'explorer les

FIGURE 10.1
Les influences exercées par la classe sociale

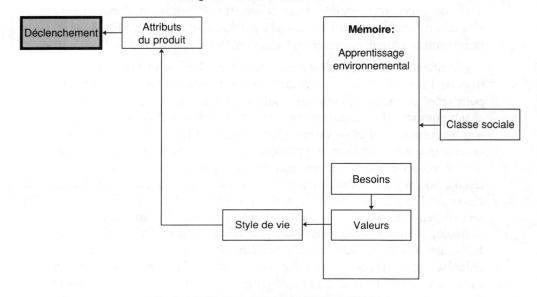

Par l'apprentissage environnemental, la classe sociale
influence les besoins, les valeurs, le style de vie
ainsi que le choix des attributs du produit.

effets de la classe sociale sur le comportement de consommation, nous devons d'abord comprendre ce que signifie ce concept. Pour ce faire, nous examinerons les dimensions de la stratification sociale ainsi que le phénomène de société constitué par le statut social et la classe. En deuxième lieu, nous désignerons et examinerons les différentes couches sociales de la société canadienne en tant que segments de marché potentiels. Les consommateurs de chaque couche sociale ont en commun certaines valeurs et certains comportements et représentent donc un segment de marché.

☐ Une variable de regroupement

La classe sociale est une variable utilisée pour regrouper les consommateurs appartenant à une société ou à une culture en des segments relativement distincts. Les frontières entre les diverses classes ne sont pas suffisamment étanches pour que l'on puisse segmenter les consommateurs appartenant à une culture donnée en des catégories s'excluant mutuellement; la stratification sociale permet néanmoins de segmenter les consommateurs appartenant à une même nation en quatre à sept vastes groupes. Chaque groupe est relativement homogène, de sorte que les membres partagent des valeurs, des intérêts ainsi que des façons de dépenser leur argent remarquablement semblables.

☐ Une hiérarchie relativement permanente

Dans toute société, la hiérarchie de l'inégalité sociale est relativement permanente. Il s'agit là d'une idée culturelle ancienne, tel que l'a démontré l'exemple de la Chine. Jusqu'à ce jour, les sociétés humaines ont perpétué et subtilement reconnu la stratification sociale, en partie parce qu'elle sert l'objectif fonctionnel de déterminer des buts et d'attribuer des rôles aux individus, en partie parce que les êtres humains, en tant qu'animaux sociaux, ont besoin de la reconnaissance des autres[6]. Une fois établie, une hiérarchie de statut social et de classe devient plus ou moins permanente dans une société donnée.

☐ Des valeurs semblables prévalent à l'intérieur des classes

Les membres d'une classe sociale donnée possèdent des valeurs et des styles de vie semblables. Ils dépensent leur argent de la même façon, ils recherchent le même genre de biens matériels pour témoigner de leur position sociale et ils utilisent les mêmes critères pour évaluer la performance. Ils partagent aussi la même vision de la vie, définissent les frontières de leur environnement de la même façon et ont une même conception du succès. En fait, ils ont suffisamment de choses en commun pour donner lieu à des stéréotypes utiles, qui sont perpétués et largement reconnus, tels que les formules de trois ou quatre mots tirées du système de stratification à sept niveaux de Coleman concernant la hiérarchie sociale américaine: «noms de vieille famille», «nouveaux riches acceptés», «références collégiales escomptées», «associations de cols blancs», «style de vie de col bleu», «indéniablement marginaux par rapport au courant principal» et «le monde des assistés sociaux»[7].

☐ # Des contacts limités entre les classes

Le proverbe «Qui se ressemble s'assemble» décrit bien la nature de la structure d'une classe, suggérant que les contacts et les relations interpersonnelles sont limités entre les diverses classes. Les membres de couches sociales différentes habitent dans des quartiers résidentiels différents, ont des occupations ou des emplois différents, obtiennent leurs revenus de sources différentes, fréquentent souvent des écoles différentes, lisent des revues différentes, regardent des programmes de télévision différents et sont membres d'organisations et de groupes différents; en outre, on n'épouse pas, habituellement, une personne issue d'une classe sociale différente de la sienne.

Ces différences ont pour conséquence de limiter le nombre des occasions où des membres d'une classe sociale donnée pourraient interagir avec des membres d'une autre classe. À peu d'exceptions près, une personne de la classe moyenne-supérieure ne sera pas invitée aux soirées et aux bals donnés par l'aristocratie de la classe supérieure-supérieure ou par l'élite sociale. Lorsque, selon la tradition, le prince Charles invite un nombre très restreint de personnes du peuple au palais de Buckingham pour les célébrations annuelles de l'anniversaire de la reine, on veille à informer ces personnes à l'avance de l'étiquette à suivre ainsi que du comportement approprié; malgré tout, ces invités se sentent habituellement très mal à l'aise au cours des différentes cérémonies. Les gens issus de la classe ouvrière n'ont pas une notion très nette de la façon de vivre des membres de la classe supérieure, car, habituellement, ils n'ont jamais eu l'occasion de les rencontrer dans des circonstances sociales intimes, ni d'entrer chez eux. À l'inverse, le consommateur issu de la classe moyenne n'a probablement jamais eu l'occasion d'entrer en contact avec le monde des quasi-illettrés, c'est-à-dire les membres de la classe inférieure-inférieure, qui sont habituellement sans emploi, habitant dans des ghettos urbains délabrés, et dont certains sont emprisonnés dans ce qu'on a décrit comme «un enfer à la Dickens, rempli de sensations à bon marché, de morts dénuées de sens et de désespoir constant» et sont susceptibles de décrire leurs priorités dans la vie dans des termes comme: «J'vas avoir tout c'que j'veux même si j'dois voler pour l'avoir. J'ai pas peur d'aller en prison tant qu'c'est pas pour longtemps[8].»

☐ La mobilité sociale est un processus qui prend du temps

Il est difficile de grimper dans l'échelle sociale ; cela peut prendre plusieurs années, voire des générations et, contrairement à ce que plusieurs jeunes aimeraient croire, on ne peut pas y arriver par le simple fait de gagner plus d'argent. Le statut social est principalement fonction du cercle social auquel appartient une personne, lequel dépend bien moins du revenu de celle-ci que de son occupation, de l'instruction qu'elle a reçue, de ses antécédents familiaux, du quartier où elle réside, de son réseau de connaissances ainsi que de son habileté sur le plan social. En général, une personne met plusieurs années à changer ces facteurs de statut social. Tandis qu'on peut devenir riche instantanément (comme c'est le cas, par exemple, d'un gagnant à la loterie), on ne peut, tout d'un coup, devenir instruit, habile en ce qui a trait à l'occupation, influent sur le plan social ou bien élevé. Ces qualités constituent les principaux ingrédients de l'ascension sociale, mais, malheureusement pour ceux d'entre nous qui sont impatients, il faut souvent des décennies, sinon la vie entière, pour les cultiver.

Plusieurs consommateurs sont assez réalistes pour se rendre compte qu'ils ne peuvent pas changer de statut social de leur vivant, étant donné les antécédents ainsi que les circonstances qui leur sont propres. De tels consommateurs aspirent souvent à l'ascension sociale pour leurs enfants et, par conséquent, prennent des décisions de consommation susceptibles d'augmenter les chances de leurs rejetons de grimper dans l'échelle sociale. Pour favoriser une telle **mobilité sociale**, ils déménageront dans les «bons» quartiers pour le bien de leurs enfants, ils enverront ceux-ci dans des écoles privées et les encourageront financièrement et moralement à aller à l'université, à poursuivre une carrière, à épouser la «bonne» personne ou à changer de cercle social. De tels consommateurs constituent un bon marché pour des produits tels que les plans enregistrés d'épargne-éducation.

Dans la société canadienne comme dans plusieurs autres sociétés à travers le monde, les individus peuvent parfois accélérer le processus de la mobilité sociale par le mariage. Une femme ambitieuse peut, en épousant un homme issu d'une classe sociale supérieure et en changeant de cercle d'amis, d'associations et de style de vie pour adopter ceux de son mari, réussir à être acceptée comme membre de la couche sociale à laquelle celui-ci appartient. Si ses anciens amis disent des choses comme «Je ne sais pas ce qui lui prend; elle est devenue snob et a cessé de m'appeler ou de me visiter», cela veut probablement dire que cette personne est en voie de changer d'amis, de pairs, de clubs et de quartier, s'adaptant au cercle social de son époux.

De la même façon, l'homme qui épouse la fille du patron alors que celui-ci est un membre reconnu d'une classe sociale plus élevée peut réussir à accéder à cette classe, à condition de cultiver des relations – tant officielles que dénuées de toute formalité – avec son nouveau groupe social de pairs tout en abandonnant son ancien réseau social.

☐ La classe sociale est multidimensionnelle

Sur le plan social, le pouvoir et le prestige attribués à un individu dépendent de plusieurs variables. Ces variables sont stratifiables, c'est-à-dire qu'à différents niveaux de ces variables correspondent différents niveaux de statut social et de prestige. Prises conjointement et utilisées comme mesures, ces variables peuvent indiquer aussi bien la classe sociale d'un individu que le statut (ou le prestige) qu'il connaît à l'intérieur de cette classe. Parmi ces variables, on trouve l'occupation, le niveau d'instruction, la source du revenu, le revenu familial, le quartier où l'on réside ainsi que la valeur monétaire de la résidence.

☐ Classe sociale n'est pas synonyme de revenu

Les étudiants entretiennent habituellement une opinion fausse concernant la classe sociale, à savoir que celle-ci est synonyme de revenu. Nous ne répéterons jamais assez souvent qu'il est essentiel de faire une distinction entre ces deux concepts. En fait, la classe sociale et le revenu ne sont que faiblement corrélés et le revenu, à lui seul, n'est pas un indicateur fiable de la classe sociale à laquelle appartient un consommateur. Tel que le soulignait Richard Coleman:

> On ne doit pas oublier que, fondamentalement, le statut social est déterminé davantage par l'occupation que par le revenu. Il s'agit d'une observation ancienne qui date d'avant même les sociétés chrétiennes. Il n'y a jamais eu de corrélation parfaite entre le prestige social attribué à une occupation et le revenu provenant de cette occupation[9].

Par exemple, au Canada, certains membres de la classe ouvrière – des cols bleus – gagnent souvent plus que les cols blancs de la classe moyenne et que les membres des professions libérales qui sont salariés et qui appartiennent à la classe moyenne-supérieure. De la même manière, les vedettes du cinéma, de la télévision et du sport, dont les antécédents les situent sans équivoque dans les classes moyennes ou ouvrière, peuvent gagner plus qu'un premier ministre provincial ou un médecin appartenant à la classe supérieure. Il est vrai que certains des indices multiples de la classe sociale utilisés dans les sondages sur les consommateurs incluent le revenu familial comme l'une des composantes de la mesure, mais le revenu comme mesure de statut social est alors utilisé **conjointement** avec d'autres variables telles que l'occupation et l'instruction, et jamais de manière isolée. Ce n'est pas tant l'argent que nous gagnons que **la façon dont nous le dépensons** qui renseigne les sociologues, les chercheurs en comportement du consommateur et tout observateur attentif comprenant le concept de classe sociale sur notre appartenance à une classe sociale donnée.

L'ESTIMATION DE LA STRUCTURE DE LA CLASSE SOCIALE AU CANADA

Les sociologues nord-américains ont élaboré un certain nombre de hiérarchies ou de systèmes relatifs à la stratification sociale, à commencer par les travaux de W. Lloyd Warner dans les années 40. Il n'existe pas de système universel pour partager une population donnée en classes sociales définies avec précision. Quel que soit le système de classification adopté, chaque classe sociale ne constitue rien de plus qu'une **catégorie conceptuelle** dans une hiérarchie fondée sur le prestige et le statut social. Par conséquent, les définitions de chaque catégorie sont plus qualitatives que quantitatives et les frontières entre des classes adjacentes (par exemple, les classes moyenne-inférieure et moyenne-supérieure) sont nécessairement floues. On ne s'entend même pas sur le nombre exact de ces catégories (ou classes) dans la société. Au cours des ans, on a élaboré des hiérarchies qui varient d'une division grossière à deux catégories opposant les cols blancs aux cols bleus (ou la classe ouvrière à la classe des gens d'affaires) à des systèmes de stratification à neuf niveaux ; entre ces deux extrêmes se situent un système à trois classes (classe supérieure, classe moyenne et classe inférieure), le système à cinq classes de Hollingshead, les structures à six classes de Warner et de Gilbert et Kahl ainsi que la hiérarchie à sept classes de Coleman et Rainwater.

Le tableau 10.1 présente trois façons de diviser la société d'une nation en des classes sociales distinctes. Coleman a soutenu que, pour les problèmes de type général rencontrés en stratégie de marketing et en recherche commerciale, il était utile de diviser le public consommateur en quatre grandes classes fondées sur le prestige et sur le statut social que donnent les différentes occupations. Bien qu'elle ne puisse prédire d'une façon complètement fiable l'appartenance à une classe sociale, l'occupation d'une personne est généralement perçue comme le meilleur indice **simple** dont on dispose.

Les 16 catégories d'occupations de la colonne 1 du tableau 10.1 sont classées de haut en bas, par ordre de prestige décroissant, selon la classification socio-économique des occupations élaborée par Pineo, Porter et McRoberts[10]. De plus, ces catégories d'occupations ont été regroupées en quatre grandes divisions relatives à la classe sociale, appelées les **classes supérieures**, la **classe moyenne**, la **classe ouvrière** et les **classes inférieures**. Les classes supérieures et inférieures sont en fait constituées de deux ou trois sous-classes, mais celles-ci ne sont pas présentées par catégorie d'occupations. Cette division à quatre statuts sociaux a été obtenue en examinant la classification des occupations réalisée par Pineo, Porter et McRoberts, et en répartissant les catégories d'occupations dans les quatre classes sociales, en tenant compte de la façon dont les sociologues considèrent et définissent présentement les différentes classes sociales de l'Amérique du Nord[11].

La colonne 1 présente aussi une estimation de l'importance de chaque catégorie d'occupations en pourcentage du marché du travail au Canada (femmes célibataires et hommes âgés de 15 ans et plus)[12]. Seules les femmes célibataires (divorcées, veuves ou jamais mariées) sont incluses dans ces calculs, étant donné qu'elles sont plus susceptibles de constituer des individus distincts sur le plan socio-économique. Les femmes mariées qui sont sur le marché du travail ont tendance à adopter la classe sociale correspondant à l'occupation de leur mari. Ce qui est encore plus inté-ressant dans le cadre de ce chapitre, c'est la taille relative de chacune des quatre classes sociales, lesquelles représentent au Canada quatre très grands segments de marché. Les classes supérieures sont en minorité,

TABLEAU 10.1
Comparaison de trois hiérarchies de classe sociale pour le Canada et les États-Unis

La structure de classe canadienne déterminée à l'aide de la classification socio-économique des occupations de Pineo, Porter et McRoberts[a]	La structure de classe américaine selon Gilbert et Kahl	La structure de classe américaine selon Coleman et Rainwater
Les classes supérieures **11 %**	*Les deux classes supérieures* **15 %**	*Les trois classes supérieures* **14 %**
• Membres de professions libérales travaillant à leur compte (1,0)	Classe capitaliste (1)	Classe supérieure-supérieure (0,3)
• Membres de professions libérales employés par quelqu'un (7,3)	Classe moyenne supérieure (14)	Classe supérieure-inférieure (1,2)
• Cadres supérieurs (2,6)		Classe moyenne-supérieure (12,5)
Classe moyenne **28 %**	*Classe moyenne* **33 %**	*Classe moyenne* **32 %**
• Membres de professions semi-libérales (4,8)		
• Techniciens (2,0)		
• Cadres intermédiaires (6,5)		
• Chefs de service (3,1)		
• Contremaîtres ou contremaîtresses (4,1)		
• Employés (bureau-ventes-services) spécialisés (7,2)		
Classe ouvrière **41 %**	*Classe ouvrière* **32 %**	*Classe ouvrière* **38 %**
• Métiers et commerces spécialisés (14,0)		
• Fermiers (2,5)		
• Employés (bureau-ventes-services semi-spécialisés (12,0)		
• Travailleurs manuels semi-spécialisés (12,2)		
Les classes inférieures **20 %**	*Les deux classes inférieures* **20 %**	*Les deux classes inférieures* **16 %**
• Employés (bureau-ventes-services) non spécialisés (3,7)	Classe des travailleurs pauvres (11-12)	Classe inférieure (mais non la plus basse) (9)
• Travailleurs manuels non spécialisés (14,9)	Classe des sous-prolétaires (8-9)	Vraie classe inférieure-inférieure (7)
• Ouvriers agricoles (3,1)		
Force de travail totale au Canada en 1981 Âge : 15 ans et plus Femmes célibataires et hommes[b] **100 %**	Total **100 %**	Total **100 %**

a. Les chiffres de cette colonne représentent les pourcentages estimés de la population dans chaque classe sociale et dans chaque catégorie d'occupations. Les différentes catégories d'occupations sont énumérées de haut en bas, par ordre de prestige décroissant, selon la classification de Peter C. Pineo, John Porter et Hugh A. McRoberts, «The 1971 Census and the Socioeconomic Classification of Occupations», *Canadian Review of Sociology and Anthropology*, 14, n° 1, février 1977, p. 91-102.

b. Les «femmes célibataires» sont des femmes divorcées, veuves ou jamais mariées représentant, en 1971, 36,7 % de la force féminine de travail. Le total de 100 % représente 6 845 325 hommes + 0,367 (4 622 095) femmes = 8 541 634, ce qui constitue une estimation grossière, en 1981, des individus socio-économiquement distincts composant la force de travail au Canada.

SOURCE DES DONNÉES: Peter C. Pineo, «Revisions of the Pineo-Porter-McRoberts Socioeconomic Classification of Occupations for the 1981 Census», *QSEP Research Report No. 125*; Statistique Canada, *Labour Force Activity, 1981 Census of Canada*, cat. 92-915; Statistique Canada, *Standard Occupational Classification 1980*, cat. 12-565E; Richard P. Coleman, «The Continuing Significance of Social Class to Marketing», *Journal of Consumer Research*, 10, décembre 1983, p. 267, appendice A.

représentant environ 11 % de la population; la classe moyenne constitue 28 % de la population et la classe ouvrière, 41 %, formant ensemble une «majorité moyenne», et les classes inférieures représentent environ 20 % de l'ensemble des Canadiens.

Cette représentation de la structure de classe au Canada n'est certainement pas définitive, étant donné qu'elle repose uniquement, pour estimer la classe sociale de la personne et pour déterminer la taille de chacune des quatre grandes classes constituant l'ensemble du marché du travail, sur la classification présentement disponible des occupations des femmes célibataires et des hommes âgés de 15 ans se trouvant sur le marché du travail. Néanmoins, cette information donne au lecteur une bonne idée de la proportion de Canadiens appartenant à chaque classe sociale; de plus, elle remplace avantageusement l'estimation maintenant désuète de la composition des classes sociales au Canada qui s'appuyait sur les données de recensement de 1961 et que l'on cite encore fréquemment dans plusieurs manuels canadiens traitant de marketing[13].

Le tableau 10.2 (page 426) offre certains exemples d'occupations pour chacune des 16 catégories d'occupations de Pineo, Porter et McRoberts présentées au tableau 10.1 (page 423). Les catégories d'occupations sont numérotées de 1 (le prestige le plus élevé) à 16 (le prestige le moins élevé). Les noms d'occupations présentés dans ce tableau peuvent aider les chercheurs canadiens à estimer la classe sociale probable des individus participant à des sondages, à des panels ou à des tests de marché lorsqu'on recueille de l'information sur l'occupation précise du répondant. La liste complète des occupations énumérées par Recensement Canada, qui se répartissent dans les diverses catégories de la classification socio-économique des occupations de Pineo, Porter et McRoberts, est, évidemment, bien plus longue que celle présentée au tableau 10.2[14]. Celui-ci présente aussi, à côté du nom désignant chaque catégorie d'occupations, le score moyen du groupe en ce qui concerne le niveau d'instruction de ses membres. On trouvera dans une note présentée au bas du tableau 10.2 la clé requise pour comprendre les 10 catégories de niveaux d'instruction, allant de **pas d'instruction formelle** (0) à **M.A. ou Ph.D.** (9). Par exemple, les membres de professions libérales travaillant à leur compte ont un niveau d'instruction moyen de 7,9, tandis que les travailleurs manuels non spécialisés ont un niveau d'instruction moyen de 2,5.

Aux fins de comparaison, les colonnes 2 et 3 du tableau 10.1 présentent deux autres systèmes de classification sociale, cette fois-ci, pour les États-Unis. Les grandes couches **supérieure**, **moyenne**, **ouvrière** et **inférieure** correspondent aux noms de la structure de classe canadienne. La hiérarchie à six niveaux de Gilbert et Kahl divise les classes supérieures en une classe capitaliste et une classe moyenne-supérieure et les classes inférieures, en une classe de travailleurs pauvres et une classe de sous-prolétaires. La hiérarchie de classe américaine de Coleman et Rainwater, présentée dans la troisième colonne, est constituée par une structure à sept classes dans laquelle les classes supérieures sont constituées d'une classe supérieure-supérieure, d'une classe supérieure-inférieure et d'une classe moyenne-supérieure, tandis que les classes inférieures sont constituées d'une «classe inférieure de personnes, mais non de la classe la plus basse» et d'une «vraie classe inférieure-inférieure»[15]. Le tableau 10.1 présente aussi les pourcentages estimés de la population des États-Unis concernant chaque classe, révélant une remarquable similarité entre les tailles relatives des quatre principaux groupes au Canada et aux États-Unis: les classes supérieures, la classe moyenne, la classe ouvrière et les classes inférieures.

LES PRINCIPALES CARACTÉRISTIQUES DES DIFFÉRENTES CLASSES SOCIALES

Nous pouvons maintenant esquisser certaines caractéristiques distinguant les membres de différentes classes sociales. Ces esquisses, condensées sous la forme de généralisations, sont nécessairement plus qualitatives que quantitatives (souvenez-vous que la classe sociale est un concept largement qualitatif) et reposent sur un ensemble de résultats d'études concernant l'influence de la classe sociale sur le comportement et le style de vie des consommateurs. On doit donc constamment se souvenir qu'il peut y avoir des exceptions aux types de comportements décrits dans cette section. Néanmoins, les membres de chaque classe sociale ont tendance à manifester les comportements et les attitudes que les sociologues et les chercheurs en comportement du consommateur attribuent généralement à leur classe dans l'ensemble. Les comportements et les attitudes **caractéristiques** de chaque classe sociale seront examinés sous plusieurs angles:

TABLEAU 10.2
Exemples d'occupations pour chacune des 16 catégories d'occupations de Pineo, Porter et McRoberts et niveau moyen d'instruction pour chaque catégorie d'occupations

1. *Membres de professions libérales travaillant à leur compte* (7,9)[a]
Architectes
Avocats et notaires
Dentistes
Médecins et chirurgiens
Vétérinaires

2. *Membres de professions libérales employés par quelqu'un* (6,7)
Comptables et vérificateurs
Diététiciens et nutritionnistes
Instituteurs
Ingénieurs
Juges et magistrats
Libraires et archivistes
Mathématiciens et statisticiens
Ministres religieux
Officiers commandants, forces armées
Pharmaciens
Professeurs d'université
Scientifiques (sciences naturelles et sciences sociales)

3. *Cadres de niveau supérieur* (5,8)
Administrateurs travaillant pour le gouvernement
Administrateurs d'hôpital
Administrateurs d'université
Directeurs généraux, fonctionnaires supérieurs
Directeurs d'école

6. *Cadres de niveau intermédiaire* (4,7)
Entrepreneurs des pompes funèbres
Entraîneurs sportifs
Chefs des ventes
Chefs du personnel
Directeurs dans une ferme
Membres du corps législatif
Responsables des achats et acheteurs

7. *Chefs de service* (3,9)
Chefs de bureau de poste
Chefs de bureau
Surveillants des ventes

8. *Contremaîtres* (3,5)
Capitaines de bateau de pêche
Contremaîtres d'atelier de réparation
Contremaîtres en construction

9. *Employés spécialisés (bureau-ventes-services)* (4,2)
Aides-infirmiers diplômés
Agents immobiliers
Annonceurs de radio et de télévision
Comptables et commis comptables
Courtiers en valeurs mobilières
Opérateurs d'équipement d'informatique
Projectionnistes de film de cinéma
Représentants dans le domaine technique
Secrétaires et sténographes
Vendeurs itinérants

11. *Fermiers*[b] (3,5)
Cultivateurs
Éleveurs

12. *Employés semi-spécialisés (bureau-ventes-services)* (3,5)
Agents de bord
Barbiers et coiffeurs
Barmans
Caissiers
Vendeurs
Hygiénistes dentaires et aides-dentistes
Réceptionnistes et préposés à l'information
Téléphonistes

13. *Travailleurs manuels semi-spécialisés* (2,7)
Boulangers
Chefs et cuisiniers
Conducteurs d'autobus
Cordonniers
Machinistes
Meuniers
Pêcheurs

14. *Employés non spécialisés (bureau-ventes-services)* (3,7)
Aides-infirmiers non diplômés
Employés des postes
Domestiques et serviteurs
Préposés à l'entretien
Facteurs
Messagers et coursiers
Vendeurs dans la rue et vendeurs à domicile

4. *Membres de professions semi-libérales* (5,7)	10. *Métiers et commerces spécialisés* (3,1)	15. *Travailleurs manuels non spécialisés* (2,5)
Acteurs, actrices, danseurs, chanteurs	Bijoutiers	Blanchisseurs et nettoyeurs
Analystes de système et programmeurs	Ébénistes	Cheminots et travailleurs de voirie
Artistes commerciaux, photographes	Électriciens en construction	Concierges, laveurs et femmes de ménage
Athlètes	Mécaniciens de locomotive	Conducteurs de camion
Chefs d'orchestre et compositeurs	Mécaniciens de véhicules motorisés	Conducteurs de taxi et chauffeurs
Décorateurs	Agents de police et détectives	Débardeurs et dockers
Écrivains et éditeurs	Opérateurs de moulin à scie	Gardiens et gardes de sécurité
Professeurs	Opérateurs d'équipement de télécommunication	Pompistes
Infirmiers et infirmières, optométristes, physiothérapistes	Plombiers	
Pilotes et navigateurs d'avion	Pompiers	16. *Travailleurs agricoles*[b]
	Réparateurs de télévision	Opérateurs de machinerie agricole
5. *Techniciens* (4,7)	Soudeurs	Travailleurs dans une ferme d'élevage
Contrôleurs aériens	Souffleurs de verre	Pépiniéristes et fonctions connexes
Inspecteurs en construction	Tailleurs et couturières	
Technologues	Travailleurs de feuilles de métal	
Techniciens de laboratoire		
Techniciens d'équipement naval		

a. Le score moyen du niveau d'instruction pour chaque catégorie d'occupations est donnée entre parenthèses suivant l'échelle numérique suivante :

0 – pas d'instruction formelle	4 – études secondaires achevées; quelques cours post-secondaires, en nursing ou en éducation, par exemple	6 – études collégiales achevées; certains cours universitaires
1 – un peu d'études primaires		7 – 1er cycle universitaire achevé
2 – études primaires achevées	5 – formation en nursing ou en éducation achevée; certains cours de niveau collégial	8 – diplôme d'association professionnelle (M.D, L.L.D., D.M.D, D.M.V.)
3 – un peu d'études secondaires		9 – maîtrise ou doctorat

b. Les scores du niveau d'instruction ne sont pas disponibles pour les fermiers et les travailleurs agricoles.

SOURCE: Les données sur le niveau d'instruction pour chaque catégorie d'occupations proviennent de Frank E. Jones, « Educational and Occupational Attainment: Individual Achievement », chapitre 4 dans Monica Boyd, John Goyder, Frank E. Jones, Hugh A. McRoberts, Peter C. Pineo et John Porter, *Ascription and Achievement: Studies in Mobility and Status Attainment in Canada*, Ottawa, Carleton University Press, 1985, p. 105, tableau 4.1 et p. 118, tableau 4.8. Les catégories d'occupations et les occupations en faisant partie proviennent de la classification de Peter C. Pineo, « Revisions of the Pineo-Porter-McRoberts Socioeconomic Classification of Occupations for the 1981 Census », *QSEP Research Report No. 125*; les noms d'occupations proviennent de Statistique Canada, *Standard Occupational Classification 1980*, cat. 12-565F.

- l'occupation;
- le niveau d'instruction;
- l'horizon sociogéographique;
- les modes de consommation;
- les valeurs personnelles.

Dans cette section, nous analyserons les caractéristiques de consommation de sept groupes différents faisant partie des quatre grandes divisions de structure de classe présentées au tableau 10.1, en utilisant la terminologie adoptée dans la hiérarchie de Coleman et Rainwater:

- la classe supérieure-supérieure;
- la classe supérieure-inférieure;   } les classes supérieures
- la classe moyenne-supérieure;
- la classe moyenne;
- la classe ouvrière;
- la classe inférieure;   } les classes inférieures
- la vraie classe inférieure-inférieure.

☐ Les classes supérieures

Traditionnellement, les sociologues considèrent que les classes supérieures sont constituées de deux ou trois couches sociales distinctes, tel que l'indique le tableau 10.1. Même si la totalité de la catégorie constituée par les classes supérieures ne représente que le neuvième de la population canadienne, chacune des trois couches sociales comprises dans cette catégorie est suffisamment différente des autres, en ce qui a trait au comportement de consommation, pour que l'on s'attarde à décrire les principales caractéristiques du comportement de chacune.

La classe supérieure-supérieure

Les membres de la classe supérieure-supérieure constituent une élite sociale très petite mais très puissante sur le plan financier; cette élite est caractérisée par sa richesse, acquise par héritage («le vieil argent»), et sa vie élégante, confortable et dénuée de problèmes. Il a fallu plus d'une ou deux générations d'abondance financière pour que les membres de cette classe fassent partie de l'*establishment*. Cette classe est celle dans laquelle il est le plus difficile d'entrer rapidement; une richesse nouvellement acquise n'est pas suffisante pour ouvrir les portes de cette classe.

Les estimations quant à la taille de la classe supérieure-supérieure varient entre 0,3 % et moins de 0,5 % de la population, ce qui fait de cette classe un segment de marché minuscule pour les biens de grande consommation, mais un segment potentiellement lucratif pour des produits et des services exclusifs et très spécialisés[16]. Sur le plan de l'occupation (à strictement parler, cette classe ne travaille pas vraiment à une occupation quelconque), les membres de cette classe se distinguent de ceux des autres classes sociales par leur capacité de vivre entièrement du revenu de leur capital[17] et de prendre d'importantes décisions d'investissement (acheter et vendre des compagnies, posséder de très grands terrains, contrôler d'importants capitaux et faire fructifier leurs avoirs financiers).

Les membres de la classe supérieure-supérieure envoient leurs enfants étudier dans des écoles préparatoires et dans des collèges privés exclusifs, mais plus dans le but de former le caractère et de conserver des liens sociaux à l'intérieur de la classe à laquelle ils appartiennent que pour obtenir une formation intellectuelle. Étant donné que les membres de cette classe ont «réussi» sur le plan social, on ne considère pas comme important ou même nécessaire le fait d'avoir une instruction supérieure, comme c'est le cas pour la classe moyenne-supérieure. En fait, les membres de la classe supérieure-supérieure éprouvent souvent du dédain pour l'intelligence supérieure, révélée par les résultats scolaires, pour l'intellectualisme, pour l'esprit inventif («on joue rarement aux échecs au-dessus de la classe moyenne-supérieure; c'est trop difficile[18]») ainsi que pour les idées nouvelles et «se trouvent largement à l'extérieur du cercle universitaire, n'ayant pas besoin de ce genre de sceau[19]».

La classe supérieure-supérieure possède un large horizon socio-géographique parce que sa position sociale lui accorde une mobilité nationale et même, très souvent, internationale. Les voyages sur une longue distance sont fréquents, tant pour les affaires que pour le plaisir; les membres de cette classe possèdent souvent plusieurs résidences saisonnières à travers le continent et même à travers le monde; les lieux de villégiature qu'ils préfèrent sont souvent situés dans des endroits exclusifs et très vastes (ils ont des résidences dans les Caraïbes, des domaines privés dans le Pacifique, des demeures hivernales dans des centres de ski renommés mondialement ou des villas privées secrètes pour l'hiver dans des endroits tels que Cannes, Santa Barbara ou les îles grecques). Sur le plan politique, les membres de cette classe adoptent généralement un point de vue capitaliste et conservateur et se tiennent au courant des effets que peuvent avoir sur leurs fortunes personnelles le gouvernement, l'économie mondiale, les taux de change étrangers et les tendances du marché de la Bourse.

La plupart du temps, les consommateurs issus de la classe supérieure-supérieure vivent dans des résidences spacieuses, mais plus anciennes et situées à l'écart, dans les quartiers les plus exclusifs des grandes villes ou dans de vastes domaines situés à la campagne; ces individus ne sont pas portés à étaler leur richesse et à dépenser leur argent de façon ostentatoire. Ils méprisent la consommation ostentatoire, la considérant comme une façon de chercher à affirmer son statut social au moyen de l'argent – un comportement qui caractérise les consommateurs de la classe supérieure-inférieure, situés un échelon au-dessous dans l'échelle sociale. Comparativement aux autres classes et selon les critères modernes, les gens de la classe supérieure-supérieure sont des consommateurs étonnamment conservateurs, frugaux même, tant dans leurs besoins qu'en ce qui a trait à leur apparence physique. Plus ils sont invisibles publiquement, mieux ils se portent. Ces gens préfèrent de loin les produits et les services archaïques aux produits et aux services modernes et technologiquement sophistiqués: ils préfèrent le travail manuel (serviteurs, femmes de ménage, jardiniers et majordomes) aux appareils permettant d'économiser du temps, les vieilles voitures aux nouveaux modèles et aux nouvelles marques (ils ne conduisent pas de Rolls Royce, de Cadillac et de Maserati; ils considèrent ces voitures comme trop voyantes et les laissent donc aux personnes socialement au-dessous d'eux, à l'exception de rares modèles de collection, qu'ils conservent alors à l'abri des yeux et qu'ils chérissent); ils préfèrent la nourriture peu épicée et peu originale à la nouvelle cuisine exotique (cette dernière étant la préférée de la classe moyenne-supérieure) et les meubles reçus en héritage aux meubles neufs. Dans le chapitre traitant des groupes de référence, nous avons vu que les deux facteurs déterminant le caractère ostentatoire d'un produit étaient le degré d'exclusivité et de visibilité du produit en question. D'une certaine façon, le produit que les consommateurs de la classe supérieure-supérieure considèrent comme idéal est celui qui est très exclusif en ce sens que peu de personnes le possèdent, mais qui est peu visible, de sorte qu'il ne peut être vu et reconnu facilement par le grand public. On ne sera donc pas surpris d'apprendre que certaines des collections privées les plus raffinées au monde, qu'il s'agisse de peintures, de sculptures, de tapisseries, d'objets rares, de vieux livres, de collections de timbres et de monnaie ou d'antiquités, ont été achetées par des consommateurs appartenant à la classe supérieure-supérieure[20].

Pour ce qui est des valeurs personnelles, les individus de la classe supérieure-supérieure se sentent tellement tranquilles en ce qui concerne leur position sociale qu'«ils peuvent, s'ils le désirent, dévier d'une manière substantielle des normes de leur classe sans perdre leur statut social[21]». Les membres de cette classe sont ceux chez qui on a le plus de chances d'observer des comportements excentriques. Une autre valeur importante pour eux est l'intimité: ces gens tiennent beaucoup à ce que leur nom ne figure pas dans les journaux. L'équipe de télévision de CBC qui a produit la série *Canadian Establishment* a eu beaucoup de difficultés, au début, à amener les membres de cette classe à se faire interviewer et à accepter qu'on les filme dans l'intimité. Au Canada, les membres de la classe supérieure-supérieure considèrent encore les aristocrates britanniques comme un groupe de référence pour leurs agissements et leur apparence (un soupçon de négligence délibérée et de manque de soin gracieux, additionné d'une touche d'ineptie manuelle – rien ne doit être effectué avec trop de soin ou d'une manière trop parfaite ou trop nette, car cela représenterait du «travail» et pourrait aussi laisser transparaître de l'insécurité sur le plan social) ainsi que pour leurs loisirs et leur vie sociale.

Pour les gens issus de cette classe, s'il est un animal qui possède beaucoup d'importance lorsqu'il s'agit des loisirs, c'est le cheval; étant donné que les membres de cette classe ont une préférence pour les choses archaïques, il est très probable qu'ils possèdent des chevaux, qu'ils les élèvent, qu'ils les fassent courir, qu'ils les inscrivent à des courses et qu'ils jouent au polo avec leur aide. Ils considèrent aussi comme des valeurs importantes le sens des responsabilités à l'égard de la communauté, la préservation de la réputation de la famille et le maintien des traditions; celui-ci s'exprime, chez les gens issus de cette classe, par des comportements rituels et très compassés dans les rencontres sociales et même dans les rapports entre les membres d'une même famille, ainsi que par un manque total d'intérêt pour les idées et les innovations originales. Les membres de la classe supérieure-supérieure considèrent la technologie moderne comme grossière et vulgaire. Leurs noms figurent sur la liste des bienfaiteurs dans des expositions de musées («don de

Monsieur et Madame...»), dans les plus grandes fondations philanthropiques et, aussi, pour ce qui est de certains dons, bourses et récompenses parmi les plus prestigieux au pays ; ils paraissent également sur la liste des mécènes des orchestres symphoniques, des compagnies de ballet et d'opéra et des compagnies théâtrales. On pourra aussi probablement reconnaître les noms de membres de cette classe sur les registres sociaux de certains des clubs les plus exclusifs du pays. À Montréal, cette classe comprend, entre autres, les familles Molson, Van Horne, Drummond et Southam ; à Toronto, les Eaton et les Bata ; dans l'Ouest, «Chuncky» Woodward – représentant la troisième génération de la famille ayant fondé (en 1892) la chaîne des magasins à rayons Woodward de Vancouver –, un homme qui compte parmi ses amis le prince Philip et la princesse Margaret de Grande-Bretagne[22].

La classe supérieure-inférieure

Contrairement aux consommateurs appartenant à la classe supérieure-supérieure, qui tiennent leur richesse ainsi que leur héritage pour acquis et qui ont tendance à passer sous silence, à minimiser et à cacher leur richesse et leurs possessions, les membres de la classe supérieure-inférieure se caractérisent par leur grande visibilité et leur consommation de type ostentatoire[23]. Ils **veulent** que les autres remarquent leur richesse et ils exhibent celle-ci comme preuve de leur réussite sur le plan social. Cependant, les membres de la classe supérieure-supérieure (ainsi que les sociologues) ne sont pas dupes. Parce que les membres de la classe supérieure-inférieure sont plus visibles que ceux de la classe supérieure-supérieure, le public a cependant tendance à croire, à tort, qu'ils appartiennent à la couche sociale la plus élevée. Sur le plan de l'occupation, la classe supérieure-inférieure comprend des chefs d'entreprise ayant beaucoup de succès, des industriels, des entrepreneurs et les membres de professions libérales (par exemple, financiers, spécialistes de chirurgie plastique, avocats, architectes, courtiers, etc.) possédant les plus hauts revenus dans leur profession respective. Ces personnes ont **gagné** la plus grande partie de leur fortune, même si une partie de celle-ci peut avoir été reçue en héritage. On appelle souvent ces gens les «nouveaux riches» et ils disposent souvent de revenus plus élevés que ceux des membres de la classe supérieure-supérieure. Plusieurs membres de la classe supérieure-inférieure occupent des postes supérieurs ou des postes de direction dans les conseils d'administration des grandes sociétés nationales et multinationales.

Les enfants ou les petits-enfants des membres de la classe supérieure-inférieure peuvent devenir membres de l'élite sociale s'ils épousent le «bon» partenaire et s'ils étudient dans les «bonnes» écoles. En général, les membres de cette classe possèdent une bonne instruction (généralement, un niveau d'instruction plus élevé que celui des membres de la classe supérieure-supérieure), même s'ils n'ont pas fréquenté un établissement d'enseignement prestigieux.

Les horizons sociogéographiques de cette classe sont larges comme il sied à une classe composée de chefs d'entreprise et de membres de professions libérales au sommet de leur carrière, des gens qui acceptent souvent des postes impliquant de hautes responsabilités civiques ou politiques, qui s'identifient avec (et contribuent à) des causes nationales ou internationales et qui voyagent énormément pour les affaires et pour le plaisir. La philosophie sociale des membres de cette classe est plus libérale que celle des membres de la classe supérieure-supérieure.

Dans leurs comportements de consommation, les membres de la classe supérieure-inférieure ont une préférence marquée pour les biens luxueux et hautement visibles, contrairement aux membres de la classe située au-dessus d'eux. Ils aiment vivre dans des maisons splendides, bien plus attrayantes aux yeux du public que les demeures de l'élite sociale, bien plus modernes et mieux équipées, avec beaucoup de pièces pour recevoir des invités qui, lorsqu'ils sont avec leurs hôtes, doivent éviter «de faire des compliments, qui sont considérés comme un manque de tact, sur des possessions qui sont, bien entendu, magnifiques, dispendieuses et impressionnantes[24]». L'opulence manifeste des résidences appartenant aux membres de cette classe est celle que l'on montre habituellement dans les films d'Hollywood sur les gens riches. Pour cette classe, il semble que le produit idéal soit celui qui est à la fois hautement visible et exclusif. Dans la consommation de biens et de services rattachés aux loisirs, cette classe préfère de loin les plaisirs nautiques – ceux, très coûteux, nécessitant la possession d'un bateau à voile d'une certaine grosseur (jamais de bateau à moteur) et l'appartenance à un club de voile exclusif. La voile est l'équivalent maritime de l'équitation et de la possession d'une écurie; comme les membres de la classe supérieure-supérieure, ceux de la classe supérieure-inférieure peuvent aussi s'adonner aux loisirs équestres. Leurs loisirs d'intérieur consistent souvent en des parties de bridge, de backgammon et de billard se jouant dans une pièce réservée exclusivement au jeu[25]. Enfin, leur habillement consiste généralement, pour les femmes, en de la haute couture importée et, pour les hommes, en des complets faits sur mesure, plus chics et certainement plus innovateurs que ceux portés par les membres de la classe supérieure-supérieure.

En ce qui concerne les valeurs personnelles, la classe supérieure-inférieure valorise le succès et la réussite et elle cherche à obtenir des réalités matérielles permettant d'en témoigner, «dépensant avec goût» (et étant ainsi jugée[26]) et protégeant son statut social tout en aspirant à être associée à la classe supérieure-supérieure[27].

La classe moyenne-supérieure

La classe moyenne-supérieure constitue le plus grand segment à l'intérieur des classes supérieures. Elle est aussi la plus instruite de toutes les classes sociales. Le principal trait caractérisant les membres de la classe moyenne-supérieure est leur attachement à leur carrière; celle-ci s'effectue à l'intérieur d'une profession libérale, dans les affaires ou dans la gestion de niveau supérieur et est favorisée par la possession de références sophistiquées en matière d'instruction[28]. Cette classe est composée de gens qui travaillent à leur compte et qui obtiennent un niveau de succès moyen en tant que médecins, chirurgiens, dentistes, avocats, architectes, propriétaires d'entreprises de taille moyenne et autres travailleurs autonomes ainsi que de membres de professions libérales travaillant pour le compte d'un autre: professeurs d'université, juges, scientifiques, économistes, ingénieurs, cadres supérieurs, politiciens d'envergure et administrateurs travaillant pour le gouvernement.

À peu près tous les chefs de famille appartenant à cette classe possèdent un diplôme universitaire et il n'est pas rare que les conjoints soient tous deux des diplômés universitaires. Les personnes de cette classe qui sont membres de professions libérales sont celles qui ont le plus de chances de détenir un diplôme professionnel (M.D., L.L.D., D.M.D., D.M.V., etc.) ou un diplôme universitaire de deuxième cycle (M.A., M. Sc., Ph.D.). Les membres de cette classe sont probablement ceux qui comprennent le mieux l'importance d'une bonne instruction pour atteindre et pour conserver le statut social auquel ils aspirent; ils ont donc tendance à inculquer cette valeur à leurs enfants. Par conséquent, les enfants des membres de cette classe sont continuellement encouragés à essayer d'atteindre l'excellence scolaire et à viser la meilleure instruction offerte par les écoles, les collèges et les universités. Les parents de la classe moyenne-supérieure ont tendance à ne pas laisser leurs enfants travailler pour payer leurs études, planifiant leur budget de façon à être en mesure de pouvoir payer la majeure partie, sinon la totalité de l'instruction supérieure obtenue par leurs enfants.

De toutes les classes sociales, c'est la classe moyenne-supérieure qui possède l'horizon sociogéographique le plus vaste. Les membres de cette classe s'intéressent aux affaires internationales et sont orientés vers le futur; à table, ils discutent fréquemment de politique internationale et ont tendance à se préoccuper de questions telles que le problème de la surpopulation mondiale et la position du Canada sur la peine de mort. Ces personnes lisent le *Time*, le *Financial Post*, *Newsweek*, *Fortune*, *The Economist*, *Scientific American*, *Equinox*, *Gourmet* ou, si elles sont francophones, des revues comme *L'actualité* et des journaux comme *Le Devoir*. Elles écoutent Radio-Canada ou CBC en stéréo, CJRT FM à Toronto et CHQM à Vancouver, et constituent l'auditoire canadien le plus fidèle pour les émissions télévisées du réseau PBS provenant de l'autre côté des frontières américaines.

Ces personnes voyagent beaucoup et se déplacent dans des pays très éloignés du Canada. Bien qu'une partie de ces déplacements soit exigée par leur travail (affaires, mutations dans l'entreprise, relocalisation gouvernementale, conférences ou congrès médicaux), la plupart de ces voyages s'effectuent pour le plaisir et l'élargissement de l'horizon personnel. Pour ce groupe, la clé d'un voyage de plaisir réussi est qu'il soit éducatif, enrichissant sur le plan spirituel, aventureux, intéressant ou exotique. Il ne s'agit pas ici de la classe sociale qui se rend à Las Vegas pour jouer ou qui consomme des croisières à Acapulco sur le *Love Boat*. Les membres de ce groupe prennent les voyages au sérieux; on les retrouve dans des voyages en Chine, dans des voyages animés par des historiens de l'art à Florence, dans des voyages en France sur le thème d'une visite des grands vignobles, dans des tournées à bicyclette pour visiter les châteaux d'Allemagne ou d'Écosse, dans des safaris en brousse au Botswana et dans des expéditions destinées à voir les trésors des Incas au Pérou ou une éclipse solaire. Même lorsqu'il s'agit seulement pour ces personnes d'échapper à l'abominable hiver canadien et de relaxer au soleil, d'autres variables entrent en jeu, de telle sorte que le touriste de la classe moyenne-supérieure a tendance à aller en Micronésie plutôt qu'à Hawaii. Pour ces personnes, les déplacements doivent constituer un voyage de découverte et l'occasion de s'immerger dans «la culture» (la culture internationale, si possible). Remarquez comment ce texte d'une annonce imprimée destinée à promouvoir des croisières entre Vancouver et l'Alaska transmet son message aux voyageurs de la classe moyenne-supérieure :

> Le folklore de l'Alaska. Le passé culturel. Le présent géologique. C'est ce qu'est une croisière World Explorer. Une aventure éducative de deux semaines. Guidée par des anthropologues, des océanographes et d'autres Ph.D. à bord du S.S. Universe...

Pas de *Love Boat*; plutôt une université flottante.

Par rapport à la consommation, cette classe, plus que toute autre, est à la recherche de véritables expériences éducatives pour elle-même et pour ses enfants. Les consommateurs de la classe moyenne-supérieure inscrivent leurs enfants dans des camps d'été spécialisés en théâtre; ils leur font prendre un bain de culture au moyen de cours de piano, de ballet et de violon, par des excursions d'une journée dans des musées, par une participation à des programmes internationaux d'échanges d'élèves et par des expéditions dans la nature; ils leur achètent des livres, des jeux de mots, des casse-tête, un globe terrestre, une machine à écrire, un ordinateur, un ensemble de chimie ou un télescope pour faire de l'astronomie. Ces gens admirent ceux qui parlent plusieurs langues et ils essaient souvent de parler eux-mêmes une seconde ou une troisième langue. De plus, c'est la classe sociale qui croit à la haute culture; s'ils ne sont pas des mécènes, les membres de cette classe sont cependant des adeptes convaincus du ballet, du théâtre, de l'opéra, des concerts, des galeries d'art et des musées. Les sports qui les attirent le plus sont la voile, la marche, l'équitation, l'alpinisme ainsi que le golf pour la sérénité ou le prestige qu'ils apportent; ils aiment aussi le tennis, le squash, le cyclisme, le ski, la natation et le patinage sur glace pour leur capacité de procurer un exercice vigoureux dans une brève période de temps comme antidote à une vie professionnelle relativement sédentaire.

Pour ce qui est des vêtements, les consommateurs appartenant à la classe moyenne-supérieure ont une préférence pour les fibres naturelles – le coton, la laine, la soie, la fourrure et le cuir – et ils évitent de porter des fibres synthétiques comme le polyester[29]. Ils aiment beaucoup le bleu marine et les teintes pastel et ils achètent des vêtements du genre «Polo» de Ralph Lauren; le *look preppy* est généralement populaire dans cette classe. Les intérêts et l'horizon sociogéographique des membres de cette classe portent ceux-ci à essayer, beaucoup plus que ceux des deux autres classes supérieures, de nouvelles recettes de cuisine, des plats étrangers ainsi que la cuisine exotique. Ils fréquentent les restaurants de diverses ethnies, les établissements de haute cuisine ainsi que les boutiques spécialisées en ingrédients culinaires exotiques, et ils perçoivent la cuisine internationale comme une extension de leur quête d'expériences culturelles. Plusieurs collections de livres de cuisine ont été lancées spécialement pour ce segment de marché comme, par exemple, la série *Cuisine sans frontières*, publiée par Grund (recettes sur les cuisines chinoise, thaïlandaise, vietnamienne, japonaise, russe et indienne). Dans une étude portant sur les dépenses de restaurant, Frisbee et Madeira ont démontré que les ménages canadiens dans lesquels les deux conjoints gagnaient un revenu et où le chef de famille était membre d'une profession libérale, managériale ou administrative (c'est-à-dire surtout les familles appartenant à la classe moyenne-supérieure, lesquelles constituaient 14,8 % de l'échantillon de 3 871 ménages à double revenu interrogés), on dépensait en nourriture prise dans les restaurants de 4 à 5 % de plus du budget total que les ménages à double revenu appartenant aux classes sociales inférieures[30].

En tant qu'acheteur et preneur de décision, le consommateur appartenant à la classe moyenne-supérieure possède généralement une plus grande confiance en lui-même et est plus habile pour évaluer les produits que le consommateur issu des classes inférieures à la sienne. Ce phénomène s'observe notamment dans la façon de se meubler. En général, la famille de la classe moyenne-supérieure meuble le salon ou la salle de séjour petit à petit, achetant des meubles et des accessoires au cours de plusieurs séances de magasinage effectuées dans des magasins de meubles spécialisés, se fiant à son propre goût pour choisir la décoration. Moins sûre d'elle-même, la famille de la classe ouvrière se fie généralement plutôt au fabricant, au magasin à rayons ou au magasin de meubles pour constituer et lui vendre un ensemble complet d'ameublement de salon.

Pour ce qui est des valeurs personnelles, la classe moyenne-supérieure se caractérise généralement par son souci d'acquérir une instruction supérieure et une haute culture ainsi que par son ambition de réussir au travail. Les parents appartenant à cette classe exigent généralement beaucoup de leurs enfants et s'inquiètent si leurs garçons ou leurs filles ne choisissent pas une profession libérale ou ne visent pas un poste administratif de haut niveau, conscients qu'ils courent ainsi le risque de descendre dans l'échelle sociale. «Cette peur est bien fondée, car, comparativement aux autres classes sociales, c'est dans la classe moyenne-supérieure que l'on trouve la plus grande proportion d'enfants qui descendent dans l'échelle sociale[31].»

Au chapitre 6, nous avons décrit le système qui a été proposé par Milton Rokeach pour amener une personne à classer par ordre de priorité 18 valeurs terminales et 18 valeurs instrumentales, l'application de ce système permettant de déterminer les valeurs personnelles ou les principes directeurs qui dominent dans la vie d'un individu. La figure 10.2 montre dans quel ordre de priorité la classe moyenne-supérieure range 10 des 18 valeurs terminales de Rokeach, comparativement à la classe moyenne et à la classe ouvrière. Les moyennes obtenues par la classe moyenne-supérieure, allant de 1 (la valeur la plus importante) à 18 (la valeur la moins importante), proviennent d'une enquête effectuée auprès de 212 professeurs d'université spécialisés dans les domaines suivants: les arts, les affaires et les sciences biologiques, physiques et sociales. Pour ce qui est des résultats obtenus respectivement pour les classes moyenne et ouvrière, les données proviennent d'enquêtes effectuées auprès d'un échantillon national de représentants travaillant pour 69 compagnies pétrolières (la plupart d'entre eux étant des diplômés de niveau collégial) et de 235 marchands de stations-service[32]. Pour les personnes de carrière appartenant à la classe moyenne-supérieure, la valeur la plus importante est le sentiment d'avoir réussi, tandis que les trois valeurs jugées les moins importantes sont respectivement le confort, le plaisir et le salut. Les lignes pointillées de la figure 10.2 indiquent les valeurs qui prennent de plus en plus d'importance au fur et à mesure que l'on descend dans l'échelle sociale; les lignes pleines, quant à elles, indiquent les valeurs qui perdent de l'importance au fur et à mesure que l'on passe de la classe moyenne-supérieure à la classe moyenne ou à la classe ouvrière. Notez le grand nombre de chevauchements des différentes lignes observé entre la classe moyenne-supérieure et la classe moyenne, ce qui suggère que la plupart des changements concernant l'importance accordée aux 10 valeurs se produisent entre ces deux classes plutôt qu'entre la classe moyenne et la classe ouvrière.

FIGURE 10.2
Scores moyens relatifs à l'importance accordée à 10 valeurs terminales
chez des membres représentatifs de 3 classes sociales

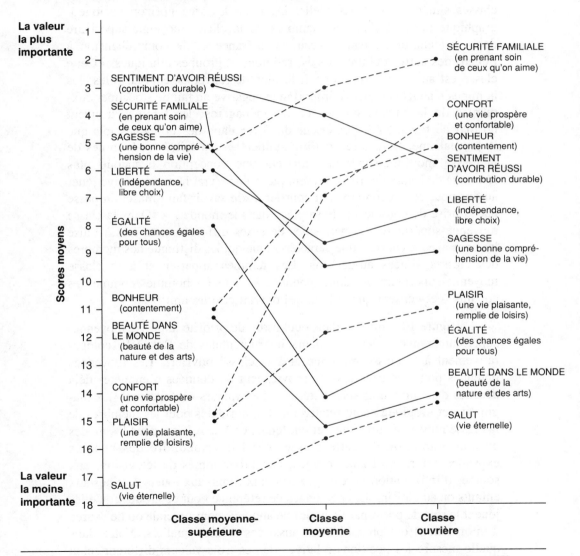

SOURCE: Calculé à partir de données provenant de Milton Rokeach, *The Nature of Human Values*, New York, Free Press, 1973, p. 145, tableau 5.14 ; p. 157, tableau 5.20.

La classe moyenne-supérieure a tendance à être très libérale sur le plan philosophique. Notez la grande importance qu'elle accorde aux valeurs terminales «liberté» et «égalité», comparativement aux deux classes situées au-dessous d'elle. De plus, le large horizon sociogéographique observé chez les membres de la classe moyenne-supérieure donne à ceux-ci un haut niveau de tolérance et de compréhension à l'égard des autres cultures, races, religions et groupes ethniques. «Cette classe est aussi celle qui connaît le plus de renversements de rôles : les hommes n'attachent aucune importance négative au fait de s'occuper eux-mêmes de la cuisine ou des tâches ménagères ; les femmes trouvent normal de travailler à l'extérieur du foyer dans des domaines tels que le journalisme, le théâtre ou l'immobilier[33].» En fait, «les hommes de la classe moyenne-supérieure tolèrent une conception beaucoup plus féminine de l'homme. Ils ne croient pas qu'un «vrai homme» doive jouer au dur pour être reconnu». Au contraire, «le savoir-faire masculin passe par la prise de conscience de sa place dans le monde...». Dans la classe moyenne-supérieure, les personnes de sexes différents sont très à l'aise les unes avec les autres, une caractéristique qui les distingue des membres des classes situées au-dessous. Les femmes appartenant à la classe moyenne-supérieure ont donc tendance à «voir les hommes comme des copains – et pensent que [l'homme] devrait être un ami[34]».

La figure 10.3 montre dans quel ordre de priorité la classe moyenne-supérieure range 8 des 18 valeurs instrumentales de Rokeach, comparativement à la classe moyenne et à la classe ouvrière. Les moyennes obtenues pour ces trois classes proviennent de données d'enquêtes déjà décrites dans un paragraphe antérieur. Les valeurs «intellectuel», «imaginatif» et «logique» sont relativement importantes pour les membres de la classe moyenne-supérieure et ont tendance à se refléter dans les modes de consommation de cette classe, par l'intermédiaire des besoins exprimés par rapport aux voyages, aux programmes de télévision, aux sources d'information, aux magazines, aux films, aux jouets destinés aux enfants ou aux loisirs. Les personnes de référence pour ce groupe (qu'elles jouent le rôle de porte-parole pour une annonce commerciale ou de source d'information) ont probablement aussi ces mêmes qualités. Notez dans quelle mesure les positions relatives de ces trois valeurs diffèrent selon les trois classes sociales, les valeurs «intellectuel» et «imaginatif» prenant de moins en moins d'importance au fur et à mesure que l'on descend dans l'échelle sociale.

FIGURE 10.3
**Scores moyens relatifs à l'importance accordée à 8 valeurs instrumentales
chez des membres représentatifs de 3 classes sociales**

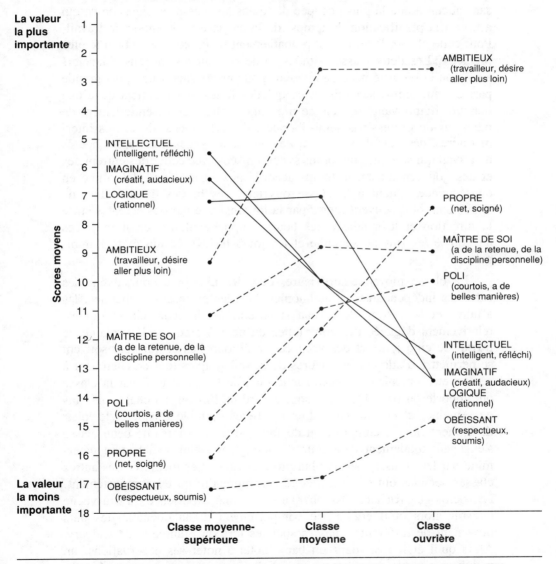

SOURCE: Calculé à partir de données provenant de Milton Rokeach, *The Nature of Human Values*, New York, Free Press, 1973,
            p. 146, tableau 5.15; p. 158, tableau 5.21.

Il est opportun de faire une dernière observation concernant les valeurs personnelles de la classe moyenne-supérieure. Vu la grande priorité qu'elle accorde au sentiment d'avoir réussi dans la vie, cette classe est sans aucun doute la plus occupée de toutes les classes sociales en ce qui a trait à la planification du temps, de la carrière et du mode de travail. Pour cette classe, le temps est probablement perçu comme le bien le plus précieux. Les deux classes situées au-dessus ont les moyens financiers ainsi que la sécurité nécessaires pour pouvoir consacrer une plus grande part de leur temps aux loisirs, ce qu'elles font – discrètement ou d'une manière flamboyante. La classe moyenne, composée essentiellement de membres de professions semi-libérales, de techniciens, de cadres inter-médiaires, de chefs de service et de cols blancs spécialisés, a des heures de travail qui sont plus ou moins synchronisées avec celles des entreprises et des gouvernements, le temps accordé aux loisirs étant déterminé en conséquence. Quant à la classe ouvrière, ses heures de travail et de loisirs sont plus souvent régies par la loi ainsi que par des ententes entre la direction et le syndicat (les heures supplémentaires étant majorées de 100 % les fins de semaine et les jours fériés), ce qui évite l'ambi-guïté.

La classe moyenne-supérieure, dont les membres poursuivent des carrières indépendantes et autonomes dans les professions libérales, les affaires et la gestion de niveau supérieur, est la seule classe qui est relativement dégagée des contraintes du neuf à cinq, de la semaine de travail de cinq jours et des vacances traditionnelles et qui peut souvent se permettre d'adopter des heures de travail souples tout en cherchant à réussir et à obtenir du succès sur le plan de la carrière. C'est la classe qui apporte du travail à la maison, à bord de l'avion, au chalet, les fins de semaine, et en vacances. Les frontières entre le travail et le loisir deviennent floues, compte tenu du fait que les membres de cette classe s'engagent totalement dans leur carrière, leur statut social étant déter-miné par leur réussite sur le plan professionnel. Les membres des autres classes sociales ont de la difficulté à comprendre un tel comportement. Le sociologue Richard Ossenberg raconte une expérience qu'il a vécue un soir alors qu'il étudiait le comportement de la clientèle des bars provenant de différentes classes sociales lors du Stampede de Calgary. Alors qu'il était assis dans un bar d'hôtel à noter ses observations, un membre de la classe moyenne, tenant beaucoup à fêter avec exubérance, le montre du doigt en s'exclamant: «Mon Dieu, il travaille à un moment comme celui-ci[35] !»

☐ La classe moyenne

Comme l'indique le tableau 10.1, plus du quart de la population du Canada fait partie de la classe moyenne. Certains sociologues appellent cette classe la classe moyenne-inférieure pour bien la différencier de la classe moyenne-supérieure. La classe moyenne étant probablement celle qui est la plus inquiète de toutes sur le plan social, elle se distingue par son souci d'adopter le «bon» comportement, de faire la «bonne» chose et de paraître «respectable». Tout en réalisant que les enfants doivent viser la réussite professionnelle pour éviter la mobilité vers le bas, la classe moyenne-supérieure est suffisamment tranquille sur le plan social pour vivre de nouvelles expériences, pour essayer de nouvelles choses et pour exprimer son individualité sans craindre de perdre son statut social. La classe moyenne, pour sa part, ressent très peu de liberté de ce genre; au contraire, elle recherche la sécurité au moyen de l'appartenance au groupe et de l'approbation du groupe. Dans cette classe, il y a peu de place pour les comportements excentriques. L'une des principales préoccupations de ses membres est de s'assurer que l'adoption d'une certaine activité ou d'un certain comportement sera «populaire» (c'est-à-dire sans problème sur le plan social et sans reproche). Les membres de la classe moyenne sont les grands rassembleurs de la société – ce sont des joueurs d'équipe possédant un fort désir d'être acceptés, de supprimer la singularité et l'individualité et de s'intégrer – dans le quartier, l'entreprise, le syndicat, l'association, le club, le groupe religieux ainsi que le cercle d'amis. Cette mentalité se révèle nettement dans la remarque que faisait un jour à un sociologue un gestionnaire appartenant à la classe moyenne : «Ta femme, tes enfants doivent se comporter correctement. Tu dois t'adapter au moule. Tu dois demeurer sur tes gardes[36].»

En ce qui a trait à l'occupation, la classe moyenne est constituée de cols blancs spécialisés (représentants, secrétaires, comptables, annonceurs de télévision, courtiers en valeurs mobilières), de cadres intermédiaires, de chefs de service, de contremaîtres, de techniciens et de membres de professions semi-libérales comme les infirmières diplômées, les pilotes d'avion, les décorateurs, les athlètes professionnels et les artistes. (*Voir tableau 10.2.*)

Si les membres de la classe moyenne vont à l'université – et plusieurs n'y vont pas –, il est probable que c'est plus dans le but d'obtenir un bon emploi que d'acquérir une bonne instruction (une aspiration plus caractéristique de la classe moyenne-supérieure). Les élèves appartenant à la classe moyenne (et leurs parents) ont tendance à se demander s'ils devraient aller à l'université afin d'obtenir un bon emploi, révélant ainsi un horizon de planification plus limité que celui de l'élève appartenant à la classe moyenne-supérieure, lequel a plutôt tendance à étudier pour le plaisir d'apprendre tout en s'acheminant graduellement vers le choix d'une carrière. De toutes façons, la classe moyenne a tendance à s'inscrire aux universités locales de façon sporadique, dans des programmes à temps partiel ; ils suivent plutôt des cours du soir visant l'enrichissement personnel, des cours pour adultes et des cours de formation professionnelle dans des domaines tels que la radiodiffusion, l'art commercial ou le travail de bureau. Les parents appartenant à la classe moyenne croient généralement qu'une instruction supérieure favorise la mobilité vers le haut, même s'ils n'ont pas, quant à eux, de diplôme universitaire[37].

Les horizons sociogéographiques et psychologiques de la classe moyenne sont moins vastes que ceux de la classe moyenne-supérieure, mais plus vastes que ceux des classes situées au-dessous. Les membres de la classe moyenne ont tendance à croire à la gratification différée, au travail acharné pour obtenir des bénéfices futurs et à la planification de la retraite. Les occupations des membres de cette classe nécessitent souvent de nombreux déplacements : les cadres intermédiaires et les chefs de service prennent souvent l'avion pour suivre des cours de formation en entreprise ; le personnel militaire et les cols blancs spécialisés dans certaines techniques sont souvent mutés ; les représentants assistent souvent à des foires et à des congrès ou se rendent dans les marchés situés outre-mer ; enfin, les athlètes et leurs entraîneurs, les artistes ainsi que les interprètes doivent aller là où les mènent leurs affaires.

Les intérêts de cette classe à l'égard de l'information et de la politique sont de niveau national plutôt qu'international et les lectures qu'ils préfèrent sont moins cérébrales, moins idéologiques, moins controversées et moins critiques que celles de la classe moyenne-supérieure. La classe moyenne de langue anglaise constitue le principal marché pour des publications telles que *National Geographic*, *House & Garden*, *Psychology Today*, *Reader's Digest* et *Science Digest*. Paul Fussell souligne que tandis que les membres de la classe moyenne-supérieure lisent dans le but d'être surpris, ceux de la classe moyenne lisent afin de vérifier leurs idées ou leurs notions préconçues[38]. Les destinations de voyage de la classe moyenne ont tendance à être populaires plutôt qu'exotiques. Cette classe sociale constitue le principal marché de l'industrie des voyages organisés, lesquels offrent des vacances sans tracas, quasi romantiques, vers des destinations populaires, à l'abri des expériences étranges ou surprenantes. C'est aussi cette classe qui fait vivre les organisateurs de croisières, celles dont la publicité annonce un service de luxe et des repas de gourmets ainsi que beaucoup d'éclat dans les divertissements des soirées passées à bord.

Les modes de consommation de cette classe reflètent le fait que ses membres ont tendance à se sentir inquiets sur le plan social, étant préoccupés de grimper dans l'échelle sociale et de se différencier des membres de la classe ouvrière. Ayant peur d'offenser les autres, les membres de la classe moyenne représentent le principal marché pour les désodorisants et les rince-bouche. Ces consommateurs prennent soin d'acheter et de posséder des objets qui soient perçus par les autres comme dignes et appropriés. Dans l'esprit de ces consommateurs, ce qui est risqué ou controversé peut entraîner l'anathème, spécialement ce qui se trouve dans les pièces les plus publiques et les plus socialement visibles, c'est-à-dire le salon ou la salle de séjour. Les ménagères appartenant à la classe moyenne ne sont pas très sûres de leur goût et se fient généralement aux revues de mode ou de décoration, aux experts ainsi qu'aux vendeurs pour déterminer ce qui est de «bon goût» (ce qui, pour les membres de cette classe, est inoffensif et exempt d'idéologie). En décoration, la classe moyenne a tendance à préférer les couleurs «sûres» comme les bruns et les beiges et reste terrifiée par les couleurs osées et les formes d'avant-garde, ne sachant pas comment les incorporer à l'ameublement d'une maison et craignant qu'ils ne fassent l'objet de questions gênantes et de commentaires désobligeants de la part des visiteurs et des invités. De la même façon, on ne trouvera pas de livres ou de revues potentiellement controversés sur les tables du salon, ni de peintures discutables (par exemple, des nus, des formes abstraites ou des scènes révolutionnaires) sur les murs.

En fait, la classe sociale exerce une influence certaine sur le choix des objets que les consommateurs placent dans leur salon ou leur salle de séjour. La figure 10.4 présente les résultats d'une étude démontrant qu'il existe une relation entre le statut social et les objets fabriqués que l'on trouve dans les salons et les salles de séjour. Donnant les résultats d'une enquête sur les objets placés dans les salons de 897 personnes habitant une grande agglomération, la figure 10.4 présente certains de ces objets disposés dans un espace à deux dimensions où l'axe horizontal est grandement corrélé au revenu familial total, au statut social déterminé par l'occupation ainsi qu'au niveau d'instruction du répondant et de son conjoint – des variables qui, considérées conjointement, indiquent la classe sociale d'un individu. La figure présente donc les objets qui sont susceptibles de se trouver dans le salon selon les différents niveaux de statut social. L'axe vertical distingue les objets suivant qu'ils sont traditionnels ou modernes; l'étude démontre que les objets situés au

FIGURE 10.4
Le statut social par rapport à divers objets que l'on trouve dans les salons

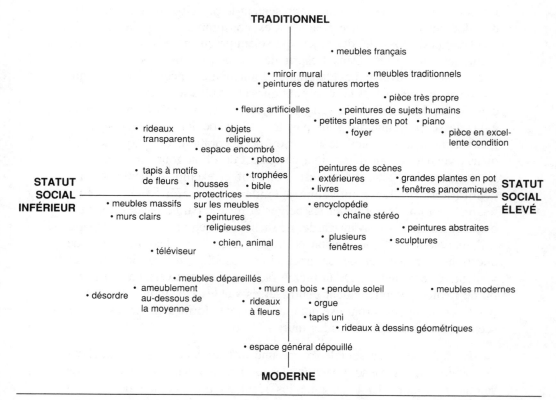

SOURCE: Adapté de Edward O. Laumann et James S. House, «Living Room Styles and Social Attributes: The Patterning of Material Artifacts in a Modern Urban Community», *Sociology and Social Research*, 54, avril 1970, p. 326. Tiré de *Sociology and Social Research: An International Journal*, University of Southern California, Los Angeles, Californie. Reproduit avec autorisation.

sommet de l'axe (objets traditionnels) sont susceptibles de figurer dans les salons de personnes catholiques, pieuses, fréquentant régulièrement l'église et possédant des attitudes traditionnelles à l'égard du mariage. Ces objets sont moins souvent présents dans les salons des gens qui sont en voie de grimper dans l'échelle sociale.

Les consommateurs appartenant à la classe moyenne sont portés à acheter des produits et des services qui sont susceptibles de confirmer leur statut social et de leur conférer du prestige. À l'aide de catalogues de cadeaux et de catalogues de vente par correspondance, ils commandent des articles personnalisés (des montres-bracelets pour lui et elle portant l'inscription «Jean» ou «Marie»; des plaques où l'on peut lire «fait sur mesure pour [nom…]», à coller sur le tableau de bord de la voiture; des verres décorés du nom ou des armoiries de la famille). Ces consommateurs achètent et mettent en évidence des encyclopédies munies d'un monogramme et reliées en cuir ou des collections de livres classiques qu'ils placent sur des étagères plaquées noyer; ils fréquentent des restaurants dont l'ambiance donne une impression de grande classe plutôt que des endroits sans prétention où l'ambiance est secondaire par rapport à la qualité de la nourriture; pour leurs vacances, ils choisissent des endroits et des croisières où on leur promet qu'ils seront entourés de luxe. Les études portant sur les familles dont le revenu est supérieur à la moyenne démontrent que les produits tels que les bateaux à moteur, les véhicules récréatifs, les roulottes, les camions pick-up, les tondeuses tracteurs, les souffleuses, les téléviseurs munis d'un contrôle à distance, les piscines, les voitures sport de modèle récent pour les adolescents et les grosses voitures super-équipées pour soi-même se rencontrent beaucoup plus dans les classes moyenne et ouvrière que chez les membres des trois classes supérieures ayant le même revenu[39].

Même si la figure 10.2 suggère que les valeurs personnelles des membres de la classe moyenne sont plus près des valeurs de la classe ouvrière que de celles de la classe moyenne-supérieure, les membres de cette classe ne veulent pas être confondus avec ceux de la classe ouvrière. Le consommateur appartenant à la classe moyenne est ambitieux sur le plan social; il cherche à obtenir pour sa famille une certaine sécurité en matière de statut social et il croit au travail acharné et consciencieux, de façon à pouvoir, grâce à des revenus plus élevés, acheter une «meilleure maison», située dans un «meilleur quartier», du «bon côté» de la ville et possédant de «bonnes écoles»[40]. Pour la classe moyenne, un «vrai homme» est celui qui est «un père particulièrement bon, un époux responsable, l'artisan d'une vie familiale solide[41]». C'est surtout les gens de la classe moyenne qui vont à l'église sur une base régulière et qui soutiennent les œuvres de charité ainsi que les activités organisées par l'Église. Les membres de cette classe accordent beaucoup plus d'importance à l'obtention d'une vie confortable, prospère et satisfaisante que ceux de la classe moyenne-supérieure. Par rapport à la société au sens large, la classe moyenne est celle qui se comporte le mieux, ses membres essayant de ne pas offenser les autres, de respecter la loi, de se conformer aux normes de la société et de paraître décents, bien élevés et propres. Les membres de cette classe sont portés à s'endimancher pour aller faire des achats ou pour voyager. Notez, dans la figure 10.3, les différences entre la classe moyenne et la classe moyenne-supérieure pour ce qui est de l'importance accordée aux valeurs «maître de soi», «poli» et «propre».

Le souci qu'ont les membres de la classe moyenne de ne pas offenser les autres ou de ne pas être impolis les fait paraître prudes et trop soucieux de la morale aux yeux des autres classes. Ce phénomène se reflète souvent dans la prédilection qu'a la classe moyenne pour l'euphémisme et le langage châtié. Les rapports sexuels s'expriment par l'expression «faire l'amour»; les fausses dents deviennent des «dentiers», le cimetière devient un «parc commémoratif»; les toilettes sont une «aire de repos»; la folie est ramenée à une «maladie mentale»; les bombes atomiques deviennent des «engins nucléaires»; mourir est trop déplaisant, c'est pourquoi on parle de «décéder»; les ivrognes deviennent des «gens ayant des problèmes d'alcool» et les prisons, des «centres pénitentiaires»[42]. De toute évidence, la classe moyenne fait de grands efforts pour adoucir les dures réalités de la vie et pour chasser de son langage courant les associations déplaisantes.

Désireuse de rehausser la respectabilité ainsi que les connotations relatives au statut social des objets qu'elle acquiert et des causes qu'elle soutient, la classe moyenne réagit favorablement au langage susceptible de rehausser l'ordinaire – phénomène que les annonceurs publicitaires et les spécialistes de marketing exploitent avec beaucoup d'ardeur. C'est ainsi qu'une maison devient un «foyer» (grâce à des agents immobiliers serviables) et que l'on vend des roulottes à la classe moyenne en tant que «maisons mobiles»; les pyjamas ne sont pas aussi beaux que les «vêtements de nuit», et le «cristal» et l'«argenterie» sont bien plus nobles que la verrerie et les couverts ; lorsqu'elle se déplace, la classe moyenne appelle les pourboires des «gratifications». Dans le même ordre d'idées, les mots tels que «luxueux», «designer», «de direction», «prestigieux», «impeccable», «gourmet» et «à titre gracieux» sont des favoris de la classe moyenne[43].

La classe ouvrière

Environ 40 % de la population du Canada fait partie de la classe ouvrière, ce qui fait de celle-ci la plus grande couche sociale de la société canadienne. La classe ouvrière diffère de la classe moyenne en ce qu'elle a beaucoup plus d'assurance sur le plan social. En général, les membres de la classe ouvrière ne souhaitent pas grimper dans l'échelle sociale. «Étant donné qu'ils ne se préoccupent pas de savoir s'ils choisissent les bons emblèmes de statut, ces gens peuvent être remarquablement détendus[44].» Parce qu'ils sont au sommet de leur monde social (c'est-à-dire les occupations manuelles) et qu'ils ne dépensent pas de temps ou d'énergie à grimper dans l'échelle sociale, on les a appelés les aristocrates des cols bleus[45]. La classe ouvrière possède une certaine fierté par rapport à sa position sociale, et il lui arrive d'éprouver un certain dédain pour la classe située au-dessus de la sienne, tel que le montre cette attitude d'un père de famille de la classe ouvrière : «Si mon gars veut porter une foutue cravate toute sa vie et faire des courbettes devant un patron, c'est son droit, mais, nom d'un chien, il devrait aussi avoir le droit de gagner sa vie d'une façon honnête avec ses mains si c'est ce qu'il aime[46].»

Sur le plan de l'occupation, la classe ouvrière comprend les travailleurs spécialisés dans un métier ou dans un commerce (menuisiers, agents de police, soudeurs, tailleurs et couturières, mécaniciens d'automobile, plombiers, pompiers, imprimeurs, opérateurs de prise de vue, etc.), les travailleurs manuels semi-spécialisés (conducteurs d'autobus, bouchers, emballeurs de viande, cordonniers et pêcheurs) ainsi que les cols blancs exerçant une occupation semi-spécialisée (agents de bord, guides, serveurs et serveuses, coiffeurs, dactylos, caissiers, etc.). Les fermiers font aussi partie de cette classe. Les échelles salariales étant ce qu'elles sont, les membres de la classe ouvrière peuvent souvent gagner un revenu supérieur à celui des membres de la classe moyenne ou à celui des membres de professions libérales salariés appartenant à la classe moyenne-supérieure.

Une instruction supérieure ne fait généralement pas partie des aspirations de cette classe; la plupart des membres de la classe ouvrière ont achevé leurs études primaires et ont suivi certains cours au secondaire ou, moins souvent, ont obtenu leur diplôme d'études secondaires. À travers le Canada, dans cette classe, les ambitieux choisissent l'option arts et métiers au secondaire, puis deviennent des apprentis. En règle générale, un plombier ou un électricien a seulement besoin d'une dizième année au secondaire pour devenir apprenti, travaillant ensuite pendant quatre ans tout en gagnant de l'argent en tant qu'apprenti avant d'acquérir sa qualification professionnelle et de devenir indépendant[47]. Cela est bien différent du cas du médecin, qui doit d'abord obtenir un diplôme collégial, étudier pendant quatre ans dans une faculté de médecine à l'université pour ensuite travailler comme interne avant d'entreprendre sa carrière.

Les élèves appartenant à la classe ouvrière sont pressés de quitter l'école et de gagner «un bon salaire» aussi vite que possible. Pour ces jeunes, l'argent veut dire quelque chose; ils connaissent très bien les produits de consommation et réagissent à l'égard des noms de marque comme s'il s'agissait de médailles honorifiques. Alors qu'un enseignant lui demandait de raconter à la classe ce qu'elle aimait, une élève du secondaire a répondu: «J'aime le téléphone. J'aime le Coca-Cola. J'aime les téléromans. J'aime l'argent. J'aime les cœurs. J'aime les jeans Calvin Klein.» Un jeune homme de 16 ans vêtu d'un costume *heavy-metal*, que l'on interrogeait sur ses projets d'avenir, a raconté à la classe: «J'aimerais jouer de la guitare. Ou devenir un spécialiste en réfrigération parce que ça paye 28 "piastres" de l'heure[48].»

Les horizons sociogéographiques de la classe ouvrière sont bien plus étroits que ceux des deux classes situées au-dessus. Le monde du col bleu est très paroissial et tourne autour des membres de la parenté, sur qui on se fie pour obtenir un soutien économique et émotif, de l'information sur des possibilités d'emploi et des conseils pour faire ses achats. Une étude effectuée auprès de 1 000 personnes vivant dans de grandes agglomérations a examiné la proportion de membres de diverses classes sociales habitant dans une maison ou un appartement situé dans un rayon de 1,6 kilomètre du lieu de résidence d'un parent, d'un frère ou d'une sœur, de la belle-famille, d'une tante, d'un oncle, d'un cousin, d'un grandparent ou d'un enfant adulte. Les résultats de cette étude sont présentés ci-dessous[49].

- Classes inférieures : 55 %
- Classe ouvrière : 45 %
- Classe moyenne : 19 %
- Classes supérieures : 12 %

De plus, les membres de la classe ouvrière tiennent généralement compte du lieu où habitent les membres de la famille élargie lorsqu'on leur demande où ils aimeraient vivre, tandis que, dans les classes situées au-dessus, de telles considérations sont rarement mentionnées. Leurs horizons limités se manifestent aussi dans leur préférence pour les nouvelles locales plutôt que pour les reportages nationaux ou internationaux et dans leur préférence pour les personnalités sportives des équipes locales de sport amateur ou professionnel. Dans cette classe, il arrive souvent que l'on passe ses vacances chez soi ; cependant, si l'on va ailleurs, ce sera probablement dans un endroit de villégiature situé tout près, dans des lieux d'attractions touristiques tels que « Canada's Wonderland » ou les parcs d'amusement Disney, ou bien dans la parenté (tandis que, chez les membres des classes moyenne-supérieure et supérieure, on s'éloigne de la famille pour visiter plutôt les amis). Les membres de cette classe évitent de faire du tourisme parce qu'ils craignent les expériences nouvelles et surprenantes ainsi que les situations inattendues qu'ils sont susceptibles de rencontrer en s'éloignant des endroits familiers[50].

Sur le plan psychologique, les horizons de la classe ouvrière sont orientés vers le **présent** plutôt que vers le futur. Les membres de cette classe font peu de planification à long terme. Ils aiment voir les **résultats immédiats** de leur travail et dépensent souvent aussi vite qu'ils gagnent, pas nécessairement d'une manière frivole, se procurant des choses tangibles comme des appareils électroménagers permettant d'économiser du temps, les derniers gadgets sur le marché, des téléviseurs couleur sophistiqués, des jeux vidéo, des chaînes stéréo, des magnétophones, des appareils photo et des montres de haute technologie ou des outils électriques pour leur atelier de bricolage. S'ils ont de l'argent à placer, celui-ci fera l'objet d'investissements concrets et tangibles comme l'immobilier ou une petite entreprise, des lingots et des pièces d'or ou des pierres précieuses. Ils évitent les actions, les monnaies étrangères, les fonds mutuels, les REER, les certificats de placement garantis, les bons du Trésor, les certificats de métal précieux ou l'assurance-vie ; ils trouvent ces formes d'investissement trop intangibles et les laissent à ceux qui comprennent le système financier ou qui pensent le comprendre. En ce sens, les membres de la classe ouvrière sont habiles : ils ne sont pas portés à investir dans ce qu'ils ne comprennent pas.

Les modes de consommation qu'ils adoptent reflètent généralement cette orientation vers l'immédiat, le présent, le tangible. De plus, la classe ouvrière est probablement la plus fidèle de toutes les classes sociales. Les consommateurs appartenant à cette classe aiment à s'identifier aux grandes entreprises et à leurs noms de marque comme s'ils s'associaient par le fait même au succès obtenu par ces entreprises, aux réalisations industrielles de la nation ainsi qu'à sa technologie. Les consommateurs qui font partie de cette classe mémorisent consciencieusement les prix de détail ainsi que les noms de marque. Ils aiment à porter des vêtements munis d'inscriptions, spécialement lorsqu'ils se rassemblent pour partager des loisirs ou pour faire des achats dans les centres commerciaux. Ils ont aussi plus tendance à décorer leurs voitures de décalcomanies représentant des logos ainsi qu'à apposer sur le pare-chocs de leur voiture des auto-collants indiquant certaines de leurs préoccupations («Claxonnez si vous croyez en Dieu», «Belle-mère dans le coffre-arrière», «Le bonheur, c'est de jouer au bingo»). La classe ouvrière a encore une préférence pour les grosses voitures de taille standard, ignorant les voitures compactes du marché local ainsi que les voitures importées. En dépit de l'augmentation du prix de l'essence, les camionnettes ainsi que les véhicules récréatifs assoiffés d'essence sont toujours aussi populaires chez les membres de cette classe. Dans sa fidélité à l'égard des produits locaux, la classe ouvrière résiste aux voitures importées de façon générale. Une étude effectuée aux États-Unis en 1976 (trois ans après le choc initial dû à l'augmentation du prix du pétrole) a révélé quel pourcentage de familles de diverses classes sociales sont propriétaires d'une voiture importée (un modèle économique ou de luxe) : 40 % des familles des classes supérieures, 25 % des familles de la classe moyenne, mais seulement 10 % des familles de la classe ouvrière[51].

Si la voile est le sport préféré des classes supérieures, le bateau à moteur est certainement le sport préféré de la classe ouvrière. En fait, tout ce qui a trait à la puissance et à la technologie dans les produits destinés aux loisirs ou à la maison semble posséder un attrait spécial pour les consommateurs appartenant à la classe ouvrière : motoneiges, motocyclettes, karts, outils électriques, grils à l'électricité ou au gaz, ouvre-boîtes électriques, émetteurs-récepteurs portatifs, radiotéléphones et platines de magnétophone avec haut-parleurs très puissants. Les passe-temps préférés de la classe ouvrière sont les quilles, la pêche, la chasse, le patinage à roulettes, les exercices de musculation, l'haltérophilie, les jeux de hasard, le poker, le billard et le bingo. Parmi les sports que l'on regarde à la télévision, on préfère la lutte, le football professionnel, le hockey sur glace, la boxe, la course de bateaux et la course automobile (spécialement la course de stock-cars).

Par rapport aux autres émissions de télévision, les membres de la classe ouvrière ont une préférence pour les jeux comme *La roue chanceuse*, les comédies de situation comme *La croisière s'amuse* ou *Chopsuey* et les séries telles que *Le temps d'une paix* ou *Entre chien et loup* ainsi que les séries quasi scientifiques ou à effets spéciaux comme *Star Treck*. Mais ce qui distingue vraiment la classe ouvrière des autres classes est le grand nombre d'heures consacrées à regarder la télévision en soirée. Le tableau 10.3 présente une moyenne des heures auxquelles les familles de diverses classes sociales ouvrent ou ferment leur téléviseur. Les données proviennent d'une étude effectuée auprès de 225 familles de l'agglomération d'Hull-Ottawa et révèlent que les familles issues de la classe ouvrière regardent la télévision pendant une période de temps beaucoup plus longue et qu'ils ouvrent leur téléviseur beaucoup plus tôt en soirée que les familles appartenant aux autres classes. Ce mode de comportement est compatible avec le style de vie de la classe ouvrière: comparativement aux autres classes sociales, «un départ pour le travail plus tôt le matin, moins d'accent sur le repas du soir et des activités de loisirs plutôt passives qu'actives[52]». Le tableau 10.3 indique aussi que la fréquence de la lecture des journaux n'est pas fonction de la classe sociale. En effet, la même étude a démontré qu'il n'y avait virtuellement aucune différence concernant le nombre d'heures passées à lire les journaux entre les familles des cinq classes sociales considérées.

Parmi les revues les plus susceptibles d'être lues par la classe ouvrière anglophone, on trouve *Reader's Digest*, *Family Circle*, *True Story*, *TV Guide*, *Popular Mechanics* ainsi que *Field and Stream[53]*. La classe ouvrière constitue aussi le principal marché pour les hebdomadaires à sensation (*Échos-Vedettes*, *Le Lundi*, *National Examiner*, *National Enquirer*, *Globe*, etc.) vendus près des caisses enregistreuses des supermarchés. Apparemment, ces hebdomadaires tranquilliseraient et

TABLEAU 10.3
Habitudes concernant le temps passé à regarder la télévision en soirée
et habitudes de lecture du journal pour cinq couches sociales

	Classes supérieures	Classe moyenne-supérieure	Classe moyenne	Classe ouvrière	Classe inférieure
Heure moyenne où l'on ouvre le téléviseur en soirée	7:05	6:43	6:08	5:30	5:50
Heure moyenne où l'on ferme le téléviseur en soirée	10:39	10:36	10:47	10:50	10:54
Total des heures passées à regarder la télévision en soirée	3,56	3,89	4,65	5,34	5,07
Nombre de journaux lus par semaine	4,67	4,45	4,67	4,67	4,34

SOURCE DES DONNÉES: Charles M. Schaninger, «Social Class Versus Income Revisited: An Empirical Investigation», *Journal of Marketing Research*, 18, mai 1981, p. 192-208, tableau 4.

réconforteraient le psychisme de la classe ouvrière, rassurant les lecteurs en leur suggérant que la vie est remplie de merveilles et de promesses et que la destinée des gens riches et célèbres est réellement à la merci de l'opinion des lecteurs, qui possèdent le pouvoir de créer ou de détruire les vedettes. L'un de ces hebdomadaires a même fourni à ses lecteurs une explication sur leur lecture assidue:

> Les experts racontent... pourquoi nous aimons lire au sujet de nos vedettes préférées... parce que cela nous permet d'échapper au stress et aux inquiétudes de notre vie pendant un moment et de nous sentir plus importants tout en nous tenant au courant des dernières tendances.

L'auteur de l'article termine en citant l'un de ces experts: «Nous sommes tous capables de nous identifier à un gagnant. Cela est bon pour nous[54].» Et cela est bien vrai, comme nous l'a enseigné la théorie du groupe de référence. Il se peut que, pour les classes supérieures, les gagnants soient Placido Domingo, Veronica Tennant ou Pierre Trudeau, tandis que, pour la classe moyenne, les gagnants peuvent être Lee Iacocca, Sylvie Bernier ou David Suzuki. Mais il s'agit du même phénomène; seuls les noms des gagnants diffèrent.

Cela nous amène à traiter des valeurs personnelles de la classe ouvrière. Étant donné qu'ils accordent à la gaieté une plus grande importance que les membres des classes moyenne ou moyenne-supérieure, les membres de cette classe sourient beaucoup (et se demandent probablement pourquoi les autres n'en font pas autant), spécialement les femmes, qui pourraient bien réussir à rendre plus humaine l'industrie des services. Se sentant relativement tranquilles en ce qui a trait à leur statut social, les gens appartenant à la classe ouvrière sont la plupart du temps désinvoltes et spontanés dans ce qu'ils font et ce qu'ils disent ainsi qu'en ce qui a trait à leur apparence physique. Dans les endroits publics comme les salles d'attente ou dans les queues formées pour l'achat de billets, on peut les entendre fredonner une chanson ou tenir des conversations bruyantes dans le but (jamais malicieux) d'être entendus et admirés par les autres. Étant souvent dénués de gêne dans les activités de loisirs, les membres de cette classe ont tendance à être très bruyants pour encourager leur équipe lors d'épreuves sportives. La classe moyenne le fait aussi, mais seulement dans des occasions socialement approuvées ou «appropriées» telles que les fêtes du Stampede de Calgary ou le Carnaval de Québec, alors que le fait de se joindre aux bruyantes réjouissances dans les bars et les brasseries risque peu d'être tourné en ridicule ou de susciter des froncements de sourcils[55].

Cette absence de gêne, caractéristique de la classe ouvrière, semble se manifester dans l'apparence physique. L'obésité est très répandue chez les membres de cette classe, quatre fois plus que chez les membres des classes moyenne et moyenne-supérieure[56]. Cependant, sur les plans collectif et individuel, les membres de cette classe continuent d'être, avec ceux des classes inférieures, les plus grands consommateurs de pizzas et de plats cuisinés surgelés, de hambourgeois, de légumes en conserve, de mortadelle ou de saucisson de bologne, de croustilles et de boissons sucrées instantanées[57]. Il font aussi une plus grande consommation que les membres des classes situées au-dessus de la leur de sucre pur ou de sucre utilisé comme additif dans les aliments. En dépit de sa grande consommation de sucre et de graisse, la classe ouvrière ne pratique généralement pas les exercices vigoureux et intensifs caractéristiques des membres de la classe moyenne-supérieure, généralement plus minces : le squash, le tennis, la course, la natation, la marche et le cyclisme.

La figure 10.5 montre comment les ménagères de différentes classes sociales se comportent par rapport aux prix des produits d'épicerie. Comparativement à ses consœurs des autres classes, la ménagère de la classe ouvrière recherche plus activement les rabais d'épicerie dans les journaux, lit avec plus d'attention la publicité ayant trait à ce domaine et utilise davantage les bons de réduction d'épicerie offerts dans les

FIGURE 10.5
La sensibilité aux réductions de prix dans les produits d'épicerie chez des ménagères de différentes classes sociales

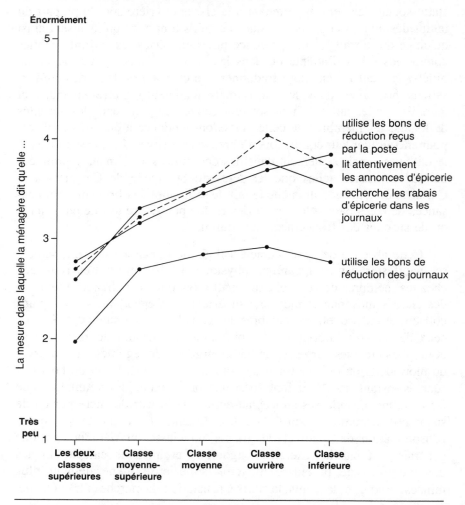

SOURCE DES DONNÉES : Charles M. Schaninger, « Social Class Versus Income Revisited : An Empirical Investigation », *Journal of Marketing Research*, 18, mai 1981, p. 192-208, tableau 3.

journaux. C'est la ménagère qui, après celle de la classe inférieure, utilise le plus grand nombre de bons de réduction d'épicerie reçus par la poste. L'étude sur laquelle s'appuie la figure 10.5 a aussi révélé des différences dans la façon d'acheter l'ameublement du salon. Les familles de la classe moyenne-supérieure achètent généralement les pièces d'ameublement une par une, à différents moments, dans des magasins spécialisés dans la vente de meubles. Au contraire, les familles de la classe ouvrière et de la classe inférieure meublent généralement leur salon en achetant un mobilier complet dans un magasin à rayons vendant à des prix nettement inférieurs à la normale ou dans un magasin de meubles s'adressant à la masse[58].

Tel que l'indique la figure 10.2, trois des valeurs terminales les plus importantes pour la classe ouvrière sont la sécurité familiale, le confort et le bonheur. Pour la classe ouvrière, «un vrai homme est un gars solide qui gagne bien sa vie», tandis que la femme idéale est une mère dévouée à ses enfants. Ceux-ci sont perçus comme «ce qu'on possède de plus précieux dans la maison», et [leur mère] «place leurs désirs avant ceux de son mari». Plutôt que d'épargner en vue d'achats plus importants, les mères appartenant à la classe ouvrière ont tendance à acheter à leurs enfants de petites choses destinées à leur faire plaisir, mais, ayant une piètre compréhension des motivations ou des comportements des enfants, elles sont ébahies, deviennent impatientes et se fâchent lorsque leurs enfants montrent du désappointement (on pourrait ajouter qu'elles manquent souvent de cohérence dans l'éducation de leurs enfants[59]).

En comparant la classe ouvrière à la classe moyenne-supérieure à l'aide de la figure 10.3, notez les différences dans l'importance accordée aux valeurs «propre», «poli», «intellectuel», «imaginatif» et «logique». De même que dans la classe aristocratique supérieure-supérieure, les hommes appartenant à la classe ouvrière ont une attitude peu romantique envers les femmes. Selon les critères de la classe moyenne-supérieure, les hommes de la classe ouvrière sont plutôt maladroits dans leurs relations avec les femmes. La structure familiale caractéristique de la classe ouvrière se distingue de celle des classes supérieures par une division prononcée des rôles des deux sexes et par une tendance aux stéréotypes: «Pour les femmes, le monde continue de tourner autour de la famille immédiate, du clan élargi ainsi que, peut-être, de quelques amis de longue date provenant du quartier où l'on a grandi; quant aux hommes, ils fréquentent leur groupe de pairs au travail... à la taverne du coin ou... lors d'expéditions entre hommes (voyages de pêche, courses de stock-cars)[60].» Fussell a observé que lorsqu'ils se promènent en voiture, les hommes appartenant à la classe ouvrière s'assoient généralement en avant, alors que leurs épouses s'assoient en arrière; chez les membres de la classe moyenne, un couple s'assoit en avant alors que l'autre couple s'assoit en arrière; chez les membres de la classe moyenne-supérieure, on a plus de chances de voir un homme et une femme de couples différents partager un même siège[61].

Si les deux classes les plus élevées croient à l'intimité et aux loisirs équestres, si la classe moyenne-supérieure croit à la haute culture et à l'instruction supérieure et si la classe moyenne croit à la respectabilité et à la décence, la classe ouvrière, pour sa part, croit aux horoscopes, à la chiromancie, à la signification des rêves, aux chiffres chanceux et aux billets de loterie[62]. La classe ouvrière aime les jeux de hasard et elle constitue le principal marché pour les conseils astrologiques et les objets vendus pour porter chance ou entraîner des bénédictions. Les consommateurs appartenant à la classe ouvrière continueront sans doute d'être les meilleurs clients des boutiques de souvenirs religieux tels que ceux vendus lors de la dernière visite du pape au Canada.

Ainsi est la classe ouvrière, caractérisée par «des horizons limités, l'importance de la famille et du clan, une dévotion chauvine à la nation et au quartier» et la recherche de la tranquillité dans les loisirs et le travail[63]. Nous examinerons maintenant la dernière des couches sociales, constituée par les classes inférieures.

☐ Les classes inférieures

Le tableau 10.1 indique que le cinquième de la population du Canada appartient aux classes inférieures. La tendance la plus récente en sociologie est de subdiviser cette couche en une «classe inférieure, mais non la plus inférieure», et en une «vraie classe inférieure-inférieure», pour utiliser la terminologie de Coleman et Rainwater.

La classe inférieure

La classe inférieure est constituée de personnes faisant partie du secteur marginal du marché du travail. N'étant pas assurées d'avoir un emploi régulier, ces personnes ont un niveau de vie se situant au-dessous de celui de la classe ouvrière, mais au-dessus du seuil de la pauvreté. Du point de vue de l'occupation, la classe inférieure est constituée d'une main-d'œuvre non spécialisée travaillant dans le secteur des services – serviteurs et domestiques, facteurs, employés préposés au courrier et messagers, aides-infirmiers et vendeurs ambulants – ainsi que de travailleurs non spécialisés : conducteurs de taxi et de camion, préposés au nettoyage à sec, débardeurs, concierges et femmes de ménage, videurs, éboueurs et balayeurs de rue, portiers et bagagistes, déménageurs, préposés dans une station-service, ouvriers agricoles et cueilleurs de fruits.

En général, les membres de la classe inférieure ont seulement suivi quelques cours de niveau secondaire et plusieurs n'ont pas été au-delà des études primaires. D'habitude, ils ont peu ou pas de formation professionnelle. Chez les membres de cette classe, on trouve plusieurs consommateurs fonctionnellement illettrés : ceux qui peuvent, par exemple, lire les manchettes des journaux, mais qui ne peuvent lire ni les articles de revues, ni les étiquettes collées sur les pots, ni les menus des restaurants.

Les horizons sociogéographiques de la classe inférieure sont souvent encore plus limités que ceux de la classe ouvrière. Étant généralement, au travail, sous la surveillance constante (et humiliante) de contremaîtres ou d'inspecteurs, les membres de la classe inférieure sont souvent déprimés et amers face à des emplois qui sont en deçà de leurs capacités, tel que le soulignait une travailleuse. Un ouvrier travaillant dans une usine d'assemblage automobile compare son travail à la vie dans l'armée, puis ajoute : «Non, c'est pire... on a presque besoin d'une permission pour aller pisser.» Selon les critères des classe moyenne et moyenne-supérieure, les membres de la classe inférieure ont tendance à être isolés sur le plan social. Lorsqu'ils ne sont pas au travail, ils se retirent dans des activités privées : «réparer la maison et travailler dans l'atelier de bricolage, laver et polir l'auto ; jouer au poker ; pêcher, chasser, camper ; regarder les sports et les westerns à la télévision et s'identifier à leur héros sportif préféré ; visiter la famille, faire du magasinage en famille au centre commercial local (pendant les fins de semaine)». Il est rare que ces personnes reçoivent ou aient de la visite (en dehors de la famille), comme le font les membres des classes moyenne et supérieures ; leur vie sociale consiste surtout en repas pris à la maison avec les membres de leur famille. Pour plusieurs individus appartenant à la classe inférieure, les jours et les semaines se suivent sans planification sur le plan social : «ils ne tiennent pas de journal, ils n'ont pas d'agenda et ils font très peu de correspondance[64]».

Sur le plan de l'alimentation, les membres de la classe inférieure partagent certains traits avec ceux de la classe ouvrière, mais, dans la classe qui nous occupe, ces traits sont plus prononcés : les familles de la classe inférieure ont encore plus tendance à se gâter, à rechercher le plaisir immédiat, à simplifier la préparation du repas du soir, à minimiser l'importance de la qualité, du goût ou de la valeur nutritive, ou de l'achat à meilleur compte des produits surgelés portant la marque du magasin et des légumes emballés en grande quantité[65]. En général, le consommateur issu de cette classe est beaucoup moins compétent et a bien moins confiance en ses habiletés de magasinage et en ses décisions d'achat que le consommateur appartenant aux classes moyenne et moyenne-supérieure. Tout lecteur qui a de la difficulté à comprendre cette remarque devrait retourner en arrière et lire de nouveau la description de la classe moyenne-supérieure s'il veut vraiment se rendre compte de l'énorme différence existant entre ces deux groupes en ce qui concerne la confiance par rapport à la consommation.

La peur de perdre son emploi et le manque de sécurité sur le plan financier sont probablement ce qui préoccupe le plus la classe inférieure. Les membres les plus marginaux perçoivent que leurs chances d'obtenir une plus grande liberté et une augmentation de revenu sont plutôt limitées et en viennent donc à la conclusion que leur situation dans la vie a peu de chances de changer. Par rapport aux valeurs, plusieurs membres de la classe inférieure préfèrent le plaisir immédiat à l'ajournement des récompenses en vue d'un avantage futur. Les hommes issus de cette classe aiment à posséder du savoir-faire et de l'expertise sur le plan physique, à faire preuve d'habileté manuelle et à comprendre comment les choses fonctionnent. Faisant face à une vie constituée d'un travail dur mais souvent routinier et ennuyeux et croyant que la vie les use plus rapidement qu'elle ne le fait pour les gens dont le statut social est plus élevé, ces personnes essaient de retirer de la vie autant de plaisir qu'elles le peuvent[66].

La vraie classe inférieure-inférieure

Principalement composé d'individus vivant de prestations sociales, ce groupe est généralement sans travail et est visiblement dans la pauvreté. Les membres de cette classe vivent dans des quartiers défavorisés et dans les ghettos urbains des grandes villes, habitant des immeubles locatifs de plusieurs étages ou des maisons attenantes aux maisons voisines, ou trouvant refuge auprès d'institutions charitables telles que l'Armée du salut ou dans les maisons de transition. Sans le secours privé ou public, la plupart de ces individus mourraient de faim ou seraient forcés de voler pour survivre. Les emplois qu'ils obtiennent sont généralement insignifiants et temporaires, consistant à laver les planchers d'une prison, à peindre les bancs des parcs de la ville ou à désherber le jardin entourant une église. Comme les membres de la classe supérieure-supérieure, les membres de cette classe sont pratiquement invisibles dans la société. La taille de leur horizon sociogéographique est habituellement déterminée par les pâtés de maisons de la ville. Vivant dans la rue, les membres de cette classe qui sont les plus visibles sont les clochards et les clochardes, les gens qui boivent à même des bouteilles dissimulées dans des sacs en papier ou qui se tiennent dans les endroits publics, sermonnant la foule et prononçant des discours sur leurs malheurs ou ceux qui désirent attirer l'attention en se donnant en spectacle devant un auditoire dans la rue[67].

Parmi les membres de la classe inférieure-inférieure, ces individus constituent la catégorie la meilleure. Les individus appartenant à la catégorie la moins bonne attirent moins d'attention sur eux-mêmes jusqu'à ce qu'ils se fassent prendre; il s'agit de ceux qui retirent la majeure partie de leur revenu d'activités illégales telles que le vol à la tire, le vol à l'étalage, l'agression, le commerce de drogues sur le plan local et les paris dans la rue.

C'est le manque d'instruction des membres de cette classe qui les empêche de se trouver du travail et qui les emprisonne socialement dans le monde où ils vivent; dans une large mesure, il s'agit de décrocheurs par rapport au système scolaire. Ces individus sont illettrés ou presque et ne possèdent pas d'habiletés qui leur permettraient de garder un emploi régulier. Vivant largement en marge du marché du travail et du courant économique principal, ces individus s'accrochent à leur quartier ou à la sécurité représentée par les organismes charitables.

■ **LA DÉTERMINATION DE LA CLASSE SOCIALE**

Pour terminer ce chapitre, nous examinerons maintenant comment le chercheur en comportement du consommateur ou le spécialiste de marketing peuvent déterminer la classe sociale d'un ménage ou d'un individu dans le but de segmenter le marché et d'élaborer des stratégies de marketing appropriées.

Nous avons vu que l'appartenance à une classe sociale a une influence complexe sur le comportement humain et que le concept de classe sociale est multidimensionnel. Existe-t-il un outil pratique, économique et relativement simple pour déterminer d'une manière fiable la classe sociale caractérisant un consommateur ou un ménage ?

Il existe plusieurs méthodes pour estimer l'appartenance à une classe sociale, mais aucune d'entre elles n'est complètement fiable, étant donné que chacune est fondée sur un nombre restreint de variables, celles qui sont les plus faciles à mesurer, les plus objectives ainsi que les plus pertinentes en ce qui a trait au statut social. Une chose est certaine : quelle que soit la méthode de classification adoptée, les frontières définissant les diverses classes sont nécessairement floues, étant donné que la classe sociale est un concept qualitatif. De plus, même si l'on utilise des définitions de classe extrêmement détaillées, aucun instrument de mesure du statut social ne peut constituer un parfait indicateur de l'appartenance à une classe s'il est construit à partir d'un nombre trop restreint de données objectives. À ce jour, il existe peut-être 30 à 40 données relatives au statut social sur lesquelles les sociologues se basent pour « classer correctement », selon leur jugement, un individu donné. Aucun des questionnaires couramment utilisés dans les sondages pour estimer le statut social n'utilise autant de variables. Par conséquent, on doit considérer ces questionnaires comme des méthodes approximatives d'estimation de la classe sociale, ces estimations étant correctes dans à peu près 75 % des cas[68]. Il se peut donc que certains consommateurs soient mal classés, compte tenu des systèmes de classification présentement employés en marketing, ceux-ci n'utilisant habituellement que deux à quatre facteurs objectifs (par exemple, l'occupation, le niveau d'instruction, le quartier où se trouve le domicile et le revenu familial total) pour estimer la classe sociale d'un individu ou d'un ménage.

Dans les paragraphes qui suivent, nous nous limiterons à examiner les méthodes relativement faciles d'application et économiques du point de vue du marketing. Ces méthodes visant à déterminer l'appartenance à une classe sociale sont dites **méthodes objectives** parce qu'elles s'appuient sur des données relativement objectives et simples que l'on peut facilement recueillir lors d'enquêtes effectuées auprès de consommateurs. Ces méthodes diffèrent des méthodes beaucoup plus complexes et coûteuses appelées **méthodes sociométriques** et **méthodes fondées sur la réputation**, que les sociologues utilisent pour élaborer leurs théories sur la classe sociale. Ces dernières exigent, pour déterminer la classe sociale des membres d'une communauté donnée, le jugement d'experts utilisant des données détaillées recueillies sur le plan de la communauté par rapport au comportement ou au réseau social des membres de cette communauté.

Les méthodes objectives s'appuient sur le fait que la société attribue différents niveaux de prestige à différents niveaux de certaines variables socio-économiques et géodémographiques. Par conséquent, de telles variables deviennent pertinentes en ce qui a trait au statut social et, par le fait même, elles sont stratifiables. Les variables les plus significatives sont l'occupation, le niveau d'instruction, le quartier où se trouve le domicile, la source de revenu, le revenu familial total ainsi que le type de résidence ou la valeur de la maison (ou le coût du loyer). Par exemple, la source de revenu possède des connotations bien précises concernant le statut social: la description qui vient d'être faite des diverses classes sociales a montré que, dans plusieurs cas, les membres de classes sociales différentes obtiennent leur revenu de sources différentes. Warner et ses collègues ont classé différentes sources de revenu selon le prestige que la société leur attribue, par ordre décroissant[69]:

1. Fortune reçue en héritage;
2. Fortune gagnée;
3. Profits et honoraires;
4. Salaire;
5. Gages;
6. Aide privée;
7. Aide publique et revenu de sources illégales.

Certaines méthodes objectives s'appuient sur une seule variable pour déterminer la classe sociale d'un consommateur; d'autres méthodes objectives utilisent un indice dérivé de plusieurs variables combinées.

À l'aide d'un exemple pour chaque cas, nous décrirons ces deux types de méthodes dans les paragraphes qui suivent.

☐ La méthode de l'indice simple

Étant donné que l'occupation d'une personne constitue généralement le meilleur indicateur **simple** de la classe sociale à laquelle cette personne appartient, cette variable sert de base à plusieurs indices simples présentement utilisés par les chercheurs. Par exemple, les catégories d'occupations présentées dans la première colonne du tableau 10.1 peuvent être utilisées comme indice de la hiérarchie à quatre niveaux représentant la structure de classe au Canada. Les répondants indiquent quelle est l'occupation exacte du principal gagne-pain de leur ménage; pour déterminer la catégorie à laquelle appartient cette occupation, l'enquêteur utilise ensuite la classification qu'ont faite Pineo, Porter et McRoberts de plusieurs centaines de noms d'occupations provenant du recensement[70]. (*Voir les exemples présentés au tableau 10.2.*) On doit cependant se rappeler que l'occupation est un indicateur approximatif de la classe sociale, et non pas une véritable preuve de l'appartenance réelle d'une personne à une classe sociale donnée.

En tant qu'indicateur de classe, l'occupation est une variable plus fiable lorsque la personne dont on enregistre l'occupation à temps plein constitue un ménage à une seule personne ou est le chef de famille (mâle ou femelle), c'est-à-dire le principal gagne-pain d'un ménage constitué soit par un couple marié ou non marié, soit par une famille traditionnelle ou une famille monoparentale. Il existe d'importantes exceptions à cette règle; mentionnons, par exemple, le cas d'un jeune qui vient tout juste d'entrer sur le marché du travail et qui n'occupe pas encore le type d'emploi permanent pour lequel il a été formé; dans ces stades initiaux du cycle de vie, une personne tend à demeurer dans la classe sociale à laquelle appartiennent ses parents ou son tuteur, et, dans un tel cas, les occupations des parents ou du tuteur constituent probablement une mesure plus fiable. Par conséquent, plus le répondant est âgé (et solidement établi dans son travail), plus l'occupation constitue un indicateur précis de la classe sociale.

□   La méthode de l'indice multiple

En obtenant des mesures basées sur un ensemble de variables objectives et en attribuant des poids différents à ces variables, on peut calculer un score ou un indice indiquant l'appartenance probable d'un répondant à une certaine classe sociale. Le tableau 10.4 constitue un exemple d'un tel instrument de mesure du statut social, utilisant quatre indicateurs pour déterminer la classe sociale d'une personne: le niveau d'instruction, l'occupation, le quartier où se trouve le domicile et le revenu familial total d'une année. Ce guide d'enquête a été élaboré dans le but de procurer des données pouvant être calculées, pondérées et additionnées de façon à former le **Coleman's Computerized Status Index (CSI)** – l'indice de statut social informatisé de Coleman[71]. Notez les scores attribués à chaque niveau pour les variables suivantes: l'instruction du répondant et de son conjoint ou sa conjointe, l'occupation du chef de famille, les impressions de l'enquêteur sur le quartier où se trouve le domicile ainsi que le revenu familial annuel. Notez aussi qu'il y a deux entrées pour la variable «occupation»: la description du répondant ainsi que le jugement porté par l'enquêteur. Ces deux entrées sont ensuite examinées aux fins de confirmation. Pour calculer le score CSI d'un répondant, on accorde un double poids à l'occupation. De plus, si le répondant n'est pas marié, on accorde aussi un double poids à son niveau d'instruction. Le lecteur peut donc constater, à partir du tableau 10.4, que le score CSI total peut varier entre 4 et 53.

Lorsqu'on l'utilise pour classer les couples possédant un statut matrimonial traditionnel et que le chef de famille est âgé de 35 à 64 ans, le score CSI total indique la classe sociale de la façon suivante:

- Score de 37 à 53: classes supérieures
- Score de 24 à 36: classe moyenne
- Score de 13 à 23: classe ouvrière
- Score de 4 à 12: classes inférieures

Il existe d'autres versions du CSI, dont une échelle d'occupation spécialement construite pour les femmes œuvrant sur le marché du travail, qu'elles soient des épouses ou des chefs de famille, comportant une pondération quelque peu différente. On doit aussi ajuster l'interprétation des scores présentés ci-dessous lorsqu'il y a des anomalies d'ordre géographique concernant les niveaux de revenu; on fera aussi des ajustements

TABLEAU 10.4
L'indice de statut social informatisé de Coleman, un indice multiple pour estimer la classe sociale d'un répondant

L'enquêteur encercle les chiffres codés (pour l'ordinateur) correspondant le mieux, selon lui, au répondant et à sa famille. Il demande des détails sur l'occupation et porte ensuite son jugement. Puis, il demande au répondant de décrire son quartier dans ses propres mots. Enfin, l'enquêteur demande au répondant d'indiquer son revenu – on présente au répondant une carte montrant les huit catégories – et inscrit la réponse obtenue. Si l'enquêteur croit que le revenu a été sur- ou sous-évalué, il fait les ajustements qu'il juge nécessaires, les accompagnant d'une explication.

NIVEAU D'INSTRUCTION

	Répondant		Conjoint du répondant	
Études primaires	−1	Âge:	−1	Âge:
Études secondaires non achevées	−2		−2	
Études secondaires achevées	−3	____	−3	____
Études collégiales non achevées	−4		−4	
Études collégiales achevées	−5		−5	
1er cycle universitaire achevé (B.A., B.Sc.)	−7		−7	
Maîtrise ou diplôme d'une association professionnelle	−8		−8	
Doctorat	−9		−9	

NIVEAU DE PRESTIGE DE L'OCCUPATION DU CHEF DE FAMILLE : Jugement de l'enquêteur sur le niveau de prestige accordé à l'occupation du chef de famille.
(Description selon la réponse du répondant – demander l'occupation précédente si le répondant est à la retraite. Si le répondant est une veuve, demander l'occupation de l'époux : _____)

Chroniquement sans emploi – ouvriers «à la journée», non spécialisés, vivant de prestations sociales	−0
Employés travaillant sur une base régulière, mais dans des emplois marginaux semi-spécialisés ; gardiens, personnes qui travaillent en usine au salaire minimum ou dans les services (pompistes, etc.)	−1
Travailleurs semi-spécialisés œuvrant sur une ligne de montage, conducteurs d'autobus et de camion, policiers et pompiers, livreurs sur la route, menuisiers, maçons	−2
Artisans spécialisés (électriciens), petits contracteurs, contremaîtres d'usine, commis peu payés, travailleurs de bureau, employés des postes	−3
Propriétaires de petites entreprises (2-4 employés), techniciens, vendeurs, travailleurs de bureau, fonctionnaires ayant un salaire moyen	−4
Cadres intermédiaires, enseignants, travailleurs sociaux, membres de professions libérales de statut social peu élevé	−5
Dirigeants d'entreprise de statut social peu élevé, propriétaires de moyennes entreprises (10-20 employés), membres de professions libérales ayant un succès modéré (dentistes, ingénieurs, etc.)	−7
Cadres supérieurs de haut statut social, membres de professions libérales ayant un grand succès (médecins et avocats réputés), «riches» propriétaires d'entreprise	−9

TABLEAU 10.4
(suite)

QUARTIER OÙ SE TROUVE LE DOMICILE: L'impression de l'enquêteur sur le quartier où habite le répondant par rapport à la réputation du quartier aux yeux des membres de la communauté.

Quartier pauvre: familles vivant de prestations sociales, travailleurs ordinaires	−1
Quartier composé essentiellement de travailleurs: pas pauvre, mais comportant quelques habitations très pauvres	−2
Quartier composé en majorité de cols bleus avec quelques employés de bureau	−3
Quartier composé en majorité de cols blancs avec quelques cols bleus bien payés	−4
Le meilleur quartier de cols blancs: peu de cadres, mais aussi peu de cols bleus	−5
Excellent quartier: membres de professions libérales et cadres bien payés	−7
Quartier de riches ou de type «haute société»	−9

SCORE TOTAL _____

REVENU FAMILIAL TOTAL D'UNE ANNÉE:

Moins de 5 000 $	−1	20 000 $ à 24 999 $	−5
5 000 $ à 9 999 $	−2	25 000 $ à 34 999 $	−6
10 000 $ à 14 999 $	−3	35 000 $ à 49 999 $	−7
15 000 $ à 19 999 $	−4	50 000 $ et plus	−8 Statut social estimé _____

(Estimation de l'enquêteur: _____ et explication: _____)

STATUT MATRIMONIAL DU RÉP.: Marié ___ Divorcé ou séparé ___ Veuf ___ Célibataire ___ (Code: ___)

SOURCE: Adapté de Richard P. Coleman, «The Continuying Significance of Social Class to Marketing», *Journal of Consumer Research*, 10, décembre 1983. Reproduit avec autorisation.

si l'enquêteur semble avoir été trop généreux dans ses évaluations concernant le statut social relié à l'occupation ou la réputation du quartier. De plus, l'échelle de revenu doit être périodiquement ajustée pour refléter les tendances inflationnistes.

Lorsqu'on le compare au jugement d'experts concernant la classe sociale «correcte» d'une personne (qui s'appuie sur un nombre 10 fois plus grand de données relatives au statut social), l'indice de statut social informatisé de Coleman donne le même classement dans 75 à 90 % des cas pour l'échantillon d'une population, les résultats variant selon que l'on utilise seulement le score CSI ou que l'on introduit dans le programme des informations additionnelles concernant le statut matrimonial, la situation du ménage et les cas extrêmes en ce qui a trait à l'âge.

Avant de terminer ce chapitre, il est opportun de faire une mise en garde concernant la terminologie relative à la classe sociale. Il faut veiller à ne pas faire référence à la «classe supérieure», à la «classe moyenne», à la «classe ouvrière» ou à la «classe inférieure» en tant que termes génériques. Cela pourrait prêter à confusion, étant donné que ces étiquettes ont des connotations différentes selon le système de classification utilisé. L'approche appropriée consiste à spécifier d'abord de quel système de classification il s'agit et, ensuite, à faire référence aux catégories de cette classification, en les désignant par les noms qui y correspondent dans **ce** système. La classe moyenne n'est probablement pas définie de la même façon d'un système de classification à l'autre, spécialement si le nombre de classes incluses dans chaque classification est différent. Par exemple, dans le système à cinq classes de Hollingshead, la **classe inférieure-supérieure** n'est pas identique à la **classe inférieure** du système à sept classes de Coleman et Rainwater, où l'équivalent est la **classe ouvrière**. Mais, même dans ce cas, il ne peut y avoir une parfaite correspondance, car il est impossible d'établir une équivalence parfaite entre les éléments d'une hiérarchie à cinq classes et ceux d'une hiérarchie à sept classes. Par conséquent, une certaine couche définie dans un système donné peut se scinder en deux couches différentes dans un autre système, ou encore, deux classes d'une certaine hiérarchie peuvent être combinées pour ne former qu'une seule classe dans une autre hiérarchie.

RÉSUMÉ

Le chapitre 10 étudie l'effet qu'exerce sur la consommation la source d'influence environnementale constituée par la classe sociale à laquelle appartient le consommateur. La classe sociale constitue l'un des groupes de référence du consommateur. On a dit de ce sujet qu'il était compliqué sur le plan conceptuel, qu'il dérangeait sur le plan philosophique et qu'il présentait un défi sur le plan méthodologique. Tout comme la culture, la classe sociale façonne et guide subtilement la vie et les choix de l'individu. Les classes sociales sont constituées de personnes ayant en commun des caractéristiques socio-économiques ainsi que des antécédents sociaux et partageant des valeurs, des attitudes à l'égard de la vie, des comportements ainsi qu'un horizon sociogéographique semblables. Le concept de classe sociale possède sept caractéristiques principales qui peuvent aider à comprendre la stratification sociale, le statut social et la classe ainsi que leur signification par rapport à la segmentation et à la stratégie de marketing:

1. La classe sociale est une variable de regroupement permettant de diviser la société en segments de marché potentiels;
2. La classe sociale constitue une hiérarchie relativement permanente;
3. Les membres d'une classe sociale donnée partagent des valeurs semblables;
4. Les relations entre les classes sont plutôt limitées;
5. La mobilité sociale est un processus lent;
6. La classe sociale est multidimensionnelle;
7. Classe sociale n'est pas synonyme de revenu.

Pour résoudre les problèmes de caractère général ayant trait à la stratégie de marketing et à la recherche commerciale, le marché canadien a été divisé en quatre grandes couches sociales: les classes supérieures, la classe moyenne, la classe ouvrière et les classes inférieures. Les classes supérieures et inférieures peuvent être subdivisées respectivement en trois et deux classes. Chacune de ces sept classes sociales a été décrite en des termes qualitatifs, l'accent étant mis sur les occupations et le niveau d'instruction ainsi que sur l'horizon sociogéographique, les modes de consommation et les valeurs personnelles.

Lorsqu'on utilise la classe sociale comme variable de segmentation du marché, on peut déterminer la classe sociale de l'individu ou du ménage répondant au sondage en utilisant des méthodes économiques et relativement faciles d'emploi. Ces méthodes sont appelées **méthodes objectives** parce qu'elles s'appuient sur des données relativement simples et objectives pouvant être facilement recueillies lors d'enquêtes effectuées auprès des consommateurs. On dispose de deux types de méthodes objectives pour déterminer la classe sociale: la méthode de l'indice simple s'appuie sur l'occupation du répondant pour estimer la classe sociale; la méthode de l'indice multiple utilise un ensemble de mesures objectives (telles que le niveau d'instruction, l'occupation, le quartier où se trouve le domicile et le revenu familial total d'une année), accordant différents poids à ces diverses variables et déterminant un indice ou un score indiquant l'appartenance probable d'une personne à une certaine classe sociale, suivant la fourchette dans laquelle se situe le score obtenu.

QUESTIONS ET DISCUSSIONS

1. Après avoir effectué un sondage auprès des consommateurs vivant dans une grande agglomération, un spécialiste de marketing réalise un peu tard qu'il aurait besoin de données sur la classe sociale du répondant pour élaborer sa stratégie de marketing. Cependant, aucune donnée n'a été spécialement recueillie par le sondage en vue de déterminer la classe sociale du répondant. Les seules informations démographiques obtenues sur cet échantillon sont l'âge, le revenu, le statut matrimonial, le nombre d'enfants à la maison et l'adresse du répondant. Le gestionnaire va-t-il échouer ou peut-il sauver la situation? Expliquez votre réponse.

2. Une annonce de bague de fiançailles en diamant comporte, entre autres, le texte suivant: «Jusqu'à maintenant, nous n'avons escaladé le mont Fuji que dans les livres. Nous n'avons fait de la plongée sous-marine sur la côte des Antilles que dans les revues. Mais à partir de maintenant, les choses vont changer. Il va me montrer comment apprécier l'opéra. Je vais l'aider à découvrir des mets et des vins exotiques. En d'autres mots, nous allons apprendre des choses ensemble. Enseigner à l'autre. Et voir le monde à travers les yeux de l'autre.» À quelle classe sociale cette annonce s'adresse-t-elle? Donnez autant d'arguments que vous le pouvez pour appuyer votre choix.

3. Lorsqu'en janvier 1984, Stuart Kelly, 57 ans, et son épouse Lillian, 54 ans, de Brandford (Ontario), ont échangé leur billet à la loterie 6/49 pour un chèque non taxable de 13 890 588,80 $, ils venaient de gagner le gros lot le plus important jamais gagné en Amérique du Nord. Stuart était un conducteur de camion gagnant 320 $ par semaine alors que Lillian était une préposée au nettoyage à sec gagnant 150 $ par semaine. Avec autant d'argent comptant, ce couple pouvait facilement adopter le style de vie d'un couple appartenant à la classe supérieure-supérieure ou à la classe supérieure-inférieure. Quelle est la probabilité que cela se produise? Donnez les raisons qui justifient votre réponse.

4. Les régimes enregistrés d'épargne-éducation (REEE) ont pour objectif d'aider les parents, à partir d'intérêts non taxables, à financer les études universitaires ou collégiales de leurs enfants en mettant de l'argent de côté sur une base mensuelle pendant que leur jeune

enfant va à l'école. Nommez une ou plusieurs classes sociales susceptibles d'être intéressées par une telle publicité. Décrivez une stratégie de marketing appropriée pour identifier des membres de cette (ces) classe(s), de telle sorte qu'on puisse poster un dépliant à des clients potentiels dans le but d'encourager de nouveaux parents à s'inscrire à un tel plan.

5. Un élève de niveau collégial porte souvent des chemises en polyester ainsi qu'une casquette de base-ball décorée du logo de la Labatt bleue et il boit sa bière directement de la canette lorsqu'il fête avec ses amis dans un bar situé près du cégep. Son père est le propriétaire d'une concession de voitures Ford et, sur le pare-chocs arrière de la voiture que l'élève a lui-même achetée du concessionnaire, on peut voir un collant qui dit: «L'équipe qui boit la bière Molson». Cette personne appartient-elle à la classe ouvrière? Justifiez votre réponse.

6. Dans quelle classe sociale mettriez-vous un enseignant qui porte généralement des chandails troués pour aller en classe?

RÉFÉRENCES

1. Richard P. Coleman, «The Continuing Significance of Social Class to Marketing», *Journal of Consumer Research*, 10, décembre 1983, p. 265.
2. Paul Fussel, *Class: A Guide Through the American Status System*, New York, Summit Books, 1983, p. 15-16.
3. Alfred A. Hunter, «Social and Status in Canada», *Introduction to Canadian Society: Sociological Analysis*, Éd. G.N. Ramu et Stuart D. Jonhson, Toronto, Macmillan, 1976, p. 112.
4. Seymour M. Lipset, «Approaches to Social Stratification», *Social Stratification: Canada*, 2ᵉ édition, Éd. James E. Curtis et William G. Scott, Scarborough, Prentice-Hall, 1979, p. 30-35.
5. Henry A. Kissinger, «White House Years: Part 1» (extraits), *Time*, 1ᵉʳ octobre 1979, p. 44.
6. Cette théorie «fonctionnaliste» de la classe sociale est fortement associée à Émile Durkheim et à ses adeptes, mais non à Karl Marx ou à Max Weber. Voir Lipset, «Approaches to Social Stratification», p. 42-44.
7. Coleman, «Continuing Significance», p. 268.
8. James Wilde, «In Brooklyn: A Wolf in Sneakers», *Time*, 12 octobre 1981.
9. Coleman, «Continuing Significance», p. 266-268.
10. Peter C. Pineo, John Porter et Hugh A. McRoberts, «The 1971 Census and the Socioeconomic Classification of Occupations», *Canadian Review of Sociology and Anthropology*, 14, nᵒ 1, février 1977, p. 91-102.
11. La pensée universitaire contemporaine selon laquelle l'occupation est une variable de stratification sociale est illustrée dans plusieurs sources en sociologie: Monica Boyd, John Goyder, Frank E. Jones, Hugh A. McRoberts,

Peter C. Pineo et John Porter, *Ascription and Achievement: Studies in Mobility and Status Attainment in Canada*, Ottawa, Carleton University Press, 1985; Dennis Gilbert et Joseph A. Kahl, *The American Class Structure: A New Synthesis*, Homewood, Illinois, Dorsey Press, 1982; Coleman, «Continuing Significance», p. 266-267.

12. Calculé à partir de Peter C. Pineo, «Revisions of the Pineo-Porter-McRoberts Socioeconomic Classification of Occupations for the 1981 Census», *QSEP Research Report nᵒ 125*, Hamilton, Ontario, Program for Quantitative Studies in Economics and Population, Faculty of Social Sciences, McMaster University, février 1985, p. 12, tableau 1 et p. 13, appendice; Statistique Canada, *Labour Force Activity, 1981 Census of Canada*, cat. 92-915, Ottawa, ministère des Approvisionnements et Services, février 1984, tableau 1.

13. Nariman K. Dhalla, *These Canadians: A Sourcebook of Marketing and Socio-Economic Facts*, Toronto, McGraw-Hill, 1966, p. 197.

14. Voir Statistique Canada, *Standard Occupational Classification 1980*, cat. 12-565E, Ottawa, ministère des Approvisionnements et Services, février 1981; Pineo, «Revisions», p. 13-14, appendice. On peut se procurer des copies de la recodification de la classification sous une forme lisible par machine du professeur Peter C. Pineo, Department of Sociology, McMaster University, Hamilton, Ontario, Canada, L8S 4M4.

15. Coleman, «Continuing Significance», p. 267.

16. James F. Engel, David T. Kollat et Roger D. Blackwell, *Consumer Behaviour*, 2ᵉ édition, New York, Holt, Rinhart & Winston, 1973, p. 134.

17. Coleman, «Continuing Significance», p. 267.

18. Fussell, *Class*, p. 114.

19. *Ibid.*, p. 139.

20. Voir, par exemple, *The Canadians*, p. 167.

21. Engel, Kollat et Blackwell, *Consumer Behaviour*, p. 136.

22. «To Whom Much Is Given» (Programme 4), *The Canadian Establishment* (CBC-TV series, Cameron Gram, producteur exécutif, et Patrick Watson, hôte-narrateur), Toronto, Canadian Broadcasting Corporation, 12 octobre 1980.

23. Fussell, *Class*, p. 30-31.

24. *Ibid.*, p. 32.

25. *Ibid.*, p. 112-114.

26. Coleman, «Continuing Significance», p. 271.

27. Engel, Kollat et Blackwell, *Consumer Behaviour*, p. 137.

28. Coleman, «Continuing Significance», p. 267.

29. Fussell, *Class*, p. 54-55.

30. William R. Frisbee et Karen Madeira, «Restaurant Meals – Convenience Goods or Luxuries?», *The Service Industries Journal*, 6, nᵒ 2, juillet 1986, p. 172-192.

31. Engel, Kollat et Blackwell, *Consumer Behaviour*, p. 137.

32. Les figures 10.2 et 10.3 ont été réalisées à partir de données provenant de Milton Rokeach, *The Nature of Human Values*, New York, Free Press, 1973, p. 144-146, 156-158.

33. Fussell, *Class*, p. 34.

34. Engel, Kollat et Blackwell, *Consumer Behaviour*, p. 144.

35. Richard J. Ossenberg, «Social Class and Bar Behaviour During an Urban Festival», *Social Stratification: Canada*, 2ᵉ édition, Éd. James E. Curtis et William G. Scott, Scarborough, Prentice-Hall, 1979, p. 410.

36. Fussell, *Class*, p. 43.

37. Coleman, «Continuing Significance», p. 272.

38. Fussell, *Class*, p. 144.

39. *Ibid.*, p. 105, 118, 125; Coleman, «Continuing Significance», p. 274.

40. Coleman, «Continuing Significance», p. 272.

41. Engel, Kollat et Blackwell, *Consumer Behaviour*, p. 144.

42. Fussell, *Class*, p. 158-161.

43. *Ibid.*, p. 152-169.

44. *Ibid.*, p. 46.

45. E.E. LeMasters, *Blue Collar Aristocrats: Life Styles at a Working-Class Tavern*, Madison, University of Wisconsin Press, 1975.

46. Fussell, *Class*, p. 46.

47. Herman Smith, «Our Son the Plumber», *Quest*, mai-juin 1976, p. 79-82.

48. Ian Brown, «High School Confidential».

49. Ces figures et la description du paragraphe qui suit proviennent de Coleman, «Continuing Significance», p. 270.

50. Fussell, *Class*, p. 49, 109.

51. Coleman, «Continuing Significance», p. 270.

52. Charles M. Schaninger, «Social Class versus Income Revisited: An Empirical Investigation», *Journal of Marketing Research*, 18, mai 1981, p. 200.

53. À partir du matériel de Fussell, dans *Class*.

54. *National Inquirer*, «Experts Explain... Why We Love To Read About Our Favourite Hollywood Stars», 1ᵉʳ septembre 1987, p. 51.

55. Ossenberg, «Social Class and Bar Behaviour».

56. Cité dans Fussell, *Class*, p. 53.

57. Schaninger, «Social Class versus Income Revisited», p. 197, 199.

58. *Ibid.*, p. 200-201.

59. Engel, Kollat et Blackwell, *Consumer Behaviour*, p. 140, 144.

60. Coleman, «Continuing Significance», p. 271.

61. Fussell, *Class*, p. 46.

62. *Ibid.*, p. 149.

63. Coleman, «Continuing Significance», p. 271.

64. À partir du matériel de Fussell, dans *Class*.

65. Schaninger, «Social Class versus Income Revisited», p. 198.

66. Engel, Kollat et Blackwell, *Consumer Behaviour*, p. 144.

67. Fussell, *Class*, p. 50.

68. Coleman, «Continuing Significance», p. 276.

69. Cité dans Hunter, *Class and Status in Canada*, p. 131.

70. Voir Pineo, dans les notes 28 et 30 présentées ci-dessus, pour des détails sur la classification des occupations individuelles.

71. Coleman, «Continuing Significance», p. 276-277.

CHAPITRE **11**

Le comportement d'achat de la famille

INTRODUCTION

Les études traitant du comportement du consommateur attachent de plus en plus d'importance à la famille, car on a davantage pris conscience de l'influence qu'elle exerce ainsi que de l'évolution des rôles joués par ses membres. Ces changements ont pour effet de modifier les habitudes d'achat ainsi que les attitudes à l'égard des tâches ménagères traditionnelles. Les spécialistes de marketing doivent donc arriver à comprendre comment les membres de la famille s'influencent les uns les autres et comment les décisions se prennent selon la structure de la famille.

La composition de la famille canadienne subit aussi des changements du fait que les femmes travaillent de plus en plus à l'extérieur du foyer et du fait que les familles

monoparentales ainsi que les ménages constitués d'une seule personne sont de plus en plus répandus. Nous devons donc réexaminer la classification traditionnelle des familles ainsi que leur cycle de vie. Ces changements démographiques, sociaux et économiques exigent également que nous nous efforcions de mieux comprendre la façon dont les décisions se prennent au sein de la famille et, plus particulièrement, que nous considérions le pouvoir et les rôles respectifs des conjoints ainsi que l'influence des enfants.

Étant donné que les familles comportent moins d'enfants et deviennent plus à l'aise sur le plan financier, les enfants manifestent des attitudes et des attentes différentes et participent davantage aux décisions familiales. De la même façon, le rôle des femmes s'est modifié, du fait qu'elles sont de plus en plus engagées sur le marché du travail.

■ LES FAMILLES AU CANADA

☐ Quelques définitions

L'individu naît dans une famille d'**orientation**; lorsqu'il devient adulte et choisit un compagnon ou une compagne, il fonde une famille de **procréation**.

Statistique Canada définit la **famille de recensement** comme une entité constituée par un époux et une épouse avec ou sans enfants **célibataires** (peu importe leur âge) ou par l'un ou l'autre des parents avec un ou plusieurs enfants célibataires vivant dans le même logement. Les personnes vivant en **union consensuelle** sont considérées comme mariées et formant une famille époux-épouse. Ainsi, la **famille époux-épouse** se compose d'un mari et de sa femme (avec ou sans enfants) ou de deux personnes vivant en union consensuelle (avec ou sans enfants)[1]. La différence entre ces deux définitions est que la seconde exclut les **familles monoparentales**, tandis que la première les inclut. Statistique Canada utilise le terme **célibataire** pour désigner les personnes qui ne sont pas actuellement mariées et qui ne l'ont jamais été. La **famille agrandie** comprend la famille plus les autres membres de la parenté tels que les grands-parents, les oncles, les tantes et les cousins.

Le **ménage** comprend toutes les personnes vivant dans un même logement, qu'il s'agisse d'une maison, d'un appartement ou d'un ensemble de pièces considérées comme un logement séparé. La catégorie «ménages» inclut les célibataires vivant seuls tandis que la catégorie «familles» les exclut. Suivant la définition utilisée, les statistiques peuvent induire le spécialiste de marketing en erreur, ce qui peut amener celui-ci à sous-estimer ou à surestimer la demande concernant un produit donné.

TABLEAU 11.1
Nombre (en milliers) de ménages de caractère privé, de familles et de familles époux-épouse dans diverses régions du Canada et taille moyenne de ces groupes

	Ménages de caractère privé, comportant deux personnes ou plus		Familles		Familles époux-épouse	
	Nombre en milliers	Taille moyenne	Nombre en milliers	Taille moyenne	Nombre en milliers	Taille moyenne
Canada	7 057	3,2 pers.	6 735	3,1 pers.	5 881	3,2 pers.
Provinces atlantiques	611	3,5	592	3,3	516	3,4
Québec	1 847	3,2	1 752	3,1	1 499	3,2
Ontario	2 542	3,2	2 446	3,1	2 155	3,2
Provinces des Prairies	1 222	3,2	1 153	3,2	1 018	3,3
Colombie-Britannique	818	3,1	776	3,0	679	3,1

SOURCE: Adapté de Statistique Canada, *1986 Census of Canada, Summary Tabulations*, Ottawa, Information Canada, juillet 1987, tableaux CF86A01 et HH86A02.

☐ Les unités familiales au Canada

Le recensement de 1986 atteste l'existence, au Canada, de 9,0 millions de ménages de caractère privé, de 7,1 millions de ménages comportant deux personnes ou plus, de 6,7 millions de familles et de 5,9 millions de familles époux-épouse. La tableau 11.1 présente la distribution de ces unités entre les cinq grandes régions du Canada. Pour ces diverses unités, la taille moyenne la plus importante se rencontre dans les provinces atlantiques; viennent ensuite les Prairies, le Québec, l'Ontario et la Colombie-Britannique. Au Canada, la taille moyenne de la famille époux-épouse est de 3,2 personnes, représentées par le père, la mère et moins de deux enfants. De plus, la taille moyenne des ménages vivant au Canada a diminué de 5,0 en 1901 à 4,0 en 1951 et à 2,8 en 1986, tel que l'indique la figure 11.1.

Étant donné que les ménages, en particulier les familles, représentent généralement une unité de consommation, il est important de les considérer dans l'analyse et le calcul de la demande relative à certains produits. Si l'on désire obtenir plus de précision, il peut être utile d'employer une analyse détaillée reposant sur la taille de la famille en ce qui a trait aux produits pour lesquels les besoins de la famille peuvent varier selon la taille de celle-ci. Des changements importants se produisent; le pourcentage de familles sans enfants, de même que le pourcentage de familles ayant un seul enfant, est passé de 48 % en 1966 à 59 % en

FIGURE 11.1
Évolution de la taille moyenne des ménages au Canada pour la période s'étendant de 1901 à 1986

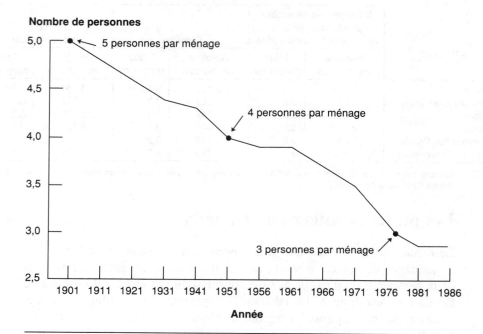

SOURCE: Adapté de Statistique Canada, *Census of Canada*, diverses années.

1986. Les familles ayant trois ou quatre enfants représentent, au plus, 13 % de l'ensemble des familles d'aujourd'hui, comparativement à 22 % en 1966. Il s'est aussi produit une diminution marquée des familles nombreuses, c'est-à-dire des familles ayant cinq enfants et plus; ces familles représentaient moins de 1 % de l'ensemble des familles en 1986[2]. Ces changements sont dus à une diminution importante du nombre moyen d'enfants par famille, ce nombre étant passé de 1,8 en 1971 à 1,3 en 1986. D'autres facteurs ont contribué à ces changements: un mariage plus tardif, un taux de divorce plus élevé ainsi qu'une plus grande proportion de femmes travaillant à temps plein à l'extérieur du foyer. Par conséquent, le nombre de ménages constitués d'un seul adulte a augmenté de 40 % dans les dix dernières années; en 1986, comme l'indique le tableau 11.2, 22 % de tous les ménages canadiens étaient constitués d'un adulte vivant seul[3].

Ces tendances ont une implication du point de vue du marketing; par exemple, en ce qui a trait à la stratégie de produit, les fabricants ont avantage à créer de plus petits emballages et les détaillants, à commander un moins grand nombre d'emballages de format familial. De plus, les besoins des familles diffèrent selon l'âge des parents et celui des enfants. Nous traiterons de ce sujet dans la section qui suit.

LE CYCLE DE VIE DE LA FAMILLE

La conception traditionnelle du cycle de vie de la famille

Le concept de cycle de vie de la famille englobe cinq dimensions relatives aux membres de la famille: 1) l'âge des adultes; 2) le fait que les adultes soient mariés ou non; 3) le fait que le chef de famille travaille ou non; 4) le nombre d'enfants; 5) l'âge des enfants. Indirectement, ce concept

TABLEAU 11.2
Nombre de ménages de caractère privé au Canada, 1986 et 1976, par catégories de taille

	1986	1986 (%)	1976	1976 (%)
Canada	**8 991 670**	**100,0**	**7 166 095**	**100,0**
Ménages à 1 personne	1 934 710	21,5	1 205 340	16,8
Ménages à 2 personnes	2 701 175	30,1	1 990 135	27,8
Ménages à 3 personnes	1 599 325	17,8	1 256 525	17,5
Ménages à 4 personnes	1 681 595	18,7	1 307 320	18,2
Ménages à 5 personnes	728 210	8,1	750 620	10,5
Ménages à 6 personnes	239 515	2,7	379 520	5,3
Ménages à 7 personnes	63 235	0,7	144 420	2,0
Ménages à 8 personnes	24 125	0,3	67 990	0,9
Ménages à 9 personnes	10 025	0,1	32 080	0,4
Ménages à 10 personnes ou plus	9 765	0,1	32 150	0,4

NOTE: Les totaux peuvent ne pas égaler la somme des composantes parce que les chiffres ont été arrondis.
SOURCE: Statistique Canada, *1986 Census of Canada, Summary Tabulations*, Ottawa, Information Canada, juillet 1987, tableau DW86A02.

évoque aussi la situation financière de la famille et le fait que la femme ainsi qu'un ou plusieurs des enfants travaillent ou non. Pour plusieurs produits, tels les appareils ménagers de base, certains produits alimentaires, les jouets et les livres, et pour les dépenses d'entretien de l'automobile, on a réalisé que le concept de cycle de vie de la famille donnait une meilleure indication de la consommation que chacune des autres dimensions prises individuellement.

Selon la conception traditionnelle du cycle de vie de la famille, les consommateurs traversent une série de stades au fur et à mesure qu'ils avancent en âge et qu'ils acquièrent de la maturité[4]; ces divers stades correspondent aux catégories suivantes:

Les célibataires

Il s'agit de jeunes adultes qui vivent seuls et qui jouissent d'un style de vie où prédominent les loisirs, le divertissement et la décoration de l'appartement. Ces jeunes adultes dépensent une grande partie de leur revenu en vêtements et en vacances.

Les nouveaux mariés

Il s'agit de jeunes couples sans enfants, qui sont relativement solides sur le plan financier, mais qui doivent faire l'acquisition de plusieurs biens essentiels durables et non durables pour leur nouveau foyer.

La maisonnée bruyante

Il s'agit de jeunes couples qui ont des enfants à charge. Cette catégorie peut être subdivisée selon l'âge des enfants:

1. Au moins un des enfants est âgé de moins de six ans. En général, la femme demeure à la maison et le couple voit ses dépenses augmenter: maison, ameublement, produits pour enfants. Sur le plan financier, il s'agit d'une période difficile pour le jeune couple;
2. Tous les enfants sont âgés de plus de six ans. La femme retourne travailler à l'extérieur du foyer et ce revenu additionnel allège le fardeau des dépenses, lesquelles continuent néanmoins d'être importantes et centrées sur les enfants.

La maisonnée active

Il s'agit de familles plus âgées où quelques-uns des enfants ainsi que la femme travaillent. Ces revenus additionnels aident à améliorer la situation financière de la famille et permettent de remplacer certains biens durables par d'autres qui sont de meilleure qualité.

La maisonnée calme

Il s'agit de couples plus âgés dont les enfants ont quitté le foyer familial. On peut subdiviser cette catégorie selon l'occupation du chef de famille:

1. Le chef de famille travaille, la situation financière est excellente et les principales dépenses de la famille ont trait au foyer (que l'on améliore), aux vacances et aux loisirs;
2. Le chef de famille est à la retraite, ce qui entraîne une diminution du revenu. Les dépenses sont centrées sur les loisirs, la santé et le bien-être physique. Plusieurs de ces couples quittent leur maison, devenue trop grande, pour une habitation en copropriété ou un appartement situé dans la même localité ou dans un endroit où le climat est plus tempéré comme en Floride, sur la côte du Pacifique ou à Hawaii.

Les survivants

Il s'agit de veufs ou de veuves ou de personnes célibataires plus âgées qui vivent seules. On peut aussi subdiviser cette catégorie de personnes selon l'occupation:

1. Le survivant travaille et possède une bonne situation financière. Plusieurs personnes appartenant à cette catégorie vendent leur maison et dépensent l'argent ainsi récupéré en vacances et en soins médicaux;
2. Le survivant est à la retraite, ce qui entraîne une diminution du revenu. Les dépenses de cet individu sont du même type que celles des couples de la maisonnée calme dont le chef de famille est à la retraite.

Le tableau 11.3 présente les différences qui existent entre les consommateurs selon les divers stades, en ce qui a trait à trois aspects: 1) la situation financière; 2) le comportement d'achat général; 3) le compor-

TABLEAU 11.3
Situation financière et comportement d'achat à chacun des neuf stades du cycle de vie de la famille

	Célibataire	Jeunes couples mariés			Couples mariés plus âgés			Survivants	
	Jeunes, non mariés, ne vivant pas avec leurs parents	Nouveaux mariés, sans enfants	Maisonnée bruyante		Maisonnée active avec enfants à charge	Maison calme sans enfants à la maison		Sur le marché du travail	À la retraite
			avec au moins un enfant de moins de six ans	avec enfants de six ans et plus		Chef de famille sur le marché du travail	Chef de famille à la retraite		
Situation financière	Ont un fardeau financier léger.	Sont plus à l'aise qu'ils le seront dans un avenir rapproché.	L'achat de maison est à son sommet. Les liquidités sont faibles. Sont insatisfaits de leur situation financière et de l'épargne accumulée.	Ont une meilleure situation financière. Certaines femmes travaillent à l'extérieur.	Ont une situation financière encore meilleure. Plus de femmes travaillent à l'extérieur du foyer. Certains enfants trouvent du travail.	La propriété de maison est à son sommet. La plupart sont satisfaits de leur situation financière et de l'épargne accumulée.	Ont une diminution importante de revenu.	Ont un revenu encore bon mais songent à vendre.	Ont une diminution importante de revenu.

Sont des leaders d'opinion concernant la mode. Sont orientés vers les loisirs.	Ont le plus haut niveau d'achat et la moyenne la plus élevée d'achat de biens durables.	S'intéressent aux nouveaux produits. Aiment les produits annoncés.	Sont moins influencés par la publicité. Achètent de plus grands formats et s'intéressent aux promotions à articles multiples.	Sont difficiles à influencer par la publicité. Ont une moyenne élevée en ce qui a trait à l'achat de biens durables.	Sont intéressés par les voyages, les loisirs et l'instruction. Font des dons et des cadeaux. Ne sont pas intéressés par les nouveaux produits.		Ont un besoin spécial d'attention, d'affection et de sécurité.
Équipement de base pour la cuisine, meubles de base, voiture, équipement pour les rencontres sociales, vacances.	Voiture, réfrigérateur, cuisinière, meubles solides et pratiques, vacances.	Lave-linge, sèche-linge, téléviseur, nourriture pour bébés, médicaments contre la toux et pour frotter la poitrine, vitamines, poupées, camions, traîneaux, patins.	Beaucoup de nourriture, produits de nettoyage, bicyclettes, leçons de musique, pianos.	Meubles neufs, plus raffinés, voiture, voyages, appareils ménagers non indispensables, bateaux, soins dentaires, magazines.	Vacances, produits de luxe, améliorations apportées à la maison.	Appareils médicaux, soins médicaux, produits destinés à améliorer la santé, le sommeil et la digestion.	Mêmes besoins médicaux et mêmes produits que les autres groupes à la retraite.

SOURCE: Adapté de W.D. Wells et G. Gubar, «The Life-Cycle Concept in Marketing».

tement d'achat particulier (le tableau fournit des exemples de produits et services généralement achetés par ces consommateurs). Il est évident qu'en utilisant le concept de cycle de vie de la famille comme base de segmentation, le spécialiste de marketing peut tenir compte de l'effet combiné qu'ont sur le comportement de consommation les cinq variables incluses dans ce concept, cet effet combiné étant probablement différent de la somme des effets individuels. Cela permet aussi de tenir compte des relations qui existent entre ces variables, car chaque stade représente un style de vie particulier se manifestant par des comportements de consommation qui lui sont propres. Par exemple, le concept de cycle de vie de la famille est souvent utilisé pour déceler les grands utilisateurs d'une catégorie de produits[5].

☐ ## Une conception modernisée du cycle de vie de la famille

L'évolution qu'a connue la famille dans les 20 dernières années exige une nouvelle conceptualisation du cycle de vie de la famille[6]. La figure 11.2 illustre un tel essai de modernisation. Le modèle traditionnel est présenté au centre du diagramme, dans les cases ombragées.

Les principaux changements observés sont les suivants :

1. Les personnes divorcées peuvent se comporter de façon différente des célibataires ou des couples mariés, particulièrement si elles ont des enfants. En 1986, il y avait 854 000 familles monoparentales au Canada, représentant presque 13 % de toutes les familles[7]. Plus de 82 % des familles monoparentales ont une femme pour chef de famille. Étant donné que c'est la femme qui obtient habituellement la garde des enfants et que le revenu de celle-ci est souvent peu élevé, le style de vie de ces familles ainsi que leur situation financière subissent des changements importants ;
2. Le fait de différer le mariage pour poursuivre des études ou pour permettre à la femme d'avancer dans sa carrière peut conduire un couple à demeurer sans enfants, de façon plus ou moins délibérée. En 1986, il y avait plus de deux millions de familles sans enfants au Canada, ce qui représentait 33 % de toutes les familles. Ces couples disposent généralement de deux revenus et sont souvent plus à l'aise financièrement que les autres couples du même âge ayant des enfants.

FIGURE 11.2
Un modèle modernisé du cycle de vie de la famille

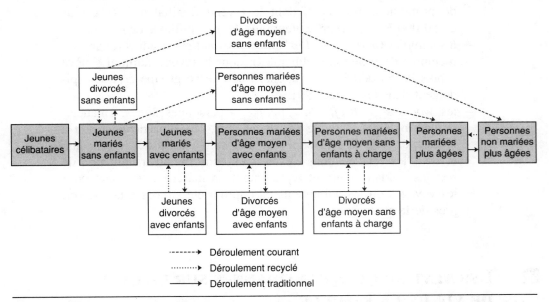

SOURCE: Adapté de Patrick E. Murphy et William A. Staples, «A Modernized Family Life Cycle« *Journal of Consumer Research*, juin
1979, p. 17.

Ils ont un style de vie ainsi que des besoins différents et ils constituent
un marché intéressant pour les meubles raffinés, les voyages et les
biens de luxe. Les spécialistes de marketing ont donné le nom de
dinks (*dual income, no kids* – double revenu, pas d'enfants) à ces
couples[8];

3. Les grands mouvements démographiques, sociaux et économiques
changent la composition des types de familles que les spécialistes de
marketing doivent chercher à atteindre. La génération du *baby boom*,
née juste après la Seconde Guerre mondiale, a un effet sur les divers
groupes d'âge au fur et à mesure que ses membres traversent les
divers stades du cycle de vie. Dans les années 80, la plus grande
augmentation a été décelée dans le groupe d'âge des 25 à 34 ans;
dans les 20 prochaines années, les *baby boomers* auront un effet sur
les catégories des 35 à 44 ans et des 45 à 54 ans. Plusieurs groupes

sont d'un grand intérêt pour les spécialistes de marketing en raison de leur haut niveau de revenu disponible et d'instruction[9]:

– les *yuppies* (*young urban professionals* – jeunes citadins membres de professions libérales), dont le revenu familial s'élève à plus de 50 000 $ et qui représentent plus de trois millions de ménages;

– les *muppies* (*middle-aged urban professionals* – citadins d'âge mûr membres de professions libérales), dont le revenu familial s'élève à plus de 50 000 $. On s'attend à ce que ce groupe croisse rapidement dans les années 90;

– les *woopies* (*well-off older people* – personnes âgées, financièrement à l'aise), âgés de 65 ans et plus, qui appartiennent soit à la catégorie de la maisonnée calme, soit à celle des survivants, et dont les revenus sont élevés. Ces consommateurs ont peu de besoins fondamentaux et représentent un marché intéressant pour les voyages ou les habitations en copropriété situées à la chaleur, près de la mer.

■ LES STATISTIQUES CANADIENNES SUR LE CYCLE DE VIE DE LA FAMILLE

Statistique Canada utilise une définition différente du cycle de vie de la famille, basée sur quatre variables seulement: 1) la situation de famille; 2) l'âge des individus célibataires ou du mari; 3) l'âge des enfants; 4) le nombre d'enfants[10]. Les résultats de l'enquête de 1984 démontrent que les familles urbaines ont des tendances semblables à celles présentées au tableau 11.3, bien que ces stades diffèrent de la conception traditionnelle du cycle de vie de la famille.

Le tableau 11.4 présente la distribution des dépenses totales de la famille canadienne, le revenu avant impôt ainsi que le pourcentage de familles propriétaires d'une maison ou le pourcentage de familles où la femme travaille à temps plein, selon les différents stades du cycle de vie de la famille. En ce qui a trait au revenu, les couples mariés où le mari est âgé de moins de 65 ans semblent être plus à l'aise financièrement que les autres types de familles. Les personnes seules ainsi que les couples mariés où le mari est âgé de 65 ans et plus subissent une diminution importante de revenu à cause de la retraite et allouent une

TABLEAU 11.4: Distribution des dépenses totales de la famille selon les stades du cycle de vie de la famille

Catégorie (%)	Personnes seules			Couples mariés (mari: moins de 45 ans)				Couples mariés (mari: 45 à 64 ans)			Couples mariés (mari: 65 ans et plus)
	Moins de 45 ans	45 à 64 ans	65 ans et plus	Sans enfants	Enfants de moins de 16 ans — 1 ou 2	Enfants de moins de 16 ans — 3 ou plus	Enfants: tous de 17 ans et plus	Sans enfants	Enfants de moins de 16 ans	Enfants: tous de 17 ans et plus	
Catégorie (%)											
Nourriture	13,0	14,0	17,5	11,9	14,1	16,3	14,8	13,4	15,9	15,4	17,3
Logement	19,8	19,8	32,0	17,0	18,6	19,0	16,4	15,7	16,4	12,6	20,8
Entretien ménager, articles et accessoires d'ameublement	8,0	6,3	8,7	7,6	8,9	8,8	6,8	6,9	8,0	5,9	8,6
Vêtements	5,9	4,8	4,4	6,8	6,0	5,9	7,2	5,6	6,6	7,0	5,0
Soins personnels et médicaux	3,4	3,6	4,5	3,3	3,6	4,1	3,8	3,8	4,0	4,2	4,5
Tabac, boissons alcoolisées	4,5	4,0	2,3	3,3	2,6	2,0	2,6	3,2	2,1	2,8	3,0
Transport	11,3	9,2	5,7	12,1	11,3	10,4	11,2	14,1	11,7	13,2	13,1
Divertissement, lecture, instruction	7,2	4,9	4,5	6,2	5,8	5,7	7,3	5,1	7,0	6,8	5,1
Dépenses autres	2,3	3,0	1,7	2,6	2,7	2,0	2,3	2,5	2,3	2,5	1,9
Dépenses totales de consommation courante (%)	75,5	69,7	81,5	70,8	73,7	74,1	72,3	70,2	74,2	70,4	79,3
Impôt personnel	17,3	19,1	8,1	20,7	19,3	19,1	20,3	21,2	19,1	21,5	12,7
Sécurité	4,2	3,6	0,3	5,1	5,1	4,6	5,3	5,0	4,6	5,3	2,1
Cadeaux, dons	3,1	7,6	10,1	3,4	1,9	2,1	2,1	3,6	2,1	2,7	5,9
Dépenses totales ($)	21 634	19 742	11 164	39 936	40 116	38 674	46 175	35 423	43 505	49 057	20 014
Autres caractéristiques											
Revenu avant impôt ($)	20 860	20 089	11 704	42 691	40 677	39 372	47 759	38 298	43 154	54 640	23 753
Propriétaires de maison (%)	10,6	28,5	31,9	41,4	63,1	73,4	77,5	74,2	81,4	85,6	71,1
Femmes mariées travaillant à plein temps (%)	—	—	—	59,0	25,0	16,8	35,7	27,2	24,3	33,2	9,1

SOURCE: Adapté de Statistique Canada, *Family Expenditures in Canada, Selected Cities*, 1984, cat. 62-255, Ottawa, Information Canada, novembre 1986, tableaux 9 et 12.

plus grande proportion de leur revenu aux dépenses de nourriture, de logement, de soins personnels et médicaux.

La répartition des dépenses selon les divers stades du cycle de vie au Canada peut être présentée, sommairement, comme suit:

Les personnes seules

a) Les 44 ans et moins. Dans cette catégorie, la plus grande proportion des dépenses totales va aux cigarettes et aux boissons alcoolisées, au divertissement, à la lecture et à l'instruction. Ces individus dépensent plus que les autres personnes seules en vêtements et en transport, et moins, en soins médicaux et personnels. Un très petit nombre d'entre eux (10,6 %) sont propriétaires de leur maison.

b) Les 45 à 64 ans. Ces individus arrivent au deuxième rang en ce qui a trait au pourcentage des dépenses consacré aux cadeaux et aux dons ainsi qu'aux cigarettes et aux boissons alcoolisées. C'est dans cette catégorie que l'on trouve la plus faible consommation courante.

c) Les 65 ans et plus. Environ la moitié des dépenses de ce groupe concernent la nourriture et le logement, ce qui représente une proportion plus élevée que celle des autres groupes. C'est dans cette catégorie que l'on trouve la consommation courante la plus élevée. Ce groupe dépense une très grande proportion de son revenu en frais d'entretien ménager; c'est dans cette catégorie que la plus grande proportion des dépenses va aux soins médicaux et personnels ainsi qu'aux cadeaux et aux dons, et la plus petite proportion des dépenses, aux vêtements, au transport, au divertissement, à la lecture et à l'instruction.

Les couples mariés où le mari est âgé de moins de 45 ans

a) Les couples sans enfants. Ces familles ont le plus faible pourcentage de dépenses de nourriture et de soins médicaux et personnels, et le pourcentage le plus élevé de femmes travaillant à temps plein à l'extérieur du foyer (59 %).

b) Les couples ayant un ou deux enfants de moins de 16 ans. Ces familles sont celles où la plus grande proportion des dépenses va à l'entretien ménager et aux articles et accessoires d'ameublement, et la plus petite proportion des dépenses, aux cadeaux et aux dons. Cela reflète sans doute le besoin de remplacer les vieux appareils ménagers.

c) Les couples ayant trois enfants ou plus de moins de 16 ans. Ces familles arrivent au deuxième rang en ce qui concerne la proportion des dépenses consacrée à l'entretien ménager ainsi qu'aux articles et aux accessoires d'ameublement, peut-être pour les raisons que nous venons de mentionner; ce sont aussi les familles où l'on trouve la plus faible proportion de dépenses de tabac et de boissons alcoolisées. Ces familles viennent à l'avant-dernier rang concernant le pourcentage de femmes travaillant à l'extérieur du foyer à temps plein, en raison du nombre et de l'âge des enfants.

d) Les couples dont tous les enfants ont plus de 16 ans. Dans ces familles, la plus forte proportion des dépenses va aux vêtements, aux loisirs, à la lecture, à l'éducation et à la sécurité. Ces familles viennent aussi au deuxième rang en ce qui a trait au pourcentage de propriétaires et au pourcentage de femmes travaillant à temps plein à l'extérieur du foyer. Finalement, en ce qui concerne la situation financière, ces familles se situent au deuxième rang parmi toutes les familles.

Les couples mariés où l'âge du mari se situe entre 45 et 64 ans

a) Les couples sans enfants. Ces ménages occupent l'avant-dernier rang en ce qui concerne le niveau de consommation et sont ceux où la plus grande proportion des dépenses va au transport, peut-être parce qu'ils ont de plus nombreuses occasions de voyager, du fait qu'ils n'ont pas d'enfants.

b) Les couples ayant un ou plusieurs enfants de moins de 16 ans. Le comportement de consommation de ces familles est semblable à celui des familles où le mari est âgé de moins de 45 ans et où les enfants ont moins de 16 ans, mis à part le fait que le revenu et les dépenses totales sont plus élevés. Cela indique une meilleure capacité financière en ce qui a trait à la satisfaction de besoins semblables.

c) Les couples dont tous les enfants ont plus de 16 ans. Comme chez les couples où le mari est âgé de moins de 45 ans et où tous les enfants ont plus de 16 ans, la proportion des dépenses de vêtements et de sécurité est élevée. C'est dans ces familles que l'on trouve le plus haut niveau de revenu et le plus haut pourcentage de personnes qui sont propriétaires de leur maison. Le tiers des femmes appartenant à ce groupe travaillent à l'extérieur du foyer. Cependant, ce groupe a la plus faible proportion de dépenses de logement, de fonctionnement du foyer ainsi que de meubles et d'équipement, probablement parce que presque 86 % de ces familles sont propriétaires de leur maison et qu'elles ont accumulé au cours des ans de l'équipement ainsi que des meubles pour la maison.

Les couples mariés où le mari est âgé de 65 ans et plus

Ce groupe se situe au deuxième rang en ce qui concerne la proportion des dépenses consacrée à la nourriture, au logement, aux soins médicaux et personnels et au transport, ainsi qu'en ce qui concerne la consommation courante; seulement 2,1 % du revenu est dépensé à des fins de sécurité (assurances et pensions) et il n'y a que 9,1 % des femmes qui continuent de travailler à temps plein à l'extérieur du foyer.

Comme le montrent les résumés qui précèdent, les statistiques concernant les habitudes de consommation procurent au spécialiste de marketing des informations sur les besoins des consommateurs à chacun des stades du cycle de vie de la famille, ainsi que des indications utiles en ce qui a trait à la commercialisation d'une grande variété de produits tels les fours à micro-ondes, les lave-vaisselle, les bicyclettes et les croisières[11].

☐ # Les limites du concept de cycle de vie de la famille

On a décelé au moins trois grands problèmes quant à l'utilisation du concept de cycle de vie de la famille comme variable de segmentation:

1. Il est difficile de comparer les résultats des diverses études, étant donné qu'il existe plusieurs façons de classer les divers stades du cycle de vie d'une famille[12]. Cependant, il ne semble pas y avoir de différence entre la classification traditionnelle et la classification modernisée des divers stades du cycle de vie en ce qui concerne la capacité de prédire le comportement de consommation[13];

2. On a dit du concept de cycle de vie de la famille qu'il masquait les effets qu'exerce la composition de la famille sur les dépenses de consommation[14]. Il semble, en particulier, que ce concept ne tienne pas compte du taux de divorce élevé, de la décision très répandue de remettre le mariage à plus tard, de la diminution importante du

taux des naissances ainsi que de l'importante augmentation du nombre de familles monoparentales et de couples sans enfants. Cependant, une étude importante a démontré que les variables du cycle de vie de la famille sont raisonnablement représentatives des effets exercés par la composition de la famille[15];

3. Les stades du cycle de vie de la famille ne tiennent pas compte de l'effet exercé par les variables socio-économiques et démographiques telles que le revenu[16]. Ces critiques ont été confirmées dans le cas des dépenses de vêtements[17]. Comme on l'a déjà vu, les sous-groupes basés sur le revenu, surtout ceux caractérisés par un haut revenu, ont beaucoup retenu l'attention des spécialistes de marketing.

Cette analyse montre qu'en dépit de quelques problèmes, le concept de cycle de vie de la famille peut être utile au spécialiste de marketing.

LA FAMILLE ET LA PRISE DE DÉCISION

Dans cette section, nous examinerons et analyserons les fonctions et le processus de prise de décision de la famille, selon une perspective psychologique et sociologique.

La prise de décision et la structure de rôle au sein de la famille

Les fonctions de la famille

Dans plusieurs sociétés, la famille constitue un groupe fondamental représentant une unité de revenu et de consommation. La famille est considérée comme un filtre à travers lequel les normes de groupes plus larges comme les classes sociales et la culture sont perçues et interprétées. L'influence de la famille se fait sentir à deux niveaux:

1. La famille influence les attitudes, les valeurs, les motivations et la personnalité de chacun de ses membres; les besoins et les attitudes des membres d'une même famille sont généralement plus homogènes que ceux d'individus provenant de familles différentes. Il est

donc important que le spécialiste de marketing établisse une distinction entre les besoins et les attitudes autonomes et ceux qui sont interdépendants. Dans le premier cas, on dirigera la stratégie vers un individu particulier; dans le second cas, il faudra que la stratégie soit plus complexe;

2. La famille influence le processus décisionnel menant à l'achat. Le directeur de marketing doit découvrir le rôle joué par chacun des membres de la famille à chaque étape du processus décisionnel et diriger la stratégie vers la bonne personne, au bon moment.

Prenons l'exemple de l'achat d'une automobile. Au début, la reconnaissance du problème, c'est-à-dire le besoin d'acheter une nouvelle voiture, pourrait provenir d'un enfant qui a été l'objet de remarques désobligeantes de la part de ses camarades concernant la voiture familiale (la carrosserie de celle-ci étant perforée par la rouille). Une fois que la famille s'est entendue sur ce besoin, ses membres chercheront de l'information sur plusieurs modèles offerts sur le marché. Un membre de la famille pourra examiner les annonces des magazines et pourra être attiré par l'attrait esthétique et les finitions intérieures d'une automobile; un autre pourra lire des magazines spécialisés sur les voitures, discuter des divers modèles avec ses amis et avec des membres de la parenté et visiter le concessionnaire d'une marque d'automobiles. Lorsqu'on aura réduit les possibilités à quelques modèles (l'ensemble évoqué), la famille entière pourra se rendre chez plusieurs concessionnaires et pourra faire l'essai d'un petit nombre de modèles. La décision finale sera prise par l'un des conjoints ou par les deux. Après que la famille aura pris possession de la nouvelle voiture, il se peut qu'un ou plusieurs de ses membres ressentent de la dissonance cognitive ou soient désappointés parce qu'ils avaient choisi un autre modèle. Ces sentiments pourront disparaître rapidement s'il s'avère que le modèle acheté est une excellente voiture ou, au contraire, pourront durer plus longtemps si des problèmes se rencontrent rapidement et persistent.

La figure 11.3 présente les rôles que les divers membres de la famille peuvent jouer selon les diverses étapes du processus décisionnel.

La reconnaissance du problème

Les spécialistes de marketing négligent souvent l'étape de la reconnaissance du problème, bien que cette étape joue un rôle important pour

FIGURE 11.3
Les rôles des divers membres de la famille à chaque étape du processus décisionnel

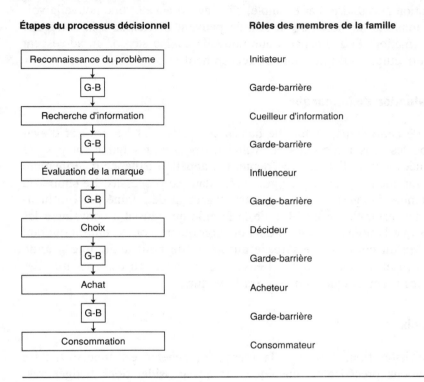

Étapes du processus décisionnel	Rôles des membres de la famille
Reconnaissance du problème	Initiateur
G-B	Garde-barrière
Recherche d'information	Cueilleur d'information
G-B	Garde-barrière
Évaluation de la marque	Influenceur
G-B	Garde-barrière
Choix	Décideur
G-B	Garde-barrière
Achat	Acheteur
G-B	Garde-barrière
Consommation	Consommateur

plusieurs produits. On appelle **initiateur** le membre de la famille qui décèle le besoin (par exemple, le besoin d'une nouvelle automobile ou d'une nouvelle maison). Dans l'exemple précédent, l'initiateur est l'enfant qui rapporte les remarques désobligeantes de ses amis sur la vieille voiture de ses parents. Le mari ou la femme qui se fatigue du vieux papier peint ou du divan est aussi un initiateur.

La recherche d'information

Si la famille s'entend sur le besoin éprouvé concernant un produit, ses membres s'informeront ensuite des diverses possibilités en ayant recours à des sources commerciales et non commerciales. Tous les membres de la famille pourront participer à cette tâche, selon leur compétence, leur intérêt et leur facilité d'accès à des sources d'information appropriées. On appelle **cueilleurs d'information** les individus dont on attend l'information nécessaire. Par exemple, s'il s'agit d'acheter une nouvelle voiture, tous les membres de la famille peuvent participer à la recherche d'information. Pour l'achat d'une nouvelle chaîne stéréo, un adolescent peut effectuer à lui seul l'entière recherche d'information.

L'évaluation de la marque

Lors de cette étape, la famille détermine quels sont les critères d'évaluation les plus importants et évalue les possibilités qui n'ont pas été éliminées lors de l'étape précédente. On appelle **influenceur** le membre de la famille qui joue le plus grand rôle dans ce processus. Le choix (ou l'ensemble évoqué) de la famille est largement déterminé par l'influenceur. Par exemple, le membre de la famille qui réussit à convaincre les autres que la nouvelle voiture devrait avoir quatre portes, un toit ouvrant ainsi qu'un contrôle de vitesse automatique peut avoir une grande influence en ce qui a trait à l'ensemble évoqué, qui est constitué des modèles parmi lesquels on choisira la voiture.

Le choix

La décision finale quant à la marque à acheter est fondée sur les évaluations précédentes ainsi que sur des considérations budgétaires. Le **décideur** est la personne qui prend la décision finale et qui possède un certain pouvoir sur le plan budgétaire. Par exemple, le mari peut décider d'acheter le modèle constituant le second ou le troisième choix des membres de la famille, parce que le premier choix est trop cher pour le budget familial. De la même façon, en ce qui a trait au choix d'une marque de céréale, la femme peut décider d'acheter une marque plus nutritive que celle choisie par son enfant[18].

L'achat

L'achat même de la marque choisie peut être délégué à un autre membre de la famille (l'**acheteur**), à qui on donne ou non le pouvoir de faire un changement, de négocier une entente ou de choisir l'endroit de l'achat. Par exemple, il se peut que le membre de la famille chargé de l'achat ait simplement à acheter la marque de dentifrice ou de shampooing choisie par les autres membres. Dans certains cas, l'acheteur et le décideur sont la même personne, généralement la femme. Par exemple, une étude a révélé que le tiers des buveurs de bière laissaient à l'acheteur l'initiative du choix de la marque, l'acheteur connaissant leurs préférences neuf fois sur dix[19].

La consommation

Durant la période de consommation ou d'utilisation du produit, certains membres de la famille peuvent ressentir de la dissonance ou de l'insatisfaction. Lorsque la dissonance est réduite et que le produit donne entière satisfaction, l'image de la marque est probablement renforcée et les membres de la famille peuvent faire du bouche à oreille en sa faveur. Lorsque l'inverse se produit, il devient moins probable que l'on achète la même marque dans le futur.

Le garde-barrière

Le garde-barrière est la personne qui, en raison du pouvoir ou de l'influence qu'elle exerce, est capable de bloquer ou de contrôler le processus décisionnel à tout stade de celui-ci. Par exemple, le mari qui oppose un non catégorique à la suggestion d'acheter une nouvelle voiture familiale ou qui est en mesure de contrôler le flux d'information chez les membres de la famille joue un rôle de garde-barrière. La mère qui est capable de passer outre aux désirs de son enfant en achetant la marque qu'elle préfère joue le même rôle.

La différenciation des rôles des conjoints

Les rôles qu'adoptent le mari et la femme dans le processus décisionnel dépendent de facteurs tels que la nature du produit et sa capacité de satisfaire les besoins de la famille. Dans les petits groupes comme la famille, on trouve généralement deux types de rôle fondamentaux: le rôle instrumental et le rôle expressif[20].

- Le **rôle instrumental** implique des comportements orientés vers l'atteinte d'un but ou l'accomplissement d'une tâche; par exemple, il peut s'agir de prendre des décisions relatives au budget, au moment de l'achat, aux attributs du produit ayant une valeur fonctionnelle et à la négociation finale.
- Le **rôle expressif** implique des comportements sociaux ou émotifs; il peut s'agir de prendre des décisions quant aux attributs du produit qui ont une valeur esthétique reflétant le statut et le style de vie de la famille.

Dans la famille traditionnelle, le mari joue généralement le rôle instrumental, alors que la femme adopte le rôle expressif. Cependant, plus les femmes entrent sur le marché du travail, plus elles ont tendance à adopter des comportements instrumentaux.

L'influence respective du mari et de la femme et la résolution de conflits dans la famille

Un autre facteur important à considérer dans l'étude de la famille est l'influence respective du mari et de la femme. On dit d'une famille qu'elle est **patriarcale** lorsque c'est le mari qui joue le rôle dominant, qu'elle est **matriarcale** lorsque c'est la femme qui joue le rôle dominant et qu'elle est **égalitariste** lorsque aucun des deux conjoints ne domine l'autre.

Les types de décision et les rôles conjugaux

On peut déterminer l'influence respective du mari et de la femme à chaque étape du processus de prise de décision de la famille. Dans une étude datant de 1974, on a décelé quatre types de décision par rapport à une catégorie de produits, selon le degré de spécialisation et l'influence respective de l'un et l'autre conjoint[21]:

1. Le pouvoir de décision se situe dans la **zone autonome** lorsqu'un des conjoints se spécialise par rapport à une catégorie de produits et prend seul la majorité des décisions d'achat relatives à cette catégorie. À la suite d'une entente tacite ou délibérée, c'est le mari ou la femme qui se spécialise. Dans environ la moitié des familles interrogées dans l'étude de 1974, c'est la femme qui a hérité du

rôle décisionnel à l'égard du produit, alors que, dans l'autre moitié des familles, c'est le mari. Les décisions tombant dans la zone autonome concernent l'épargne, l'alcool, les médicaments et les vêtements du mari;

2. Le pouvoir de décision se situe dans la **zone dominée par la femme** lorsque celle-ci prend, la plupart du temps, les décisions concernant la catégorie de produits. Cela est généralement le cas pour les ustensiles de cuisine, les produits de nettoyage, la nourriture ainsi que les vêtements de la femme et des enfants;

3. Le pouvoir de décision se situe dans la **zone dominée par le mari** lorsque celui-ci prend, la plupart du temps, les décisions relatives au produit. Cela est généralement le cas pour l'assurance-vie et les autres types d'assurance;

4. Le pouvoir de décision se situe dans la **zone commune** lorsque la décision est prise conjointement par le mari et la femme. Cela est généralement le cas pour les vacances, le choix d'une école, les meubles de salon, les jouets des enfants, les loisirs et le logement.

Ces décisions sont classées par rapport à deux dimensions importantes: l'influence respective du mari et de la femme et la spécialisation des rôles joués par ceux-ci. La figure 11.4 représente les quatre zones de décision mentionnées ci-dessus. La différence entre la zone autonome et la zone commune provient de la spécialisation des rôles, étant donné que, dans chaque cas, l'influence de la femme par rapport à celle de son mari est de 50 %. Dans la zone autonome, n'importe quel conjoint peut prendre une décision d'achat, mais ce conjoint se «spécialise», en ce sens qu'il prend l'habitude (ou que la tâche lui revient) de décider seul du produit et de la marque à acheter. Dans certaines familles, le conjoint qui s'est spécialisé est l'homme, alors que, dans d'autres familles, c'est la femme. Cela signifie donc que la spécialisation de l'un des conjoints par rapport à l'autre est forte. Dans la zone commune, les deux conjoints prennent la décision ensemble et leur degré de spécialisation est comparable. La figure 11.4 illustre la distribution des rôles dans la famille pour 25 types de décision[22].

Lorsqu'on passe du stade de la reconnaissance du problème à celui de la recherche d'information, il y a une augmentation de la spécialisation. Par exemple, après que l'un des conjoints a reconnu le besoin d'une nouvelle voiture, le mari va chercher de l'information. Cela est indiqué dans la figure 11.5 par des flèches qui représentent des changements se

FIGURE 11.4
Rôles des conjoints pour 25 types de décision

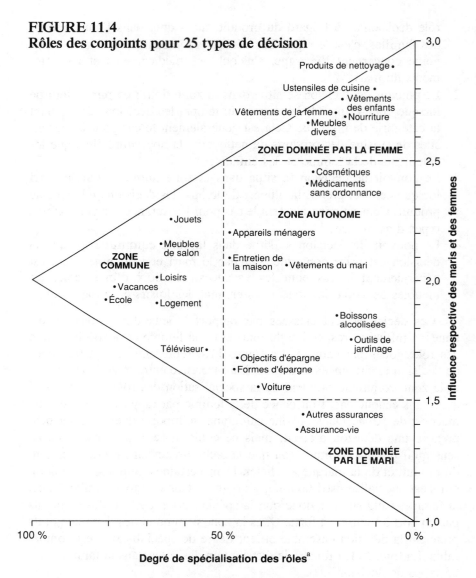

Degré de spécialisation des rôles[a]

a. Une proportion de 100 % indique que 100 % des décisions relatives au produit sont prises conjointement — il n'y a donc aucune spécialisation des rôles dans le couple par rapport au produit. Une proportion de 0 % indique que les décisions sont prises par un seul individu et qu'il y a donc une grande spécialisation des rôles dans le couple par rapport aux décisions relatives au produit.

SOURCE: H.L. Davis et B.P. Rigaux, «Perceptions of Marital Roles in Decision Processes», *Journal of Consumer Research*, juin 1974, p. 51-62.

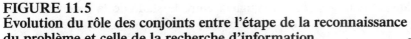

FIGURE 11.5
Évolution du rôle des conjoints entre l'étape de la reconnaissance du problème et celle de la recherche d'information

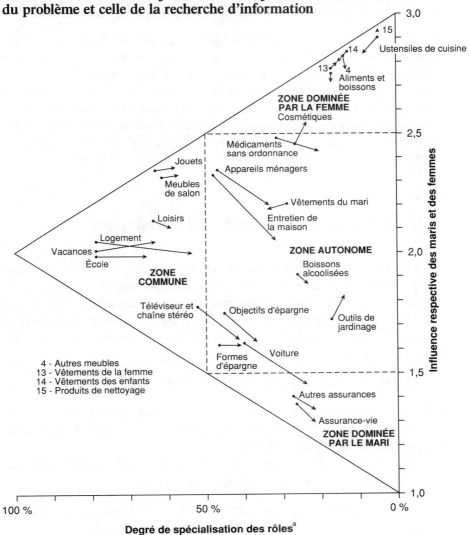

a. Une proportion de 100 % indique que 100 % des décisions relatives au produit sont prises conjointement — il n'y a donc aucune spécialisation des rôles dans le couple par rapport au produit. Une proportion de 0 % indique que les décisions sont prises par un seul individu et qu'il y a donc une grande spécialisation des rôles dans le couple par rapport aux décisions relatives au produit.

SOURCE: H.L. Davis et B.P. Rigaux, «Perceptions of Marital Roles in Decision Processes», *Journal of Consumer Research*, juin 1974, p. 56.

produisant dans les rôles conjugaux entre le stade de la reconnaissance du problème et celui de la recherche d'information; les flèches vont toutes de gauche à droite, indiquant ainsi une spécialisation accrue.

L'inverse se produit lorsqu'on passe du stade de la recherche d'information à celui de la décision finale, c'est-à-dire qu'il y a une moindre spécialisation. Dans le même exemple, la décision finale d'acheter une voiture est prise conjointement par le mari et la femme. Cela est indiqué dans la figure 11.6 par des flèches qui représentent les changements se produisant dans les rôles conjugaux entre le stade de la recherche d'information et celui de la décision finale; ces flèches vont toutes de droite à gauche, indiquant ainsi une diminution de la spécialisation.

L'influence des enfants sur les rôles conjugaux

À Québec, des chercheurs ont étudié la structure d'influence relative au processus de décision suivi par les touristes par rapport aux vacances[23]. Ils ont observé de grandes différences quant à la structure de rôle que nous venons de décrire, les familles avec enfants se distinguant nettement des couples sans enfants. Le tableau 11.5 indique quelques-uns des résultats de cette étude.

Voici certaines conclusions provenant de l'étude en question:

1. Les maris jouent plus souvent un rôle dominant lorsqu'il y a des enfants que lorsqu'il n'y en a pas; dans ce dernier cas, les décisions conjointes sont plus fréquentes;
2. L'influence respective des conjoints est plus variée dans les familles avec enfants qu'au sein des couples sans enfants.

Pour ce qui est du rôle des enfants, l'étude a conclu que:

Dans la famille, les enfants exercent relativement peu d'influence sur le processus de décision pris dans son ensemble, bien que l'importance de leur influence varie substantiellement par rapport aux divers éléments du processus décisionnel. Néanmoins, les enfants peuvent influencer les décisions de la famille en formant une alliance avec l'un ou l'autre des conjoints, de façon à créer une position majoritaire.

FIGURE 11.6
Évolution du rôle des conjoints entre l'étape de la recherche d'information et celle de la décision finale

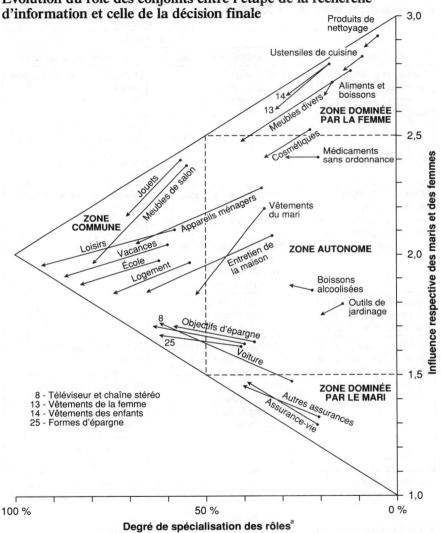

a. Une proportion de 100 % indique que 100 % des décisions relatives au produit sont prises conjointement — il n'y a donc aucune spécialisation des rôles dans le couple par rapport au produit. Une proportion de 0 % indique que les décisions sont prises par un seul individu et qu'il y a donc une grande spécialisation des rôles dans le couple par rapport aux décisions relatives au produit.

SOURCE: H.L. Davis et B.P. Rigaux, «Perceptions of Marital Roles in Decision Processes», *Journal of Consumer Research*, juin 1974, p. 57.

TABLEAU 11.5
Détermination du processus décisionnel pour les vacances familiales et le logement selon la structure de rôle

Structure de rôle	Sous-décisions	
	Familles avec enfants	**Couples sans enfants**
Partage des rôles, décision commune, décision partagée selon les deux conjoints.	Visiter la région Visiter la ville Demeurer en ville Type de logement	Prendre des vacances cette année Visiter la région Visiter la ville Demeurer en ville Type de logement Réserver Choix de la chaîne Type d'endroit
Décision autonome, décision partagée selon le mari, décision déterminée par le mari selon la femme	Prendre des vacances cette année Prendre des vacances cet été Prendre des vacances ensemble Type de vacances Choix de la chambre	Prendre des vacances cet été
Décision déterminée par le mari selon le mari, décision partagée selon la femme	Choix de la chaîne Choix de l'hôtel	
Spécialisation des rôles, décision déterminée par le mari selon les deux conjoints	Période des vacances Durée des vacances Budget pour les vacances Réserver Type d'endroit Fourchette de prix acceptable	Période des vacances Durée des vacances Budget pour les vacances Prendre des vacances ensemble Type de vacances Fourchette de prix acceptable Choix de l'hôtel Choix de la chambre

SOURCE: P. Filiatrault et J.R.B. Ritchie, «Joint Purchasing Decisions: A Comparison of Influence Structure in Family and Couple Decision-Making Units», *Journal of Consumer Research*, septembre 1980, p. 135.

Les stratégies utilisées pour éviter ou réduire les conflits au sein de la famille

Le tableau 11.6 présente la classification élaborée par H.L. Davis concernant les stratégies de prise de décision de la famille[24]. Cette classification est résumée dans les paragraphes qui suivent.

TABLEAU 11.6
Typologie des diverses stratégies de prise de décision, selon Davis

Ensemble de stratégies (selon les buts visés)	Stratégies	Modes d'application
Le consensus (les membres de la famille s'entendent sur les buts)	La structure de rôle	Le «spécialiste»
	Le budget	Le «contrôleur»
	La résolution de problème	L'«expert» La «meilleure solution» Les «achats multiples»
Le compromis (les membres de la famille ne s'entendent pas sur les buts)	La persuasion	Le «critique non responsable» L'«intuition» Le «magasinage à deux» La «coercition» La «coalition»
	La négociation	Le «prochain achat» L'«achat impulsif» La «procrastination»

SOURCE: H.L. Davis, «Decision Making within the Household», *Journal of Consumer Research*, mars 1976, p. 255.

Selon Davis, il existe fondamentalement deux ensembles de stratégies, selon que les membres de la famille s'entendent ou non par rapport aux buts visés par la décision. Si tous sont d'accord, par exemple, pour dire qu'il est temps d'acheter une nouvelle voiture, la famille est en situation de **consensus**. Par contre, si les membres de la famille ne s'entendent pas sur les buts, ils devront peut-être avoir recours au **compromis** pour résoudre le conflit, et il se peut qu'un ou plusieurs membres de la famille soient amenés à faire des concessions.

Les stratégies de consensus

Lorsqu'elle utilise une stratégie de **structure de rôle**, la famille délègue la décision à l'un de ses membres, qui joue alors un rôle de «spécialiste». La principale responsabilité du spécialiste est de prendre des décisions dans le domaine désigné; ces décisions sont, par la suite, acceptées par les autres membres de la famille.

Lorsqu'elle utilise une stratégie de **budget**, la famille établit des règles qui limitent l'envergure des décisions. Des conflits sont toujours possibles, mais les règles établies tendent à diriger l'attention vers un code de conduite opérationnel. Des rencontres régulières portant sur le budget peuvent servir de véhicule pour discuter des divergences relatives aux besoins et pour revoir les règles. Le budget joue donc un rôle de «contrôleur». Par exemple, une fois que la famille s'est fixé un budget pour les loisirs, toute tentative effectuée par un membre de la famille pour dépasser la limite violerait la règle, de sorte que toute frustration qui en découlerait serait attribuée à la règle plutôt qu'aux autres membres de la famille.

Dans la stratégie de **résolution de problème,** on peut résoudre les problèmes en consultant, pour faciliter le choix, un «expert» qui fait partie ou non de la famille. Une discussion entre les membres de la famille peut conduire à une «meilleure solution» que celle proposée initialement. Enfin, on peut, à l'aide d'«achats multiples», réduire ou éviter les conflits. Par exemple, on pourra décider d'acheter deux petits téléviseurs au lieu d'un gros appareil ou deux marques différentes de dentifrice au lieu d'une seule.

Les stratégies de compromis

Les stratégies de **persuasion** ont pour but d'amener une personne à prendre une décision qu'elle n'aurait pas prise initialement. Le «critique non responsable» peut critiquer en toute liberté parce qu'il ne possède pas d'autorité pour prendre une décision. C'est le cas, par exemple, du conjoint qui ne cesse de faire des remarques, qui critique continuellement l'autre et qui s'écrit: «je te l'avais bien dit!» lorsque la décision se révèle mauvaise. L'«intuition» aide le consommateur à choisir le moment où son conjoint sera le plus réceptif à la persuasion et les arguments auxquels il sera le plus sensible. Cette tactique est employée autant par les hommes que par les femmes. En ce qui a trait au «magasinage à deux», un membre de la famille se fait accompagner d'un autre membre pour prendre de l'information sur les produits. Le membre accompagnateur, qui a accepté de venir, peut trouver plus difficile de faire obstacle au projet d'achat dans le futur. Lorsqu'il y a «coercition», un membre de la famille menace un autre membre dans le but de le forcer à approuver la décision. La coercition est surtout employée à l'égard des enfants. Enfin, il se peut qu'il se forme des «coalitions» dans la famille pour forcer la minorité à donner son accord à la majorité. Dans l'exemple des vacances, nous avons vu comment les enfants pouvaient s'allier avec l'un des parents pour influencer la décision.

Les stratégies de **négociation** impliquent des concessions mutuelles ainsi que des considérations à plus long terme que les stratégies de persuasion. L'une des stratégies de négociation peut consister, pour un membre de la famille, à approuver une décision dans le but de parvenir à ses fins lors du «prochain achat». C'est ainsi qu'une femme approuvera le choix de voiture de son mari pour autant que celui-ci s'engage à lui laisser choisir le prochain téléviseur. Dans le cas de l'«achat impulsif», un membre de la famille effectue d'abord l'achat pour négocier ensuite cet achat avec les autres membres de la famille. Enfin, dans la «procrastination», on remet l'achat à plus tard dans l'espoir qu'on pourra faire un nouveau choix à l'aide d'informations nouvelles ou d'un changement de situation. C'est ce qui se produit, par exemple, lorsqu'on entend une remarque telle que la suivante: «Lorsque j'ai appelé la compagnie aérienne, les sièges étaient tous vendus.»

Bien que la recherche sur ces diverses stratégies soit limitée, l'information dont nous disposons peut cependant être utile aux spécialistes de marketing. Par exemple, le fait de déceler la personne la plus susceptible de jouer le rôle de spécialiste pour certaines catégories de produits peut aider à ajuster les thèmes publicitaires selon la cible visée. Certaines stratégies comme l'achat impulsif ou l'intuition peuvent être utilisées dans les annonces publicitaires télévisées pour créer une image positive du produit. Les stratégies de la meilleure solution et/ou de la procrastination peuvent être utilisées dans les programmes promotionnels pour attirer l'attention sur un produit nouveau et meilleur. Enfin, les représentants doivent connaître ces stratégies pour comprendre la dynamique du processus de prise de décision au sein de la famille et pour répondre aux besoins de chaque membre de la famille.

☐ D'autres facteurs influençant la prise de décision au sein de la famille

D'autres variables peuvent influencer le comportement de la famille; il s'agit de la culture, des groupes de référence, de la classe sociale, du cycle de vie de la famille, du travail de la femme mariée, du lieu de résidence (famille urbaine ou rurale) et de la personnalité des conjoints.

Dans une étude de marché, on doit mesurer chacun de ces facteurs afin de déterminer leur influence respective sur le comportement de la famille. Dans les paragraphes qui suivent, nous examinerons l'effet de certains de ces facteurs.

La culture

La nature de la prise de décision familiale peut changer d'une manière importante selon la culture ou la sous-culture des conjoints. Par exemple, dans les cultures musulmanes, la femme mariée mène une existence retirée et possède peu de droits et peu de contrôle sur les décisions familiales. Au Japon, la femme mariée ne travaille habituellement pas à l'extérieur du foyer, mais elle exerce un contrôle total sur les finances familiales et c'est elle qui effectue la majorité des achats. Dans les cultures européennes et nord-américaines, les habitudes d'achat impliquent l'égalité et une prise de décision commune dans le cas des achats majeurs.

Les groupes de référence

Les membres des groupes de référence, tels les amis, les parents ou les collègues, peuvent avoir un effet sur le processus décisionnel et l'influence respective des conjoints. Une étude a démontré que le conjoint ayant le plus d'influence sur la prise de décision avait tendance à discuter plus volontiers du sujet avec ses parents, ses amis, les détaillants ou ses relations[25].

La classe sociale

La prise de décision familiale est influencée par la classe sociale à laquelle appartiennent le mari et la femme. Les conjoints issus de la classe moyenne sont plus portés à prendre des décisions conjointement que ceux appartenant aux classes supérieures ou inférieures. L'interaction de la classe sociale, de la culture et des styles de communication de la famille a été analysée avec beaucoup de soin dans une étude portant sur les familles francophones de Montréal[26].

Le cycle de vie de la famille

Le concept de cycle de vie de la famille montre comment les besoins des familles varient au cours des diverses étapes de la vie. Ces besoins déterminent les obligations des conjoints au fur et à mesure que les enfants naissent, grandissent et quittent la maison. Cependant, les études démontrent que les décisions communes sont plus nombreuses aux étapes initiales du cycle de vie de la famille et que leur nombre diminue vers les derniers stades, les conjoints devenant plus spécialisés avec le temps. Cette spécialisation est due à une augmentation des pressions exercées par le temps et à un accroissement de la confiance dans la compétence de l'autre conjoint[27].

Le lieu de résidence

Des recherches ont permis de découvrir des différences entre les familles urbaines et les familles rurales. Dans les familles rurales, l'influence relative de la femme n'est pas aussi forte, mais il y a cependant un plus grand nombre de décisions communes[28].

La personnalité

Les traits de personnalité des conjoints peuvent expliquer les rôles qui sont adoptés dans la prise de décision familiale. Deux des traits les plus importants sont l'empathie et la domination. L'empathie est l'aptitude à reconnaître et à partager les sentiments de son conjoint. Une forte empathie contribue à réduire les conflits[29]. La domination est reliée au besoin de contrôler son environnement et d'influencer son conjoint. Plus ce besoin est puissant, moins on trouve de décisions communes et plus il y a de conflits[30].

DES QUESTIONS D'ACTUALITÉ RELIÉES AU COMPORTEMENT D'ACHAT DE LA FAMILLE

Dans cette section, nous considérerons certaines questions d'actualité reliées à la prise de décision familiale: l'influence des enfants et l'évolution des rôles des femmes et des hommes.

☐   Les questions reliées au rôle des enfants

L'influence des enfants sur les parents

On a peu étudié, en marketing, l'influence des enfants au sein de la famille. Nous avons montré, plus haut, comment les enfants influençaient la distribution des rôles entre les conjoints et comment ils pouvaient influencer l'une des étapes du processus décisionnel en s'alliant avec l'un des conjoints.

Les enfants exercent également des pressions sur leurs parents, ce qui pousse ces derniers à réagir. Une étude a démontré qu'il existait une faible corrélation entre la tentative des enfants de 5 à 10 ans pour exercer une influence et le fait que les parents cèdent à cette pression, lorsque l'âge n'est pas pris en considération. Mais en tenant compte de l'âge, on a découvert que les tentatives pour exercer une pression sur les parents diminuaient avec l'âge des enfants et que le nombre de parents acquiescant aux demandes de leurs enfants augmentait avec l'âge des enfants[31]. Ce fait suggère que les parents sont plus portés à accepter l'opinion de leurs enfants au fur et à mesure que ceux-ci grandissent. Une autre étude a démontré que les parents acquiesçaient aux demandes de leurs enfants lorsqu'ils n'avaient pas de critères solides pour prendre leurs décisions[32].

Une étude portant sur l'influence des enfants dans le choix des céréales a démontré que les mères très préoccupées de la santé de leurs enfants avaient moins tendance que les autres à acheter la marque choisie par les enfants[33].

En général, il semble donc que les parents ne cèdent pas aux pressions exercées par leurs enfants et que ces pressions tendent à diminuer lorsque les enfants grandissent. Les parents jouent un rôle important en tant qu'éducateurs, particulièrement en façonnant les habitudes d'achat de leurs enfants. Cependant, l'enfant n'est pas toujours un sujet facile à duper, que le fabricant peut manipuler pour influencer les parents. L'enfant possède souvent un bon jugement et, selon une étude, les enfants prêtent attention aux publicités destinées aux adultes lorsqu'ils s'intéressent au produit; de plus, les enfants se souviennent mieux de la marque que leurs parents[34].

Un enfant constitue non seulement un «être en devenir», mais aussi un consommateur disposant souvent d'un certain pouvoir d'achat. Pour utiliser ce pouvoir intelligemment, l'enfant a besoin de l'information que procure la publicité et il y a droit.

La publicité et le comportement de l'enfant

Une critique souvent faite à l'égard de la publicité est qu'elle encourage les enfants à demander à leurs parents des produits que ceux-ci ne peuvent pas se payer ou qu'ils ne veulent pas que leurs enfants possèdent. Ces arguments ont servi de fondement à des lois et à des codes de déontologie interdisant la publicité destinée aux enfants.

Une question importante est de savoir si les enfants sont vulnérables à la publicité. S'ils le sont, jusqu'à quel âge doit-on les en protéger? On a suggéré que l'on fixe cette limite à 13 ans. Mais les résultats des recherches sont peu convaincants ou incomplets. Une étude a démontré que la publicité relative aux jouets influençait le choix des enfants, surtout durant la période des achats de Noël[35].

Cependant, la même étude a aussi démontré que la publicité avait un effet limité sur les enfants: le nombre de jouets et de jeux choisis par les enfants comme cadeaux de Noël augmentait de 5 %, cette augmentation n'étant pas corrélée avec l'âge des enfants. Une autre étude est arrivée aux mêmes conclusions, suggérant que les effets de la publicité sur les enfants ont été exagérés. On a découvert que les enfants adoptaient très jeunes un certain scepticisme et des mécanismes de défense à l'égard des messages publicitaires[36].

La formation de tels mécanismes a aussi été démontrée dans une étude où l'on a découvert que les enfants pouvaient déceler très jeunes l'intention persuasive de la publicité[37]. Lorsque l'enfant est capable de déceler cette influence, il réagit négativement à la persuasion du message. Selon les auteurs, «un enfant capable de déceler l'intention persuasive subit moins l'influence de la publicité parce qu'il a moins confiance en elle, qu'il aime moins l'annonce et qu'il est moins porté à demander le produit annoncé».

L'habileté à déceler l'intention persuasive est liée à l'âge de l'enfant. La même étude a révélé que cette habileté était présente chez 53 % des écoliers de première année, chez 87 % des écoliers de troisième année et chez 99 % des écoliers de cinquième année. Cela a deux implications pour le marketing. Premièrement, étant donné que les enfants de cinquième année ne sont pas plus influençables que les adultes, la limite fixée à 13 ans est probablement trop élevée. Deuxièmement, l'habileté à déceler l'intention persuasive est directement liée à l'âge, mais le célèbre psychologue pour enfants Jean Piaget soutient que l'âge est lié à deux facteurs, la maturité et l'expérience acquise[38]. Par conséquent, lorsqu'on empêche l'enfant d'être exposé à la publicité alors que cela est physiquement possible, on risque de retarder la formation des mécanismes de défense naturels de l'enfant, mécanismes dont celui-ci aura probablement besoin dans les premiers stades de l'adolescence. Une autre étude a démontré que le comportement et les attitudes de l'enfant sont influencés par la publicité et que les enfants qui ont de meilleures chances d'influencer leurs parents sont ceux qui sont le plus influencés[39]. Enfin, une autre étude a révélé que, comme les adultes, les enfants connaissent l'effet de saturation qui peut être produit par la publicité, et qu'après un certain nombre de messages répétés, les effets de la publicité peuvent devenir négatifs[40].

Nous pouvons donc conclure que l'effet de la publicité sur les enfants a été exagéré. Les enfants se rendent compte très jeunes de l'intention persuasive de la publicité, élaborent des mécanismes de défense, font l'expérience des mêmes effets de saturation que ceux vécus par les adultes et subissent une plus grande influence s'il y a de bonnes chances que leurs demandes soient exaucées.

L'importance des enfants pour le marketing

Les 5,5 millions d'enfants habitant au Canada constituent un important marché pour plusieurs spécialistes de marketing. Les enfants peuvent influencer le choix de leurs parents et disposent de leur propre pouvoir d'achat. Par exemple, c'est l'enfant qui détermine, dans 40 % des cas, le restaurant que la famille fréquentera[41]. Avec la diminution de la taille de la famille, les enfants deviennent plus importants. Une étude effectuée en 1986 a révélé que, dans la ville de Kitchener, le revenu moyen hebdomadaire des enfants de 10 ans était de 11 $. Les spécialistes de marketing ont appelé ce groupe les *skoties* (*spoiled kids of the eighties* – les enfants gâtés des années 80)[42].

Les enfants ont des façons de s'exprimer ainsi que des besoins qui leur sont propres, mais ceux-ci varient grandement selon l'âge et le sexe. Par exemple, les enfants de 4 à 8 ans sont curieux, mais ils ne peuvent se concentrer longtemps et ils aiment voir les produits en situation d'utilisation. Les enfants de 9 à 12 ans peuvent se concentrer plus longtemps et ont une meilleure compréhension des concepts abstraits. Les spécialistes des études de marché doivent utiliser différentes techniques pour intéresser les enfants[43]. Le plaisir semble constituer un facteur important pour les attirer, et on ne doit jamais l'oublier, qu'il s'agisse de l'emballage, du maniement du produit, de l'utilisation de porte-parole ou de personnages sympathiques, des formes, des textures, des couleurs ou des saveurs.

Le comportement des adolescents et le marketing[44]

Les 2,7 millions d'adolescents canadiens constituent un important marché pour le marketing. Dans une étude effectuée en 1985, on a découvert que les adolescents ont des attitudes qui diffèrent beaucoup de celles des adultes et qu'ils considèrent ces derniers comme un peu hostiles. Les adolescents accordent beaucoup d'importance à l'amitié (91 %), à l'amour (86 %), à la liberté (85 %), au succès (78 %), à l'intimité (68 %), à la vie de famille (65 %), à l'excitation (58 %), à la reconnaissance (39 %) et à la popularité (21 %). Une étude effectuée en 1986 à Kitchener a révélé que le revenu moyen hebdomadaire des adolescents était de 38 $ à 40 $, et que ce revenu était dépensé surtout en vêtements, en soins personnels, en disques et en passe-temps.

Une très grande proportion d'adolescents préparent des plats cuisinés (72 %) et font de la pâtisserie (60 %), et la moitié d'entre eux font beaucoup d'achats et exercent une grande influence sur le choix de la marque. Les mères ont signalé que les adolescentes avaient beaucoup d'influence par rapport à plusieurs catégories de produits: les sodas diététiques (62 %), les céréales du petit déjeuner (80 %), les dentifrices (68 %), les savons (55 %), les chaînes stéréo (47 %) et les valises (28 %). De plus, les adolescentes choisissent elles-mêmes la marque de shampooing qu'elles utilisent (67 %) et sont les plus grandes utilisatrices de parfums (99 %) et de vernis à ongles (90 %).

Enfin, les adolescents ont tendance à être plus critiques que les adultes à l'égard de la publicité, mais aussi plus attentifs aux annonces publicitaires; on doit donc, pour les attirer, utiliser une approche créative différente comportant un habile dosage d'information et de divertissement.

☐ L'évolution du rôle des femmes

Dans les 30 dernières années, on a assisté à des changements importants en ce qui a trait à la présence des femmes sur le marché du travail, cela étant dû à des facteurs économiques, éducatifs et sociologiques. Au Canada, il y a plus de 10 millions de femmes en âge de travailler, et environ les deux tiers d'entre elles font partie du marché du travail. Des changements sont observés tant chez les femmes qui travaillent à l'extérieur du foyer que chez celles qui demeurent au foyer.

Les femmes au foyer

Les femmes qui ne travaillent pas à l'extérieur du foyer ont tendance à être moins actives, à avoir moins d'assurance et moins de confiance en soi et sont moins égocentriques que les femmes qui travaillent à l'extérieur. Cependant, les attitudes changent, particulièrement chez les femmes qui projettent de travailler dans le futur. Ces femmes allient les responsabilités familiales avec des activités extérieures au foyer et elles accomplissent des tâches ménagères différentes de celles des ménagères traditionnelles[45].

Les femmes travaillant à l'extérieur du foyer

Au début, la plupart des femmes présentes sur le marché du travail travaillaient pour augmenter le revenu de la famille, mais, de nos jours, de plus en plus de femmes entrent sur le marché du travail afin de poursuivre une carrière. Une étude canadienne a démontré que deux femmes sur cinq se considéraient comme des femmes de carrière. Celles-ci ont tendance à lire plusieurs magazines et journaux, mais regardent peu la télévision[46]. Lorsque la femme mariée est orientée, de même que son mari, vers un travail à l'extérieur du foyer, on note d'importantes différences de comportement[47]. Le tableau 11.7 présente certaines des différences qui existent entre trois types de familles canadiennes: les familles à double revenu, les familles à double carrière et les familles traditionnelles.

TABLEAU 11.7
**Comparaison de trois types de familles selon l'orientation
à l'égard du travail**

	Familles à double carrière	Familles à double revenu	Familles traditionnelles
Achats de nourriture			
Qui les fait?	Celui qui aime le mieux cela	Généralement la femme	La femme
Combien souvent?	Une fois par mois ou une fois par semaine	Une fois par mois ou une fois par semaine	Une fois par semaine
Quand?	Pas de moment fixe	Le même jour	Le même jour
Fidélité au magasin	Non	Oui	Oui
Corvées ménagères			
Préparation des repas	Les deux conjoints	Généralement la femme	La femme
Nettoyage et lessive	Les deux conjoints	Généralement la femme	La femme
Aide ménagère	Oui	Non	Non
Attitudes à l'égard des corvées	Travail de routine pendant la semaine pour libérer la fin de semaine	Travail régulier, mais au hasard	Travail régulier et organisé
Commodités ménagères			
Lave-vaisselle et four à micro-ondes	Oui	Non	Non
Congélateur	Pour les achats en vrac, les plats en surplus	Pour les achats en vrac	Pour la récolte du jardin
Attitude à l'égard des commodités	Pour épargner du temps	Pour économiser de l'argent	Pour économiser de l'argent
Soin des enfants			
Discipline	Les deux conjoints	La femme, appuyée par le mari	La femme; le mari laisse faire
Préparation pour l'école	Les deux conjoints	La femme	La femme
Finances familiales			
Comptes	Chacun le sien et un compte en commun	En commun	Un seul compte
Qui tient les comptes?	Pour le ménage: la femme	La femme	La femme
Dépenses majeures	Entente du couple à la suite de discussions (chacun contribue)	Priorités: les besoins de la famille	Priorités: les territoires de chacun
Budget	Non fixe, révision périodique	Plus fixe	Plus fixe
Attitude à l'égard de l'argent	On peut avoir ce qu'on veut; «coussins»	On travaille pour gagner ce qu'on veut	On a ce dont on a besoin (certains désirs)
Crédit	Commodité, consolidation des comptes	Commodité et achat à crédit	Perçu comme dangereux
Paiement	Complet à chaque mois	Paiement d'intérêts	Paiement d'intérêts

TABLEAU 11.7
(suite)

	Familles à double carrière	Familles à double revenu	Familles traditionnelles
Restaurants Combien souvent? Où? Critères	Deux fois par semaine De tous les genres Bonne nourriture, ambiance, goût	Deux fois par mois Où les groupes sont bienvenus Espace, menu varié, service	Rarement Restaurants à service rapide
Voitures Combien? Neuve ou d'occasion? Comptant ou à crédit? Qui décide? Critères	Deux Neuve Comptant Individuellement Sécurité, kilométrage, petite voiture, investissement, «expérience» (ex. voiture sport)	Une ou deux Parfois d'occasion À crédit Conjointement Grande	Une Souvent d'occasion À crédit Le mari Voiture familiale, grosse voiture
Vacances familiales Qui décide? Qui y va? Préparatifs Critères Destination Budget	Les parents avec les enfants La famille; parfois, vacances à part pour les enfants Les deux conjoints Culture Europe, Amérique du Nord Sans limites, ce qu'il faut	Les deux conjoints La famille La femme Visite de parents et d'amis Amérique du Nord Limité, ce qui restreint les choix	Les deux conjoints La famille La femme Visite de la famille Canada Limité
Biens durables Qui décide? Qui achète? Critères	Les deux conjoints Les deux conjoints Économie de temps, style, indifférence à l'égard du prix, peu de magasinage, magasins de qualité	Les deux conjoints La femme, parfois le mari Importance du prix, comparaison, magasins de qualité moyenne	La femme Importance du prix, comparaison, magasins de bas de gamme
Style de vie	Intégration de la carrière et de la vie de famille par chacun des conjoints. L'aisance permet d'acquérir des commodités, ce qui rend possible les loisirs individuels et en famille.	Les deux conjoints mettent l'accent sur la famille, même si la femme s'occupe généralement du foyer et des enfants. Les deux travaillent pour le bien-être de la famille.	La femme règne au foyer, le mari est roi au travail. La gamme des activités individuelles et familiales est déterminée par le sexe et le pouvoir de gain du mari.

SOURCE: Adapté de James W. Hanson et Rosemary Polegato, «Identifying Dual Career/Dual Income and Traditional Family Segments», *Marketing*, Éd. J.D. Forbes, Montréal, Association des sciences administratives du Canada, 1983, p. 137-139.

Les spécialistes de marketing doivent adapter leurs stratégies aux changements observés chez les femmes, particulièrement chez les femmes de carrière. Parmi les domaines auxquels on doit prêter une attention particulière, on trouve:

1. La performance du produit: elle ne doit pas être considérée seulement en fonction de l'économie de temps, mais aussi en fonction du prestige, de l'efficacité et de la fiabilité;
2. Le magasinage: celui-ci étant perçu comme une corvée, on devra mettre l'accent sur la commodité, par exemple l'emplacement, les heures d'ouverture et la possibilité de faire des achats le dimanche;
3. La promotion: elle deviendra plus difficile en raison de la variété des médias, de l'augmentation du niveau de sophistication et d'instruction et en raison de l'attention accordée à la valeur du produit.

La situation par rapport au travail et les habitudes de dépenses

La relation entre la situation d'emploi de la femme mariée et la distribution des dépenses familiales totales a été déterminée lors d'une enquête effectuée en 1984 par Statistique Canada. Le tableau 11.8 présente les résultats de cette enquête. Les conclusions suivantes sont particulièrement intéressantes:

1. Chez la femme mariée, à une meilleure situation d'emploi correspond une augmentation du revenu et des dépenses totales;
2. C'est dans les familles où la femme ne travaille pas à l'extérieur du foyer que le pourcentage de dépenses de nourriture est le plus élevé;
3. La plus grande proportion de dépenses de vêtements se trouve dans les familles où la femme travaille à temps plein à l'extérieur du foyer;
4. Les dépenses d'entretien ménager, d'articles et d'accessoires d'ameublement sont en plus grande proportion lorsqu'il y a de jeunes enfants ou lorsque la femme travaille à l'extérieur, ce qui reflète le besoin de diminuer le fardeau des tâches ménagères de la femme par l'achat de nouveaux équipements ou de nouveaux meubles;
5. L'inverse est vrai pour le transport: c'est dans les familles où il n'y a pas d'enfants et où la femme ne travaille pas à l'extérieur que l'on trouve le plus haut pourcentage de dépenses de transport; cela reflète

TABLEAU 11.8
Distribution des dépenses totales de la famille selon la situation d'emploi de la femme

Catégories (%)	Familles sans enfant			Familles où l'enfant le plus jeune a moins de 18 ans		
	La femme travaille à temps		La femme ne travaille pas	La femme travaille à temps		La femme ne travaille pas
	plein	partiel		plein	partiel	
Catégories (%)						
Nourriture	11,6	12,5	15,0	14,1	14,6	16,7
Logement	16,0	17,0	17,1	16,0	17,7	18,5
Entretien ménager, articles et accessoires d'ameublement	7,2	7,9	6,8	8,7	8,2	7,6
Vêtements	6,9	6,3	5,0	6,8	6,4	6,0
Soins personnels et médicaux	3,4	3,5	3,8	3,7	3,9	3,9
Tabac, boissons alcoolisées	3,1	3,6	3,2	2,5	2,4	2,5
Transport	11,8	13,4	15,3	11,7	11,8	10,5
Divertissement, lecture, instruction	5,2	7,1	5,1	6,3	6,2	6,5
Autres dépenses	2,6	2,8	2,3	2,5	2,4	2,5
Dépenses totales de consommation courante (%)	67,7	74,0	73,6	72,5	73,6	74,7
Impôt personnel	22,7	18,7	19,0	20,1	19,4	18,6
Sécurité	5,9	4,1	4,2	5,3	5,1	4,8
Cadeaux, dons	3,7	3,2	3,2	2,1	1,9	1,9
Dépenses totales ($)	44 883	35 058	29 271	50 737	42 285	35 470
Autres caractéristiques						
Revenu avant impôt ($)	50 237	36 265	29 456	52 373	43 591	35 356
Propriété de sa maison (%)	55,1	48,9	64,2	75,0	69,4	67,5

SOURCE: Adapté de Statistique Canada, *Family Expenditures in Canada, Selected Cities*, 1984, cat. 62-555, Ottawa, Information Canada, novembre 1986, tableau 10.

peut-être l'engagement de la femme dans le travail communautaire ou le bénévolat.

La situation d'emploi et la consommation de biens durables et de produits tout préparés

On a suggéré que les familles où la femme travaille à l'extérieur du foyer posséderaient un plus grand nombre de biens durables permettant d'épargner du travail comme les fours à micro-ondes, ou achèteraient plus de produits tout préparés comme les aliments surgelés, ou feraient plus d'achats par catalogue que les familles où la femme demeure au foyer. Mais plusieurs études ont démontré qu'il n'y a pas de différences entre les deux types de familles lorsque le revenu familial total et la classe sociale sont les mêmes[48]. L'entrée sur le marché du travail peut avoir un effet sur la consommation de produits durables et peut forcer la femme qui travaille à répartir différemment le temps alloué au travail et aux loisirs. Contrairement aux théories antérieures, les familles ne traitent pas séparément les salaires des deux conjoints, ne considèrent pas le revenu de la femme comme temporaire et ne l'utilisent pas à des fins différentes de celles auxquelles est employé le revenu du mari.

Ces études suggèrent donc que la présence accrue des femmes sur le marché du travail situe ces familles dans des catégories de revenus et de classes sociales plus élevées et que les femmes travaillant à l'extérieur du foyer utilisent leur temps différemment, bien que leurs habitudes de consommation ne soient pas différentes de celles des femmes demeurant au foyer qui sont membres de familles dont les niveaux de revenu et de classe sociale sont les mêmes.

Cependant, lorsque la classe sociale n'est pas la même, on observe alors des différences entre les femmes qui ont une situation d'emploi avantageuse et les autres, particulièrement en ce qui a trait aux aliments préparés, aux offres promotionnelles et au temps passé à regarder la télévision[49]. Cette distinction est semblable à celle qui a été observée entre les femmes qui travaillent afin de disposer d'un deuxième revenu et les femmes de carrière.

☐ L'évolution du rôle des hommes

Parallèlement à l'évolution qui se produit chez les femmes, les hommes aussi changent, mais de façon moins importante. Ces changements se reflètent dans les résultats d'une étude qui a été effectuée en 1980 sur l'évolution du rôle des hommes dans la famille et qui a mis en évidence quatre types d'hommes[50]:

Les progressistes (13 %)

Ces hommes mariés sont jeunes et possèdent un niveau d'instruction élevé ainsi qu'un niveau de revenu au-dessus de la moyenne. Environ

90 % d'entre eux lavent la vaisselle, 70 % préparent les repas et les deux tiers font les achats de nourriture. Ces hommes sont très tolérants à l'égard des femmes qui travaillent à l'extérieur du foyer.

Beaucoup de paroles, pas d'action (33 %)

Ces hommes mariés ont adopté certaines attitudes des progressistes, mais leur comportement réel ne coïncide pas avec ces attitudes. Seulement la moitié de ces hommes lavent la vaisselle et environ 20 % d'entre eux font les achats de nourriture. On s'attend à ce que les pressions sociales exercées sur eux transforment éventuellement les hommes de ce groupe en progressistes.

Les ambivalents (15 %)

Ces hommes préféreraient que les femmes demeurent à la maison, mais à cause de pressions économiques et sociales, ils acceptent à contrecœur que leurs femmes travaillent à l'extérieur. Environ 80 % de ces hommes lavent la vaisselle, 50 % préparent les repas et 60 % font les achats de nourriture.

Les traditionalistes (35 %)

Ces hommes sont généralement plus âgés et moins instruits et croient que la place de la femme est à la maison. Environ un tiers de ces hommes lavent la vaisselle et 10 % préparent les repas.

Les spécialistes de marketing doivent donc adapter leurs stratégies à ces changements survenus chez les hommes, surtout lorsqu'ils visent les hommes plus progressistes. Ils doivent apporter une attention particulière aux domaines suivants:

1. La fidélité à la marque. Étant donné que les hommes participent à plusieurs décisions traditionnellement réservées à la femme, les spécialistes de marketing doivent encourager la fidélité à la marque chez tous les membres de la famille, et non pas uniquement chez la ménagère traditionnelle;
2. Le choix des produits. Les décisions concernant les produits doivent tenir compte de l'émergence de nouveaux marchés, que ces décisions soient reliées à l'emballage, aux formes, aux couleurs, etc.;

3. Les habitudes de magasinage. Les études ont démontré une augmentation des achats de nourriture effectués par les hommes, et cela a des implications en ce qui a trait à l'aménagement du magasin, aux habitudes de circulation et à l'emplacement des articles achetés par impulsion[51];
4. La promotion. La publicité doit être attrayante autant pour l'homme moderne que pour la femme (au foyer ou au travail) et on doit donc choisir de nouveaux médias pour les rejoindre. De plus, la publicité et la promotion des ventes doivent refléter cette évolution des rôles.

RÉSUMÉ

Les individus naissent dans une **famille d'orientation**. Avec la maturité et le choix d'un compagnon ou d'une compagne, ils forment une **famille de procréation**. Les spécialistes de marketing doivent comprendre le rôle que jouent ces unités familiales dans les décisions de consommation des membres de ces groupes. Nous avons d'abord examiné la famille d'un point de vue démographique et expliqué le concept de **cycle de vie de la famille**.

Les familles traversent plusieurs stades prévisibles. Au fur et à mesure qu'elles franchissent les divers stades de leur cycle de vie, elles connaissent des changements importants dans leurs modes de consommation. Nous devons comprendre ces étapes, car elles peuvent jouer un rôle important dans le façonnement du plan de marketing. Trois conceptions du cycle de vie de la famille se sont avérées utiles comme outils de marketing: la conception traditionnelle, une conception modernisée et une version simplifiée utilisée par Statistique Canada.

Plusieurs facteurs psychosociaux influencent les prises de décision au sein de la famille. Ces facteurs sont constitués par les antécédents culturels, les groupes de référence, la classe sociale, le stade du cycle de vie de la famille et le lieu de résidence. La famille elle-même influence les attitudes, les valeurs, les motifs et la personnalité de chacun de ses membres ainsi que le processus décisionnel menant à l'achat.

Le rôle de chaque membre de la famille varie selon le stade du processus décisionnel et selon l'objet de la prise de décision. Une décision peut être autonome, principalement influencée par la femme, principalement influencée par le mari ou commune (les deux conjoints participent à part égale). Les enfants peuvent aussi jouer un rôle dans la prise de décision familiale, généralement en formant une alliance avec l'un des conjoints. Lorsque la décision est basée sur les besoins d'un seul individu ou qu'on laisse à un membre de la famille toute latitude pour prendre une décision autonome, le spécialiste de marketing doit s'adresser à cet individu. Les décisions qui ont trait à des besoins interdépendants sont plus complexes, le spécialiste de marketing devant alors découvrir le rôle de chaque membre de la famille à chaque étape du processus décisionnel. Il est crucial de diriger la stratégie vers la bonne personne, au bon moment.

La plupart des familles utilisent diverses stratégies pour réduire ou éviter les conflits lorsqu'elles prennent des décisions de consommation. À cet égard, nous avons examiné les **stratégies de consensus** (la structure de rôle, le budget et la résolution de problème) et les **stratégies de compromis** (la persuasion et la négociation).

Le chapitre 11 se termine par une analyse de questions d'actualité concernant le comportement d'achat de la famille. L'influence des enfants sur les parents et l'influence de la publicité sur le comportement des enfants ont d'importantes répercussions pour les publicitaires et les spécialistes de marketing. L'évolution du rôle des femmes et leur présence accrue sur le marché du travail ont des conséquences économiques et sociales, sans parler de leur effet sur le rôle des hommes. L'évolution de la structure de la famille présente à la fois des défis et des possibilités pour les spécialistes de marketing.

QUESTIONS ET DISCUSSIONS

1. Quand doit-on utiliser les statistiques sur la population plutôt que le nombre de familles pour estimer la taille d'un segment de marché ? Expliquez-vous et donnez des exemples.

2. *a*) La connaissance des chiffres représentant les épargnes de certaines familles peut-elle aider les spécialistes de marketing à

segmenter le marché? Donnez des exemples.

b) Il existe d'importantes différences régionales en ce qui a trait au revenu des familles. Comment le spécialiste du marketing peut-il utiliser cette information?

3. *a*) Depuis 1976, le revenu réel des familles canadiennes est demeuré relativement constant. Comment cette situation influence-t-elle le comportement d'achat des familles canadiennes? Comment une entreprise pourrait-elle utiliser cette information dans l'élaboration d'une stratégie de marketing pour vendre: 1) des chaussures; 2) des fours à micro-ondes; 3) des voyages à forfait?

b) Pour quelles catégories de produits le concept de cycle de vie de la famille peut-il être le plus utile dans l'estimation de la demande? Donnez des exemples.

4. Choisissez un produit pour chacun des quatre types de décision présentés dans la figure 11.4. Pour chacun, expliquez le type de processus décisionnel qui peut être adopté ainsi que les implications pour le chef de produit.

5. Trouvez une annonce ou une réclame en cours illustrant l'utilisation d'une stratégie de consensus. Expliquez votre choix.

6. Trouvez une annonce ou une réclame en cours illustrant l'utilisation d'une stratégie de compromis. Expliquez votre choix.

7. Expliquez le concept de «garde-barrière» et dites comment il s'applique à la prise de décision au sein de la famille. Pouvez-vous trouver des exemples concrets de ce phénomène?

8. Choisissez un produit visant les enfants âgés: *a*) de 4 à 8 ans; *b*) de 9 à 12 ans. Pour chaque groupe, expliquez les types de décision que l'on doit prendre concernant le produit lui-même, son prix, sa promotion et sa distribution.

9. Donnez des exemples illustrant les effets de l'évolution du rôle des femmes sur les pratiques de marketing (produit, promotion, prix et distribution).

10. Décrivez l'«homme moderne» et expliquez comment le changement de rôle observé influence les décisions de marketing. Donnez des exemples.

RÉFÉRENCES

1. Statistique Canada, *Estimates of Families in Canada*, cat. 91-204, Ottawa, Information Canada, 1986.
2. Statistique Canada, *1986 Census of Canada, Summary Tabulations*, Ottawa, Information Canada, juillet 1987.
3. *Ibid.*
4. W.D. Wells et G. Gubar, « The Life-Cycle Concept in Marketing Research », *Journal of Marketing Research*, 3, novembre 1966, p. 355-363.
5. J.B. Lansing et L. Kish, « Family Life Cycle as an Independent Variable », *American Sociological Review*, octobre 1957, p. 512-519.
6. Patrick E. Murphy et William A. Staples, « A Modernized Family Life Cycle », *Journal of Consumer Research*, 6, n° 1, juin 1979, p. 12-22.
7. Statistique Canada, *1986 Census*, p. 2.
8. Jo Marney, « Whoopies, muppies... the list grows », *Marketing*, 2 février 1987, p. 10-12.
9. *Ibid.*
10. Statistique Canada, *Family Expenditures in Canada, Selected Cities*, 1984, cat. 62-555, Ottawa, Information Canada, novembre 1986.
11. J. Arndt, « Family Life Cycle as a Determinant of Size and Composition of Household Expenditures », *Advances in Consumer Research*, vol. 6, Éd. W.L. Wilkie, Ann Arbor, Association for Consumer Research, 1979, p. 128-132.
12. Wells et Gubar, « The Life-Cycle Concept », p. 360-361.
13. J. Wagner et S. Hanna, « The Effectiveness of Family Life Cycle Variables in Consumer Expenditure Research », *Journal of Consumer Research*, 10, n° 3, décembre 1983, p. 281-291.
14. Murphy et Staples, « A Modernized Family Life Cycle ».
15. Wagner et Hanna, « Effectiveness of Family Life Cycle Variables ».
16. R. Ferber, « Comments on Papers on Life Cycle Analysis », Éd. Wilkie, *Advances in Consumer Research*, vol. 6, p. 146-148.
17. Wagner et Hanna, « Effectiveness of Family Life Cycle Variables », p. 290-291.
18. L.A. Berey et R. Pollay, « The Influencing Role of the Child in Family Decision Making », *Journal of Marketing Research*, février 1968, p. 70-72.
19. J.S. Coulson, « Buying Decisions Within the Family and the Consumer Brand Relationship », *Knowing the Consumer*, Éd. J.W. Newman, Rexdale (Ontario), Wiley, 1967, p. 60.
20. W. Kenkel, « Family Interaction in Decision Making on Spending », *Household Decision Making*, Éd. N.N. Foote, New York, New York University Press, 1961, p. 140-164.
21. P.G. Herbst, « Conceptual Framework for Studying the Family », *Social Structure and Personality in a City*, Éd. O.A. Oeser et S.B. Hammond, London, Routledge, 1954.
22. H.L. Davis et B. Rigaux-Bricmont, « Perceptions of Marital Roles in Decision Processes », *Journal of Consumer Research*, juin 1974, p. 51-62 ; E.H. Bonfield, « Perceptions of Marital Roles in Decision Processes : Replication and Extension », *Advances in Consumer Research*, vol. 5, Éd. H.K. Hunt, Ann Arbor, Association for Consumer Research, 1978, p. 300-307.
23. P. Filiatrault et J.R.B. Ritchie, « Joint Purchasing Decisions : A Comparison of Influence Structure in Family and Couple Decision-Making Units », *Journal of Consumer Research*, septembre 1980, p. 131-140.
24. H.L. Davis, « Decision Making Within the Household », *Journal of Consumer Research*, mars 1976, p. 241-260.
25. Benny Rigaux-Bricmont, « Personal Interaction in Family Economic Decision-Making », *Marketing*, vol. 2, Éd. R.G. Wyckham, Montréal, Association des sciences administratives du Canada, 1981, p. 256-266.

26. Jean-Charles Chebat, «Family Communication Styles and their Pertinence to Advertising», *Canadian Marketer*, 11, n° 1, 1980, p. 3-7; Jean-Charles Chebat, «Sociosemiotic Study of Family Communication: The Case of French Speaking Families in Montreal», *Ars Semeiotica*, 3, n° 2, 1980, p. 249-265.

27. Donald H. Granbois, «The Role of Communication in the Family Decision Process», *Toward Scientific Marketing*, Éd. S.A. Greyser, Chicago, American Marketing Association, 1963, p. 44-57.

28. Elizabeth H. Wolgast, «Do Husbands or Wives Make the Purchasing Decision?», *Journal of Marketing*, octobre 1958, p. 151-158.

29. R.W. Pollay, «A Model of Family Decision Making», *British Journal of Marketing*, automne 1968, p. 206-216.

30. Chankon Kim, «A Model of Husband-Wife Decision Making in a Situation of Preference Discrepancy», *Marketing*, vol. 6, Éd. J.C. Chebat, Montréal, Association des sciences administratives du Canada, 1985, p. 62-72.

31. Scott Ward et Daniel Wackman, «Children's Purchase Influence Attempts and Parental Yielding», *Journal of Marketing Research*, 9, août 1972, p. 316-319.

32. W.D. Wells, «Children As Consumers», *On Knowing the Consumer*, Éd. J.W. Newman, New York, Wiley, 1966.

33. L.A. Berey et R.W. Pollay, «Influencing Role of the Child in Family Decision Making», *Journal of Marketing Research*, 5, février 1968, p. 70-72.

34. Mark Lovell, «Advertising to Children: An Issue Where Emotion is Getting in the Way of Objectivity», *Marketing*, 4 juin 1976.

35. Thomas S. Robertson et John R. Rossiter, «Short-Run Advertising Effects on Children: A Field Study», *Journal of Marketing Research*, 13, février 1976, p. 68-70.

36. Scott Ward, Daniel Wackman et Ellen Wartella, *Children Learning to Buy: The Development of Consumer Information Processing Skills*, Cambridge, Mass., Marketing Science Institute, 1975.

37. Thomas S. Robertson et John R. Rossiter, «Children and Commercial Persuasion: An Attribution Theory Analysis», *Journal of Consumer Research*, 1, juin 1974, p. 13-20.

38. Jean Piaget, *The Psychology of the Child*, New York, Basic Books, 1969.

39. Marvin E. Goldberg et Gerald J. Gorn, «Children's Reactions to Television Advertising: An Experimental Approach», *Journal of Consumer Research*, 1, septembre 1974, p. 69-75.

40. Gerald J. Gorn et Marvin E. Goldberg, «Children's Television Commercial: Do Child Viewers Become Satiated Too?», Montréal, Cahier de recherche de l'université McGill, 1976.

41. Jo Marney, «Advertising to Children Isn't Kid Stuff», *Marketing*, 31 octobre 1985, p. 19.

42. Jo Marney, «Whoopies».

43. Jo Marney, «Talking to Children No Kid's Stuff», *Marketing*, 1er décembre 1986, p. 18.

44. Jo Marney, «New Perspectives on the Teen Market», *Marketing*, 16 juin 1986, p. 9.

45. Jo Marney, «Reaching the New Woman of Today», *Marketing*, 1er mars 1982, p. 9.

46. *Ibid.*

47. James W. Hanson et Rosemary Polegato, «Identifying Dual Career, Dual Income and Traditional Family Segments», *Marketing*, 4, Éd. J.D. Forbes, Montréal, Association des sciences administratives du Canada, 1983, p. 137-139.

48. Jo Marney, «A New Masculine Force is Emerging in the Marketplace», *Marketing*, 29 avril 1985, p. 12.

49. Myra H. Strober et Charles B. Weinberg, «Working Wives and Major Family Expenditures», *Journal of Consumer Research*, décembre 1977, p. 141-147; «Strategies Used by Working and Non-Working Wives to Reduce Time Pressures», *Journal of Consumer Research*, mars 1980, p. 338-348.

50. Charles M. Schaninger et Chris T. Allen, «Wife's Occupational Status as a Consumer Behavior Construct», *Journal of Consumer Research*, septembre 1981, p. 189-196.

51. R. Neil Maddox, «The Importance of Males in Supermarket Traffic and Sales», *Marketing*, vol. 3, Éd. M. Laroche, Montréal, Association des sciences administratives du Canada, 1982, p. 137-143.

Le comportement du consommateur et la stratégie de marketing

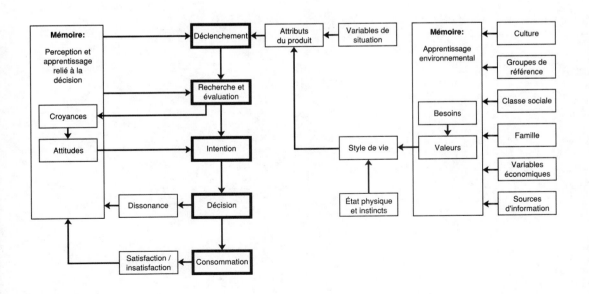

PARTIE V

Le comportement
du consommateur et
la stratégie de marketing

12

La recherche sur les consommateurs

INTRODUCTION

Le succès du marketing des produits et services exige une compréhension des besoins et des désirs des consommateurs. Il est donc important de se familiariser avec les techniques de recherche employées pour étudier le comportement du consommateur. La recherche sur les consommateurs explore les motivations, les attitudes et les perceptions des gens et conduit souvent à améliorer le produit, à modifier la stratégie de marketing ou à concevoir de nouveaux produits et services.

Lorsque vous lirez la description des cas suivants, imaginez-vous que vous êtes le directeur du marketing. Pensez aux coûts ainsi qu'aux risques associés à chaque décision, dans ces différents cas:

1. Pour la campagne de publicité anglophone destinée à promouvoir le cognac Courvoisier, les distilleries Corby de Montréal ont décidé de viser le consommateur huppé et soucieux de son prestige en mettant l'accent sur le statut social. Or, il y a quelque temps, la recherche sur les consommateurs a révélé que le marché québécois francophone se sentait intimidé par les publicités axées sur le statut social. Par conséquent, Corby a décidé de conserver intacte sa campagne de publicité en langue française, laquelle associe la marque à Napoléon[1].

2. Au Canada, un grand fabricant de plats cuisinés pour bébés a cherché à savoir quelles pourraient être les réac-

tions des consommateurs si la compagnie se mettait à vendre le produit en pots de verre plutôt qu'en contenants de métal. Une étude effectuée sur un échantillon de nouvelles mamans, dans les régions urbaines du sud de l'Ontario, a obtenu des résultats tellement positifs que la compagnie a rapidement changé ses contenants[2].

3. La compagnie Bombardier, créatrice de la fameuse marque Skidoo, croyait au début que sa mission consistait à vendre des motoneiges. Lorsque les ventes ont cessé de répondre aux attentes en dépit d'une promotion intensive, Bombardier a commencé à faire des recherches sur les besoins des consommateurs ainsi que sur l'utilisation qu'ils faisaient des produits offerts par la compagnie. Celle-ci a découvert qu'elle desservait en fait trois marchés distincts: le marché personnel, le marché de la récréation et le marché de la production. La compagnie a adapté ses efforts de marketing en conséquence et les ventes ont connu une nette amélioration[3].

4. Avant de lancer leur produit, les fabricants de Pressdent, un nouveau dentifrice en bombe aérosol, furent contents de découvrir que 70 % des sujets d'une enquête affirmaient qu'ils étaient prêts à acheter un dentifrice en bombe aérosol. Ils notèrent aussi que, pour 60 % des femmes interrogées, le goût était le principal critère pour choisir un dentifrice. Forts de ces informations, les dirigeants de la compagnie effectuèrent ensuite un test de marché pour confirmer que le produit répondait aux exigences des consommateurs[4].

5. Les fabricants de Purina Dog Chow désiraient différencier leur produit des divers autres éléments pour chiens déclarés nutritifs. Ils savaient que, lors d'une enquête, des questions directes sur l'utilisation du produit ainsi que sur les attributs désirés entraîneraient des réponses logiques et stéréotypées en ce qui a trait aux avantages sur le plan de la nutrition. En utilisant des méthodes indirectes comme le test de l'achèvement de phrases, les chercheurs découvrirent que le goût était un critère de choix important. Le souci qu'avaient les consommateurs de tenir compte des préférences de leur chien fut à la base de la campagne ayant pour thème: *New Purina Dog Chow makes dogs eager eaters* (Le nouveau Purina Dog Chow fait des chiens des mangeurs avides)[5].

Les exemples qui précèdent visaient à mettre en relief les points suivants:

1. Le spécialiste de marketing doit savoir qui sont ses clients et ce qu'ils désirent;

2. Les décisions de marketing comportent énormément de risques, tant en ce qui a trait au capital investi qu'à la réputation de la compagnie. Les décisions doivent donc s'appuyer sur des faits confirmés par la recherche commerciale;

3. Le spécialiste de marketing dispose de toute une gamme de techniques de

recherche, par exemple, les enquêtes auprès des consommateurs, les techniques projectives, les entrevues de groupe, les cartes de sémantique différentielle, les échelles d'attitude et d'autres méthodes statistiques.

Dans les pages qui suivent, nous examinerons d'abord les dimensions stratégiques et tactiques de la recherche sur les consommateurs. Nous décrirons ensuite quelques techniques de recherche et d'analyse des données.

LES DIMENSIONS STRATÉGIQUES ET TACTIQUES DE LA RECHERCHE SUR LES CONSOMMATEURS

Étant donné que le comportement du consommateur fait partie du comportement humain, la recherche en sciences du comportement a contribué d'une manière importante à notre compréhension du comportement du consommateur. La conception selon laquelle l'être humain serait parfaitement rationnel, objectif et logique, mise de l'avant par les économistes classiques, ne nous aide pas à expliquer le comportement du consommateur. Les décisions de consommation impliquent des facteurs économiques, psychosociologiques et culturels. À proprement parler, la prise de décision en marketing est presque toujours marquée par de l'incertitude.

La formulation des objectifs

De la part d'un directeur de marketing, l'énoncé «J'ai besoin de savoir si les consommateurs aiment ou non notre désodorisant» peut sembler constituer, en apparence, une base raisonnable pour entreprendre un projet de recherche. Cependant, un examen plus attentif révèle que cet énoncé procure peu de pistes au chercheur. Qu'est-ce qu'on entend par «aimer»? Est-ce que cela implique un comportement d'achat véritable ou est-ce que cela représente seulement une intention d'achat? Des attitudes favorables ainsi que des énoncés positifs sont-ils suffisants? De plus, le directeur n'a pas précisé ce qu'il entendait par «consommateurs». S'agit-il de consommateurs potentiels ou de consommateurs réels? Vise-t-on un segment de consommateurs localisé ou l'ensemble du marché?

Pour bien comprendre un problème, le chercheur doit viser à bien saisir quels sont les objectifs de la personne qui prend les décisions. Dans l'exemple précédent, il est important de préciser **pourquoi** le directeur désire savoir si le consommateur aime le désodorisant en question. Si le directeur se préoccupe surtout des ventes, il peut vouloir examiner si le produit reçoit un soutien adéquat de la part des grossistes et des détaillants. D'un autre côté, si le directeur se préoccupe surtout de la nature des attributs du produit, on devra effectuer un tout autre type de recherche.

Les objectifs de recherche doivent être **clairs, concis, complets** et **mesurables**. Une question comme «L'annonce A est-elle meilleure que l'annonce B?» a peu de sens, parce que l'efficacité de la publicité peut être (et est habituellement) mesurée par des variables telles que les ventes, la notoriété de la marque et les intentions d'achat. Cependant, la question «Quelle annonce produit les intentions d'achat les plus élevées chez nos clients du Québec?» permet au chercheur de concevoir une étude qui fournisse l'information nécessaire[6].

Si on n'examine pas le problème en profondeur, il est probable que le chercheur s'occupera seulement des **symptômes**. Le fait que les consommateurs n'aiment pas le produit est un symptôme, et non le problème. De la même façon, une diminution des ventes est un symptôme; le problème pourrait consister dans un soutien promotionnel inadéquat, une mauvaise qualité, un goût désagréable ou une foule d'autres choses.

☐ La formulation d'hypothèses

Une hypothèse consiste dans **une proposition qui n'a pas encore été vérifiée**. Elle est généralement présentée comme une solution possible au problème[7]. Par exemple, un chercheur peut émettre l'hypothèse qu'«il y a une relation statistiquement significative et importante entre le niveau de satisfaction du consommateur par rapport à la marque X et la fidélité du consommateur à l'égard de cette marque». Notez que les hypothèses constituent des prises de position, qu'elles sont très précises et qu'elles sont présentées sous une forme qui permet de les vérifier d'une manière empirique.

Il est nécessaire d'énoncer les problèmes sous forme d'hypothèses parce que cela force les chercheurs à penser d'une manière approfondie aux résultats escomptés de la recherche et, notamment, aux moyens d'obtenir les données ainsi qu'aux limites (faiblesses) et aux délimitations (paramètres) de l'étude. Prenons le cas des hypothèses suivantes:

1. Il y a une relation positive et statistiquement significative entre la réussite des étudiants et les scores que ceux-ci obtiennent aux tests d'aptitude[8];
2. Il n'y a pas de différence, quant au rôle déterminé par l'occupation, entre la façon dont les femmes et les hommes sont présentés dans les publicités des magazines[9];
3. Dans le cas d'enquêtes par la poste, il y a une différence significative, dans le grand public, entre le taux de réponse obtenu à l'aide de questionnaires où l'on promet de rendre accessibles les résultats de l'enquête et celui obtenu à l'aide de questionnaires où l'on ne promet pas de rendre les résultats accessibles[10];
4. Le taux de réponse du groupe qui reçoit une prime ne diffère pas d'une manière significative de celui du groupe qui n'en reçoit pas[11].

La figure 12.1 montre comment la formulation d'hypothèses interagit avec les autres étapes du processus de recherche sur les consommateurs. Notez qu'il est souvent nécessaire d'effectuer une recherche exploratoire pour favoriser une meilleure compréhension de toutes les questions impliquées et pour mesurer l'étendue du problème.

Le cadre du problème de recherche

Le cadre de toute étude inclut certains facteurs qui ne peuvent être maîtrisés et qui peuvent entraîner de la confusion quant aux résultats de la recherche, étant donné qu'ils exercent une influence et une action sur les variables à l'étude.

Un chercheur peut tenir compte des variables qui prêtent à confusion en faisant une liste des **limites** de l'étude. Par exemple, dans une étude traitant de l'effet qu'exerce une campagne de publicité sur la fidélité à la marque du consommateur, le chercheur peut mentionner que les résultats supposent un cadre économique constant et une absence de réaction de la part des concurrents. Alors que la première supposition est plutôt raisonnable, la seconde manque de réalisme. Le chercheur peut vouloir améliorer la validité de la recherche en incluant dans le plan de l'étude la réaction des concurrents comme facteur additionnel.

FIGURE 12.1
Le processus de recherche sur les consommateurs

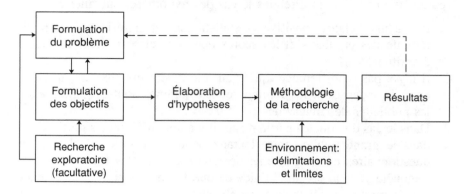

Une limite constitue une faiblesse reconnue de l'étude; une **délimitation** énonce simplement les paramètres (ou l'étendue de la généralisation) de l'étude. Par exemple, un chercheur peut souligner que les résultats de l'étude s'appliquent uniquement à une certaine région géographique, seulement pendant une certaine période de l'année et seulement dans le contexte d'un certain seuil de confiance sur le plan statistique.

☐ Les plans et les méthodes de recherche possibles

Un **plan de recherche** est un plan qui vise à recueillir l'information nécessaire pour vérifier l'hypothèse. «C'est le modèle ou le cadre opérationnel global du projet, qui détermine quelle information devra être recueillie ainsi que les sources et les méthodes de cueillette des données[12].»

On peut classer les plans de recherche en trois groupes, suivant que celle-ci est exploratoire, descriptive ou expérimentale. Les paragraphes qui suivent fournissent une brève description de chaque type de recherche.

Les études exploratoires et les études cliniques

Les études exploratoires permettent d'examiner une situation, de clarifier les questions en jeu, de mesurer l'étendue du problème et de déterminer, autant que possible, si l'hypothèse est raisonnable ou non. Elles peuvent aussi permettre de découvrir de nouveaux domaines d'intérêt et peuvent faire surgir de nouvelles idées. Certaines études ont pour objectif de mettre en lumière des questions qui ne peuvent être explorées à l'aide d'une analyse formelle et précise. Mêmes si elles ressemblent à la recherche exploratoire, ces études sont appelées études «cliniques» dans le jargon scientifique. Par exemple, les fabricants de Wisk ont découvert, à l'aide d'entrevues de groupe, que les consommateurs se préoccupaient de la propreté des cols de chemise. Cette découverte servit de base au slogan publicitaire relié aux «cernes autour du col».

Il existe plusieurs méthodes pour obtenir de l'information dans le cadre des études exploratoires ou des études cliniques.

Les entrevues de groupe

Constituant le type de recherche exploratoire le plus populaire, les entrevues de groupe sont des sessions de cueillette d'information libres et généralement non structurées regroupant de 6 à 10 personnes.

Ces entrevues sont menées par un modérateur et comportent généralement des discussions portant sur un concept de produit, une marque ou un thème publicitaire. Ces sessions donnent aux participants la chance d'exprimer leurs angoisses, leurs sentiments, leurs frustrations de même que la profondeur de leurs convictions[13].

Les entrevues de groupe sont généralement filmées à l'aide d'une caméra, en vue de réaliser une étude et une analyse ultérieures. Elles sont très flexibles et fournissent une information précieuse sur les valeurs, les idées ainsi que les perceptions des participants. Cependant, étant donné que le groupe ne constitue pas un échantillon représentatif de la population, ces entrevues ne peuvent donc pas être utilisées à des fins d'analyse statistique.

Le succès de l'entrevue de groupe repose sur l'habileté du modérateur, celui-ci étant habituellement un psychologue possédant une certaine expérience, qui est capable de contrôler la direction et le flux de la discussion tout en stimulant la conversation chez les participants.

Les techniques projectives

Les techniques projectives utilisent des méthodes d'investigation indirectes pour obtenir un type d'information que l'on n'obtiendrait peut-être pas à l'aide d'une méthode plus directe. Si vous demandez à une personne pourquoi elle consomme la bière Heineken, elle pourra peut-être vous dire que cette bière a bon goût. Mais si vous lui demandez pourquoi l'un de ses amis assis de l'autre côté du bar consomme la bière Heineken, cette personne pourra vous répondre «Oh, ce crâneur!» ou bien «Je ne sais pas; toutes les bières se ressemblent». Ce que nous essayons de vous démontrer est que les gens ont plus tendance à dire la vérité lorsque la question ne les concerne pas directement.

Oscar Wilde a fait sienne l'hypothèse qui est à la base des techniques projectives lorsqu'il a dit qu'«un homme n'est pas vraiment lui-même lorsqu'il parle de sa propre personne; donnez-lui un masque et il vous dira la vérité[14]». On utilise les techniques projectives lorsque les sujets ne peuvent ou ne veulent pas fournir d'information soit parce qu'ils ne sont pas conscients de leurs vraies motivations, soit par politesse à l'égard de l'enquêteur, soit encore parce que l'information communiquée pourrait se refléter d'une manière négative sur leur image de soi[15].

Dans les années 50, au début du cycle de vie du produit adhérent créé par Saran Wrap, on a utilisé des techniques projectives afin de déceler les raisons pour lesquelles les ménagères avaient adopté une attitude négative à l'égard de ce produit initialement très adhérent. Les chercheurs ont découvert que, parmi les femmes interrogées, plusieurs détestaient le rôle de ménagère, mais, étant incapables de verbaliser ouvertement leurs frustrations, elles transféraient au caractère adhérent du produit leur haine à l'égard du rôle qui leur avait été assigné. À la suite de cette recherche, on rendit le produit moins adhérent et on mit l'accent sur son utilisation en dehors de la cuisine[16].

Nous examinerons brièvement cinq catégories de techniques projectives: la technique de la tierce personne, l'association de mots, l'achèvement de phrases, l'interprétation d'images et le jeu de rôles. Voici donc une brève présentation de ces techniques:

1. **La technique de la tierce personne.** À l'aide de cette technique, on demande au sujet de décrire la réaction de ses voisins, de ses amis ou d'une personne moyenne à l'égard d'un certain produit, d'une

certaine marque, d'un certain magasin ou d'un certain comportement. Une étude effectuée en 1977 à l'aide de cette technique a révélé qu'en réponse à la question «Irez-vous au ciel ou en enfer?», la plupart des gens affirmaient qu'ils iraient certainement au ciel; mais l'étude a aussi révélé qu'environ 33 % croyaient que leur voisin irait certainement en enfer[17]. Aussi appelée méthode de situation, cette approche consiste souvent à demander au sujet interrogé de décrire la personne qui consomme la marque X. On présente souvent deux listes à deux groupes identiques de sujets; il pourrait s'agir de deux listes d'épicerie identiques, mis à part le fait que la première liste comporte la marque de bière X alors que la seconde renferme la marque Y[18]. Il pourrait aussi s'agir de présenter des listes décrivant le contenu de deux portefeuilles, la seule différence étant la présence de la carte Or d'American Express sur une des listes.

On suppose que les sujets décrivant les utilisateurs des deux listes ou les propriétaires des deux portefeuilles projetteront leurs propres attitudes à l'égard du produit ou de l'activité en question. Par exemple, utilisant, en 1950, la méthode des deux listes d'épicerie, Mason Haire concluait que, par rapport à l'utilisatrice de café conventionnel, l'acheteuse de café instantané était une ménagère plus paresseuse, plus désorganisée et moins accomplie.

2. **L'association de mots.** Avec cette technique, on demande au sujet de dire le premier mot ou la première phrase qui lui vient à l'esprit après que le chercheur lui a montré un mot ou une phrase. Les mots clés qui présentent de l'intérêt sont mêlés à des mots neutres, peu importants, comme *ciel*, *train* et *septembre*.

On utilise souvent les associations de mots pour déceler les réactions des consommateurs à l'égard des noms de marque ou d'entreprise. Dans les années 70, la compagnie Standard Oil a dépensé plus de 100 millions de dollars pour s'assurer que le nom qu'elle projetait d'adopter, Exxon, n'avait de connotation négative dans aucun des pays où elle œuvrait[19]. Une étude effectuée à Hawaii à l'aide de l'association de mots a découvert qu'alors que le mot *Hawaii* n'avait pas de connotations négatives, *Waikiki* était associé à des attributs tels que «tapageur», «de mauvaise qualité et criard», «trop annoncé» et «bondé»[20].

3. **L'achèvement de phrases.** Cette technique constitue une autre technique projective relativement simple, basée sur l'hypothèse d'une

association libre. Les tests d'achèvement de phrases produisent généralement une réponse plus détaillée et plus révélatrice que la technique de l'association de mots, mais ils sont aussi moins efficaces pour dissimuler l'intention du chercheur.

À l'aide d'un test d'achèvement de phrases, une étude du *Chicago Tribune* portant sur les utilisateurs d'automobiles a révélé ceci: tandis que les femmes considèrent la voiture comme un simple mode de transport, les hommes se sentent responsables et protecteurs à son égard[21]. Une autre étude effectuée à l'aide d'un test d'achèvement de phrases a révélé que les fumeurs de cigarettes étaient beaucoup plus anxieux et insatisfaits que ne l'avaient indiqué les méthodes d'investigation plus directes[22].

Les tests d'achèvement peuvent être modifiés de façon à demander au sujet d'achever une histoire incomplète ou d'écrire le dialogue d'une bande dessinée.

4. **L'interprétation d'images.** Cette technique est basée sur le T.A.T. (*thematic apperception test*): on demande au sujet de raconter ou de commenter ce qui se passe dans une scène représentée par une image ou d'imaginer ce que les personnages de la scène représentée pourraient faire par la suite. Afin de laisser libre cours à la perception et à l'interprétation des thèmes, on demande parfois au sujet de jouer le rôle d'un des personnages de la scène, laquelle est souvent présentée sous la forme d'une bande dessinée. Les diverses variations de la méthode d'interprétation d'images créent généralement un meilleur rapport avec les sujets que ne le font les autres techniques projectives, probablement parce que ceux-ci éprouvent du plaisir à travailler à partir d'images.

5. **Le jeu de rôles.** Cette technique peut être employée conjointement avec la méthode de l'interprétation d'images ainsi qu'avec l'approche constituée par les entrevues de groupe. En jouant le rôle d'une autre personne, les sujets projettent leurs attitudes et leurs opinions véritables sans ressentir de gêne ou sans être intimidés. Le jeu de rôles constitue en quelque sorte une version dynamique de la technique de la tierce personne et il est particulièrement utile lorsque l'étude met l'accent sur des relations interpersonnelles comme, par exemple, les relations entre le directeur des ventes et son équipe ou entre le détail-

lant et le client. On utilise aussi souvent cette technique pour évaluer les réactions d'enfants à l'égard d'un produit ou d'une annonce.

Bien que l'information fournie à l'aide de ces méthodes soit rapidement obtenue, peu coûteuse, profonde et riche, elle est aussi subjective, sujette à interprétation et souvent vague. Néanmoins, ces caractéristiques ne représentent pas des limites, mais plutôt des facteurs exigeant une attention particulière. La tentation d'accepter les résultats de telles études comme finaux ou statistiquement valides a conduit, dans le passé, à des conclusions intéressantes bien qu'un peu bizarres:

1. Plusieurs hommes d'affaires refusent de voyager par avion par crainte d'une culpabilité posthume: si leur avion s'écrase, leurs épouses croiront qu'ils ont été stupides de ne pas avoir pris le train;
2. Les hommes désirent des cigares qui sentent fort afin de prouver qu'ils sont virils;
3. Une femme prend au sérieux la cuisson d'un gâteau car, inconsciemment, elle vit un acte symbolique représentant la grossesse et l'accouchement;
4. Les hommes achètent des décapotables comme substituts à une maîtresse;
5. Les consommateurs préfèrent la graisse végétale parce que le gras animal suscite une impression de péché;
6. Les hommes qui portent des bretelles le font en réaction à un complexe de castration non résolu[23].

La recherche psychologique est utile aux chercheurs en marketing. Les techniques projectives sont appropriées lorsque les méthodes directes ne peuvent fournir de réponses précises. En d'autres mots, lorsque les techniques quantitatives rigoureuses échouent à fournir des lignes de conduite claires en vue de l'action, les techniques projectives peuvent venir à la rescousse, constituant une nouvelle approche du problème[24].

Les études basées sur les entrevues de groupe et les techniques projectives procurent des connaissances utiles lorsque les consommateurs: 1) ne veulent pas admettre quelque chose ouvertement; 2) ne comprennent pas bien leurs propres motivations à l'égard du produit étudié. Tel que nous l'avons déjà vu, les gens ont plus de facilité à dire la vérité lorsqu'ils peuvent se cacher derrière un masque. Cependant, on doit considérer les résultats de telles études comme non concluants et les utiliser avec précaution ainsi qu'avec un brin de scepticisme.

La recherche descriptive

La recherche descriptive décrit les relations qui existent entre deux variables ou détermine la **fréquence** à laquelle un événement se produit. Par exemple, l'étude des caractéristiques socio-économiques du marché cible est descriptive. En plus de servir à déterminer les caractéristiques de certains groupes, les études descriptives sont aussi utilisées pour estimer le nombre de personnes possédant une certaine tendance comportementale (par exemple, faire régulièrement ses achats chez Eaton) et pour réaliser des prévisions de ventes ainsi que d'autres projections[25].

La recherche descriptive est planifiée et conçue à l'avance, et elle est beaucoup plus rigide que la recherche exploratoire. Elle vise à répondre à certaines questions afin de guider les efforts de marketing. Le tableau 12.1 fournit quelques exemples de ces trois approches de la recherche. Comme nous l'avons mentionné plus haut dans ce chapitre, la formulation d'hypothèses procure au chercheur une proposition qui peut être vérifiée sur le plan opérationnel. Avant de commencer à recueillir des données pour vérifier une hypothèse, on doit s'assurer: 1) que les aspects du projet reliés aux questions *qui? quoi? quand? où?* et *comment?* sont clarifiés; 2) que les méthodes de cueillette et d'analyse des données sont bien comprises et bien planifiées; 3) que l'on a choisi les tests statistiques à utiliser pour confirmer ou infirmer les hypothèses[26]. Il est important de planifier à l'avance, car, après que la cueillette des données et que l'analyse sont commencées, il y a peu de place pour les mesures correctives.

Dans le cadre de la recherche descriptive, les trois méthodes les plus appropriées pour recueillir les données sont l'enquête par la poste, l'enquête par téléphone et l'enquête personnelle. (*Voir le tableau 12.2.*)

L'enquête par la poste

La poste constitue le véhicule le moins coûteux et le plus largement utilisé pour enquêter. Les sondages postaux sont la meilleure méthode pour les études comportant des questions personnelles, délicates ou embarrassantes. Ils fournissent aussi la meilleure validité lorsqu'il s'agit de questions liées au prestige comme l'instruction et le revenu. De plus, les sondages postaux sont exempts du biais dû à l'enquêteur[27].

TABLEAU 12.1
Trois approches de la recherche

Buts de la recherche	Questions de recherche	Hypothèses
Recherche exploratoire		
1. Quel nouveau produit devrait-on élaborer?	Quelles sont les diverses possibilités pour procurer un repas aux enfants de l'école?	
2. Quel attrait du produit sera le plus efficace en publicité?	Quels avantages les gens recherchent-ils dans le produit?	Construits inconnus
3. Comment peut-on améliorer le service?	Pourquoi certains consommateurs sont-ils insatisfaits?	On soupçonne qu'une image de froideur constitue un problème.
Recherche descriptive		
4. Comment devrait-on distribuer le nouveau produit?	Où les gens achètent-ils les produits semblables en ce moment?	Les acheteurs de la classe supérieure fréquentent les boutiques spécialisées; les acheteurs de la classe moyenne fréquentent les magasins à rayons.
5. Quel segment de marché devrait-on viser?	Quelles sortes de gens achètent le produit en ce moment et qui achète notre marque?	Les personnes plus âgées achètent notre marque, alors que les jeunes mariés sont de grands utilisateurs des marques concurrentes.
6. Comment devrait-on modifier le produit?	Quelle est notre image en ce moment?	On nous perçoit comme conservateurs et vieux jeu.
Recherche causale		
7. Une augmentation du nombre d'employés de service sera-t-elle rentable?	Quelle est la relation entre la taille du personnel de service et le revenu?	Pour les petites entreprises, une augmentation de 50 % ou moins produira des revenus marginaux supérieurs aux coûts marginaux.
8. Quel programme de publicité de transit devrait-on adopter?	Qu'est-ce qui pourrait amener les gens à utiliser les transports en commun au lieu de l'automobile?	Le programme de publicité A est plus efficace que le programme B en ce qui a trait au nombre de personnes utilisant les transports en commun.
9. Doit-on créer une nouvelle classe «budget» de voyages par avion?	La nouvelle classe «budget» produira-t-elle suffisamment de nouveaux passagers pour compenser la perte de revenu occasionnée par le fait que les passagers actuels de la classe économique changeront de classe?	La nouvelle classe de voyages par avion produira suffisamment de revenus grâce aux nouveaux passagers.

SOURCE: D. Aaker et G. Day, *Marketing Research*, New York, Wiley, 1983, p. 50.

TABLEAU 12.2
L'à-propos de diverses méthodes de cueillette des données
pour trois types de recherche

Méthodes de cueillette des données	Types de recherche		
	Recherche exploratoire	Recherche descriptive	Recherche causale
Entrevues de groupe ou techniques projectives	b.a.p.	p.a.p.	p.a.p.
Enquêtes (par la poste, par téléphone ou personnelle)	p.a.p.	b.a.p.	a.a.p.
Expérimentation	p.a.p.	a.a.p.	b.a.p.
Recherche secondaire	b.a.p.	a.a.p.	p.a.p.

b.a.p. = beaucoup d'à-propos
a.a.p. = assez d'à-propos
p.a.p. = peu d'à-propos

Un problème majeur des enquêtes postales est le taux de réponse relativement faible : à moins d'effectuer des suivis importants, on obtient rarement un taux de réponse de plus de 40 % pour la population en général. Étant donné que les répondants peuvent différer des non-répondants d'une manière importante, on doit conserver une certaine dose de scepticisme quant à la représentativité des répondants lorsque le taux de réponse est faible. De nombreuses études ont suggéré des façons d'améliorer le taux de réponse : s'adresser à des gens possédant un haut niveau d'intérêt pour la question étudiée, réduire la longueur du questionnaire, offrir de mettre les résultats de l'enquête à la disposition des répondants et encourager les gens à répondre à l'aide de diverses primes comme des billets de loterie, de l'argent comptant ou des bons de réduction[28]. À partir d'un échantillon de ménages montréalais, G.S. Kindra et ses collègues en sont arrivés à la conclusion que trois facteurs (le billet de loterie, un contact préalable par téléphone ainsi que l'assurance que l'on respectera l'anonymat du répondant) pouvaient influencer le taux de réponse d'une manière positive[29].

L'enquête par téléphone

Comme l'enquête personnelle, l'enquête par téléphone permet un contact personnel entre les sujets et l'enquêteur. Elle constitue essentiellement une version moins coûteuse de l'enquête personnelle. Les sujets ont une propension plus élevée à répondre aux questions délicates lorsqu'ils sont au téléphone que lorsqu'ils sont là en personne.

Les enquêtes par téléphone produisent moins de biais dû à l'enquêteur que ne le font les enquêtes effectuées en face à face, parce que l'enquêteur n'est pas présent physiquement. L'efficacité de l'enquête par téléphone tient à ce que toutes les entrevues peuvent être effectuées à partir d'un même endroit et que l'on peut continuer de rappeler les sujets jusqu'à ce qu'on réussisse à entrer en contact avec eux.

L'enquête par téléphone constitue probablement un meilleur choix que l'enquête personnelle lorsqu'il s'agit d'une enquête courte ou d'un simple contact préalable. Mais l'échange téléphonique est inapproprié lorsqu'on a besoin de mesurer les réactions des consommateurs à l'égard de stimuli visuels comme la conception d'emballages ou le choix de couleurs. De plus, il peut se produire un biais, du fait que, dans certains cas, on ne peut contacter que les sujets dont le numéro de téléphone se trouve dans l'annuaire[30].

L'enquête personnelle

L'enquête personnelle est la plus coûteuse des trois méthodes visant à recueillir de l'information à l'aide d'une enquête. En 1982, le coût (incluant les frais de déplacement et les autres dépenses) associé au fait d'utiliser un organisme professionnel pour effectuer une entrevue personnelle était de 18 $ à 36 $, comparativement à 3,60 $ – 9,60 $ pour l'enquête par la poste et à 6 $ – 8 $ pour l'enquête par téléphone[31].

En plus de coûter cher, l'enquête personnelle prend énormément de temps et est difficile à effectuer.

On favorise l'enquête personnelle lorsque la question étudiée est complexe et demande une élaboration; l'enquêteur est en mesure d'utiliser du matériel audiovisuel et il peut aller plus en profondeur de manière à éliminer tout malentendu. Plusieurs d'entre vous ont probablement participé à des enquêtes effectuées dans un centre commercial. Étant donné qu'elles évaluent généralement les réactions des consommateurs à l'égard de produits alimentaires et de produits pour la maison, ces entrevues sont particulièrement appropriées lorsque les sujets doivent goûter ou regarder quelque chose.

On doit considérer quatre facteurs lorsqu'on choisit la méthode d'enquête: les contraintes de temps et de budget, le niveau de précision désiré et la complexité de la tâche à effectuer[32]. Le tableau 12.3 résume

TABLEAU 12.3
**Avantages et limites propres à diverses méthodes d'enquête
par rapport à certains facteurs importants**

Facteurs importants	Enquête personnelle	Enquête par téléphone	Enquête par la poste
Exactitude de l'information recueillie	Moyenne-bonne	Bonne	La meilleure
Contraintes de temps	Importantes	Faibles	Moyennes
Coûts de l'enquête	Élevés	Moyens	Faibles
Taux de réponse	Excellent	Bon	Faible
Flexibilité	Excellente	Bonne	Faible
Réalisation d'un suivi	Difficile	Bonne	Faible

les principaux avantages et inconvénients de chaque méthode de cueillette
des données.

La recherche causale

La recherche descriptive n'est pas appropriée lorsqu'on veut déceler
l'effet d'une variable sur une ou plusieurs autres variables. La recherche
causale, quant à elle, explore les causes du phénomène. Nous ne pouvons
affirmer l'existence d'une relation causale entre des variables à moins
d'avoir une preuve raisonnable nous permettant de croire que le facteur X
a précédé le facteur Y et qu'aucun autre facteur causal n'est intervenu.
La recherche descriptive peut quelquefois nous permettre d'inférer l'existence d'une relation, mais jamais d'une relation causale. De telles inférences sont souvent trompeuses. Par exemple, vous pouvez observer que
votre voisine se brosse toujours les dents avant de se coucher et qu'elle
n'a aucun problème à bien dormir, mais ce serait une erreur de conclure
que le brossage des dents guérit l'insomnie; la relation entre ces deux
variables est fortuite et non pas causale.

En marketing, nous pouvons utiliser les enquêtes, les contrôles ainsi
que les observations pour nous faire une idée de la part de marché de
l'entreprise, de la fidélité à la marque des consommateurs, du profil
psychographique et démographique des consommateurs et ainsi de suite.
Mais si nous voulons confirmer l'existence d'une relation de cause à effet
(par exemple, l'effet d'une augmentation des dépenses de publicité sur
les ventes ou la relation entre les intentions des consommateurs et leur
comportement d'achat réel), nous devons effectuer une expérimentation.

Pour confirmer que l'événement X engendre le résultat Y, quatre conditions sont requises:

1. L'événement X doit être immanquablement associé au résultat Y;
2. L'événement X doit précéder le résultat Y;
3. On doit pouvoir éliminer les autres explications possibles pour ce qui est de l'existence de la relation (démontrer la validité interne);
4. On doit pouvoir appliquer les résultats au-delà des conditions étroites de l'expérimentation (démontrer la validité externe)[33].

Aucune de ces quatre conditions ne peut déterminer hors de tout doute qu'il existe une relation causale. Cependant, si ces quatre conditions sont présentes, il est très probable qu'il y ait une relation causale. Nous examinerons maintenant l'expérimentation en tant que forme de recherche causale.

L'expérimentation

Des divers types de recherche, c'est l'expérimentation qui donne les meilleures chances de démontrer la causalité, parce qu'elle permet au chercheur d'exercer un meilleur contrôle sur les variables étudiées. Dans tous les plans d'expérience, le chercheur contrôle et manipule au moins une variable indépendante dans le but d'étudier l'effet qu'elle exerce sur la variable dépendante ou sa relation avec celle-ci.

Dans les **expériences de laboratoire**, on expose un groupe déterminé de consommateurs à une variable indépendante telle qu'une annonce publicitaire. De telles expériences, qui s'effectuent dans des endroits propices comme une salle de conférence, un théâtre ou une cuisine expérimentale, permettent d'exercer un contrôle total sur les variables à l'étude.

Dans les **expériences sur le terrain**, le concept à l'étude est éprouvé dans son environnement naturel; par exemple, on envoie par la poste des échantillons d'un nouveau produit à certains consommateurs à qui l'on demande ensuite ce qu'ils en pensent. Comparativement aux expériences de laboratoire, les expériences sur le terrain permettent une meilleure validité externe, mais moins de validité interne (à cause de la difficulté de contrôler les variables à l'étude). Cependant, les expériences de laboratoire souffrent de l'effet de Hawthorne: le caractère artificiel de l'environnement limite la validité externe de l'expérimentation.

Les expériences de laboratoire utilisent souvent un groupe de contrôle afin de réduire l'effet de l'**histoire** (l'influence de facteurs extérieurs au plan) et du **mûrissement** (les changements se produisant chez les gens avec le passage du temps).

Plusieurs plans d'expérience sont à la portée du chercheur de marketing. Le **plan «seulement-après»** mesure la variable dépendante après que l'on a exposé les sujets au traitement expérimental. Les problèmes de validité associés à ce plan sont importants et évidents. Mais l'emploi de ce plan est justifié lorsque la mesure «avant» est nulle ou inconnue.

Dans le **plan «avant-après»**, on mesure la variable dépendante une première fois avant d'exposer les sujets au traitement et une deuxième fois, après l'exposition. Cette méthode constitue une amélioration comparativement au plan «seulement-après», car elle permet de mesurer clairement l'effet de la variable indépendante, c'est-à-dire la différence entre le résultat obtenu avant le traitement et celui obtenu après. Le fait de mesurer l'événement «avant» procure donc un contrôle additionnel. Cependant, un important problème associé à ce plan consiste dans le danger que la mesure «avant» ne mette la puce à l'oreille aux sujets, de telle sorte que la mesure «après» ne puisse plus être considérée comme l'effet «pur» du traitement expérimental. Autant que possible, les chercheurs doivent essayer de mesurer l'effet «avant» et l'effet «après» sans que les sujets se rendent compte des véritables objectifs de la recherche.

Le **plan «avant-après avec contrôle»** (aussi appelé véritable plan d'expérience) est un plan «avant-après» qui utilise un groupe de contrôle afin de réduire les problèmes de validité résultant de l'histoire, du mûrissement et du prétest. La sélection du groupe de contrôle et du groupe test se fait au hasard; les deux groupes sont identiques sauf que l'on n'expose pas le groupe de contrôle au traitement. Le tableau 12.4 donne un exemple du plan «avant-après avec contrôle».

La perte de sujets se produisant entre les mesures «avant» et «après» (le facteur de mortalité) constitue une faiblesse de ce plan. Lorsque le taux de mortalité du groupe de contrôle et celui du groupe test diffèrent, le problème des abandons devient particulièrement gênant. De plus, dans la recherche sur les consommateurs, où l'on questionne les gens sur leurs idées, leurs opinions et leurs attitudes, il est probable que la mesure

TABLEAU 12.4
Le plan «avant-après avec contrôle»

	Groupe test	Groupe de contrôle
Traitement appliqué (par exemple, exposition à la publicité)	Oui	Non
Mesure avant traitement	X_1	Y_1
Mesure après traitement	X_2	Y_2
Effet du traitement	$(X_2 - X_1) - (Y_2 - Y_1)$	

«avant» ait pour effet de consolider les idées des sujets, ce qui entraîne de la confusion quant à l'effet de la variable de l'expérience. Néanmoins, l'habileté du chercheur à contrôler vraiment (de là l'expression «véritable plan d'expérience») le **quand** et le **qui** de l'exposition au traitement, ainsi que le **quand** et le **qui** de la mesure, représente une considération fondamentale[34].

Pour analyser les données issues du plan d'expérience, on utilise généralement l'analyse de variance et l'analyse de régression comme méthodes statistiques.

CERTAINES TECHNIQUES DE RECHERCHE ET D'ANALYSE DES DONNÉES

Techniques de recherche

L'analyse multidimensionnelle

On demande parfois aux consommateurs de comparer des produits en fonction de plusieurs dimensions comme l'économie, la qualité et le prestige. L'analyse multidimensionnelle (MDS – *multidimensional scaling*) est une technique de recherche qui permet de déceler les attributs du produit que les consommateurs jugent importants. Elle mesure l'**effet combiné** ainsi que l'**importance relative** de ces attributs. Voici les objectifs poursuivis par ce type d'analyse:

1. Découvrir les principaux attributs du produit que les consommateurs comparent lorsqu'ils choisissent entre plusieurs marques;
2. Déceler les marques qui sont en situation de concurrence directe;
3. Connaître les perceptions des consommateurs à l'égard d'un ensemble idéal d'attributs (la marque idéale);
4. Déceler de nouveaux produits combinant des attributs que l'on ne trouve pas présentement dans les marques disponibles sur le marché;
5. Élaborer des messages promotionnels qui soient compatibles avec les attitudes et les perceptions des consommateurs[35].

L'analyse multidimensionnelle comporte généralement les étapes suivantes:

1. Déterminer les critères d'évaluation du produit (*voir chapitre 5*);
2. Déterminer les deux critères d'évaluation les plus importants en leur accordant des poids (*voir chapitre 5*);
3. Déterminer la marque idéale, soit en demandant aux consommateurs de «décrire» la marque qu'ils jugent idéale, soit en leur demandant de classer les données par ordre de préférence de manière à pouvoir déceler les points idéaux;
4. Déterminer le nombre de sujets qui préfèrent un certain ensemble d'attributs plutôt qu'un autre.

La figure 12.2 est une extension de la figure 3.6, présentée et analysée au chapitre 3. Dans la figure 12.2, les deux critères les plus importants pour évaluer la bière sont sa lourdeur et son amertume. Les cercles A à G représentent la marque idéale pour divers groupes de buveurs de bière. La taille des cercles est proportionnelle au nombre de buveurs de bière qui ont choisi pour marque idéale cette combinaison d'attributs.

Dans la figure 12.2, le cercle C représente le plus grand segment de marché. La marque Molson Export correspond à la marque idéale pour ce groupe de consommateurs. D'autres marques, par exemple, la Carlsberg et la Black Label, sont situées plutôt loin de la marque idéale la plus proche (G et E respectivement). Les marques Labatt Bleue et O'Keefe sont situées toutes deux assez près du segment A et devraient, à l'aide d'une publicité corrective et d'autres mesures, essayer de franchir cette distance. De plus, les fabricants de la Black Label auraient avantage à modifier leur produit afin de se conformer aux attentes du segment E. Notez également qu'aucune marque de bière actuellement présente sur

FIGURE 12.2
Carte perceptuelle des buveurs de bière
dans un certain marché géographique

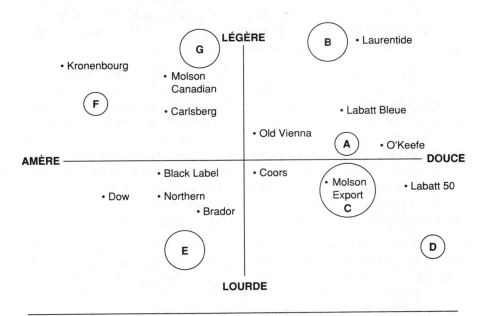

SOURCE: Jacques Brisoux. Reproduit avec autorisation.

le marché ne correspond aux goûts des segments D et F. Si le segment D est suffisamment vaste pour rendre le projet rentable, l'introduction d'une nouvelle bière – très douce et très lourde – destinée à ce segment de marché serait probablement une bonne initiative.

L'analyse des mesures conjointes

Comme l'analyse multidimensionnelle, l'analyse des mesures conjointes se préoccupe de mesures perceptuelles. Cependant, ce type d'analyse demande aux répondants de classer leurs **préférences** à l'égard d'une série prédéterminée de combinaisons d'attributs de produit. En d'autres mots, l'analyse des mesures conjointes travaille à l'envers en présentant des «marques idéales» prédéterminées et en demandant aux répondants d'exprimer leurs réactions à l'égard de ces marques. Cette approche est basée sur le fait que les gens trouvent souvent difficile d'exprimer avec clarté leur conception des attributs importants et des marques idéales ainsi que d'expliquer comment ils utilisent ces perceptions pour prendre une décision à l'égard de la marque. L'analyse des mesures conjointes offre aux consommateurs plusieurs choix de concepts et vise à inférer ces perceptions des concepts qu'ils choisissent. Ce type d'analyse donne de bons résultats dans les conditions suivantes:

1. L'orientation générale des préférences est claire. Par exemple, si l'on sait que, dans un marché cible, la plupart des consommateurs préfèrent une voiture peu chère, sportive et consommant peu d'essence, on amènera les répondants à porter des jugements comportant des compromis en ce qui a trait à ces attributs[36];
2. Le produit à l'étude est disponible en plusieurs versions, qu'il s'agisse de niveau de prix, de niveau de luxe ou de niveau d'équipement (par exemple, une voiture manuelle et une voiture automatique);
3. Il est possible d'offrir plusieurs niveaux de produits;
4. Les attributs du produit sont nombreux et complexes[37].

L'analyse des mesures conjointes commence en présentant aux répondants au moins deux combinaisons d'attributs ou de concepts. Ces concepts sont généralement basés sur le principe des facteurs (c'est-à-dire que quelques facteurs sous-jacents «résument» les données contenues dans un très grand nombre d'attributs du produit).

Supposez, par exemple, que vous songiez à introduire une nouvelle bière sur le marché du Québec et de l'Ontario et que vous désiriez savoir à quel niveau (élevé, moyen, faible) les consommateurs situent chacun des attributs du produit qu'ils jugent importants:

L'amertume   (niveau élevé, moyen, faible);
La lourdeur   (niveau élevé, moyen, faible);
Le prestige   (niveau élevé, moyen, faible).

On peut combiner ces divers niveaux de 27 façons différentes. On demande à chaque répondant de classer ces concepts de produit en les numérotant à partir de la combinaison la moins appréciée (1) pour terminer par la combinaison la plus appréciée (27). Supposons que le tableau 12.5 présente le classement réalisé par un répondant quelconque.

Deux remarques valent la peine d'être faites par rapport à ce tableau. D'abord, la bière que le répondant aimerait le moins est celle qui est peu prestigieuse, très amère et peu lourde (une bière légère). Par

TABLEAU 12.5
Classification de divers concepts de produit par un répondant quelconque

Amertume	Niveau élevé			Niveau moyen			Niveau faible		
Lourdeur	É.	M.	F.	É.	M.	F.	É.	M.	F.
Prestige									
Faible	2	13	1	3	21	12	16	6	20
Moyen	7	9	24	14	4	19	25,5	8	18
Élevé	5	27	22	11	15	10	17	25,5	23

ailleurs, certains concepts ont obtenu la même évaluation, ce qui suggère que ce répondant est prêt à faire des compromis en ce qui a trait à certaines combinaisons d'attributs. Par exemple, ce répondant n'a pas de préférence lorsqu'il s'agit de choisir entre une bière moyennement lourde, très prestigieuse et peu amère (une bière douce), et une bière très lourde, moyennement prestigieuse et peu amère. Supposant que ces deux possibilités auraient respectivement obtenu les rangs 25 et 26, nous avons attribué à chacune le rang moyen de ces deux mesures, c'est-à-dire 25,5.

À l'étape suivante, on utilise un programme d'ordinateur pour attribuer une «utilité» à chaque niveau d'attribut, et ce, pour l'ensemble des personnes ayant exprimé leurs préférences. Lors d'une première étape, le programme attribue de telles utilités sur une base arbitraire; par exemple, si on utilise la fonction additive – une fonction couramment employée –, la bière résultant de la combinaison [amertume de niveau élevé (0,8), lourdeur de niveau élevé (0,1) et prestige faible (0,1)] recevrait une utilité de 1,0 (0,8 + 0,1 + 0,1). On calcule de la même façon l'utilité combinée de toutes les autres possibilités. Lors de la deuxième étude ainsi que lors des étapes suivantes, le programme vise à faire correspondre diverses utilités à des données de préférences du même genre que celles présentées au tableau 12.5. Le programme continue de changer les valeurs d'utilité attribuées jusqu'à ce qu'il ne soit plus capable d'améliorer la correspondance entre ces deux mesures pour l'ensemble des répondants. Lors de la dernière étape, le programme fournit un indice reflétant le niveau d'ajustement ou de correspondance entre les valeurs d'utilité attribuées et les données brutes de préférences[38].

L'attribut pour lequel il y a une différence maximale entre le niveau d'utilité le plus élevé et celui qui est le plus faible est considéré comme

TABLEAU 12.6
**Utilités combinées du concept de produit le plus apprécié
et de celui le moins apprécié**

Attribut	Combinaison la plus appréciée		Combinaison la moins appréciée	
	Niveau	**Score d'utilité**	**Niveau**	**Score d'utilité**
Amertume	Élevé	0,8	Faible	0,1
Lourdeur	Élevé	0,8	Faible	0,2
Prestige	Élevé	0,4	Faible	0,3
Utilité totale du concept de produit		2,0		0,6

l'attribut le plus important. En effet, plus la différence est grande, plus le manque d'«indifférence» entre les deux niveaux d'utilité est prononcé; le concept de produit qui représente la combinaison préférée de l'ensemble des répondants devrait également être celui qui obtient la plus grande utilité totale.

L'examen du tableau 12.6 suggère que, par rapport à la bière, l'attribut le plus important pour l'ensemble des répondants est son amertume. En effet, 0,7 (0,8 − 0,1) représente la différence maximale entre les deux niveaux d'utilité pour tout attribut. Si la différence entre les deux niveaux de lourdeur avait été nulle (c'est-à-dire si les deux niveaux avaient obtenu la même utilité), on aurait conclu que cet attribut n'était pas important[39]. Les 25 autres combinaisons d'utilité se trouvent quelque part entre les deux extrêmes représentés par la combinaison la plus appréciée et celle qui est la moins appréciée.

L'analyse des mesures conjointes présente deux limites importantes. D'abord, pour plusieurs décisions concernant le choix de produit, il peut y avoir quatre, cinq ou même six attributs pertinents. Dans de tels cas, il n'est pas raisonnable de s'attendre à ce que le répondant puisse classer des centaines de combinaisons possibles. De plus, notre analyse repose sur le caractère additif de l'utilité des divers concepts. Or, nous ignorons encore s'il est préférable d'utiliser une fonction multiplicative ou une autre fonction quelconque[40].

☐ Techniques d'analyse des données

L'analyse discriminante

Lorsqu'on cherche à résoudre un problème de marketing concernant deux ou plusieurs groupes de consommateurs, on a souvent recours à l'analyse discriminante pour: 1) expliquer les différences entre les groupes; 2) prédire l'appartenance au groupe. Par exemple, nous pourrions vouloir déceler les caractéristiques différenciant:

- les clients de La Baie de ceux d'Eaton;
- les consommateurs fidèles à une marque de ceux qui ne le sont pas;
- les grands buveurs de Sarasoda de ceux qui en boivent peu;
- les lecteurs réguliers de *Maclean* de ceux de *Saturday Night*;
- les étudiants qui abandonnent le programme de M.B.A. de ceux qui le poursuivent jusqu'à l'obtention du diplôme;
- les professeurs, les étudiants et les diplômés qui votent pour un certain parti politique aux élections provinciales de ceux qui votent pour un autre parti.

On étudie généralement de telles différences en fonction de caractéristiques socio-économiques et/ou psychographiques susceptibles de générer des groupes présentant des profils différents. La difficulté et le défi de l'analyse discriminante reposent sur la reconnaissance a priori de variables prédictives permettant de classer les consommateurs dans l'un ou l'autre groupe. La variable à prédire est toujours nominale, c'est-à-dire que l'on peut diviser la population en différents groupes ou catégories comme, par exemple, les hommes et les femmes. En d'autres mots, l'analyse discriminante vise, pour expliquer et même prédire l'appartenance à un certain groupe, à déceler un certain nombre d'indicateurs pertinents. Sur le plan statistique, nous cherchons à découvrir la combinaison linéaire de variables prédictives ou discriminantes (c'est-à-dire la **fonction discriminante**) qui montre la plus grande différence dans les moyennes des groupes. L'analyse discriminante constitue un bon outil pour générer cette combinaison linéaire optimale en calculant les coefficients de la fonction discriminante[41]. Nous utiliserons l'exemple suivant pour expliquer cette méthode.

Supposons que le Parti libéral du Canada ait interrogé au hasard 1 000 adultes canadiens et qu'il ait découvert que, parmi ces personnes,

400 étaient membres et 600 n'étaient pas membres du parti. Supposons que nous connaissions le revenu et l'âge de ces individus. Dans la figure 12.3, chaque sujet est situé sur une carte à deux dimensions où *s* indique un membre et *n* indique un non-membre du parti. Les instigateurs de cette étude pourraient désirer savoir s'il existe des différences entre ces deux groupes en fonction de l'âge et du revenu.

La figure 12.3 suggère qu'en général, les membres du Parti libéral ont tendance à avoir un revenu inférieur et à être jeunes ou d'âge moyen. On remarque cependant un certain chevauchement. L'axe Y indique la représentation combinée des axes X_1 et X_2. En d'autres mots, la fonction discriminante nous donne une valeur Y pour chaque individu, selon les réponses aux variables X_1 et X_2. Le but de cette analyse est de découvrir la combinaison linéaire des variables X_1 et X_2 qui nous permettra de mieux discriminer (entre les membres et les non-membres) que ne pourrait le faire chaque variable prise individuellement[42].

La fonction discriminante peut être représentée sous la forme mathématique suivante:

$$Y = d_1 X_1 + d_2 X_2$$

où

Y   = le score obtenu à l'aide de la fonction discriminante;
X_1 = l'âge;
X_2 = le niveau de revenu;
d_1, d_2 = les poids déterminés par la fonction discriminante.

Les poids de la fonction sont calculés dans le but de maximiser la différence entre les scores Y des membres des deux groupes (la différence «inter-groupe») tout en minimisant la différence entre les scores Y des membres faisant partie d'un même groupe (la différence «intra-groupe»). En d'autres mots, les poids d_1 et d_2 doivent être tels que le rapport de

$$\frac{\text{la différence des moyennes «inter-groupe» sur Y}}{\text{la différence des moyennes «intra-groupe» sur Y}}$$

soit le plus grand possible. Cela nous permet de générer une discrimination maximale entre les deux groupes par rapport aux nouveaux scores[43].

Interprétation

Le tableau 12.7 présente l'analyse discriminante hypothétique des membres et des non-membres du Parti libéral en fonction du revenu et

FIGURE 12.3
**Représentation graphique d'une analyse discriminante
à deux groupes**

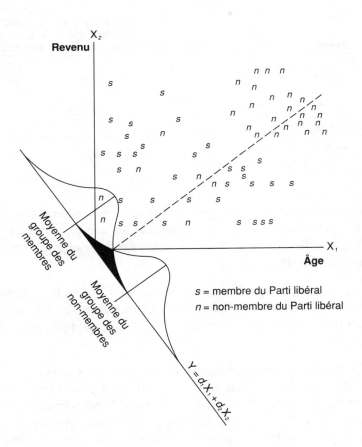

s = membre du Parti libéral
n = non-membre du Parti libéral

de l'âge. Il montre la différence qui existe entre les moyennes des deux groupes sur chaque variable explicative. La quatrième colonne montre les **coefficients de la fonction discriminante** (c'est-à-dire les poids d_1 et d_2), tandis que la cinquième colonne présente la version normalisée de ces coefficients. Par normalisation, on veut dire que les valeurs de la variable ont été divisées par leur écart type avant que commence l'analyse; cela facilite l'interprétation, étant donné que les unités de mesure ont été réduites à une mesure commune.

TABLEAU 12.7
Exemple hypothétique d'analyse discriminante et d'interprétation des données

Variables prédictives	Valeur moyenne des variables prédictives			Coefficient de la fonction discriminante	Coefficient normalisé de la fonction discriminante	Rang
	Membres	**Non-membres**	**Différence**			
Revenu	4	9	−5[a]	0,029	0,033	1
Âge	6	8	−2[b]	0,019	0,022	2
Moyenne du score discriminant (Y)	−0,021	−0,901	0,88[c]			
Taille de l'échantillon	400	600				

a, b et c. Vérification des seuils de confiance à faire.

L'examen des moyennes suggère que le revenu constitue le meilleur facteur de discrimination entre les membres et les non-membres du Parti libéral. Les coefficients de la fonction indiquent aussi que le revenu est le meilleur facteur discriminant.

Il est bon de noter que le classement en rangs, tel qu'il est présenté au tableau 12.7, procure une information extrêmement utile lorsque les variables explicatives sont nombreuses, allant, par exemple, jusqu'à 10 ou 15.

On peut utiliser l'analyse discriminante lorsqu'il y a plus de deux groupes. Dans de tels cas, on utilise généralement plus d'une fonction discriminante. Lors de telles analyses, il est difficile d'interpréter les coefficients de la fonction discriminante. Il est donc parfois utile de commencer par déceler les variables produisant des scores en fonction de leurs coefficients avant d'examiner leurs moyennes à des fins d'interprétation.

L'analyse discriminante repose sur une hypothèse fondamentale: les variables choisies pour expliquer les différences expliquent en fait l'appartenance au groupe. Dans l'exemple précédent, nous avons supposé, par exemple, que le revenu et l'âge (et pas autre chose) expliquaient l'appui donné aux libéraux. On néglige parfois certaines variables importantes, ce qui explique la pauvre performance du modèle à l'étude.

L'analyse de groupe

L'analyse de groupe (*cluster analysis*) a pour but de classer des objets en différents groupes, de façon à obtenir une ressemblance maximale à l'intérieur des groupes et une ressemblance minimale entre les groupes. L'analyse de groupe ne peut prédire l'existence de relations. Contrairement à l'analyse discriminante, elle ne définit pas les groupes a priori; l'objectif de l'analyse de groupe est plutôt de déterminer le nombre, la nature et la composition des groupes.

L'analyse de groupe est régulièrement utilisée pour segmenter le marché. Cette méthode permet de déceler et de regrouper les consommateurs ayant des caractéristiques démographiques et psychographiques semblables ainsi que des besoins et des désirs qui se ressemblent en matière de produit. Pour le spécialiste de marketing, il est utile de regrouper les clients afin de pouvoir élaborer des programmes de marketing appropriés à chaque segment. Le spécialiste de marketing peut aussi être intéressé à regrouper des produits qui se ressemblent et qui sont donc en concurrence les uns avec les autres.

Il y a deux approches fondamentales du regroupement: l'approche **hiérarchique** et l'approche **non hiérarchique**. La méthode hiérarchique implique généralement l'approche «de haut en bas», dans laquelle on commence par mettre tous les objets dans un seul groupe pour ensuite diviser et subdiviser jusqu'à ce que tous les objets aient été placés dans des groupes homogènes. On peut aussi procéder à l'envers (l'approche «de bas en haut») en commençant par prendre les objets individuellement, pour ensuite combiner et recombiner ces objets jusqu'à ce qu'ils aient été placés dans un groupe. Dans l'un et l'autre cas, lorsqu'un objet est placé dans un groupe, il y reste; cette méthode ne permet pas de mouvements entre les divers groupes lors des calculs subséquents[44].

La méthode non hiérarchique permet de faire passer les objets d'un groupe à l'autre au fur et à mesure qu'on effectue les calculs si un tel mouvement est de nature à améliorer le critère de regroupement. Bien que le regroupement hiérarchique soit plus facile à interpréter, il manque parfois de fiabilité à cause de sa rigidité. Lorsqu'on utilise cette méthode, il est courant que le chercheur divise l'échantillon en deux groupes et qu'il analyse chacun d'une manière indépendante; si le chercheur n'obtient pas de groupes semblables dans les deux analyses, il peut être opportun de reprendre les analyses à l'aide de la méthode non hiérarchique[45].

Dans l'exemple qui suit, nous montrerons un exemple d'analyse de groupe hiérarchique en nous servant de coefficients de corrélation hypothétiques comme mesure de similitude. Bien qu'il existe plusieurs méthodes pour former des groupes [46,47], nous emploierons l'approche relativement simple dite «à regroupement rapide[48]» pour illustrer les concepts de base de cette technique.

Dans notre étude hypothétique, nous avons demandé à un échantillon de consommateurs de bière de l'Ontario d'évaluer 11 marques différentes (les marques que nous avons déjà examinées dans la section de l'analyse multidimensionnelle) à l'aide d'une échelle allant de 5 (niveau de prestige élevé) à 1 (niveau de prestige faible). Le tableau 12.8 présente la matrice de corrélations entre les diverses marques. À l'aide de la méthode de regroupement rapide:

1. Nous encerclons le coefficient de corrélation le plus élevé de chaque colonne;
2. Nous cotons le coefficient le plus élevé de toutes les colonnes; les deux marques en question, la Labatt Bleue et la Black Label, forment le premier groupe;
3. Si le coefficient d'une autre marque située dans la rangée de la Labatt Bleue ou dans la rangée de la Black Label est encerclé, nous ajoutons cette marque au premier groupe. Le groupe est maintenant composé de la Labatt Bleue, de la Black Label et de la Labatt 50;
4. Nous éliminons le premier groupe de notre analyse et encerclons la deuxième corrélation la plus élevée (c'est-à-dire 0,48, jumelant la O'Keefe avec la Carlsberg). Dans la rangée de la Carlsberg, nous trouvons un autre coefficient encerclé (0,38), ce qui nous permet d'ajouter la Kronenbourg à ce deuxième groupe;
5. Nous répétons cette procédure jusqu'à ce que toutes les marques fassent partie d'un groupe; dans cet exemple, quatre groupes apparaissent à la fin de l'analyse.

L'analyse factorielle

Un facteur est constitué à la base par une généralisation qui explique deux ou plusieurs variables. Par exemple, l'analyse factorielle peut sug-

TABLEAU 12.8
Corrélations entre 11 marques de bière canadiennes

	Dow 1	Black Label 2	Kronenbourg 3	Canadian 4	Carlsberg 5	Heidelberg 6	O'Keefe 7	Labatt Bleue 8	Molson 9	Labatt 50 10	Brador 11
1. Dow	–	0,01	0,36	0,38	0,33	0,29	0,26	0,11	0,37	0,18	(0,41)
2. Black Label	0,01	–	0,16	0,09	0,13	0,16	0,13	(0,64)	0,18	0,36	0,20
3. Kronenbourg	0,36	0,16	–	0,34	0,38	0,34	0,34	0,06	0,31	0,26	0,33
4. Canadian	0,38	0,09	0,34	–	0,43	(0,45)	0,33	0,05	0,36	0,27	0,34
5. Carlsberg	0,33	0,13	(0,38)	0,43	–	0,44	(0,48)	0,17	0,43	0,32	0,28
6. Heidelberg	0,29	0,16	0,34	(0,45)	0,44	–	0,36	0,12	(0,46)	0,18	0,32
7. O'Keefe	0,26	0,13	0,34	0,33	(0,48)	0,36	–	0,11	0,39	0,30	0,23
8. Labatt Bleue	0,11	(0,64)	0,06	0,05	0,17	0,12	0,11	–	0,35	0,30	0,18
9. Molson Export	0,37	0,18	0,31	0,36	0,43	(0,46)	0,39	0,35	–	0,24	0,31
10. Labatt 50	0,18	0,36	0,26	0,27	0,32	0,18	0,30	0,30	0,24	–	0,21
11. Brador	(0,41)	0,20	0,33	0,34	0,28	0,32	0,23	0,18	0,31	0,21	–

SOURCE: Adapté de J.M. Kamen, «Quick Clustering», *Journal of Marketing Research*, 5, juillet 1970, p. 201.

gérer que la vitesse, la puissance et le design élancé d'une voiture s'expliquent par la dimension sportive sous-jacente. De même, les concepts constitués par la liberté d'expression, l'accessibilité universelle à l'instruction supérieure et l'égalité des droits s'expliquent par le facteur de l'égalitarisme. En d'autres termes, l'analyse factorielle permet de réduire un large ensemble de données initiales déroutantes et associées les unes aux autres en un énoncé concis, sensé et compréhensible. En plus de réduire une masse d'informations en un ensemble de variables plus maniables, l'analyse factorielle permet souvent de déceler l'existence de relations cachées intéressantes. Par exemple, on pourrait découvrir que, chez les Canadiens, l'achat de laque à cheveux est plus étroitement associé à l'achat de maquillage pour les yeux et de crème faciale qu'à l'achat d'autres produits pour cheveux. Dans les deux cas, le facteur doit être inféré d'un certain nombre de variables associées.

Supposez, par exemple, que l'on ait demandé à une classe d'étudiants de première année à l'université de classer neuf occupations selon l'attrait qu'elles exercent. Les coefficients de corrélation entre les diverses occupations sont présentés au tableau 12.9.

Le coefficient 0,08 dans la rangée 4, colonne 7, signifie que les étudiants qui ont considéré la profession de dentiste comme attrayante n'ont pas accordé la même valeur à la profession d'entraîneur de hockey. Inversement, dans la rangée 1, colonne 2, le coefficient de corrélation 0,72 suggère que les étudiants qui trouvent attrayante la profession de

TABLEAU 12.9
Matrice de corrélation des rangs de neuf occupations

Variables	Corrélations								
	1	2	3	4	5	6	7	8	9
Chercheur en marketing	—	0,72	0,43	0,22	0,09	0,26	0,06	0,28	0,19
Administrateur	0,72	—	0,47	0,20	0,09	0,26	0,10	0,32	0,22
Entrepreneur	0,43	0,47	—	0,23	0,13	0,22	0,09	0,33	0,26
Dentiste	0,22	0,20	0,23	—	0,40	0,51	0,08	0,22	0,33
Chercheur médical	0,09	0,09	0,13	0,40	—	0,39	-0,02	0,09	0,18
Spécialiste de l'eugénique	0,26	0,26	0,22	0,51	0,39	—	0,09	0,32	0,33
Entraîneur de hockey	0,06	0,10	0,09	0,08	-0,02	0,09	—	0,46	0,32
Scaphandrier	0,28	0,32	0,33	0,22	0,09	0,32	0,46	—	0,47
Mercenaire	0,19	0,22	0,26	0,33	0,18	0,33	0,32	0,47	—

SOURCE: Adapté de W. Wells et J. Sheth, «Factor Analysis», Éd. R. Ferber, *Handbook of Marketing Research*, New York, McGraw-Hill, 1974, p. 2-460.

chercheur en marketing perçoivent aussi comme attrayante la profession d'administrateur[49].

Une simple observation des résultats montre que les perceptions étudiantes par rapport aux professions 1, 2 et 3 sont différentes de celles reliées à toutes les autres professions. Les professions 4, 5 et 6 forment un deuxième groupe et les professions 7, 8 et 9, un troisième groupe. Ces données brutes suggèrent que le facteur A (intérêt pour les affaires) sous-tend le premier groupe, que le facteur B (sciences de la santé) sous-tend le deuxième groupe et que le facteur C (sciences physiques) sous-tend le troisième groupe.

Dans les situations plus réalistes et moins évidentes, on interprète les facteurs par l'intermédiaire de **saturations** (*factor loadings*). La saturation représente simplement la corrélation entre la variable initiale et le score de facteur qui y est associé. Ainsi, les données de saturation du tableau 12.10 indiquent la mesure dans laquelle chacune des neuf variables est associée aux trois facteurs. Ce tableau confirme les conclusions intuitives obtenues en examinant les données du tableau 12.9: il y a effectivement trois dimensions qui sous-tendent les neuf variables à l'étude.

La **communalité** se rapporte à la mesure dans laquelle les facteurs, pris ensemble, expliquent chacune des variables. Ainsi, une valeur h^2 élevée, par exemple 0,82 (c'est-à-dire $0,90^2 + 0,08^2 + 0,05^2$) signifie que seulement 18 % de la variable ne peut être expliquée après qu'on a pris en considération les trois facteurs.

La **valeur propre** (*eigenvalue*) représente la contribution de chaque facteur pour expliquer l'ensemble des variables à l'étude. La valeur propre explique également dans quelle mesure chaque variable contribue à la puissance totale de chaque facteur; elle indique donc dans quelle mesure chaque variable est importante dans la définition d'un facteur. Ainsi, le premier facteur contribue à 24,8 % (2,23/9) de la variance expliquée, le deuxième facteur contribue à 21,9 % (1,97/9) de la variance expliquée et le troisième facteur contribue à 20,3 % (1,83/9) de la variance expliquée. Si l'un des facteurs n'avait contribué à expliquer qu'une très faible proportion de la variance (relativement aux autres facteurs), on l'aurait laissé tomber. Par exemple, si les facteurs 1 et 2 expliquaient à eux deux 93 % de la variance des neuf variables, on ne prendrait pas le troisième facteur de l'équation en considération.

TABLEAU 12.10
Exemple d'analyse factorielle

Variables	Saturations			Communalité (h^2)
	A	**B**	**C**	
Chercheur en marketing	0,90	0,08	−0,05	0,82
Administrateur	0,85	0,07	−0,10	0,80
Entrepreneur	0,69	0,15	−0,17	0,53
Dentiste	0,14	0,81	−0,08	0,69
Chercheur médical	0,01	0,76	0,30	0,57
Spécialiste de l'eugénique	0,20	0,73	−0,20	0,62
Entraîneur au hockey	0,20	−0,13	−0,83	0,70
Scaphandrier	0,28	0,14	−0,77	0,69
Mercenaire	0,13	0,36	−0,68	0,61
Valeur propre	2,23	1,97	1,83	6,03
% de la variance expliquée	24,8	21,9	20,3	
% de la variance expliquée cumulée				67,0

SOURCE: Adapté de W. Wells et J. Sheth, *Handbook of Marketing Research*, Éd. R. Ferber, New York, McGraw-Hill, 1974, p. 2-460.

Pour terminer l'interprétation des résultats de l'exemple, il suffit d'un simple calcul. Nous divisons la somme des valeurs propres de chaque facteur par le nombre total de variables (6,03/9 = 0,67). Nous obtenons ainsi le pourcentage de la variance cumulée totale. En d'autres mots, les trois facteurs pris ensemble expliquent environ 67 % de la variance totale des neuf variables à l'étude. Un résultat très faible suggère généralement que les variables sont très différentes les unes des autres et que les facteurs à l'étude ne correspondent pas très bien à l'essence ou à la nature des variables de l'analyse.

Toutes les techniques d'analyse factorielle **supposent** que les variables à l'étude possèdent réellement des facteurs sous-jacents. Cependant, il est possible que les variables ne soient pas liées les unes aux autres. De plus, l'interprétation des facteurs est un processus plutôt subjectif. Par exemple, un chercheur peut continuer de faire tourner les saturations jusqu'à ce qu'il obtienne un ensemble de facteurs «désirables».

RÉSUMÉ

Le succès du marketing des produits et services exige une bonne compréhension des besoins et des désirs des consommateurs. Vous devez donc vous familiariser avec les techniques de recherche employées pour étudier le comportement du consommateur. Ces techniques vont d'analyses subjectives des attitudes, des perceptions et des besoins des consommateurs à des méthodes quantitatives complexes et sophistiquées.

Toutes les décisions de marketing comportent une part d'incertitude, et la recherche doit être planifiée de manière à fournir des réponses aussi précises que possible, compte tenu des contraintes de temps et de budget. Si l'on veut que le programme de recherche soit fructueux, on doit avoir une compréhension claire des réponses dont on a besoin et des questions susceptibles de fournir ces réponses. Toute recherche sur les consommateurs requiert une formulation précise des objectifs, qui conduise logiquement à des hypothèses appropriées et statistiquement vérifiables. Le plan de recherche ainsi que le plan d'action destiné à vérifier l'hypothèse doivent prendre en considération tout ce qui peut causer des biais ou de la confusion ainsi que toutes les contraintes environnementales connues.

Au cours d'une recherche, les sujets interrogés peuvent parfois être réticents à révéler ouvertement certaines de leurs pensées ou ils peuvent être inconscients des véritables motifs qui sous-tendent leurs comportements. Lorsque c'est le cas, il demeure possible d'obtenir de l'information à l'aide de **plans de recherche exploratoire et clinique** tels que les entrevues de groupe, les techniques projectives, l'association de mots, l'interprétation d'images, le jeu de rôles et la technique de la tierce personne. On utilise également ces approches pour générer des hypothèses qui seront ensuite vérifiées au moyen de tests statistiques.

Une grande partie de la recherche sur les consommateurs est **descriptive**. Cette méthode utilise les enquêtes pour poser des questions structurées avec soin. On analyse en profondeur les réponses obtenues et on les soumet à des tests statistiques afin de diminuer l'incertitude et de procurer des lignes de conduite pour l'action marketing.

Une troisième sorte de recherche, la **recherche causale**, explore les causes des phénomènes à l'étude. Parce qu'elle nécessite généralement des expériences menées en laboratoire et sur le terrain, son utilité pour le marketing est plus limitée.

Les méthodes de recherche statistiques vont du simple calcul des moyennes et des tests de seuil de confiance à des analyses multivariées telles que l'analyse multidimensionnelle, l'analyse des mesures conjointes, l'analyse de groupe et l'analyse factorielle. Aucun plan de recherche ou aucune technique d'analyse ne peut constituer une panacée. Une mauvaise méthode ou une bonne méthode incorrectement employée peuvent donner des résultats erronés susceptibles d'entraîner un échec sur le marché. Le processus de recherche consiste autant dans l'art de formuler les bonnes questions et l'habileté à choisir et à mener à terme le bon plan d'action que dans la rigueur mathématique et la sophistication statistique.

QUESTIONS ET DISCUSSIONS

1. « Il est essentiel de comprendre les besoins et les désirs du consommateur pour avoir du succès dans le marketing des produits et des services de consommation. » Discutez du rôle et de l'importance de la recherche sur le comportement du consommateur à la lumière de l'énoncé qui précède.

2. *a)* Un énoncé d'objectifs bien formulé doit satisfaire à certaines conditions. Décrivez ces conditions.
   b) Qu'est-ce qu'une hypothèse? Comment s'en sert-on dans le contexte du processus de recherche sur les consommateurs?

3. Décrivez brièvement les techniques projectives dont on peut se servir dans la recherche sur les consommateurs. Pourquoi ces techniques sont-elles particulièrement utiles pour le marketing?

4. *a)* Résumez la méthode des entrevues de groupe et l'utilisation qu'on peut en faire en marketing.
   b) Énumérez les principaux facteurs que l'on doit prendre en considération lors de la conception des entrevues de groupe.
   c) Comment les entrevues de groupe, le jeu de rôles et le T.A.T. (*Thematic Apperception Test*) peuvent-ils être utilisés conjointement?

5. Discutez des avantages, des limites et des délimitations des méthodes de cueillette des données suivantes:
   a) l'enquête par téléphone;
   b) l'enquête personnelle;

c) l'enquête par la poste.

Expliquez en quoi chacune de ces méthodes est appropriée à la recherche sur les consommateurs.

6. *a*) Quelles sont les conditions requises pour qu'on puisse déterminer l'existence d'une relation causale?

   b) Quels sont les problèmes associés à l'utilisation du plan d'expérience «avant-après»?

   c) Décrivez les avantages et les inconvénients de l'utilisation des expériences menées en laboratoire et des expériences menées sur le terrain.

7. Décrivez brièvement la technique de l'analyse multidimensionnelle et les étapes qu'elle comporte. Pour quels types d'information l'analyse multidimensionnelle est-elle particulièrement utile?

8. *a*) En quoi l'analyse des mesures conjointes diffère-t-elle de l'analyse multidimensionnelle?

   b) Dans quelles situations de marketing l'analyse des mesures conjointes est-elle particulièrement utile?

9. Décrivez brièvement la méthode d'analyse des données constituée par l'analyse discriminante. Décrivez les utilisations particulières que l'on peut faire de cette méthode dans le contexte de la prise de décision en marketing.

10. *a*) Décrivez les deux approches de l'analyse de groupe.

    b) Décrivez brièvement la méthode de regroupement rapide utilisée dans l'un des exemples présentés dans ce chapitre.

11. Décrivez brièvement la méthode d'analyse des données constituée par l'analyse factorielle. Décrivez les utilisations que l'on peut faire de cette méthode dans la prise de décision en marketing.

RÉFÉRENCES

1. Adapté de «Courvoisier Takes Aim at Upscale English Canadians», *Marketing*, 19 mars 1984.

2. W.H. Mahatoo, *The Dynamics of Consumer Behavior*, New York, Wiley, 1985, p. 161.

3. A.P. Davison, «Bombardier Redefine Their Markets», étude de cas, Université d'Ottawa, avril 1987.

4. «Trois Québécois lancent un nouveau type de dentifrice», *Les Affaires*, 3 octobre 1981.

5. K.E. Runyon, *Consumer Behavior*, Toronto, Charles E. Merrill, 1980, p. 421.

6. W.G. Zikmund, *Exploring Marketing Research*, New York, CBS College Publishing Co., 1982, p. 90-95.

7. *Ibid.*, p. 93.

8. G.S. Kindra, «Analysis of Perceived Effectiveness of Teaching Methods», *International Review of Education*, New York, UNESCO, printemps 1984.

9. G.S. Kindra, «Female Stereotypes in Print Advertising», *Proceedings: Marketing Division*, Association des sciences administratives du Canada, Ottawa, 1981.

10. G.S. Kindra *et al.*, «An Investigation of the Effects of Three Variables on Response Rate of Mail Surveys», *Management Research News*, 8, n° 1, 1986, p. 27-31.

11. G.S. Kindra et K.L. McGown, «Stimulating Responses to Mailed Questionnaires: An Experimental Study», *International Journal of Research in Marketing*, 1985, p. 219-235.

12. P. Green et D. Tull, *Research for Marketing Decisions*, Englewood Cliffs, N.J., Prentice-Hall, 1978, p. 66.

13. Zikmund, *Exploring Market Research*, p. 101.

14. Cité dans *ibid.*, p. 107.

15. A.M. Oppenheim, *Questionnaire Design and Attitude Measurement*, London, Heinemann, 1966.

16. D. Aaker et G. Day, *Marketing Research*, New York, Wiley, 1983, p. 117.

17. Le scrutin de l'Iowa, août 1977.

18. P. Chisnall, *Marketing Research*, London, McGraw-Hill, 1981, p. 189-190.

19. Mason Haire, «Projective Techniques in Marketing Research», *Journal of Marketing*, avril 1950, p. 649-656.

20. M. Grossack, *Understanding Consumer Behavior*, Boston, Christopher Publishing House, 1964, p. 200.

21. J.W. Newman, *Motivation Research and Marketing Management*, Boston, Harvard University Graduate School of Business Administration, 1957.

22. H.H. Kassarjian et J.B. Cohen, «Cognitive Dissonance and Consumer Behavior: Reactions to the Surgeon General's Report on Smoking and Health», *California Management Review*, 8, automne 1965, p. 55-64.

23. Zikmund, *Exploring Marketing Research*, p. 113.

24. G.H. Smith, *Motivation Research in Advertising and Marketing*, New York, McGraw-Hill, 1954, p. 202-203.

25. G.A. Churchill, *Marketing Research*, Hinsdale, Illinois, Dryden Press, 1979, p. 47.

26. *Ibid.*, p. 55.

27. Kindra *et al.*, «An Investigation».

28. Kindra et McGown, «Stimulating Responses».

29. *Ibid.*

30. Aaker et Day, *Marketing Research*, p. 147-157.

31. S. Sudman, *Reducing the Cost of Surveys*, Chicago, Aldine, 1967.

32. Aaker et Day, *Marketing Research*, p. 161.

33. Aaker et Day, *Marketing Research*, p. 251.

34. Churchill, *Marketing Research*, p. 80-89.

35. H.W. Boyd *et al.*, *Marketing Research*, Homewood, Illinois, Richard D. Irwin, 1985, p. 337.

36. R.M. Johnson, «Trade-Off Analysis of Consumer Values», *Journal of Marketing Research*, 11, mai 1974, p. 120-121.

37. Churchill, *Marketing Research*, p. 246.

38. Johnson, «Trade-Off Analysis», p. 12.

39. Aaker et Day, *Marketing Research*, p. 532.

40. P. Green et V.R. Rao, «Conjoint Measurement for Quantifying Judgement Data», *Journal of Marketing Research*, 8 août 1971, p. 355-363.

41. Zikmund, *Exploring Marketing Research*, p. 606.

42. Aaker et Day, *Marketing Research*, p. 520.

43. Aaker et Day, *Marketing Research*, p. 578.

44. Le pouvoir de prévision du modèle est indiqué par la «matrice de confusion», laquelle montre simplement le nombre de classements corrects et incorrects. Pour plus de détails, voir D. Morrison, «On the Interpretation of Discriminant Analysis», *Journal of Marketing Research*, mai 1969, p. 156-163.

45. Aaker et Day, *Marketing Research*, p. 520.

46. Pour plus de détails, voir T. Joyce et C. Channon, «Classifying Market Survey Respondents», *Applied Statistics*, 15, novembre 1966, p. 191-214.

47. Voir aussi D. Morrison, «Measurement Problems in Cluster Analysis», *Management Science*, 13, août 1967, p. 755 ss.

48. L'analyse qui suit et l'illustration de cette technique sont issues de J.M. Kamen, «Quick Clustering», *Journal of Marketing Research*, 7, juillet 1970, p. 199-203.

49. W. Wells et J. Sheth, «Factor Analysis», *Handbook of Marketing Research*, Éd. R. Ferber, New York, McGraw-Hill, 1974, p. 2-458 à 2-471.

CHAPITRE **13**

Le lancement de nouveaux produits et le comportement du consommateur

INTRODUCTION

Chaque année, on introduit sur le marché des milliers de nouveaux produits et de nouveaux services. Or, bien qu'on y consacre des sommes importantes, très peu de produits obtiennent du succès sur le plan commercial.

Étant donné que le lancement de nouveaux produits et de nouveaux services aide l'entreprise à demeurer concurrentielle, l'étude relative aux nouveaux produits revêt une importance particulière. Ce chapitre précise ce que l'on entend par «nouveau» en ce qui concerne un produit ou un service et traite brièvement du processus

de création de nouveaux produits ainsi que de l'importance de l'innovation en matière de produits. Nous examinerons également le processus de diffusion de nouveaux produits ainsi que plusieurs facteurs déterminant la période de temps nécessaire pour qu'un nouveau produit soit diffusé dans un groupe.

On doit communiquer aux consommateurs potentiels des informations sur les nouveaux produits. La communication – celle qui va du spécialiste de marketing au consommateur ainsi que celle constituée par le bouche à oreille entre les consommateurs – joue un rôle important dans la diffusion des innovations. Les innovateurs, c'est-à-dire les personnes qui sont les premières à acheter un nouveau produit, jouent également un rôle important dans la communication de l'information. Cela tient au fait que les autres consommateurs recherchent souvent l'opinion de ces personnes, vu qu'elles ont une meilleure connaissance de la catégorie de produits concernée.

Enfin, nous examinerons les implications stratégiques du processus de diffusion et nous présenterons certaines utilisations que l'on peut en faire en marketing.

■ QU'EST-CE QU'UNE INNOVATION?

Dans le premier cours de marketing que vous avez suivi, on a probablement défini le **produit** comme un ensemble d'attributs tangibles et intangibles susceptibles de satisfaire les besoins psychosociaux et utilitaires du consommateur ainsi que ses désirs et ses attentes.

Mais définir l'**innovation** ou le **nouveau produit** n'est pas chose facile. L'appareil photo à disque de marque Kodak est-il un nouveau produit? Si Procter and Gamble ajoute un détersif ultra-moussant de couleur orange à sa gamme de détersifs, s'agit-il d'un nouveau produit? Qu'en est-il du photocopieur couleur ou des poupées «Bouts de Chou»?

On peut définir l'innovation en se basant sur le **temps depuis lequel le produit est sur le marché**. Par exemple, la Commission sur les pratiques restrictives du commerce du Canada peut conseiller aux annonceurs publicitaires de n'appeler «nouveaux» que les produits se trouvant sur le marché depuis quatre mois ou moins. Non seulement cette définition est subjective, mais elle laisse supposer que l'on peut appeler «nouveau» un produit constituant une copie conforme du produit d'un concurrent.

Une deuxième façon de voir les choses est de dire qu'un produit est nouveau s'il n'a pas encore atteint un **niveau de pénétration commerciale** qui dépasse une petite proportion du marché cible potentiel. Mais là encore, le niveau des ventes au-dessous duquel le produit peut être appelé «nouveau» est sujet à interprétation. De plus, la vente d'un produit peut demeurer au-dessous d'un certain niveau (par exemple, 10 % du marché potentiel) pendant une longue période de temps si le produit est perçu d'une manière défavorable par les consommateurs du marché cible.

Les chercheurs ont utilisé ces deux définitions pour étudier le rythme de diffusion des nouveaux produits[1]. Le tableau 13.1 fournit quelques exemples de l'utilisation qu'on a faite de ces définitions[2].

D'un autre point de vue, la nouveauté d'un produit dépend de la **perception qu'en ont les consommateurs visés**: un produit est nouveau pour autant que le consommateur le perçoive comme tel. Par exemple, G. Zaltman et R. Stiff définissent l'innovation comme «toute idée, toute pratique ou tout artefact matériel perçu comme nouveau par l'unité d'adoption concernée[3]». Bien qu'elle pose certains problèmes opérationnels, cette définition axée sur le consommateur est intuitivement attrayante. Nous suggérons que le consommateur perçoit les nouveaux produits par rapport à leur degré de nouveauté. Ainsi, un produit peut être perçu comme tout à fait nouveau s'il exerce un effet important et radical sur les habitudes de consommation. Cependant, un produit peut être perçu comme superficiellement nouveau s'il exerce seulement un effet mineur sur les habitudes de consommation. Nous décrivons ci-dessous trois catégories de nouveaux produits.

Les innovations discontinues

Les produits qui représentent des innovations discontinues sont radicalement nouveaux et impliquent l'adoption de nouvelles habitudes de consommation. Il s'agit de produits vraiment uniques comme les ordinateurs, les photocopieurs, le chauffage à l'énergie solaire, les voyages dans l'espace et les fours à micro-ondes. De telles innovations incluent des articles qui remplissent soit des fonctions complètement nouvelles (les voyages dans l'espace et la photocopie), soit la même fonction d'une manière beaucoup plus efficace ou beaucoup plus pratique (le chauffage à l'énergie solaire et les ordinateurs).

Les innovations dynamiques continues

Bien qu'ils n'impliquent pas l'adoption de nouvelles habitudes de consommation, les produits qui représentent des innovations dynamiques continues dérangent en partie les habitudes de consommation. Il s'agit généralement de modifications apportées à des produits qui sont déjà

TABLEAU 13.1
Exemples de définitions d'innovations axées sur le marché

% du marché cible à faire un achat	Divers biens durables (ex.: téléviseur couleur)[a]	La première tranche d'acheteurs, constituant 10 % du marché potentiel
	Appareil téléphonique à clavier Touch-Tone[b]	La première tranche d'acheteurs, constituant 10 % du marché potentiel
Période de temps sur le marché	Centre diagnostique de l'automobile[c]	Les trois premiers mois après l'ouverture du centre
	Chapeaux pour dames[d]	La période de cinq mois et demi allant du début d'août à la mi-janvier

Cité dans L.G. Schiffman et L.L. Kanuk, *Consumer Behavior*, Englewood Cliffs, N.J., Prentice-Hall, 1983, p. 505. Reproduit avec autorisation.

SOURCES : a. William E. Bell, «Consumer Innovators: A Unique Market for Newness», *Toward Scientific Marketing*, Éd. Stephen A. Greyser, Chicago, American Marketing Association, 1963, p. 85-87.

b. Thomas S. Robertson, «Determinants of Innovative Behavior», *Changing Marketing Systems*, Éd. Reed Moyer, Chicago, American Marketing Association, 1967, p. 328-332.

c. James F. Engel, Roger D. Blackwell et Robert J. Kegerreis, «Consumer Use of Information in the Adoption of an Innovation», *Journal of Advertising Research*, 9, décembre 1969, p. 3-8.

d. Charles W. King, «Fashion Adoption: A Rebuttal to the Trickle Down Theory», *Toward Scientific Marketing*, Éd. Stephen A. Greyser, Chicago, American Marketing Association, 1963, p. 108-125.

sur le marché. De telles variations sont perçues comme importantes, mais elles représentent essentiellement de nouvelles façons de faire la même chose. Parmi ces produits, on trouve l'appareil photo à disque de marque Kodak, les téléphones vidéo, les voitures électriques et les ouvre-boîtes électriques[4].

Les innovations continues

Les produits qui représentent des innovations continues ont peu ou pas d'effet sur les habitudes de consommation. De tels produits constituent généralement des imitations qui mettent l'accent sur des distinctions psychologiques ou qui accentuent un avantage fonctionnel du produit. Dans cette catégorie, on trouve la bière présentée dans des bouteilles allongées munies de capsules dévissables[5], le dentifrice présenté dans un contenant à pompe distributrice, le dentifrice en gel, les vins en canettes, le savon liquide pour la douche[6], ainsi qu'une foule d'autres produits tels que des détersifs, des bonbons, des cigarettes et des spiritueux dont on fait la promotion en tant que produit «nouveau», «amélioré», «ultra-doux», «extra-long», «avec moins de sucre», «avec moins de goudron et de nicotine», etc. Dans la section qui suit, nous décrirons un processus général pour créer de nouveaux produits.

■ LA CRÉATION DE NOUVEAUX PRODUITS

Le processus de création de nouveaux produits devient de plus en plus efficace. En 1981, pour générer un seul produit ayant du succès sur le plan commercial, il fallait 7 idées de nouveaux produits, comparativement à 58, en 1968[7].

☐ L'importance des nouveaux produits et le processus de diffusion

La création de nouveaux produits peut énormément contribuer à la rentabilité de l'entreprise. «Pour les produits ayant atteint la phase de maturité, les marges de profit peuvent atteindre leur sommet avant même que les ventes ne commencent à diminuer; l'entreprise doit donc régulièrement lancer de nouveaux produits pour garantir le maintien des profits. Autrement, la rentabilité de l'entreprise sera trop dépendante du cycle de vie d'un ou de plusieurs produits[8]».

C'est par la compréhension du processus de diffusion (c'est-à-dire l'étendue de l'acceptation du produit) que le spécialiste de marketing peut évaluer le succès ou l'échec d'un nouveau produit. Nous consacrerons une bonne partie de ce chapitre à l'étude de la diffusion des nouveaux produits, et ce, pour trois raisons. D'abord, la plupart des études traitant du comportement du consommateur insistent sur les aspects personnels et sociaux de l'individu et ont tendance à ignorer la structure sociale de la communication chez les acheteurs potentiels. Deuxièmement, la question de la diffusion inclut le processus d'adoption (le processus comportemental de prise de décision que nous expérimentons tous lorsque nous choisissons un nouveau produit). Troisièmement, des scientifiques travaillant dans au moins deux disciplines ont effectué des études sur cette question[9]. Dans la section qui suit, nous examinerons le rôle stratégique que jouent les nouveaux produits dans l'atteinte des objectifs de marketing de l'entreprise.

☐ Le processus de création des nouveaux produits

La création d'un nouveau produit comporte six étapes: la recherche des idées, l'évaluation préliminaire de ces idées, l'analyse économique, l'élaboration d'un prototype, le test de marché et la commercialisation du produit. À chaque étape, le directeur doit soit abandonner l'idée, soit retenir l'idée et obtenir de l'information additionnelle, soit retenir l'idée et passer à l'étape suivante du processus de création.

La recherche des idées

Très peu d'idées de nouveaux produits sont fructueuses sur le plan commercial. Dans les années 60, pour toutes les industries, seulement 1,2 à 2,0 % de toutes les idées de produits ont obtenu du succès sur le plan commercial. Ce chiffre atteignait 10 à 15 % dans les années 80, ce qui est encore faible. Une étude effectuée en 1980 par le Conference Board auprès de 148 entreprises nord-américaines a démontré que, parmi les nouveaux produits lancés dans les cinq dernières années, un produit sur trois s'était avéré un échec[10].

On doit effectuer certains efforts pour faire surgir de nouvelles idées de produits d'une manière systématique. Pour accomplir cette tâche, les entreprises se servent régulièrement d'«équipes constituées pour les projets à risque» ou de «groupes formés pour la création de produits», ces comités possédant divers niveaux de structure. Les nouvelles idées sont souvent issues de recherches commerciales systématiques menées par des conseillers internes ou externes. Les idées proviennent aussi d'autres sources comme les employés, les consommateurs, les fournisseurs et les autres parties intéressées.

L'évaluation préliminaire des idées

On examine ensuite attentivement toutes les idées raisonnables qui ont surgi à la première étape. À ce stade, toute idée de produit peut être évaluée en fonction d'un certain nombre de critères. (*Voir le tableau 13.2.*)

Ces critères ont un double dénominateur commun: les objectifs de l'entreprise et la disponibilité des ressources[11]. Le tableau 13.2 présente un indice qui a été calculé en faisant la somme pondérée des diverses évaluations. Pour le nouveau produit hypothétique de l'exemple, l'indice de comptabilité brute est de 59 et l'indice de comptabilité relative, de 80,4 %.

À l'aide d'une méthode semblable, on peut calculer l'indice de compatibilité relative pour plusieurs idées de nouveaux produits et on peut ensuite établir un classement par ordre croissant. Cela permet aux décideurs de retenir seulement les idées qui dépassent un certain seuil d'acceptation, par exemple 70 %[12]. Il est bon de noter que les seuils d'acceptation proviennent de l'expérience et qu'ils varient en fonction du marché et de la situation particulière de l'entreprise.

L'analyse économique

On étudie ensuite les quelques idées qui dépassent le seuil d'acceptation de 70 %, à l'aide de rigoureux critères financiers et commerciaux[13]. L'équipe chargée de l'évaluation essaie, à partir de diverses estimations relatives au coût des ventes, à la publicité, à la création de produits et à la production, d'évaluer le taux de rendement de l'investissement initial. Pour déterminer ce qui constitue un taux de rendement de l'investissement initial acceptable, il faut établir une comparaison avec les moyennes relatives à l'industrie concernée.

L'élaboration d'un prototype

Si on juge qu'une idée a de bonnes chances de produire un taux de rendement de l'investissement initial acceptable et si la haute direction approuve l'idée, la démarche suivante consiste à élaborer un prototype du produit.

La première étape consiste à se servir de la recherche commerciale et d'autres données pour élaborer le **concept de produit**. Ce concept exige une définition claire et concise des attributs, des avantages, des

TABLEAU 13.2
**Évaluation préliminaire d'un nouvel ordinateur
capable de reconnaître la voix**

Critères d'évaluation	Résultat				
	Très bon **5**	**Bon** **4**	**Neutre** **3**	**Mauvais** **2**	**Poids**
Volume des ventes		X			1
Genre et nombre de compétiteurs			X		1
Possibilités techniques			X		2
Protection et brevets	X				2
Matières premières	X				2
Capacité de production		X			2
Valeur ajoutée		X			2
Compatibilité avec les principales activités de l'entreprise	X				2

Indice de compatibilité brute = $(4 \times 1) + (3 \times 1) + (3 \times 2) + (5 \times 2) + (5 \times 2) +$
$(4 \times 2) + (4 \times 2) + (5 \times 2) = 59$
Extrémités de l'échelle de comptabilité : 14 et 70
Indice de comptabilité relative = $(59 - 14) / (70 - 14) = 0,804$ ou 80,4 %
Indice d'acceptation minimale = 70 %

Adapté d'une figure provenant de C.H. Kline, «The Strategy of Product Policy», *Harvard Business Review*, 3,
juillet-août 1955. Copyright 1955 par The President and Fellows of Harvard College. Reproduit avec autorisation.

coûts, des limites et des niveaux de performance du produit. À cette étape, les services de recherche et de développement (R et D) et le service de production font équipe pour produire la meilleure représentation physique possible du concept de produit. On protégera éventuellement la version raffinée de ce prototype à l'aide d'un brevet d'invention. Cependant, les entreprises ont tendance à retarder le plus longtemps possible ce processus de protection afin de garder secret le produit en question et de ne pas mettre la puce à l'oreille des concurrents.

Dans une deuxième étape, l'entreprise innovatrice doit déterminer le niveau de compatibilité entre le concept de produit idéal (déterminé à l'aide de la recherche commerciale) et le prototype obtenu. Il est important de s'assurer que le produit sera accepté du consommateur. Cette étape est cruciale, car, après cela, il est probable que l'annulation du projet coûtera très cher.

À cette étape, on doit également concevoir un plan de marketing détaillé incluant la formulation de la stratégie et du marketing-mix.

Le test de marché

On utilise le test de marché pour évaluer la faisabilité de la commercialisation à grande échelle. Les villes choisies pour le test de marché doivent être représentatives du marché cible, de telle sorte que l'on puisse faire des projections appropriées. Au Canada, aucune ville ne représente à elle seule la diversité du pays en entier. Les villes que l'on utilise le plus souvent pour faire le test de marché sont London, Kitchener, Kingston, Sherbrooke, Calgary, North Bay, Regina et Subdury[14]. Les spécialistes de marketing jugent que l'échantillon provenant d'une combinaison de ces villes est suffisamment représentatif de l'ensemble des Canadiens.

Le test de marché peut prendre beaucoup de temps et peut coûter très cher, jusqu'à 1 million de dollars. Aux États-Unis, pour faire passer un produit de l'étape de la recherche et de l'élaboration à l'étape du test de marché auprès de 2 % de la population, il en coûte environ 3,1 millions de dollars[15]. Au Canada, de tels coûts sont prohibitifs, étant donné que le marché global est beaucoup plus restreint. Deux autres facteurs découragent également d'effectuer un test de marché à grande échelle: la crainte de révéler aux concurrents les plans de l'entreprise et le désir d'arriver en premier sur le marché. Ces facteurs, associés à un niveau de confiance élevé à l'égard de la connaissance du produit et du marché, ont entraîné dans les années 80 une diminution de l'utilisation du test de marché à grande échelle. Par exemple, le café Folgers de Procter and Gamble et les «barres tendres» de Quaker ont été mis sur les tablettes des supermarchés sans avoir subi de test de marché. Par ailleurs, le fabricant des soupes Campbell a dû regretter d'avoir fait un test de marché pour la sauce à spaghetti Prego, car il a ainsi mis la puce à l'oreille de son dynamique rival Ragu, qui en a profité pour lancer à l'échelle nationale un produit à peu près identique[16].

Vu les coûts élevés et les autres problèmes mentionnés plus haut, plusieurs entreprises ont choisi d'évaluer les possibilités de succès à l'aide de simulations et d'autres méthodes artificielles. Une méthode simple et sûre (particulièrement lorsqu'il s'agit de produits se trouvant à l'extrémité continue de l'échelle d'innovation) consiste à utiliser des programmes d'ordinateur pour prédire les ventes à partir des réponses fournies par des consommateurs à qui on a offert un échantillon gratuit du produit; ces réponses sont obtenues au moyen d'une enquête par téléphone. Appelée **test de marché simulé**, cette méthode coûte bien moins cher qu'un test de marché à grande échelle. Elle peut déceler les échecs potentiels en moins de deux à trois mois, sans éveiller l'attention des compétiteurs[17].

Il existe une méthode plus sophistiquée, probablement mieux adaptée aux innovations discontinues, qui prend plus d'un an et coûte au-delà de 250 000 $. Appelée **test de marché à l'aide du scanner**, cette méthode utilise comme échantillon un groupe de consommateurs présélectionnés qui acceptent de ne faire leurs achats qu'à un seul supermarché, choisi par l'entreprise. Ces consommateurs, qui représentent environ 0,1 % de la population, obtiennent des cartes d'identité spécialement encodées que l'on passe au scanner en même temps que les articles d'épicerie, au moment de régler la note. Les chercheurs conservent une base de données comportant des informations démographiques et psychographiques détaillées sur ces consommateurs et ils accumulent, en cours de route, de l'information sur les périodes où les consommateurs font leurs achats ainsi que sur tous les produits que ceux-ci achètent. Les consommateurs ignorent quels sont les produits qui font l'objet du test de marché et les compétiteurs n'ont pas accès aux données[18].

La commercialisation du produit

La décision finale quant au lancement du produit est principalement basée sur les résultats du test de marché. Les craintes, les espoirs et l'implication émotive des décideurs influencent également la décision. Des affirmations telles que «Nous avons déjà dépensé des millions; nous ne pouvons pas reculer maintenant» prennent parfois le dessus sur des considérations logiques comme «Nous avons déjà gaspillé des millions; il est temps de s'arrêter». Les fabricants de produits ratés célèbres comme la Ford Edsel et le cuir synthétique Corfam de Du Pont auraient pu diminuer leurs pertes d'une manière importante s'ils avaient accordé une plus grande attention aux résultats négatifs obtenus à l'aide des tests de marché.

La planification du lancement du produit joue un rôle clé à l'étape de la commercialisation. Avant de lancer le produit, on doit prendre d'importantes décisions à l'égard du marketing-mix en se basant sur les tests de marché. La formation de la force de vente des distributeurs, la sélection d'une agence de publicité ainsi que la coordination de la production, du financement et des efforts de marketing nécessitent une planification et un contrôle complexes. La technique d'évaluation et de révision de programme (PERT – *program evaluation and review technique*) et la méthode du cheminement critique (CPM – *critical path method*) constituent deux outils utiles mais rarement utilisés pour planifier et coordonner le lancement d'un nouveau produit.

Tel que nous l'avons mentionné plus haut, le lancement d'environ un nouveau produit sur trois se révèle un échec commercial, pour les trois types d'innovations. Il va sans dire que les produits qui constituent des innovations claires et nettes ont un taux d'échec beaucoup moindre que ceux constituant des innovations continues, lesquelles ne sont que des imitations[19]. Selon une étude du Conference Board, les trois principales causes d'échec du nouveau produit sont une **connaissance insuffisante du marché**, des **problèmes techniques** inhérents au produit et une **mauvaise planification du lancement du produit**[20].

■ L'ADOPTION ET LA DIFFUSION DES INNOVATIONS

Il importe de connaître le processus d'adoption (l'acceptation du produit par l'individu) et le processus de diffusion (l'acceptation du produit par un groupe d'individus) si on veut comprendre le rôle que jouent les relations interpersonnelles et la communication dans le succès ou l'échec éventuel des nouveaux produits.

□ Le processus d'adoption

On dit qu'un nouveau produit est «adopté» par un individu **lorsque celui-ci l'accepte et le consomme sur une base continue**[21]. La figure 13.1 présente une version simplifiée du processus d'adoption. Selon ce processus, l'individu qui envisage l'achat d'une caméra vidéo traverse les étapes suivantes[22]:

1. **La prise de conscience.** Le processus d'adoption débute lorsque le consommateur prend conscience de l'existence des caméras vidéo;
2. **La compréhension.** À cette étape, le consommateur essaie de savoir ce qu'est une caméra vidéo et ce qu'elle est capable de faire;

FIGURE 13.1
Les étapes du processus d'adoption

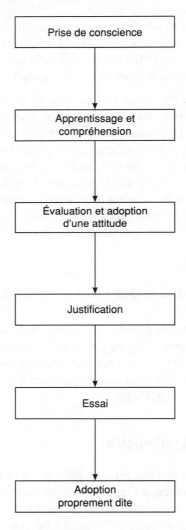

3. **L'évaluation.** Se servant de l'information obtenue à l'étape précédente, le consommateur évalue le produit et décide s'il veut poursuivre ses démarches. Par exemple, le consommateur peut décider que, même si elle a de nombreux avantages, la caméra vidéo coûte trop cher. Dans un tel cas, le processus d'adoption est interrompu ou

temporairement mis de côté jusqu'à ce que le consommateur connaisse une augmentation de revenu ou jusqu'à ce que le prix du produit diminue;

4. **La justification.** À ce stade, le consommateur devient convaincu qu'il devrait sérieusement envisager l'achat d'une caméra vidéo. Il peut alors se mettre en quête d'informations additionnelles au sujet des diverses possibilités de marques et de modèles[23];

5. **L'essai.** Afin de réduire le risque, s'il le peut, le consommateur essaiera le produit avant de s'engager dans l'achat. Les fabricants encouragent parfois l'essai en distribuant des échantillons gratuits. Dans le cas de la caméra vidéo, le consommateur pourra louer un appareil, l'essayer dans le magasin même ou l'emprunter à un ami[24];

6. **L'adoption proprement dite.** À ce stade, selon les résultats qui ont découlé de l'essai, le consommateur peut décider d'adopter l'innovation en achetant une caméra. Ou encore, trouvant que le produit est trop compliqué ou réalisant qu'il s'agit simplement d'un désir passager, le consommateur peut décider de ne pas acheter de caméra. Le tableau 13.3 présente quelques facteurs susceptibles de faire avorter le processus d'adoption. Le spécialiste de marketing astucieux s'assure que de tels problèmes sont évités ou réduits au minimum. Le processus d'adoption débouche sur l'utilisation continue du produit ou sur l'achat répété[25].

Les catégories d'acheteurs

Certains consommateurs franchissent les étapes du processus d'adoption plus rapidement que d'autres. Après avoir évalué plusieurs centaines d'études sur la diffusion, E.M. Rogers a décelé cinq catégories d'acheteurs:

1. Les **innovateurs**, qui représentent 2,5 % des acheteurs, sont les toutes premières personnes à acheter le produit. Ce groupe est composé de Canadiens jeunes, impatients, cosmopolites, actifs, qui ont une instruction supérieure et de meilleurs revenus que la moyenne des consommateurs. Leur principale source d'information est l'opinion d'experts;

2. Les **acheteurs précoces** constituent le groupe suivant, représentant 13,5 % de tous les acheteurs. Ces consommateurs adoptent le produit dans les premiers stades de son cycle de vie. Ils tiennent plus compte

TABLEAU 13.3
Facteurs susceptibles de faire avorter le processus d'adoption[26]

Étapes du processus d'adoption	Comportements du consommateur entraînant l'interruption du processus	Facteurs d'échec ayant trait au marketing
Prise de conscience	Exposition et perception sélectives	Campagne promotionnelle non efficace
Compréhension	Mémoire sélective	Message promotionnel difficile à comprendre
Évaluation	Jugement provisoire; attitude négative	Promotion non persuasive
Justification	Influence interpersonnelle négative	Mauvaise communication de bouche à oreille
Essai	Suffisance; les autres possibilités sont aussi bonnes	Promotion non persuasive et/ou réponse comportementale non mise en évidence dans la promotion
Adoption proprement dite	Les coûts dépassent les avantages	Nombreux; mauvais produit

des normes du groupe et ont plus de chances d'être des leaders d'opinion;

3. La **majorité «précoce»**, qui constitue le groupe suivant, représente 34 % de tous les acheteurs. Ces consommateurs évaluent le produit et les diverses marques offertes sur le marché d'une manière plutôt approfondie. Leur principale source d'information est constituée par les acheteurs «précoces»;

4. La **majorité «tardive»** représente également 34 % de tous les acheteurs. Ces consommateurs, qui sont réticents et sceptiques, ont généralement un statut social peu élevé et ont tendance à être extrêmement dépendants de la pression exercée par les normes du groupe. Ils sont également sceptiques à l'égard des médias;

5. Les **retardataires** sont les derniers à adopter le produit, constituant 16 % des acheteurs. Comme les innovateurs, ils accordent peu d'importance aux normes du groupe. Ils ont tendance à vivre dans le passé et appartiennent au groupe socio-économique le plus faible; ils sont généralement sceptiques à l'égard des motivations de la société et

du monde des affaires. Ce groupe est de peu d'intérêt pour les spécialistes de marketing[27].

Le tableau 13.4 présente un portrait de ces cinq catégories.

Qui sont les premiers acheteurs?

Les spécialistes de marketing désirent déceler les premiers acheteurs de leur produit afin de mettre l'accent, dans la stratégie de marketing, sur ces personnes qui possèdent beaucoup d'influence. Les conclusions de la recherche suggèrent que même si l'influence des innovateurs a tendance à s'étendre à une large gamme de produits, cette influence est plus prononcée à l'intérieur d'une même catégorie de produits[28]. Par exemple, il peut être bon, pour le directeur de marketing chargé de lancer un nouveau parfum, de viser les personnes qui appartiennent à la catégorie des innovateurs pour d'autres produits du même genre comme l'ombre à paupières, le rouge à lèvres et le vernis à ongles.

Des études ont démontré que, pour plusieurs catégories de produits, les innovateurs sont généralement instruits, introvertis, ouverts aux idées nouvelles, cosmopolites et portés à ne pas se soucier des normes du groupe. Le tableau 13.5 présente les profils détaillés de l'innovateur et du non-innovateur.

Étant donné que les caractéristiques des acheteurs diffèrent en fonction des diverses catégories, les spécialistes de marketing doivent échelonner leurs promotions de manière à s'adapter à chaque catégorie.

Il est clair que, dans leurs communications sur le nouveau produit, les spécialistes de marketing doivent s'adresser aux innovateurs et aux acheteurs «précoces». Non seulement ces groupes procurent aux spécialistes de marketing des commentaires valables, mais ils constituent également, pour la majorité «précoce», une source d'information importante. Les spécialistes de marketing utilisent généralement ces commentaires pour concevoir des campagnes de publicité s'adressant à la majorité «tardive». Le tableau 13.6 présente, pour chaque catégorie d'acheteurs, quelques approches promotionnelles particulièrement efficaces.

TABLEAU 13.4
Portrait des diverses catégories d'acheteurs selon Rogers

Catégories d'acheteurs	Valeurs importantes	Caractéristiques personnelles	Comportements de communication	Relations sociales
Innovateurs	Ont le goût de l'aventure; sont prêts à prendre des risques	Sont très jeunes; ont un statut social très élevé; gèrent les opérations les plus vastes et les plus spécialisées; sont à l'aise financièrement	Sont en contact étroit avec les sources d'information scientifiques; interagissent avec les autres innovateurs; utilisent de façon relativement plus intensive les sources impersonnelles	Certains sont des leaders d'opinion; sont très cosmopolites
Acheteurs «précoces»	«Respect»; sont considérés par plusieurs membres du système social comme un modèle de rôle	Ont un statut social élevé; gèrent des opérations vastes et spécialisées	Ont d'excellents contacts avec les agents de changement locaux	Sont les plus grands leaders d'opinion de toutes les catégories dans la plupart des systèmes sociaux
Majorité «précoce»	«Réfléchis»; envisagent l'adoption de l'innovation seulement lorsque les pairs ont acheté	Ont un statut social plus élevé que la moyenne; gèrent des opérations de taille moyenne	Ont énormément de contacts avec les agents de changement locaux et les acheteurs précoces	Certains sont des leaders d'opinion
Majorité «tardive»	«Sceptiques»; ont besoin d'une énorme pression des pairs avant d'acheter	Ont un statut social au-dessous de la moyenne; gèrent de petites opérations; ont un revenu peu élevé	Confirment leurs idées à l'aide des pairs, qui appartiennent soit à la majorité tardive, soit à la majorité précoce; font moins usage des médias de masse	Peu sont des leaders d'opinion
Retardataires	«Tradition»; vivent en fonction du passé	Ont peu de spécialisation; ont un statut social très bas; gèrent de très petites opérations; ont un revenu très bas; sont parmi les plus vieux	Leurs principales sources d'information sont les voisins, les amis et les parents partageant les mêmes valeurs	Très peu sont des leaders d'opinion; sont à moitié isolés

SOURCE: Everett M. Rogers, *Diffusion of Innovations*, New York, Free Press, 1962, p. 185. Reproduit avec l'autorisation de Macmillan Publishing Company, New York.

TABLEAU 13.5
Profil de l'innovateur, comparé à celui du non-innovateur
ou de l'acheteur «tardif»

	Innovateur	Non-innovateur ou acheteur «tardif»
Intérêt pour le produit	Plus	Moins
Leadership d'opinion	Plus	Moins
Personnalité:		
Dogmatisme	Esprit ouvert	Esprit fermé
Sociabilité	Introverti	Extraverti
Ampleur de vues	Classificateur large	Classificateur aux vues étroites
Goût de l'aventure	Plus	Moins
Risque perçu	Moins	Plus
Habitudes d'achat et de consommation:		
Fidélité à la marque	Moins	Plus
Sensibilité aux promotions	Plus	Moins
Utilisation du produit	Plus	Moins
Habitudes par rapport aux médias:		
Exposition aux magazines	Plus	Moins
Intérêt pour les magazines spécialisés	Plus	Moins
Télévision	Moins	Plus
Caractéristiques sociales:		
Intégration sociale	Plus	Moins
Mobilité sociale (géographique, sociale, professionnelle)	Plus	Moins
Adhésion à des groupes	Plus	Moins
Caractéristiques démographiques:		
Âge	Plus jeune	Plus vieux
Revenu	Plus	Moins
Instruction	Plus	Moins
Prestige de l'occupation	Plus	Moins

SOURCE: L.G. Schiffman et L.L. Kanuk, *Consumer Behavior*, Englewood Cliffs, N.J., Prentice-Hall, 1983, p. 526. Reproduit avec autorisation.

☐ Le processus de diffusion

Le processus de diffusion consiste **à répandre une innovation dans un marché cible.** Le succès ou l'échec d'un nouveau produit est fonction des achats du produit (ainsi que de l'achat régulier dans le temps). Même si le spécialiste de maketing veut que son produit soit diffusé dans une période de temps aussi courte que possible, le rythme de diffusion est soumis à certaines limitations. Toutes choses égales d'ailleurs, la diffusion a plus de chances d'être accélérée dans le cas d'innovations continues. (*Voir la figure 13.2.*) Cependant, les situations sont rarement identiques. Plusieurs facteurs liés au produit et à la communication influencent le rythme de diffusion de l'innovation.

TABLEAU 13.6
Variations de la promotion selon l'étape du processus de diffusion

Catégories d'acheteurs	Approches promotionnelles
Les innovateurs	Une information technique ou scientifique sur l'innovation peut être présentée dans des médias professionnels ou spécialisés ou encore, lors de rencontres commerciales. Les appels publicitaires doivent mettre l'accent sur l'excitation associée à l'essai d'un produit complètement nouveau et révolutionnaire.
Les acheteurs «précoces»	Les représentants doivent concentrer leurs efforts sur des consommateurs qui sont relativement jeunes et dont le statut social, le revenu et le niveau d'instruction sont élevés. Les publicités doivent mettre l'accent sur le prestige associé à la possession du produit. Des témoignages de personnes respectées peuvent être particulièrement efficaces.
La majorité «précoce»	Les appels publicitaires doivent porter sur du matériel conçu pour l'étape d'évaluation du processus d'adoption suivi par ce groupe. Les vendeurs doivent souligner que d'autres, particulièrement des leaders d'opinion, ont adopté cette innovation. On peut utiliser la pression sociale des pairs à l'aide de la technique de vente «réception à la maison».
La majorité «tardive»	Les appels publicitaires doivent convaincre les sceptiques en faisant une grande utilisation de termes rassurants comme: «garanti par *Châtelaine*», «produit par les fabricants de...», ou «testé et approuvé en laboratoire». Les vendeurs sont importants et doivent diriger leurs efforts vers les consommateurs dont le revenu et le statut social sont inférieurs à la moyenne. Une démonstration bien faite du produit est une condition essentielle lorsque ce groupe est à l'étape de l'essai.
Les retardataires	Dans la plupart des cas, il vaut mieux les ignorer.

SOURCE: D.L. Loudon et A.J. Della Bitta, *Consumer Behavior*, New York, McGraw-Hill, 1984, p. 352. Reproduit avec autorisation.

FIGURE 13.2
Les courbes de diffusion de trois types d'innovations

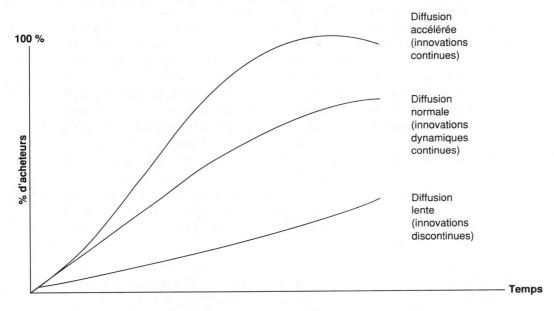

Les caractéristiques du produit qui influencent le rythme de diffusion

De même que le type d'innovation, au moins cinq caractéristiques de l'innovation influencent grandement le rythme de diffusion:

1. **La complexité.** Les consommateurs ont parfois de la difficulté à comprendre ou à utiliser le produit. De telles difficultés peuvent être dues aux **attributs** du produit ou au dilemme du **compromis** (ce qui signifie que certains attributs se compensent)[29]. En règle générale, plus un produit est complexe, plus le rythme de diffusion est lent;

2. **L'avantage relatif.** Il s'agit du degré de supériorité que les consommateurs accordent au produit par rapport aux produits concurrents. Les innovations qui possèdent un avantage relatif net et précis sont généralement adoptées plus rapidement;

3. **La compatibilité.** Cette caractéristique concerne le degré de cohérence qui existe entre l'innovation, d'une part, et les besoins, les valeurs et les normes de l'individu, d'autre part. Par exemple, il se peut qu'une crème faciale pour hommes destinée à éliminer les poils soit plus

facile d'emploi que le rasoir, mais il est peu probable que ce produit soit accepté, car il entre en conflit avec les valeurs de la plupart des hommes à l'égard du rituel «viril» associé au rasage[30];

4. **La facilité d'essai.** Il s'agit de la facilité avec laquelle le nouveau produit peut être essayé en quantité limitée. Chaque fois que cela est possible, les spécialistes de marketing doivent essayer de faciliter l'adoption en offrant la possibilité d'un essai à risques limités, au moyen de tactiques telles que l'offre d'échantillons, de cadeaux et de bons de réduction. Plusieurs produits ont souffert de la difficulté qu'éprouvaient les consommateurs à les essayer, notamment la pilule contraceptive, les verres de contact et les maisons préfabriquées;

5. **La communicabilité.** Cette caractéristique a trait à la facilité avec laquelle on peut présenter le produit ainsi que ses avantages aux consommateurs potentiels. Les produits hautement visibles comme les vêtements de mode sont plus faciles à présenter que les produits à consommation privée tels que la pilule contraceptive et les remèdes contre les hémorroïdes.

Chacune des cinq caractéristiques du produit présentées ci-dessus est liée à la perception du consommateur. Un produit qui est perçu comme très avantageux, facile à essayer, compatible avec les valeurs et les normes, et facile à comprendre a plus de chances d'être adopté qu'un produit qui ne peut répondre à ces critères[31].

Enfin, l'**ampleur de l'effort de marketing** influe d'une manière importante sur le rythme de diffusion de tout nouveau produit. Plusieurs nouveaux produits échouent dans le processus de diffusion à cause d'une promotion insuffisante. En 1980, au Canada, on a distribué environ deux milliards de bons de réduction, desquels 128 millions ont été utilisés par les consommateurs[32]. En 1987, on a dépensé deux milliards de dollars en publicité électronique et imprimée, au Canada. Les produits de consommation comme les cigarettes, les shampooings et la bière sont souvent lancés sur le marché à l'aide de budgets promotionnels dépassant 30 millions de dollars.

Les produits peuvent causer aux spécialistes de marketing des problèmes de compatibilité. Par exemple, la Molson légère a su éviter une éventuelle incompatibilité avec les normes masculines en se positionnant, lors du lancement, comme un produit masculin adapté à un style de vie actif. Cela a permis de contourner les notions incompatibles selon lesquelles ce produit serait une «bière pour les femmes et pour les hommes efféminés[33]». De la même façon, étant donné que l'avantage relatif du Nouveau Système 600 de Polaroid n'est pas évident, on a prévu que le budget publicitaire du lancement serait «deux fois plus élevé que celui alloué, dans le passé, au lancement des autres produits Polaroid[34]».

L'influence interpersonnelle et le processus de diffusion

L'influence interpersonnelle joue un rôle important dans la diffusion de nouveaux produits. Cette influence dépend de la campagne de promotion mise sur pied par le spécialiste de marketing et constitue un complément de cette campagne. Des études ont démontré que les personnes qui reçoivent de l'information du spécialiste de marketing jouent par la suite le rôle de transmetteurs actifs. Le flux des communications s'établit en un minimum de trois étapes. D'abord, les médias de masse exercent un effet direct sur les leaders d'opinion ainsi que sur un petit nombre de récepteurs d'opinion et de récepteurs d'information. En second lieu, par l'intermédiaire de réseaux non officiels, les leaders d'opinion transmettent l'information à leurs amis, à leurs parents et à leurs pairs. En dernier lieu, les personnes qui sont en contact avec les leaders d'opinion deviennent elles-mêmes des instruments de communication au moyen du bouche à oreille. Ce modèle à étapes multiples est présenté dans la figure 13.3.

FIGURE 13.3
Un modèle de communication à étapes multiples

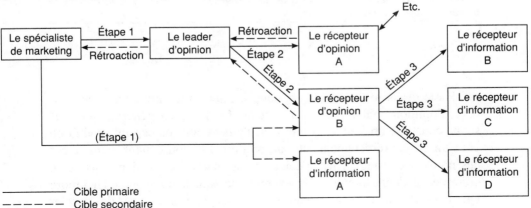

Le rôle des leaders d'opinion

Il existe dans tout groupe des leaders d'opinion ou des **personnes influentes**. Ces personnes agissent de façon à filtrer et à interpréter l'information, de manière à fournir une information sélective aux autres membres du groupe.

Qui sont les leaders d'opinion? Il s'agit d'une question importante pour les spécialistes de marketing, car l'influence des leaders d'opinion est cruciale dans la création d'une communication réussie avec les consommateurs. Même si la recherche effectuée sur le profil du leader d'opinion n'est pas concluante, certains points ressortent néanmoins. Les leaders d'opinion sont très intéressés par le produit. Ils sont également plus fidèles aux normes de leur groupe, plus sociables et plus ouverts que les autres membres. Le tableau 13.7 présente les principales caractéristiques des leaders d'opinion.

TABLEAU 13.7
Profil des principales caractéristiques du leader d'opinion

1. Tempérament extrêmement sociable et ouvert[35]
2. Exposition élevée aux médias de masse[36]
3. Intérêt plus grand à l'égard du produit[37]
4. Meilleure connaissance du domaine d'influence[38]
5. De la même classe sociale que les gens qu'il influence[39]
6. Pas de traits de personnalité distinctifs[40]

Parce qu'ils ressemblent beaucoup à ceux qu'ils influencent, les leaders d'opinion sont difficiles à déceler. De plus, en général, une personne constitue un leader d'opinion seulement pour un certain produit ou pour un article directement relié au produit. Par conséquent, dans le cas des nouveaux produits, les spécialistes de marketing essaient parfois de **créer** des leaders d'opinion. Par exemple, lorsque la compagnie Glenmore Distillers a lancé un nouveau spiritueux, elle a essayé de déceler des individus sociables et de stimuler leur intérêt pour le produit[41]. Le tableau 13.8 explique comment une compagnie de disques s'y est prise pour créer et utiliser des leaders d'opinion afin de promouvoir ses nouveaux produits. Grâce à cette stratégie, plusieurs des nouveaux produits

TABLEAU 13.8
Exemple de création et d'utilisation de leaders d'opinion pour promouvoir de nouveaux produits

L'exemple	La création et l'utilisation de leaders d'opinion parmi des élèves de niveau secondaire, pour promouvoir des disques de rock and roll.
Le problème	Le marché étant envahi chaque semaine par 200 nouveaux albums de rock and roll, une compagnie de disques faisant des affaires sur ce marché ultra-compétitif se demande comment promouvoir avec succès des chansons inconnues, enregistrées par des artistes inconnus.
La stratégie	La compagnie de disques décide d'essayer de résoudre le problème en créant et en utilisant des leaders d'opinion.
La procédure	On a d'abord décelé chez les élèves de niveau secondaire – un marché cible pour les disques de rock and roll – des leaders sociaux, comme les présidents de classe, les capitaines d'équipes sportives et les *cheerleaders*. Les leaders sociaux ont été choisis dans des écoles secondaires différentes sur le plan géographique et dans des villes-tests choisies à l'avance. Des études effectuées par la suite révélèrent que seulement quelques-uns des élèves choisis étaient, à l'époque de la sélection, des leaders d'opinion par rapport aux disques. On a demandé aux élèves sélectionnés de se joindre à un groupe témoin pour aider à évaluer des disques de rock and roll et à déceler des albums à succès potentiel. Pour les remercier de leur participation, on a promis aux élèves des disques gratuits. Pour chaque disque évalué, on a donné aux membres du groupe témoin de l'information sur le disque et sur l'artiste. De plus, on a encouragé les élèves à consulter d'autres sources d'information comme le magazine *Billboard* et à discuter des disques avec leurs amis, dans le but de confirmer leurs opinions avant de soumettre leur vote final.
Les résultats	Un certain nombre de disques inclus dans le test ont réussi à faire partie du palmarès des 10 meilleurs disques dans les villes-tests.
La conclusion	Sans avoir contacté aucune station de radio ou aucun magasin de disques, la compagnie a réussi à créer et à utiliser des leaders d'opinion dont l'influence pour promouvoir la vente de certains disques de rock and roll a fait de ces disques des gagnants au palmarès.

SOURCE: Adapté de J.R. Mancuso, «Why Not Create Opinion Leaders for New Product Introductions», *Journal of Marketing*, juillet 1969, p. 21.

ont réussi à faire partie du palmarès des 10 meilleurs disques dans les villes où l'étude fut menée.

Bien entendu, le leadership d'opinion peut aller à l'encontre des intérêts de l'entreprise. Même s'il est impossible d'évaluer les ventes perdues à la suite d'un bouche à oreille négatif, on considère que l'effet est potentiellement aussi grand que celui du bouche à oreille positif. Le bouche à oreille négatif est souvent dû à un mauvais produit, ou à un manque d'information concernant les attributs du produit ou l'utilisation de celui-ci; parfois, bien que cela soit moins fréquent, il peut même reposer sur des rumeurs. Le tableau 13.9 fournit quelques exemples de rumeurs ayant circulé dans un passé récent.

TABLEAU 13.9
Exemples de rumeurs associées aux affaires[42]

1. Reynolds Tobacco contrôle d'immenses champs de marijuana situés au Mexique.
2. La viande des hambourgeois McDonald's est mélangée avec des vers de terre.
3. Bubble Yum (fabriquée par Life Savers inc.) cause le cancer et contient des œufs d'araignée.
4. La marque de commerce de Procter and Gamble symbolise le culte à Satan.
5. Coca-Cola peut dissoudre les dentiers.
6. Le bonbon Pop Rocks Crackling de General Foods peut faire exploser votre estomac.
7. L'enduit utilisé pour les casseroles en téflon de Du Pont libère des vapeurs toxiques lorsqu'on le fait chauffer.

■ **LES APPLICATIONS STRATÉGIQUES DES THÉORIES SUR L'ADOPTION ET LA DIFFUSION**

Une compréhension des dynamiques qui sont à la base des processus d'adoption et de diffusion peut être très utile dans la conception et l'application de la stratégie de marketing. Lorsqu'il s'agit de lancer un nouveau produit, les spécialistes de marketing doivent savoir comment les innovateurs et les acheteurs «précoces» perçoivent le produit. On doit surveiller avec attention le flux d'information qui circule entre les entreprises innovatrices et les diverses catégories d'acheteurs. La figure 13.4 illustre cette question, suggérant que le flux d'information devrait être considéré comme un processus comportant deux étapes. À l'étape 1, le spécialiste de marketing cherche à comprendre les

FIGURE 13.4
Le flux d'information circulant entre les spécialistes de marketing et les diverses catégories d'acheteurs

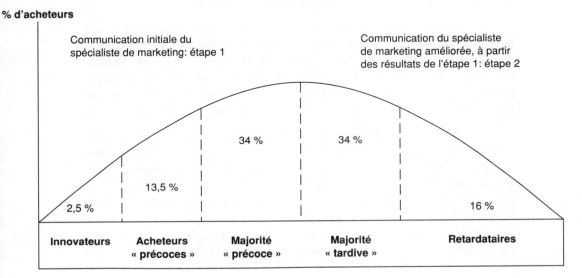

% d'acheteurs

réactions des premiers acheteurs à l'égard du produit et du message. À l'étape 2, à l'aide des résultats (rétroaction) obtenus à la première étape, le spécialiste de marketing essaie d'influencer un marché beaucoup plus vaste, composé de la majorité «précoce» et de la «majorité tardive».

Les acheteurs perçoivent un certain risque dans l'adoption des nouveaux produits. Ce risque peut provenir de contraintes de temps et d'argent, de la menace d'un embarras social ou d'écorchures psychologiques[43]. Les spécialistes de marketing doivent encourager l'essai en diminuant la perception du risque à l'aide de tactiques constituées par l'offre de bons de réduction, des communications rassurantes à l'égard du produit, la création d'un bouche à oreille et l'encouragement au leadership d'opinion. Le fait d'offrir de petits formats du produit à un bas prix[44] constitue une autre façon d'encourager les acheteurs en diminuant les **conséquences** associées à l'achat du produit et la somme d'argent qui est en jeu.

Le spécialiste de marketing doit avoir quatre questions en tête lorsqu'il songe aux acheteurs éventuels d'un nouveau produit:

- Le marché cible manifeste-t-il une tendance à l'innovation?
- Quel est le potentiel en ce qui concerne les achats répétés?
- Les acheteurs potentiels sont-ils facilement influençables?
- Combien en coûterait-il pour pénétrer ce marché[45]?

Les réponses à ces questions seront basées sur le bon sens et sur la raison; on se servira également de sources d'information secondaires comme les rapports de recensements, les résultats d'expérimentations antérieures avec des produits semblables et la recherche universitaire, ainsi que de l'information primaire provenant de la période de conception du produit, de la recherche commerciale et de tests de marché.

Si l'on envisage un rythme de diffusion plutôt lent, il peut être bon d'utiliser la méthode de l'**écrémage** pour fixer le prix du produit. Dans ce cas, il s'agit d'aller chercher la crème du marché «en visant le petit segment de marché inélastique au prix[46]». Des prix initiaux plus élevés peuvent également compenser le coût élevé du lancement. Une telle politique est généralement plus efficace lorsqu'il s'agit de lancer une innovation discontinue (dans ce cas, la concurrence de prix est presque inexistante) destinée à un petit groupe sélectionné d'acheteurs innovateurs[47].

Pour obtenir une efficacité maximale, la communication dirigée vers ce groupe doit satisfaire aux conditions suivantes:

1. Les avantages du produit sont clairs et précis;
2. La source d'information est très crédible. On peut utiliser un porte-parole possédant de l'expertise ou un personnage très crédible et aimable comme un acteur populaire ou une personnalité du monde sportif;
3. Les moyens permettant d'essayer le produit sont clairement expliqués;
4. L'information est présentée d'une manière énergique et convaincante;
5. L'accent est mis sur l'exclusivité, la nouveauté et la supériorité technique du produit.

Dans le cas d'innovations continues, une politique de **pénétration** donnera probablement de meilleurs résultats. Une telle politique implique une diffusion rapide au moyen de stratégies «orientées vers l'action» telles que des prix peu élevés et des bons de réduction. L'objectif est de favoriser une très large acceptation du produit au moyen d'une distribution intensive et de la publicité. Cette politique est appropriée uniquement pour les innovations continues, parce que les consommateurs sont déjà familiarisés avec le concept de produit et qu'il existe sur le marché de nombreux produits à prix concurrentiel[48].

RÉSUMÉ

Le fait de lancer de nouveaux produits et de nouveaux services aide les entreprises à demeurer compétitives, de telle sorte que l'étude du lancement et de l'acceptation du nouveau produit joue un rôle crucial en marketing. On appelle **diffusion des innovations** la recherche portant sur l'acceptation du nouveau produit.

Bien que l'innovation puisse être définie d'après le temps depuis lequel le produit est sur le marché ou d'après le niveau de pénétration commerciale, il est plus approprié de définir ce concept en se basant sur les **perceptions des consommateurs visés**. En effet, un produit est nouveau si les consommateurs le perçoivent comme tel.

Les nouveaux produits diffèrent entre eux selon leur degré de nouveauté:

1. **Les innovations discontinues** sont des produits radicalement nouveaux qui modifient les comportements et les habitudes de consommation des consommateurs;
2. **Les innovations dynamiques continues** constituent de nouvelles façons de faire la même chose; il s'agit généralement de modifications apportées à des produits existants;
3. **Les innovations continues** sont des imitations de produits.

Le processus de création d'un nouveau produit comporte six grandes étapes: la recherche des idées, l'évaluation préliminaire de ces idées, l'analyse économique, l'élaboration d'un prototype, le test de marché et la commercialisation du produit.

Les marges de profit relatives aux produits qui ont atteint la phase de maturité peuvent plafonner et même diminuer avant que les ventes ne commencent elles-mêmes à baisser. La création d'un nouveau produit peut donc avoir une grande influence sur la rentabilité de l'entreprise. Sans nouveaux produits pour maintenir le niveau des profits, l'entreprise peut perdre beaucoup de sa rentabilité lorsque ses produits entrent dans la phase de déclin. Une fois reconnue l'importance de l'innovation, il est intéressant de noter que seulement 10 à 15 % des nouvelles idées obtiennent du succès sur le plan commercial, et que un nouveau produit sur trois subit un échec. Les principales causes d'échec du nouveau produit sont une **connaissance insuffisante du marché**, des **problèmes techniques** et une **mauvaise planification du lancement du produit**.

Un nouveau produit est **adopté** par un individu lorsque celui-ci l'accepte et l'utilise sur une base continue. Le processus d'adoption comporte six étapes :

- la **prise de conscience**, où le consommateur se rend compte de l'existence d'un nouveau type de produit ;
- la **compréhension**, où le consommateur essaie d'en savoir plus sur ce qu'est le produit et sur ce qu'il peut faire ;
- l'**évaluation**, où le consommateur, à l'aide de l'information obtenue à l'étape de la compréhension, évalue le produit et décide s'il veut poursuivre ses démarches ;
- la **justification**, où le consommateur devient convaincu qu'il doit sérieusement envisager l'achat du produit et peut chercher de l'information additionnelle sur celui-ci ;
- l'**essai**, où le consommateur teste le produit avant de s'engager pour de bon à l'acheter, de manière à réduire le risque ;
- l'**adoption proprement dite**, où, selon les résultats obtenus lors de l'essai, le consommateur décide d'acheter ou de ne pas acheter le produit.

Le processus d'adoption ne trouve sa conclusion que dans une utilisation prolongée du produit s'il s'agit d'un bien durable, ou dans l'achat répété s'il s'agit de biens périssables ou à usage limité.

Le processus d'adoption peut avorter à tout moment. Parmi les causes d'interruption du processus d'adoption, on trouve :

- une promotion inadéquate, au stade de la prise de conscience ;
- des messages promotionnels de mauvaise qualité ou trop compliqués, au stade de la compréhension ;
- une communication non persuasive, au stade de l'évaluation ;
- une mauvaise communication de bouche à oreille, au stade de la justification ;
- une piètre performance ou une performance non conforme à celle des produits concurrents, au stade de l'essai ;

– le fait que le produit ne réussit pas à répondre aux attentes, au stade de l'adoption.

Nous avons présenté cinq catégories d'acheteurs, en décrivant leurs valeurs, leurs caractéristiques personnelles, leur comportement de communication et leurs relations sociales. Il s'agit des **innovateurs**, des **acheteurs «précoces»**, de la **majorité «précoce»**, de la **majorité «tardive»** et des **retardataires**. Si on désire atteindre chaque groupe, il faut concevoir une approche promotionnelle différente pour chacun; il faut également suivre de près et, au besoin, adapter le flux de l'information circulant entre l'entreprise et chaque catégorie d'acheteurs.

Le **processus de diffusion** consiste à répandre une innovation dans un marché cible. C'est l'achat du nouveau produit, ainsi que, s'il y a lieu, l'achat répété, qui détermine le succès ou l'échec de l'innovation. Toutes choses égales d'ailleurs, la diffusion a plus de chances d'être accélérée lorsqu'il s'agit d'innovations continues que lorsqu'il s'agit d'innovations discontinues. Certaines stratégies comme, par exemple, l'**écrémage** ou la **pénétration** influent également sur le rythme de diffusion à travers le marché cible.

Cinq caractéristiques de l'innovation influencent le rythme de diffusion:

– la complexité, qui fait que le nouveau produit est difficile à comprendre et à utiliser;
– l'avantage relatif, qui concerne le degré de supériorité du produit par rapport aux produits concurrents;
– la facilité d'essai, c'est-à-dire la possibilité d'essayer le produit en petites quantités avant de l'acheter;
– la compatibilité, c'est-à-dire la cohérence entre l'innovation, d'une part, et les besoins, les valeurs et les normes de l'individu, d'autre part;
– la communicabilité, qui a trait à la facilité avec laquelle on peut présenter le produit ainsi que ses avantages aux consommateurs potentiels.

Ces caractéristiques du produit agissent sur le plan perceptuel. Un produit **perçu** comme simple, facile à essayer et avantageux a de meilleures chances d'être adopté qu'un bien perçu d'une manière moins positive, et ce, même si, en réalité, le second est supérieur au premier. L'**influence interpersonnelle**, surtout celle qui s'exerce par l'intermédiaire des leaders d'opinion, ainsi qu'une promotion adéquate peuvent avoir une grande influence sur le processus d'adoption. Par contre, une promotion insuffisante auprès des leaders d'opinion et des divers groupes d'acheteurs constitue une importante cause d'échec des nouveaux produits; le fait de viser le bon groupe, mais avec la mauvaise sorte de promotion constitue aussi une cause d'échec importante.

QUESTIONS ET DISCUSSIONS

1. Qu'entend-on par «nouveau» produit? Décrivez une méthode permettant d'évaluer le degré de nouveauté du produit. Donnez des exemples de produits qui ont déjà été considérés comme des innovations majeures, mais qui sont maintenant perçus comme très communs. De plus, décrivez trois concepts de produit que les consommateurs pourraient considérer comme des innovations majeures dans un avenir rapproché.

2. Décrivez les diverses étapes du processus de création d'un nouveau produit et expliquez le rôle que jouent, à chacune des étapes, les diverses personnes engagées dans ce processus.

3. Décrivez les avantages et les inconvénients du test de marché pour un nouveau produit. Donnez des exemples concrets pour renforcer vos arguments.

4. Décrivez le processus d'adoption hypothétique d'une personne qui envisage l'achat d'un lecteur de disque compact. Selon vous, quels facteurs pourraient influencer la décision de cette personne à chacune des étapes?

5. «La compréhension de la communication interpersonnelle et de la communication de masse a beaucoup d'importance pour le spécialiste de marketing, car ces outils contribuent au succès ou à l'échec des nouveaux produits.» Commentez cet énoncé en utilisant des exemples de succès et d'échecs de nouveaux produits pour appuyer vos arguments.

6. Décrivez les cinq catégories d'acheteurs selon la théorie de Rogers; décrivez aussi les caractéristiques et les influences comportementales associées à chacune.

7. Comparez le profil de l'innovateur avec celui du non-innovateur (ou de l'acheteur «tardif») et, pour chaque catégorie, suggérez une approche promotionnelle appropriée.

8. À l'aide d'exemples, montrez comment les perceptions des consommateurs à l'égard des nouveaux produits peuvent influer sur le rythme de diffusion des innovations.

9. Quelle est l'importance de la création de nouveaux produits pour l'entreprise? Comment l'entreprise peut-elle améliorer l'efficacité de la fonction «création de nouveaux produits» par une meilleure compréhension du comportement du consommateur?

10. Discutez de l'énoncé suivant: «Alors que le Canada s'oriente vers une société axée sur l'information, une augmentation des connaissances, de l'expérience et de la compréhension concernant les produits d'informatique et de communication aura pour effet d'influencer la perception qu'ont les consommateurs des nouveaux produits lancés sur ces marchés et, par le fait même, influencera l'acceptation de ces produits.»

11. Une compagnie projette de lancer une nouvelle forme de viande hachée synthétique à faible teneur en gras, destinée au marché de ceux qui se préoccupent de leur santé. Trouvez le marché cible que cette entreprise devrait viser et décrivez brièvement le profil des acheteurs potentiels de ce produit. Quelle importance devrait accorder la compagnie aux perceptions des acheteurs potentiels lorsqu'elle élaborera sa stratégie pour le lancement de ce produit?

RÉFÉRENCES

1. L.G. Schiffman et L.L. Kanuk, *Consumer Behavior*, Englewood Cliffs, N.J., Prentice-Hall, 1983, p. 503.
2. *Ibid.*, p. 505.
3. G. Zaltman et R. Stiff, «Theories of Diffusion», *Consumer Behavior: Theoretical Sources*, Éd. S. Ward et T.S. Robertson, Englewood Cliffs, N.J., Prentice-Hall, 1972, p. 426.
4. D.L. Loudon et A.J. Della Bitta, *Consumer Behavior*, New York, McGraw-Hill, 1984, p. 344.
5. W.J. Stanton *et al.*, *Fundamentals of Marketing*, Toronto, McGraw-Hill Ryerson, 1985, p. 221.
6. D.I. Hawkins *et al.*, *Consumer Behavior*, Plano, Texas, Business Publications Inc., 1983, p. 226.
7. G. Denton, «How to Develop Successful New Products», *Business Quarterly*, hiver 1983, p. 62-65.
8. Henry Assael, *Consumer Behavior and Marketing Action*, Boston, Kent, 1985, p. 438.

9. J.F. Engel et R. Blackwell, *Consumer Behavior*, New York, Dryden Press, 1982, p. 381-382.

10. D.S. Hopkins, *New Product Winners and Losers*, New York, The Conference Board Inc., 1980.

11. Traité dans R.Y. Darmon *et al.*, *Marketing in Canada*, Toronto, McGraw-Hill Ryerson, 1985, p. 272-273. Sources: B.M. Richman, « A Rating Scale for Product Innovation », *Business Horizons*, été 1962, p. 37-44; R.A. More, « Development of New Industrial Products: Sensitivity of Risk to Incentives », *ASAC Proceedings*, Éd. J.M. Boisvert et R. Savitt, London, Ontario, Association des sciences administratives du Canada, 1978, p. 202-211.

12. Darmon *et al.*, *Marketing in Canada*, p. 274.

13. *Ibid.*

14. J.N. Fry, « Market Testing in Canada », *Business Quaterly*, 27, n° 5, printemps 1962.

15. E.J. Tracy, « Testing Time for Test Marketing », *Fortune*, 29 octobre 1984, p. 75.

16. *Ibid.*

17. *Ibid.*, p. 76.

18. *Ibid.*

19. R. Calantone et R.G. Cooper, « New Product Scenarios: Prospects for Success », *Journal of Marketing*, printemps 1981, p. 49.

20. Hopkins, *New Product Winners and Losers*, 1980.

21. Loudon et Della Bitta, *Consumer Behavior*, p. 344.

22. *Ibid.*, p. 345.

23. Assael, *Consumer Behavior and Marketing Action*, p. 440.

24. *Ibid.*

25. T.S. Robertson, *Innovative Behaviour and Communication*, New York, Holt, 1971.

26. Adaptation partielle de Zaltman et Stiff, « Theories of Diffusion », p. 451.

27. E.M. Rogers, *Diffusion of Innovations*, New York, Free Press, 1962.

28. J.O. Summers, « Generalized Change Agents and Innovativeness », *Journal of Marketing Research*, août 1971, p. 313-316.

29. K. Derow, « Classify Consumer Products with Perceptual Complexity », *Marketing News*, 14 mai 1982, p. 16.

30. Schiffman et Kanuk, *Consumer Behavior*, p. 509.

31. Hawkins *et al.*, *Consumer Behavior*, p. 228.

32. Cité dans Darmon *et al.*, *Marketing in Canada*, p. 287. Source: W. Mouland, *The Marketer's Viewpoint*, rapport de recherche spécial sur les consommateurs.

33. Maclean Hunter Research Bureau, *Canadian Advertising Rates and Data*, mars 1983, p. 154.

34. Louis Fanelli, « Polaroid Shows but Can't it Tell (and Sell)? », *Advertising Age*, 1ᵉʳ juin 1981, p. 3,86.

35. J.N. Sheth, « Word-of-Mouth in Low Risk Innovations », *Journal of Advertising Research*, juin 1971, p. 15-18.

36. L.H. Corey, « People who Claim to be Opinion Leaders: Identifying Their Characteristics by Self-Report », *Journal of Marketing*, octobre 1971, p. 48-53.

37. J. Jacoby et W.D. Hoyer, « What if Opinion Leaders Didn't Know More? », *Advances in Consumer Research*, 8, 1981, p. 299-302.

38. T.S. Robertson, *Innovative Behaviour and Communications*, New York, Holt, Rinehart and Winston, 1971.

39. Corey, « People who Claim... ».

40. R.B. Settle *et al.*, « Temporic Effects on Opinion Leadership, Brand Loyalty and Perceived Risk », *The Changing Marketing Environment*, Éd. K. Bernhardt *et al.*, Chicago, American Marketing Association, 1981, p. 221-224.

41. N.F. Millman, « Glenmore Moves to Follow Amaretto Success », *Advertising Age*, juin 1979, p. 4.

42. Compilé à partir de J. Montgomery, « Rumours Plague Firms' Use of Various Strategies to Keep Damage Low », *Wall Street Journal*, 6 février 1979, p. 1,22; Shiffman et Kanuk, *Consumer Behavior*, p. 492; Loudon et Della Bitta, *Consumer Behavior*, p. 362; J.E. Cooney, « Bubble Gum Maker Wants to Know how the Rumour Started », *Wall Street Journal*, 24 mars 1977, p. 1.

43. R.W. Schoemaker et R.F. Shoaf, « Behavioral Changes in Trial of New Products », *Journal of*

Consumer Research, 2, septembre 1975, p. 104-109.
44. *Ibid.*, p. 108.
45. P. Kotler et G. Zaltman, «Targeting Prospects for a New Product», *Journal of Advertising Research*, février 1976, p. 7-18.
46. Assael, *Consumer Behavior and Marketing Action*, p. 456.
47. *Ibid.*, p. 455-457.
48. *Ibid.*, p. 456.

CHAPITRE 14

La communication marketing et le comportement du consommateur

INTRODUCTION

En affaires, la plupart des transactions entre acheteurs et vendeurs ont lieu seulement après que les deux parties sont entrées en communication l'une avec l'autre. Une bonne communication est donc essentielle au programme de marketing et constitue la base de l'élément promotionnel du marketing-mix. Dans ce chapitre, nous décrirons d'abord le processus de la communication. Puis nous étudierons les mécanismes reliés au comportement qui rendent la publicité efficace comme outil de communication. Plusieurs des questions dont nous traiterons ont déjà été exa-

minées aux chapitres 3 à 6, mais ce chapitre diffère en ce qu'il montre comment les divers aspects du comportement intéressent tout particulièrement la publicité.

Pour être efficace, le message publicitaire doit être compatible avec les caractéristiques de l'auditoire cible. Cependant, parce que la publicité est un outil de communication de masse, la connaissance des consommateurs est une condition nécessaire mais non suffisante. En effet, si tous les consommateurs étaient motivés par les mêmes facteurs et avaient les mêmes attitudes à l'égard des produits, des marques ou des entreprises, on pourrait se contenter d'un seul message publicitaire, car celui-ci aurait le même effet sur tous les consommateurs. Cependant, la réalité est telle que les consommateurs constituent un groupe très diversifié. Certains désirent économiser; d'autres achètent surtout des produits de luxe. Certains apprécient la musique classique; d'autres préfèrent la musique western. Comme c'est le cas pour le programme de marketing dans son ensemble, une publicité qui se veut efficace doit être fondée sur une connaissance approfondie des consommateurs potentiels.

Nous reverrons donc la question de la perception et nous examinerons les méthodes qu'utilisent les consommateurs pour faire face au problème de la surabondance de l'information, laquelle peut ou non répondre à leurs valeurs et à leurs besoins. Nous discuterons ensuite du processus de la formation et du changement d'attitude, du rôle et de la nature de l'émetteur, de l'effet des divers médias ainsi que des diverses décisions relatives au message.

■ LE PROCESSUS DE LA COMMUNICATION MARKETING

☐ Le processus de la communication de masse

La publicité étant une forme de communication, on peut utiliser le modèle général de la théorie de la communication pour expliquer son fonctionnement. Ce modèle, présenté dans la figure 14.1, comporte six éléments: l'émetteur, le message, les canaux, l'auditoire, l'effet recherché et le retour d'information.

L'**émetteur** est la personne ou l'organisation qui amorce la communication. En publicité, l'émetteur est l'organisation qui annonce le produit ou le service, ou qui préconise d'adopter l'idée ou le comportement. Le **message** est constitué par les mots, les sons et les images qu'utilise l'émetteur pour véhiculer un thème conçu à l'avance. En publicité, le message véhicule l'information sous une forme imprimée ou diffusée sur les ondes. Les **canaux** de communication sont les médias que l'on a choisis pour transmettre le message à l'auditoire cible. Les médias sont constitués par les journaux, les magazines, la radio, la télévision, les panneaux d'affichage, les panneaux des véhicules de transport et la publi-

FIGURE 14.1
Le processus théorique de la communication publicitaire

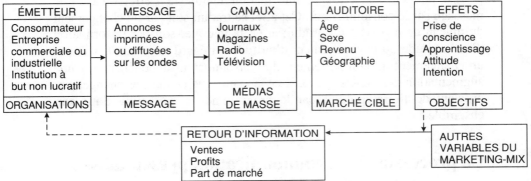

cité postale. L'**auditoire** est l'individu ou le groupe d'individus à qui le message est destiné.

Tout message doit répondre à un objectif précis. Par exemple, il peut s'agir d'informer l'auditoire des caractéristiques ou des avantages du produit. Les annonceurs veulent donner aux consommateurs de l'information sur les produits et les services qu'ils vendent dans le but d'augmenter le niveau de notoriété du produit et de créer une attitude favorable à l'égard de la marque annoncée.

L'objectif idéal est de déclencher une réponse comportementale qui se traduise par l'acte d'achat. Or comme les consommateurs réagissent au programme de marketing dans son ensemble, il est parfois difficile d'isoler la contribution de la publicité de celles des autres éléments du marketing-mix.

Dans la figure 14.1, les flèches indiquent dans quel sens se fait la transmission de l'information. L'annonceur transforme l'information en message: il **code** l'information. Il choisit ensuite un certain canal de communication pour transmettre l'information à un auditoire cible. Les individus faisant partie de l'auditoire cible **décodent** le message, c'est-à-dire qu'ils lui donnent un sens et qu'ils interprètent l'information qu'il contient. Le communicateur doit s'assurer que le message permet d'atteindre l'objectif; en d'autres mots, que le message est correctement codé, décodé, compris et interprété et qu'il génère la réponse attendue. On appelle **retour d'information** (ou encore, feedback ou rétroaction) cette seconde partie du processus de transmission.

En publicité, le retour d'information manifeste l'effet qu'a eu le message sur le consommateur. Cet effet se traduit soit par un changement du niveau de notoriété du produit et de la marque, soit par la formation d'une attitude ou le changement d'attitude à l'égard du produit, soit par un changement du comportement du consommateur débouchant sur une augmentation des ventes. Notons, cependant, que ce dernier changement provient de l'effet produit par le programme de marketing **dans son ensemble**.

☐ Le processus de la communication personnalisée

La vente personnelle et la publicité ont ceci en commun qu'elles servent toutes deux à communiquer avec des clients potentiels dans le but d'augmenter les ventes et les profits de l'entreprise, du moins à long terme. Cependant, ces deux formes de communication diffèrent en ce qui a trait aux coûts et aux supports utilisés.

La communication publicitaire utilise les médias de masse comme, par exemple, les journaux, les magazines, les panneaux d'affichage, la télévision et la radio. La communication réalisée par la force de vente se limite aux échanges directs entre un représentant et un client ou un consommateur potentiel.

La figure 14.2 compare la communication publicitaire avec la communication par représentant. Une entreprise doit communiquer avec sa force de vente. Les programmes de formation des représentants constituent une forme de communication interne au même titre que les réunions de vente et les instructions données aux représentants par le directeur des ventes. Le représentant accumule de l'information pour être bien outillé lors des visites aux clients et aux consommateurs potentiels. Au cours de la visite, l'information circule entre le client et le représentant. Par exemple, celui-ci peut encourager le client à décrire ses besoins. Ensuite, il propose au client des produits qui, selon lui, permettront de mieux satisfaire ces besoins. Pour ce faire, il utilise des arguments de vente et donne au client de l'information sur le produit ou le service. Il répond ensuite aux questions et aux objections de l'acheteur éventuel. L'information est donc transmise au moyen d'un flux de communications continues et bidirectionnelles, représenté au moyen d'un cercle dans la figure 14.2. Cet échange se poursuit jusqu'à ce que le client interrompe le processus, soit en passant une commande, soit en allant chercher de l'information additionnelle à l'extérieur, soit en refusant l'offre qui lui est faite.

FIGURE 14.2
Les différences entre la publicité et la vente personnelle

Communications publicitaires

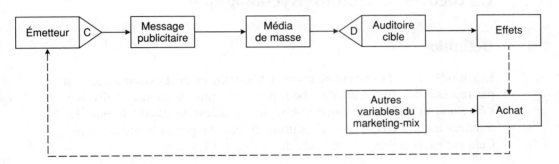

Communications par représentant

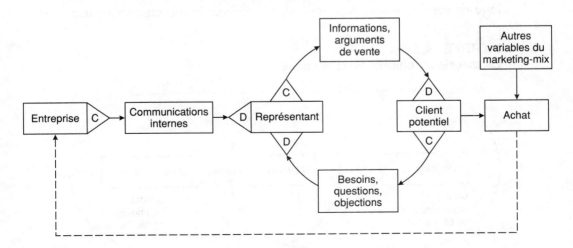

C Codage
D Décodage

Un des avantages de la communication par représentant est que celui-ci peut immédiatement observer l'effet de ses efforts sur l'acheteur éventuel et peut ainsi ajuster son approche ou s'orienter d'une manière différente. Le représentant doit être capable de comprendre et d'interpréter le retour d'information provenant du client éventuel, et d'y répondre rapidement. Sans autre forme de renseignement, le directeur des ventes peut évaluer la qualité et l'efficacité des arguments de vente en observant les réponses des clients, c'est-à-dire les ventes obtenues et le degré de satisfaction des clients.

La théorie du champ psychologique

Définition

Les modèles de la communication publicitaire et de la communication par représentant suggèrent que, pour qu'une communication soit efficace, l'émetteur et l'auditoire doivent être sur la même longueur d'onde. En d'autres mots, l'émetteur et l'auditoire doivent employer le même code[1]. Cela est expliqué dans le schéma de la figure 14.3.

Dans cette figure, les lignes courbes entourant l'émetteur et l'auditoire représentent le champ psychologique de chacun[2]. L'émetteur et l'auditoire ne peuvent respectivement coder et décoder le message qu'à partir

FIGURE 14.3
La théorie du champ psychologique

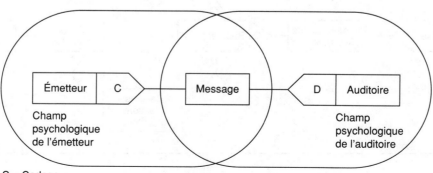

C = Codage
D = Décodage

de leur propre expérience; le champ psychologique inclut toutes les sources d'influence qui déterminent le comportement de l'individu en cause comme, par exemple, la connaissance du champ psychologique de l'auditoire (obtenue au moyen de la recherche commerciale), les expériences antérieures conservées en mémoire, les contraintes de temps et les facteurs économiques. La théorie du champ psychologique a des répercussions importantes sur la conception de la communication marketing.

Premièrement, comme le montre le schéma de la figure 14.3, deux conditions sont requises pour que la communication soit efficace: 1) l'émetteur et l'auditoire doivent avoir en commun une partie du champ psychologique, c'est-à-dire qu'ils doivent parler et comprendre le même langage; 2) il faut que le message soit exprimé en fonction de l'expérience partagée par les deux parties, c'est-à-dire dans un langage commun à l'émetteur et à l'auditoire.

Deuxièmement, il est essentiel de comprendre la composition et la structure du champ psychologique du consommateur. Le spécialiste de marketing doit connaître les moyens qui permettent de modifier ce champ de façon à obtenir le comportement souhaité, c'est-à-dire l'achat. Par exemple, l'étudiant qui souhaite acheter une voiture peut vouloir impressionner ses amis et faire des conquêtes; il peut désirer sentir qu'il maîtrise la situation et peut être préoccupé par ses chances d'obtenir un bon emploi et ses possibilités d'obtenir un prêt automobile. Les consommateurs sont soumis à l'influence de plusieurs forces, certaines ayant un effet (valence) positif et d'autres, un effet négatif. La décision d'acheter ou de ne pas acheter une certaine marque résulte de l'ensemble des forces tant négatives que positives qui agissent sur les consommateurs à qui on destine le produit. Ce phénomène est illustré par un schéma présenté dans la figure 14.4.

Chaque force est représentée par un vecteur dont le sens indique la valence et dont la longueur indique l'intensité. Toutes ces forces créent chez le consommateur un état de tension psychologique. Le résultat, positif dans cet exemple, est la somme de toutes les forces négatives et positives exercées sur le consommateur. Plus la tension psychologique est grande, plus le consommateur a de la difficulté à prendre une décision. Une possibilité qui s'offre à lui est de remettre la décision à plus tard afin de se donner du temps pour obtenir plus d'information. La théorie

FIGURE 14.4
**Les forces du champ psychologique qui agissent
au cours du processus décisionnel**

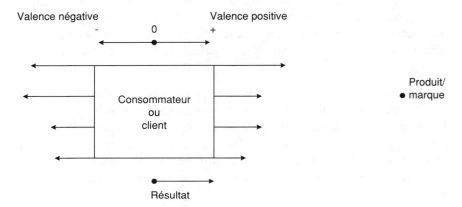

Exemples reliés à l'achat d'une voiture par un étudiant

- Soucis concernant le financement
- Coûts de l'entretien
- Problèmes de stationnement
- Peur du vol
- Peur des accidents

- Commodité
- Désir d'impressionner les amis
- Désir de faire des conquêtes
- Prestige élevé
- Sentiments de réalisation de soi

du champ psychologique montre que le marketing constitue un jeu d'équilibre. Le rôle de la communication marketing est de modifier l'équilibre en faveur de la marque (ou du fournisseur), tout en essayant de diminuer la tension et d'augmenter la satisfaction.

Application aux stratégies de communication

Que peuvent faire les spécialistes de marketing lorsque le résultat est négatif, c'est-à-dire lorsque l'achat est peu probable, comme dans la situation initiale de la figure 14.5? Ils disposent de trois stratégies pour modifier ce genre de situation.

1. **Augmenter l'intensité d'au moins une force positive.** Par exemple, la campagne de défi Pepsi a utilisé des tests de goût pour augmenter l'intensité du facteur «goût et niveau de sucre» de la boisson à base de cola. On peut également utiliser des témoignages de clients satisfaits

FIGURE 14.5
Stratégies de communication basées sur la théorie du champ psychologique

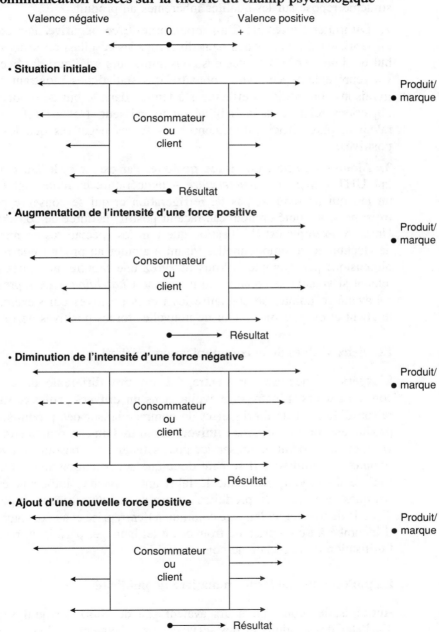

pour augmenter l'intensité du facteur «qualité». Bien entendu, cette stratégie repose sur les qualités inhérentes au produit.

2. **Diminuer l'intensité d'au moins une force négative.** Par exemple, un fabricant d'automobiles peut divulguer les résultats de tests, dans le but de diminuer les craintes des consommateurs à l'égard des accidents. Un représentant peut faire connaître des statistiques montrant que les livraisons sont toujours effectuées à temps, dans le but de répondre aux objections relatives à la fiabilité du fournisseur. Notez qu'il est généralement plus difficile d'influencer les forces négatives que les forces positives.

3. **Ajouter une nouvelle force positive.** Par exemple, le lancement du lait UHT (*ultra high temperature* – température extrêmement élevée), un lait qui ne requiert pas de réfrigération et qui se conserve pendant trois mois, a ajouté un nouveau facteur positif: la durée de conservation. Un autre exemple est l'utilisation que font les spécialistes de marketing des techniques promotionnelles visant à ajouter au produit une nouvelle dimension; par exemple: «Vous recevrez une montre au quartz gratuitement si vous vous abonnez au magazine *Châtelaine*.» Le représentant a l'avantage unique de connaître les forces positives qui s'exercent sur le client et de pouvoir ajouter de nouvelles forces positives pertinentes.

Les deux visages de la communication marketing

L'expérience acquise par l'entreprise est très différente de celle des consommateurs. L'entreprise évolue dans un **univers professionnel**[3]: sa raison d'être est de fabriquer et de commercialiser des produits. Or, le produit est consommé dans l'**univers personnel** du consommateur. Celui-ci achète un produit ou un service pour satisfaire des besoins individuels, sociaux ou familiaux. Il se peut donc que son attention soit centrée sur l'utilité du produit alors que le fabricant s'attache plutôt aux caractéristiques techniques du produit. À cause de ces divergences, il peut être difficile de trouver un langage commun à l'entreprise et au consommateur. Il incombe à l'entreprise de trouver un tel langage, parfois au moyen de l'utilisation de la recherche commerciale.

La philosophie moderne en matière de publicité

Autrefois, les consommateurs avaient peu de choix lorsqu'il s'agissait d'acheter des produits et des services. Ils achetaient ce dont ils avaient besoin sans accorder trop d'importance à la qualité. La priorité était plutôt de se procurer les biens essentiels. Les artisans produisaient sur une petite échelle et avaient des contacts personnels avec leurs clients; la publicité était inutile.

L'industrialisation de la production ayant permis de répondre aux besoins essentiels des consommateurs, ceux-ci sont devenus de plus en plus difficiles à satisfaire. Ils ont commencé à choisir entre plusieurs marques disponibles. Les entreprises se sont rendu compte qu'elles devaient communiquer avec leur marché; cependant, au début, elles le faisaient d'une manière maladroite, parce qu'elles ignoraient pourquoi les consommateurs achetaient leurs marques. Les contacts personnels entre acheteurs et vendeurs se sont faits de plus en plus rares sur le marché en pleine expansion et l'écart existant entre ces deux parties a augmenté du fait que les entreprises ne comprenaient plus leurs clients et communiquaient avec ces derniers dans un langage parfois incompréhensible. Les messages des annonceurs ne reflétaient pas l'expérience des consommateurs. On a donc gaspillé beaucoup d'argent pour une publicité qui était perçue par le grand public comme «de la persuasion à tout prix».

L'adoption du concept moderne de marketing a changé cette situation. Les fabricants ont redécouvert le consommateur et, au moyen de recherches portant sur les goûts, les besoins et les désirs de celui-ci, ils ont élargi leur champ psychologique pour tenir compte de la connaissance et de la perception qu'a le consommateur du produit et de la marque. Aujourd'hui, les programmes de communication sont fondés sur la connaissance de ce qui motive les consommateurs pour acheter le produit et sur la recherche de la satisfaction des besoins des consommateurs. Le publicitaire qui veut réussir doit connaître ce qui motive les consommateurs en effectuant des recherches commerciales auprès de ces derniers et en utilisant des techniques d'analyse appropriées.

Les publicitaires ont donc dû adapter leur langage pour mieux atteindre l'auditoire cible. Le spécialiste de marketing doit connaître la réaction des consommateurs à l'égard du message publicitaire. De nos jours, la publicité utilise la plupart du temps les mêmes techniques de vente que les détaillants. Ces derniers présentent leurs arguments de vente dans un ordre et sous une forme susceptibles d'être appréciés de leurs clients. Les artisans avaient l'habitude de se fier à leur intuition pour comprendre la psychologie des clients. De nos jours, les publicitaires ont recours aux études de marché et à la recherche motivationnelle, puis essaient de concevoir des programmes de communication de masse dont le mode de présentation soit approprié à l'auditoire cible.

La hiérarchie des effets et la communication publicitaire

Parce que la publicité constitue une forme de communication de masse, les réponses qu'elle entraîne chez le consommateur sont souvent complexes et difficiles à cerner. L'effet d'un message publicitaire peut se faire sentir à plusieurs niveaux.

Les grandes étapes mises en lumière par les modèles

Plusieurs modèles suggèrent que les consommateurs traversent diverses étapes au cours du processus de la communication marketing. Trois étapes ont généralement été mises en lumière: un stade **cognitif**, où le consommateur en apprend de plus en plus sur les caractéristiques du produit; un stade **affectif**, où le consommateur évalue le produit d'une manière de plus en plus favorable; un stade **conatif**, où le consommateur est prêt à essayer ou à acheter le produit, c'est-à-dire, à répondre par un comportement d'achat[4].

Le modèle AIDA

Le modèle AIDA, qui est l'un des modèles les plus simples pour décrire la hiérarchie des effets, est très populaire dans le monde de la publicité[5]. Comme le montre la figure 14.6, selon cette conception, pour être efficace, l'annonce doit d'abord attirer l'**attention** du consommateur (stade cognitif), puis doit soulever son **intérêt** pour ensuite susciter son **désir** (stade affectif) et finalement provoquer son **action** (stade conatif), c'est-à-dire l'essai ou l'achat du produit.

Le modèle Lavidge-Steiner[6]

Ce modèle, également présenté dans la figure 14.6, est plus précis que le modèle AIDA tout en étant aussi relativement simple. Selon cette

FIGURE 14.6
Trois modèles simples décrivant la hiérarchie des effets

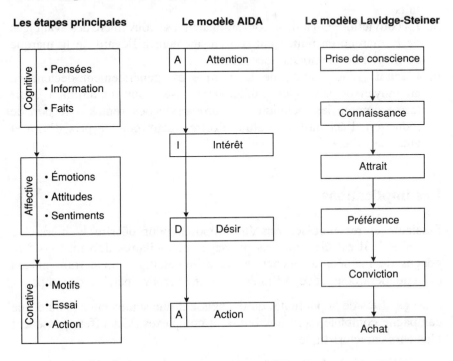

conception, le consommateur doit traverser un processus comportant six étapes après avoir été exposé au produit ou à une publicité sur le produit :

1. **La prise de conscience.** On utilise généralement des tactiques simples comme l'humour ou le questionnement pour attirer l'attention sur le message et sur le nom de la marque et ainsi créer un certain niveau de prise de conscience correspondant à l'apprentissage de la marque ;
2. **La connaissance.** Pour aider l'auditoire à apprendre les principaux attributs de la marque, on utilise des outils d'apprentissage comme la répétition, la fermeture ou la démonstration ;
3. **L'attrait.** Plusieurs tactiques permettent d'aider le consommateur à adopter une attitude positive à l'égard de la marque, par exemple, les témoignages d'individus connus, aimés ou respectés ;
4. **La préférence.** Il s'agit ici d'encourager le consommateur à préférer une marque en particulier, c'est-à-dire de le convaincre que la marque

en question est supérieure aux autres. Pour ce faire, on utilise la publicité comparative ou les témoignages de consommateurs satisfaits;

5. **La conviction.** On aide le consommateur à se convaincre des avantages de la marque en renforçant son engagement à l'égard de la marque au moyen de méthodes douces;

6. **L'achat.** L'acquisition de la marque est généralement déclenchée au moyen de stratégies publicitaires basées sur un attrait à court terme comme les techniques de promotion des ventes – le bon de réduction, l'échantillon gratuit, l'offre «deux pour le prix d'un» et ainsi de suite.

Les implications

Plusieurs autres modèles ont été proposés pour décrire la hiérarchie des effets[7]. Il est clair que les messages publicitaires doivent tous être conçus de manière à amener les consommateurs à un certain niveau de cette hiérarchie, et ce, à l'intérieur d'une certaine période de temps.

Les effets de la publicité, qu'il s'agisse d'une seule annonce ou d'une campagne complète, sont nombreux et complexes. Ces effets possèdent plusieurs caractéristiques:

1. L'efficacité de la campagne publicitaire dépend de l'efficacité des messages. Plus le message est efficace à chaque niveau de la hiérarchie, plus il fera progresser le consommateur dans la hiérarchie des effets[8];

2. Chaque message a des effets qui se poursuivent dans le temps, mais dont l'intensité diminue avec le temps. En général, les effets de la publicité se font sentir non seulement durant la campagne, mais aussi, lors des périodes de temps subséquentes. Cependant, s'ils ne sont pas renforcés, ces effets résiduels disparaissent rapidement, et le consommateur oublie. Hubert Zielske a étudié les effets résiduels au moyen d'expérimentations[9]. Les études qui ont tenu compte de ces effets ont produit de meilleurs résultats que les autres[10];

3. L'efficacité de la campagne publicitaire dépend de la fréquence des messages. Si les messages passent à de courts intervalles (c'est-à-dire à une fréquence élevée), le consommateur n'a pas le temps d'oublier, et l'effet cumulé des messages est important. Mais s'il y

a un trop grand écart de temps entre les messages (c'est-à-dire si les messages passent à une fréquence trop faible), il est probable que le consommateur oublie et que l'on doive répéter l'effort de persuasion dans un message futur;

4. L'efficacité de la campagne publicitaire est intimement liée à celle du marketing-mix dans son ensemble. D'abord, il faut que les consommateurs aient besoin du produit et que la marque puisse satisfaire ce besoin. En second lieu, le consommateur n'achètera le produit que si celui-ci est facilement disponible et qu'il lui est accessible tant sur le plan physique qu'économique.

■ LE COMPORTEMENT DU CONSOMMATEUR ET LES DÉCISIONS PUBLICITAIRES

☐ Le rôle de la publicité dans le processus décisionnel

Les publicitaires doivent comprendre de quelle manière les consommateurs vivent leur quotidien. Ils doivent connaître les besoins, les perceptions et les attitudes des consommateurs à l'égard des produits et des marques et doivent être au courant des habitudes de consommation ainsi que des changements que les consommateurs désirent ou sont prêts à accepter. Ils doivent également concevoir des communications informatives et persuasives dans le but d'influencer les attitudes et les perceptions des consommateurs.

L'étude du comportement du consommateur comporte la détermination des facteurs susceptibles d'influencer les réponses des clients éventuels. Pour que le consommateur achète une marque, cinq conditions sont requises:

1. Il doit y avoir un besoin à satisfaire ou un désir d'acquérir le produit;
2. Il doit y avoir une perception selon laquelle la marque est capable de satisfaire le besoin;
3. Il doit y avoir une attitude suffisamment favorable à l'égard de la marque;
4. Le produit doit être disponible;

5. Le consommateur doit avoir les moyens d'acheter le produit.

Lorsqu'une marque satisfait simultanément à ces cinq conditions, elle fait partie de l'**ensemble évoqué** du consommateur[11]. Celui-ci doit ensuite choisir la marque de l'ensemble évoqué qu'il juge la meilleure. Ce processus d'évaluation précède la décision d'achat, celle-ci étant généralement suivie de l'achat lui-même et de la consommation du produit. Cependant, la décision pourrait aussi être de ne pas acheter.

Dans le processus d'achat, le rôle de la publicité est de donner de l'information aux consommateurs. Cependant, tel que le montre la figure 14.7, la publicité n'est pas la seule source d'information marketing utilisée par les consommateurs. Les autres éléments du marketing-mix (les caractéristiques du produit, le conditionnement, le prix et les distributeurs) procurent également de l'information. Non seulement ces éléments contribuent à faire en sorte que la marque fasse partie de l'ensemble évoqué, mais ils procurent aux consommateurs une information susceptible d'influencer leurs attitudes à l'égard de la marque. Les consommateurs reçoivent également de l'information de sources externes comme les membres de la famille, les voisins et les associations de consommateurs.

FIGURE 14.7
Les principaux effets de la publicité sur le comportement du consommateur

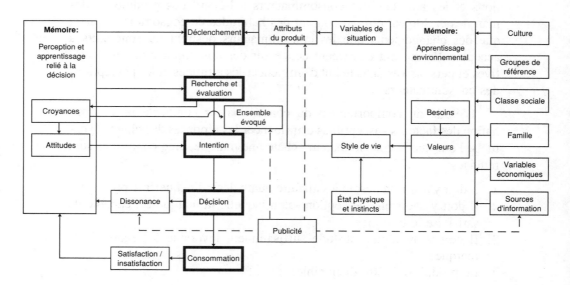

La présence d'un besoin ou d'un désir est un signe avant-coureur essentiel à l'achat. Les besoins peuvent être conscients ou latents, la publicité pouvant les réveiller, les stimuler ou les renforcer. Le publicitaire ne peut déceler les besoins du marché cible que s'il demeure présent dans l'environnement du consommateur dans le but de stimuler ces besoins conscients ou latents. Cela est particulièrement vrai lorsqu'il s'agit d'un besoin qui se fait souvent sentir et qui est facile à satisfaire. On trouve souvent aux points de vente des affiches de Coca-Cola et des annonces d'autres aliments et boissons gazeuses; les annonceurs tentent ainsi de stimuler les besoins latents de la soif et de la faim, qui sont susceptibles de se faire sentir à des intervalles prévisibles. Les besoins, les valeurs et les styles de vie sont à la base de la demande des consommateurs. Leurs liens avec la publicité ont déjà été examinés en détail au chapitre 6. Le lecteur voudra peut-être réviser ce chapitre avant de poursuivre la lecture du chapitre 14.

■ LES EFFETS DE LA PERCEPTION DANS LA PUBLICITÉ

☐ L'importance des perceptions du consommateur

Les consommateurs prennent conscience de l'existence du produit et améliorent la connaissance qu'ils en ont au moyen de l'information qu'ils reçoivent. L'information marketing à laquelle ils sont exposés provient d'au moins quatre sources:

1. **Le contact direct.** Les consommateurs obtiennent de l'information au moyen d'un contact direct avec le produit. Lorsqu'ils regardent le produit et son emballage chez un détaillant, lorsqu'ils regardent une publicité à la télévision, lorsqu'ils examinent un modèle en montre dans une salle d'exposition, ils reçoivent ou infèrent une certaine somme d'information au sujet du produit et/ou de la marque. De plus, les consommateurs peuvent également inférer de l'information sur les caractéristiques du produit après avoir utilisé celui-ci;

2. **Les détaillants et les représentants.** Les consommateurs peuvent obtenir de l'information sur le produit et sur la marque auprès des

détaillants et des représentants. Cette information peut être factuelle (lorsqu'elle provient d'une démonstration du produit ou d'une description de ses caractéristiques techniques) ou subjective (lorsque le détaillant utilise des arguments persuasifs pour essayer d'encourager le client à acheter une marque ou lorsque le client demande au représentant son opinion personnelle sur la marque à acheter);

3. **La publicité.** La majeure partie de l'information sur les entreprises, les produits, les services et les marques parvient aux consommateurs au moyen de la publicité paraissant dans les médias de masse;

4. **Les relations.** Les consommateurs obtiennent souvent une grande somme d'information marketing par l'entremise des canaux de communication personnelle, dans les groupes sociaux auxquels ils appartiennent ou auxquels ils désirent appartenir (les groupes de référence).

Pour l'entreprise, un objectif important est de s'assurer que ses produits, ses marques et jusqu'à elle-même (en tant qu'institution sociale) sont perçus d'une manière favorable par les clients potentiels. Cependant, les perceptions qu'ont les consommateurs des produits, des marques et des entreprises sont grandement influencées par leur perception des messages publicitaires qu'ils reçoivent et des médias utilisés dans ces communications. De plus, les consommateurs perçoivent parfois un risque dans la décision d'achat. Étant donné l'importance de la perception en publicité, nous commencerons par examiner les mécanismes perceptuels. Nous analyserons ensuite comment les consommateurs forment leurs perceptions des produits et des marques, des divers éléments de la communication et du risque associé à la décision d'achat.

☐ Les mécanismes de défense perceptuels

Comme nous l'avons vu au chapitre 3, les consommateurs subissent chaque jour l'influence d'une somme énorme d'information commerciale et non commerciale. Les consommateurs ont donc élaboré plusieurs mécanismes de défense pour composer avec ce déluge d'information.

L'exposition sélective

Les consommateurs peuvent décider consciemment d'éviter de s'exposer à plusieurs sources d'information. Par exemple, certains consommateurs peuvent, par choix, éviter les journaux ou les magazines, regarder très peu la télévision et éliminer les annonces au moyen de leur magnétoscope. L'exposition sélective augmente en importance, car l'augmentation du nombre de sources d'information et une plus grande demande en ce qui concerne le temps de loisirs forcent les consommateurs à limiter leur exposition à l'information.

L'attention sélective

Les consommateurs filtrent l'information à laquelle ils sont exposés et en perçoivent seulement une petite proportion. L'attention sélective caractérise tous les processus de communication, particulièrement ceux impliquant des objets et des produits.

Au moins trois raisons peuvent expliquer l'attention sélective. Premièrement, parce que la publicité constitue une forme de communication non personnelle, les consommateurs évitent le contact face à face, qui exigerait d'eux une réponse plus attentive. Ils ne sont jamais obligés de regarder une annonce à la télévision, d'écouter une annonce à la radio, ou de lire une réclame dans un journal ou un magazine. Les annonceurs ne peuvent pas faire grand-chose pour lutter contre l'attention sélective.

Deuxièmement, la publicité est tellement présente dans notre société que les consommateurs prêtent peu attention aux annonces. Les consommateurs peuvent facilement être exposés à 1 500 messages publicitaires chaque jour et à plus de 2 000 annonces télévisées chaque année.

Troisièmement, les consommateurs élaborent des mécanismes instinctifs pour filtrer et rejeter la plus grande partie de l'information qu'ils jugent non pertinente, compte tenu de leurs besoins et de leurs désirs. De cette façon, les mécanismes d'attention sélective leur permettent de choisir seulement le type d'information qui les intéresse. Tel que le montre la figure 14.8, les intérêts du consommateur sont façonnés par des interactions complexes reliées aux différents besoins et désirs de l'individu. Ces intérêts jouent le rôle de gardiens, de manière à filtrer l'information qui est pertinente pour satisfaire un besoin particulier[12]. Cela explique le principe de publicité selon lequel un message orienté vers les intérêts du consommateur réussit généralement mieux à passer

FIGURE 14.8
Mécanismes perceptuels utilisés dans la recherche d'information

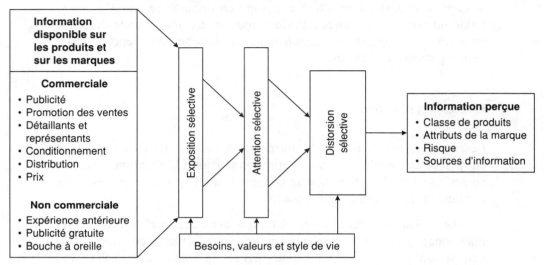

au travers du processus d'attention sélective qu'un message qui ne fait qu'attirer l'attention.

La distorsion sélective

Une fois que le message a passé au travers du processus d'attention sélective, il doit contourner un second obstacle : le filtre de la distorsion sélective. Les perceptions des gens sont organisées et possèdent un sens précis (et souvent particulier). Les mécanismes de distorsion sélective utilisés par chaque individu sont grandement influencés par la configuration des besoins respectifs de chacun[13].

Les perceptions du consommateur à l'égard des attributs intangibles de la marque

Certains attributs du produit, y compris son prix, génèrent dans l'esprit du consommateur de nouveaux attributs qui peuvent être soit réels, soit non pertinents ou même faux. Lorsqu'un consommateur entre en contact avec un produit, le processus de la création de l'image de marque débute. Cependant, comme le montre la figure 14.8, le produit lui-même n'est pas la seule source d'information. Les publicités et les communications de bouche à oreille relatives à la marque ainsi que tout autre facteur associé à celle-ci deviennent des sources d'information additionnelles. Par exemple, le décor du siège social d'une banque, l'épaisseur des tapis et le comportement des employés constituent quelques-uns des nombreux détails qui sont visibles pour le public et qui contribuent à définir l'identité de la banque, c'est-à-dire à créer une image de puissance et de sécurité.

Même si la publicité n'est pas la seule source de création d'une image de marque, elle constitue un facteur important et, plus encore, elle est l'une des seules sources complètement contrôlées par l'entreprise. Les publicitaires s'intéressent donc généralement à des questions telles que les suivantes: Quelle image les consommateurs ont-ils de la marque en ce moment? En quoi cette image diffère-t-elle de celle des marques concurrentes? Quelle est, pour le segment de marché visé, l'image de marque idéale dont on doit essayer de se rapprocher? Que peut-on – et doit-on – faire pour que l'image de marque actuelle se rapproche le plus possible de l'image de marque idéale? Ces questions suggèrent que l'analyse de l'image de marque (et de l'image d'entreprise) constitue une tâche importante.

☐ Les perceptions et le processus publicitaire

Tous les éléments de la campagne publicitaire contribuent à l'image de marque. Lorsqu'il est bien conçu, le message transmet aux consommateurs ce que l'annonceur désire véhiculer au sujet du produit; de plus, l'individu qui communique effectivement le message (l'émetteur), les supports qui transmettent ce message ainsi que la situation de consommation suggérée dans l'annonce procurent tous de l'information aux consommateurs[14].

Une stratégie d'image de marque intégrée doit seulement comporter des éléments qui sont compatibles les uns avec les autres et qui sont susceptibles de transmettre au consommateur un type d'information approprié (ou, du moins, un type d'information qui ne soit pas en contradiction avec l'image de marque souhaitée).

Dans une étude pilote comportant une carte de perception, on a montré le potentiel de création d'image que possédaient divers éléments de communication par rapport aux images de marque elles-mêmes. À partir de 20 caractéristiques jugées importantes a priori, on a demandé à tous les sujets compris dans deux échantillons, l'un, formé de Canadiens français et l'autre, de Canadiens anglais, d'évaluer[15] :

— diverses marques de bière en vente sur le marché (Labatt 50, Laurentide, Molson Export, Carlsberg, O'Keefe et Brador);
— la marque de bière jugée idéale (pour une certaine occasion);
— ce qu'ils croyaient être la marque de bière idéale pour quatre personnalités généralement connues des deux communautés (Frank Sinatra, Tex Lecor, Bobby Orr et Guy Lafleur — c'est-à-dire deux chanteurs populaires et deux joueurs de hockey et, dans chaque cas, un francophone et un anglophone);
— ce qu'ils croyaient être la marque de bière idéale pour le Canadien français «typique» et le Canadien anglais «typique»;
— ce qu'ils croyaient être la marque de bière idéale pour le lecteur «typique» de divers supports de communication de langue anglaise et de langue française (*Playboy*, *The Gazette*, *The Financial Post*, *Le Devoir*);
— les caractéristiques de la bière idéale en diverses occasions (avant le dîner, durant le dîner et à une réception).

La figure 14.9 (pour le segment des Canadiens anglais) et la figure 14.10 (pour le segment des Canadiens français) présentent la carte de perception représentant la configuration des réponses sur un axe à deux dimensions. La localisation de chaque marque de bière est présentée par rapport aux deux dimensions principales, c'est-à-dire la légèreté et le rapport qualité-prix. Les attributs qui sont utilisés au départ et qui jouent un rôle important dans la discrimination entre les diverses marques sont représentés à l'aide de vecteurs. La localisation des marques ainsi que la direction des vecteurs représentant les attributs de départ ont été obtenues d'une manière simultanée, de telle sorte que l'évaluation moyenne de chaque marque à l'égard de chacun des attributs initiaux est représentée par la position relative de la marque par rapport à chaque vecteur (c'est-à-dire en traçant simplement une ligne perpendiculaire à chaque vecteur pour chacune des marques). Par exemple, sur le vecteur représentant la qualité, c'est la marque Carlsberg qui est perçue comme la meilleure en ce qui a trait à la qualité, suivie, par ordre décroissant, des marques Laurentide, O'Keefe, Brador, Molson Export et Labatt 50.

L'axe horizontal représente la dimension qualité-prix et l'axe vertical, la légèreté. Ces dimensions ont été facilement déterminées,

FIGURE 14.9
Carte de perception du segment constitué
par les Canadiens anglais

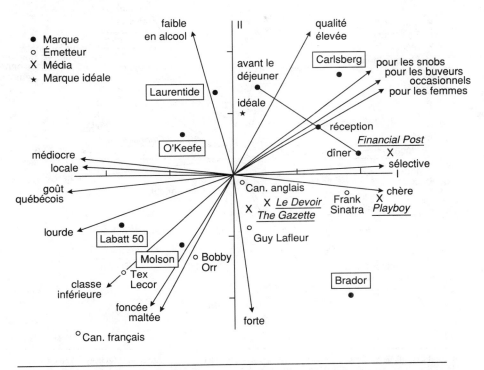

SOURCE: René Y. Darmon, «Multiple Joint Space Analysis for Improved Advertising Strategy», *The Canadian Marketer*, 10, n° 1, 1979, p. 10-14.

simplement en regardant avec quelles variables initiales elles étaient cor-
rélées.

Les figures 14.9 et 14.10 montrent le degré de cohérence qui existe
entre les diverses sources d'information, les divers médias, les divers
scénarios et les diverses images de marque; elles montrent également
comment les perceptions varient d'un segment de marché à l'autre. Par
exemple, si un fabricant de bière utilise dans ses annonces tantôt le
témoignage de Bobby Orr, tantôt celui d'un Canadien français, il est
probable qu'il obtiendra des réponses différentes de la part des deux
segments de marché, parce que ces deux porte-parole projettent des

FIGURE 14.10
Carte de perception du segment constitué par les Canadiens français

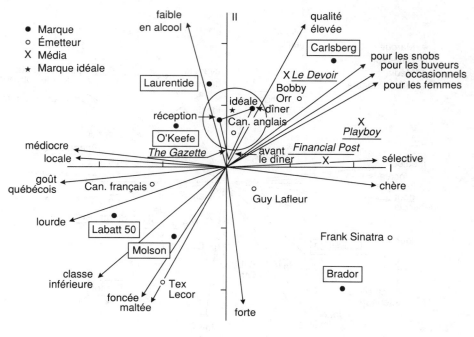

SOURCE: René Y. Darmon, «Multiple Joint Space Analysis for Improved Advertising Strategy», *The Canadian Marketer*, 10, n° 1, 1979, p. 10-14.

images différentes sur chaque segment de marché. Pour cette raison, une stratégie d'image de marque intégrée ne peut être conçue que pour des groupes possédant une réponse aussi homogène que possible à l'égard des instruments choisis pour la publicité.

☐ La perception que l'on a de l'émetteur

La crédibilité de l'émetteur

Avant même que la communication n'ait lieu, l'émetteur est perçu par l'auditoire comme un transmetteur d'information[16] et comme une source plus ou moins compétente et crédible. La crédibilité de la source est un élément fondamental en publicité, parce qu'elle est associée au changement d'attitude[17]. En publicité, on considère comme l'émetteur soit l'entreprise qui annonce la marque, soit l'individu qui transmet le message. La crédibilité de l'émetteur est fonction de deux éléments: un élément cognitif et un élément affectif[18]. L'élément cognitif se rapporte à la compétence de l'émetteur, telle qu'elle est perçue par l'auditoire; par exemple, un médecin possède généralement une plus grande crédibilité qu'un concierge lorsqu'il s'agit de parler des médicaments. (*Voir l'exemple de publicité de la figure 14.11.*) Pour ce qui est de l'élément affectif, il s'agit de savoir si l'émetteur a ou non un certain intérêt à défendre la position adoptée dans le message.

Ces éléments ont d'importantes répercussions pour la publicité. D'abord, l'émetteur doit être perçu comme une source crédible, ce qui signifie qu'il doit être perçu comme **compétent** et **objectif**. Bien que l'entreprise puisse se bâtir une réputation d'expertise et de compétence, elle ne sera jamais perçue comme entièrement objective. En effet, les annonceurs veulent vendre leurs produits et leurs services, et les consommateurs leur attribueront toujours cette intention[19].

L'entreprise peut essayer de fonder sa crédibilité sur des témoignages. Ce type de publicité vise à dissocier l'émetteur du message de l'entreprise elle-même. Cela peut se faire de deux manières. Le témoignage d'un expert reconnu peut rehausser l'élément constitué par la compétence. C'est l'approche employée dans l'exemple de la figure 14.11. Dans ce cas, on se sert de l'expertise de trois types de professionnels: le médecin, le chercheur clinicien et le pharmacien. Pour agir sur l'élément affectif, on peut se servir, par exemple, d'un consommateur «typique» décrivant l'expérience positive qu'il a eue avec le produit. Cette approche est souvent employée dans les publicités destinées à promouvoir des produits ou des régimes amaigrissants. Dans ce cas, on montre parfois deux photographies du consommateur: une photographie avant le régime et une photographie après le régime.

D'autres dimensions de l'image de l'émetteur

L'auditoire peut également juger l'émetteur en fonction de dimensions qualitatives. Dans l'exemple précédent, relatif à des marques de bière,

FIGURE 14.11
Exemple d'utilisation d'un expert en publicité

SOURCE: Reproduit avec l'autorisation de Sterling Drug Ltd.

il était utile de mesurer l'écart entre l'image de la marque et l'image de l'émetteur, dans le but de prédire l'effet exercé par l'émetteur sur l'image de marque. Par exemple, si on embauchait Frank Sinatra pour annoncer une marque de bière, celui-ci transmettrait probablement l'image d'une bière forte et de prix élevé. Chez les Canadiens anglais, Bobby Orr transmettrait l'image d'une bière forte, locale et maltée, alors que, chez les Canadiens français, il véhiculerait plutôt l'image d'une bière de qualité supérieure, faible en alcool, populaire auprès des personnes snobs et des buveurs occasionnels.

En second lieu, la position que l'auditoire attribue à l'émetteur sur la carte de perception permet à l'annonceur d'évaluer la plausibilité du message. Pour garder le même exemple, si Bobby Orr annonçait une bière en la décrivant comme légère et faible en alcool, le message serait plausible aux yeux des Canadiens français, car ces caractéristiques correspondent à ce que ces derniers croient être la sorte de bière consommée par Bobby Orr. Cependant, ce même message ne serait pas perçu comme plausible par les Canadiens anglais. Sans plausibilité, le message semble peu sincère et risque d'être rejeté par l'auditoire. De plus, la crédibilité de l'émetteur (et de la marque) pourrait être remise en question[20]. C'est pour ces raisons que l'annonceur doit employer un émetteur dont l'image soit aussi compatible que possible avec la perception de l'auditoire cible.

Les applications de ces concepts à la stratégie publicitaire

La publicité doit d'abord venir à bout des mécanismes de défense utilisés par les consommateurs. Les annonceurs utilisent une foule d'outils mécaniques pour aider les messages à se frayer un passage à travers le mécanisme de l'attention sélective.

Des facteurs tels que la taille de l'annonce imprimée, la durée de l'annonce diffusée, l'utilisation de la couleur et du noir et blanc, la répétition, le message à grand effet, le contraste et le mouvement peuvent augmenter ou diminuer l'efficacité de l'attention sélective des consommateurs. Pour obtenir une efficacité maximale dans les publicités imprimées, les annonceurs ont tendance à utiliser:

– une pleine page plutôt qu'une demi-page ou un quart de page;
– une annonce en quatre couleurs plutôt qu'une annonce en noir et blanc;

– une annonce qui contraste avec le reste de l'information véhiculée par le média.

Pour une publicité radiophonique ou télévisée, les annonceurs aiment généralement utiliser :

– une annonce de 30 secondes plutôt qu'une annonce de 15 ou de 10 secondes ;
– une annonce dont l'intensité contraste avec le reste de l'émission.

Pour les panneaux d'affichage, les annonceurs ont tendance à utiliser :

– le panneau le plus grand possible ;
– plusieurs couleurs brillantes ;
– une annonce en mouvement plutôt qu'une annonce immobile.

La **répétition** du message est un outil efficace, qui peut être utilisé dans toutes sortes de médias. Des études ont démontré l'existence d'un lien direct entre la répétition, le rappel et la compréhension du message. Par exemple, pour ce qui est de la télévision, le pourcentage de l'auditoire qui s'est rappelé une annonce est passé de 33 % à 65 % au fur et à mesure que l'on a augmenté le nombre de minutes pendant lesquelles le message était vu[21].

L'annonceur dispose de trois stratégies pour influencer le comportement du consommateur :

1. Donner aux consommateurs autant d'information que possible sur les caractéristiques et la performance du produit (publicité informative). Les campagnes de publicité informative diminuent généralement le niveau de risque que les consommateurs perçoivent par rapport à la décision d'achat ;
2. Construire une image de produit et de marque. La publicité peut contribuer à attribuer à la marque des caractéristiques psychologiques favorables qui la rendent plus désirable aux yeux des consommateurs ;
3. Utiliser un émetteur crédible. L'utilisation d'experts compétents et dignes de confiance améliore la crédibilité et la réputation de l'entreprise dans son domaine.

De plus, on peut augmenter l'efficacité de la publicité au moyen d'outils mécaniques correctement utilisés.

■ LES EFFETS ATTITUDINAUX EN PUBLICITÉ

☐ ## Le rôle de la publicité dans la formation et le changement des attitudes

Il est nécessaire que le consommateur adopte une attitude positive à l'égard du produit avant de l'acheter, du moins dans les situations d'achat à répétition ou d'achat de biens durables. Plusieurs études ont démontré que l'on peut raisonnablement prédire le comportement d'achat en se basant sur les attitudes qu'adoptent les consommateurs à l'égard des diverses marques[22]. Par conséquent, il n'est pas surprenant qu'une fois passée l'étape de la prise de conscience, les annonceurs essaient de créer des attitudes favorables à l'égard des marques qu'ils vendent[23]. La campagne de publicité peut avoir différents objectifs concernant les attitudes des consommateurs :

1. Créer, chez les consommateurs, des attitudes favorables à l'égard de la marque, particulièrement lorsqu'il s'agit du lancement d'un nouveau produit ;
2. Changer en attitudes positives les attitudes négatives qu'ont les consommateurs à l'égard de la marque ;
3. Renforcer les attitudes positives qu'ont les consommateurs à l'égard de la marque.

Il est donc essentiel que le publicitaire comprenne comment se forment et se modifient les attitudes des consommateurs.

Avec le modèle de Fishbein (déjà examiné au chapitre 5), nous avons vu que l'attitude est la somme de tous les attributs saillants de la marque. Pour créer des attitudes favorables à l'égard d'une marque, un annonceur doit donc employer l'une des trois stratégies suivantes :

1. Renforcer l'évaluation positive du consommateur à l'égard des attributs saillants de la marque ;
2. Augmenter l'importance des attributs de la marque à l'égard desquels les consommateurs ont adopté une attitude positive ;
3. Diminuer l'importance des attributs de la marque à l'égard desquels les consommateurs ont adopté une attitude négative.

Les attitudes se forment à partir du processus visant à satisfaire les besoins. Une personne adopte donc des attitudes favorables à l'égard d'une marque si elle croit que cette marque peut satisfaire un ou plusieurs de ses besoins ou de ses désirs. Si la marque est incapable de satisfaire des besoins ou des désirs importants, le consommateur adoptera probablement des attitudes négatives à son égard.

Les attitudes sont liées les unes aux autres et sont également liées aux besoins et aux désirs des consommateurs; elles font donc partie d'un système[24]. Plus un produit est important aux yeux d'un consommateur, plus ce système est complexe. L'information filtrée et évaluée par chaque individu alimente le système attitudinal et influe sur le contenu de celui-ci dans son ensemble. Si, pour une raison quelconque, le flux d'information est interrompu, le contenu du système demeure inchangé, du moins pour un certain temps. L'annonceur peut donc interrompre ou changer la nature de l'information publicitaire transmise dans la mémoire du consommateur. Cependant, il peut être difficile d'essayer de changer le système attitudinal dans son ensemble. Si cela était possible, il faudrait y investir de très larges sommes d'argent. Changer une attitude négative en une attitude positive peut représenter une tâche de communication très longue et très difficile. Les spécialistes de marketing préfèrent donc parfois lancer une nouvelle marque plutôt que d'essayer de changer les sentiments défavorables des consommateurs. Il est généralement plus facile de construire des attitudes favorables à partir d'attitudes neutres que de changer des attitudes négatives en attitudes positives.

Les changements d'attitude obtenus au moyen de l'information proviennent de l'environnement (les facteurs de situation) ainsi que de l'émetteur, du canal, de la forme et du contenu de l'information. Nous examinerons ces différents facteurs dans les paragraphes qui suivent.

☐   Les effets dus à la situation de l'auditoire

Après une exposition à la communication, n'importe lequel des trois facteurs de situation décrits ci-dessous peut entraîner un changement d'attitude:

1. Le message est transmis à un groupe homogène. Si la majorité des membres du groupe approuve le message, la communication entraîne un changement d'attitude plus important que ce ne serait le cas si les individus avaient été exposés au message séparément. Si la majo-

rité du groupe n'approuve pas le message, la communication est moins efficace[25];

2. Le receveur de la communication appuie publiquement la position de l'émetteur. Dans ce cas, le changement d'attitude en faveur de la communication est plus stable, parce que l'individu est immunisé contre les objections possibles[26];

3. Il y a une discussion de groupe portant sur le sujet de la communication. Dans ce cas, grâce à la pression exercée par les pairs, la communication peut être plus efficace que si elle avait lieu sans qu'il y ait eu de discussion[27].

La conclusion que l'on peut tirer de ces résultats de recherche est la suivante: les communications personnalisées, les communications permettant un dialogue entre l'émetteur et l'auditoire, ainsi que les communications qui tirent profit des interactions à l'intérieur d'un groupe et de la pression qu'exerce le groupe sur les minorités dissidentes sont généralement plus efficaces que les communications impersonnelles transmises à des groupes passifs (comme les annonces télévisées) ou à des individus pris séparément (comme les annonces des magazines et des journaux).

☐ Les effets dus à l'émetteur

Trois facteurs liés à l'émetteur ont d'importantes implications en ce qui concerne l'efficacité des messages publicitaires: la crédibilité, l'attrait et les affiliations de l'émetteur.

La crédibilité de l'émetteur

Un émetteur crédible génère habituellement un plus grand changement d'attitude qu'un émetteur perçu comme moins crédible[28]. Lors d'une expérimentation classique, on a transmis la même communication à deux groupes d'individus. Dans le premier groupe, on a attribué la tâche de la communication à un émetteur extrêmement crédible; dans le second groupe, la communication provenait d'un émetteur moins crédible. Tout de suite après l'expérimentation, on a mesuré le niveau de changement d'attitude des sujets; ceux qui avaient été exposés à l'émetteur très crédible ont manifesté des changements d'attitude plus importants (un changement d'attitude net d'environ 23 %) que ceux qui avaient été exposés à l'émetteur peu crédible (un changement d'attitude net d'environ 6 %)[29]. Ces résultats n'auraient surpris personne si on en était resté là. Cependant, après une période de quatre semaines, on a mesuré de nouveau le niveau de changement d'attitude des sujets. À ce moment, les résultats ont indiqué une diminution du niveau de changement d'attitude pour le groupe exposé à l'émetteur très crédible (de 23 % à 12 %), alors qu'ils ont montré une augmentation du niveau de changement d'attitude pour le groupe exposé à l'émetteur peu crédible (de 6 % à 14 %). Les psychologues appellent ce phénomène «l'effet du dormeur». L'explication que l'on a proposée pour expliquer ce fait est qu'avec le passage du temps, les individus qui ont été exposés à une communication persuasive ont tendance à dissocier le contenu de la communication de l'émetteur.

Ces résultats suggèrent que, si l'annonceur désire obtenir un effet **immédiat**, il a avantage à employer une source crédible, par exemple, un expert reconnu, car celui-ci produira des résultats plus positifs que si on n'employait pas d'expert. Ainsi, dans l'exemple que présente la figure 14.11, on accorde beaucoup d'importance à l'expertise du corps médical (les médecins, les chercheurs cliniciens et les pharmaciens) dans une stratégie basée sur l'utilisation d'un émetteur indépendant, donc plus crédible, pour produire un changement d'attitude en faveur du médicament annoncé : Actiprofen.

Mais si on désire obtenir un effet **à plus long terme**, on ne devrait employer un expert crédible que si l'on compte associer constamment cet émetteur au message, en répétant souvent celui-ci. Notez également que d'autres expérimentations ont suggéré que le message transmis par un émetteur trop ou pas assez crédible produit généralement un taux de rappel moins élevé de la part de l'auditoire[30]. L'oubli peut être causé par des réactions affectives provoquées par l'émetteur même de la communication.

L'attrait de l'émetteur

Un autre facteur influant sur le changement d'attitude est l'attrait exercé par l'émetteur. On a découvert que le changement d'attitude positif est lié à l'attrait qu'exerce l'émetteur sur l'auditoire[31]. Lorsque le message d'un communicateur attrayant porte sur un sujet à l'égard duquel l'auditoire possède déjà une attitude positive, l'attitude à l'égard de l'émetteur devient encore plus positive. Cependant, lorsqu'un émetteur attrayant critique un point de vue à l'égard duquel l'auditoire a une attitude positive (ou est en faveur d'un sujet à l'égard duquel l'auditoire a une attitude négative), l'attitude de l'auditoire à l'égard de l'émetteur devient moins positive.

En publicité, l'entreprise peut vouloir tirer profit de son image positive pour diminuer ou changer les réactions négatives du marché à l'égard d'une de ses marques[32]. Cependant, l'entreprise doit réaliser que cela peut se produire au détriment de son image.

Les affiliations de l'émetteur

L'habileté de l'émetteur à produire un changement d'attitude dépend de la perception qu'a l'auditoire du statut social de cet émetteur[33]. Les leaders d'opinion d'une communauté sont généralement membres de groupes sociaux sur lesquels ils exercent leur leadership[34]. Ainsi, au lieu d'utiliser des vedettes de cinéma prestigieuses dans leurs annonces, certains annonceurs montrent des ménagères dont les caractéristiques sociales sont les mêmes que celles du marché cible. La pensée qui soustend cette approche est que les ménagères préfèrent s'identifier à un leader d'opinion appartenant à leur propre groupe social plutôt qu'à une vedette de cinéma ou qu'à une autre personnalité bien connue.

Le choix de l'émetteur

Le niveau de risque associé à l'achat peut servir de critère pour choisir le type d'émetteur à utiliser:

1. Si le risque associé à l'achat est de caractère psychologique ou social, le témoignage d'une célébrité sera généralement plus efficace (par exemple, le témoignage de Carl Marotte dans l'annonce ayant trait à la Société pour les enfants handicapés du Québec, présentée ci-dessous dans la figure 14.12);
2. Si le risque est plutôt de caractère physique ou financier, le témoignage d'un expert sera généralement plus efficace (par exemple, un

FIGURE 14.12
Exemple d'utilisation du témoignage d'une célébrité en publicité

SOURCE: Reproduit avec l'autorisation de la Société pour les enfants handicapés du Québec.

médecin pour annoncer une marque de médicament, comme dans la figure 14.11);

3. Si le risque associé à l'achat est plutôt faible, un consommateur typique, représentatif de l'auditoire cible, sera généralement plus efficace (par exemple, une mère de famille pour annoncer un régime amaigrissant).

☐ Les effets dus aux médias

Il y a quatre types de sources d'information. Une part de l'information provient du produit lui-même (les attributs et le prix du produit, et le type de magasins de détail faisant sa distribution). Une autre part de l'information sur le produit provient du détaillant et des représentants. La publicité constitue une troisième source d'information. Notez que le spécialiste de marketing possède un certain contrôle sur ces trois premières sources. Il peut influencer l'information que les détaillants et les représentants transmettent au consommateur et peut également contrôler l'information ayant trait à l'emballage et au prix du produit, ainsi qu'au choix des canaux de distribution. Mais il existe une quatrième source d'information, qui, celle-là, échappe complètement au contrôle du spécialiste de marketing : celle provenant des groupes sociaux. Une grande partie de l'information circulant sur le marché est transmise au moyen des communications de bouche à oreille, ce type d'information étant probablement plus efficace et plus persuasif que la publicité réalisée au moyen des médias de masse[35]. Cependant, ceux-ci semblent jouer un rôle subtil. Selon la théorie du flux de communication en deux étapes, l'information est transmise aux leaders d'opinion au moyen des médias de masse[36]. Elle se communique ensuite des leaders d'opinion au grand public. Certaines études ont montré que les leaders d'opinion étaient plus largement exposés aux médias de masse que les autres consommateurs.

Cette théorie plaît aux annonceurs. Si certains leaders d'opinion peuvent être plus facilement atteints par les médias de masse et sont plus facilement influençables que le reste du marché, l'annonceur dispose donc d'un moyen facile pour agir sur le marché. À condition de pouvoir déceler et repérer ces leaders d'opinion, l'annonceur peut diriger sa campagne publicitaire vers eux, et ce, à un coût relativement bas. Ce sont ces leaders d'opinion qui, par la suite, transmettront l'information aux groupes de base dont ils sont membres. Malheureusement, la réalité est plus complexe que ne le laisse entendre cette description[37]. D'abord, les vrais leaders d'opinion n'ont pas de caractéristiques bien définies et facilement reconnaissables. Les pairs peuvent considérer un certain individu comme un leader d'opinion dans le domaine de l'automobile, mais non dans celui de la mode. On peut consulter une certaine personne pour obtenir des conseils en ce qui concerne l'investissement immobilier, mais non pour l'achat d'assurances.

☐ Les effets dus au message

Les attitudes adoptées à l'égard de la marque proviennent: 1) de croyances au sujet de la marque (composante cognitive); 2) de sentiments et de réactions émotionnelles à l'égard de la marque (réaction affective); 3) de tendances comportementales par rapport à l'achat de la marque (composante conative). La publicité essaie d'agir sur chacune de ces composantes.

L'action exercée pour influencer la composante cognitive

Les messages publicitaires qui utilisent une approche rationnelle du type «les raisons pour lesquelles...» peuvent influencer les attitudes des consommateurs à l'égard de la marque annoncée. Au moins deux théories peuvent expliquer le fonctionnement de cette approche: l'hypothèse d'une relation instrumentale et la théorie de la dissonance cognitive de Festinger. D'autres théories ont déjà été présentées au chapitre 6.

L'hypothèse d'une relation instrumentale suggère que l'«attitude adoptée à l'égard d'un objet ou d'une situation est fonction des fins auxquelles sert l'objet, c'est-à-dire de ses conséquences[38]». Pour changer une attitude, on doit changer la valeur instrumentale de l'attitude elle-même en créant de nouvelles croyances. Des études empiriques ont montré qu'il n'y avait pas de relation linéaire entre les attitudes initiales du sujet et le changement d'attitude subséquent[39]. Les individus ayant des attitudes initiales extrêmes changeaient moins que ceux dont les attitudes initiales étaient plus modérées. Cela s'explique par le fait qu'à une extrémité du continuum, le sujet accepte complètement les arguments de l'émetteur et qu'il y a donc peu de place pour un changement d'attitude, alors qu'à l'autre extrémité, la position initiale du sujet est tellement éloignée de celle de l'émetteur que le changement d'attitude est peu probable; le très grand écart ainsi que les conséquences associées à un changement de valeurs important peuvent faire obstacle au changement d'attitude[40].

Comment la publicité peut-elle utiliser ces résultats de recherche? D'abord, le publicitaire doit chercher à savoir si le produit est associé à des valeurs importantes. Si ce n'est pas le cas, la meilleure stratégie publicitaire peut consister à choisir des positions extrêmes (un grand écart de message), par exemple, en faisant une «dramatisation» concernant la marque. Il s'agit ici de créer de l'excitation par rapport à la marque. Au contraire, lorsque le produit possède des significations symboliques importantes, le publicitaire a généralement intérêt à ne pas adopter de positions qui s'écartent trop de celles de l'auditoire. Une stratégie plus efficace consiste alors à encourager les consommateurs à changer leurs attitudes petit à petit, ce qui nécessite l'utilisation d'arguments modérés plutôt qu'extrémistes.

Plusieurs communications persuasives sont fondées sur **la théorie de la dissonance cognitive**[41]. Tel qu'il a été expliqué au chapitre 5, cette théorie est fondée sur deux propositions. D'abord, lorsque nous sommes exposés à un type d'information qui contredit l'information déjà en mémoire, il se crée un état de tension psychologique ou de «dissonance cognitive». Deuxièmement, nous essayons de réduire cette tension psychologique au moyen de certaines tactiques: en changeant nos attitudes, de façon à les rendre compatibles avec la nouvelle information, en niant la nouvelle information, en mettant en doute la crédibilité de l'émetteur ou en cherchant de l'information additionnelle, de façon à renforcer les attitudes déjà établies.

Plusieurs stratégies de marketing basées sur des superlatifs reposent sur cette théorie. En disant à l'auditoire que sa marque est «la meilleure», le publicitaire se trouve à dire au consommateur qu'il n'utilise pas «le meilleur» produit existant sur le marché. Le publicitaire espère ainsi que cet état de dissonance cognitive entraînera un changement d'attitude et, peut-être, l'essai de la marque. Mais certains consommateurs peuvent réagir en rejetant la communication.

Lorsqu'il conçoit la communication, le publicitaire doit aussi penser à trois aspects reliés à la structure du message: le type de conclusion (explicite ou non), la sorte d'argumentation (uniformément positive ou dans les deux sens) et l'ordre de présentation des arguments. Ces décisions influencent la composante cognitive de l'attitude adoptée par l'auditoire.

Le type de conclusion

Le publicitaire peut fournir des faits au sujet de la marque et laisser les consommateurs tirer leurs propres conclusions, ou il peut terminer le message par une conclusion explicite.

Une étude a montré que, lorsque la conclusion était explicite, le message était deux fois plus efficace que lorsqu'on laissait aux consommateurs le soin de tirer leurs propres conclusions[42]. Par exemple, les consommateurs pourraient faire les inférences suivantes: la marque de dentifrice X contient du fluor; or, le fluor est un ingrédient chimique; donc, il se peut que la marque X ne soit pas bonne pour la santé. Dans ce cas, le message aurait éloigné les consommateurs des objectifs de communication de l'annonceur.

Cependant, des études ont indiqué trois situations où le message sans conclusion explicite est plus efficace que le message avec conclusion explicite. Premièrement, lorsque le message est direct et que l'auditoire possède un haut niveau d'instruction, les consommateurs peuvent être agacés par ce qu'ils perçoivent comme des arguments répétitifs et évidents. Il s'agit en quelque sorte d'une insulte à leur intelligence. Deuxièmement, lorsque l'émetteur du message n'est pas très crédible, il est plus efficace de laisser l'auditoire tirer ses propres conclusions. Troisièmement, lorsque le message touche une corde sensible – des valeurs très personnelles –, le communicateur qui tire des conclusions explicites peut sembler s'ingérer dans la vie privée de la personne.

En publicité, le fait de tirer des conclusions signifie que l'on donne des arguments explicites sur les avantages que les consommateurs retireront de l'achat de la marque annoncée. Lorsque l'annonceur décrit le résultat de l'utilisation d'une marque, le consommateur peut conclure: «Si la marque fait réellement **cela**, je devrais obtenir ce **niveau de satisfaction**.» Par la suite, si l'annonceur va plus loin et qu'il décrit un attribut physique de la marque, le consommateur peut se dire: «Si la marque possède cet

attribut, elle devrait faire **cela**; si elle fait cela, alors je devrais obtenir ce **niveau de satisfaction**.»

La sorte d'argumentation

Le message doit-il comporter uniquement des arguments en faveur de la marque (argumentation uniformément positive) ou doit-il procurer une vision équilibrée en offrant des arguments tant positifs que négatifs (argumentation dans les deux sens)? La plupart des messages présentent une argumentation uniformément positive. Les rares exceptions sont du type: «Nous sommes le numéro 2; nous essayons plus fort» (la location de voitures AVIS) et: «L'autre fabricant d'ordinateurs» (UNIVAC).

Une argumentation dans les deux sens est généralement moins efficace, sauf dans trois cas[43]. D'abord, lorsque l'émetteur et l'auditoire ont des attitudes initiales opposées, l'utilisation d'arguments contradictoires donne une apparence d'objectivité et entraîne une meilleure crédibilité[44]. Une argumentation dans les deux sens est également plus efficace lorsque les membres de l'auditoire sont plus instruits et sont susceptibles d'être exposés à une propagande contradictoire de la part des concurrents. L'exposition à des arguments contradictoires peut avoir un effet immunisant, du fait que l'émetteur a déjà fourni à l'auditoire des objections appropriées.

L'ordre de présentation des arguments

Un autre aspect concerne l'ordre dans lequel on présentera les arguments pour obtenir le message le plus efficace. Doit-on présenter les arguments les meilleurs en premier afin de susciter l'intérêt du public et d'obtenir l'effet le plus important alors que l'auditoire prête encore attention au message ou, plutôt, doit-on le faire à la fin, de manière à quitter l'auditoire avec les arguments les plus convaincants?

Malheureusement, il y a autant de situations où l'on a gagné à utiliser les arguments les plus forts en premier qu'il y a de cas contraires[45].

Étant donné que les messages publicitaires sont importuns et parfois même ennuyeux pour l'auditoire, on recommande souvent d'utiliser les meilleurs arguments au début du message[46]. S'ils sont suffisamment convaincants, ces arguments devraient encourager l'auditoire à demeurer attentif. Cela est particulièrement vrai lorsqu'il s'agit de supports radio-télévisés, parce que les magnétoscopes et les commandes à distance permettent facilement d'éviter les annonces.

L'oubli et la répétition du message

Tel que nous l'avons mentionné au chapitre 4, depuis Ebbinghaus, des études ont démontré que toute information qui n'est pas renforcée finit par être oubliée[47]. Le taux d'oubli dépend de la force de l'attitude adoptée à l'égard de la marque. On peut faire obstacle au phénomène de l'oubli en répétant le message. La quantité d'information dont on se souvient varie directement avec la fréquence de répétition du message et inversement avec la période de temps écoulée entre deux messages consécutifs[48].

De plus, il y a une relation effective entre la répétition et le changement d'attitude[49], sauf:

– lorsqu'un message est répété trop souvent, les préférences à l'égard du produit ou de l'idée contenue dans le message s'affaiblissant après la quatrième répétition du même message[50];
– lorsque les messages sont répétés trop souvent et de façon trop rapprochée[51];
– lorsque la densité du message (c'est-à-dire la fréquence des messages, y compris ceux des concurrents) est trop élevée[52].

Ces résultats suggèrent que, pour être efficace, on doit répéter les messages publicitaires, mais qu'il existe une fréquence de répétition optimale. Une façon de contourner ce problème est de répéter le message avec de légères variations.

L'action exercée pour modifier les composantes affectives et conatives

L'annonceur peut également essayer de modifier certaines composantes affectives en adoptant l'une des deux approches suivantes: les appels publicitaires basés sur la peur (ou négatifs) ou les appels publicitaires plaisants (ou positifs).

L'utilisation de la **peur** dans le but de changer les attitudes repose également sur la théorie de la dissonance cognitive. Il s'agit ici de montrer au consommateur les conséquences négatives pouvant découler du fait qu'il n'utilise pas la marque de l'annonceur et qu'il achète la marque d'un concurrent.

L'efficacité de ce type d'annonce semble dépendre du niveau de peur suscité chez l'auditoire. Un niveau de peur trop élevé ou trop bas semble être moins efficace qu'un niveau de peur modéré[53]. Par exemple, les annonces de services publics où l'on montre d'horribles scènes d'accidents causés par des chauffeurs en état d'ébriété, ou des morts provoquées par des conducteurs ayant négligé de porter leur ceinture de sécurité, suscitent généralement un niveau d'anxiété intolérable et deviennent, par le fait même, moins efficaces. Mais des approches plus subtiles comme, par exemple, des annonces où l'on utilise des œufs ou des mannequins pour illustrer les mêmes conséquences engendrent moins d'anxiété et sont ainsi plus efficaces. En outre, si les consommateurs ne se soucient pas, par exemple, de l'apparence de leur four, un appel publicitaire basé sur la peur ne réussira pas à engendrer d'anxiété et sera donc inefficace. Finalement, les arguments basés sur la peur sont plus efficaces si l'émetteur est en mesure de suggérer une solution ou un comportement de rechange qui soient convaincants[54]; par exemple, les campagnes publicitaires contre le sida suggèrent le port du condom plutôt que l'abstinence.

L'utilisation d'**appels publicitaires plaisants** vise à associer la marque à une expérience agréable, dans l'espoir que les sentiments positifs éprouvés à l'égard du message seront transférés à la marque. Une deuxième raison est que, devant une situation plaisante (positive), les consommateurs sont distraits et ne pensent pas à présenter des objections. La plupart des consommateurs sont attirés par les scènes montrant des bébés, des enfants, des chiens, des chats et même des modèles au physique attrayant, et éprouvent du respect à l'égard des grands-parents. Un bon exemple d'utilisation de cette technique est la présence de chatons persans de couleur blanche dans les annonces publicitaires du papier hygiénique Royale ou la présence d'un bébé ou de chiens dans les annonces de pneus Michelin.

Une autre tactique populaire est constituée par l'utilisation de l'**humour**. Il est difficile d'utiliser l'humour avec succès, parce que les consommateurs diffèrent quant à ce qui les fait rire. Dans une situation de marché de masse, l'humour doit être universel et doit transcender la langue, le temps et le lieu. De plus, l'humour diffère en fonction du marché. Ainsi, les consommateurs nord-américains réagissent positivement à l'humour sur le sexe, le corps humain, l'argent, le statut social, le mariage, la politique et les sports, et ce, dans l'ordre mentionné, alors que, chez les Britanniques, l'ordre est plutôt le sexe, l'adversité, la classe sociale et la race, l'intelligence, les manies et la religion[55]. Utilisé à bon escient, l'humour tend à augmenter l'acceptation du message et le taux de lecture, et à rehausser la crédibilité de l'émetteur. Il doit contribuer à l'image du produit et est plus efficace lorsqu'il est utilisé pour des marques ayant déjà un niveau de notoriété élevé. Lorsqu'il s'agit de nouveaux produits, la distraction causée par l'humour peut nuire à la transmission de l'information requise pour implanter la marque. On doit donc veiller à ce que l'humour n'envahisse pas le message au point d'empêcher l'auditoire de retenir le nom de la marque annoncée.

Une étude portant sur l'efficacité de l'humour en publicité a conduit aux conclusions suivantes[56] :

1. Les messages humoristiques attirent l'attention ;
2. Les messages humoristiques peuvent influencer la compréhension ;
3. L'humour peut distraire l'auditoire et entraîner une diminution des objections, et peut ainsi augmenter la persuasion ;
4. Les appels publicitaires humoristiques semblent être persuasifs, mais l'effet de persuasion n'est pas nécessairement plus grand que celui des appels publicitaires sérieux ;
5. L'humour tend à augmenter la crédibilité de l'émetteur ;
6. Les caractéristiques de l'auditoire peuvent entraîner de la confusion quant à l'effet de l'humour ;
7. Un contexte humoristique peut augmenter l'attrait exercé par l'émetteur et ainsi créer une ambiance positive. Cela peut augmenter l'effet persuasif du message ;
8. Dans la mesure où un contexte humoristique produit un renforcement positif, une communication persuasive peut être plus efficace.

RÉSUMÉ

En affaires, les transactions nécessitent généralement une communication dans les deux sens entre le vendeur et l'acheteur. Cela fait donc de la théorie de la communication un autre aspect important de l'étude sur le comportement du consommateur.

La communication marketing s'effectue au moyen de la communication de masse (publicité) et de la communication personnalisée (communication par représentant). La communication personnalisée est bien plus efficace que la communication de masse, mais des contraintes de temps et de coût rendent souvent nécessaire l'utilisation des médias de masse.

Une communication efficace exige que l'émetteur et l'auditoire soient sur la même longueur d'onde, qu'ils partagent le même **champ psychologique**. La théorie du champ psychologique suggère que le marketing constitue un jeu d'équilibre. La compréhension de ce phénomène permet au spécialiste de marketing d'influencer les décisions du consommateur en faveur du fournisseur ou de la marque qu'il représente.

Parce que la publicité constitue un média de masse, les réponses qu'elle entraîne de la part des consommateurs peuvent être subtiles, complexes et difficiles à déchiffrer. Les effets de la publicité peuvent se faire sentir à plusieurs niveaux. Trois modèles peuvent être utilisés pour expliquer cette **hiérarchie des effets**. Ces modèles (les modèles cognitif-affectif-conatif, AIDA et Lavidge-Steiner) décrivent les étapes que traversent les consommateurs entre le moment où ils sont exposés à un message publicitaire et l'achat de la marque annoncée.

Pour qu'un consommateur achète une marque en particulier, il doit d'abord avoir ressenti le besoin ou le désir d'acheter la marque, il doit percevoir que cette marque est celle qui lui permettra de satisfaire son besoin ou son désir initial et il doit avoir les moyens financiers et physiques d'effectuer l'achat. Pour réussir, les annonceurs doivent comprendre la vie quotidienne des consommateurs cibles. Ils doivent être au courant des besoins, des perceptions et des attitudes des consommateurs à l'égard des diverses marques et doivent également connaître les habitudes d'achat des consommateurs ainsi que les changements que les acheteurs éventuels désirent ou sont prêts à accepter.

La publicité donne de l'**information** aux consommateurs. Cette information peut éveiller, stimuler ou renforcer des besoins conscients ou latents. Les **perceptions** des consommateurs concernant les produits, les marques et les entreprises sont également influencées par la perception qu'ont les individus des messages qu'ils reçoivent et des médias qui transmettent ces messages.

Les perceptions agissent comme des filtres au travers desquels l'information doit passer avant d'être intégrée à la mémoire du consommateur. Deux filtres importants sont constitués par l'**attention sélective**, qui limite la quantité de l'information reçue, et la **distorsion sélective**, qui influe sur la nature de l'information. On peut se servir de ces concepts pour analyser les perceptions relatives aux marques (l'image de marque), au prix, au risque associé à l'achat et aux divers éléments du processus de la communication comme, par exemple, la crédibilité de l'émetteur. La publicité doit d'abord passer au travers des mécanismes de défense perceptuels utilisés par le consommateur. Un annonceur dispose d'une série de principes généraux pour concevoir des messages publicitaires efficaces.

Les annonceurs utilisent trois grandes stratégies pour influencer le comportement du consommateur:

1. La publicité informative. Une annonce peut fournir énormément d'information au sujet des caractéristiques et de la performance du produit. Cela aide à réduire le risque associé à la décision d'achat;
2. La publicité d'image. La publicité peut être utilisée pour attribuer à la marque des caractéristiques favorables qui la rendent plus désirable aux yeux des consommateurs;
3. La publicité basée sur le témoignage. L'utilisation d'experts compétents et dignes de confiance peut augmenter la crédibilité de l'entreprise et améliorer sa réputation dans le domaine qu'elle occupe.

Les communications publicitaires peuvent influencer les attitudes des consommateurs. Un publicitaire peut vouloir créer des attitudes favorables à l'égard d'une marque (particulièrement s'il s'agit d'une nouvelle marque), renforcer les attitudes positives qu'ont déjà les consommateurs à l'égard d'une marque, ou changer les attitudes négatives en attitudes positives. Il est possible d'influencer les attitudes des consommateurs en se servant de théories comme la théorie de la communication à deux étapes, l'hypothèse d'une relation instrumentale et la théorie de la dissonance cognitive. On peut également changer les attitudes en se servant des principes sous-jacents à la conception du message, de même qu'en attachant de l'importance à la répétition et à la fréquence.

QUESTIONS ET DISCUSSIONS

1. Décrivez le concept de hiérarchie des effets. Quelles sont les conséquences de ce modèle pour les publicitaires?

2. Montrez comment la théorie du champ psychologique du consommateur peut être utilisée pour aider un spécialiste de marketing à réussir sur les marchés internationaux. Donnez des exemples concrets.

3. Comparez la communication personnalisée avec la communication de masse, du point de vue de la théorie de la communication.

4. Décrivez la théorie du champ psychologique du consommateur.

5. Pourquoi est-il difficile de mesurer avec précision l'effet d'une campagne publicitaire sur le marché?

6. Montrez comment les divers éléments du marketing-mix interagissent les uns avec les autres pour véhiculer un message aux consommateurs, aux intermédiaires ainsi qu'au grand public.

7. Pensez à un achat de bien durable que vous avez fait récemment. Décrivez le rôle qu'a joué la publicité dans votre décision d'achat. Quel a été le rôle des autres sources d'information? Quelle source a été la plus importante dans votre décision?

8. Choisissez une annonce que vous jugez efficace pour attirer l'attention. Décrivez les mécanismes perceptuels employés dans cette annonce.

9. Trouvez et décrivez des annonces faisant appel aux motivations suivantes:
   a) le sexe;
   b) la peur;
   c) l'anxiété;
   d) la sécurité;
   e) l'estime de soi.

10. Trouvez des exemples d'annonces qui utilisent des témoignages et qui reposent sur: *a*) la compétence de l'émetteur; *b*) la crédibilité de l'émetteur.

11. Trouvez des exemples d'annonces qui utilisent l'attrait exercé par l'émetteur. Évaluez l'efficacité de ces annonces.

12. Trouvez des exemples d'annonces qui, selon vous, ne sont pas crédibles pour certains segments de marché et spécifiez quels sont ces segments.

13. Trouvez des exemples d'annonces dont l'argumentation va dans les deux sens. Étudiez l'ordre des arguments présentés. Comment les principes expliqués dans ce chapitre ont-ils été appliqués?

14. Trouvez des exemples d'annonces basées sur: *a*) la théorie de la dissonance cognitive; *b*) l'utilisation de la peur.

15. Choisissez trois exemples d'annonces diffusées sur les ondes (à la télévision ou à la radio). Étudiez l'ordre de présentation des arguments. Quels arguments sont les plus puissants (compte tenu de l'auditoire cible) et quels arguments sont les plus faibles?

16. Examinez le rôle potentiel de la publicité dans les situations antérieures à l'achat et dans les situations postérieures à l'achat. Dans quelles situations la publicité est-elle le plus efficace? Donnez des exemples.

RÉFÉRENCES

1. Wilbur Schramm, «How Communication Works», Éd. Wilbur Schramm, *The Process and Effects of Mass Communication*, Urbana, Illinois, University of Illinois Press, 1965.

2. Kurt Lewin, *A Dynamic Theory of Personality*, New York, McGraw-Hill, 1935.

3. Henri Joannis, *De l'étude de motivation à la création publicitaire et à la promotion des ventes*, Paris, Dunod, 1967, p. 8-9.

4. William J. McGuire, «Psychological Motives and Communication Gratification», *The Uses of Mass Communications: Current Perspectives on Gratifications Research*, Éd. J.G. Blumler et E. Katz, Toronto, Gage, 1974, p. 167-196.

5. E.K. Strong, *The Psychology of Selling*, 1ʳᵉ éd., New York, McGraw-Hill, 1925, p. 9.

6. Robert J. Lavidge et Gary A. Steiner, «A Model for Predictive Measurement of Advertising Effectiveness», *Journal of Marketing*, octobre 1969, p. 61.

7. Par exemple, le modèle de la diffusion de l'innovation (voir chapitre 13) de Everett Rogers, *Diffusion of Innovations*, New York, Free Press, 1962, p. 78-86; le modèle de la formation d'attitude de William J. McGuire, (Presentation-Attention-Comprehension-Yielding-Recall-Purchase), «An Information Processing Model of Advertising Effectiveness», conférence présentée au Symposium of Behavioral and Management Science in Marketing, Center for Continuing Education, University of Chicago, juillet 1969.

8. F.W.A. Bliemel, «Advertising Thresholds in Canadian Markets – A Cross-Sectional Analysis of Management Estimates», *Marketing*, Éd. S. Brown, Montréal, Association des sciences administratives du Canada, 1984, p. 31-40; F.W.A. Bliemel, «Are Thresholds of Advertising Response Substantial?», *Marketing*, Éd. J.D. Forbes, Montréal, Association des sciences administratives du Canada, 1983, p. 1-10.

9. Hubert A. Zielske, «The Remembering and Forgetting of Advertising», *Journal of Marketing*, janvier 1959, p. 239-243.

10. Kristian S. Palda, *The Measurement of Cumulative Advertising Effects*, Englewood Cliffs, N.J., Prentice-Hall, 1964.

11. John A. Howard et Jagdish N. Sheth, *The Theory of Buyer Behavior*, New York, Wiley, 1969.

12. Voir Jerome Bruner et Leo Postman, «An Approach to Social Perception», *Current Trends in Social Psychology*, Éd. Wayne Dennis, Pittsburgh, University of Pittsburgh Press, 1955; R. Levine, I. Chein et G. Murphy, «The Relation of Intensity of a Need to the Amount of Perceptual Distortion, A Preliminary Report», *Journal of Psychology*, 49, 1954, p. 129-134.

13. Jerome Bruner et Cecil C. Goodman, «Value and Need as Organizing Factors in Perception», *Journal of Abnormal and Social Psychology*, 42, 1947, p. 33-34.

14. G.A. Mauser, D. McKinnon et M. Nash, «The Effects of Taste and Brand Name on Perceptions and Preferences», compte rendu de l'Association des sciences administratives du Canada, 1977, p. 4-24.

15. René Y. Darmon, «Multiple Joint Space Analysis for Improved Advertising Strategy», *The Canadian Marketer*, 10, n° 1, 1979, p. 10-14.

16. J.G. Barnes et G.H. Pynn, «A Hierarchical Model of Source Effect in Retail Newspaper Advertising: Research Implications», compte rendu de l'Association des sciences administratives du Canada, 1975, p. 5-29.

17. Herbert C. Kelman et Carol I. Hovland, «Reinstatement of the Communicator in Delayed Measurement of Opinion Change», *Journal of Abnormal and Social Psychology*, 17, 1953, p. 327-335.

18. G.R. Rarich, «Effects of Two Components of Communication Prestige», conférence présentée à la Pacific Chapter American Association of Public Opinion Research, Asimolar, Californie, 1963.

19. Voir Bobby J. Calder et Robert D. Burnkrant, «Interpersonal Influences on Consumer Behaviour: An Attribution Theory Approach», *Journal of Consumer Research*, 14, 1977, p. 115-117; Robert A. Hansen et Carol A. Scott, «Comment on Attribution Theory and Advertiser Credibility», *Journal of Marketing Research*, 13, 1976, p. 193-197.

20. Robert D. Tamilia, «A Cross-Cultural Study of Source Effects in a Canadian Advertising Situation», compte rendu de l'Association des sciences administratives du Canada, Éd. J. Boisvert et Ronald Savitt, 1978, p. 250-256.

21. «Frequency in Broadcast Advertising: 1», *Media/Scope*, février 1952; voir également «Frequency in Print Advertising: 1», *Media/Scope*, avril 1962; «Recognition Increased with Advertising... Dropped when Advertising Stopped», New York, McGraw-Hill Advertising Laboratory Publication, mai 1961; E. Pomerance et H.A. Zielske, «How Frequently Should You Advertise?», *Media/Scope*, septembre 1958, p. 25-27.

22. Alvin A. Achenbaum, «Knowledge is a Thing Called Measurement», *Attitude Research at Sea*, Éd. Lee Adler et Irwin Crespi, Chicago, American Marketing Association, 1966, p. 111-126; Henri Assael et George S. Day, «Attitudes and Awareness as Predictors of Market Share», *Journal of Advertising Research*, 8, décembre 1968, p. 3-10.

23. S.A. Brown, «An Experimental Investigation of Attitude as a Determinant of Consumer Spatial Behaviour», compte rendu de l'Association des sciences administratives du Canada, 1975, p. 5-75.

24. Michel Laroche, Michel Bergier et Lee McGown, «Attitudes, Intentions, and the Effects of Competition», *Marketing*, 1, Éd. V.J.

Jones, Association des sciences administratives du Canada, 1980, p. 222-229.

25. Kurt Kewing, «Group Decision and Social Change», *Readings in Social Psychology*, Éd. G.E. Swanson, T.M. Newcomb et L.E. Hartley, 2ᵉ éd., New York, Holt, 1952; Edith B. Bennett, «Discussion, Decision, Commitment, and Consensus in Group Decisions», *Human Relations*, 8, 1955, p. 251-273; D.F. Pennington, F. Harary et B.M. Bass, «Some Effects of Decision and Discussion on Coalescence, Change, and Effectiveness», *Journal of Applied Psychology*, 42, 1958, p. 404-408.

26. C.I. Hovland, E.M. Campbell et T.C. Brock, «The Effects of Commitment on Opinion Change Following Communication», Éd. C.I. Hovland, *The Order of Presentation in Persuasion*, New Haven, Yale University Press, 1957.

27. May Brodbeck, «The Role of Small Groups in Advertising the Effects of Propaganda», *Journal of Abnormal Psychology and Sociology*, 52, 1956, p. 166-170; L.L. Mitwich et E. McGuinnies, «Influencing Ethnocentrism in Small Discussion Groups Through a Film Communication», *Journal of Abnormal Sociology and Psychology*, 56, 1958, p. 82-90.

28. C.I. Hovland et W. Weiss, «The Influence of Source Credibility on Communication Effectiveness», *Public Opinion Quaterly*, 15, 1951, p. 635-650; Herbert C. Kelman et Carl I. Hovland, «Reinstatement of the Communicator in Delayed Measurement of Opinion Change», *Journal of Abnormal Sociology and Psychology*, 48, 1953, p. 327-335.

29. Le changement d'attitude net est la différence absolue entre les changements positifs et les changements négatifs.

30. G.R. Rarick, «Effects of Two Components of Communicator Prestige», conférence présentée au Pacific Chapter, American Association for Public Research, Asimolar, Californie, janvier 1963.

31. P.H. Tannenbaum, «Initial Attitude Toward Source and Concept as Factors in Attitude Change Through Communication», *Public Opinion Quaterly*, 20, 1956, p. 413-425.

32. Benny Rigaux-Bricmont, «Structure des attitudes du consommateur à l'égard des sources d'information qui l'entourent», *Marketing*, 1, Éd. Michel Laroche, Association des sciences administratives du Canada, 1982, p. 263-275.

33. Emmanuel Cheron et Michel Zins, «La théorie de l'attribution: développements et applications pour le marketing», *Marketing*, Éd. V.J. Jones, Association des sciences administratives du Canada, 1980, p. 97-106.

34. Elihu Katz et P.F. Lazarsfeld, *Personal Influence: The Part Played by People in the Flow of Mass Communication*, Glencoe, Illinois, Free Press, 1955.

35. Voir, par exemple, P.F. Lazarsfeld, B. Beverson et H. Gaudet, *The People's Choice*, New York, Duell, Sloan et Pearce, 1944.

36. Katz et Lazarsfeld, *Personal Influence*.

37. Elihu Katz, «The Two-Step Flow of Communication: An Up-to-Date Report on an Hypothesis», *Public Opinion Quaterly*, 21, printemps 1957, p. 61-78.

38. Helen Peak, «Attitude and Motivation», *Nebraska Symposium on Motivation 1955*, Éd. M.R. Jones, Lincoln, University of Nebraska Press, 1955.

39. E.R. Carlson, «Attitude Change Through Modification of Attitude Structure», *Journal of Abnormal and Social Psychology*, 52, 1956, p. 256-261.

40. C.I. Hovland et H.A. Pritzker, «Extent of Opinion Change as a Function of Amount of Change Advocated», *Journal of Abnormal and Social Psychology*, 54, 1957, p. 257-261; W. Weiss, «The Relationship Between Judgements of a Communicator's Position and Extent of Opinion Change», *Journal of Abnormal and Social Psychology*, 56, 1958, p. 380-384.

41. Leon Festinger, *A Theory of Cognitive Dissonance*, New York, Harper and Row, 1957.

42. Carl I. Hovland et Wallace Mandell, «An Experimental Comparison of Conclusion-Drawing by the Communicator and by the Audience», *Journal of Abnormal and Social Psychology*, juillet 1952, p. 581-588.

43. C.I. Hovland, A.A. Lumsdaine et F.D. Sheffield, *Experiments on Mass Communication*, vol. III, Princeton, N.J., Princeton University Press, 1948, chapitre 8; A.A. Lumsdaine et I.L. Janis, «Resistance to Counter-Propaganda Produced by One-Sided and Two-Sided Propaganda Presentations», *Public Opinion Quaterly*, 27, 1953, p. 311-318.

44. E. Walster, E. Aronson et D. Abrahams, «On Increasing the Persuasiveness of a Low Prestige Communicator», *Journal of Experimental Social Psychology*, 2, 1966, p. 325-342.

45. Brian Sternthal, «Persuasion and the Mass Communication Process», thèse de doctorat non publiée, Columbus, Ohio State University, 1972, chapitre 8.

46. H. Gilkinson, S. Paulson et D. Sinkink, «Effects of Order and Authority in an Argumentative Speech», *Quality Journal of Speech*, 40, 1954, p. 183-192; H. Galley et D. Berlo, «Effects of Intercellular and Intracellular Speech Structure on Attitude Change and Learning», *Speech Monographs*, 23, 1956, p. 288-297; H. Sponberg, «A Study of the Relative Effectiveness of Climax and Anti-Climax Order in an Argumentative Speech», *Speech Monographs*, 13, 1946, p. 35-44.

47. Ebbinghaus a découvert, en 1885, que le tiers des syllabes sans signification qu'il avait mémorisées étaient oubliées après 20 minutes et qu'environ les trois quarts étaient oubliées après 6 jours. Cité dans James F. Engel, David T. Kollat et Roger D. Blackwell, *Consumer Behavior*, 2ᵉ éd., New York, Holt, Rinehart and Winston, 1973, p. 340.

48. H. Cromwell et R. Kunkel, «An Experimental Study of the Effects of Attitude of Listeners of Repeating the Same Oral Propaganda», *Journal of Social Psychology*, 35, mai 1952, p. 175-184; E.K. Strong, «The Factors Affecting a Permanent Impression Developed Through Repetition», *Journal of Experimental Psychology*, 1, 1916; Herbert A. Zielske, «The Remembering and Forgetting of Advertising», *Journal of Marketing*, 23, janvier 1959, p. 239-243.

49. «Frequency in Print Advertising: 1», *Media/Scope*, avril 1962; «Frequency in Broadcast Advertising: 1», *Media/Scope*, mars 1962.

50. «Frequency in Broadcast Advertising: 2».

51. Michael L. Ray et Allan G. Sawyer, «Repetition in Media Models: A Laboratory Technique», *Journal of Marketing Research*, 9, 1971, p. 20-29.

52. T. Cook et C. Insko, «Persistence of Attitude Change as a Function of Conclusion Reexposure: A Laboratory Experiment», *Journal of Personality and Social Psychology*, 9, 1968, p. 243-264.

53. I.L. Janis et S. Feshback, «Effects of Fear-arousing Communication», *Journal of Abnormal and Social Psychology*, 48, 1953, p. 78-92.

54. Carl I. Hovland, Irving L. Janis et Harold H. Kelley, *Communication and Persuasion*, New Haven, Yale University Press, 1953, p. 78-92.

55. Jo Marney, «Humor in Advertising», *Marketing*, 21 décembre 1981, p. 12-13.

56. Brian Sternthal et Samuel Craig, «Humor in Advertising», *Journal of Marketing*, 37, octobre 1973, p. 12-18.

Certains problèmes de société et les politiques relatives au consommateur

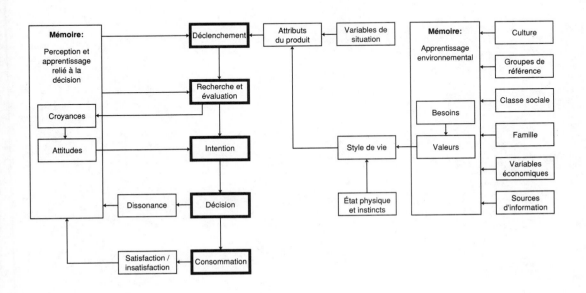

Certains problèmes
de société et les politiques
relatives à consommation

15

Le comportement du consommateur au Canada et certains problèmes de société

INTRODUCTION

Le principal objectif de ce volume était de familiariser le lecteur avec des théories et des concepts relatifs au comportement du consommateur, de manière à l'aider à comprendre les marchés canadiens et étrangers. Cependant, plusieurs critiques du marketing sont d'avis que certains spécialistes de marketing ont abusé de ces concepts en essayant d'influencer le consommateur à des fins purement commerciales. Cette critique a encouragé plusieurs organismes à concevoir des moyens de protéger le consommateur. Ce chapitre a pour objet d'examiner les questions relatives à la protection du consommateur.

Le fait d'influencer les consommateurs à leur corps défendant a fait l'objet de nombreuses critiques, celles-ci ayant trait au contrôle exercé sur le flux d'information, aux influences exercées sur les besoins, les attentes et les choix des consommateurs, et aux promesses exagérées ou trompeuses. Nous évaluerons ces critiques dans la première partie de ce chapitre.

Divers niveaux de gouvernement ont réagi aux critiques formulées à l'égard du marketing en créant des lois visant à protéger les consommateurs ou en forçant certains groupes de gens d'affaires à s'autorégle-menter. Nous analyserons ces actions dans la deuxième partie de ce chapitre.

■ L'INFLUENCE EXERCÉE SUR LE CONSOMMATEUR

Le processus de prise de décision du consommateur peut être influencé à plusieurs niveaux. Les lignes pointillées de la figure 15.1 indiquent les quatre grands domaines d'influence qui ont retenu l'attention des critiques du marketing: 1) l'information; 2) les besoins; 3) les attentes et le choix; 4) le degré de satisfaction ou d'insatisfaction ressenti.

□ Le contrôle de l'information

Les principales questions qui ont été soulevées tant par les spécialistes de marketing que par les consommateurs par rapport au contrôle de l'information par le marketing sont les suivantes: Quelle quantité d'information doit-on fournir aux consommateurs? Quel type d'information? Quelle quantité d'information les consommateurs absorbent-ils? Quel type d'information recherchent-ils? Ces questions ont été soulevées relativement à la prolifération et à l'étiquetage des marques.

La prolifération des marques

L'une des conséquences de l'élévation du niveau de vie dans les pays industrialisés comme le Canada est l'augmentation du nombre de marques disponibles et de la quantité d'information véhiculée. La prolifération des marques peut créer chez les consommateurs des problèmes de traitement d'information. Les consommateurs doivent régulièrement concevoir des moyens de simplifier la décision d'achat. La figure 15.2 présente trois processus de simplification utilisés: 1) la formation d'attitudes est basée sur le traitement d'un nombre limité d'attributs de la marque et de stimuli d'information; 2) on traite un nombre limité de marques, les consommateurs se contentant de classer celles-ci en différentes caté-

FIGURE 15.1
Les quatre grands domaines d'influence du marketing

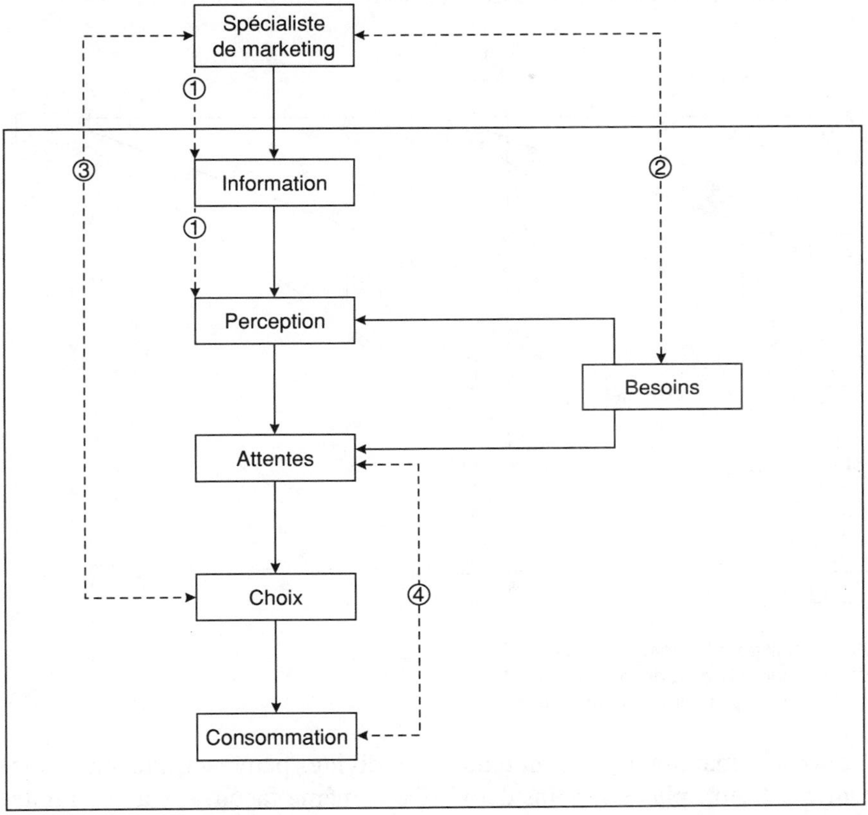

gories; 3) l'intention d'achat est basée sur une évaluation et une comparaison simultanées de plusieurs marques.

Une quantité d'information limitée et le traitement d'un nombre limité d'attributs

La théorie économique traditionnelle suppose que les consommateurs
disposent d'une information complète sur la catégorie de produits à
laquelle ils s'intéressent. Or, les faits démontrent que tel n'est pas le cas.
Les consommateurs ont des capacités limitées en ce qui concerne le
traitement de l'information et la discrimination entre les divers stimuli.

FIGURE 15.2
Un cadre d'analyse du traitement d'information effectué
par le consommateur: trois effets majeurs pour la marque n° 1

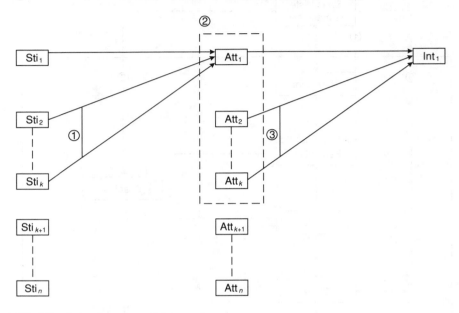

Sti₁ Stimuli pour la marque n° 1
Att₁ Attitude à l'égard de la marque n° 1
Int₁ Intention à l'égard de la marque n° 1

Le nombre maximum de stimuli que les individus peuvent traiter en même temps est sept, plus ou moins deux[1]. De la même façon, il y a une limite à la complexité d'information que la plupart des individus peuvent absorber sans difficulté[2].

Non seulement les consommateurs traitent une quantité d'information limitée, mais une partie de cette information est mal comprise, particulièrement celle qui provient de la publicité[3]. Les faits démontrent que les consommateurs ne traitent qu'un nombre limité d'attributs de la marque dans leurs évaluations[4]. L'information commerciale et non commerciale par rapport aux marques peut influencer les croyances ainsi que les évaluations qui en résultent. La relation entre les croyances et l'attitude est souvent considérée comme particulière à la marque (c'est-à-dire que les croyances à l'égard de la marque A influencent seulement les attitudes à l'égard de la marque A)[5] même si on peut supposer que l'effet des marques concurrentes se fait sentir de façon indirecte sur les croyances (c'est-à-dire que les croyances à l'égard de la marque B influencent indirectement les attitudes à l'égard de la marque A)[6].

Le processus de catégorisation des marques : le modèle de Brisoux et Laroche[7]

Étant donné qu'il y a un trop grand nombre de marques dans certaines catégories de produits, il est possible que les marques connues du consommateur ne soient pas toutes traitées, en raison d'une capacité cognitive limitée (la thèse de Miller et Wallace). Le consommateur peut aussi employer une stratégie de simplification dans des situations comportant un trop grand nombre de possibilités. Cela entraîne également un traitement d'information incomplet. On a décrit l'acte d'achat final comme un acte «émergeant d'un processus en entonnoir». Cela semble correspondre à un processus comportant de multiples étapes : le consommateur forme son ensemble évoqué en éliminant les marques qui ne réussissent pas à atteindre un niveau d'acceptabilité minimal par rapport à un ou plusieurs critères d'évaluation[8]. On a trouvé des preuves empiriques de l'utilisation de cette règle de décision dans la formation d'ensembles évoqués associés à des situations d'achat courantes[9]. Ce type de traitement pourrait expliquer pourquoi, dans les situations comportant un choix, l'exactitude du rappel est plus grande pour les marques choisies que pour les marques rejetées[10]. Certaines marques peuvent être éliminées rapidement parce qu'elles ne peuvent répondre à certains critères minimaux ayant trait aux attributs importants.

Les marques dont les attributs ont été traités (c'est-à-dire celles qui ont été évaluées en fonction d'attributs importants) appartiennent donc à l'ensemble des **marques traitées**, alors que les autres font partie de l'ensemble des **marques floues**. (*Voir figure 15.3.*) L'ensemble des marques floues est constitué par les marques dont le consommateur connaît l'existence (le rappel se faisant avec ou sans aide) et qu'il peut associer à une classe de produits, mais avec lesquelles il n'est pas très familiarisé. Les consommateurs peuvent reconnaître ces marques, mais ils ne les prennent pas en considération lors de l'achat, car ils n'ont pas adopté d'attitude claire à leur égard. Voici certaines raisons expliquant l'existence d'un ensemble de marques floues : les consommateurs «n'ont pas vu d'annonces faisant la promotion de ces marques ou ne se sou-

FIGURE 15.3
Le modèle de catégorisation des marques élaboré
par Brisoux et Laroche (1980)

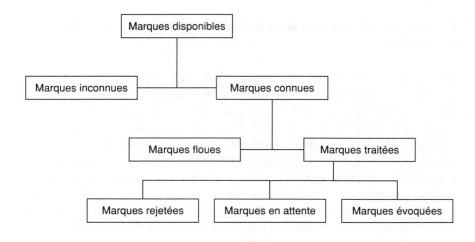

SOURCE: Adapté de Jacques E. Brisoux et Michel Laroche, « A Proposed Consumer Strategy of Simplification for Categorizing Brands », *Evolving Marketing Thoughts for 1980*, Éd. John G. Summey et Ronald D. Taylor, Carbondale, Illinois, Southern Marketing Association, 1980, p. 113.

viennent pas d'en avoir vu, ou, s'ils s'en souviennent, l'annonce n'était pas suffisamment informative pour leur permettre d'évaluer la marque; ils n'ont jamais essayé certaines de ces marques ou, s'ils l'ont fait, l'expérience n'a pas été concluante; ils ne se souviennent pas que quelqu'un ait jamais mentionné, consommé ou commandé la marque[11] ».

Contrairement aux marques floues, les marques traitées ont toutes été évaluées par les consommateurs en fonction d'au moins un attribut du produit. Notons que, pour les marques choisies, on a traité et conservé dans la mémoire une plus grande quantité d'information que pour les marques rejetées[12]. La première subdivision de l'ensemble des marques traitées est l'ensemble des **marques évoquées**. Ces marques sont celles que le consommateur considère lorsqu'il prend sa décision d'achat finale. Le consommateur a donc adopté une attitude favorable à leur égard. Le second sous-ensemble est l'ensemble des **marques en attente**. De telles marques ne constituent pas des possibilités d'achat acceptables, mais le consommateur a quand même des attitudes claires (favorables, défavorables ou neutres) à leur égard. Voici quelques-unes des raisons pouvant justifier qu'une marque fasse partie de l'ensemble des marques en attente:

1. Le consommateur peut avoir une attitude favorable à l'égard de la marque, mais peut ne pas avoir classé celle-ci dans l'ensemble des marques évoquées parce qu'il perçoit que cette marque ne peut satisfaire ses besoins; il est également possible que la marque ne soit pas appropriée à la situation de consommation, que le prix soit trop élevé par rapport à la qualité ou qu'aucun membre du groupe de référence ne la consomme. Advenant le changement d'une de ces conditions, la marque pourrait se retrouver dans l'ensemble des marques évoquées;
2. À l'inverse, le consommateur peut avoir une attitude légèrement défavorable à l'égard d'une marque en attente, sans pour cela la rejeter, le prix étant suffisamment bas pour en faire une véritable aubaine;
3. Le consommateur peut vraiment être neutre à l'égard des marques en attente; sans les aimer ou les détester, il peut les juger médiocres. S'il ne se produit rien de particulier pendant une certaine période de temps, la marque peut se retrouver dans l'ensemble des marques floues, en raison de l'oubli ou d'un simple manque de renforcement[13].

L'ensemble suivant est appelé ensemble des **marques rejetées**. Il contient les marques que le consommateur juge inacceptables et qu'il ne prendra pas en considération lors de l'achat. Le consommateur a adopté une attitude négative à l'égard de ces marques.

La quatrième catégorie de marques, qui ne fait pas partie de l'ensemble des marques traitées, est l'ensemble des **marques floues**. Les consommateurs sont plus négatifs à l'égard des marques de cet ensemble qu'ils ne le sont à l'égard des marques évoquées ou en attente, tout en étant plus positifs à leur égard qu'ils ne le sont à l'égard des marques rejetées.

Ainsi, la recherche montre que les consommateurs disposent de stratégies efficaces pour faire face au problème de la prolifération des marques. Ces stratégies de simplification leur permettent de filtrer l'information qui ne peut les aider, tout en conservant celle qui est importante à leurs yeux.

L'intention d'achat en tant que processus de comparaison

La façon traditionnelle de considérer la relation qui existe entre les attitudes et les intentions à l'égard d'une marque semble ignorer la question de l'effet concurrentiel des autres marques. Le concept d'intention a été présenté comme un lien intermédiaire entre l'attitude et le comportement[14]. Les résultats qui suivent suggèrent qu'en améliorant la prévision de l'intention, on peut arriver à une meilleure prévision du comportement.

Dans le contexte général d'une classe de produits particulière et d'une certaine situation de consommation, toutes les marques disponibles se font concurrence pour attirer l'attention du consommateur et amener celui-ci à évaluer et à choisir une marque. Il se peut qu'un consommateur ne connaisse qu'un petit nombre des marques qui sont en vente sur le marché, tel que nous l'avons décrit plus haut. En définitive, compte tenu d'un certain ensemble d'attitudes à l'égard des marques faisant partie de l'ensemble évoqué du consommateur, l'intention d'achat par rapport à une marque dépend de la distribution des attitudes à l'égard des autres marques de l'ensemble[15]. L'hypothèse sous-jacente à ce phénomène est que, lors de la formation des intentions d'achat, le consommateur considère l'attrait exercé par les différentes marques. Par exemple, deux situations différentes peuvent conduire à des prévisions différentes par rapport à l'intention et au comportement: 1) la marque A est beaucoup aimée, alors que les marques B, C et D ne sont pas aimées; 2) les marques A et B sont aimées, alors que les marques C et D ne sont pas aimées. Dans le premier cas, il y a une forte probabilité que l'on choisisse la marque A; dans le second cas, la probabilité que l'on achète la marque A est beaucoup moins grande, car une marque également attrayante est aussi disponible.

Conclusion sur la prolifération des marques

Le comportement des consommateurs en présence d'un grand nombre de marques et de stimuli d'information n'est pas évident. Dans une société d'abondance comme la nôtre, il est difficile de prédire le succès d'un programme de marketing sans d'abord recueillir de l'information de base sur les consommateurs et sur leurs réactions à l'égard de l'emballage, de la publicité et de l'attrait ou de l'image des marques concurrentes. Le modèle que nous venons de décrire est très utile pour expliquer les stratégies de simplification qu'emploient les consommateurs pour traiter l'information, évaluer les marques et effectuer des choix, ainsi que pour expliquer le rôle et l'effet de la concurrence.

L'étiquetage

Les spécialistes de marketing dépensent énormément de temps et d'argent pour l'emballage de leurs produits, dans le but d'attirer l'attention des consommateurs et de promouvoir la consommation du produit. En plus de l'information qu'elles fournissent, les étiquettes possèdent des caractéristiques physiques distinctes comme l'agencement des couleurs, la grosseur des caractères employés, les photos et les logos. L'étiquette procure de l'information sur les attributs du produit ainsi que des précisions requises par la loi comme la date d'expiration et le contenu nutritif du produit. Étant donné que toute étiquette est conçue dans le but de communiquer un message, le type et la quantité d'information imprimée ainsi que les caractéristiques physiques varient d'une étiquette à l'autre.

L'information fournie par les étiquettes

Les consommateurs n'utilisent qu'une petite partie de l'information contenue sur l'emballage et accordent généralement une plus grande importance au prix et au nom de marque[16]. Ils ont tendance à prendre leurs décisions d'achat en se basant sur les trois à cinq dimensions du produit qu'ils jugent les plus importantes, plutôt que de s'appuyer sur toute l'information disponible[17]. Les consommateurs doivent souvent faire un compromis entre l'optimisation des avantages éventuels résultant de la consommation du produit et la réduction de l'effort associé à la prise de décision[18]. La charge d'information à laquelle fait face l'individu influe généralement sur l'importance accordée à la simplification du processus décisionnel par opposition à l'optimisation de la consommation[19]. La charge d'information est définie comme **la quantité de données qu'une personne traite dans un laps de temps déterminé**. On peut augmenter la quantité de données en augmentant le nombre d'attributs à considérer par choix, le nombre de choix à considérer et le nombre d'indices d'information accessoires présents. On a découvert qu'au fur et à mesure que le nombre de choix augmentait, la justesse de la décision diminuait. On s'est également aperçu qu'une augmentation de la charge d'information était associée à une augmentation de la complexité du processus décisionnel. De plus, lorsque les consommateurs devaient choisir entre un nombre limité de marques, la justesse de leur choix par rapport aux buts et aux objectifs qu'ils s'étaient fixés augmentait au fur et à mesure que l'on augmentait les informations communiquées sur chaque marque[20]. Cependant, lorsqu'on associait une augmentation de la quantité d'information par marque à une augmentation du nombre de marques, on obtenait généralement des conséquences négatives sur le plan fonctionnel : les sujets exposés à un trop grand nombre de marques choisissaient une marque qui ne leur donnait pas une très grande satisfaction à l'égard du produit choisi. Cette insatisfaction se manifestait par de l'incertitude et de la confusion quant à la justesse du choix effectué.

L'étiquetage et les personnes âgées

Les spécialistes de marketing s'intéressent de plus en plus au segment en croissance des personnes âgées. La recherche suggère que le traitement de l'information peut être relié à l'âge des consommateurs ; la compréhension de cette relation est donc fondamentale pour l'élaboration de stratégies de marketing destinées aux personnes âgées. Celles-ci diffèrent-elles des consommateurs plus jeunes en ce qui a trait au traitement de l'information ? Si tel est le cas, à quel âge ces différences sont-elles le plus susceptibles de se manifester ? Les résultats de la recherche indiquent qu'il existe des différences d'âge par rapport à l'exposition à l'information, à l'apprentissage et à l'influence exercée par le message. Ces changements dans les modes de réponses sont plus susceptibles de se manifester vers l'âge de 60 ou 65 ans, alors que les individus voient diminuer l'importance de leur rôle dans la société, avec la retraite et le déclin du niveau d'énergie[21]. Ce résultat concorde avec le regroupement d'âge chronologique utilisé dans la recherche commerciale pour définir le segment de marché constitué par les personnes âgées. Cependant, des facteurs d'ordre biologique, psychologique et social différencient les consommateurs à l'intérieur de ce très large segment.

Après l'exposition, l'information doit faire l'objet d'un apprentissage, de manière à pouvoir servir lors d'une prise de décision ultérieure.

La capacité de la mémoire à court terme est relativement stable tout au long de la vie, et on a décelé peu de différences attribuées à l'âge par rapport aux tâches nécessitant le recouvrement de l'information le plus récemment présentée. Les théories courantes suggèrent qu'il existe peu de différences attribuables à l'âge par rapport à la mémoire primaire elle-même[22]. Les pertes dues à l'âge se font surtout sentir sur le plan de la mémoire secondaire et sont attribuées à des échecs dans l'acquisition ou le recouvrement. Même si, en soi, le fonctionnement de la mémoire à court terme ne semble pas se modifier avec l'âge, la vitesse du rappel (ou du recouvrement) semble changer, quant à elle[23].

De plus, les sujets plus jeunes fouillent dans le contenu de la mémoire à court terme deux fois plus vite que ne le font les sujets plus âgés, lesquels ont également besoin de plus de temps pour se souvenir de l'information[24]. Les adultes plus âgés montrent de plus grandes lacunes d'apprentissage lorsqu'on leur présente un stimulus d'une manière rapide, mais cet effet disparaît lorsqu'on permet aux sujets de choisir le rythme de présentation de l'information. Cela suggère que les lacunes d'apprentissage sont attribuables non pas à une incapacité de traiter l'information pertinente, mais plutôt à une incapacité d'ignorer les stimuli non pertinents. Certains chercheurs ont émis l'hypothèse que les personnes plus âgées traitaient néanmoins l'information d'une manière plus efficace que les adultes plus jeunes. De plus, on a montré que les gens plus âgés traitaient moins d'information que les sujets plus jeunes, mais que l'information ainsi traitée était d'une importance fondamentale pour la décision en question[25]. Ce résultat suggère que le fait d'être familiarisé avec l'information, de même que l'expérience acquise avec l'âge, facilite le traitement de l'information chez les personnes âgées; en d'autres mots, ce facteur compense une diminution de la vitesse de traitement ou une déficience de l'apprentissage et entraîne une efficacité accrue du traitement.

En définitive, lors des décisions d'achat, les consommateurs âgés se fient à leur expérience personnelle comme guide principal et sont souvent peu familiarisés avec les codes employés pour dater le produit, les informations d'ordre nutritif inscrites sur les étiquettes et l'information constituée par le prix unitaire[26]. Le fait de ne pas comprendre ce type d'information peut augmenter la propension de ces consommateurs à se laisser influencer.

☐   # L'action exercée sur les besoins

On accuse souvent le marketing de manipuler les consommateurs en «créant» des besoins. Sur le plan du message, il est possible que la publicité manipule l'auditoire en faisant appel aux émotions. Les critiques considèrent l'utilisation du sexe, de la peur et de l'amour comme une tentative pour manipuler les consommateurs en se servant de leurs émotions. D'autres critiques sociaux accusent les spécialistes de marketing d'employer des techniques comme la recherche sur les motivations et la publicité subliminale pour manipuler les consommateurs en communiquant avec eux au niveau de l'inconscient.

La création de besoins

Les critiques considèrent les spécialistes de marketing comme des manipulateurs pouvant inciter les consommateurs à acheter, contre leur gré, des produits et des services qui ne les satisferont pas. Que les spécialistes de marketing soient capable de créer des désirs irrésistibles et puissent changer des consommateurs intelligents en robots que l'on peut manipuler à souhait est une croyance qui se situe très loin de l'univers réel du marketing. Au chapitre 6, nous avons vu que, d'un point de vue psychologique, les publicités peuvent éveiller, stimuler et même renforcer un besoin latent. Cependant, elles sont incapables de créer un besoin qui n'existe pas déjà, du moins, de façon latente. Il existe de nombreuses preuves à l'appui de cette affirmation. Par exemple, le très grand nombre de produits qui subissent des échecs sur le marché constitue une preuve évidente que les spécialistes de marketing ne peuvent créer des besoins. S'il était si facile de «créer» des besoins pour n'importe quel produit, pourquoi les spécialistes de marketing échoueraient-ils d'une façon si lamentable, gaspillant d'énormes ressources dans le lancement de nouveaux produits?

D'un point de vue philosophique, la création de besoins constitue une véritable négation du concept de marketing. Bien que certains fabricants inventent des nouveaux produits et essaient ensuite de créer un «besoin» pour ces produits, le processus de marketing constitue l'inverse de cette façon de faire. Le spécialiste de marketing doit d'abord reconnaître, identifier et découvrir des besoins insatisfaits chez les consommateurs avant de concevoir des produits et des services que ces derniers puissent juger à la fois nécessaires et acceptables.

L'utilisation d'émotions en publicité

Les critiques soulignent souvent l'utilisation répandue que l'on fait, en publicité, d'émotions telles que la peur ou l'attirance sexuelle. Ils suggèrent que la publicité devrait reposer uniquement sur des critères «rationnels» comme l'économie, et se limiter à informer les consommateurs sur les caractéristiques physiques de la marque. Pensez, par exemple, au cas d'un spécialiste de marketing qui voudrait annoncer un produit de beauté à un auditoire féminin. Une première solution serait d'annoncer son prix ou toute autre caractéristique «objective» du produit. Seulement, comment cela se rattache-t-il aux motivations des femmes qui achètent de tels produits? La plupart des acheteurs de produits de beauté achètent ceux-ci dans le but d'être plus attrayants, de paraître plus jeunes ou de se sentir mieux.

Les consommateurs font des choix à l'aide de nombreux critères, tant «émotionnels» que «rationnels». En d'autres mots, ce que les critiques considèrent comme un appel émotionnel est l'utilisation que font les spécialistes du marketing de la logique et du langage des consommateurs. Pour les spécialistes de marketing, même des motivations hautement émotionnelles peuvent être considérées comme rationnelles, étant donné que les consommateurs essaient d'être conséquents avec eux-mêmes et utilisent tout un ensemble de pensées et de sentiments dans leurs prises de décision. Mais plusieurs critiques considèrent comme dénuée de rationalité toute personne qui ne partage pas leurs propres jugements de valeur.

L'utilisation de techniques puissantes

Les techniques qui sont présentement à la portée des spécialistes de marketing sont loin d'être parfaites; elles ont des effets limités, et, encore, à condition d'être bien employées. Or, à partir de preuves partielles, il a souvent été de bon ton, pour certains critiques, d'accuser les spécialistes de marketing de manipuler les consommateurs en leur faisant acheter des produits et des services dont ils n'ont pas besoin. Nous avons déjà examiné la question de la publicité subliminale au chapitre 3.

La recherche sur les motivations a été introduite par Ernest Dichter dans les années 50. Son objectif était de découvrir les motivations qui sont parfois enfouies dans l'inconscient du consommateur afin d'expliquer les habitudes d'achat. Certains auteurs se sont opposés à cette forme de recherche, considérant qu'elle constituait une manipulation des consommateurs à des fins commerciales:

> On a sondé les désirs superficiels, les besoins et les pulsions des gens dans le but de découvrir leurs points faibles. Parmi les facteurs de motivation superficiels découverts dans le profil émotionnel de la plupart d'entre nous, on a noté, par exemple, la tendance à la conformité ainsi que le besoin de stimulation orale et de sécurité. Une fois ces points faibles isolés, on a pu concevoir des hameçons psychologiques, les amorcer et les plonger dans la mer des techniques marchandes pour attirer des clients potentiels dépourvus de méfiance[27].

Cependant, la recherche sur les motivations a rapidement montré ses limites. L'analyse et l'interprétation des entrevues en profondeur nécessitent énormément de compétence. De plus, des échantillons de petite taille ont souvent limité la capacité de généraliser les résultats de la recherche. Aussi, il n'est pas inhabituel que divers chercheurs tirent des conclusions différentes à partir des mêmes données. En outre, même si l'interprétation des données était correcte, il est souvent impossible de passer de ces données à des stratégies de marketing et de publicité efficaces.

Aujourd'hui, la recherche sur les motivations constitue seulement une étape préalable aux sondages à grande échelle, permettant de formuler des hypothèses.

☐ L'action exercée sur les attentes et le choix

Les critiques ont souvent dit que, dans notre société, la publicité pouvait élever le niveau des attentes des personnes vivant dans la pauvreté et que, d'une manière plus générale, elle pouvait accroître le matérialisme. En rendant les consommateurs conscients de l'existence des produits et des services et en les incitant à les acheter, les spécialistes de marketing éveilleraient chez les consommateurs des désirs à l'égard de produits qu'ils ne connaîtraient pas si ces derniers n'étaient pas annoncés. Dans les cas où les consommateurs ne peuvent pas se payer les produits annoncés, ils peuvent devenir frustrés et malheureux. Ce problème est plus aigu pour les consommateurs qui vivent dans la pauvreté et subissent l'influence de nombreux messages publicitaires pour des produits qui leur sont inaccessibles.

D'un autre côté, les critiques soutiennent que, pour les consommateurs qui peuvent financièrement se permettre d'acheter les produits annoncés, la publicité accroît le matérialisme. On entend généralement par « matérialisme » l'importance accordée à l'acquisition de biens matériels, comparativement à celle que l'on accorde aux valeurs non matérielles comme l'amour, la liberté et le développement de l'intellect.

Nous examinerons ces diverses critiques chacune à leur tour.

La création de désirs

Parce qu'il est associé à la satisfaction des besoins, le marketing s'est fait reprocher d'entraîner des conséquences sociales négatives. Selon cette optique, les désirs doivent émaner des consommateurs et ne pas être suscités par des communications marketing comme la publicité. Cet argument provient de la théorie économique qui suggère que l'affectation des ressources doit maximiser la satisfaction du consommateur. Or, l'information provenant des sources commerciales constitue seulement une petite partie des stimuli que reçoivent les consommateurs par rapport aux produits et aux services. En effet, les consommateurs sont constamment exposés à des produits : aux voitures dans la rue, aux vêtements dans les magasins ainsi qu'aux téléviseurs et aux fours à micro-ondes dans les magazines ou dans les maisons des amis et des voisins.

Le mécontentement et le matérialisme du consommateur sont donc clairement des problèmes **de société** et ne peuvent être uniquement attribués au marketing. Nos systèmes économiques et sociaux favorisent la consommation de masse et l'esprit de compétition. Le marketing constitue seulement l'une des institutions économiques faisant partie du système global d'affectation des ressources. Le marketing se préoccupe seulement de reconnaître, de fournir et de distribuer des produits visant à satisfaire des besoins, et à communiquer avec des consommateurs sélectionnés. Il s'agit d'une institution très efficace à l'intérieur d'un tel système. Une critique de l'ensemble du système dépasse les limites de ce volume.

Le cas des personnes vivant dans la pauvreté

Le mécontentement ressenti par les consommateurs ayant un faible niveau de vie est également un problème de société. Ce problème ne pourra être résolu que si on améliore les conditions économiques de ces personnes soit au moyen d'un effort collectif (par exemple, des programmes gouvernementaux), soit au moyen d'efforts individuels. Dans l'histoire économique qui est la nôtre, le second cas a produit plusieurs inventions et innovations importantes et plusieurs entrepreneurs. De plus, l'avènement des techniques de production de masse dans de nombreuses industries, associé à une compétition farouche à l'aide des techniques modernes de marketing, a entraîné des diminutions de prix importantes pour plusieurs produits, mettant ceux-ci à la portée des classes économiques inférieures. Néanmoins, il est également vrai que la situation financière de certaines familles pauvres est très mauvaise et cela constitue un problème social que seule l'éducation du consommateur pourra résoudre. Les mauvaises habitudes budgétaires constituent un problème d'éducation, et non pas un problème causé par la disponibilité des produits ou les pratiques publicitaires.

Le matérialisme

Les consommateurs achètent plusieurs produits à des fins non matérielles; ainsi, ils achètent des cadeaux pour exprimer leur amour, leur estime ou leur affection; ils achètent une voiture qui reflète leur statut social et se procurent des livres, des jeux ou des chaînes stéréophoniques pour développer leur intellect. Dans notre société moderne, la production de masse, la distribution et la communication ont facilité l'atteinte de la plupart des buts non matériels. Avec la satisfaction de la plupart des besoins fondamentaux tels que la nourriture et le logement, la consommation de masse devient de plus en plus orientée vers des buts d'un niveau plus élevé. Cette tendance devrait s'accentuer avec l'avènement de semaines de travail plus courtes et l'importance accrue des loisirs.

☐ # Le degré de satisfaction ou d'insatisfaction ressenti

Il est courant pour les spécialistes de marketing d'exagérer dans les promesses qu'ils font au sujet des marques qu'ils vendent, dans le but de distinguer celles-ci des marques concurrentes. C'est pourquoi on a souvent accusé la publicité de dire des mensonges (ou des demi-vérités).

Certaines annonces peuvent avoir recours au mensonge, affirmant que le produit fait des choses qu'il ne peut pas faire ou laissant supposer, sans le dire carrément, que le produit offrira un certain avantage. Or, les professionnels du marketing condamnent vigoureusement ces pratiques considérées comme malhonnêtes ou trompeuses. De telles pratiques constituent indéniablement une violation de la Loi sur la concurrence et vont à l'encontre de divers codes, tel le Code canadien des normes de la publicité; les médias refusent généralement d'imprimer de telles annonces ou de les diffuser.

La question des demi-vérités est plus subtile. Il peut être plausible que deux fabricants d'un même produit déclarent tous deux que leur marque respective est la meilleure ou que leur produit est unique. Dans la plupart des cas, l'exagération vise à «dramatiser» la marque et ne peut tromper un consommateur sensé. Parfois, il existe des arguments techniques à l'appui de telles allégations, mais il peut être impossible de les présenter dans un message publicitaire de 30 secondes ou dans une annonce d'une demi-page. Les spécialistes de marketing doivent faire preuve de jugement pour déterminer comment transmettre un message aux consommateurs sans créer de fausses impressions. On s'attend également à ce que les spécialistes de marketing choisissent de mettre l'accent sur des faits qui leur procurent un avantage par rapport à leurs concurrents.

La recherche indique que le changement d'attitude d'un consommateur à l'égard de la marque est fonction non seulement de l'expérience qu'il a de la marque, mais aussi de ses attentes initiales[28]. Si la satisfaction qu'il éprouve dépasse ses attentes, le changement d'attitude à l'égard de la marque sera positif; mais si le degré de satisfaction est inférieur aux attentes initiales, le changement d'attitude du consommateur sera négatif. Ce mécanisme correctif montre qu'il est inutile et même parfois nuisible d'exagérer les qualités de la marque.

☐   Certains problèmes de société reliés à la communication

L'évaluation des effets de la publicité est un phénomène hautement subjectif, car ces effets sont liés aux valeurs sociales et aux styles de vie des consommateurs ainsi que, d'une manière plus générale, au système social et économique. Il n'existe pas de vérité absolue dans ce débat, car la controverse porte non pas sur les faits, mais sur les systèmes de valeurs. Les deux grandes questions que nous avons choisi d'examiner sont l'emploi de stéréotypes et la promotion du mauvais goût.

L'emploi de stéréotypes

Lorsque la publicité attribue des rôles déterminés à divers groupes d'individus comme les minorités ethniques, les personnes âgées ou les femmes, elle contribue à perpétuer certains stéréotypes. Cela est également le cas des autres formes de communication comme les films, les livres ou la télévision. Ce point de vue est apparu aux États-Unis lorsque diverses associations représentant la communauté noire ont accusé les publicitaires de représenter les Noirs surtout dans des rôles évoquant un statut social inférieur. Récemment, des associations féministes ont accusé les publicitaires de représenter les femmes principalement dans des rôles subalternes traditionnels et rarement dans des rôles de gestionnaires ou de personnes ayant un statut social élevé[29]. Robert Oliver, étant à l'époque président du Bureau consultatif de la publicité au Canada, a écrit:

> Si la publicité aide à perpétuer de tels stéréotypes, est-ce qu'elle érige, par ce processus, une barrière psychologique de plus pour la liberté humaine? Dans la mesure où c'est le cas, cet aspect de la publicité n'est-il pas une force sociale négative? De par leur nature même, certaines représentations publicitaires constituent-elles un affront pour les femmes[30]?

Ce genre de questions a inspiré plusieurs études canadiennes. Par exemple, une étude effectuée en 1976 par le Groupe de travail sur les femmes du Bureau consultatif de la publicité au Canada concluait que la peur associée à la croyance selon laquelle un style de publicité «libéré» aura peu d'effets ou suscitera des réactions négatives n'est pas fondée.

Au contraire, de tels messages ont tendance à l'emporter sur les messages traditionnels[31].

Le tableau 15.1 résume la recherche effectuée par Wyckham sur les stéréotypes sexistes en publicité. Wyckham a déterminé cinq catégories: l'aspect physique des femmes, leur environnement physique, leurs occupations, leur pouvoir et leur statut relatifs ainsi que leurs besoins et leurs intérêts[32].

Cette étude a montré que certains des stéréotypes employés sont perçus comme offensants par une large proportion de Canadiens. Dans une enquête menée à l'échelle nationale, 60 % des répondants ont dit que les annonces télévisées diminuaient les femmes. De plus, on peut se permettre d'affirmer que l'emploi répété de certains stéréotypes contribue à perpétuer ces stéréotypes dans la société, ce qui influence, par exemple, les attentes à l'égard de la carrière des femmes[33].

Cependant, on peut se demander s'il appartient à la publicité de promouvoir ou de combattre les stéréotypes sociaux indésirables. Par exemple, il est vrai qu'au fur et à mesure que les rôles des femmes changent, les annonceurs ont intérêt à représenter celles-ci dans leurs nouveaux rôles. Les annonceurs doivent refléter non pas le passé, mais plutôt les valeurs et les styles de vie actuels de leur auditoire. Cependant, on n'attend pas d'eux qu'ils tracent un portrait irréaliste de la société:

> Mais en même temps, les femmes d'aujourd'hui sont représentées par des publicités qui montrent les hommes et les femmes d'une manière exagérée et non réaliste. Pour atteindre une efficacité maximale, les annonceurs doivent comprendre la réalité des femmes d'aujourd'hui et s'assurer que le portrait qu'ils font tant des femmes que des hommes est authentique, qu'il reflète la réalité[34].

Étant donné que les stéréotypes constituent réellement un problème de société, le gouvernement a élaboré en 1979 un plan d'action national afin de promouvoir l'égalité pour les femmes du Canada et d'éliminer la discrimination à leur égard. À la suite du travail effectué par un groupe de personnes déterminé, un rapport, publié en septembre 1982 et contenant 20 recommandations, proposait une période d'auto-réglementation de deux ans pour les industries de la diffusion par les ondes et de la publicité. Une commission était mise sur pied en 1984 pour surveiller l'industrie pendant cette période et pour faire un rapport sur les initiatives et les mesures adoptées pour améliorer la situation.

TABLEAU 15.1
Classification des stéréotypes sexistes en publicité et en marketing

1. **La présentation de l'aspect physique des femmes en publicité**
   - Les femmes sont généralement jeunes, minces, de race blanche et très belles.
   - Les femmes sont généralement parfaites, sans imperfections physiques.
   - Les femmes sont généralement représentées dans des attitudes physiques considérées comme faibles et serviles.
   - Les femmes sont généralement utilisées comme objets décoratifs ou sexuels.
   - Les femmes sont généralement représentées comme inactives et non compétitives sur le plan physique.
   - Les femmes sont généralement montrées en tant qu'objets et sont présentées comme des spécimens (jambes, bras, etc.).

2. **L'environnement physique des femmes en publicité**
   - Les femmes sont généralement représentées dans un contexte domestique.
   - Les femmes ne sont généralement pas représentées dans un contexte professionnel ou de sport de compétition.

3. **Les occupations des femmes**
   - Les femmes sont généralement représentées comme des ménagères, des épouses et des mères.
   - Les femmes ne sont généralement pas représentées comme des membres rémunérés du marché du travail.
   - Lorsqu'on les représente dans un contexte de travail, les femmes sont généralement représentées dans des situations à bas statut et dans un éventail d'occupations étroit.

4. **Le pouvoir et le statut relatifs des femmes**
   - Les femmes sont généralement montrées comme des personnes qui ont une bonne expérience des produits d'entretien ménager et des soins pour la famille, mais qui ont quand même besoin d'une autorité masculine pour sanctionner leurs décisions.
   - Les femmes sont généralement dépeintes comme des membres de la famille serviables, affectueux, éducateurs.
   - Les femmes sont généralement perçues, dans le contexte du travail, comme serviles et dépendantes des hommes.
   - Les femmes sont généralement représentées comme des personnes qui prennent des décisions d'achat au sujet de produits de faible valeur et d'achat courant et elles ne sont généralement pas dépeintes comme des personnes participant aux achats de produits complexes, de grande valeur.

5. **Les besoins et les intérêts des femmes**
   - Les femmes sont généralement montrées comme des personnes s'intéressant aux produits associés au foyer, à la nourriture, au nettoyage, à la beauté, à l'hygiène personnelle, aux bijoux et aux vêtements.
   - Les femmes ne sont généralement pas montrées comme des personnes s'intéressant aux automobiles, aux ordinateurs, aux loisirs consommés à la maison ainsi qu'aux produits industriels et financiers.
   - Les femmes servent souvent de modèles pour annoncer des vêtements à la mode.

SOURCE: Adapté de Robert G. Wyckham, «Self-Regulation of Sex Role Stereotyping in Advertising: The Canadian Experience», cahier de recherche, Simon Fraser University, 1986, p. 3-4.

À la suite d'une série de suggestions et de séances, le CRTC (Conseil de la radiodiffusion et des télécommunications canadiennes) présentait en 1986 une politique en matière de stéréotypes sexistes dans les médias radiotélévisés. Cette politique comporte plus de 25 recommandations et propose que le gouvernement prenne une part très active dans ce dossier :

> En dépit de cet effort [par les diffuseurs et les annonceurs], la Commission conclut... que l'autoréglementation a eu un succès partiel seulement et que des actions additionnelles sont nécessaires[35].

On s'attend à ce que des actions additionnelles soient entreprises tant que toutes les formes de stéréotypes sexistes n'auront pas été éliminées.

La promotion du mauvais goût chez le public

On affirme parfois que les annonces télévisées sont ridicules, ennuyeuses ou dénuées d'imagination ; on accuse également les annonceurs d'utiliser le sexe ou la peur pour vendre les produits, et de montrer des objets susceptibles de choquer certaines personnes tels que les produits d'hygiène féminine ou les contraceptifs. Les consommateurs peuvent se sentir insultés ou diminués par certaines annonces. Trois raisons peuvent expliquer ces réactions.

Premièrement, le goût est subjectif et varie selon la personnalité de l'auditeur et selon des facteurs tels que l'âge, l'instruction, la classe sociale, la culture et le climat. Ce qu'un adolescent considère comme de bon goût peut sembler de mauvais goût à un adulte. Un intérieur rouge qui paraît chaud et confortable dans un climat froid peut paraître étouffant et écrasant à une personne vivant dans un pays chaud. La musique rock peut sembler un bruit intolérable aux oreilles de l'amateur de musique classique, alors qu'une sonate de Chopin peut faire dormir l'amateur de *hard-rock*. Il est donc un peu normal que les approches créatives des annonces soient appréciées différemment selon les divers groupes ou segments de marché.

Deuxièmement, il est possible que certains consommateurs non visés par le message soient quand même exposés à l'annonce publicitaire à cause d'une «segmentation imparfaite[36]». Étant donné qu'il existe rarement une concordance parfaite entre les marchés cibles choisis et les véhicules disponibles dans les divers médias de masse, il est inévitable que quelques consommateurs soient exposés à certains messages qui ne les concernent pas. Une approche créative conçue pour plaire à certains groupes cibles peut paraître ridicule ou de mauvais goût aux yeux des consommateurs ne faisant pas partie de la cible. Un exemple évident est le spectateur masculin qui est gêné lorsqu'il voit une annonce de produits d'hygiène féminine.

Troisièmement, certaines annonces sont créées par des amateurs ou par des personnes dont la formation est insuffisante. Cela est souvent dû à l'absence de recherche préalable ou à l'insuffisance des budgets publicitaires. De telles publicités sont souvent jugées de mauvais goût parce qu'elles essaient trop d'attirer l'attention et ont ainsi pour effet de nuire à la réputation, ou à l'image de la marque ou de l'entreprise.

De l'analyse qui précède, il découle que les publicitaires devraient se soucier tant de l'efficacité de leur communication que de l'image véhiculée par le message. Bien que le goût soit tout à fait subjectif, l'annonceur avisé et habile comprend les «limites» du marché cible et peut communiquer des messages appropriés avec tact et efficacité.

■ LA PROTECTION DU CONSOMMATEUR CANADIEN

En réponse aux critiques formulées à l'égard de l'influence du marketing sur les consommateurs, les gouvernements et certains groupes industriels ont adopté des mesures protectrices. Ce processus a été encouragé par l'apparition d'un mouvement organisé de consommateurs. Partout, le dilemme fondamental auquel on a eu à faire face a été de distinguer entre un abus véritable et un tort présumé (ou non prouvé), car, dans des circonstances normales, les consommateurs élaborent leurs propres mécanismes de défense.

Cela soulève la question que nous examinerons dans la deuxième partie de ce chapitre: peut-on (et doit-on) protéger les consommateurs contre les abus potentiels des spécialistes de marketing? Les consommateurs sont protégés par des lois, des associations de consommateurs, des initiatives prises par des firmes ainsi que par l'autoréglementation de l'industrie.

☐ Le rôle du gouvernement fédéral

Le gouvernement fédéral est devenu un participant plus actif dans la protection du consommateur depuis la création, en 1967, du Département de la consommation et des affaires corporatives. Ce département deviendra plus tard Consommation et Corporations Canada. Le tableau 15.2 présente les principales lois fédérales touchant la publicité et visant à protéger les droits des consommateurs.

Consommation et Corporations Canada est organisé en quatre bureaux dont trois visent essentiellement à protéger le consommateur :

Le Bureau de la politique de concurrence

Ce bureau se soucie principalement de l'administration de la Loi sur la concurrence. Le directeur des enquêtes et recherches a le pouvoir d'effectuer des enquêtes sur les infractions présumées : coalitions visant à restreindre le commerce, fusionnements et monopoles se faisant au détriment de l'intérêt du public, comportements faisant entrave à la concurrence comme la fixation et la discrimination de prix, et publicité trompeuse[37]. Le directeur soumet les résultats des enquêtes soit au procureur général du Canada, qui détermine ensuite si on doit intenter une action en justice, soit au Tribunal de la concurrence pour les cas ayant trait à des pratiques de commerce à réviser. Le directeur a également l'autorisation de représenter le gouvernement auprès des commissions législatives fédérales. De plus, le Bureau est extrêmement actif dans le domaine de la publicité trompeuse et des pratiques de marketing frauduleuses. Son bulletin sur la publicité trompeuse rend compte des condamnations associées à ces domaines.

Le Bureau de la consommation

Ce bureau vise à protéger et à défendre les intérêts des consommateurs, tout en favorisant l'équité sur le marché[38]. Il est divisé en cinq sections : Services de gestion, Aide aux consommateurs, Métrologie légale, Produits de consommation et Sécurité des produits ; il comprend également cinq conseils régionaux : Atlantique, Québec, Ontario, Prairies et Pacifique.

TABLEAU 15.2
Principales lois fédérales touchant la publicité
et la protection du consommateur

Loi de la radiodiffusion
Loi sur les droits de la personne
Loi sur la concurrence
Loi sur l'emballage et l'étiquetage des produits de consommation
Loi sur le droit d'auteur
Code criminel
Loi des aliments et drogues
Loi sur les produits dangereux
Loi de l'impôt sur le revenu: article 19
Loi sur la marque de commerce nationale et sur l'étiquetage exact
Loi sur les langues officielles
Loi sur l'étiquetage des textiles
Loi sur les marques de commerce

SOURCE: Tiré du *Code canadien des normes de la publicité*, publié par le Conseil des normes de la publicité, organisme de la Fondation canadienne de la publicité. Reproduction autorisée.

En 1981, on créait le Centre d'information et de coordination UFFI pour répondre aux problèmes causés par l'isolation au moyen d'un matériau qui s'est avéré toxique: l'urée formaldéhyde. Le Centre procure de l'information au public et coordonne les efforts des gouvernements fédéral et provinciaux pour résoudre ce problème.

Le Bureau des corporations et de la politique législative

Ce bureau comporte sept divisions: Systèmes de gestion, Révision législative, Corporations, Enregistrement des lobbyistes, Faillites, Régions (Atlantique, Québec, Ontario, Prairies et Pacifique) et Direction générale de la propriété intellectuelle; cette dernière division comprend trois sections: Droit d'auteur et dessins industriels, Brevets et Marques de commerce. Le Bureau s'occupe de faire appliquer plusieurs lois, notamment la Loi sur la faillite, la Loi sur les corporations canadiennes, la Loi sur les sociétés commerciales canadiennes et les lois qui régissent les brevets, le droit d'auteur, les marques de commerce et les dessins industriels.

D'autres organismes gouvernementaux s'occupant de la protection du consommateur

La publicité télévisée pour les aliments, les drogues, les cosmétiques, les appareils, la bière et le vin est directement sous l'autorité du Conseil de la radiodiffusion et des télécommunications canadiennes (CRTC). Les lois sur la diffusion au moyen de la radio et de la télévision exigent que la Direction des aliments et des drogues, la Division de la protection de la santé ainsi que Santé et Bien-être social Canada fassent approuver à l'avance par Consommation et Corporations Canada toute publicité diffusée concernant des drogues, des cosmétiques et des appareils. Le CRTC établit les normes techniques et fait respecter les règlements de la Loi sur la diffusion comme la limite de 12 minutes de publicité par heure; il interdit la publicité subliminale et établit les normes du «bon goût». Il s'occupe aussi de l'octroi de permis aux diverses stations et de l'adoption des règlements concernant la programmation. Les départements auxquels nous avons fait référence plus haut sont très stricts concernant le type de réclame que l'on peut faire quant aux avantages du produit.

Le CRTC participe également, avec les provinces, au contrôle des annonces portant sur les boissons alcooliques, la bière, le vin et le cidre: chaque province possède une commission de contrôle des alcools, chacune ayant un ensemble de normes différent à l'égard du nombre et de la sorte d'annonces permis dans les médias en ce qui a trait à la promotion des spiritueux, de la bière et du vin.

☐ Le rôle des gouvernements provinciaux

Pendant les années 60, les gouvernements provinciaux ont répondu aux plaintes des consommateurs concernant les pratiques de crédit trompeuses et la vente à pression exercée par les vendeurs itinérants[39]. Toutes les provinces canadiennes ont mis sur pied soit un département de la consommation, soit un bureau de protection du consommateur. Le niveau de protection du consommateur varie d'une province à l'autre et, contrairement au ministère d'Ottawa, les bureaux provinciaux sont généralement à court de personnel et disposent de petits budgets.

L'Office de la protection du consommateur du Québec est, à ce jour, l'organisme qui a été le plus actif dans la protection du consommateur. Parmi ses interventions les plus remarquées, on compte sa prise de position à l'égard des activités illégales dans le domaine du tapis, son règlement sur la publicité destinée aux enfants et la création d'un conseil sur la consommation, composé de 15 membres (5 membres représentant les affaires, 5 membres représentant le gouvernement et 5 membres représentant des associations de consommateurs) ayant le pouvoir de surveiller l'application de tout règlement destiné à protéger le consommateur.

L'Ontario a également été très actif dans la protection du consommateur avec son Fair Practices Act et sa façon de s'occuper des fixations de prix abusives. La plupart des provinces ont instauré une certaine forme d'aide juridique. De plus, dans le but d'aider les consommateurs à obtenir justice sans dépenser de façon exagérée en temps et en argent, on a mis sur pied des cours de petites créances. Ces tribunaux permettent aux consommateurs d'obtenir justice pour des réclamations représentant de petites sommes d'argent sans devoir recourir aux services d'un avocat. Aux niveaux fédéral et provincial, la création de lois dans les domaines des pratiques de commerce et du crédit au consommateur a suscité une interdépendance et a ainsi ouvert des canaux permettant d'accroître les communications. Cependant, des chevauchements de responsabilités ont créé des conflits entre les deux paliers de gouvernement. Le niveau de protection du consommateur est très inégal à travers le Canada, comme le montre le tableau 15.3, où sont énumérées les principales lois provinciales touchant la protection du consommateur.

☐ Le consumérisme

Le consumérisme est un mouvement social dont le but est de procurer au public consommateur un plus grand pouvoir par rapport au monde des affaires. À l'intérieur de ce mouvement, l'un des principaux rôles des **associations** de consommateurs est d'agir comme groupes de pression politiques pour représenter le consommateur auprès du gouvernement et faire voter des lois visant à protéger le consommateur[40].

Les catégories d'associations de consommateurs

James D. Forbes a réparti les diverses associations de consommateurs en trois catégories en fonction des objectifs visés[41] :

TABLEAU 15.3
Principales lois provinciales touchant la protection du consommateur

Alberta
The Unfair Trade Practices Act
Credit and Loan Agreements Act
Liquor, Beer & Wine Advertising Regulations

Colombie-Britannique
Trade Practices Act
Consumer Protection Act and Regulations
Closing Out Sales Act
Motor Dealer Guidelines
Liquor, Beer & Wine Advertising Regulations

Ontario
Business Practices Act
Consumer Protection Act
Human Rights Code
Regulation 128 (Credit Advertising)
Liquor Control Act

Québec
Charte de la langue française
Règlements – La langue des affaires et du commerce
Loi sur la protection du consommateur et son règlement de la publicité destinée aux
    enfants
Loi sur les loteries
Loi relative à la taxe sur la publicité radio et télédiffusée
Loi sur les produits agricoles et aliments
Règlements sur la publicité des alcools, de la bière et des vins
Règlements concernant la publicité professionnelle et pharmaceutique
Loi sur la publicité extérieure
Loi sur le recours collectif

Saskatchewan
Consumer Products Warranties Act
Cost of Credit Disclosure Act
Liquor, Beer and Wine Advertising Regulations

Manitoba
Consumer Protection Act
Trade Practices Inquiry Act
Liquor, Beer and Wine Advertising Regulations

Nouveau-Brunswick
Consumer Product Warranty & Liability Act of New Brunswick
Cost of Credit Disclosure Act

Nouvelle-Écosse
Consumer Protection Act
Liquor, Beer & Wine Advertising Regulations

Île-du-Prince-Édouard
Business Practices Act
Consumer Protection Act
Highway Advertisements Act
Liquor, Beer & Wine Advertising Regulations

Terre-Neuve
Trade Practices Act
Consumer Protection Act
Exhibition of Advertisements Act
Liquor, Beer & Wine Advertising Regulations

SOURCE: Tiré du *Code canadien des normes de la publicité*, publié par le Conseil des normes de la
          publicité, organisme de la Fondation canadienne de la publicité. Reproduction autorisée.

1. Les «**adaptationnistes**» croient que l'éducation du consommateur est la meilleure façon de protéger celui-ci des fraudes et des malhonnêtetés. Croyant en la souveraineté des consommateurs, ils ne voient pas la nécessité d'une nouvelle législation. Ils veulent plutôt éduquer et préparer les consommateurs à se comporter sur le marché d'une manière efficace et intelligente;
2. Les «**protectionnistes**» se préoccupent surtout des torts causés au consommateur sur le plan de la santé, de la sécurité et des blessures corporelles. Ce groupe est principalement composé de médecins, de nutritionnistes, de scientifiques et d'autres professionnels;
3. Les «**réformistes**» partagent quelques-uns des objectifs des deux autres groupes, mais croient que seule l'intervention gouvernementale permet d'atteindre ces objectifs. Ils font pression sur les gouvernements pour faire voter des lois protectrices et pour améliorer l'accès à l'information ainsi que la distribution de celle-ci.

L'Association des consommateurs du Canada

L'Association des consommateurs du Canada a été fondée en 1947; elle a énormément contribué à l'adoption, en 1967, de la Loi sur le Département de la consommation et des affaires corporatives (qui deviendra plus tard Consommation et Corporations Canada). L'Association est un organisme à but non lucratif, non gouvernemental, qui compte environ 160 000 membres. Elle est financée principalement par la vente de cartes de membres, et par celle des magazines *Le consommateur canadien* et *Canadian Consumer* et du guide d'achat annuel. Voici les objectifs de l'Association[42]:

1. Unir les forces des consommateurs pour augmenter le niveau de vie des Canadiens;
2. Étudier les problèmes des consommateurs et recommander des solutions;
3. Faire valoir le point de vue des consommateurs auprès du gouvernement, de l'industrie et du commerce et servir de canal de communication entre ces institutions et les consommateurs;
4. Obtenir de l'information de manière à pouvoir renseigner et conseiller les consommateurs à l'égard des produits et des services se trouvant sur le marché.

Le consumérisme joue donc un rôle important sur le marché de la consommation et on s'attend à ce qu'il continue d'exercer des pressions sur les deux niveaux de gouvernement et sur le milieu des affaires dans le but de protéger le consommateur canadien.

☐ L'autoréglementation de l'industrie

Le monde des affaires a mis du temps à réagir à l'apparition du consumérisme et à l'accroissement du rôle des gouvernements dans la protection du consommateur. Espérant qu'il ne s'agissait que d'une mode passagère, certaines industries se sont contentées de regarder passivement ce qui se passait autour d'elles jusqu'à ce qu'on vote des lois. D'autres industries ont entrepris des actions collectives dans le but d'empêcher l'adoption d'une législation restrictive.

Les codes d'éthique

Certaines industries ont conçu un code d'éthique à l'intention de leurs membres. Par exemple, le *Code canadien des normes de la publicité* a été parrainé, à l'origine, par le Bureau consultatif de la publicité au Canada. Par la suite, il a été parrainé par le Conseil des normes de la publicité et la Fondation canadienne de la publicité. L'application de ce code, ainsi que celle d'autres codes d'éthique publicitaire, relève du Conseil des normes de la publicité et de l'Advertising Standards Council (ASC). On trouvera en annexe la dernière version du *Code canadien des normes de la publicité*; par ailleurs, le tableau 15.4 énumère les principaux codes d'éthique publicitaire.

Les bureaux d'éthique commerciale

Le Better Business Bureau (BBB) est un exemple de bureau d'éthique commerciale; il a été fondé en 1912 par des gens d'affaires qui étaient préoccupés par l'existence de pratiques commerciales frauduleuses. Cet organisme est composé de bureaux locaux subventionnés par des gens d'affaires qui en font partie et qui voient à en faire respecter les normes. Le rôle de ces bureaux est de donner de l'information sur les entreprises représentant diverses industries et de s'occuper des plaintes des consom-

TABLEAU 15.4
Divers codes d'éthique publicitaire

Code canadien des normes de la publicité
Code de la publicité destinée au grand public des cosmétiques, produits de toilette et parfums
Code de la publicité radiotélévisée destinée aux enfants
Code de la publicité aux consommateurs des médicaments dispensés sans ordonnance médicale
Code d'acceptation de la publicité du Conseil consultatif de la publicité pharmaceutique
Code du marketing direct touchant la publicité des produits horticoles
Directives du Comité des télédiffuseurs du Canada
Code des normes concernant la publicité à la télévision des produits d'hygiène féminine
Code publicitaire de Radio-Canada
Lignes directrices de toute publicité comparative en matière d'alimentation
Lignes directrices portant sur l'utilisation, dans les messages publicitaires, de données résultant d'enquêtes et de recherches en matière d'alimentation
Au nom de la Fondation canadienne de la publicité, administration par le Conseil, des lignes directrices en matière de stéréotypes sexistes

SOURCE: Tiré du *Code canadien des normes de la publicité*, publié par le Conseil des normes de la publicité, organisme de la Fondation canadienne de la publicité. Reproduction autorisée.

mateurs à l'égard de certaines compagnies. Le BBB essaie de résoudre les conflits en utilisant la persuasion morale, étant donné qu'il ne dispose d'aucun pouvoir pour imposer ses normes. Cependant, en donnant aux consommateurs de l'information sur les entreprises qui ont fait l'objet de nombreuses plaintes, le Bureau rend un très grand service à la communauté.

Les réactions particulières

Les diverses entreprises ont réagi au consumérisme chacune à leur façon[43]. Certaines entreprises ont mis sur pied leurs propres programmes de recherche pour découvrir les domaines d'insatisfaction du consommateur et pour réaliser des changements ayant trait à l'information du consommateur (par exemple, l'étiquetage et le prix unitaire) et à la sécurité du produit.

D'autres entreprises ont mis en œuvre des programmes d'éducation nationaux mettant l'accent sur l'éducation du consommateur par la diffusion d'information pertinente. Par exemple, Shell Canada a conçu 20 brochures dans le cadre d'un programme appelé *Shell Helps*, portant surtout sur des problèmes courants reliés à l'automobile ou à la maison[44].

Enfin, certaines entreprises ont utilisé leur pouvoir d'achat pour encourager d'autres entreprises à répondre aux nouvelles attentes du consommateur. Par exemple, de grands détaillants peuvent encourager les fabricants à offrir un meilleur étiquetage, un meilleur emballage, des produits plus sécuritaires ou plus nutritifs et ainsi de suite. Dans la même veine, les compagnies d'assurances peuvent encourager les fabricants de voitures, d'outils ou de jouets à créer des produits plus sécuritaires.

RÉSUMÉ

Au Canada, plusieurs problèmes de société viennent colorer la pratique du marketing des produits de consommation. Certains critiques accusent les spécialistes de marketing d'abuser et de manipuler les consommateurs par une **influence excessive**, la **manipulation des motivations**, la **prolifération des marques**, la **gestion de l'information** et des **promesses exagérées**; réagissant à ces critiques, les gouvernements ont créé des lois pour protéger le consommateur.

Nous avons conclu que, bien qu'elles procèdent d'une bonne intention, plusieurs critiques à l'égard du marketing des produits de consommation ne résistent pas à un examen rigoureux.

On reproche aux spécialistes de marketing d'exercer une influence indue, entre autres, en contrôlant l'information, en favorisant la prolifération des marques et en semant de la confusion au moyen de l'étiquetage. Cependant, il est attesté que les consommateurs ont élaboré des stratégies de défense efficaces qui leur permettent de simplifier et de traiter l'information, de manière à faire des choix intelligents et éclairés. Les faits démontrent aussi que l'habileté des spécialistes de marketing à influencer les motivations du consommateur a été grandement exagérée. Lorsqu'on se plaint du fait que la publicité crée des attentes déraisonnables et du mécontentement sur le plan social, il faut en attribuer la cause à l'ensemble des systèmes social et économique, et non pas uniquement à la pratique du marketing des produits de consommation. D'ailleurs, on a aussi découvert que les consommateurs pénalisent les fabricants qui font des promesses promotionnelles exagérées.

On a également reproché aux publicitaires d'employer des stéréotypes et de promouvoir le mauvais goût. Il s'agit là de problèmes de société que l'on peut difficilement résoudre. L'utilisation des stéréotypes en publicité contribue à perpétuer ceux-ci dans la société, mais on peut se demander s'il appartient à la publicité de promouvoir ou de combattre les stéréotypes sociaux indésirables. Les publicitaires reflètent les valeurs et les styles de vie actuels de leur auditoire, et on ne devrait pas attendre d'eux qu'ils tracent un portrait non réaliste de la société.

Le goût est subjectif, mais on doit reconnaître que certaines annonces sont de mauvais goût, particulièrement celles qui essaient d'attirer l'attention d'une manière trop prononcée. Les publicitaires doivent se soucier tant de l'efficacité de leur communication que de l'image véhiculée par le message. Le spécialiste de marketing avisé et habile comprend les limites de son marché cible et sait communiquer les messages «délicats» avec tact et efficacité.

Réagissant aux critiques adressées à l'égard du marketing, les différents niveaux de gouvernement ont mis sur pied des programmes destinés à protéger le consommateur canadien. Nous avons décrit le rôle du gouvernement fédéral dans ce domaine, particulièrement celui de Consommation et Corporations Canada. Les spécialistes de marketing doivent réaliser que les chevauchements de juridictions ont causé des frictions entre les différentes agences gouvernementales engagées dans la protection du consommateur.

Les groupes de gens d'affaires ont répondu au **consumérisme** de plusieurs façons, allant d'une attitude très constructive à une attitude négative. Dans l'ensemble, les entreprises deviennent petit à petit plus responsables sur le plan social, et on s'attend à ce que cette tendance s'accentue.

QUESTIONS ET DISCUSSIONS

1. Si on veut éviter une surcharge d'information, doit-on limiter la quantité d'information donnée aux consommateurs? Discutez-en et donnez des exemples.

2. Trouvez des études portant sur le prix unitaire. Les consommateurs se servent-ils de l'information constituée par le prix unitaire? Discutez des conséquences sociales des résultats de ces études.

3. Prenez un magazine ou un journal récent et trouvez des annonces publicitaires qui, selon vous, sont trompeuses. Expliquez pourquoi et en quoi ces annonces sont trompeuses. Proposez des mesures correctives destinées aux annonceurs.

4. Les publicitaires doivent-ils essayer d'améliorer le goût des consommateurs ou de changer leurs attitudes en faisant la promotion de stéréotypes plus désirables dans leurs annonces? Justifiez votre réponse.

5. Prenez un échantillon de 10 annonces dans un magazine et indiquez quels types de stéréotypes sont véhiculés par ces annonces. Selon vous, ces stéréotypes sont-ils désirables ou indésirables? Comment ces stéréotypes seront-ils perçus dans 20 ans?

6. *a)* En examinant les différents médias utilisés au Canada, définissez certains problèmes de consommation entraînés par une mauvaise publicité ou une publicité trompeuse.
   b) Que peut-on faire pour résoudre ces problèmes?
   c) Étudiez le rôle que joue le Better Business Bureau dans la résolution de ces problèmes.

7. Pourquoi les entreprises devraient-elles se soucier de problèmes sociaux comme celui du chômage chez les groupes minoritaires ou celui de la pollution?

8. Les entreprises devraient-elles encourager les consommateurs à se plaindre à elles, par exemple en se servant d'un numéro d'appel interurbain sans frais à payer? Comment la connaissance des plaintes des consommateurs peut-elle leur être utile?

9. Les gestionnaires devraient-ils consulter les associations de consommateurs avant de prendre des décisions importantes influant sur les consommateurs? Justifiez votre réponse.

10. *a)* Étudiez dans quelle mesure les consommateurs de votre province sont protégés et faites une analyse des mesures de protection employées, en considérant leur nature et les domaines qu'elles touchent.

b) Comment l'information relative à ces mesures est-elle communiquée au public? Évaluez cette communication.

c) Selon vous, quels sont les problèmes qui sont vécus par les consommateurs et qui ne sont pas touchés par ces mesures? Expliquez votre réponse.

RÉFÉRENCES

1. F.A. Miller, «The Magic Number Seven, Plus or Minus Two: Some Limits on our Capacity for Processing Information», *The Psychological Review*, 63, mars 1956, p. 81-97.

2. Anthony F.C. Wallace, «On Being Just Complicated Enough», *Anthropology*, 47, 1961, p. 458-464.

3. Jacob Jacoby and Wayne D. Hoyer, «Viewer Miscomprehension of Televised Communication: Selected Findings», *Journal of Marketing*, 45, nᵒ 4, 1982, p. 12-25.

4. James R. Bettman, *An Information Processing Theory of Consumer Choice*, New York, Addison-Wesley, 1979.

5. Martin Fishbein, «An Investigation of the Relationships between Beliefs about an Object and the Attitude Toward that Object», *Human Relations*, 16, 1963, p. 233-240.

6. A. Tversky, «Intrasitivity of Preferences», *Psychological Review*, 76, 1969, p. 31-48.

7. Jacques E. Brisoux et Michel Laroche, «A Proposed Consumer Strategy of Simplification for Categorizing Brands», *Evolving Marketing Thought for 1980*, Éd. John D. Summey et R.D. Tayler, Carbondale, Illinois, Southern Marketing Association, 1980, p. 112-114.

8. Eric J. Johnson et J. Edward Russo, «Product Familiarity and Learning New Information», *Advances in Consumer Research*, vol. 8, Éd. Kent B. Monroe, Ann Arbor, Association for Consumer Research, 1981, p. 151-155.

9. Jacques E. Brisoux et Michel Laroche, «Evoked Set Formation and Composition: An Empirical Investigation Under a Routinized Response Situation», *Advances in Consumer Research*, vol. 8, Éd. Kent B. Monroe, Ann Arbor, Association for Consumer Research, 1981, p. 357-361.

10. Gabriel Biehal et Dipankar Chakravarti, «Information Presentation Format and Learning Goals as Determinants of Consumers' Memory Retrieval and Choice Processes», *Journal of Consumer Research*, 8, 1982, p. 431-441.

11. Brisoux et Laroche, «A Proposed Consumer Strategy of Simplification».

12. Biehal et Chakravarti, «Information Presentation Format and Learning Goals».

13. Bettman, *An Information Processing Theory of Consumer Choice*.

14. David J. Reibstein, «The Prediction of Individual Probabilities of Brand Choice», *Journal of Consumer Research*, septembre 1978, p. 163-168; Michel Laroche et John A. Howard, «Nonlinear Relations in a Complex Model of Buyer Behaviour», *Journal of Consumer Research*, mars 1980, p. 377-388.

15. Michel Laroche et Jacques Brisoux, «A Test of Competitive Effects in the Relationship Among Attitudes and Intentions», *The Changing Marketing Environment: New Theories and Applications*, Éd. Kenneth Bernhart *et al.*, Chicago, American Marketing Association, 1981, p. 213-216.

16. Jacob Jacoby, Robert W. Chestnut et William Silberman, «Consumer Use and Comprehension of Nutrition Information», *Journal of Consumer Research*, septembre 1977, p. 119-128.

17. Fleming Hansen, «Consumer Choice Behaviour: An Experimental Approach», *Journal of Marketing Research*, 6, novembre 1969, p. 436-443.

18. Peter Wright, «Consumer Choice Strategies: Simplifying vs. Optimizing», *Journal of Marketing Research*, février 1975, p. 60-67.

19. *Ibid.*

20. Jacob Jacoby, Donald E. Speller et Carol A. Kohn-Berning, «Brand Choice Behaviour as a Function of Information Load: Replication and Extension», *Journal of Consumer Research*, juin 1974, p. 33-42; Jacob Jacoby, Donald E. Speller et Carol A. Kohn-Berning, «Brand Choice Behaviour as a Function of Information Overload», *Journal of Marketing Research*, février 1974, p. 63-69.

21. Lynn W. Phillips et Brian Sternthal, «Age Differences in Information Processing: A Perspective on the Aged Consumer», *Journal of Marketing Research*, novembre 1977, p. 444-457.

22. David A. Walsh, «Age Differences in Learning and Memory», *Aging: Scientific Perspectives and Social Issues*, Éd. D.S. Woodruff et J.E. Birren, New York, Van Nostrand Reinhold, 1975, p. 125-151.

23. J.C. Thomas, W.C. Waugh et J.L. Fozard, «Age and Familiarity in Memory Scanning», *Journal of Scientology*, 33, 1978.

24. Terry R. Anders et James L. Fozard, «Effects of Age Upon Retrieval From Primary and Secondary Memory», *Developmental Psychology*, 9, n° 3, 1973, p. 411-415.

25. J. Birren, «Age and Decision Strategies», *Interdisciplinary Topics in Gerontology*, vol. 4, Éd. A.T. Welford, New York, S. Korgon Publishers, 1969, p. 23-26.

26. Barry J. Mason et William O. Bearden, «Profiling the Shopping Behaviour of Elderly Consumers», *The Scientologist*, 18, n° 5, 1978, p. 454-461.

27. Vance Packard, *The Hidden Persuaders*, New York, Pocket Books, 1975, p. 30.

28. Michel Laroche, Jerry Rosenblatt et John A. Howard, «Some Determinants of Attitude Change Following Product Usage», *Marketing: In Pursuit of Excellence*, Éd. Robert G. Wyckham, Montréal, Association des sciences administratives du Canada, 1981, p. 167-175.

29. Gurprit Kindra, «Comparative Study of the Roles Portrayed by Women in Print Advertising», *Marketing*, vol. 3, Éd. Michel Laroche, Montréal, Association des sciences administratives du Canada, 1982, p. 109-118; John V. Petrof, Elie Sayegh et P.I. Vlahopoulous, «Publicité et stéréotypes des femmes», *Marketing*, vol. 3, p. 238-246; Robert G. Wyckham, «Female Stereotyping in Advertising», *Marketing*, vol. 4, Éd. James D. Forbes, Montréal, Association des sciences administratives du Canada, 1983, p. 371-382.

30. «Women and Advertising: Today's Messages – Yesterday's Images?», rapport du groupe de travail sur les femmes et la publicité, Toronto, Canadian Advertising Advisory Board, novembre 1977, p. 2.

31. *Ibid.*, p. 5.

32. Robert G. Wyckham, «Self-Regulation of Sex Role Stereotyping in Advertising: The Canadian Experience», *Journal of Public Policy and Marketing*, 6, 1987, p. 76-92.

33. *Ibid.*, p. 77-78.

34. «Women and Advertising», p. 17.

35. Canadian Radio-television and Telecommunications Commission, *Policy on Sex-Role Stereotyping in the Broadcast Media*, Ottawa, CRTC Information Services, 22 décembre 1986, p. 46.

36. Ronald R. Gist, *Marketing and Society: A Conceptual Introduction*, New York, Holt, Rinehart and Winston, 1971, p. 401-402.

37. Consommation et Corporations Canada, *Rapport annuel 1988-1989*, Ottawa, ministère de l'Approvisionnement et des Services, 1989, p. 5.

38. *Ibid.*, p. 11.

39. Robert G. Wyckham, «The Life-Cycle of Consumer Protection in British Columbia», *Marketplace Canada*, Éd. S.J. Shapiro et L. Heslop, Toronto, McGray-Hill Ryerson, 1982, p. 87-111.

40. James D. Forbes, «Are Consumer Advocacy Groups Political Pressure Groups?», *Proceed-

ings of the 10th International Seminar of Research in Marketing, Aix, France, 1983.

41. James D. Forbes, «Influence Groups in Canadian Policy Formulation», *The Canadian Marketer*, automne 1979, p. 27-32; voir également Gordon Foxall, *Consumerism: Issues, Developments and Sources of Information*, Cambridge, U.K., Retailing and Planning Associates, 1978, p. 4.

42. «History and Accomplishments», Ottawa, Association des consommateurs du Canada, juin 1982.

43. David Aaker et George S. Day, *Consumerism: Search for the Consumer Interest*, New York, Free Press, 1974, p. 309-317.

44. René Y. Darmon, Michel Laroche et John V. Petrof, *Marketing in Canada: A Management Perspective*, Toronto, McGraw-Hill Ryerson, 1985, p. 715.

Annexes

ANNEXE 1
Pourquoi John Naar a acheté un Apple de Macintosh

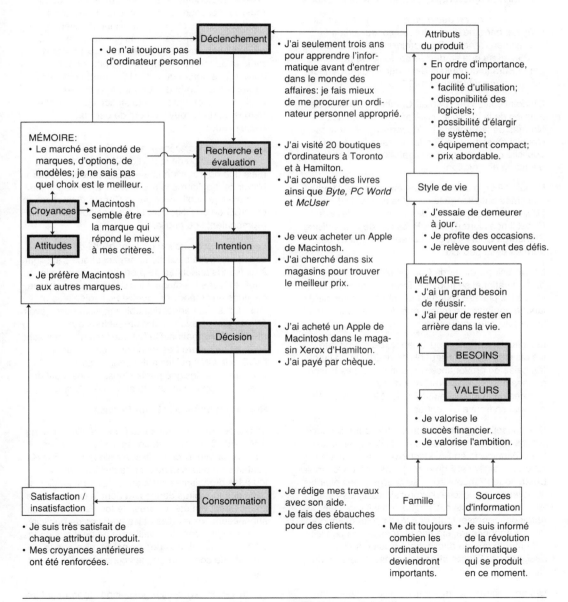

SOURCE: Gracieuseté de John Naar, College of Family and Consumer Studies, Université de Guelph.

ANNEXE 2
Le Code canadien des normes de la publicité* (version 1989)

Mécanisme d'autoréglementation de la publicité

Le *Code canadien des normes de la publicité* fut, à l'origine, parrainé par le Bureau consultatif de la publicité au Canada. Sa première édition remonte à 1963, alors que sa deuxième, toujours parrainée par le Bureau consultatif de la publicité au Canada, résulta d'une révision en 1967.

On doit l'édition de 1986 au Comité de révision des normes de la publicité, créé par le Conseil des Normes de la Publicité et l'Advertising Standards Council au sein de la Fondation canadienne de la publicité qui chapeaute ces deux organismes d'autoréglementation.

Depuis 1967, plusieurs codes émanant de diverses industries ont allongé la liste des codes d'éthique publicitaire. L'application desdits codes relève du Conseil des Normes de la Publicité, de l'Advertising Standards Council et des conseils régionaux des normes de la publicité.

L'Advertising Standards Council (ASC), dont le bureau national se trouve à Toronto, s'occupe de toutes les plaintes touchant la publicité nationale de langue anglaise, de même que de celles qui portent sur la publicité ontarienne.

Les plaintes émanant du Québec, de même que les plaintes touchant la publicité nationale de langue française en provenance des communautés francophones hors Québec, relèvent du Conseil des Normes de la Publicité (CNP), dont le bureau national se trouve à Montréal.

Des conseils régionaux, d'un bout à l'autre du pays – dans les provinces maritimes (Halifax), au Manitoba (Winnipeg), en Saskatchewan (Regina), en Alberta (Calgary et Edmonton) ainsi qu'en Colombie-Britannique (Vancouver) –, se chargent des plaintes au sujet de la publicité d'expression anglaise dans leur région respective. Chaque conseil régional réunit des représentants des trois secteurs importants – annonceurs, médias et agences de publicité – de même que du public, dont plusieurs sont désignés par l'Association des consommateurs du Canada.

Les annonceurs, leurs agences et les médias ont convenu que tous les messages publicitaires télé-visés et radiodiffusés destinés aux enfants et que tous les messages publicitaires télévisés portant sur des produits d'hygiène féminine devaient être pré-autorisés par des comités spéciaux de l'ASC ou du CNP avant d'être présentés aux postes de radio et de télévision, aux fins de diffusion. Il convient de noter que le CRTC a rendu obligatoire l'adhésion au Code de la publicité télévisée destinée aux enfants à toute station qui obtient un permis ou un renouvellement de permis d'exploitation.

Les textes et les scénarios-maquettes font l'objet d'une vérification de la part de l'ASC ou du CNP, mais une approbation finale sous forme de numéro n'intervient qu'après la révision de la version finale du message publicitaire par le Comité d'autorisation de l'ASC ou du CNP dont la composition inclut des représentants du public.

Le *Code d'acceptation de la publicité* du Conseil consultatif de la publicité pharmaceutique s'applique à toutes les annonces de produits pharmaceutiques publiées dans les magazines d'hygiène et services destinés aux médecins, dentistes, hygiénistes et infirmières. Ces annonces doivent, elles aussi, avoir été autorisées avant d'être présentées aux médias d'information. Du fait que les annonces sont souvent de nature très technique, ce ne sont pas l'ASC ni le CNP qui les autorisent, mais bien le Commissaire désigné par le Conseil consultatif de la publicité pharmaceutique auquel l'ASC siège.

Rôle et responsabilités du Conseil

Le Conseil des Normes de la Publicité, l'Advertising Standards Council et les conseils régionaux des normes de la publicité, auxquels siègent des représentants du public et du monde des affaires, sont tous des organismes indépendants ayant juridiction dans des territoires donnés, et dont la création et le financement ont été assurés, de tout temps, par les annonceurs, les médias et les agences de publicité. Leur mandat consiste à veiller au respect des codes d'éthique publicitaire adoptés par le milieu de la publicité de son plein gré; les conseils nationaux et régionaux...

i)   travaillent avec les organisations regroupant les instances de la publicité et celles qui représentent les consommateurs, afin de rédiger, d'amender, d'administrer et de publiciser les normes de la publicité, les codes d'éthique publicitaire et, aussi, afin de mener des recherches portant sur ces sujets;

ii) révisent et traitent les plaintes qu'ils reçoivent au sujet de la publicité, et lorsque cela s'avère nécessaire, prennent l'initiative de porter plainte eux-mêmes;

iii) conseillent les annonceurs sur une base individuelle, de même que les agences de publicité sur les lois, les règlements, les normes et les codes qui touchent la publicité;

iv) publient des prises de position et des conseils au sujet de questions qui constituent des préoccupations sociales en matière d'autoréglementation de la publicité;

v) entretiennent des contacts avec les gouvernements, les éducateurs et les divers groupes d'intérêt public au sujet de l'autoréglementation en matière de publicité.

Comment porter plainte

Si vous avez connaissance d'une annonce dans des médias canadiens qui, à votre avis, contrevient à l'un des codes de l'industrie, écrivez au Conseil des Normes de la Publicité. (Le Conseil n'a aucune autorité en ce qui concerne la publicité transmise par les médias non canadiens.) S'il s'agit d'un imprimé, il est bon de joindre un exemplaire ou une photocopie de l'annonce; s'il s'agit d'une réclame radio ou télédiffusée, indiquez la station, l'heure approximative, l'appellation du produit, etc. Si vous avez sous la main une formule de plainte, utilisez-la; sinon, dites simplement en quoi vous estimez que l'annonce en question enfreint le Code.

Cheminement des plaintes

Votre plainte fera l'objet d'un accusé de réception et d'une étude. S'il semble qu'il y ait infraction au Code, le personnel du Conseil prendra contact directement avec l'annonceur. Dans la plupart des cas, les mesures correctrices suivent. Si l'annonceur ou le plaignant est en désaccord avec les conclusions du Conseil, la question est étudiée par le Conseil tout entier. Si la plainte est maintenue, l'annonceur en est informé. On le prie de modifier l'annonce ou de la retirer. En général, l'affaire est close. Que la plainte soit retenue ou rejetée, le résultat vous sera communiqué.

Il arrive qu'un annonceur refuse de faire les rectifications nécessaires. Le Conseil informe alors les médias en cause ou fait adresser un bulletin à tous les membres de l'association du médium concerné, pour les informer que l'annonce, d'après le Conseil, enfreint le Code. Les médias n'accepteront donc pas l'annonce sous sa forme existante.

Avant-propos

En adoptant ce *Code canadien des normes de la publicité*, les organismes participants sont pleinement conscients du rôle moteur que joue la publicité dans l'économie du pays.

Instrument d'information, la publicité est au service, tant de l'acheteur que du vendeur. Elle offre à l'acheteur un accès facile et peu coûteux à l'information sur la disponibilité, les prix et l'amélioration des biens et services, ainsi que sur l'arrivée, sur le marché, de nouveaux biens et services; en contrepartie, elle permet au vendeur d'élargir ses marchés, ou d'en conquérir de nouveaux.

Dans un pays comme le nôtre, où l'économie est axée sur les produits agro-industriels, la publicité contribue directement au développement économique. En stimulant la vente, elle aide à procurer du travail, des revenus, des taxes, impôts et dividendes; en favorisant de manière équilibrée la fabrication en série, elle contribue souvent à la réduction du prix de revient unitaire ainsi qu'à la stabilité de l'emploi.

Plus le volume de publicité augmente, plus grandes sont les responsabilités de la profession à l'égard du consommateur et de la collectivité. On estime, en effet, que le Canadien moyen est sollicité, chaque jour, par plusieurs centaines de messages publicitaires, d'où l'importance d'une publicité qui respecte l'échelle des valeurs et les goûts du grand public. Dans une société qui reconnaît l'égalité des sexes, la publicité se doit de refléter cette réalité, ainsi que la manifestation des autres droits de la personne.

Pour l'adoption de ce code des normes de la publicité, les organismes participants s'engagent à respecter les critères d'éthique les plus élevés dans l'élaboration et l'exécution de la publicité au Canada. Aussi chercheront-ils à rendre la publicité plus efficace en resserrant sans cesse les critères d'excellence, et en veillant à l'intégrité du message.

Ce code ne vise pas à remplacer des règles auxquelles se conforment déjà divers groupes de médias et d'organismes canadiens, et qui ont pour but de satisfaire leurs besoins particuliers.

Pour tout renseignement touchant l'interprétation ou l'application de ce code, veuillez communiquer avec le Conseil des Normes de la Publicité, 4823 ouest, rue Sherbrooke, suite 130, Montréal, H3Z 1G7.

Définition de la publicité

Dans le contexte du *Code canadien des normes de la publicité*, la publicité se définit comme étant toute communication payée, destinée au public ou à une portion du public, dans le but d'influencer l'opinion ou la conduite des personnes auxquelles elle s'adresse.

Les différents articles du *Code canadien des normes de la publicité* s'appliquent à tous les messages ainsi définis qui sont diffusés dans tous les médias et dans chacune de leurs composantes, à l'exception de ce qui suit :

Le Conseil des Normes de la Publicité ne se prononce pas sur la publicité diffusée en période électorale, en raison, d'une part, des contraintes imposées par le temps, et, d'autre part, parce que ces messages et annonces sont généralement très subjectifs, étant donné qu'ils reflètent le point de vue, soit du candidat ou de son parti. Cette exclusion ne touche pas, cependant, la publicité faite par les ministères et les sociétés d'État des divers gouvernements.

Autorité du Code et juridiction du Conseil

Le *Code canadien des normes de la publicité* se prononce sur la façon dont les produits ou les services peuvent être annoncés, et non pas sur ce qui peut être annoncé. Ainsi, l'autorité du Code et la juridiction du Conseil portent sur le contenu des annonces, et n'incluent, d'aucune manière, le droit de défendre la promotion de produits légaux ou de services ou leur illustration dans des circonstances d'usage normal.

Le Code

La confiance du public à l'égard d'un message publicitaire influe considérablement sur l'efficacité de celui-ci, au même titre qu'elle influe, en milieu démocratique, sur tout autre mode de communica-

tion. Dans cet esprit, l'annonceur qui veille, par sa publicité, à renforcer cette confiance du public se montre responsable sur le plan social, et, en définitive, y trouve intérêt.

Ce code de normes, approuvé par tous les organismes participants énumérés à la page 16, a pour but de contribuer à établir et maintenir, dans le marché, des normes d'honnêteté, de véracité, d'exactitude, d'équité et de clarté.

Bien sûr, les produits et valeurs changent constamment, et c'est pourquoi le Conseil des Normes de la Publicité procède périodiquement à une revue de ce code, et, s'il y a lieu, recommande les amendements qu'il juge opportuns.

Aucune publicité qui enfreigne ce code de normes ne doit être préparée ni acceptée en connaissance de cause.

On devra se conformer à l'esprit et à la lettre des articles qui suivent.

1. Véracité, clarté, exactitude

a) Les annonces ne doivent pas comporter d'allégations ou de déclarations inexactes ou mensongères énoncées directement ou implicitement quant au prix, à la disponibilité ou à l'efficacité d'un produit ou service. L'annonceur ou l'agence de publicité doivent être en mesure de prouver au Conseil les avancés de leurs réclames. À noter que lorsque le Conseil doit attester la véracité d'un message, il ne s'intéressera pas à la légalité de sa formulation ou à l'intention de l'annonceur. Il considérera plutôt le message tel que reçu ou perçu, c'est-à-dire l'impression générale qui s'en dégage.

b) Une publicité peut être trompeuse en omettant de faire état d'une information pertinente.

c) Tous les détails pertinents se rapportant à une offre annoncée doivent être clairement énoncés.

d) Toute exclusion de responsabilité ou toute information accompagnée d'un astérisque doivent être placées dans une annonce de manière à être bien visibles, les caractères d'imprimerie devant être suffisamment gros pour être très lisibles.

2. Techniques publicitaires déguisées

On ne présentera aucune annonce sous une forme qui tende à dissimuler son but commercial. Par exemple, le contenu publicitaire devrait se distinguer clairement du contenu rédactionnel ou de la partie émission. Dans le même ordre d'idées, aucune annonce n'est jugée acceptable si elle fait appel à des images ou sons de très brève durée ou à des techniques visuelles ou vocales de faible intensité visant à transmettre des messages en deçà du seuil normal de la conscience humaine. (On désigne parfois ces messages par le terme «subliminal».)

3. Indications de prix

a) Aucune annonce ne comportera des indications de prix mensongères, des comparaisons irréalistes quant aux prix, ni des déclarations exagérées quant à la valeur ou aux avantages du produit ou du service en cause.

Les expressions «prix réguliers», «prix de détail suggéré», «prix de liste du manufacturier» et «valeur marchande équitable» induisent en erreur lorsqu'elles sont utilisées par un annonceur individuel pour indiquer une économie, à moins qu'elles ne présentent des prix auxquels une quantité raisonnable d'articles ont réellement été vendus au cours des six mois précédents, dans le marché où l'annonce est diffusée.

b) Lorsque des rabais sont offerts, les énoncés les qualifiant, «jusqu'à», «xx de moins» et autres, doivent être présentés dans un caractère d'imprimerie facile à lire, doivent se trouver à proximité des prix mentionnés, et, en autant que cela est pratique, les prix réguliers doivent être cités.

c) Les prix mentionnés dans les médias canadiens qui sont des montants autres que canadiens doivent être spécifiés.

4. Témoignages

Les témoignages publicitaires doivent refléter l'opinion véritable et raisonnablement actuelle de la personne qui les donne, et devraient se fonder sur les renseignements ou une expérience appropriée quant au produit ou service faisant l'objet de l'annonce. Ce qui précède n'interdit pas, cependant, qu'un acteur ou une actrice présente l'expérience véritable d'un nombre réel de consommateurs ou fournisse des renseignements techniques sur la fabrication ou l'essai du produit.

5. Appât et substitution

Il importe que le consommateur ait une possibilité raisonnable de se procurer les marchandises ou services annoncés aux conditions indiquées. Si la quantité de l'article offert est limitée, il faut en faire mention dans l'annonce. Le refus de montrer l'article, et d'en faire la démonstration, son dénigrement par le personnel de vente ou la présentation d'un produit de qualité supérieure sont autant d'exemples de la technique «appât et substitution», qui constitue une violation de ce code.

6. Publicité comparative

La publicité ne doit pas attaquer ou dénigrer injustement produits, publicité ou service concurrents, ni exagérer la nature ou l'importance de différences concurrentielles. Si des comparaisons sont faites avec d'autres produits ou services, l'annonceur doit fournir rapidement les preuves à l'appui de ses énoncés au Conseil.

7. Déclarations de professionnels(les) ou de scientifiques

Les annonces ne doivent pas altérer la portée véritable des énoncés faits par des professionnels(les) ou des scientifiques reconnus. Les énoncés publicitaires ne doivent pas laisser entendre qu'ils sont prouvés scientifiquement quand ils ne le sont pas. L'emploi de termes scientifiques ou techniques dans la publicité à grande diffusion n'est permis que dans les limites qu'impose le sens des responsabilités de tout annonceur envers un public non initié.

8. Minceur et perte de poids

La publicité ne doit pas affirmer ou faire entendre que des aliments, des succédanés, des préparations remplaçant les repas, des éliminateurs d'appétit ou des dispositifs spéciaux permettront à une personne de perdre du poids ou d'amincir sauf si cette dernière suit en même temps un régime alimentaire équilibré. Toute référence au rôle que joue telle diète doit être bien située dans l'annonce ou le message et en caractères d'imprimerie suffisamment gros pour être clairement lisibles.

9. Garanties

Aucune annonce ne doit offrir une garantie sans que ses conditions, ses limites et le nom du garant ne soient clairement indiqués, ou que l'on fasse mention de l'endroit où elle peut être obtenue.

10. Imitation

Aucun annonceur n'imitera délibérément les textes, slogans ou illustrations d'un concurrent de manière à induire le public en erreur. L'emploi accidentel ou involontaire de slogans ou thèmes généraux similaires n'est pas considéré comme une infraction aux clauses du présent code, mais les annonceurs, médias et agences de publicité doivent chercher à éviter de telles coïncidences, et s'empresser de corriger la situation dès qu'ils les constatent.

11. Sécurité

Les annonces ne doivent pas témoigner d'indifférence à l'égard de la sécurité du public, ni présenter des situations de nature à encourager des pratiques inappropriées, imprudentes ou dangereuses, surtout lorsqu'elles illustrent des produits d'usage normal.

12. Exploitation de la détresse humaine

Les annonces ne doivent pas offrir de faux espoirs de guérison ou de soulagement, temporaires ou permanents, pour les handicapés physiques ou mentaux.

13. Superstitions et frayeurs

Les annonces ne doivent pas exploiter les superstitions ni effrayer les gens pour les pousser à acheter les produits ou services offerts.

14. Publicité destinée aux enfants

La publicité destinée aux enfants entraîne une responsabilité particulière pour les annonceurs et médias. Ces annonces aux enfants ne doivent pas exploiter leur crédulité, leur inexpérience ou leur esprit d'acceptation, ni présenter des informations ou illustrations susceptibles de leur causer un tort physique, mental ou moral. (Voir la Loi de la protection du consommateur du Québec, Lois du Québec en 1978.)

15. Publicité destinée aux mineurs

Les produits dont la vente aux mineurs est défendue ne doivent pas être annoncés de manière à être particulièrement attrayants aux personnes qui n'ont pas encore atteint l'âge adulte légal. Les personnes qui figurent dans des annonces ou des messages publicitaires portant sur ces produits doivent être et paraître clairement des adultes tels que la loi les définit.

16. Opinion, bon goût, convenance

La publicité ne doit pas dénigrer ou déprécier des individus ou des groupes d'individus. Elle ne doit pas, par exemple, exploiter la violence, la sexualité, les enfants, les coutumes ou les croyances des groupes ethnoculturels, les personnes mentalement ou physiquement désavantagées ou quelque autre personne, groupe ou institution d'une manière offensante, compte tenu des normes de convenance généralement admises. La publicité doit traiter tous les groupes de la société avec respect et dignité.
Au moment de déterminer si un message est acceptable ou non, le Conseil doit examiner, non seulement le contenu de la publicité, mais également l'auditoire atteint par le message.

---

* Reproduction autorisée du contenu du *Code canadien des normes de la publicité*, publié par le Conseil des normes de la publicité, organisme de la Fondation canadienne de la publicité.

N.B. Le Code est en révision et une nouvelle version sera rendue publique à la fin de 1990.

Index des auteurs

---

*   Pour faciliter la consultation, nous avons placé, entre parenthèses, le numéro d'appel de note qui, dans le texte, renvoie au nom d'auteur concerné.

Index des sujets

A

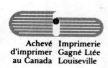

Achevé   Imprimerie
d'imprimer Gagné Ltée
au Canada Louiseville